Beck

Globalisierung und Außenwirtschaft

Globalisierung und Außenwirtschaft

von

Prof. Dr. Hanno Beck

Verlag Franz Vahlen München

Prof. Dr. Hanno Beck, Diplom-Volkswirt, Studium der Wirtschaftswissenschaften mit anschließender Promotion an der Universität Mainz, war mehrere Jahre Redakteur in der Wirtschaftsredaktion der *Frankfurter Allgemeinen Zeitung*. Zugleich hatte er Lehraufträge an den Fachhochschulen Frankfurt, Wiesbaden und Wetzlar inne. Seit 2006 ist er Professor für Volkswirtschaftslehre an der Hochschule Pforzheim. Außerdem ist Hanno Beck Autor mehrerer erfolgreicher Sachbücher.

ISBN 978 3 8006 5124 5

Satz: Fotosatz Buck
Zweikirchener Str. 7, 84036 Kumhausen
Druck und Bindung: Westermann Druck Zwickau GmbH
Crimmitschauer Str. 43, 08058 Zwickau
Umschlaggestaltung: Ralph Zimmermann – Bureau Parapluie
Bildnachweis: © marish – depositphotos.com
Gedruckt auf säurefreiem, alterungsbeständigem Papier
(hergestellt aus chlorfrei gebleichtem Zellstoff)

Vorwort

Wenn Sie wissen wollen, wie sehr Sie das Thema dieses Buches angeht, schauen Sie sich um – was sehen Sie? Vielleicht einen Schreibtisch, ein Mobiltelefon, ein Hemd oder T-Shirt, vielleicht noch andere Kleidungsstücke, eine Tasse, ein Rechner, vielleicht aber auch eine Buchhandlung mit vielen Büchern, Regalen, Kunden, Postern oder eine Bibliothek. Und nun das Experiment: Schauen Sie nach, woher die einzelnen Gegenstände kommen, die Sie sehen. Das T-Shirt kommt vielleicht aus Bangladesch, die Schuhe aus Italien, andere Kleidungsstücke, ebenso wie einiges an Elektronik, das Sie sehen, aus China. Die Bücher, die Sie sehen, werden teilweise in Osteuropa gedruckt, einige werden in Indien lektoriert und in viele verschiedene Sprachen übersetzt. Dieses Buch ist auf einem Rechner geschrieben worden, der aus Asien kommt, mit einer Software, die in den Vereinigten Staaten erfunden und programmiert wurde, und was auch immer Sie vielleicht gerade oder nachher essen – die Chancen stehen gut, dass Ihre Mahlzeit, oder Teile davon, ebenfalls aus dem Ausland kommt. Müssten Sie auf alles verzichten, das aus dem Ausland kommt, würden Sie vermutlich nackt, hungrig und ohne technische Hilfsmittel dastehen – es sei denn, Sie haben eine Lederhose an und ein deutsches Weißbier in der Hand.

Ob Sie wollen oder nicht – ohne unsere Beziehungen zum Ausland wären wir aufgeschmissen, und von diesen Beziehungen zum Ausland handelt dieses Buch. Es fragt, warum wir mit anderen Nationen Handel treiben, wie unsere Beziehungen zum Ausland aussehen, welche Folgen das für uns und für die anderen Nationen hat. Dieses Buch berichtet über die guten Seiten dieses Phänomens, das allgemein als Globalisierung bezeichnet wird, schildert aber auch seine Schattenseiten und die vermeintlichen Schattenseiten.

Denn, so selbstverständlich Sie Schuhe aus Italien, Hemden aus Indonesien und Mobiltelefone aus China nutzen, so wenig Verständnis haben weite Teile der Öffentlichkeit für dieses Phänomen. Armut, Ausbeutung, Kinderarbeit, Umweltverschmutzung und Arbeitslosigkeit werden als Begleitmusik der Globalisierung gedeutet – zumeist zu Unrecht. Es ist ein merkwürdiger Befund, dass mehr oder weniger alle Ökonomen von der grundsätzlichen Vorteilhaftigkeit der Globalisierung überzeugt sind, während die Öffentlichkeit darin ein Übel sieht.

Zum Teil mag die schlechte Meinung in der Öffentlichkeit geprägt sein durch politische Prozesse – auch diese werden in diesem Buch untersucht, aber ein Teil dürfte auch auf das Unverständnis vieler Menschen zurückzuführen sein: Globalisierung ist ein bunt schillerndes Phänomen, das in vielen Farben leuchtet und so unübersichtlich ist, wie die Welt selbst. Wer dieses Phänomen verstehen will, ist auf die Hilfe von Profis angewiesen, also auf die Hilfe von Ökonomen. Bücher zum Thema Globalisierung gibt es zuhauf, doch die meisten von ihnen sind Lehrbücher für Studiengänge, in denen diese Phänomene auf sehr abstraktem Niveau diskutiert werden, und die viele Grundkenntnisse voraussetzen, die nicht jeder mitbringt. Formelgräber und trockener akademischer Jargon laden nicht dazu ein, sich mit einem ohnehin schon komplizierten Thema zu beschäftigen.

Dieses Buch geht einen anderen Weg: Das Phänomen Globalisierung soll hier vorgestellt werden, ohne allzu viele Formeln, ohne akademischen Jargon und technische Details, in einer einfachen, verständlichen Sprache und für alle, die sich für das Thema interessieren – ob Student, Schüler, Nebenfächler oder interessierter Laie. Grafische Darstellungen werden nur dort angewendet, wo sie das Verständnis für eine Idee einfacher machen; grundsätzlich sind aber alle Ideen in diesem Buch stets so erklärt, dass man sie auch ohne die Grafiken verstehen kann. Angereichert werden die Darstellungen durch Berichte aus der Praxis, die Ihnen zeigen, wo diese Ideen sich unmittelbar in der Realität widerspiegeln – sei es, dass es bei McDonalds in Argentinien keinen Ketchup mehr gibt, dass der Teddy wieder nach Hause kommt, dass die Schweiz und China in Devisen ertrinken, dass in Belgien nur Margarine in Würfelform verkauft werden durfte oder dass deutsche Ärzte ins Ausland abwandern. Das alles hat mit Globalisierung zu tun.

Das Buch ist folgendermaßen aufgebaut: Das erste Kapitel macht eine kurze Bestandsaufnahme des Phänomens Globalisierung. Es beschreibt die wirtschaftlichen und politischen Ursprünge dieses Phänomens und zeigt anhand von Zahlen, um was es hier eigentlich geht.

Der anschließende erste Teil beschäftigt sich mit der realen Seite der Globalisierung, also mit den Bewegungen von Waren, Gütern, Kapital und Menschen. Kapitel zwei erklärt, warum Staaten miteinander handeln, welche Folgen die verschiedenen Arten von Handel haben, Kapitel drei erläutert, warum Menschen und Kapital Grenzen überqueren und welche Folgen das haben kann. Den Abschluss des ersten Teils bildet in Kapitel 4 eine Generaldiskussion über Folgen und Wirkungen der realen Globalisierung.

Der zweite Teil – Kapitel fünf – beschäftigt sich mit der monetären Globalisierung, also mit dem Mantel aus Geld, der sich um die realen Warenströme legt. Hier geht es um Wechselkurse, internationale Finanzmärkte, Währungskrisen und Währungssysteme. Den Abschluss dieses Teils bildet das sechste Kapitel über die Europäische Währungsunion, die quasi als Fallstudie dient, in der man viele Dinge, die in diesem Buch behandelt werden, in der Realität bei der Arbeit zuschauen kann.

Wenn Sie dieses Buch aufmerksam studieren, wissen Sie am Ende mehr darüber, warum Sie Schuhe aus Italien tragen, was ihr T-Shirt-Kauf für Indonesien bedeutet, warum Sie Ihr Telefon lieber in China kaufen, der Euro wackelt, niemand den IWF mag und wieso Sie Ihren Hausbau nicht mit einem Kredit im Ausland finanzieren sollten. Natürlich werden viele Fragen offen bleiben – sollte dieses Buch Ihre Neugier und Ihr Interesse geweckt haben und in Ihnen den Wunsch wecken, mehr zu erfahren, dann hätte es schon seinen Zweck erfüllt. In diesem Sinne: viel Spaß beim Lesen und viel Neugier.

Ingelheim im Mai 2016 Hanno Beck

PS: Ergänzend zu diesem Buch finden Sie unter www.vahlen.de/15879880 Foliensätze, weitere Aufgaben und Lösungen zu den einzelnen Kapiteln in diesem Buch.

Inhalt

Verzeichnis der Abbildungen

Tabellenverzeichnis

1 Globalisierung: Eine Bestandsaufnahme

Dieses Kapitel hat zum Ziel, dass Sie

- lernen, was sich hinter dem Begriff „Globalisierung" verbirgt,
- verstehen, seit wann es Globalisierung gibt und welche Ursachen dazu führten, dass die Globalisierung in den vergangenen Jahrzehnten zugenommen hat,
- etwas über die Befürchtungen erfahren, die viele Menschen im Zusammenhang mit Globalisierung haben und
- einen ersten Eindruck davon bekommen, wie sich die Welt in den vergangenen hundert Jahren verändert hat.

Wichtige Begriffe in diesem Kapitel

Globalisierung, Frachtcontainer, G8, Zölle, Transportkosten, Kapitalbewegungen, Handel, Wanderungen, Ungleichheit, Entwicklung, McDonaldisierung

@ **Einen aktuellen Foliensatz zu diesem Kapitel finden Sie unter www.vahlen.de/15879880**

Zum Auftakt: Schwarze Schafe im Protestblock. Vom 6. bis zum 8. Juni 2007 treffen sich im Grand Hotel im Ostseebad Heiligendamm die Staatschefs der acht wohl mächtigsten Nationen der Welt, um über die Probleme der Welt zu beraten – von A wie Afrikapolitik bis K wie Klimaschutz. „Es war ein erfolgreicher Gipfel", fasst eine zufriedene Bundeskanzlerin Angela Merkel die Ergebnisse des sogenannten G8-Gipfels zusammen. Offenbar sehen das nicht alle Bürger so: Begleitet wird der Gipfel von massiven Protesten von Globalisierungsgegnern, Autonomen und Antifa-Gruppen; Menschenrechtsgruppen, Nicht-Regierungsorganisationen, Kirchengruppen und Sozialforen liefern eine lautstarke Protestkulisse vor dem gut abgeschirmten Grand Hotel, in dem sich die Mächtigen der Welt austauschen.

Frau Merkel äußerte später Verständnis für die Sorgen der Globalisierungsgegner: „Die Bundesregierung nimmt diese Sorgen ernst", versicherte sie. Vermutlich weniger Verständnis hatte sie – wie viele andere – für einen Teil der Demonstranten, der im Windschatten dieser Proteste sein eigenes nationales Süppchen kochte: Inmitten der bunten Truppe von Linksautonomen, Kirchenmitgliedern und sozial engagierten Menschen tummelten sich Mitglieder der rechtsextremen NPD. Sie hatten sogar extra eine G8-Website eingerichtet, auf der sie drohten, die G8-Gipfel-Teilnehmer mit einem „nationalen Komitee zu empfangen, das mediale Wahrnehmung erzwingen wird". Mit Parolen wie

„Arbeit für Millionen statt Profit für Millionäre", „Ausbeutung durch Monokulturen", „Verlagerung von Arbeitskräften ins Ausland", machte die Rechtspartei Stimmung gegen die Globalisierung.

(Foto: ullstein bild – Thielker)

Ärger in Heiligendamm

Was für eine merkwürdige Veranstaltung: Bürger durch alle Schichten und politischen Klassen hinweg fürchten sich vor Globalisierung, protestieren, während die gewählten Volksvertreter in Sonntagsreden immer wieder betonen, dass Globalisierung „Chance und Risiko zugleich" sei – einen Fünfer fürs Phrasenschwein. Und die Tatsache, dass der Antifaschist auf der gleichen Demonstration anzutreffen ist wie der Neonazi, muss noch mehr zu denken geben. Die linken Gruppen empören sich naturgemäß, dass Neonazis ihr Thema besetzen, und rechtfertigen sich damit, dass die rechte Front dieses Thema sozusagen nur als trojanisches Pferd benutzt, um Stimmen zu fangen. Vielleicht ist da etwas dran, vielleicht machen sie es sich auch etwas zu einfach – ein paar Zitate zum Thema Globalisierung machen die Widersprüchlichkeit in der Anti-Globalisierungs-Debatte deutlich:

> *„Die uralten nationalen Industrien sind vernichtet worden und werden noch täglich vernichtet. Sie werden verdrängt durch neue Industrien, deren Einführung eine Lebensfrage für alle zivilisierten Nationen wird, durch Industrien, die nicht mehr einheimische Rohstoffe, sondern den entlegensten Zonen angehörige Rohstoffe verarbeiten und deren Fabrikate nicht nur im Lande selbst, sondern in allen Weltteilen zugleich verbraucht werden."*

Klingt recht überzeugend, oder? Die meisten Menschen, denen man dieses Zitat vorlegt, tippen als Urheber auf globalisierungskritische Institutionen wie ATTAC oder auf die Linkspartei. Und damit liegt man gar nicht so falsch. Wie sieht es mit folgendem Zitat aus?

> *„Wirtschaftsräume sehr unterschiedlicher Produktivitäts- und Lohnniveaus (z. B. West- und Osteuropa) sollen miteinander nach Regeln Handel treiben, die für beiderseitigen Nutzen sorgen und einen mit Arbeitsplatzverlusten verbundenen Verdrängungswettbewerb unterbinden."*

Klingt auch sehr linkslastig, ebenso wie das folgende Zitat:

> *„Globalisierung schafft Arbeitslosigkeit, weil hiesige Unternehmen mit solchen konkurrieren, die im Ausland mit niedrigen oder ohne Sozial- und Umweltstandards produzieren. Durch Globalisierung wurde der Wettbewerb vernichtet, denn Konkurrenz ist nur unter gleichen Bedingungen möglich."*

Und woher stammen diese Zitate? Das erste stammt aus dem kommunistischen Manifest aus dem Jahr 1848, das zweite von der globalisierungskritischen Organisation ATTAC und das dritte stammt – von einer Homepage der rechtsradikalen NPD.

Ein früher Globalisierungskritiker

Die meisten Menschen werden recht erbost, wenn man sie mit dem letzten Zitat konfrontiert – man verbitte sich die Unterstellung, dass man ein Nazi sei. Das will auch niemand sagen, doch diese Zitate zeigen zwei Dinge: Erstens ist die Angst vor Globalisierung so alt wie die Globalisierung selbst, doch die Welt ist bisher nicht untergegangen. Und zweitens sind die Argumente der Globalisierungsgegner im politischen Spektrum nicht eindeutig festzulegen – sie dienen sowohl der rechten als auch der linken Seite. Mit dem Kampfbegriff Globalisierung lassen sich fast alle politischen Programme rechtfertigen – jedenfalls solange man nicht allzu sehr ins Detail geht.

Welches sind die Ängste der Globalisierungsgegner? Die Argumente gegen Globalisierung sind schwer unter einen Hut zu bringen, zumal sie bisweilen nicht konsistent sind, aber grob gesagt werden folgende Punkte genannt:

- **Verelendung und Ausbeutung**. Globalisierung, so das Argument, führt zu Verelendung und Verarmung vieler Menschen, die von mächtigen Staaten ausgebeutet werden. Es kommt zu einem weltweiten Wettlauf nach unten, einem sogenannten „race to the bottom", einem Rennen nach unten, an dessen Ende eine Welt steht, in der alles zu Niedriglöhnen produziert wird, weil der Wettbewerb so brutal ist.
- **Machtlose Staaten**. Ein weiteres Argument gegen Globalisierung ist in der Furcht begründet, dass mit zunehmender Globalisierung Staaten immer machtloser werden, weil Unternehmen ihre Produktion nach Belieben in Niedrigsteuerländer verlagern können. Dadurch droht ein Verlust an Arbeitsplätzen, weswegen Staaten ihre Steuern senken und die Sozialgesetzgebung reduzieren müssen, um diese Arbeitsplätze nicht zu verlieren. Wegen der Drohung der Unternehmen, die Produktion aus Kostengründen zu verlagern, können Staaten nicht mehr die Politik betreiben, die sie eigentlich betreiben wollen. Je leichter Arbeitsplätze, Kapital, Bürger und Ideen die Grenzen passieren können, so die Argumentation, umso weniger hat der Staat noch Zugriff auf dieses Kapital, die Ideen und seine Bürger, umso weniger frei ist er in der Gestaltung seiner Politik.
- **Vagabundierendes Kapital**. Eine ebenfalls wichtige Rolle spielt die Furcht vor den weltweiten Kapitalströmen. Hierbei geht es im Gegensatz zu den weltweiten Direktinvestitionen, bei denen Unternehmen vor Ort in Maschinen oder andere Unternehmen investieren, um das sogenannte „hot money", Kapital, das im Gegensatz zu Kapital, das in Maschinen gebunden ist, schnell wieder abgezogen werden kann. Durch diese plötzlichen Kapitalbewegungen, so das Argument, kann es zu Währungs- und Finanzkrisen kommen und die Ansteckungsgefahr über internationale Kapitalmärkte ist groß, weswegen eine Krise in Amerika rasch zu einer Krise in Europa wird.
- **Umweltverschmutzung**. Die Zunahme der Globalisierung, so die Angst, geschieht auf Kosten der Umwelt, umweltschädliche Produktion werde in Länder mit geringen Umweltstandards verlagert.
- **Kulturelle Verarmung**. Durch Globalisierung, so das Argument, kommt es zu einer kulturellen Verarmung in der Welt, zu einer McDonaldisierung der eigenen Kultur – statt nationaler Vielfalt kommt es zu einem von angloamerikanischer Kultur dominierten kulturellen Einheitsbrei.

Das sind schwere Geschütze gegen ein Phänomen, dem die meisten Ökonomen sehr aufgeschlossen gegenüberstehen, und wir werden uns intensiv damit auseinandersetzen müssen. Doch um das systematisch zu tun, müssen wir zunächst einmal klären, worüber wir überhaupt reden. Was ist eigentlich Globalisierung?

Aufgabe

Welche Argumente werden gegen Globalisierung genannt? Welche Argumente werden dafür genannt? Sammeln Sie Debattenbeiträge aus den Medien. Aus welchem politischen Spektrum kommen die Debattenbeiträge? Was halten Sie von diesen Argumenten? Suchen Sie nach Gegenargumenten – auch (oder erst recht) wenn Sie anderer Meinung sind.

Der Begriff. Der G8-Gipfel in Heiligendamm war nicht der erste seiner Art – bereits 1975 trafen sich im französischen Rambouillet die Staats- und Regierungschefs der damals sechs größten Volkswirtschaften der Welt, um über weltwirtschaftliche Probleme zu diskutieren; es ging vor allem um gemeinsame Maßnahmen gegen die damals tobende Rezession infolge der Ölpreiskrise. Dies war die Geburtsstunde der sogenannten Weltwirtschaftsgipfel, bei denen sich jährlich die wichtigsten Industrienationen der Welt treffen, um sich über aktuelle Themen auszutauschen. 1976 kam Kanada dazu, 1998 folgte Russland – seitdem spricht man von der Gruppe der G8. Für den britischen Historiker Harold James ist dieser erste Gipfel am 15. November 1975 die Geburtsstunde des Begriffes „Globalisierung", wenngleich das Wort „globalisation" bereits 1961 in einem englischen Wörterbuch auftaucht. Seit den Achtzigerjahren ist daraus ein akademisches Massengeschäft geworden: Wenn man 1994 in der Bibliothek des amerikanischen Kongresses nach diesem Begriff suchte, fanden sich schlappe 34 Treffer, 2005 waren es bereits mehr als 5000.

Über eine saubere Definition streiten sich Legionen kluger Köpfe, aber ein paar Gemeinsamkeiten finden sich in den meisten Ansätzen. Danach versteht man unter Globalisierung:

- Eine Zunahme der weltwirtschaftlichen Verflechtungen: Güter, Dienstleistungen, Menschen, Kapital, Ideen – einfach alles wird in immer größerem Umfang und zunehmender Intensität zwischen Staaten getauscht.
- Die Beseitigung von zwischenstaatlichen Hemmnissen, die diesen Austausch von Ressourcen zwischen Staaten erschweren. Diesen Prozess kann man präziser mit dem Begriff der Liberalisierung umschreiben.
- Eine Zunahme der technischen Möglichkeiten, die eben diesen Austausch von Ressourcen zwischen Staaten verbilligen und erleichtern und damit den Prozess der Globalisierung vorantreiben.
- Globalisierungskritiker stellen bei ihrer Sicht der Globalisierung darauf ab, dass Staaten immer weniger in Märkte eingreifen (Laissez-faire-Ansatz) und auf diesem Weg den Prozess der Globalisierung beschleunigen. Oftmals

wird hier von einem neoliberalen Ansatz[1] gesprochen, den man ablehnt, nicht die Globalisierung per se.

Am besten ist vielleicht, man erschließt sich den Begriff der Globalisierung, indem man sich das Phänomen selbst anschaut. Zeit für eine Bestandsaufnahme.

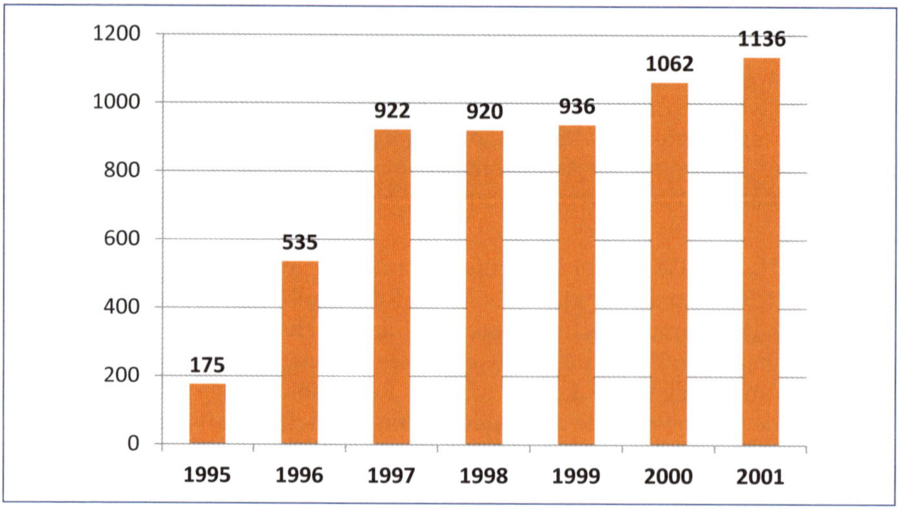

Quelle: Deutscher Bundestag (2002)

Abbildung 1: Jährliche Nennung des Wortes „Globalisierung" in der Frankfurter Allgemeinen Zeitung

Wie alt ist das Phänomen Globalisierung? So richtig aufgekommen ist der Begriff „Globalisierung" erst in den Neunzigerjahren (vgl. auch Abbildung 1), doch das Phänomen Globalisierung ist wesentlich älter. Manche Historiker lassen die Globalisierung bereits vor 5000 Jahren beginnen, als sich Fernhandel, Marktintegration und marktwirtschaftliche Wirtschaftsweisen in China, Indien und im Zweistromland finden; auch die Expansion des römischen Reiches ist eine Form der Globalisierung. Eine alternative Hypothese geht davon aus, dass die Globalisierung mit der „pax mongolica" im 13. Jahrhundert Fahrt aufnimmt. Dieser Frieden durch die Dominanz der mongolischen Reiterheere befeuert den Fernhandel entlang der Seidenstraße, die China und den vorderen Orient verbindet. Eine hässliche Variante der Globalisierung, den atlantischen Dreieckshandel, finden wir zwischen dem 16. und 18. Jahrhundert, als zunächst die spanischen Königreiche und später England in der neuen Welt in großem Stil Zuckerrohr- und Baumwollplantagen errichteten. Bewirtschaftet wurden diese

[1] Wer sich in der Dogmengeschichte besser auskennt, weiß, dass diese Begrifflichkeit falsch ist – Neoliberalismus meint nicht einen Staat, der nichts tut, sondern erkennt im Gegenteil an, dass Märkte einen regulierenden Rahmen benötigen. Der Fokus der Neoliberalen liegt dabei auf der Frage, wie ein Staat richtig und effizient in Märkten interveniert – dass er eingreifen muss, steht für die Neoliberalen außer Frage. An dieser Stelle muss man der Globalisierungskritik vorwerfen, aus mangelnder Sachkenntnis aus einer wirtschaftspolitischen Konzeption einen verfälschten Kampfbegriff gemacht zu haben.

mithilfe von Sklaven, die in Afrika gefangen oder gegen Alkohol, Waffen und Metallwaren eingetauscht wurden. Das Handelsdreieck ging also von Europa (Fangexpedition oder Tauschwaren) über Afrika (Sklaven) nach Amerika und mit Zucker und Baumwolle wieder zurück nach Europa.

Wer moderner denkt, verortet den Beginn der Globalisierung, genauer gesagt die erste Phase moderner Globalisierung, zwischen 1840 und 1914, die durch viele technische Innovationen (Eisenbahn, Dampfschiff, Telegraph, Telefon, Funk) und den Aufbau supranationaler Ordnungen gekennzeichnet war. Nach 1945 beginnt die zweite Globalisierungsphase, die von internationalen Organisationen wie der UNO, dem IWF oder dem GATT geprägt werden. Mit dem Zusammenbruch des Ostblocks in den Neunzigerjahren beginnt eine neue Zeitrechnung, die dritte Globalisierungsphase.

Aufgabe

Suchen Sie Beispiele für Globalisierung in der Geschichte und in Ihrem persönlichen Umfeld. Welche Folgen hat die Globalisierung in Ihrem Beispiel für die davon betroffenen Personen – also auch für Sie?

Zunahme der weltwirtschaftlichen Verflechtungen. Ein kurzer Blick auf die Zahlen soll uns helfen, einen Eindruck davon zu gewinnen, wie es um die Globalisierung der Welt bestellt ist. Die erste Komponente der Definition von Globalisierung war die Zunahme der internationalen wirtschaftlichen Verflechtungen – wie sieht es damit aus? Beginnen wir mit dem **Handel**: Abbildung 2 gibt einen Eindruck davon, sie zeigt den Anteil der Exporte am Sozialprodukt in Prozent seit 1870.

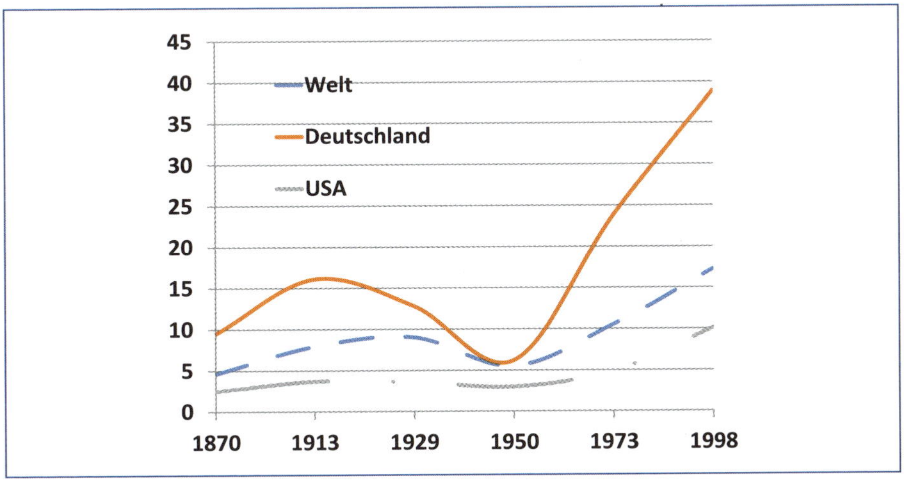

Quelle: Maddison (2006)

Abbildung 2: Handelsexporte weltweit in Prozent des Sozialproduktes (in Preisen von 1990)

Man sieht sehr schön, dass die Vertiefung der Handelsbeziehungen weltweit in langen Wellen verlaufen ist: Von 1870 bis 1913 hatten wir eine deutliche Zunahme der Handelsbeziehungen. Das lag, wie wir noch sehen werden, vor allem am damals herrschenden Währungssystem, dem Goldstandard, den wir später kennenlernen werden. Die Zeit von 1913 bis 1950 muss man eher als De-Globalisierung beschreiben, die internationalen Handelsbeziehungen sinken dramatisch – die Gründe dafür liegen mit der Weltwirtschaftskrise Ende der 1920er-, Anfang der 1930er-Jahre und den beiden Weltkriegen auf der Hand. Nach 1950 nehmen die weltwirtschaftlichen Verflechtungen wieder an Fahrt auf, und erst Mitte der Siebzigerjahre erreichen wir wieder das Niveau, das wir vor den beiden Weltkriegen gesehen haben. Die Jahre danach sind von einer starken Zunahme des Handels geprägt – kein Wunder, dass die Globalisierungsdebatte erst in den Achtziger-, Neunzigerjahren beginnt. Für Deutschland sieht man ganz besonders, wie sehr dieses Land auf Exporte angewiesen ist – seit den fünfziger Jahren sind hier die Exporte dramatisch gestiegen. Und dieser Anstieg ist einhergegangen mit einem deutlichen Anstieg des Wohlstands. Zumindest für uns Deutsche ist die Idee, dass zunehmende Globalisierung zur Verarmung führt, also wohl nicht haltbar.

So viel zum internationalen Austausch von Gütern. Wie sieht es mit den Wanderungsbewegungen aus, also der sogenannten **Migration**? Abbildung 3 vermittelt einen Eindruck: Westeuropa sieht erst seit den Fünfzigerjahren Netto-Zuwanderungen, in Deutschland erleben wir in den Fünfzigerjahren die Zuwanderung der Gastarbeiter, die beim deutschen Wirtschaftswunder mit anpacken, in den

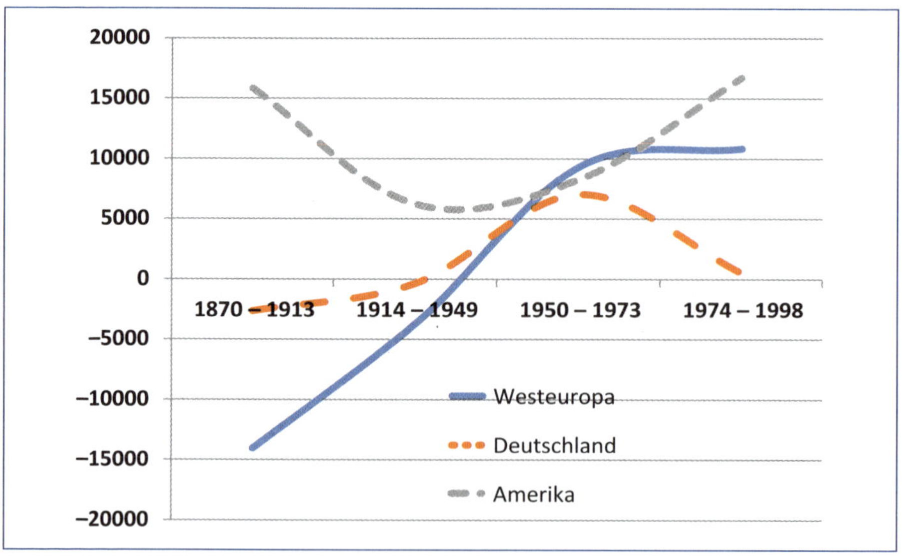

Quelle: Maddison (2006)

Abbildung 3: Netto-Wanderungsbewegungen (Zuwanderungen minus Abwanderungen) in 100.000 Personen (negativer Wert bedeutet Netto-Abwanderungen)

Achtziger- und Neunzigerjahren kommt es zu einem Rückgang der Zuwanderungen. Die Vereinigten Staaten sehen bis in die Fünfzigerjahre einen Rückgang der Zuwanderungen, erst ab den Sechzigerjahren nehmen diese wieder zu.

Neben Gütern und Menschen ist es ja auch das **Kapital**, das über die Grenzen fließt. Wie schaut es hier aus? Es ist relativ schwer, gute Indikatoren zu finden, die den Fluss des Kapitals zwischen Staaten messen, wir wollen uns zwei anschauen. Abbildung 4 zeigt den durchschnittlichen Saldo der Leistungsbilanz für 12 hoch entwickelte Staaten in Prozent des Sozialproduktes. Die Begründung, warum man diese Zahl als Maßstab zur Messung des zwischenstaatlichen Kapitalflusses verwendet, werden wir uns noch detailliert anschauen, vereinfacht gesagt misst dieser Saldo die Menge an Kapital, das einem Land zuströmt (im Falle eines Leistungsbilanzdefizits) oder aus diesem Land abfließt (im Falle eines Leistungsbilanzüberschusses). Schaut man sich die Grafik an, so stellt man fest, dass wir bis in die Neunzigerjahre noch weit davon entfernt waren, die Kapitalströme zu sehen, die wir vor den Kriegen beobachtet haben – was das Kapital angeht, hinkte die Globalisierung bis in die neunziger Jahre noch dem hinterher, was wir in der Vorkriegszeit beobachtet haben.

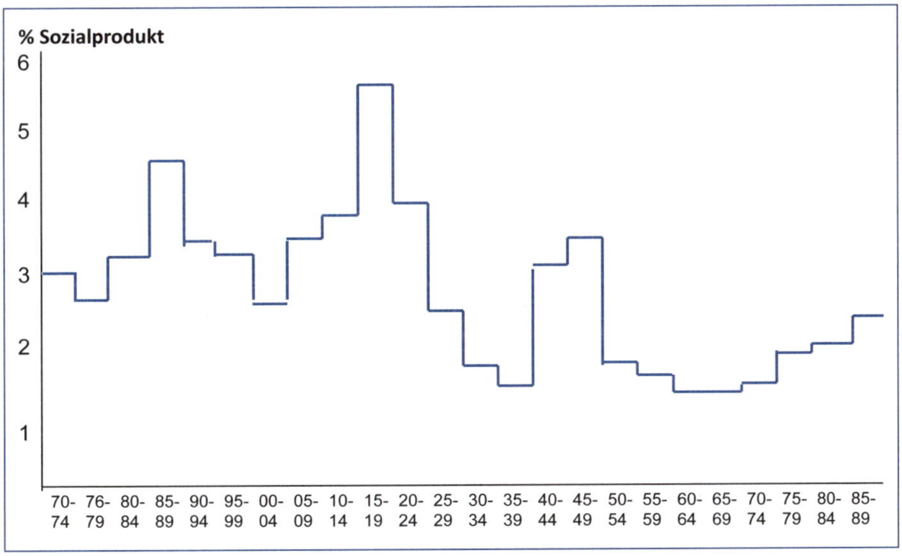

Quelle: Baldwin, Martin (1999)

Abbildung 4: Leistungsbilanz-Saldo in Prozent des Sozialproduktes seit 1870 (Durchschnitt für 12 Staaten)

Abbildung 5 bestätigt diesen Eindruck, hier sehen wir den Bestand an ausländischem Kapital in Prozent des Welt-Sozialproduktes. Während Abbildung 4 die jährlichen Ströme des Kapitals (die sogenannten Stromgrößen) zeigt, verdeutlicht diese Abbildung den Bestand des Kapitals (die Bestandsgrößen), der sich aus dem aufaddierten Saldo der Zu-und Abflüsse ergibt, das ist also der Bestand an ausländischem Kapital weltweit. Wir sehen, dass die weltweiten Bestände

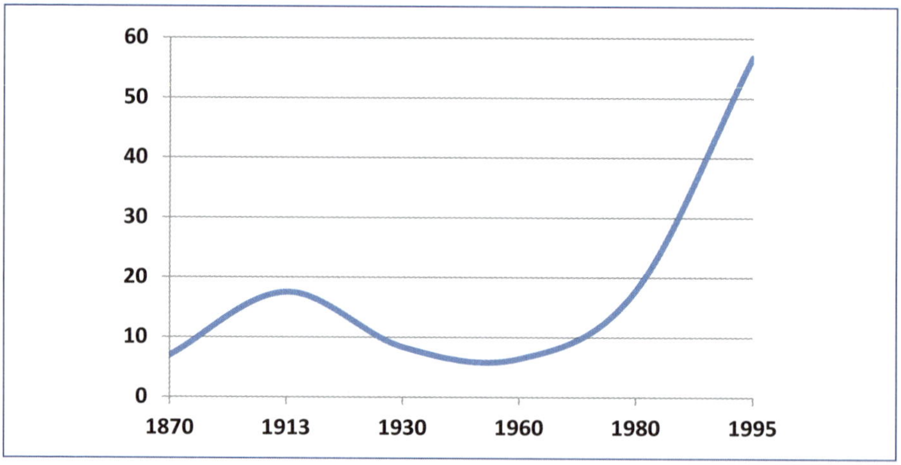

Quelle: Crafts (2004)

Abbildung 5: Weltweiter Bestand an Auslandskapital in Prozent des weltweiten Sozialproduktes

an ausländischem Kapital sich erst in den achtziger Jahren dort wiederfinden, wo sie vor dem Krieg bereits einmal waren. Abbildung 6 schließlich zeigt, dass die internationalen Investitionen in Prozent des Sozialproduktes erst in den Achtzigerjahren wieder das Niveau erreichen, das vor dem Krieg herrschte.

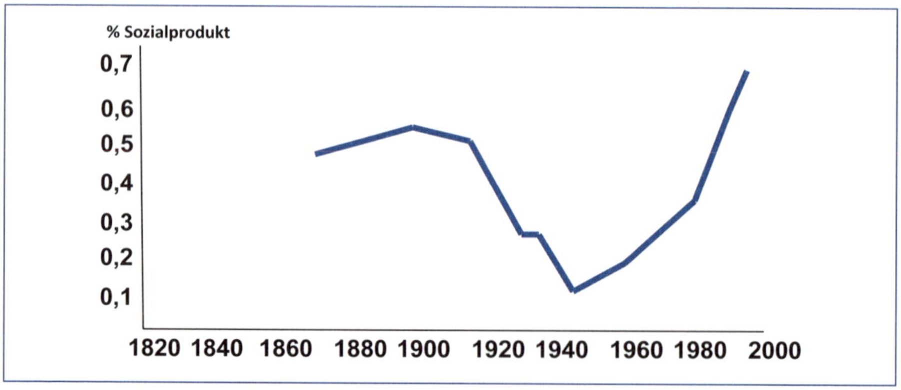

Quelle: Taylor (2002)

Abbildung 6: Internationale Investitionen in Prozent des Sozialproduktes seit 1870

Will man hier eine Bestandsaufnahme machen, so kann man festhalten, dass es grob gesagt zwei Phasen der Globalisierung gibt: Bis zum ersten Weltkrieg beobachten wir eine Zunahme der weltweiten Handels- und Kapitalströme, die kriegsbedingt abreißt, erst in den Fünfzigerjahren des vorherigen Jahrhunderts nimmt die Globalisierung wieder an Fahrt auf, und erst Ende der 1980er-Jahre befinden wir uns wieder auf dem Niveau, das wir bereits erreicht hatten. So gesehen ist Globalisierung ein alter Hut – wir kehren langfristig dahin zurück, wo wir einmal hergekommen sind. Erst seit den Achtzigerjahren beschleunigt sich dieser Prozess – das zeigt Abbildung 7. Hier sehen wir den sogenannten Offenheitsgrad für finanzielle Transaktionen und Handelstransaktionen (vereinfacht gesagt wird diese Kennziffer anhand der Kapital- bzw. Güterströme gemessen) für die Welt als Ganzes; hier sieht man sehr schön, dass die Welt insgesamt in Sachen Handel und Kapitalbewegungen in den vergangenen Jahren deutlich offener geworden ist.

Aufgabe

Wie hat sich die internationale Verflechtung der Welt in den vergangenen 100 Jahren entwickelt? Suchen Sie nach früheren Beispielen für Globalisierungstendenzen.

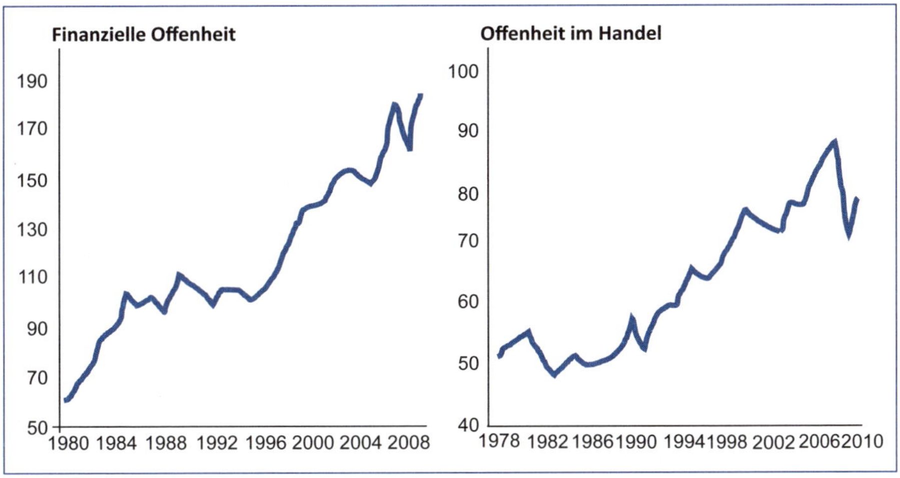

Quelle: IMF (2011) (http://www.imf.org/external/np/pp/eng/2011/053111.pdf); S. 14 weltweit

Abbildung 7: Finanzielle Offenheit (linkes Schaubild) und Offenheitsgrad im Handel (rechtes Schaubild) in Prozent des Sozialproduktes weltweit seit den Achtzigerjahren

Treiber der Globalisierung. Ein zweiter Aspekt unserer Definition von Globalisierung war, dass Globalisierung die Beseitigung zwischenstaatlicher Hemmnisse meint – dieser Aspekt zielt auf die Treiber der Globalisierung ab. Was sagen die Daten?

Abbildung 8 zeigt die Entwicklung der **Transportkosten** für Ozean- und Luftfracht sowie die **Kommunikationskosten**. Und die Botschaft ist klar: Sowohl Transportkosten als auch Kommunikationskosten sind in den vergangenen 100 Jahren dramatisch gesunken; Abbildung 9 bestätigt diesen Eindruck. Damit haben wir vermutlich einen der wichtigsten Treiber der Globalisierung identifiziert – je billiger es wird, Güter zu transportieren, und je leichter es wird, mit Geschäftspartnern in fremden Staaten zu kommunizieren, umso billiger wird es, Waren, Kapital oder Menschen zwischen den Grenzen zu bewegen. Die Geschichte der Globalisierung ist auch eine Geschichte des technischen Fortschrittes.

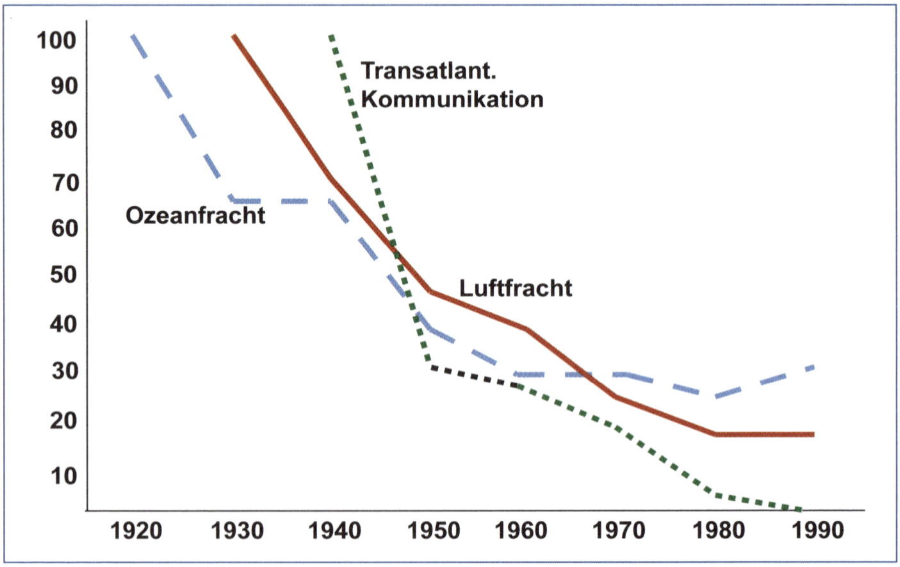

Quelle: Baldwin, Martin (1999)

Abbildung 8: Transportkosten und Kommunikationskosten seit 1920 (indexiert)

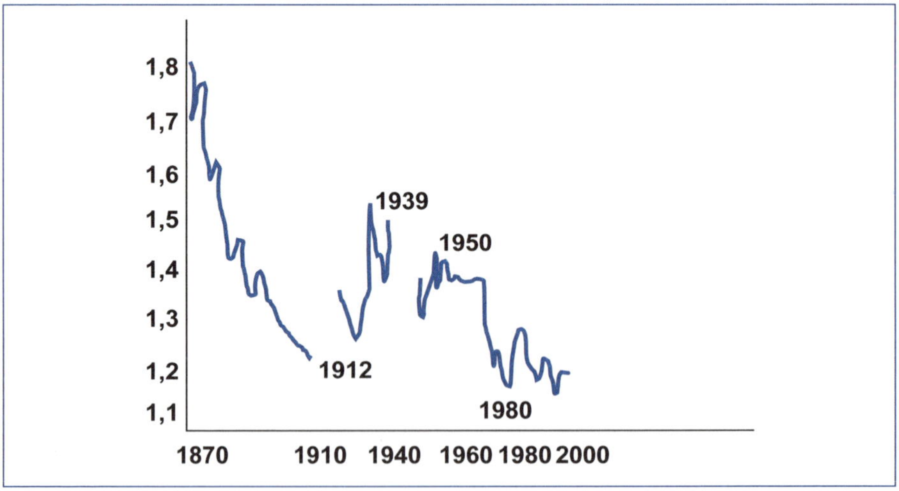

Quelle: Baldwin (2011)

Abbildung 9: Geschätzte Handelskosten seit dem 17. Jahrhundert (Die Maßzahl an der vertikalen Achse stammt aus sogenannten Gravitations-Schätzungen und ist ein Maß für Handelskosten)

Info: Ein verkanntes Genie: Der Frachtcontainer

Eine simple Metallbox verändert die Welt: Neue Forschung (Bernhofen, El-Sahli, Kneller, 2013) zeigt, dass der Frachtcontainer die Globalisierung der Welt stärker vorangetrieben hat als alle Handelsabkommen der vergangenen 50 Jahre. Vor der Erfindung des genormten Frachtcontainers war die Arbeit in einem Frachthafen etwas für Menschen mit gutem räumlichen Vorstellungsvermögen: Fracht in den verschiedensten Formen und Größen wurde ausgeladen und dann wie beim Computerspiel Tetris so gut und platzsparend wie möglich umgeladen. Mit den Containern wurde das anders: Man packt Güter in einen Container und kann anschließend die Container platzsparend, schnell und effizient auf die Schiffe verladen. Die Zeit- und Kostengewinne waren enorm: Als Malcom McLean, ein amerikanischer Fuhrunternehmer, 1956 die Kosten seines ersten Versuches mit den neuen Containern berechnete, beliefen sich diese auf 16 Cent pro Tonne – für Schiffe ohne Container waren es damals 5,83 Dollar. Dockarbeiter konnten in kürzerer Zeit mehr Waren verladen, weswegen sich nun auch größere Schiffe lohnten. Die höhere Produktivität in den Häfen reduzierte die Machtposition der Dockarbeiter und damit deren Lohnforderungen; die Anzahl der Streiks fiel. Und da man Container versiegeln konnte, sanken der Schwund aufgrund von Diebstahl und damit auch die Versicherungsprämien. Die Folgen für den Freihandel schätzen Forscher als extrem hoch ein: Bei einem Datensatz von 22 Ländern bewirkte die Einführung der Container einen Anstieg des bilateralen Handels um 320 Prozent in den ersten fünf Jahren; über 20 Jahre stieg er um 790 Prozent. Zum Vergleich: Ein bilaterales Handelsabkommen steigert den Handel zwischen zwei Staaten um geschätzte 45 Prozent über 20 Jahre; die Mitgliedschaft im allgemeinen Zoll- und Handelsabkommen GATT (das wir noch näher kennenlernen werden) erhöht den Handel um 285 Prozent. So gesehen sollten Handelspolitiker auch darüber nachdenken, wie man die technische Effizienz des internationalen Handels erhöhen könnte (vgl. auch o.V. 2013).

(Foto: ullstein bild – CARO – Frank Sorge)

Verkannte Genies bei der Arbeit

Abbildung 10 gibt Hinweise auf einen weiteren Treiber der Globalisierung nach 1945: Nachdem in der Periode zwischen den Kriegen eher Handelskriege und Protektionismus angesagt waren, haben nach 1945 die meisten Industriestaaten

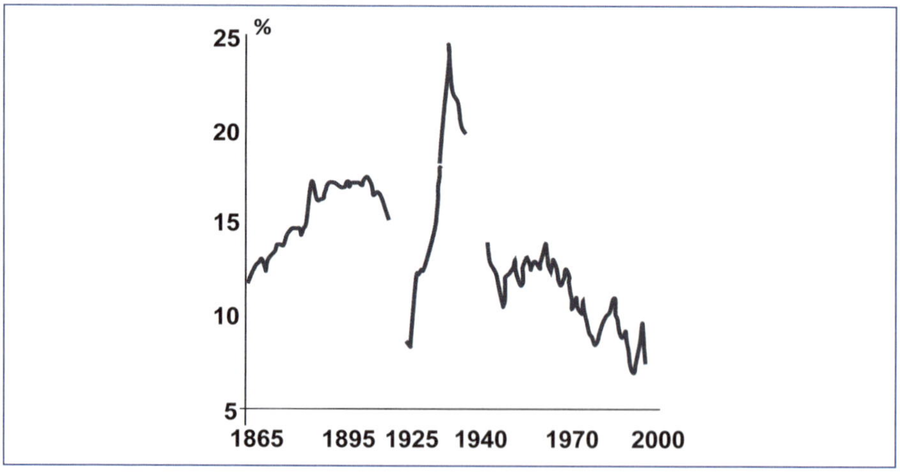

Quelle: Thirlwell (2006)

Abbildung 10: Entwicklung der Zollsätze in Prozent (ungewichteter Durchschnitt über 35 Länder)

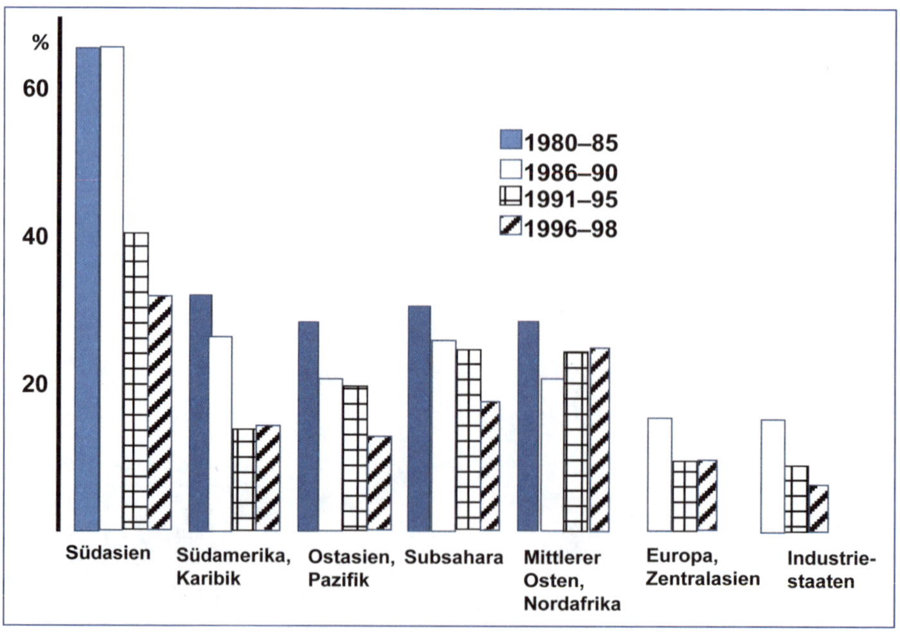

Quelle: Dollar (2005)

Abbildung 11: Durchschnittliche Zollsätze seit den Achtzigerjahren nach Regionen (ungewichtet, in Prozent)

ihre **Zölle** gesenkt und damit den Zufluss von Waren aus dem Ausland billiger gemacht. Die Welt nach 1950 war eine Welt, in der sich die Staaten schrittweise bemühten, Handelshemmnisse abzubauen – mit der Folge einer Zunahme des internationalen Handels. Abbildung 11 bestätigt diesen Eindruck und zeigt ein weiteres interessantes Detail: Verglichen mit Asien, Lateinamerika und Afrika südlich der Sahara waren die Zölle in Europa und in den entwickelten Industrienationen eher gering. Bleibt die Frage, ob die geringen Zölle zum Wachstum beigetragen haben oder aber es sich reiche Staaten einfach eher leisten können, ihre Zölle zu senken.

Aufgabe

Wie würde die Welt aussehen, wenn die Hindernisse für den freien Waren- und Kapitalverkehr komplett beseitigt wären, ebenso wie die Hindernisse für die Wanderung von Menschen?

Folgen der Globalisierung. Welches die Folgen der Globalisierung sind, können wir hier noch nicht klären, aber wir können einen kurzen Blick auf den Zustand der Welt werfen.

Zunächst einmal zeigt Abbildung 12, dass das **weltweite Sozialprodukt** in den meisten Regionen der Welt in den vergangenen Jahrhunderten gestiegen ist. Allen voran haben Amerika und Westeuropa (und mit ihnen auch Deutschland) einen bemerkenswerten Anstieg ihres Sozialproduktes pro Kopf erreicht; den Menschen dieser Regionen haben damit von Jahr zu Jahr pro Kopf gerechnet mehr Güter zum Konsum zur Verfügung gestanden. Bei Osteuropa und Lateinamerika ist dieser Anstieg weniger ausgeprägt; Asien scheint ein Spätstarter

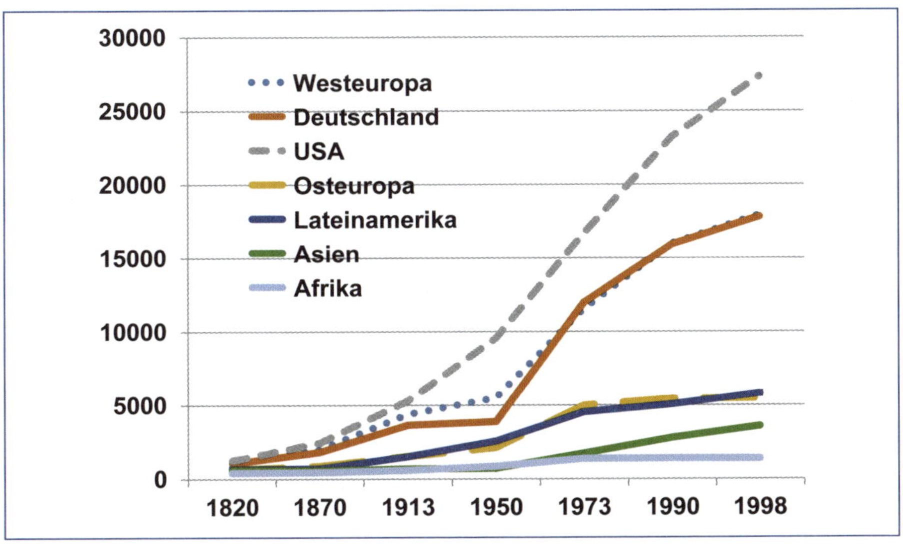

Quelle: Maddison (2001)

Abbildung 12: Reales Sozialprodukt pro Kopf für ausgewählte Regionen (in internationalen Dollar von 1990)

zu sein. Und der einzige Fall, wo sich das Versprechen von mehr Wohlstand in den vergangenen Jahrhunderten nicht erfüllt hat, ist Afrika. Wenn man etwas in diese Grafik hineininterpretieren will, dann vielleicht die Beobachtung, dass genau zu dem Zeitpunkt, an dem die Globalisierung – gemessen an den vorherigen Abbildungen – wieder an Fahrt aufnimmt, nämlich ab den Fünfzigerjahren, auch das Wachstum der Industriestaaten anzieht. Zumindest scheint die Globalisierung den westeuropäischen Staaten nicht geschadet zu haben, könnte man vermuten. Warum das aber für Afrika beispielsweise nicht der Fall ist, müssen wir später herausarbeiten.

Nun ist das Sozialprodukt ein recht simples, nicht in allen Belangen taugliches Maß zur Messung der Wohlfahrt eines Landes, letztlich gibt es nur an, wie viele Güter ein Land produziert hat – das sagt nur bedingt etwas über die vielen Faktoren aus, die dazu führen, dass es einem Land gut geht oder nicht. Ein alternatives Maß hierfür ist der **Human Development Index**, ein Index, der viele verschiedene Faktoren des menschlichen Wohlbefindens zusammenfasst; hier werden auch Indikatoren wie Kindersterblichkeit, Alphabetisierungsrate, hygienische Umstände und Ähnliches erfasst. Je höher dieser Index, desto besser die Lebensbedingungen. Tabelle 1 zeigt für die vergangenen 200 Jahre, dass es der Menschheit immer besser geht – wenngleich auch hier die Fortschritte ungleich verteilt sind – Afrika steht heute da, wo Westeuropa bereits 1913 stand.

Tabelle 1: Der Human Development Index für ausgewählte Regionen

	1870	1913	1950	1999
Nordamerika	0,504	0,643	0,774	0,934
Westeuropa	0,421	0,58	0,707	0,918
Afrika			0,271	0,527
China			0,225	0,718
Indien		0,143	0,247	0,571

Quelle: Crafts (2004)

Erfreulich ist auch, dass die Zahl der Menschen, die in **extremer Armut** leben – also von weniger als 1,25 Dollar am Tag leben müssen – sich von 1990 bis 2010 halbiert hat. Was uns zu der Frage bringt, ob denn die Welt ungerechter geworden ist – Abbildung 13 versucht, eine Antwort darauf zu geben. Sie zeigt die Entwicklung eines **Ungleichheitsmaßes**, des sogenannten Theil-Koeffizienten, über die vergangenen 200 Jahre (je größer der Index, desto größer die Ungleichheit). Wie Sie sehen, ist die weltweite Ungleichheit *zwischen* den einzelnen Bürgern der Welt (obere Kurve) bis 1920 stark gestiegen, bis in die Sechzigerjahre hinein gab es so etwas wie eine Verschnaufpause, danach zog die Ungleichheit wieder an. Auf jeden einzelnen Bürger – egal welcher Nationalität – bezogen, ist die Welt ungleicher geworden. Aber ein wenig genauer muss man schon hinschauen, und zwar mithilfe der mittleren Kurve: Die Ungleichheit *innerhalb* *einzelner Staaten* ist seit Beginn des vergangenen Jahrhunderts deutlich gesunken und stagniert seitdem mehr oder weniger. Will heißen: Die Ungleichheit zwischen den Bürger aller Nationen hat zwar zugenommen, aber innerhalb einer einzelnen Nation ist sie gesunken. Daraus folgt messerscharf die dritte Kurve, nämlich die Ungleichheit zwischen den Staaten. Diese hat in den vergangenen Jahrzehnten zugenommen und sie ist auch der Grund dafür, warum die Ungleichheit zwischen allen Menschen zugenommen hat. Verdichtet man diese Kurven, so erzählen sie diese Geschichte: In den vergangenen 200 Jahren hat in manchen Staaten die Ungleichheit deutlich stärker abgenommen als in anderen Staaten, und aus diesem Grund hat die Ungleichheit zwischen den Menschen weltweit zugenommen. Wenn also ein Deutscher und ein Chinese heute ungleicher sind als vor 50 Jahren, so liegt das daran, dass Deutschland und China sich auseinanderentwickelt haben. Einen unmittelbaren statistischen Zusammenhang zwischen Globalisierung und Ungleichheit haben zumindest die Verfasser der Studie, aus der diese Grafik stammt, nicht gefunden.

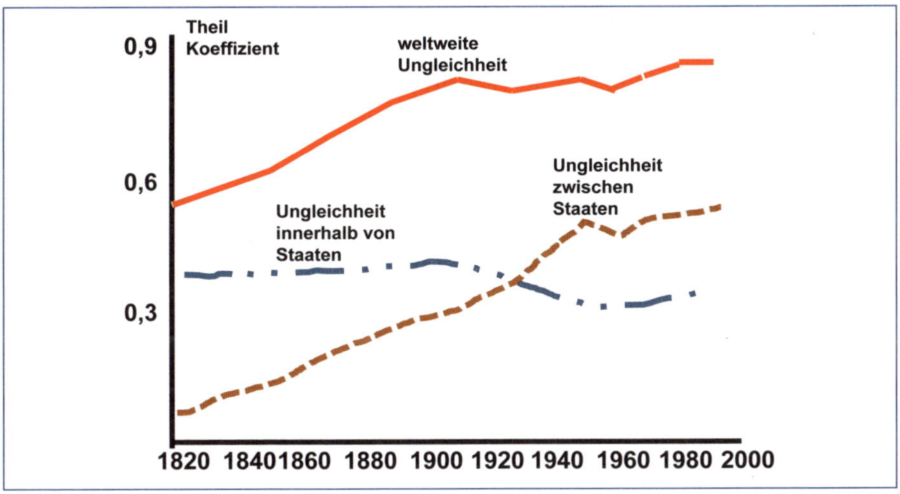

Quelle: Taylor (2002)

Abbildung 13: Ungleichheit weltweit in den vergangenen 200 Jahren

Was ist mit der Angst vor einem **machtlosen Nationalstaat**? Wir werden uns dieser Angst noch näher annehmen, hier soll uns zunächst nur einmal Abbildung 14 genügen, sie zeigt die Höhe der Staatsausgaben in Prozent des Sozialproduktes für Westeuropa und einige ausgewählte Länder. Wie man sieht, sind diese seit Beginn des vorherigen Jahrhunderts tendenziell gestiegen; vor allem seit Mitte der Fünfzigerjahre, die, wie wir bereits gesehen haben, den Beginn der zweiten Globalisierungswelle markieren. Vorsichtig gesagt gibt diese Abbildung keinen Hinweis auf eine zunehmende Machtlosigkeit des Staates – im Gegenteil hat er, gemessen an seinem Ausgabenverhalten, seinen Einfluss auf die heimische Wirtschaft eher ausgebaut.

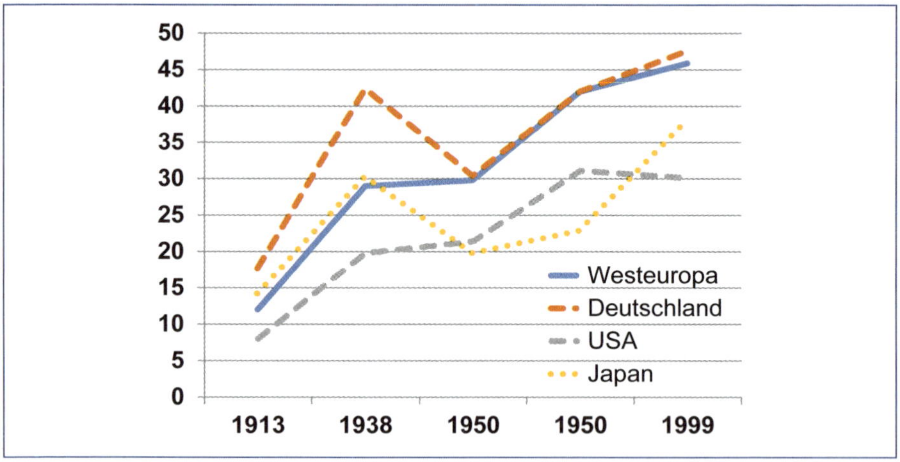

Quelle: Maddison (2001)

Abbildung 14: Staatsausgaben 1913–1999 in Prozent des Sozialproduktes (zu laufenden Preisen)

Wie sieht es mit den **Finanz- und Währungskrisen** aus – ist die Welt ein unruhigerer Ort geworden? Abbildung 15 zeigt einen vom Internationalen Währungsfonds (IMF, den wir später noch näher kennenlernen werden) konstruierten Indikator für das Vorkommen sogenannter systemischer Krisen, also von Krisen, die ansteckend sind (wenn Sie so wollen, eine Art Nervositäts-Index für die Finanzmärkte). Wie der Index berechnet wird, wollen wir hier nicht weiter vertiefen, interessanter ist der Verlauf im Vergleich mit dem Wachstum

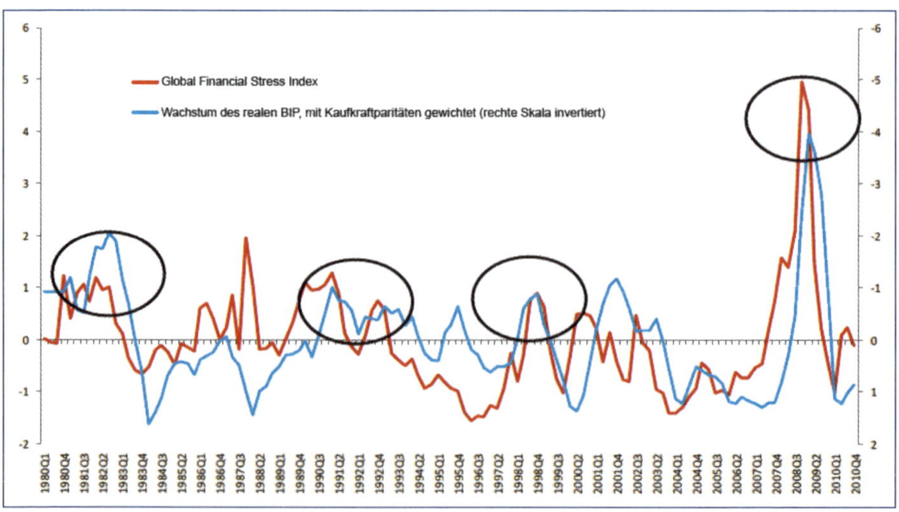

Quelle: IMF; (2011)

Abbildung 15: Indikator für weltweite systemische Krisen und Wachstum des weltweiten realen Sozialproduktes in Prozent

des weltweiten Sozialproduktes. Der IMF identifiziert vier große systemische Krisen (in der Grafik eingekreist: die Krise Lateinamerikas 1982, die Krise des Europäischen Währungssystems in den Jahren 1992/93, in den späten Neunzigern waren es Russland, Asien und ein legendärer Hedge-Fonds namens LTCM, die zu einer weltweiten systemischen Krise führten, und 2008 schließlich kam die weltweite Finanzkrise, die vom amerikanischen Immobilienmarkt ausging. Bemerkenswert ist der Gleichlauf der Krisen mit dem Wachstum des Sozialproduktes: Eine systemische Krise führt auch zu einem Rückgang des Sozialproduktes (bitte beachten Sie, dass die Skala für das Sozialprodukt invertiert ist).

(Foto: Martin Krolikowski CC BY)

Finanzblasengeblubber

Wie man sieht, ist der Eindruck gemischt: In der Tat kommt es immer wieder zu systemischen Krisen, die auch weltweit andere Staaten anstecken können, doch zumindest bis zum Jahr 2008 kann man sagen, dass sich das in Grenzen hielt – der Verlauf der Krisenindikatoren ist nicht so unruhig. Die Krise des Jahres 2008 ist allerdings ein echter Ausreißer und die Frage ist, ob es sich wirklich nur um einen Ausreißer handelt oder ob sie ein Vorbote dafür ist, dass es in Zukunft zu heftigeren Krisen kommen wird. Was diese Frage angeht, ist die Jury noch nicht zurück von ihren Beratungen.

Wie sieht es mit der **kulturellen Globalisierung** aus? Abbildung 16 gibt hier einen Hinweis, sie zeigt die Eröffnungsjahre der jeweils ersten **McDonald's-Filiale** in einem Land. Wir sehen eine kontinuierliche Ausbreitung der Burger-Restaurants über die Welt, ein Indiz für eine Ausbreitung fremder Kulturen in anderen

Staaten – in diesem Fall ist es wohl das, was Kritiker als eine „McDonaldisierung“ der Kultur kritisieren, womit sie erstens meinen, dass nationale Kulturen schleichend amerikanisiert werden, und zweitens, dass die amerikanische Kultur – sagen wir, es wie es gemeint ist – minderwertig ist.

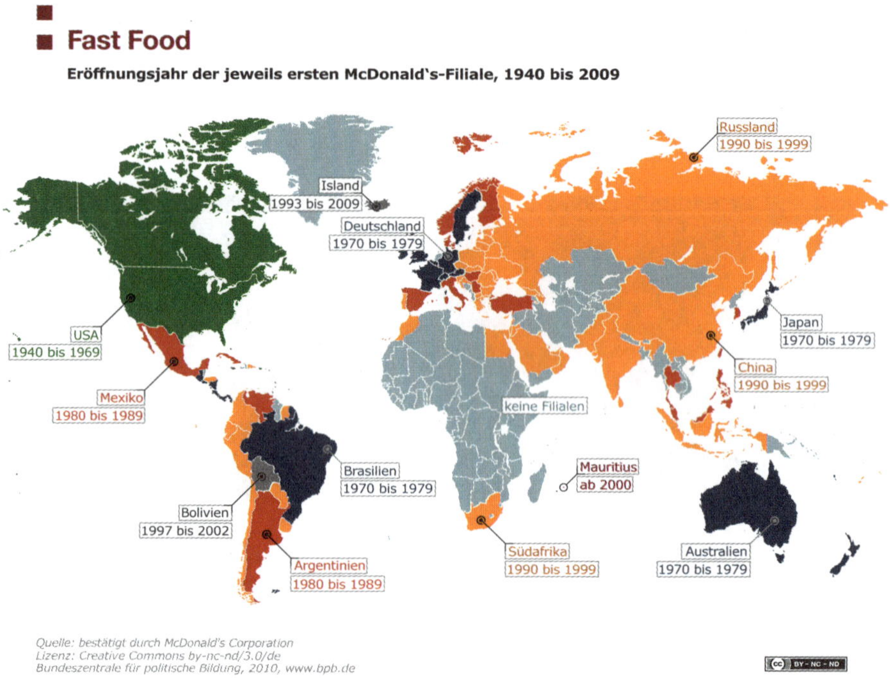

Quelle: Bundeszentrale für politische Bildung (2010a)

Abbildung 16: Eröffnungsjahre der ersten McDonald's-Filialen

Ob eine Kultur minderwertig ist oder nicht, entzieht sich einer objektiven Betrachtung, und wenn so viele Menschen bei McDonald's essen, dann vermutlich deswegen, weil sie es mögen – das sollte man vielleicht auch als kritischer Mensch akzeptieren. Und egal ob man McDonald's mag oder nicht, so bleibt doch ein Hauch von Fremdenfeindlichkeit zurück, wenn man die Einflüsse einer anderen Kultur im eigenen Land zurückdrängen möchte. Zudem ist es nur schwer zu vermitteln, dass man gegen die Amerikanisierung westlicher Staaten wettert, zugleich aber auch die Multi-Kulti-Gesellschaft wünscht. Was die Folgen einer zunehmenden Verbreitung fremder Kulturen angeht, so kann man zwei Hypothesen diskutieren: Eine Möglichkeit besteht darin, dass bestehende Kulturen verdrängt werden, was zu einer stärkeren kulturellen Gleichheit in allen Staaten führen würde. Die andere Idee wäre, dass durch die Verbreitung fremder Kulturen mehr kulturelle Vielfalt in den Staaten entsteht, einfach deswegen, weil es nun mehr kulturelle Varianten gibt.

Einen weiteren Treiber der kulturellen Globalisierung sehen Sie in Abbildung 17, es ist die Verbreitung des **sozialen Netzwerks Facebook**. Die Grafik zeigt sehr anschaulich, dass die Welt enger zusammenrückt – es wird immer leichter, Menschen aus anderen Kulturkreisen kennenzulernen und Kontakt zu ihnen zu halten. Auch das dürfte die Verbreitung fremder Kulturen in der Welt fördern. Und wo trifft man diese Menschen? Na zum Beispiel im Urlaub, Abbildung 18 zeigt das: Die Zahl der Menschen, die andere Staaten besuchen, ist seit 1950 deutlich gestiegen. **Tourismus** bringt die Menschen einander näher.

Aufgabe

Wie viele Bekannte in fremden Ländern haben Sie? Wie haben Sie diese kennengelernt? Hat Ihr Kontakt zu diesen Bekannten Ihre Haltung gegenüber der eigenen Kultur beeinflusst?

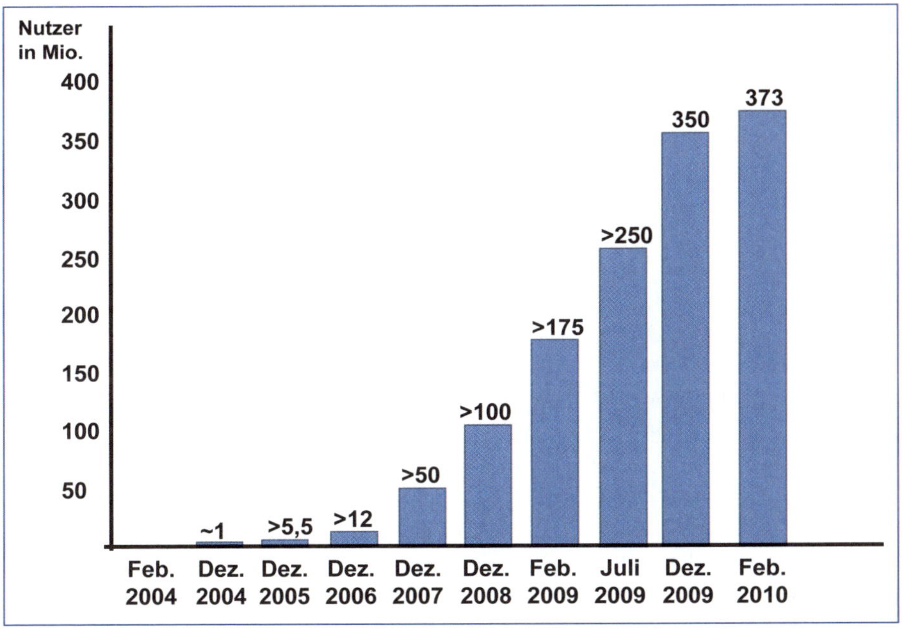

Quelle: Bundeszentrale für politische Bildung (2010b)

Abbildung 17: Aktive Nutzer des sozialen Netzwerks Facebook

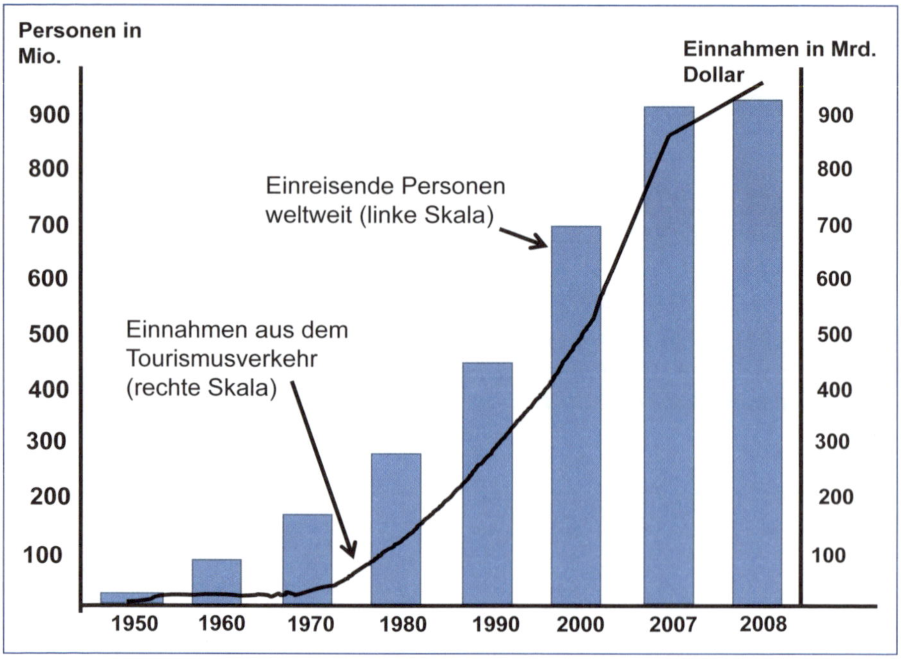

Quelle: Bundeszentrale für politische Bildung (2010c)

Abbildung 18: Tourismus weltweit 1950–2008

Literatur

Alles über den G8-Gipfel in Heiligendamm aus offizieller Sicht finden Sie auf der offiziellen Homepage des Gipfels hier:

o.V. (2007), G8-Gipfel 2007 Heiligendamm; URL http://www.g-8.de/Webs/G8/DE/G8Gipfel/g8-gipfel.html

Globalisierung als rechtes Kampfthema der Nazis:

Stroisch, Jörg (2008), Globalisierung als rechtes Kampfthema, Wirtschaftswoche Online, URL http://www.wiwo.de/politik/deutschland/netz-gegen-nazis-globalisierung-als-rechtes-kampfthema/5427528.html

Die Geschichte des Begriffes Globalisierung und Definitionsansätze:

Fäßler, Peter E. (2007), Globalisierung, Böhlau Verlag, Köln, Weimar, Wien.

James, Harold (1997), Rambouillet, 15. November 1975. Die Globalisierung der Wirtschaft, München

Scholte, Jan Aart (2007), Defining Globalisation, The World Economy, Vol. 31, No. 11, pp. 1471 – 1502.

Al-Rodhan, Nayef R.F. (2006), Definitions of Globalization: A Comprehensive Overview and a Proposed Definition, Geneva Centra for security policy, Program on the Geopolitical Implications of Globalization and Transnational Security, Geneva, URL http://www.sustainablehistory.com/articles/definitions-of-globalization.pdf

Auf der Homepage des Bundesministeriums für Wirtschaft und Technologie finden Sie jede Menge Informationen zum Thema Außenwirtschaft aus politischer Sicht:

BMWI (2013), Außenwirtschaft, URL: http://www.bmwi.de/DE/Themen/aussenwirtschaft.html

Der Siegeszug des Frachtcontainers:

Bernhofen, Daniel; El-Sahli, Zouheir; Kneller, Richard (2013), Estimating the Effects of the Container Revolution on World Trade, Lund University, Working Paper 2013:4, February 2013

o.V. (2013), The humble hero, Economist Online, URL http://www.economist.com/news/finance-and-economics/21578041-containers-have-been-more-important-globalisation-freer-trade-humble

Daten zur Globalisierung finden Sie hier:

Baldwin, Richard (2011), Trade And Industrialisation After Globalisation's 2nd Unbundling: How Building And Joining A Supply Chain Are Different And Why It Matters, NBER Working Paper No. 17716, December 2011.

Baldwin, Richard E.; Martin, Philipe (1999), Two waves of Globalisation: Superficial Similarities, Fundamental Differences, NBER Working Paper No. 6904.

Bundeszentrale für politische Bildung (2010a), Zahlen und Fakten: Globalisierung. Fast Food, URL: http://www.bpb.de/nachschlagen/zahlen-und-fakten/globalisierung/52774/fast-food

Bundeszentrale für politische Bildung (2010b), Zahlen und Fakten: Globalisierung. Soziale Netzwerke, URL: http://www.bpb.de/nachschlagen/zahlen-und-fakten/globalisierung/52777/soziale-netzwerke

Bundeszentrale für politische Bildung (2010c), Zahlen und Fakten: Globalisierung. Tourismusverkehr, URL: http://www.bpb.de/nachschlagen/zahlen-und-fakten/globalisierung/52511/tourismus

Chandy, Laurence; Ledlie, Natasha; Penciakova, Veronika (2013), The Final Countdown: Prospects for Ending Extreme Poverty by 2030, The Brookings Institution, Washington, April 2013

Crafts, Nicholas (2004), Globalisation and Economic Growth: a Historical Perspective, pp. 45 – 58.

Dollar, David (2005), Globalization, Poverty and Inequality since 1980; The World Bank Research Observer, Vol. 20, No. 2 (Fall 2005), p. 152.

IMF (2011), Analysis of Systemic Crises and the Role of Global Financial Safety Nets, Geneva 2011, URL http://www.imf.org/external/np/pp/eng/2011/053111.pdf)

International Monetary Fund (2011), Analytics of Systemic Crises and the Role of Global Financial Safety Nets, May 2011,URL http://www.imf.org/external/np/pp/eng/2011/ 053111.pdf

Maddison, Angus (2001), The World Economy, Development Centre Studies, Volume I: A Millenial Perspective; Volume II: Historical Statistics, OECD, Paris 2006.

Taylor, Alan (2002), Globalization, Trade, and Development: Some Lessons from History, NBER Working Paper No. 9326.

Thirlwell, Mark (2006), After Doha: II. Is Globalization History?, Lowy Institute for International Policy, Analysis, October 2006, Sydney.

2 T-Shirts aus China, Wein aus Italien: Internationaler Handel

Prolog: Gewalt gegen Nachbarn. Das klingt wie Szenen aus einem Mafia-Film: Einzelhändler werden gezielt erpresst, eingeschüchtert und genötigt, für Produkte der ausländischen Konkurrenz bestimmte Mindestpreise zu nehmen – wenn sie überhaupt solche Produkte anbieten dürfen –, die Produkte der Konkurrenz werden in den einheimischen Läden zerstört, an den Grenzen werden Lastwagen mit ausländischen Produkten gestoppt, geplündert oder die Ladung wird vernichtet, die Fahrer dieser Lastwagen bedroht man, die Polizei schaut weg – und die Politik auch. Ein Minister erklärt, er missbillige zwar die Gewalttaten, beabsichtige aber nicht, Ordnungskräfte einzustellen, um sie abzustellen.

Was klingt wie eine Hollywood-Räuberpistole, ist aus dem echten Leben gegriffen. Und es ist direkt vor unserer Haustür passiert, nämlich in Frankreich. Dort haben in den Neunzigerjahren französische Landwirte an der Grenze Lastwagen aus Spanien aufgehalten und spanisches Obst – Nektarinen, Erdbeeren und Pfirsiche – auf die Straße gekippt, sie haben Händler bedroht, wenn sie ausländisches Obst verkauften, oder das ausländische Obst in den Läden zerstört. Die Europäische Kommission warf den französischen Behörden Untätigkeit vor. Die gewaltsamen Aktionen auf Initiative von Gruppen wie der „Coordination rurale“, so die Kommission, gehörten zu einem ausgefeilten Plan und dem Versuch, den Markt für landwirtschaftliche Erzeugnisse durch Drohungen zu regulieren und ausländische Konkurrenz vom Markt fernzuhalten. Bisweilen betrafen diese fragwürdigen Praktiken der französischen Bauern nicht nur die spanischen Nachbarn, da wurden auch mal rasch Tomaten aus Belgien auf die Straße gekippt.

Info: 300 Käsesorten retten dich nicht – randalierende Milchbauern im Jahr 2015

„Frankreichs Landwirte nehmen das Recht – oder das, was sie dafür halten – weiter in die eigene Hand. Seit Montagnacht blockieren sie nach eigenen Angaben sieben Grenzübergänge nach Deutschland: ‚Wir halten alle Lastwagen aus Deutschland auf, die Agrarprodukte nach Frankreich transportieren, alle anderen lassen wir durch, französische Laster in die Gegenrichtung auch‘, sagte sachlich ein Vertreter der Bauern im französischen Nachrichtensender BFM TV. Man protestiere mit dieser Aktion gegen den zu niedrigen Milchpreis und deutsches Preisdumping … Lastzüge aus Spanien wurden umgekippt, ein Fahrer, der frecherweise Einwände hatte, wurde zusammengeschlagen. Auch einzelne Supermärkte erhalten Besuch: Randalierende Landwirte treiben Schweine in die Geschäfte und kippen Marmelade aus den Regalen, die Aktionen haben das Motto: ‚Konfitüre für die Schweine‘. Die Regierung protestiert pflichtschuldigst gegen die Randale, lässt die Bauern aber in den allermeisten Fällen gewähren … Die französische

> Agrarwirtschaft hat ihre frühere Vormachtstellung in Europa eingebüßt. Heute lebt sie in der schlechtesten aller Welten: Sie ist preislich nicht gerade wettbewerbsfähig, hat aber qualitativ auch nicht viel mehr zu bieten als die ausländische Konkurrenz ... Schon vor längerer Zeit warnten die Experten von Business France, der staatlichen Investitionsförderung, dass der Agrarsektor den Wandel verschlafe: ‚Wir importieren immer mehr Milch aus den Niederlanden', klagte eine Mitarbeiterin. Und Deutschland erzeugt heute mehr Käse als Frankreich, das Land, dem General de Gaulle bescheinigte, es sei unregierbar, ‚weil hier mehr als 300 Käsesorten hergestellt werden'."
>
> Hanke, Thomas (2015), Randale statt Reform, Handelsblatt Online, URL http://www.handelsblatt.com/politik/international/bauern-blockieren-deutsche-grenze-randale-statt-reform/12109082.html?mbnl=28072015&mbnl=28072015

Ganz allein waren die französischen Bauern mit ihren Aktionen nicht – auch italienische Bauern ließen sich dazu hinreißen, Straßensperren nahe der französischen Grenze zu errichten, um französische Importe zu stoppen. Offenbar gibt es viele Menschen, die etwas gegen fremde Waren haben, und dieser Abneigung recht deutlich Ausdruck verleihen.

Ärger auf dem Acker – protestierende Milchbauern in Brüssel

Ein verstörender Befund: Da preisen Politiker und Fachleute die Segnungen von Handel, während Bauern das Heft des Handelns selbst in die Hand nehmen und eben diesen Handel mit Gewalt unterbinden; da kaufen die gleichen Leute, die auf eine Anti-Globalisierungs-Demonstration gehen, Mobiltelefone, T-Shirts und Schuhe aus dem Ausland und der Widerstand gegen die Internationalisierung der Welt wird auf einer Internet-Plattform organisiert. Das Beispiel mit den französischen Bauern ist besonders verstörend, nicht nur wegen der Gewalttätigkeit der Methoden des Widerstands, sondern auch wegen der zwiespältigen Gefühle, die es auslöst: Der Landsmann der französischen Bauern mag Verständnis für deren Aktionen haben, fühlt er doch mit ihnen – doch zugleich kauft er gern das billigere Obst aus dem Ausland, man muss ja auch selbst sehen, wo man bleibt.

Aufgabe

Warum wollen die französischen Bauern Importe aus anderen Ländern verhindern? Wer sind die Leidtragenden dieser Aktionen? Sind Sie selbst davon betroffen? Warum greift die Politik nicht ein?

Was ist dran am Außenhandel? Warum betreiben wir überhaupt Handel und welche Folgen hat das? Diese Fragen sollen in diesem Kapitel behandelt werden. Dazu müssen wir erst einmal verstehen, warum Handel überhaupt entstehen kann, wann welche Nationen welche Güter handeln und welche Folgen das haben kann. Mithilfe dieser Erkenntnisse können wir verstehen, wer davon profitiert und wer nicht, und uns überlegen, was die Politik tun kann – um festzustellen, dass diese leider eine andere Agenda hat. Fangen wir an mit dem ältesten Klassiker der Außenhandelslehre – uralt, aber immer noch gültig: Warum kaufen Engländer portugiesischen Wein?

2.1 Wein gegen Tuch: das klassische Handelsargument

Dieses Kapitel hat zum Ziel, dass Sie

- die klassische Handelstheorie kennen, die erklärt, warum Nationen Handel miteinander betreiben,
- verstehen, warum Handel grundsätzlich wohlfahrtsfördernd ist und welche Rolle dabei die Produktivität und die Löhne spielen und welche Probleme Handel trotzdem mit sich bringt.

Wichtige Begriffe in diesem Kapitel

Komparative Kostenvorteile, absolute Kostenvorteile, Opportunitätskosten, strukturelle Arbeitslosigkeit, Produktivität, fairer Handel, Merkantilismus

@ **Einen aktuellen Foliensatz zu diesem Kapitel finden Sie unter www.vahlen.de/15879880**

Der Vater der Außenhandelstheorie. Als David Ricardo mit 800 Pfund in der Tasche 1793 an die Londoner Börse zieht, ist er 22 Jahre alt – 20 Jahre später gehört er zu den reichsten Männern Englands. An die Wirtschaftswissenschaften gerät er durch Zufall, als er aus Langeweile in einer Bibliothek stöbert, wo ihm der „Wohlstand der Nationen", das Hauptwerk des englischen Moralphilosophen und Ökonomen Adam Smith, in die Hände fällt. Seine Theorie von den komparativen Vorteilen entwickelt er anhand eines Praxisbeispiels: Von 1703 bis 1842 bestand zwischen England und Portugal ein Abkommen über den zollfreien Austausch von Wein und Tuch. Anhand dieses Beispiels rechnet Ricardo vor, dass sich der Tausch für die beiden Länder auch dann lohnt, wenn ein Land beide Produkte billiger herstellt – das ist die legendäre Theorie von den komparativen Kostenvorteilen.

(Quelle: http://www.eumed.net/cursecon/economistas/ricardo.jpg)

David Ricardo, der Vater der Außenhandelstheorie

Ricardo gilt heute als der Vater der Außenhandelstheorie, er hat erstmals die Theorie formuliert, die erklärt, warum es für Staaten vorteilhaft ist, miteinander Handel zu treiben. Bei genauerem Hinsehen erscheint es eigentlich merkwürdig, dass man eine Erklärung dafür abliefern soll: Seit Jahrtausenden betreiben Menschen Handel – würden sie das tun, wenn es keine Vorteile für sie brächte? Niemand wird freiwillig etwas tun, das nachteilig für ihn ist, und solange Handel also freiwillig erfolgt, darf man davon ausgehen, dass er für alle daran beteiligten Parteien vorteilhaft ist. Und nicht nur das: Kein Münchner würde sich jemals fragen, ob es sinnvoll ist, einen Fisch aus Hamburg zu kaufen, ebenso wie sich kein Schwabe daran stört, auch mal eine Bretzel aus Baden zu kaufen. Solange der Austausch von Gütern innerhalb der eigenen Landesgrenzen erfolgt, scheint er kein Problem zu sein, doch sobald zwischen dem Käufer und dem Verkäufer ein Grenzzaun ist, treten Probleme auf. Dabei gilt das folgende Argument für alle Formen der Arbeitsteilung – national wie international. Es erklärt, warum Arbeitsteilung – und damit auch Außenhandel – zunächst grundsätzlich immer vorteilhaft ist, und die Kernidee dieses Argumentes sind die sogenannten komparativen Kostenvorteile. Ein einfaches Beispiel (Tabelle 2) macht diese Idee deutlich.

Tabelle 2: Die Idee der komparativen Vorteile

	Benötigte Zeit zur Herstellung von 1 kg (Stunden pro kg)	
	Brot	Käse
Ausland	3	4
Deutschland	1	2

Komparative Vorteile: das Grundmodell. Nehmen wir einmal an, wir haben zwei Länder – Deutschland und das Ausland – und zwei Produkte – Brot und Käse. Um die Idee der komparativen Vorteile herauszuarbeiten, reicht das, wir könnten auch mehr Länder und mehr Produkte einbinden, das würde zunächst einmal nichts an der Gültigkeit dieses Arguments ändern. Allerdings müssen wir ein paar weitere **Annahmen** machen, die schon etwas restriktiver sind:

- Wir wollen im Folgenden unterstellen, dass beide Produkte nur mit **einem Produktionsfaktor** hergestellt werden, nämlich mit Arbeit.
- Die beiden Länder haben **unterschiedliche Produktionstechnologien**, will heißen eine unterschiedliche Arbeitsproduktivität. Das bedeutet, dass jedes Land für die Herstellung von einem Kilo Brot oder Käse einen unterschiedlichen Produktionsaufwand hat. In der Tabelle beispielsweise sehen Sie, dass Deutschland nur eine Stunde benötigt, um ein Kilo Brot herzustellen, während das Ausland drei Stunden dazu braucht. Ebenso ist es bei der Käseherstellung: Deutsche Arbeiter stellen in zwei Stunden ein Kilo Käse her, die ausländischen Arbeiter benötigen dazu vier Stunden. Genau das ist die Definition von Arbeitsproduktivität: die Menge der Produkte, die ein Arbeiter in einem festen Zeitraum herstellen kann. Woher die Unterschiede in der Arbeitsproduktivität kommen, ist hier nebensächlich, das kann beispielsweise eine unterschiedliche Ausstattung mit Maschinen sein oder aber eine bessere Ausbildung der Arbeitnehmer.
- Weiterhin wollen wir annehmen, dass das **Arbeitsangebot** in beiden Ländern **konstant** ist, die Anzahl der Beschäftigten ändert sich nicht.
- Die letzte Annahme ist zugleich die problematischste: Wir wollen annehmen, dass die Arbeitnehmer **problemlos zwischen den Branchen wechseln können** – wenn also die Käseproduktion zurückgeht, können die Arbeitnehmer, die in dieser Branche ihren Job verlieren, problemlos in die Brotbranche wechseln. Natürlich ist das heute noch unrealistischer als von 200 Jahren, als Ricardo dieses Modell entwickelte, aber wir wollen an dieser Annahme zunächst festhalten, um sein Argument zu verstehen. Heben wir diese Annahme auf, so werden wir später auch verstehen, warum französische Bauern

an der Grenze zu Spanien Lastwagen anhalten und spanisches Obst auf die Straße kippen.

Schaut man sich nun die unterschiedlichen Arbeitsproduktivitäten in dem Beispiel an, so könnte man zu dem Schluss kommen, dass hier kein Außenhandel lohnt: Deutschland stellt sowohl Brot als auch Käse in wesentlich kürzerer Zeit her als das Ausland – warum sollte man also Brot im Ausland kaufen, welches das Ausland in drei Stunden Arbeit hergestellt hat, während man das gleiche Brot mit einer Stunde Arbeit herstellen kann? Die Frage ist durchaus realistisch: Sieht man sich beispielsweise die Unterschiede zwischen Deutschland und China an, muss man sich schon fragen, warum die beiden Länder miteinander Handel betreiben sollten – Deutschland dürfte in allen Produktionszweigen produktiver sein als China. Etwas pseudoakademischer formuliert finden sich immer wieder Menschen, die Furcht vor dem Tag schüren, an dem China alles besser oder günstiger herstellt als wir – was, so die bange Frage, solle man dann noch als Exportgut herstellen? Wer die Idee der komparativen Vorteile versteht, erkennt, dass diese Furcht unnötig ist (wir werden darüber hinaus noch einen weiteren Grund kennenlernen, warum diese Furcht unberechtigt ist). Etwas subtiler, aber in die gleiche Richtung geht das Argument, die heimische Wirtschaft müsse ihre Wettbewerbsfähigkeit stärken – auch dies ein Argument, das in diesem Kontext fehl am Platze ist, wie wir sehen werden.

Werfen wir einen Blick auf Tabelle 2, so stellen wir zunächst fest, dass Deutschland in der Tat bei der Herstellung beider Güter produktiver ist, Deutschland besitzt also bei der Herstellung beider Güter das, was Ökonomen einen **absoluten Kostenvorteil** nennen – absolut betrachtet sind sie bei der Herstellung beider Güter produktiver (spiegelbildlich hat das Ausland nur absolute Nachteile). Schaut man jedoch genauer hin, erkennt man einen Unterschied: Die Herstellung von Käse dauert im Ausland doppelt so lange wie in Deutschland, die Herstellung von Brot aber dreimal so lange. Vergleicht man also die Produktivität der beiden Staaten miteinander, so zeigt sich, dass die Deutschen bei der Herstellung von Brot dreimal so produktiv sind (sie brauchen nur eine Stunde statt drei), bei der Herstellung von Käse hingegen sind sie nur doppelt so produktiv (zwei Stunden statt vier). Der Produktivitätsvorteil der Deutschen ist bei Brot im Vergleich zum Käse höher, und das nennen Ökonomen einen komparativen (komparativ = vergleichsweise) Vorteil. Deutschland hat also bei der Herstellung von Brot einen **komparativen Vorteil** (das Ausland einen komparativen Nachteil). Spiegelbildlich betrachtet hat das Ausland bei der Produktion von Käse einen komparativen Vorteil, ein Vorteil eben, der im Vergleich zur Brotproduktion besser ist (obwohl er absolut gesehen immer noch ein Produktionsnachteil ist).

Aufgabe

Haben Sie einen komparativen Vorteil gegenüber Ihrem Dozenten? Gibt es Beispiel für Fälle, in denen kein komparativer Vorteil existiert?

In einem ersten Schritt kann man nun zeigen, dass die Güterproduktion maximal ist, wenn sich jedes Land bei der Produktion auf seinen komparativen Vorteil konzentriert. Nehmen wir dazu an, dass jedes Land 12 Stunden Arbeitszeit zur Verfügung hat. Wenn Deutschland sich auf seinen komparativen Vorteil konzentriert, kann es zwölf Kilo Brot herstellen; das Ausland kann, wenn es sich auf seinen komparativen Vorteil konzentriert, drei Kilo Käse herstellen. In zusammen 24 Stunden Arbeit können beide Länder also zwölf Kilo Brot und drei Kilo Käse herstellen. Versuchen Sie nun Ihr Glück: Sie werden keine andere Kombination finden, bei der beide Länder zusammen in 24 Stunden mehr Güter herstellen können als die, dass Deutschland sich auf Brot und das Ausland sich auf Käse spezialisiert. Indem sich jedes Land auf seinen komparativen Vorteil konzentriert, haben wir die Produktion beider Länder maximiert. Eigentlich trivial: Jeder konzentriert sich auf das, was er relativ gesehen am besten kann, was zur Folge hat, dass das gemeinsame Produkt aller Bemühungen maximiert wird. Das ist auch der Grund, warum sich Menschen auf eine Tätigkeit spezialisieren – wer auf eine Arbeit spezialisiert ist, kann dort produktiver sein als ein nichtgeübter Mensch, Arbeitsteilung nennt sich das. Und genauso, wie Menschen Arbeitsteilung ausüben, ist das auch auf zwischenstaatlicher Ebene sinnvoll.

Der Vergleich stimmt auch beim letzten Schritt: Wenn sich ein Mensch auf eine Tätigkeit spezialisiert, dann wird er (wenn überhaupt) nur einen Teil seiner hergestellten Güter selbst konsumieren, den Rest wird er tauschen gegen andere Waren. Und genauso machen das im Modell der komparativen Vorteile Staaten: Sie spezialisieren sich auf das, was sie am besten können (wo sie den komparativen Vorteil haben) und tauschen die Ergebnisse ihrer Arbeit am Weltmarkt gegen andere Produkte.

(Foto: ullstein bild – Ulrich Baumgarten)

Komparative Vorteile bei der Arbeit

Wir können nun etwas genauer erläutern, wie dieser komparative Vorteil wirkt, dazu benötigen wir das Konzept der **Opportunitätskosten**. Die Opportunitätskosten sind die Kosten der nächstbesten Verwendungsrichtung. Wenn Sie eine Handlung A unternehmen, so verzichten Sie darauf, B zu tun – und der Ertrag von B, der entgangene Nutzen aus B, das sind Ihre Opportunitätskosten. Bezogen auf unser Beispiel in Tabelle 2 bedeutet das Folgendes: Wenn die Deutschen ein Kilo Käse herstellen, benötigen sie dazu zwei Stunden. In diesen zwei Stunden hätten sie alternativ zwei Brote herstellen können. Damit sind die Opportunitätskosten von einem (in Deutschland hergestellten) Käse genau zwei Brote. Man kann dieses Argument auch umdrehen und die Opportunitätskosten von Brot bestimmen: Wenn die Deutschen ein Brot in einer Stunde herstellen, dann hätten sie in dieser Stunde einen halben Käse herstellen können – damit betragen die Opportunitätskosten von Brot in Deutschland einen halben Käse. Diese Berechnung der Opportunitätskosten können wir nun auch für das Ausland machen und erhalten folgende Opportunitätskosten:

In Deutschland kostet

1 **Brot** einen halben **Käse**
1 Käse zwei **Brote**

Im Ausland kostet

1 **Brot** drei Viertel (0,75) **Käse**
1 **Käse** 1,33 **Brote**

Wie Sie sehen, haben beide Staaten unterschiedliche Opportunitätskosten und die Ursache dafür sind die komparativen Vorteile. Bei Brot hat Deutschland einen komparativen Vorteil gegenüber dem Ausland, deswegen ist Brot (in Käse gerechnet) in Deutschland billiger als im Ausland. Interessant aber ist, dass Käse im Ausland (in Brot gerechnet) billiger ist als in Deutschland – während die Deutschen auf zwei Brote verzichten müssen, um einen Käse zu produzieren, müssen die Ausländer nur auf 1,33 Brote verzichten (wenn man in vier Stunden einen Käse herstellt, so hätte man in dieser Zeit alternativ in drei Stunden ein Brot herstellen können und in der verbleibenden Stunde noch ein Drittel Brot). Es sind die Produktivitätsunterschiede zwischen den beiden Ländern, die für diese Unterschiede in den Opportunitätskosten sorgen.

Diese Unterschiede in den Opportunitätskosten sind es, die zu Außenhandel führen: Nehmen wir an, die Deutschen entdecken, dass sie im Ausland nur 1,33 Brote für einen Käse zahlen müssen – in Deutschland müssten sie zwei Brote dafür bezahlen. Also kommen sie auf eine einfache Idee: Sie stellen zwei Brote her (wofür sie zwei Stunden benötigen) und tauschen ein Brot plus ein Drittel Brot im Ausland gegen einen Käse. Vergleichen wir das mit dem Fall, dass die Deutschen den Käse in Inland herstellen, sieht man sofort den Vorteil: In Deutschland müssen sie auf zwei Brote verzichten, um einen Käse herzustellen, jetzt, bei Außenhandel, bekommen sie den Käse für 1,33 Brote und haben so zwei Drittel Brote übrig. Ein klarer Gewinn.

Wie stellt sich die Sache für die Ausländer dar? Sie stellen fest, dass sie in Deutschland für einen halben Käse schon ein Brot bekommen – sie müssten, wollten sie das Brot selbst herstellen, auf drei Viertel Käse verzichten. Also stellen sie drei Viertel Käse her, tauschen einen halben Käse gegen ein Brot und haben noch ein Viertel Käse übrig.

Das logische Ergebnis dieser Überlegungen ist, dass Außenhandel für beide Seiten vorteilhaft ist: Deutschland spezialisiert sich auf Brote und tauscht das, was es an Käse haben will, im Ausland gegen Brot ein; umgekehrt spezialisiert sich das Ausland auf Käse und importiert Brote. Wie wir bereits gesehen haben, ist das für beide Staaten vorteilhaft, zugleich wird auf diesem Weg die Summe der gesamten Produktion beider Staaten maximiert.

Welcher Preis kommt zustande? Eine Frage haben wir jetzt allerdings noch nicht geklärt – zu welchem Preis werden die beiden Staaten Handel betreiben? Genau können wir das nicht ohne Weiteres sagen, aber wir können eine Bandbreite angeben: Deutschland wird Käse im Ausland kaufen, solange er nicht mehr als zwei Brote kostet (wenn er zwei Brote kostet, dann kann man es auch selbst im Inland herstellen). Das Ausland wird aber nur Käse an Deutschland verkaufen, solange die Deutschen mehr als 1,33 Brote zahlen (so viel kostet die Herstellung im Ausland). Also wird sich der Preis, den Deutschland für den ausländischen Käse bezahlen wird, irgendwo zwischen 1,33 und zwei Broten einpendeln.

Und der Preis für Brot? Formal betrachtet gilt hier die gleiche Argumentation: Das Ausland wird Brot in Deutschland kaufen, solange es nicht mehr als 0,75 Käse kostet (andernfalls könnte es das Brot selbst herstellen). Die Deutschen werden ihr Brot nur verkaufen, wenn das Ausland mehr als einen halben Käse zahlt (so viel kostet die Herstellung in Deutschland). Also wird sich der Preis für Brot zwischen einem halben und 0,75 Käse einpendeln.

Wenn Sie nun genauer hinschauen, werden Sie feststellen, dass wir eigentlich nur den Preis für Brot (oder alternativ Käse) festlegen müssen, denn der Preis für Käse in Einheiten Brot ist auch automatisch der Preis für Brot, in Einheiten Käse gemessen. Nehmen wir einmal an, der Preis für Käse pendelt sich bei der Aufnahme von Handel zwischen Deutschland und dem Ausland bei 1,5 Broten ein. Dann bedeutet das automatisch, dass man für ein Brot 0,67 Käse (das ist der Kehrwert von 1,5) bekommt. (Natürlich: Deutschland zahlt für einen Käse 1,5 Brote, für ein Brot bekommt man dann eins durch 1,5 = 0,67 Käse. Wenn ein Käse zwei Brote kostet, dann kriegt man für ein Brot also eins durch zwei, also einen halben Käse)

Gut, wir wissen nun, wo sich der Preis für Käse (Brot) einpendeln muss: zwischen 1,33 und zwei Broten (einem halben und 0,75 Käse). Wo genau dies sein wird, hängt von Umständen ab, die wir nicht im Modell abgebildet haben. Klar ist aber: Je näher der Preis von Käse (Brot) an die Marke von 1,33 Brot (0,75 Käse) rückt, umso vorteilhafter wird der Handel für Deutschland, denn umso näher rückt der Preis an die Marke, bei der es für das Ausland nichts mehr zu gewinnen gibt aus dem Außenhandel.

Aufgabe

Was passiert, wenn sich der Preis für Käse bei 1,33 Brot einpendelt, was passiert, wenn er unter diese Marke fällt?

Vorteile aus dem Außenhandel. Machen wir diese Vorteile aus dem Außenhandel einmal konkret; nehmen wir an, jeder Arbeiter in Deutschland ebenso wie im Ausland konsumiert einen festen Warenkorb, bestehend aus einem Brot und einem Käse. Und nehmen wir an, dass sich bei Außenhandel der Preis für Käse bei 1,5 Brote einpendelt; das heißt, der Preis für Brot beträgt 0,67 Käse. Wie stellt sich die Situation vor Außenhandel dar, wenn also die Produktionszeiten aus Tabelle 2 gelten? Ein deutscher Arbeiter muss dann drei Stunden arbeiten, um ein Brot (eine Stunde) und einen Käse (zwei Stunden) herzustellen. Ein ausländischer Arbeiter hingegen muss sieben Stunden arbeiten, um ein Brot (drei Stunden) und einen Käse (vier Stunden) herzustellen. Was passiert nun, wenn die beiden Staaten Außenhandel betreiben und sich der Preis für Käse bei 1,5 Broten einpendelt?

- Der Deutsche Arbeiter arbeitet eine Stunde für ein Brot; dann arbeitet er noch einmal 1,5 Stunden für 1,5 weitere Brote, die er gegen einen Käse eintauscht; das macht zusammen 2,5 Stunden Arbeit, in denen er nun ein Brot und einen Käse bekommen hat. Er spart eine halbe Stunde Arbeit.
- Für den ausländischen Arbeiter stellt sich das so dar: Er arbeitet vier Stunden für einen Käse; dann arbeitet er noch einmal 2,68 Stunden für 0,67 Käse, die er gegen ein Brot eintauscht (der Preis für Käse beträgt 1,5 Brote, das heißt, der Preis für Brot ist 0,67 Käse; und wenn man in vier Stunden einen Käse herstellt, so benötigt man 4 mal 0,67 Stunden für 0,67 Käse); das macht zusammen 6,68 Stunden Arbeit, in denen er nun ein Brot und einen Käse bekommen hat. Er spart 0,32 Stunden Arbeit, also rund 20 Minuten.

Dieses Beispiel zeigt, dass Außenhandel in der Tat beiden Staaten Vorteile bringt – beide Arbeiter haben den gleichen Güterkorb, aber weniger dafür gearbeitet. Und wir sehen nun auch die Rolle des Preises, der durch den Außenhandel festgelegt wird: Setzen Sie beispielsweise den Preis für Brot auf 0,75 Käse. Will der ausländische Arbeiter weiterhin ein Brot und einen Käse haben, so muss er nun wie folgt arbeiten: Vier Stunden arbeitet er für einen Käse, den er selbst konsumiert; will er nun ein Brot, so muss er dafür 0,75 Käse zahlen, die er in drei Stunden Arbeit herstellt. Sein Gewinn aus dem Außenhandel ist in diesem Fall gleich null. Anders herum ist natürlich klar: Je näher sich der Außenhandelspreis an die Preisrelationen nähert, die in Deutschland herrschen, umso mehr profitiert das Ausland vom Außenhandel, während Deutschland einen zunehmend geringeren Vorteil davon hat.

Und was genau entscheidet darüber, welcher Preis zustande kommt? Vermutlich alles, ein paar Ideen wollen wir einmal kurz anschauen:

- Die Dringlichkeit der Nachfrage spielt sicherlich eine Rolle, das, was Ökonomen die Preiselastizität der Nachfrage nennen. (Diese ist definiert als die prozentuale Veränderung der nachgefragten Menge, dividiert durch die prozentuale Veränderung des Preises. Je weniger sich die nachgefragte Menge bei einer Veränderung des Preises ändert, umso geringer ist dieser Wert, umso weniger kann man auf das betreffende Gut verzichten.) Das Land mit der geringeren Nachfrageelastizität wird bereit sein, einen höheren Preis für das Produkt zu zahlen. Bisweilen wird vermutet, dass ein Teil des Exporterfolgs der deutschen Industrie auf eine geringe Nachfrageelastizität nach ihren Gütern zurückzuführen ist – weil die ausländischen Kunden nicht auf die deutschen Waren verzichten wollen, sind sie bereit, einen höheren Preis zu zahlen.

- Die Konkurrenzverhältnisse spielen mit Sicherheit auch eine Rolle: Wenn ein Land ein Produkt anbietet, für das es wenig Alternativen gibt und nur wenige Anbieter am Markt sind, umso eher kann dieses Land einen hohen Preis verlangen.
- Auch die Angebotselastizität der jeweiligen Branche dürfte eine Rolle spielen: Steigt beispielsweise die Nachfrage nach Brot plötzlich und erhöht die Brotindustrie ihr Angebot nur gering (die Angebotselastizität ist gering), dann zieht der Brotpreis an – zugunsten des Landes, das Brot exportiert.

Aufgabe

Wie ist die Preiselastizität der Nachfrage definiert, wie definiert man die Preiselastizität des Angebots? Schlagen Sie die Definitionen in der Literatur nach.

Die Rolle der Löhne. Mithilfe des Ricardo-Modells können wir nun auch eine erste Idee dazu entwickeln, welche Rolle Löhne spielen, wenn Nationen handeln. Dazu wollen wir annehmen, dass der Stundenlohn in Deutschland 10 Euro betrage – dann kostet die Herstellung eines Brotes in Deutschland 10 Euro (eine Stunde Arbeit), die Herstellung eines Laibs Käse kostet dann 20 Euro (zwei Stunden Arbeit). Weiterhin kostet ein Käse 1,5 Brote – das sei unser Preis im Außenhandel. Bei diesem Preis und der in Tabelle 2 unterstellten Arbeitsproduktivität wird Deutschland, wie bereits erwähnt, Brot exportieren, der Preis für Brot wird in Deutschland 10 Euro sein. Damit das Ausland aber dieses Brot auch kauft, muss es im Ausland teurer sein als 10 Euro. Da das Ausland zur Herstellung eines Brotes drei Stunden benötigt, darf der Stundenlohn im Ausland nicht unter 3,34 Euro rutschen – warum? Ganz einfach: Wenn das Ausland zur Herstellung eines Brotes drei Stunden braucht und der Stundenlohn im Ausland unter 3,34 Euro rutscht, kostet das Brot im Ausland weniger als 10 Euro (drei Stunden á 3,33 Euro macht 9,99 Euro). Bei diesem Stundenlohn wäre es für das Ausland billiger, das Brot selbst herzustellen.

Diese Überlegung gilt auch für das Ausland, das beim herrschenden Preisverhältnis von 1,5 Broten für einen Käse nur dann Käse exportieren wird, wenn der Preis für Käse geringer ist als 20 Euro (bei einem Stundenlohn von 10 Euro in Deutschland kostet die Herstellung von Käse in Deutschland 20 Euro). Also dürfen die Stundenlöhne im Ausland nicht über 5 Euro steigen – bei vier Stunden Produktionszeit steigen die Produktionskosten über 20 Euro, wenn der Stundenlohn über 5 Euro steigt.

Damit haben wir das Band eingegrenzt, innerhalb dessen sich die Löhne bewegen müssen, damit Außenhandel zustande kommt: Wenn der Stundenlohn in Deutschland bei 10 Euro liegt, muss er im Ausland zwischen 3,34 und 5 Euro liegen – nur in diesem Fall sind die Preisverhältnisse so, dass Deutschland (das Ausland) Brot (Käse) exportieren wird. Oder um es abstrakter zu sagen: Bei den herrschenden Produktionsverhältnissen aus Tabelle 2 dürfen die Löhne in Deutschland mindestens doppelt so hoch sein wie im Ausland, maximal aber nur dreimal so hoch. Wenn Sie noch einmal einen Blick auf Tabelle 2 werfen, wird auch klar, warum das so ist: Deutschland ist bei der Herstellung von Brot dreimal so produktiv wie das Ausland, also kann man auch dreimal so hohe Löhne zahlen und dennoch billiger als das Ausland herstellen. Auf der anderen Seite ist Deutschland bei Käse doppelt so produktiv wie das Ausland – also sollten die Löhne etwas mehr als doppelt so hoch sein wie im Ausland, andernfalls würde die Herstellung von Käse in Deutschland billiger werden als im Ausland.

Aber Vorsicht: Die letzte Bemerkung könnte Sie jetzt zu der Schlussfolgerung verleiten, dass es also doch nicht so weit her ist mit den komparativen Vorteilen – was, wenn die Löhne in Deutschland nur 2 Euro betragen, die Löhne im Ausland 4 Euro? Kommt der Außenhandel nun zum Erliegen? Nicht ganz, aber das Muster ändert sich – schauen wir uns dazu Tabelle 3 an. Hier haben wir einfach die benötigten Arbeitsstunden aus Tabelle 2 mit diesen neuen Stundenlöhnen multipliziert – die Zahlen in der Tabelle sind jetzt also die gesamten Lohnkosten zur Herstellung von einem Kilogramm. Wie Sie sehen, gibt es immer noch einen komparativen Vorteil, nur dass sich dieser jetzt umdreht: Deutschland ist bei Brot sechsmal so günstig wie das Ausland; bei Käse ist es nur viermal so günstig. Der komparative Vorteil der Deutschen liegt jetzt bei Käse – aber er existiert immer noch.

Tabelle 3: Komparative Vorteile und Löhne (Lohn in D: 2 Euro; Lohn im Ausland: 4 Euro)

	Lohnkosten zur Herstellung von 1 Kg	
	Brot	Käse
Ausland	12	16
Deutschland	2	4

Aufgabe

Bestimmen Sie für die in der Tabelle gegebene Arbeitsproduktivität, welches Land was ex- und importieren wird und in welcher Spanne das Austauschverhältnis liegen darf. Nehmen Sie an, das Weltmarktpreisverhältnis pendelt sich auf 0,3 Spielzeuge je Maschine ein. Zeigen Sie die Wohlfahrtseffekte des Handels. Nehmen Sie weiter an, der Stundenlohn in Deutschland betrage 10 Euro. In welcher Spanne dürfen sich die ausländischen Löhne bewegen, damit Außenhandel zustande kommt?

	Benötigte Zeit zur Herstellung von einer Einheit in Stunden	
	Spielzeug	Maschinen
Ausland	10	4
Deutschland	5	1

Gut, bleibt noch eine letzte Frage: Was passiert, wenn die Deutschen es mit den Löhnen übertreiben, sagen wir, dass die deutschen Löhne auf 20 Euro steigen, während das Ausland nur 5 Euro pro Stunde zahlt? Brot kostet jetzt im Ausland (Inland) 15 (20) Euro, Käse hingegen 20 (im Ausland) respektive 40 (im Inland) Euro. Und nun? Wenn Sie genau hinschauen, erkennen Sie immer noch das Muster der komparativen Vorteile: Brot ist in Deutschland nun rund 1,34-mal so teuer wie im Ausland, Käse hingegen ist in Deutschland zweimal so teuer wie im Ausland. Das Muster der komparativen Vorteile bleibt nach wie vor bestehen. Aber eines hat sich geändert: Das Ausland hat nun – in Lohnkosten gerechnet – bei beiden Gütern einen absoluten Vorteil (vorher hatte Deutschland den absoluten Vorteil bei beiden Produkten). Das grundsätzliche Außenhandelsmuster ändert sich also eigentlich nicht.

Die Rolle des Arbeitsmarktes. Wenn Sie dieses Modell verinnerlicht haben, wird es Ihnen sicherlich nicht schwerfallen, die grundsätzliche Idee zu akzeptieren – das ist aber noch keine Wertung. Natürlich wird Außenhandel noch durch viele andere Variablen bestimmt (von denen wir einige in den kommenden Kapiteln untersuchen werden), aber die grundsätzliche Idee ist einfach und deswegen robust: Spezialisiert sich ein Land auf das, was es verglichen mit anderen Ländern am besten kann, so kann man auf diesem Weg die weltweite Produktion erhöhen und die Ergebnisse dieses Produktionsanstiegs untereinander tauschen. Das ist der Kern des Ricardo-Prinzips. Das bedeutet aber nicht, dass dies nicht eine Reihe von Fragen und Problemen aufwirft. Und das größte Problem ist wohl der Arbeitsmarkt. Zeit für eine Kritik an diesem Modell.

Die verletzlichste Annahme dieses Modells ist die Idee, dass die Arbeitnehmer problemlos zwischen den Branchen wechseln können. Also: Deutschland und das Ausland nehmen Außenhandelsbeziehungen zueinander auf, Deutschland exportiert Brot und importiert Käse. Die Folge: Die Käseproduktion im Inland sinkt (im Extremfall geht sie auf null zurück), die Brotproduktion im Inland steigt. Und hier kommt die entscheidende (optimistische) Annahme: Die Arbeiter, die wegen der Importe ihren Job in der deutschen Käseproduktion verlieren, können ohne Probleme wechseln, und zwar in die Brotproduktion – die steigt ja wegen der zunehmenden Exporte und benötigt deswegen mehr Arbeitskräfte.

Es ist diese Idee des flexiblen Arbeitsmarktes, die uns in der Praxis Schwierigkeiten bereitet: Nicht jeder Arbeitnehmer ist in der Lage, so mal eben den Arbeitsplatz zu wechseln – sei es, dass ihm die Ausbildung fehlt, dass er nicht umziehen will oder dass er schlichtweg nicht in der Brotproduktion arbeiten will. Je unterschiedlicher die Ausbildung der Arbeitnehmer in den verschiedenen Branchen, je weiter die räumliche Distanz dieser Branchen und je älter die Arbeitnehmer, die wechseln müssen, umso weniger ist der Wechsel von der vom Import bedrohten Branche in die Exportbranche möglich. Unterbleibt aber dieser Wechsel und finden sich keine anderen, neuen Arbeitsplätze, so droht uns nun Arbeitslosigkeit, und zwar die Sorte Arbeitslosigkeit, die man „strukturelle Arbeitslosigkeit" nennt.

Sie sehen: Es ist nicht der Handel selbst, sondern die anfängliche Öffnung zum Ausland, die Probleme schafft, die Veränderung der nationalen Produktionsstruktur, wenn man beginnt, Handel aufzunehmen. Das bedeutet, dass der

Widerstand gegen neue Öffnungen des Inlandes zum Ausland immer besonders heftig sein wird, jedenfalls dann, wenn dadurch viele Arbeitnehmer die Branche wechseln müssten.

Gewinner und Verlierer. Das bedeutet nicht, dass Außenhandel nicht Wohlstand schafft, das Problem liegt aber in der Verteilung der Wohlfahrtsgewinne des Außenhandels – über den Einfluss des Handels auf die inländische Einkommensverteilung macht das Modell wenig Aussagen (das Modell im nächsten Kapitel liefert dafür Anhaltspunkte), ein paar allgemeine Ideen allerdings kann man schon entwickeln. **Gewinner** des Außenhandels sind zunächst alle Konsumenten, die nun die billigeren Waren des Auslands kaufen können. Je geringer allerdings ihr persönlicher Bedarf an diesen ausländischen Gütern ist, umso geringer ist ihr persönlicher Ertrag aus dem Handel (wer kein asiatisches Smartphone braucht, profitiert auch nicht von den Vorteilen des Außenhandels mit Asien). Ebenfalls Gewinner dieser Veranstaltung sind die Arbeitnehmer des Exportsektors, die Nachfrage nach ihren Produkten steigt, was die Chancen auf mehr Gewinne oder höhere Löhne, zumindest aber auf sichere Arbeitsplätze steigert. Die **Verlierer** des Außenhandels sind diejenigen, deren Arbeitsplatz von den Importen bedroht ist, die nicht ohne Weiteres in eine andere Branche wechseln können.

Jetzt kommt vielleicht in Ihnen die Frage auf, ob man dann nicht den Außenhandel unterbinden kann mit dem Argument, dass die Verluste der Verlierer höher sein könnten als die Vorteile der Gewinner – was ist davon zu halten? Schwierig. Fakt ist, dass in diesem Fall die potenziellen Gewinner des Außenhandels dafür bezahlen würden, dass die Verlierer einen sicheren Arbeitsplatz behalten – Sie zahlen also mehr für ein deutsches Smartphone, und diese Mehrzahlung sichert den Arbeitsplatz der potenziellen Handelsverlierer. De facto käme das einer Steuer auf alle Produkte gleich, die das Ausland günstiger als wir herstellt. Und wenn das so ist – warum nicht gleich eine richtige Steuer? Das ist auch der Ansatz, den die meisten Ökonomen befürworten: Wenn es im Zuge der Globalisierung zu Härtefällen und Verlusten bei einzelnen Bürgern kommt, warum diese nicht aus dem allgemeinen Steueraufkommen entschädigen? Die Wohlfahrtsgewinne aus dem Handel lassen hoffen, dass mit diesem steigenden Wohlstand auch die Steuereinnahmen steigen – niemand muss auf ausländische Waren verzichten und die Solidarität mit den Verlierern wird dort gemanagt, wo sie auch hingehört: beim Staat, nicht bei einzelnen Käufergruppen. Sie sehen, die Verteilung der Gewinne und Verluste aus dem Außenhandel ist vor allem ein politisches Problem. Oftmals aber wird dieser Verteilungskonflikt zugekleistert von politischen Rangeleien, die bisweilen ein Verständnis für die Idee des Außenhandels vermissen lassen. Lassen Sie uns nun – mit unserem neu gewonnenen Wissen – fragen, was die Politik tun kann oder muss.

Schlussfolgerungen für die Politik. Mit diesen Überlegungen können wir ein paar erste Erkenntnisse über einige Argumente in der Globalisierungsdebatte gewinnen. Das erste Argument ist das der **internationalen Wettbewerbsfähigkeit**, das immer ins Feld geführt wird – ein Land müsse international wettbewerbsfähig bleiben, um exportieren zu können. Mit Blick auf das Ricardianische Modell ist dieses Argument fehlgeleitet, denn es verkennt, dass es nicht um absolute Kostenvorteile geht (die man mit steigender Wettbewerbsfähigkeit erlangen kann), sondern um relative Wettbewerbsvorteile. Auch wenn man in jedem Bereich weniger wettbewerbsfähig ist als die Konkurrenz (nebenbei bemerkt: Wie sollte man „internationale Wettbewerbsfähigkeit" messen?), so kann man doch immer noch exportieren, weil man immer einen komparativen Kostenvorteil haben wird. Es ist nicht die Wettbewerbsfähigkeit, die zu Handel führt, es sind die komparativen Vorteile. Definieren wir Wettbewerbsfähigkeit als Produktivität, also die Fähigkeit, in kurzer Zeit viele Güter herzustellen, dann ist klar, was Wettbewerbsfähigkeit eigentlich meint: Man ist in der Lage, mehr herzustellen, mehr Wohlstand zu produzieren – und damit auch mehr zu ex- und importieren. Hohe Produktivität ist also nicht irrelevant, aber nicht das entscheidende Kriterium für die Aufnahme von Außenhandel.

Die zweite Erkenntnis dieses Modells betrifft die **Rolle der Löhne**: Sie entscheiden im Zusammenspiel mit der Produktivität darüber, welche Güter ein Land ex- und importieren wird. Dabei haben wir gesehen, dass die Löhne sich nach der Produktivität richten sollten, dann erfolgt der Handel entlang den komparativen Produktivitätsvorteilen. Ökonomischen Modellen nach ist das stimmig, empirisch auch belegt: Löhne richten sich nach der Produktivität der Arbeitnehmer, die mit diesen Löhnen bezahlt werden; und diese Produktivität ist von vielen anderen Faktoren abhängig (Ausbildung, Maschinenausstattung, Rechtsordnung, Klima und vieles mehr). Vereinfacht gesagt: Eine Produktion wirft nur so viel ab, wie sie einbringt – wenn ein Arbeitnehmer ein Brot in einer Stunde herstellt, kann man ihm einen höheren Lohn zahlen, als wenn er drei Stunden benötigt. Für viele Globalisierungskritiker klingt das unfair, wenn ein Land Güter exportiert, die es deswegen billiger anbieten kann, weil es geringere Löhne zahlt als das Ausland – Lohndumping nennen die Gewerkschaften das. Dieses Argument verkennt erstens, dass es die geringe Produktivität ist, die zu geringen Löhnen führt, und nicht anders herum. Zweitens ist es für den Außenhandel irrelevant, ob der komparative Kostenvorteil durch Produktivitätsunterschiede oder durch Lohnunterschiede zustande kommt. Genauso gut könnte man argumentieren, dass das Ausland, das einen Produktivitätsvorteil hat, Produktivitätsdumping begeht – es könnte ja schließlich auch seine Produktivität reduzieren (wie der unbeliebte Klassenstreber, der mit seinen guten Noten immer den Schnitt verdirbt).

Info: Der Mythos vom globalen Wirtschaftskrieg

Jede Nation ist wie ein globales Unternehmen, das im internationalen Wettbewerb steht – mit dieser Formulierung brachte der amerikanische Präsident Bill Clinton die Idee der internationalen Wettbewerbsfähigkeit auf den Punkt: Staaten konkurrieren beim Außenhandel miteinander, wie Pepsi und Coca-Cola um Marktanteile ringen. Politiker greifen gerne dieses Bild vom internationalen Wirtschaftskrieg auf, in dem Handel ein Nullsummenspiel ist – was die eine Nation gewinnt, verliert die andere. Der Nobelpreisträger Paul Krugman glaubt, dass dieses Bild wenig passend ist: Wenn ein Unternehmen seine Mitarbeiter nicht bezahlen kann, dann ist es nicht wettbewerbsfähig und schließt seine Tore. Ein Land hingegen schließt nicht einfach seine Pforten, wenn es nicht wettbewerbsfähig ist – es mag zwar unzufrieden sein mit seinem Wohlstand, aber es hört nicht einfach auf zu existieren. Weiterhin verkaufen Länder einen Großteil ihrer Produktion – ihr Sozialprodukt – an die eigene Bevölkerung; das ist so, als würden Coke und Pepsi einen Großteil ihrer Produktion an die eigene Belegschaft verkaufen. Auch hier hinkt das Bild vom Wirtschaftskrieg. Und es hinkt auch in einer anderen Hinsicht: Wenn Coke mehr Brause verkauft, so geht das zulasten von Pepsi. Wenn Deutschland aber mehr Waren nach Amerika verkauft, so ist das nur sinnvoll, wenn Deutschland gleich oder später Waren in genau dem gleichen Wert aus Amerika importiert – andernfalls hätten die Deutschen ihre Waren ja verschenkt. Je mehr Deutschland nach Amerika exportiert, umso mehr wird Amerika nach Deutschland exportieren – das passt nicht zum Bild vom internationalen Handel als Nullsummenspiel. Der entscheidende Schlüssel zu Wohlstand ist laut Krugman nicht Wettbewerbsfähigkeit, sondern Produktivität – je mehr Waren ein Land pro Zeiteinheit herstellen kann, umso besser geht es ihm. Und wenn Deutschland dabei produktiver ist als Amerika, so kann es sich dessen rühmen, es reduziert aber nicht den Lebensstandard der Amerikaner, der bestimmt sich lediglich darüber, wie produktiv Amerika ist.

Krugman, Paul (1994), Competitiveness: a dangerous obsession, Foreign Affairs, Vol. 73, No. 2 (March/April), pp. 28–44.

Der letzte Punkt geht eng einher mit der Idee, dass Außenhandel **Ausbeutung** ist, weil Arbeitnehmer in armen Ländern gegen Hungerlöhne etwas produzieren und ins Ausland verkaufen. Ein problematisches, hoch emotionales Argument. Im Rahmen dieses Modells führt Außenhandel sogar zu steigenden Löhnen, genau genommen zu einer steigenden Kaufkraft der Löhne. Warum? Wie wir gesehen haben, kann der ausländische Arbeitnehmer nach Einführung des Außenhandels seinen gewohnten Warenkorb nun billiger einkaufen, er muss statt sieben Stunden nur noch 6,68 Stunden für den gleichen Warenkorb arbeiten, kann also theoretisch mit den gewonnenen 20 Minuten Arbeitsleistung weitere Güter erwerben. Was sich jetzt so abstrakt anhört, füllt sich rasch mit Leben, wenn Sie auf Ihr Mobiltelefon, Ihren Computer, Ihre Kleidung oder Ihre Schuhe schauen: Viel von diesen Gegenständen kommt aus dem Ausland und Sie haben dafür weniger bezahlt, als wenn Sie es von deutschen Produzenten gekauft hätten. Die billigeren Produkte aus Fernost sorgen dafür, dass Sie mit dem gleichen Einkommen mehr Produkte kaufen können – die Kaufkraft Ihres Einkommens ist gestiegen. Und dieses Argument gilt für alle Staaten, die am Außenhandel teilnehmen. Von der Verfügbarkeit billiger ausländischer Waren profitieren die inländischen Konsumenten am meisten.

Der zweite Punkt im Zusammenhang mit der Frage nach der Ausbeutung ist grundsätzlicher Natur, es ist die Frage nach der relevanten Alternative. Kann das Ausland überhaupt höhere Löhne zahlen? Würden wir seine Produkte auch kaufen, wenn sie auf einmal dreimal so teuer wären? Die relevante Alternative zu Handel wäre dann nur Nicht-Handel und der macht das Land unter dem Strich ärmer, wie wir gesehen haben. Wenn die Arbeitnehmer in dem Land ausgebeutet werden (wobei auch die Definition dieses Begriffes recht problematisch ist), so ist das eher auf inländische Strukturen zurückzuführen: autokratische, korrupte Regierungen, die ihre Bürger ausbeuten, monopolartige Märkte, in denen keine Machtbalance zwischen Arbeitgebern und Arbeitnehmern herrscht, oder Massenarbeitslosigkeit, die zu niedrigen Löhnen führt – das können alles Ursachen von Elendslöhnen sein, aber sie sind eher in der politischen Struktur des Landes zu suchen, als dass sie eine Folge des Außenhandels sind. Bleibt noch die Idee, freiwillig höhere Löhne zu zahlen, um den Niedriglöhnern im Ausland ein angemessenes Einkommen – wie auch immer man das festmachen will – zukommen zu lassen. Zu dieser Idee des freien Handels schauen Sie sich das unten stehende Praxisbeispiel an.

(Foto: Marco Paköeningrat)

Hier gibt es fairen Kaffee

Wie man damit umgehen soll, ist eine schwierige Frage: Sie können natürlich sagen, dass Sie das nicht unterstützen wollen und keine Waren mehr kaufen aus Staaten, in denen solche Verhältnisse herrschen – doch die Folgen für die Arbeitnehmer der betroffenen Staaten können noch schlimmer sein: Wenn es keine Exportindustrie mehr gibt, gibt es auch keine Arbeit mehr. Um das einmal konkret zu machen: Sollten wir Waren aus Nordkorea kaufen, das als autokratisches Regime verschrien ist? Tun wir es, unterstützen wir damit auch das Regime, tun wir es nicht, hungern die nordkoreanischen Arbeiter. Hier gibt es keine richtige Antwort mehr, außer dass die Außenpolitik der demokratischen, entwickelten Nationen gefragt ist.

Info: Fair Trade

Die Idee des fairen Handels („fair trade") ist, über garantierte Mindestpreise und eine Zertifizierung von Betrieben und Lieferanten den Produzenten ärmerer Länder angemessene Erlöse, erträgliche Arbeitsbedingungen und ein menschenwürdiges Leben zu ermöglichen. Kinderarbeit und Zwangsarbeit sind im fairen Handel verboten, die Arbeiter sollen eine angemessene Bezahlung erhalten, Schutzkleidung, bezahlten Urlaub und andere soziale Vergünstigungen – kurzum, es soll ihnen ein Arbeitsleben nach westlichen Vorstellungen ermöglicht werden. Zugleich sollen westliche Konsumenten sensibilisiert werden für problematische Zustände bei der Produktion der Produkte, die sie konsumieren. Nur die Waren solcher Produzenten, die diese sozialen Mindeststandards einhalten, bekommen ein Siegel und dürfen als fair verkauft werden. Auch große Firmen wie Ben and Jerrys's oder Starbucks wollen nur Produkte aus fairem Handel nutzen. Institutionen wie die Fairtrade Labelling Organizations International (FLO), die World Fair Trade Organization (WFTO), das Network of European Worldshops (NEWS) oder die European Fair Trade Association propagieren die Idee des fairen Handels (sie sind lose zusammengeschlossen in der Fair Trade Association FINE).

Was ist dran am fairen Handel? Die Datenlage ist leider schlecht, sodass man nur auf vereinzelte Fallstudien zurückgreifen kann. Einzelne Studien kritisieren, dass Fair Trade nicht bei den ärmsten Ländern, Regionen und Produzenten ankommt, sondern eher bei Produzenten, die schon einen gewissen Mindeststandard erreicht haben. Vereinfacht gesagt findet man fairen Handel eher in Mexiko, statt im ärmeren Äthiopien. Das wäre vor allem dann schlecht, wenn das stimmt, was andere Studien feststellen, nämlich dass fairer Handel eher in weniger entwickelten Regionen seine positiven Wirkungen entfaltet, weniger in Ländern mit mittlerem Einkommen.

Grundsätzlich gilt: Wenn Konsumenten bereit sind, einen höheren Preis zu bezahlen für als fair zertifizierte Güter, dann ist das in Ordnung – Zyniker sagen, dass man hier auch für ein gutes Gewissen zahlt. Aber wie sind die Folgen des fairen Handels in den Herkunftsländern der fairen Waren? Zunächst einmal sollen die garantierten Preise den Herstellern ein Auskommen sichern – was allerdings nicht immer garantiert ist, solange die Hersteller nicht auch eine gewisse Mindestmenge zu diesem Preis verkaufen können. Letztlich können nicht die Preise, sondern nur die Konsumenten den Herstellern in den armen Staaten ein Einkommen garantieren. Hier setzt auch eine Kritik am fairen Handel an: Letztlich ist der freiwillige Aufschlag auf den Weltmarktpreis, den die Kunden zahlen, eine Art Spende – was, wenn die Kunden sich nicht mehr in der Lage sehen, für faire Güter faire Preise zu zahlen? So betrachtet helfen faire Preise den Unternehmen nicht, irgendwann auf eigenen Beinen zu stehen. Im Gegenteil: Schlimmstenfalls werden die Produzenten mit falschen (weil künstlich überhöhten) Preisen in Branchen gelockt, die keine Zukunft haben (weil die Preise dort fallen), denn streng genommen produzieren die Hersteller ja am echten Bedarf vorbei – besser wäre es, sie produzieren Dinge, die auch zu dem Preis nachgefragt werden, der sich am Weltmarkt ohne Spendenkomponente ergibt. Wenn aber die Überschüsse aus dem fairen Handel genutzt werden, um die Entwicklung eines Landes voranzutreiben und beispielsweise Bildung und Infrastruktur zu finanzieren, dann wären diese zusätzlichen Gelder sinnvoll eingesetzt, der faire Handel würde sich bestenfalls irgendwann überflüssig machen. Ein Verdienst des fairen Handels ist aber auf jeden Fall, die Konsumenten für das Thema sensibilisiert zu haben.

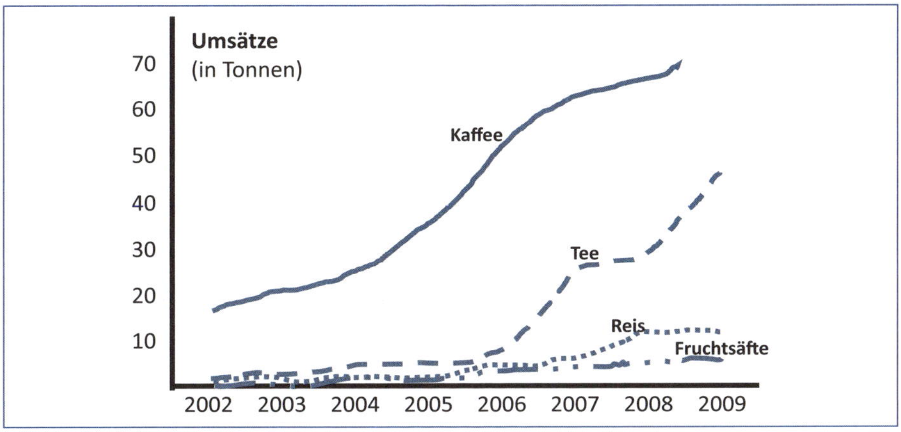

Quelle: Stoddart (2011)

Abbildung 19: Fairer Handel: Verkauf von Kaffee, Tee, Reis und Fruchtsaft im fairen Handel

Aufgabe

Suchen Sie Beispiele für fair gehandelte Produkte. Kaufen Sie solche Produkte? Wenn ja, warum, wenn nein, warum nicht? Finden Sie heraus, was mit dem Geld geschieht, das Sie für diese Produkte zahlen. Können Sie den Anbietern vertrauen? Besuchen Sie einen Fair-Trade-Shop in Ihrer Gegend – das kann ja nicht schaden.

(Foto Eric Magnuson)

Faire Bohnen

Kritik. Nun handelt es sich beim Ricardo-Modell um ein recht einfaches Modell – nichtsdestotrotz ist es recht leistungsfähig. Klar ist aber, dass viele Faktoren, die den Handel zwischen Staaten erklären können, nicht berücksichtigt werden:

- Da wäre zum einen die geografische Lage, vor allem die räumliche und kulturelle Nähe zwischen Staaten, sie bestimmt auch, in welchem Ausmaß Staaten miteinander handeln. Zudem vernachlässigt dieses Modell Transportkosten.
- Auch die Verfügbarkeit von Produktionsfaktoren bestimmt, was ein Land exportieren wird. Beispielsweise macht es wenig Sinn, dass Deutschland Ananas produziert. Inwieweit die Produktionsstruktur eines Landes seine Handelsströme beeinflusst, untersuchen wir im nächsten Kapitel.
- Ebenso wenig berücksichtigt wird die Möglichkeit von Kapital- und Arbeitskräftewanderungen zwischen den Ländern. Wenn Kapital wandern kann, wird es dorthin ziehen, wo es am meisten Rendite erzielt, also dort, wo die Produktivität am höchsten ist.
- Auch staatliche Eingriffe in die heimische Produktionsstruktur beeinflussen die Handelsströme: Subventionen, Steuern, Produktionsauflagen, aber auch handelspolitische Maßnahmen wie Zölle oder Exportsubventionen.
- Letztlich sind es auch nationale Vorlieben und das Image eines Landes, das seine Exportstruktur bestimmt – „Made in Germany" gilt als Qualitätssiegel, italienische Schuhe gelten als modischer, Mode aus Paris hat ein anderes Image als Hemden aus Gütersloh. Das Ricardo-Modell kann nicht erklären, warum Staaten mit ähnlichen Produktivitäten (also mit geringen Unterschieden in den komparativen Vorteilen) Handel betreiben und ähnliche Güter handeln. Dieser Handel macht aber einen Großteil des weltweiten Handels aus – wir werden ihn als intraindustriellen Handel kennenlernen.

Streng genommen prophezeit das Ricardo-Modell, dass sich Länder komplett auf eine Branche spezialisieren – was in der Realität sicher in den seltensten Fällen so ist. Dennoch bestätigen empirische Arbeiten weitgehend die Relevanz von Produktivitätsunterschieden; allerdings spielen auch viele andere Effekte eine Rolle, die wir in den folgenden Abschnitten noch sehen werden.

Info: Made in Germany

Heute ein Qualitätssiegel, war es damals als Brandmal und Schutz vor Billigkonkurrenz gedacht: 1887 führten die Engländer das Siegel „Made in Germany" ein, um damit deutsche Produkte zu kennzeichnen, die als zweitklassig – „cheap and bad" – galten und oftmals dreiste Kopien britischer Produkte waren (kommt Ihnen dieses Muster bekannt vor?). Messer- und Scherenhersteller aus Solingen beispielsweise kennzeichneten ihre Produkte mit dem britischen Qualitätssiegel „Sheffield" oder „Sheffield made" – so viel Dreistigkeit ging den Engländern zu weit, diesen Praktiken sollte mit dem Siegel ein Riegel vorgeschoben werden. Doch der Schuss ging nach hinten los: Die Deutschen begannen eine Qualitätsoffensive und konnten – dank billiger Arbeitskräfte – ihre Waren weiterhin billiger anbieten als die Konkurrenz auf der Insel. „Made in Germany" entwickelte sich zu einem Qualitätssiegel, und als 2012 Gerüchte aufkamen, die EU wolle diese Form des Herstellerausweises abschaffen, kam es zum Aufruhr bei den deutschen

Unternehmern. Das einstige Brandzeichen ist heute ein wertvolles Qualitätssiegel.

(Foto FaceMePLS)

Deutsche Wertarbeit

Aufgabe

Welche Kritikpunkte sehen Sie beim Ricardo-Modell? Wie könnte man es verbessern, welche alternativen Erklärungen haben Sie für internationalen Handel? Suchen Sie nach Produkten aus dem Ausland, die nach dem Muster des Ricardo-Modells nach Deutschland importiert werden. Was exportieren wir in diese Länder?

Strukturwandel. Der entscheidende Kritikpunkt, der uns im Verlauf dieses Buches immer wieder beschäftigen wird, ist allerdings die Annahme, dass die Arbeitnehmer zwischen den einzelnen Branchen beliebig hin und her wechseln können. Also: Wenn Deutschland seine Grenzen öffnet und sein Brot importiert, statt es wie bisher selbst herzustellen, dann können in diesem Modell die Beschäftigten aus dem Brotsektor ohne Probleme in die Käseherstellung wechseln – deswegen kommt es nicht zu Arbeitslosigkeit. In der Realität dürfte das nicht so einfach sein: Kann ein Bergarbeiter in Gelsenkirchen, der 20 Jahre lang unter Tage gearbeitet hat, so mir nichts dir nichts umsatteln und Web-Designer in München werden? Natürlich nicht. Und hier liegt eines der großen Probleme des Außenhandels: Je mehr Güter wir importieren, statt sie selbst herzustellen, umso mehr verändert sich unsere Produktionsstruktur, die Exportbranche boomt, stellt neue Leute ein, die Branche, die von den Importen verdrängt wird, baut Arbeitskräfte ab. Und solange die Arbeitskräfte aus der Branche mit Beschäftigungsabbau nicht in die Exportbranche wechseln können, entsteht das, was Ökonomen strukturelle Arbeitslosigkeit nennen. Das ist eines der großen Probleme der Globalisierung für die Industrienationen, das uns noch ein paar Mal beschäftigen wird.

Aber Vorsicht: Wir betreiben nicht Außenhandel, um Arbeitsplätze zu schaffen – das wäre merkantilistisch gedacht, wir verkaufen Güter ins Ausland, um im Gegenzug dafür andere Güter zu erwerben. Importe sind also immer die zwingende Folge von Exporten, sie sind der Grund, warum man exportiert. Überlegen Sie einmal einen Moment: Was wäre, wenn wir nur exportieren würden, aber nicht importieren? Wir würden also permanent Waren produzieren, die wir ins Ausland liefern und dadurch unsere Beschäftigung erhöhen – jetzt klopfen sich sicherlich einige Politiker auf die Schulter und freuen sich, dass sie mit ihrer Exportförderung Arbeitsplätze geschaffen haben. Leider übersehen sie dabei einen wichtigen Punkt: Wenn wir Waren ins Ausland liefern, ohne uns diese Waren bezahlen zu lassen, haben wir sie verschenkt. Wir haben also Beschäftigung aufgebaut, indem wir Waren verschenkt haben – und das soll clever sein? Genauso gut könnten Sie Arbeitsplätze schaffen, indem Sie Arbeitnehmer morgens Löcher ausheben lassen, die sie nachmittags wieder zuschütten. Eine sinnfreie Veranstaltung.

Jetzt kommt oft der Einwand, dass das Ausland ja mit Geld bezahle, aber dieser Einwand zieht nicht, denn Geld kann man ja nicht essen, es ist nur ein Zahlungsversprechen – ohne dieses Zahlungsversprechen ist es nur buntes Papier. Wenn das Ausland Sie also mit Geld bezahlt, so hat das nur deswegen einen Wert, weil Sie mit diesem Geld später wieder im Ausland shoppen gehen und Waren aus dem Ausland importieren. Erst jetzt ist Außenhandel sinnvoll: Wir tauschen unsere Waren gegen ausländische Ware. Politiker verstehen Außenhandel offenbar nicht so – sie verfallen oft einem Denkfehler, der in der ökonomischen Theoriegeschichte als Merkantilismus bekannt ist – Details dazu entnehmen Sie der Geschichte vom Berg voller Gold.

Info: Ein Berg von Gold: Merkantilismus

Die Idee des Merkantilismus ist die eines starken Staates, der das heimische produzierende Gewerbe durch staatliche Aufträge, Subventionen, Privilegien oder Monopolrechte fördern will. Ziel dieser Politik war, Überschüsse im Außenhandel zu erzielen – deswegen begünstigte man die eigene Wirtschaft mit dem Ziel höherer Exporte, während man zugleich Importe durch Zölle und Steuern behinderte. Auf diesem Weg erzielt man einen deutlichen Außenhandelsüberschuss – die Summe der Exporte übersteigt die Summe der Importe. Und die Differenz zwischen diesen beiden Größen kann man in der Summe des Goldes messen, das in den Schatzkammern des Staates lagert: Wenn wir – sagen wir – für 100 Goldstücke Waren exportieren, aber nur für 50 Goldstücke importieren, steigt unser Goldbesitz um 50 Goldstücke. Blöd daran ist, dass man mit Gold nichts anfangen kann – man kann es nicht essen oder darin wohnen, seinen Wert bezieht es nur daraus, dass man damit Waren kaufen kann. Heute hat beispielsweise ein Land wie China, das hohe

Überschüsse im Außenhandel hat, keine Goldreserven, sondern sitzt auf einem Berg von Dollarnoten, die es im Handel mit den Vereinigten Staaten aufgrund seines Außenhandelsüberschusses eingesammelt hat. Solange die Chinesen dieses Geld nicht irgendwann für amerikanische Waren ausgeben, ist das ein schlechtes Geschäft, vor allem weil die Gefahr droht, dass diese Dollarnoten an Kaufkraft verlieren. Auch Staaten wie der Bundesrepublik wirft man „neomerkantilistisches Verhalten" vor, weil sie als starke Exportnation Außenhandelsüberschüsse angehäuft hat.

2.2 Die Insel des Bertil Ohlin: Die Rolle der Faktorausstattung

Dieses Kapitel hat zum Ziel, dass Sie

- eine weitere Ursache für Handel kennen lernen, nämlich die Ausstattung von Staaten mit Produktionsfaktoren,
- verstehen, welche Rolle die Ausstattung eines Landes mit Arbeit und Kapital für die internationalen Handelsströme spielt und
- welche politischen Folgen es hat, welche Bevölkerungsgruppen wann Widerstand gegen Freihandel leisten werden.

Wichtige Begriffe in diesem Kapitel

Faktorausstattung, Heckscher-Ohlin-Theorem, Faktorpreisausgleich, Stolper-Samuelson-Effekt, Leontief-Paradoxon

@ **Einen aktuellen Foliensatz zu diesem Kapitel finden Sie unter www.vahlen.de/15879880**

Wie erwähnt ist die Wirklichkeit komplizierter als die Welt des ricardianischen Handels – also lassen Sie uns eine weitere Ursache für Außenhandel untersuchen, nämlich die unterschiedliche Ausstattung der Staaten mit Produktionsfaktoren. Vereinfacht gesagt kann man sich das wie folgt vorstellen: Sollten eine Südsee-Insel und ein Eskimo-Volk miteinander Handelsbeziehungen aufnehmen, dann dürfen wir zu Recht vermuten, dass Kokosnüsse aus der Südsee gegen Lebertran oder Robbenfelle getauscht werden. Der Grund dafür liegt auf der Hand: In der Südsee tut man sich leicht damit, Palmfrüchte zu produzieren, weil man über einen entscheidenden Produktionsfaktor verfügt: Sonne. Dafür mangelt es den Südsee-Insulanern an dem entscheidenden Produktionsfaktor, den man am Nordpol hat: Robben und Wale. In diesem einfachen Beispiel erkennt man sofort, wer sich worauf spezialisiert – aber lassen Sie uns das Ganze etwas realistischer machen – mithilfe des Modells der beiden Ökonomen Eli Heckscher und Bertil Ohlin, das sogenannte Heckscher-Ohlin-Model.

Welche Annahmen macht unser Model?

- Der Handel findet zwischen zwei Ländern statt. Es gibt in beiden Ländern nur zwei Produktionsfaktoren, nämlich Arbeit und Kapital. Wichtig dabei ist, dass beide Produktionsfaktoren in beiden Ländern in jeweils unterschiedlichem Verhältnis verfügbar sind, wobei hier nur die *relativen Verhältnisse* entscheidend sind, nicht die *absoluten* Mengen. Ein Beispiel: Deutschland habe – sagen wir – 100 Maschinen (also Kapital) und 25 Arbeiter, während das Ausland 10 Arbeiter und 2 Maschinen hat. Deutschland hat in absoluten Zahlen mehr Maschinen und mehr Arbeiter, aber relativ gesehen mehr Maschinen – auf jeden Arbeiter kommen in Deutschland 4 Maschinen, während im Ausland auf jeden Arbeiter nur 0,2 Maschinen kommen (umgekehrt kommen im Inland auf jede Maschine nur 0,25 Arbeiter, im Ausland hingegen 5). Deutschland ist also ein **kapitalreiches** Land (es gibt *relativ* gesehen mehr Kapital als Arbeit), während das Ausland ein **arbeitsreiches** Land ist (es gibt *relativ* gesehen mehr Arbeit als Maschinen).

- Es werden nur zwei Güter produziert, von denen eines relativ gesehen mehr Kapital beansprucht, das andere mehr Arbeit. Auch das ist wieder relativ zu verstehen: Die Herstellung eines deutschen Produktes – sagen wir Autos – erfordert 40 Maschinen und 10 Arbeiter, die Herstellung des ausländischen Produktes – sagen wir ein T-Shirt – benötigt hingegen eine Maschine und vier Arbeiter. Deutschland benötigt zur Herstellung seines Produktes also sowohl mehr Maschinen als auch mehr Arbeiter, aber relativ gesehen ist die deutsche Produktion das, was wir ab sofort **kapitalintensiv** nennen: Bei der Produktion eines Autos benötigt man Kapital und Arbeit im Verhältnis 4:1, bei der Produktion von T-Shirts ist dieses Verhältnis 1:4. Anders ausgedrückt: Für jede Maschine, die bei der Herstellung eines Autos eingesetzt wird, benötigt man einen Arbeiter, der diese Maschine bedient; bei der Produktion eines T-Shirts bedienen vier Arbeiter eine Maschine (die Produktion eines T-Shirts ist also **arbeitsintensiv**).
- Arbeit und Kapital wandern nicht zwischen den beiden Staaten, es gibt also keine Migration und keine Wanderungen von Kapital.
- Handelskosten und andere Handelshemmnisse wollen wir hier vernachlässigen.
- Die Bürger beider Länder haben die gleichen Bedürfnisse und Vorlieben.

Die letzten beiden Punkte mögen zwar besonders unrealistisch sein, das macht aber nichts, da sie nur dazu dienen, das Argument, das hinter dem Faktorproportionentheorem steht, besser sichtbar zu machen. Es geht hier also nur darum, einen wichtigen Bestimmungsfaktor von Außenhandelsströmen sichtbar zu machen und zu erklären, welche Wirkungen diese Art von Handel hat. Und zu diesem Zweck ist es legitim, andere Einflussfaktoren, die unser Ergebnis komplizieren würden, gedanklich auf die Seite zu legen – ohne dass das heißen soll, dass diese Faktoren irrelevant wären.

Abbildung 20 zeigt noch einmal grafisch den Aufbau des Modells: Je größer ein Produktionsfaktor abgebildet ist, umso größer ist die relative Ausstattung des Landes mit dem Produktionsfaktor; je größer das Produkt dargestellt ist, umso größer ist der Außenhandelsanteil des jeweiligen Landes mit diesem Produkt. Das linke Land A hat relativ viel Kapital und relativ wenig Arbeit; beim rechten Land B ist es genau anders herum. Die Folge: Das Land A exportiert eine relativ große Menge an Autos (die bei der Herstellung relativ viel Kapital

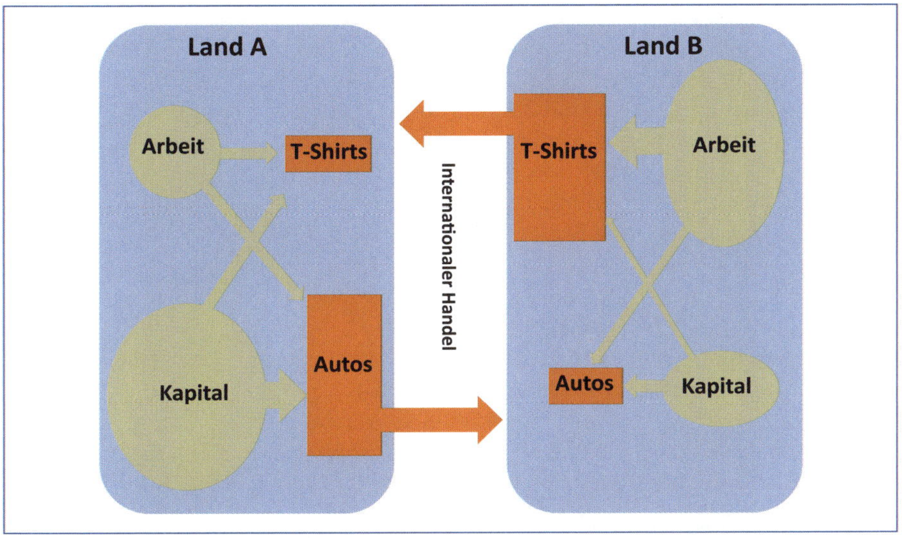

Abbildung 20: Grundstruktur des Handels beim Faktorproportionentheorem

benötigen), das Land B relativ viele T-Shirts (die bei der Herstellung relativ viel Arbeit benötigen).

Info: Die Insel des Bertil Ohlin

Bertil Ohlin wird 1899 in Schweden geboren als Kind einer bürgerlichen Familie. Er studiert Mathematik, Statistik und Ökonomie – Letzteres schreibt er dem Umstand zu, dass er schon als Fünfjähriger die Kosten für die Kekse kalkulierte, die seine Mutter machte. Ohlin verkehrt in Wissenschaftlerkreisen, versucht unter anderem, einen Artikel im Economic Journal, einer angesehenen Fachzeitschrift, unterzubringen – die Replik eines der Herausgeber: „Das führt zu nichts. Ablehnen." Der Herausgeber: der Jahrhundertökonom John Maynard Keynes. Ohlin sagte, dass er das Dokument, auf das Keynes seine Ablehnung geschmiert hatte, aufgehoben hat. Ohlin engagiert sich auch politisch, er wird 1944 Führer der schwedischen Liberalen und schreibt für Zeitungen. 1977 wird seine Forschung mit dem Nobelpreis für Wirtschaftswissenschaften ausgezeichnet. Sie können seine Ideen selbst ausprobieren, sehen, wie Handel funktioniert und nebenbei Ihre eigene Insel reich machen: Unter der Adresse http://www.nobelprize.org/educational/economic-sciences/trade/game/ruler.html finden Sie ein Spiel, in dem Sie Herrscher einer Insel sind und mit anderen Inseln Handel treiben können – streng nach den Prinzipien des Faktorproportionentheorems.

(Foto: ullstein bild – Top Foto)

Bertil Ohlin

Womit wir bei der Kernidee dieses Modells wären: Jedes Land spezialisiert sich auf die Herstellung desjenigen Gutes, das den im Inland reichlich vorhandenen Produktionsfaktor besonders stark nutzt, denn hier hat es einen Kostenvorteil. Abbildung 21 zeigt schematisch, was passiert.

In der Ausgangslage ist Deutschland ein relativ kapitalreiches Land, das Ausland hingegen verfügt über viel Arbeit. Es werden zwei Produkte gehandelt: Autos (A) und T-Shirts (T). Die Herstellung von Autos benötigt sehr viel Kapital, ist also kapitalintensiv, weswegen sich Deutschland mit seinem hohen Kapitalstock auf die Herstellung von Autos spezialisiert. Und weil Deutschland kapitalreich ist, sind Autos auch relativ billig in Deutschland. Anders hingegen ist das im Ausland: Dort verfügt man über viel Arbeit und wenig Kapital, weswegen man dort T-Shirts herstellt, die viel Arbeitseinsatz erfordern, aber wenig Einsatz von Maschinen. T-Shirts sind deswegen im Ausland relativ billig, Autos relativ teuer.

Jetzt kommt es zur Aufnahme von Außenhandel (das symbolisiert der rote Balken). Da Autos in Deutschland (im Ausland) relativ billig (teuer) sind und T-Shirts im Ausland (in Deutschland) relativ billig (teuer) sind, werden die Deutschen Autos exportieren, während das Ausland im Gegenzug T-Shirts nach Deutschland exportiert. Eigentlich keine Überraschung: Jedes Land exportiert das Produkt, das den im Inland besonders reichlich vorhandenen Produktionsfaktor intensiver nutzt.

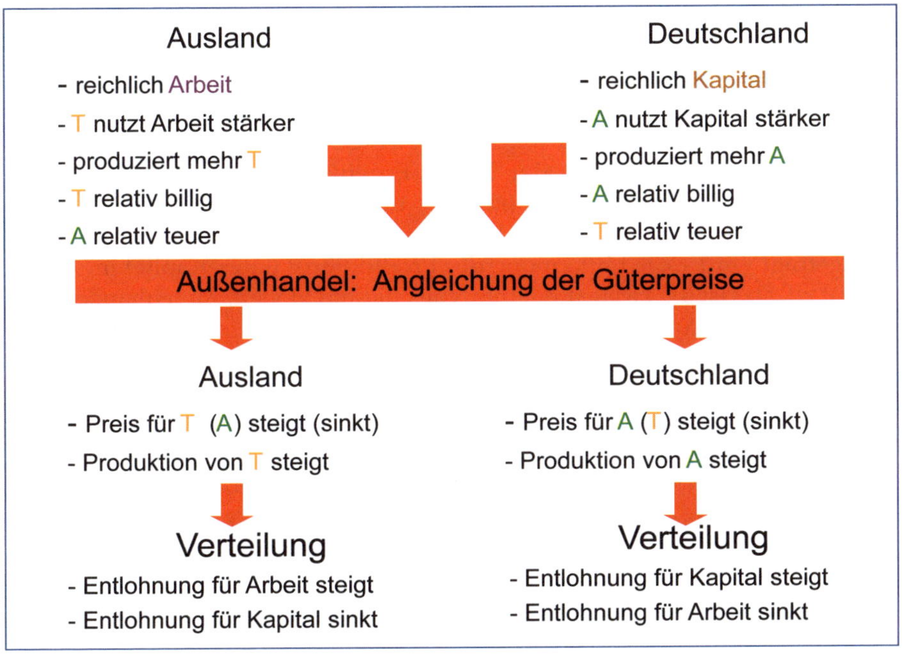

Abbildung 21: Außenhandel aufgrund unterschiedlicher Faktorausstattungen

Doch was passiert jetzt? In einem ersten Schritt werden sich die Preise für Autos und T-Shirts in beiden Ländern angleichen: Da nun in Deutschland auch T-Shirts aus dem Ausland angeboten werden, sinken dort die Preise für T-Shirts; während die Preise für Autos in Deutschland steigen, weil die Nachfrage nach Autos ja nun steigt (das Ausland fragt nun unsere Autos nach). Spiegelbildlich passiert im Ausland das Gleiche: Da dort nun deutsche Autos angeboten werden, das Angebot an Autos also steigt, sinkt dort der Preis für Autos, während der Preis für T-Shirts steigt, da die deutsche Nachfrage nach T-Shirts diesen nach oben treibt. Das Ergebnis: Die Preise von Autos und T-Shirts nähern sich in beiden Staaten an.

Das ist das erste Ergebnis dieses Modells: Bei Aufnahme von Außenhandel spezialisiert sich jedes Land auf das Gut, das den Produktionsfaktor nutzt, den dieses Land besonders reichlich hat (dies nennt man das **Heckscher-Ohlin-Theorem**). Und als Folge des Außenhandels gleichen sich die Güterpreise in beiden Staaten an – vor dem Beginn des Außenhandels war das jeweils im Inland hergestellte Gut dort relativ betrachtet billiger (das ist das sogenannte **Faktorpreisausgleichstheorem**).

Doch das ist noch nicht das Ende des Modells, wenn Sie einen Moment weiter denken, erkennen Sie die zweite Konsequenz: Die Preise der Produktionsfaktoren gleichen sich auch an. Schauen wir einmal nach Deutschland: Nachdem sich dort die Grenzen öffnen, exportieren die Deutschen mehr Autos, das bedeutet, dass die Deutschen mehr Autos produzieren, also auch mehr Kapital benötigen. Sie benötigen zwar auch mehr Arbeiter, um die Mehrproduktion zu stemmen, da aber die Herstellung der Autos kapitalintensiv ist, benötigen die Deutschen verhältnismäßig mehr zusätzliche Maschinen als Arbeiter. Und woher kommen die zusätzlichen Produktionsfaktoren? Natürlich aus der T-Shirt-Produktion, denn diese sinkt nun, da mehr T-Shirts aus dem Ausland importiert werden, statt im Inland hergestellt zu werden. Die Folge: Es werden proportional gesehen mehr Arbeitskräfte in der T-Shirt-Produktion freigesetzt als Kapital. Dieses Zusammenspiel der Veränderung der Produktion in beiden inländischen Branchen führt dazu, dass Kapital gegenüber Arbeit überproportional nachgefragt wird – die Entlohnung des Produktionsfaktors Kapital im Inland nimmt zu. Das ist die zweite Erkenntnis aus diesem Modell: Außenhandel führt in diesem Fall dazu, dass die Entlohnung des im Inland reichlich vorhandenen Produktionsfaktors steigt. Machen Sie zur Übung das gleiche Gedankenspiel für das Ausland: Die T-Shirt-Produktion nimmt zu, deswegen werden mehr Arbeitskräfte nachgefragt; zugleich sinkt die Autoproduktion, wodurch relativ gesehen mehr Kapital als Arbeit freigesetzt wird. Die Folge: Die Entlohnung von Arbeit, dem reichlich vorhandenen Produktionsfaktor, steigt.

Rein intuitiv ist das nachvollziehbar: Wenn die Nachfrage nach dem Produkt steigt, das den im Inland vorhandenen Produktionsfaktor reichlich nutzt, wird auch die Nachfrage nach diesem Produktionsfaktor steigen und damit seine Entlohnung. Diese Idee wird als **Stolper-Samuelson-Effekt** bezeichnet.

Aufgabe

Welche Güter stellt die Bundesrepublik her, deren Handel man mit dem Heckscher-Ohlin-Modell erklären könnte? Über welche Produktionsfaktoren verfügt die Bundesrepublik reichlich? Welche Produktionsfaktoren sind relativ knapp?

Empirie. Soweit die Theorie, was bedeutet das in der Praxis? Stimmt die Theorie, so kann sie erklären, warum industrialisierte Staaten kapitalintensive Güter exportieren, während Schwellenländer eher arbeitsintensive Güter exportieren. Wenn Deutschland also Maschinen in Schwellenländer exportiert und im Gegenzug dafür Agrargüter aus diesen Ländern importiert, wäre das Handel im Muster des Heckscher-Ohlin-Theorems. Zugleich würde diese Theorie aber noch etwas anderes zeigen nämlich, dass dieser Handel für die Arbeitnehmer in den Schwellenländern sehr vorteilhaft wäre, denn er erhöht ihre Löhne. Die Arbeitnehmer in den industrialisierten Staaten hingegen wären mit dieser Form des Handels weniger gut bedient, ihr relatives Lohnniveau gegenüber Kapitalbesitzern sinkt (das muss aber nicht heißen, dass sie absolut sinken, sie wachsen nur langsamer als die Entlohnung des Kapitals).

Die letzte Idee ist noch etwas zu holzschnittartig, sie wird realistischer, wenn man sich einmal die Empirie bezüglich des internationalen Außenhandels anschaut. So zeigte der Ökonom Wassily Leontief bereits 1974, dass die Exporte der Vereinigten Staaten nicht sonderlich kapitalintensiv waren – was man nach der Lesart des Heckscher-Ohlin-Theorems hätte erwarten müssen. Diesen empirischen Widerspruch zu unserem Theorem bezeichnet man als **Leontief-Paradoxon**, wobei Leontief selbst eine Lösung anbot: Er vermutete, dass die Exporte der

Vereinigten Staaten zwar arbeitsintensiv seien, aber dass dies vor allem Arbeit von hoch qualifizierten Arbeitnehmern sei – ein Produktionsfaktor, mit dem die Amerikaner sicherlich relativ besser ausgestattet sind als Schwellenländer.

Diese Lesart macht einen Effekt der Globalisierung sichtbar: Es sind nicht nur die Kapitalbesitzer in den industrialisierten Staaten, die vom Außenhandel nach dem Muster des Heckscher-Ohlin-Theorems profitieren, sondern auch die gut ausgebildeten Arbeitnehmer, weil Ausbildung ein Produktionsfaktor ist, der in den industrialisierten Ländern sicherlich relativ betrachtet stärker vorhanden ist als unqualifizierte Arbeit – im Gegensatz zu den Schwellenländern, hier dürfte dieses Verhältnis eher andersherum sein. Überspitzt gesagt: Außenhandel dieser Form ist gut für Arbeitnehmer, die in Industrienationen leben und hoch qualifiziert sind, und für Arbeitnehmer, die in Schwellenländern leben und eine geringe Ausbildung haben. Sie sind die in ihrem Land jeweils reichlich vorhandenen Produktionsfaktoren, weswegen sie bei der Aufnahme von Außenhandel gewinnen. Kapitalbesitzer in Schwellenländern und gering qualifizierte Arbeitnehmer in Industriestaaten hingegen schneiden bei dieser Veranstaltung nicht so gut ab.

Info: Wer ist gegen Freihandel?

Das Heckscher-Ohlin-Modell und das Stolper-Samuelson-Theorem legen eine einfache Idee nahe: Wer im Inland zu den Besitzern des reichlich vorhandenen Produktionsfaktors gehört, wird Freihandel befürworten, während Gegner des Freihandels sich bei denjenigen finden, die den knappen Produktionsfaktor besitzen. Konkret: In Deutschland, das relativ reich an Kapital und gut ausgebildeten Arbeitskräften ist, sollten die Besitzer von Kapital und die gut ausgebildeten Arbeitnehmer eher zu den Freihandelsbefürwortern zählen, während unqualifizierte Arbeitnehmer (die relativ gesehen knapp sind) dem Freihandel eher skeptisch bis ablehnend gegenüberstehen dürften. Ist das so? Wohl schon, sagen Forscher: Die Ökonomen Anna Maria Mayda und Dani Rodrik haben die Einstellungen von Menschen zu Freihandel untersucht und genau dieses Ergebnis bestätigt. Gut qualifizierte Menschen in Industrieländern befürworten Globalisierung, in Schwellenländern hingegen sind gut qualifizierte Menschen eher globalisierungskritisch eingestellt. Weiterhin zeigt sich, dass Arbeitnehmer in Exportbranchen (Importbranchen) Globalisierung befürworten (ablehnen), ebenso wie sich zeigt, dass ein höheres Einkommen tendenziell mit einer eher befürwortenden Haltung zur Globalisierung einhergeht. Globalisierungskritische Menschen sind zudem eher lokalpatriotisch und nationalistisch eingestellt, fanden die Forscher weiter heraus.

Quelle: Anna Maria Maydaa, Dani Rodrik (2005), Why are some people (and countries) more protectionist than others?, European Economic Review, Vol. 49 (2005), pp. 1393–1430.

Aufgabe

Suchen Sie in Ihrem Bekanntenkreis Befürworter und Gegner des Freihandels. Welche Argumente werden genannt – beurteilen Sie diese Argumente mithilfe der bisher gelernten Theorien. Wer in Ihrem Bekanntenkreis profitiert von Freihandel, wer nicht? Werden Sie zu den Gewinnern der Globalisierung gehören?

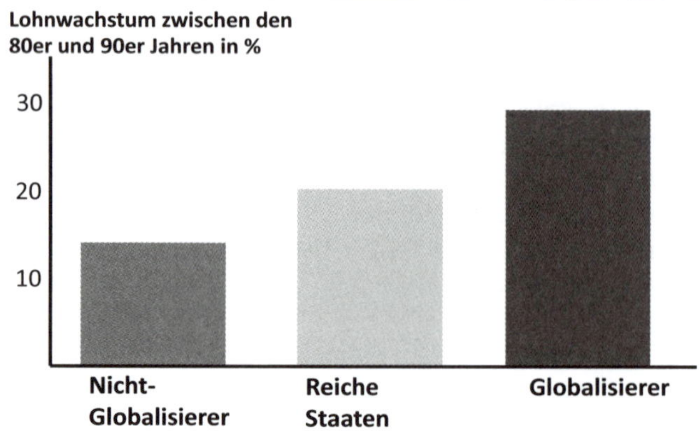

Quelle: Dollar, David (2001)

Abbildung 22: Lohnwachstum und Globalisierung in den Achtzigerjahren

Die Abbildung 22 gibt einen Hinweis, dass eine Öffnung nach außen den Arbeitnehmern in Entwicklungsländern helfen kann. Teilt man die Entwicklungsländer in zwei Kategorien – solche, die sich öffnen (*globalisers*) und solche, die sich nicht öffnen (*non-globalisers*), dann haben die Staaten, die sich öffnen, das höhere Lohnwachstum – höher als das in den Industriestaaten.

2.3 Nord und Süd: Moderne Handelstheorien

Dieses Kapitel hat zum Ziel, dass Sie

- lernen, warum auch Staaten miteinander Handel betreiben, die sich in ihrer Produktivität oder ihrer Faktorausstattung nicht unterscheiden,
- verstehen, wie Produkteigenschaften, Produktionsprozesse, Nachfragestrukturen oder Preisstrategien zu Handel zwischen entwickelten Industrienationen führen können und warum diese Form des Handels politisch wesentlich angenehmer ist als die Formen des Handels, die Sie bereits kennengelernt haben.

Wichtige Begriffe in diesem Kapitel

Produktzyklen, Massenproduktionsvorteile, Skalenerträge, Re-Importe, externe Effekte, monopolistische Konkurrenz, intraindustrieller Handel, interindustrieller Handel, Grubel-Lloyd-Index

@ **Einen aktuellen Foliensatz zu diesem Kapitel finden Sie unter www.vahlen.de/15879880**

Mit dem Modell von Ricardo und dem Heckscher-Ohlin-Modell haben wir zwei der klassischen Theorien zur Erklärung von Außenhandel kennengelernt – die beide ihre Berechtigung haben. Doch diese Ideen können beispielsweise nicht erklären, warum zwei Staaten, die sich in ihrer Produktivität und Faktorausstattung ähneln, miteinander Handel treiben. Warum sollten beispielsweise Deutschland und Frankreich miteinander Handel betreiben? Ihre Produktivität dürfte recht ähnlich sein, ebenso wie ihre relative Faktorausstattung. Um diese Form des Handels besser zu verstehen, brauchen wir andere Ideen, die in diesem Abschnitt unter dem Stichwort „Moderne Handelstheorien" gesammelt sind, als da im Einzelnen wären: der Handel in Produktzyklen, Massenproduktionsvorteile, externe Effekte oder sogenannte Gravitationsmodelle. Schauen wir uns diese einmal an.

Aufgabe

Suchen Sie Beispiele für Produkte, die nicht nach Mustern der Spezialisierung gehandelt werden, wie wir sie bisher kennengelernt haben. Warum werden diese Produkte gehandelt, was für Produkte sind das, aus welchen Ländern kommen sie, in welche Länder gehen sie?

Handel in Produktzyklen. Der Handel in Produktzyklen (Vernon 1966) stellt weniger auf die Eigenschaften der Staaten ab, die miteinander Handel treiben, sondern auf die Eigenschaften der Produkte, die gehandelt werden. Die Idee ist, dass Produkte unterschiedliche Lebensstationen durchlaufen, in denen sie unterschiedliche Anforderungen an die Produktion stellen. Grob gesagt besteht die Idee darin, dass neue Produkte und Innovationen viel Kapital und gut ausgebildete Arbeitskräfte erfordern – Produktionsfaktoren, die man eher in entwickelten Ländern findet. Je älter – sprich: ausgereifter – das Produkt wird, umso einfacher und standardisierter wird der Fertigungsprozess, umso eher kann man das betreffende Produkt mit unqualifizierter Arbeit herstellen – weswegen man die Produktion nun zunehmend in weniger industrialisierte Länder verlagert. Mit zunehmender Reife des Produktes ändern sich also die Produktionsanforderungen, was eine Verlagerung der Produktion ermöglicht. Man kann dabei drei Stadien eines Produktlebens unterscheiden: das neue Produkt, das reife Produkt, das standardisierte Produkt.

Das neue Produkt. Das neue Produkt ist eine Innovation, die noch viel Forschung und Entwicklung benötigt. Dazu braucht man gut ausgebildete Arbeitskräfte und Kapital in Form von Laboratorien und Entwicklungsabteilungen.

Entwicklung, Design, Produkttests und die Fertigung finden am besten vor Ort statt, da solche Prozesse sehr kommunikationsintensiv sind und es zudem gilt, Patente zu schützen. Darüber hinaus muss die Produktion in diesem Stadium flexibel sein, weswegen das Management vor Ort sein sollte. Dieser spezifische Bedarf an Kapital und Humankapital, zusammen mit der Notwendigkeit, vor Ort zu fertigen, sorgt dafür, dass diese Produkte in industrialisierten Staaten gefertigt werden, da sie über die dafür notwendigen Ressourcen verfügen. Die Produktionskosten sind in der Regel hoch, der Produzent ist der Vorreiter und kann Monopolgewinne einfahren; da der Preis des Produktes tendenziell deswegen höher sein wird, wird das Produkt eher von begüterten Konsumenten nachgefragt – also vor allem von Kunden im eigenen Land. In Abbildung 23 sehen Sie ganz unten auf der horizontalen Achse das Stadium der Entwicklung angegeben, auf den jeweiligen vertikalen Achsen die Menge der Ex- und Importe der drei Ländergruppen. Nehmen wir an, dass das Produkt – beispielsweise ein i-Phone – zuerst in den Vereinigten Staaten hergestellt wird (oberer Teil des Schaubildes). Dort erfolgen das Design, die Forschung und die Fertigung. Die durchgezogene Linie zeigt die Höhe der Produktion in den Vereinigten Staaten, die gestrichelte Linie den heimischen Konsum dieses Produktes. Die Differenz zwischen der Produktion und dem heimischen Konsum – die Fläche zwischen den beiden Kurven – sind die Exportmengen. Wie Sie sehen, exportieren in diesem Produktstadium nur die Vereinigten Staaten dieses Produkt, exportieren einen Teil in andere entwickelte Staaten (mittlerer Teil der Abbildung; dort setzt die Produktion erst später ein und reicht nicht aus, um die heimische Nachfrage zu befriedigen), in den gering entwickelten Staaten wird dieses Produkt gar nicht hergestellt und auch nur in sehr geringen Maßen konsumiert.

(Foto: Ullstein bild – Olaf Wagner)

Der Produktzyklus startet: Warten auf das neue i-Phone

Das reife Produkt. Im zweiten Produktstadium, dem reifen Produkt, wird die Herstellung des Produktes zunehmend standardisiert, das Design steht, die Technik auch, man benötigt weniger qualifizierte Arbeit zur Herstellung dieses Produktes. Zudem beginnen Nachahmer, Varianten dieses Produktes herzustellen (andere Hersteller kommen mit Smartphones auf den Markt), das reduziert die Margen des ehemaligen Platzhirsches (von Apple), was dazu führt, dass das Unternehmen strenger auf die Produktionskosten achten muss. Die Option, im Ausland zu fertigen, wo die Produktionskosten billiger sind, gewinnt an Charme; auch weil die Produktionskosten pro Stück wegen Massenproduktionsvorteilen zu sinken beginnen. In Abbildung 23 sehen Sie, dass die Produktion in den Vereinigten Staaten abflacht (Mitte der horizontalen Achse), in den anderen industrialisierten Staaten zunimmt und nun auch in den gering

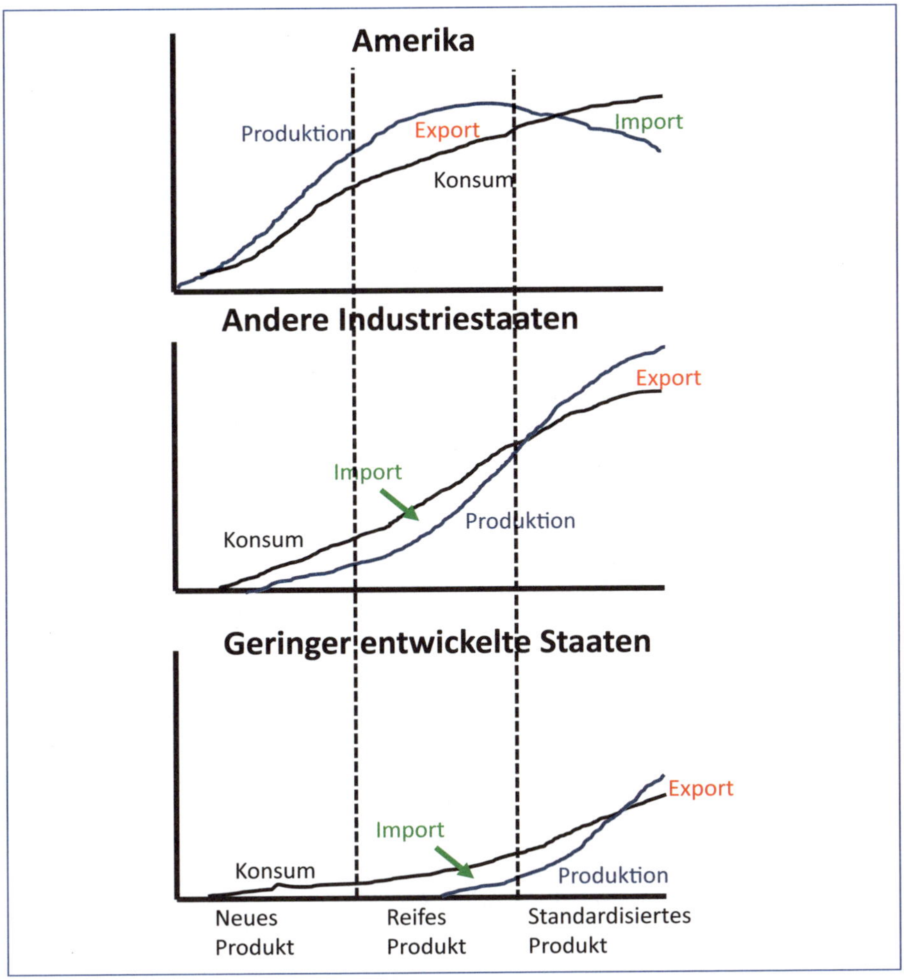

Quelle: Vernon, Raymond (1966)

Abbildung 23: Handel in Produktzyklen

industrialisierten Staaten aufgenommen wird. Da durch die Konkurrenzprodukte der Preis unter Druck gerät, steigt auch der Konsum in diesen Ländern, in denen das Einkommen geringer ist als in den Vereinigten Staaten.

Das standardisierte Produkt. Im letzten Abschnitt dieses Zyklus sind das Produkt und seine Herstellung komplett standardisiert, es gibt keine produktionstechnische oder strategische Notwendigkeit mehr, vor Ort zu produzieren. Da die Produktion nun auch mit unqualifizierter Arbeit funktioniert, kommen nun die Länder zum Zug, die hier einen komparativen Vorteil respektive die entsprechende Faktorausstattung haben – die Produktion wandert zunehmend in die weniger entwickelten Länder ab. Sie sehen im unteren Teil des Schaubildes, dass die weniger entwickelten Länder nun dieses Produkt exportieren. Zwar wird auch noch in den Vereinigten Staaten produziert, aber die Nachfrage in den Vereinigten Staaten übersteigt die dortige Produktion, weswegen die Amerikaner jetzt i-Phones aus China importieren.

Bei genauerem Hinsehen ist die Theorie der Produktzyklen auch eine erste Theorie der internationalen Investitionsströme – sie zeigt, warum und wann Firmen wie Apple Produktionskapazitäten im Ausland aufbauen. Die Ursache dieser Auslandsinvestitionen sind also zum einen die Eigenschaften des betreffenden Produktes zum anderen die komparativen Vorteile der jeweiligen Länder.

Natürlich hat diese Theorie ihre Grenzen: Sie gilt vor allem für Technologieprodukte, die sich auch für die Massenfertigung eignen – Smartphones sind ein perfektes Beispiel dafür. Produkte, die rohstoffintensiv gefertigt werden, oder Dienstleistungen passen nicht immer in dieses Schema. Zumindest aber zeigen empirische Studien für einzelne Branchen der Vereinigten Staaten durchaus Befunde, die mit dieser Theorie vereinbar sind: So haben forschungsintensive Unternehmen oft höhere Exportanteile; auch zeigen Studien, dass industrialisierte Staaten (geringer industrialisierte Staaten) tendenziell eher neue (ältere) Produkte exportieren.

Die Rolle der Nachfrage. Nicht nur die Produkte, auch die potenziellen Käufer dieser Produkte spielen eine Rolle im Außenhandel. Handel wird nicht nur von den Faktorausstattungen, den komparativen Vorteilen und der Art der gehandelten Produkte bestimmt, sondern auch von der Ähnlichkeit der Konsumenten – das ist die Idee der überlappenden Marktsegmente (Linder 1961). Die Grundidee dieser Theorie ist, dass Menschen mit steigenden Einkommen auch zunehmend komplexere Produkte nachfragen. Wer ein geringes Einkommen hat, kauft vor allem Lebensmittel und andere Notwendigkeiten; wer reich ist, kauft Smartphones und Mode – Produkte, die erstens komplexer sind und zweitens in vielen verschiedenen Varianten auftreten. Das bedeutet, dass nicht jeder Unternehmer sein Produkt in jedem Land verkaufen kann – jedenfalls dann nicht, wenn die Nachfrage im Ausland sehr verschieden ist von den Bedürfnissen der inländischen Kunden. Genau das ist der Punkt: Ein Unternehmer kennt vor allem seinen Heimatmarkt, die Bedürfnisse der heimischen Kunden und wie er ihnen nachkommt. Im Ausland kann er sein Produkt also nur erfolgreich verkaufen, wenn die Kunden im Ausland ähnliche Vorlieben haben wie die inländischen Kunden – andernfalls wird er den ausländischen Markt nicht verstehen und bedienen können.

Ähnliche Vorlieben aber werden die Kunden im Ausland vor allem dann haben, wenn eine kulturelle Nähe zum Inland existiert oder wenn die Kunden im Ausland ein ähnliches Einkommensniveau haben wie die im Inland. Handel in ausgefeilteren Produkten wird also nur erfolgen, wenn sich die Vorlieben der Kunden im In- und Ausland ähneln, was der Fall sein wird, wenn die Einkommensniveaus ähnlich sind. Deutsche Hersteller werden deswegen ihre Produkte eher nach Frankreich verkaufen als nach Rumänien. Will heißen: Länder treiben umso eher Handel miteinander, je ähnlicher sie sind, vor allem mit Blick auf ihr Einkommen. Auch wenn diese Theorie nicht für alle Arten von Produkten zutrifft, so zeigt sie sicherlich einen interessanten Aspekt des internationalen Handels auf. Allerdings kann sie keine Prognosen darüber machen, in welcher Richtung welche Güter gehandelt werden, welches Land also welches Gut ex- oder importiert.

Info: Basarökonomie

Weitere Theorien zum Außenhandel stellen auf die Charakteristika der Firmen ab, die Handel betreiben. Sie zielen beispielsweise auf internationale Lieferketten (supply chains) und beschreiben den Umstand, dass viele Unternehmen einzelne Komponenten im Ausland fertigen lassen und dann das fertige Produkt zusammenbauen, das aus vielen Teilen besteht, die aus unterschiedlichen Ländern kommen. Der deutsche Ökonom Hans-Werner Sinn hat diese Idee für die Bundesrepublik Deutschland anhand des Beispiels des Porsche Cayenne illustriert und spricht in diesem Zusammenhang von der Basar-Hypothese: Scheinbar werde dieser Wagen in Leipzig produziert, aber in Wahrheit steckten 88 Prozent des Wertes bereits in dem vorgefertigten Auto, das Porsche aus seinem Werk in Bratislava geliefert bekommt, in Leipzig würden kaum mehr als Lenkung und Getriebe eingebaut. Das Etikett „Made in Germany" sei deswegen eher ein Etikettenschwindel. Die Folge: Wird der Cayenne exportiert, so steht er zu 100 Prozent in der deutschen Exportstatistik, obwohl nur 12 Prozent der Wertschöpfung in Form von Gewinnen, Löhnen, anderen Einkommen und Deckungsbeiträgen für Abschreibungen in Leipzig anfielen – also „Made in Germany" sind. Sinns heftig debattierte Basar-Hypothese besagt also, dass immer mehr deutsche Industrieunternehmen arbeitsintensive Teile ihrer Produktion in ausländische Niederlassungen verlagern (Offshoring) oder bei Zulieferern aus dem Ausland kaufen, um dadurch Lohnkosten zu sparen. Kurz gefasst: Die Einzelteile deutscher Industrieprodukte werden zunehmend im Ausland gefertigt und nur noch in Deutschland zusammengebaut. Im Grunde genommen ist das keine neue Außenhandelstheorie, sondern die Idee, dass komparative Vorteile nicht nur bei ganzen Produkten, sondern auch bei Einzelteilen von Produkten genutzt werden. Wenn verschiedene Teile der Produktion verschiedene Arten und Mengen von Kapital und Arbeit benötigen, dann kann das dazu führen, dass einzelne Teile der Produktion in verschiedenen Ländern gefertigt werden – die arbeitsintensiven Teile in weniger industrialisierten Staaten, die kapitalintensiven in Industriestaaten.

Gravitationsmodelle. Die Idee von Gravitationsmodellen besteht darin, nicht die Zusammensetzung, sondern das Ausmaß des Außenhandels zwischen zwei Ländern zu erklären, indem man statistische Zusammenhänge sucht zwischen dem Ausmaß des Außenhandels zwischen den beiden Staaten und anderen, erklärenden Variablen. Die Variablen, die das Ausmaß des Handels erklären sollen, sind vor allem das Sozialprodukt der beiden Staaten (weil man davon ausgeht, dass ein höheres Sozialprodukt auch zu einer höheren Importneigung führt – wer wohlhabender ist, kann auch mehr aus dem Ausland importieren) und die Entfernung zwischen den beiden Staaten (die vor allem die Transportkosten, aber auch die kulturelle Nähe zwischen zwei Staaten beeinflusst). Bisweilen fügt man weitere Variablen wie die Bevölkerungsgröße oder Handelsvereinbarungen dazu. Insgesamt sind diese Modelle recht gut darin, das Ausmaß des Handels zwischen zwei Staaten zu erklären.

Internationale Preisdifferenzierung. Eine weitere Idee, um Handelsströme zu erklären, ist internationale Preisdifferenzierung. Die Grundidee besteht darin, dass ein Unternehmen für ein Produkt je nach Zahlungsbereitschaft der Kunden unterschiedliche Preise verlangen wird. Das kennen Sie beispielsweise vom Kino: Dort verlangt man von Studenten, von denen man vermutet, dass sie ein geringeres Einkommen und deswegen eine geringere Zahlungsbereitschaft haben, an der Kasse weniger als von Normalverdienern – weil Letztere mehr Geld haben und deswegen auch potenziell bereit sind, mehr für eine Kinokarte zu zahlen. Das Ganze funktioniert aber nur, wenn das Unternehmen in der Lage ist, seine Kunden nach Zahlungsbereitschaft zu trennen (beispielsweise indem man zwischen Studenten und Normalverdienern unterscheidet – wer einen Studentenausweis hat, kommt billiger ins Kino).

Genau das kann bei zwei Ländern recht gut funktionieren: Man verkauft im Ausland seine Waren billiger als im Inland, weil man davon ausgeht, dass ausländische Kunden bei ausländischen Produkten eine geringere Zahlungsbereitschaft haben – und die Landesgrenze und die Transportkosten sind sozusagen das Element, das verhindert, dass auch die inländischen Kunden (die eine höhere Zahlungsbereitschaft haben) in den Genuss des billigen ausländischen Preises kommen. Auf diesem Weg kann es dazu kommen, dass zwei Länder eigentlich gleiche Produkte handeln, nämlich dann, wenn das ausländische Unternehmen auf die gleiche Idee kommt. Nationale Regelungen wie Steuern können dazu beitragen, diese Art des Handels zu verstärken.

Dieser Ansatz erklärt das Phänomen der Re-Importe, über das man sich rasch ärgern kann. Da das Unternehmen seine Produkte im Ausland billiger anbieten wird als im Inland (eben weil die Ausländer nicht so viel für das betreffende Produkt zahlen wollen), spricht man hier auch von Dumping oder reziprokem Dumping (wenn das ausländische Unternehmen das Gleiche tut). Das kann Händler auf den Plan rufen, welche die im Ausland billiger verkaufte Ware ins Inland zurückführen (Re-Importe). Wenn inländische Unternehmen durch ausländische Produkte oder Re-Importe Konkurrenz bekommen, so ist das vorteilhaft für die Konsumenten. Allerdings kann es im Extremfall – wenn die Produkte, die gehandelt werden, absolut identisch sind – zu einem eigentlich überflüssigen Transport identischer Produkte über die Grenze kommen.

Info: Re-Importe

Re-Importe sind vor allem bei Autos ein heißer Markt, Profis sagen, dass man einen Wagen im Ausland um bis zu 40 Prozent billiger bekommen kann. Ein Grund für diese hohen Preisdifferenzen sind neben der geringeren Kaufkraft in manchen Ländern auch die Steuern – in manchen Ländern werden Autos höher besteuert als in Deutschland. Damit die Hersteller dennoch Autos in diesen Hochsteuerländern verkaufen, senken sie den Nettopreis. Wenn man das Auto zum Nettopreis aus dem Ausland importiert und darauf die im Inland gültige Umsatzsteuer zahlt, kann man unter Umständen deutlich billiger wegkommen. Das kann mit einem höheren Verwaltungsaufwand verbunden sein. Ein Problem können nationale Sicherheitsstandards sein ebenso wie nationale Ausstattungsmerkmale – in Südeuropa ist die Klimaanlage obligatorisch, in nordeuropäischen Ländern eher die Winterausrüstung. Wichtig dabei ist die Garantie: Solange der Re-Import aus der EU stammt, gelten die normalen Garantie- und Gewährleistungsansprüche. Ebenfalls ein Thema sind Re-Importe bei Arzneimitteln – oft werden identische Arzneien zu sehr unterschiedlichen Preisen verkauft. Hier kann der Verbraucher zwischen 10 und 20 Prozent sparen. Ursache dieser Preisunterschiede sind neben unterschiedlichen Kaufkraftniveaus auch nationale Gesetze bezüglich der Arzneimittelpreise. Arzneimittelrechtlich sind solche Re-Importe einfach zu handhaben, da die Originalprodukte in Deutschland bereits zugelassen sind; der Importeur muss lediglich kleinere Dinge beachten wie beispielsweise Beipackzettel in deutscher Sprache.

Aufgabe

Recherchieren Sie, welche Produkte Sie zu welchen Preisen aus dem Ausland günstiger importieren könnten. Wo sind die Nachteile? Würden Sie diese Produkte re-importieren oder lieber im Inland kaufen? Und warum?

Steigende Skalenerträge. Hinter dieser Idee zur Erklärung von Handel steht das betriebswirtschaftliche Phänomen der sogenannten Skalenerträge, also die Hypothese, dass ein Unternehmen bei steigender Produktion seine Durchschnittskosten senken kann. Ursache dieses Effektes kann beispielsweis ein hoher Anteil fixer Kosten sein, die sich mit der Höhe der Produktion nicht ändern. Will man beispielsweise Flugzeuge herstellen, so muss man zuerst einen gigantischen, teuren Produktionsapparat schaffen und finanzieren, bevor man auch nur das erste Flugzeug herstellt. Je mehr Flugzeuge man produziert, umso mehr sinken die Kosten pro Stück, da jetzt der gleiche Block an fixen Kosten auf eine größere Ausbringungsmenge verteilt wird. Bei einem Fixkostenblock von – sagen wir – 10 Millionen Euro und Stückkosten von einer Million Euro kostet ein Flugzeug dann 11 Millionen Euro; stellt man aber 10 Flugzeuge her, so kostet ein Flieger dann nur 2 Millionen Euro (10 Millionen Fixkosten plus zehnmal eine Million macht 20 Millionen, geteilt durch 10 Flieger macht 2 Millionen pro Stück).

Sinkende Durchschnittskosten können auch durch Lerneffekte entstehen (man wird mit steigenden Stückzahlen routinierter in der Herstellung), geringere Umrüstkosten oder einen sinkenden Organisations- und Verwaltungsaufwand.

Eine weitere Idee, wie steigende Skalenerträge entstehen können, sind sogenannte externe Effekte, die wir uns später ansehen werden.

Werden nun die Grenzen geöffnet, kann ein Unternehmen seine Produktion ausdehnen (es kann ja nun mehr ins Ausland verkaufen), sodass seine Durchschnittskosten dank der Skalenerträge sinken, weswegen es seinen Preis senken und dank des günstigeren Preises noch mehr Produkte absetzen kann. Auf diesem Weg kann theoretisch gesehen eine vollständige Spezialisierung zwischen zwei Staaten zustande kommen, bei der sich jedes Land auf ein Produkt spezialisiert – wenn beide Produkte mit steigenden Skalenerträgen hergestellt werden. Außenhandel entsteht in diesem Szenario also aufgrund der produktionstechnischen Besonderheiten einer Branche und nicht durch komparative Vorteile. Die Wohlfahrtsgewinne entstehen durch die Ausnutzung der Skalenerträge – beide Produkte werden nun günstiger hergestellt. Anstatt zweimal eine Fabrik für Flugzeuge und Autos zu bauen, baut ein Land eine Fabrik für Flieger und ein Land eine Fabrik für Autos; anschließend werden Flugzeuge gegen Autos gehandelt. Zwei Haken hat diese Theorie: Erstens kann sie nicht vorhersagen, welches Land sich auf welches Produkt (Flugzeuge oder Autos) spezialisieren wird, zweitens besteht die Gefahr, dass im Inland Monopole entstehen, weil aufgrund der Skalenerträge nur ein Unternehmen im inländischen Markt übrig bleibt.

Monopolistische Konkurrenz. Andere Außenhandelsmodelle stellen auch auf Skalenerträge ab, erweitern sie aber um eine differenziertere Betrachtung der gehandelten Produkte. Diese Modelle unterstellen eine sogenannte monopolistische Konkurrenz. Das ist eine Marktform, in der viele Firmen in einem Markt konkurrieren, auf dem sie ähnliche, aber stark differenzierte Produkte anbieten. Nimmt man beispielsweise den Markt für Autos, so gibt es hier recht unterschiedliche Modelle, die sich hinsichtlich ihrer Ausstattung, ihres Designs, ihrer Funktionalität deutlich unterscheiden (Limousinen, Kombis, SUVs, Luxusklasse, Transporter, Vans). Es gibt also von einem Produkt viele unterschiedliche Varianten, die von unterschiedlichen Herstellern angeboten werden, die alle einen gewissen Spielraum haben, was ihre Preissetzung angeht. Das liegt daran, dass die Kunden eine gewisse Marken- und Produkttreue haben und auch eine Vorliebe für eine bestimmte Variante des Produktes (einer fährt lieber Kombis, ein anderer schwört auf Limousinen). Mit Aufnahme von Außenhandel geschieht Folgendes: Die Zahl der von einem Produkt verfügbaren Varianten nimmt stark zu, da die Bürger jetzt auch die Varianten des Auslandes kaufen können. Man kann also nicht nur deutsche Luxuslimousinen oder Sportwagen kaufen, sondern auch französische Transporter, Coupés oder Billig-Modelle. Ob Design, Marke, PS, Ausstattung, Image – kein Auto ist gleich und der deutsche Konsument hat nun die Wahl zwischen deutschen oder französischen Varianten. Dadurch passieren zwei Dinge: Erstens wird der Absatzmarkt für die Unternehmen größer, weil sie ihre Produkte nun sowohl im In- als auch im Ausland verkaufen können. Zugleich aber nimmt die Konkurrenz zu, da auch die ausländischen Produkte auf dem Heimatmarkt angeboten werden. Gelingt es den Unternehmen, ihre Produkte auch im Ausland zu verkaufen, so können sie aufgrund steigender Skalenerträge zu geringeren Kosten produzieren, wodurch sie ihre Preise senken können, was tendenziell die Nachfrage steigert. Im Inland werden also einige Produzenten mehr und billiger herstellen, während andere Produzenten ihre Produktion einstellen werden, weil ihre Kunden auf die ausländischen Varianten ihres Produktes wechseln. So wird beispielsweise der deutsche Luxuswagenhersteller mehr produzieren, weil er nun auch nach Frankreich exportiert, gleichzeitig aber wird der deutsche Hersteller der Billig-Modelle seine Produktion einstellen, weil die französischen Billig-Varianten den deutschen Markt kapern. Kurzum: Die Zahl der im Inland produzierten Varianten nimmt ab, aber die Gesamtzahl der im Inland verfügbaren Varianten nimmt wegen der ausländischen Varianten zu.

Das Resultat ist ein Handel in Produktvarianten: Deutschland und Frankreich tauschen untereinander Autos aus – was sich mit komparativen Vorteilen nicht erklären ließe. Allerdings sind das recht unterschiedliche Autos, die da die deutsch-französische Grenze überqueren: Deutsche Luxuslimousinen und französische Transporter beispielsweise, oder sogar deutsche und französische Varianten von Mittelklasseautos. Da die einzelnen Unternehmen, die noch im Markt bleiben, nun größere Stückzahlen herstellen, sinken dank der Skalenerträge die Produktionskosten und damit die Preise, was den Konsumenten natürlich zugutekommt. Sinken müssen die Preise aus einem einfachen Grund: Würde das Unternehmen die Preise nicht senken, so würde es einen überdurchschnittlichen Gewinn erzielen, der sofort Nachahmer anziehen würde. Diese können auch leicht den Markt betreten – wer schon Limousinen herstellt, kann seine Produktion rasch auch auf andere Varianten ausdehnen. Zudem profitiert der Konsument von einer größeren Variantenvielfalt auf dem Markt. Das Ergebnis solcher Modelle ist eine Form von Handel, die weit verbreitet ist und sich grundsätzlich von der Art des Handels unterscheidet, die wir bei der Besprechung der komparativen Vorteile kennengelernt haben: intraindustrieller Handel.

Aufgabe

Welche alternativen Erklärungsansätze für internationalen Handel kennen Sie? Haben diese Ansätze etwas gemeinsam?

Nord-Nord-Handel: Inter- und intraindustrieller Handel. Wenn Sie die neueren Handelstheorien zusammenfassen, stellen Sie fest, dass sie etwas erklären können, das unsere bisherigen Handelstheorien – Ricardo und Heckscher-Ohlin – nicht erklären können, nämlich den Handel zwischen Ländern, die sich recht ähnlich sind und ähnliche Produkte austauschen. Die klassischen Handelstheorien erklären, warum Länder unterschiedliche Güter austauschen – also beispielsweise deutsche Maschinen gegen südamerikanische Bananen. Diese Form des Handels nennt man interindustriellen Handel – hier werden unterschiedliche Produkte gehandelt. Dies wird – nach den älteren Handelstheorien – der Fall sein, wenn die Staaten unterschiedliche Produktivitäten (komparative Vorteile) und Faktorausstattungen haben, also bei sehr unterschiedlichen Ländern. In der Literatur spricht man auch vom Nord-Süd-Handel und will damit zum Ausdruck bringen, dass diese Form des Handels vor allem zwischen den entwickelten Staaten des Nordens und den weniger industrialisierten Staaten des Südens zu finden ist; also zwischen Industriestaaten und Entwicklungsländern. Wenn deutsche Maschinen gegen südamerikanische Bananen gehandelt werden, so ist das interindustrieller Handel.

Wenn Sie sich aber nun Abbildung 24 anschauen, können Ihnen Zweifel an der Erklärungskraft dieser Theorie kommen.

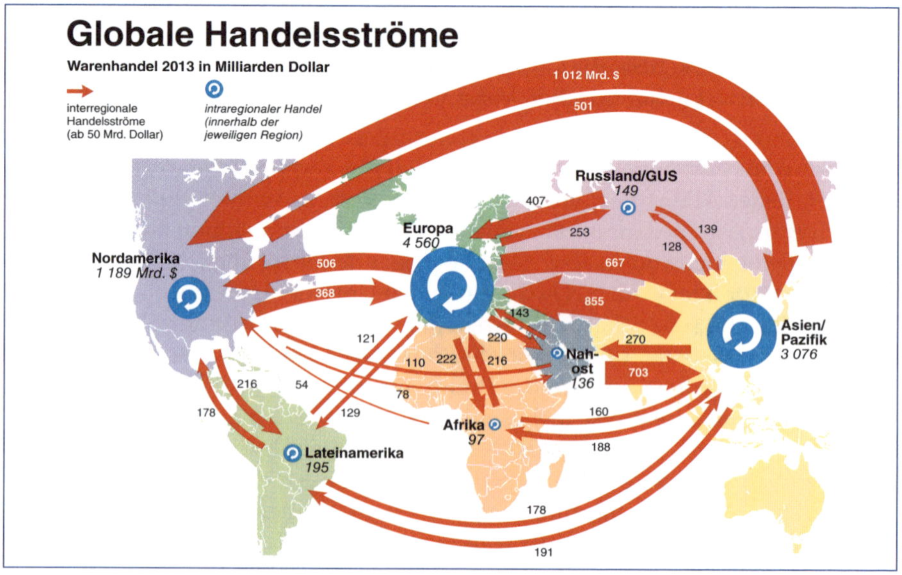

Quelle: Europäisches Parlament (2013); URL http://www.europarl.europa.eu/brussels/website/content/modul_09/start_einzel04.html

Abbildung 24: Die Welthandelsströme im Jahr 2013

Die Grafik zeigt die weltweiten Handelsströme für das Jahr 2013 und sie macht Folgendes klar: Ein Großteil des Handels erfolgt innerhalb regionaler Blöcke, so handelt Europa zu fast 70 Prozent nur mit sich selbst, in Nordamerika sind fast 50 Prozent des Handels eine rein nordamerikanische Angelegenheit. Unterstellt man nun, dass die Staaten innerhalb dieser regionalen Blöcke eine eher ähnliche Entwicklungsstufe und damit tendenziell eher ähnliche Produktivitäten und Faktorausstattungen haben, muss man vermuten, dass die traditionellen Handelstheorien recht wenig dazu beitragen, den Handel innerhalb dieser Länderblöcke zu erklären. Weiterhin zeigt die Grafik, dass der Handel über diese regionalen Blöcke hinaus eher zwischen den Industriestaaten (Europa – Nordamerika) oder zwischen den Industriestaaten und Asien stattfindet; zumindest für die erstere Form des Handels muss man vermuten, dass auch hier wenig Unterschiede in der Faktorausstattung und der Produktivität zu finden sind. Bedenkt man, dass in Asien auch noch ein Teil der Handelsvolumina von der Industrienation Japan bestimmt wird, so muss man konstatieren, dass das Ausmaß des Nord-Süd-Handels eher klein ist im Vergleich zu dem, was man als Nord-Nord-Handel bezeichnen könnte – Handel zwischen ähnlich entwickelten Industrienationen.

Ein bemerkenswerter Befund: Handel findet weltweit eher zwischen entwickelten Industrienationen statt als zwischen reichen Industrienationen und armen Entwicklungsländern – Nord-Nord statt Nord-Süd. Wenn aber die Nationen, die in den Nord-Nord-Handel verwickelt sind, sich eher ähnlich sind, was Produktivität und Faktorausstattung angeht, so muss man vermuten, dass sie eigentlich nicht nach den Mustern der traditionellen Handelstheorien Handel betreiben. Hier finden wir eher das, was man als intraindustriellen Handel bezeichnet: Man handelt ähnliche Waren, Waren gleicher Güterklassen. Während interindustrieller Handel (Nord-Süd) also deutsche Maschinen gegen brasilianische Bananen bedeutet, ist intraindustrieller Handel eher deutsche Maschinen gegen amerikanische Maschinen.

Man kann intraindustriellen Handel auch messen: Wenn dieser Handel definiert ist als Handel in gleichen Gütergruppen, so kann man einfach die Handelsstatistiken heranziehen und schauen, ob zwei Staaten Güter tauschen, die ähnlich oder gleich sind (intraindustrieller Handel) oder eher sehr unterschiedlich (interindustrieller Handel). Dazu verwendet man in der Regel die Standard International Trade Classification (SITC) der Vereinten Nationen, die Handelsgüter in verschiedene Klassen einteilt. So finden sich beispielsweise unter der Ziffer 1 Getränke und Tabak, 11 sind Getränke, 111 sind nicht alkoholhaltige Getränke, 111.01 ist Wasser (einschließlich natürliches oder künstliches Mineralwasser und kohlensäurehaltiges Wasser ohne Zusatz von Zucker, anderen Süßmitteln oder Aromastoffen; Eis und Schnee).

Nun kann man einfach die Ex- und Importe eines Landes in den verschiedenen Güterklassen miteinander vergleichen – hat ein Land in einer Güterklasse viele Ex- und Importe zugleich, so ist das ein Hinweis auf intraindustriellen Handel; wenn ein Land in einer Güterklasse viele Exporte (oder Importe) hat, aber wenige Importe (Exporte), so würde das eher auf interindustriellen Handel hindeuten. Diese Untersuchung macht man für alle Gütergruppen und summiert das auf. Das geschieht mittels des Grubel-Lloyd-Index, der genau das macht: Man addiert alle Exporte und Importe je Gütergruppe, zieht davon die Differenz zwischen den Ex- und Importen dieser Gütergruppe ab (nimmt allerdings nur die positive Zahl, man ignoriert also, ob es mehr Exporte oder mehr Importe gibt) und dividiert das Ganze durch die Summe der Ex- und Importe. Also: Hat ein Land in einer Güterklasse 100 Exporte und 20 Importe, so rechnet man (100+20) minus 80 und teilt das Ganze anschließend nochmals durch (100+20) und erhält 0,33. Die untere Grenze dieser Zahl ist null (das Land hat nur 100 Exporte, aber null Importe), das bedeutet, dass das Land innerhalb einer Gütergruppe nur exportiert, aber nicht importiert – das würde für interindustriellen Handel sprechen. Die obere Grenze dieser Zahl ist eins (das Land hat 100 Exporte und 100 Importe), das bedeutet, dass das Land in einer Gütergruppe genauso viel exportiert wie importiert – das spricht für intraindustriellen Handel.

Abbildung 25 und Abbildung 26 zeigen Ihnen, wie sich der intraindustrielle Handel in den vergangenen Jahrzehnten entwickelt hat – gemessen anhand des Grubel-Lloyd-Index. Man sieht sehr schön, dass die Industrienationen in den vergangenen Jahren immer mehr intraindustriellen Handel betreiben – bei einem Maximalwert von eins (nur intraindustrieller Handel) ist Deutschland beispielsweise bei einem Wert von mehr als 0,7. Die Entwicklungsländer haben zwar stark aufgeholt, hinken aber noch hinter den Industrienationen her. Diese Daten und weitere empirische Forschungen bestätigen also unsere Überlegungen: Intraindustrieller Handel findet vor allem zwischen den industrialisierten

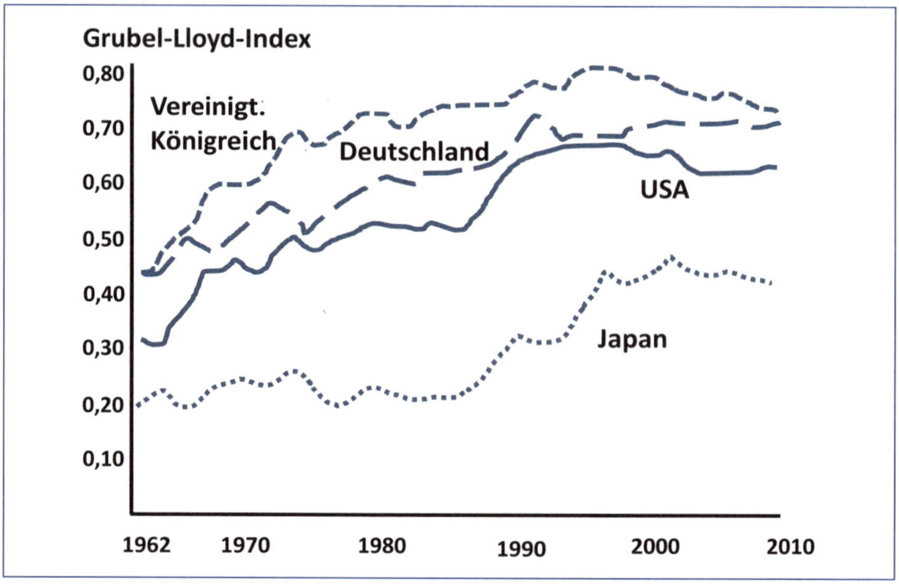

Quelle: Boyrie, Maria E.; Kreinin, Mordechai (2012)

Abbildung 25: Intraindustrieller Handel entwickelter Nationen

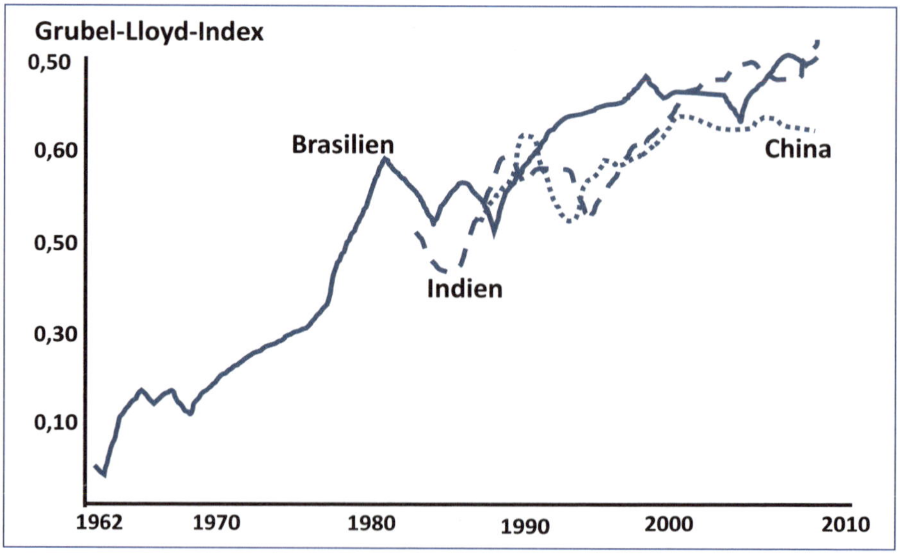

Quelle: Boyrie, Maria E.; Kreinin, Mordechai (2012)

Abbildung 26: Intraindustrieller Handel sich entwickelnder Nationen

Nationen der OECD statt (Nord-Nord); interindustrieller Handel vor allem zwischen den industrialisierten Nationen und den Entwicklungsländern (Nord-Süd) und zwischen Entwicklungsländern (Süd-Süd).

Nachdem wir das Phänomen des Nord-Nord-Handels beschrieben haben, müssen wir uns kurz fragen, wie es zustande kommt – dabei helfen uns die vorher diskutierten neueren Handelstheorien.

- Nord-Nord-Handel entsteht durch Produktvarianten. Wie wir gesehen haben, kommt es bei monopolistischer Konkurrenz zu einem Handel in Produktvarianten – deutsche Autos gegen französische Autos. Das wäre klassischer intraindustrieller Handel.
- Das Gleiche kann bei steigenden Skalenerträgen passieren.
- Auch bei internationaler Preisdiskriminierung kann es – wie gesehen – dazu kommen, dass völlig gleichartige Güter die Grenzen passieren.
- Auch die Nachfrage dürfte eine Rolle spielen: Staaten mit ähnlich hohem Einkommen und hoher kultureller Nähe haben ähnliche Vorlieben und Geschmäcker – das eröffnet Raum für den Handel ähnlicher Produkte.
- Allerdings gibt es auch Ökonomen, die im intraindustriellen Handel ein statistisches Artefakt sehen: Würde man, so ihr Argument, die SITC-Güterklassen fein genug machen, so würde das Phänomen des intraindustriellen Handels verschwinden. Keine Frage, inhaltlich ist das richtig: Wenn man Luxuslimousinen und Transporter als eine Güterkategorie behandelt, dann ist das intraindustrieller Handel; wenn man aber die beiden Produkte statistisch trennt und als verschiedene Güterkategorien behandelt, verschwindet der intraindustrielle Handel.
- Auch saisonale Effekte können zu intraindustriellem Handel führen: Im Winter importiert Deutschland Erdbeeren, im Sommer hingegen sind sie auch ein deutsches Exportgut.

Müsste man das Ganze kurz zusammenfassen, so kann man vermuten, dass intraindustrieller Handel vor allem bei technologisch anspruchsvolleren Produkten auftritt (weil man hier leichter Varianten bilden kann, die man dann handelt) und tendenziell eher zwischen industrialisierten Nationen (weil diese sich sehr ähnlich in ihrer Produktivität und Faktorausstattung sind, sodass hier wenig Raum für den klassischen interindustriellen Handel ist). Interindustrieller Handel entsteht durch unterschiedliche Produktivitäten und Faktorausstattungen, also eher zwischen ungleichen Ländern – Nord-Süd.

Aufgabe

Suchen Sie unter Ihren Einkäufen Beispiele für Produkte, die aus intra- beziehungsweise interindustriellem Handel stammen.

Politische Implikationen: Strukturwandel. Jetzt können Sie sich natürlich fragen, was man mit diesen Erkenntnissen anfangen soll. Warum soll man sich darum kümmern, ob der Handel eines Landes intra- oder interindustriell ist? Die Antwort haben wir bereits bei den traditionellen Handelstheorien kennengelernt: Strukturwandel. Wie wir gesehen hatten, lag das eigentliche politische

Problem von Außenhandel darin, dass die Gewinner in der Exportindustrie nicht unbedingt identisch sind mit den Verlierern in der Importindustrie – bei zunehmender Integration in die Weltwirtschaft boomt der Exportsektor, während der Importsektor schrumpft. Und wenn die Arbeitskräfte aus dem Importsektor keine neue Beschäftigung im Exportsektor finden können, kann strukturelle Arbeitslosigkeit entstehen.

Nun lassen Sie uns einmal etwas näher überlegen. Warum sollten die Arbeiter aus den schrumpfenden Importbranchen keinen Arbeitsplatz in der boomenden Exportbranche finden? Hier gibt es folgende Möglichkeiten:

- *Berufliche Immobilität:* Wer 20 Jahre lang im Bergbau gearbeitet hat, kann nicht einfach in die Biotechnologiebranche wechseln. Hier geht es also um die Ausbildung: Nicht immer sind die Fertigkeiten, die in der Importbranche gebraucht werden, diejenigen, mit denen man in der Exportbranche anheuern kann. Wenn eine Umschulung nicht möglich ist (weil sie zu lange dauert, man zu alt ist oder dafür kein Talent hat), wird man arbeitslos.
- *Räumliche Immobilität:* Kann man so einfach einen Job im Ruhrgebiet aufgeben und in München anfangen? Wenn wir einmal die kulturellen Vorlieben und Barrieren beiseitelassen, bleiben da noch andere Probleme: Wenn der Partner einen sicheren Arbeitsplatz hat, wenn die Kinder die Schule wechseln müssen, wenn man gerade gebaut hat und die Häuserpreise im Ruhrgebiet sinken, während sie in München steigen – das alles sind Faktoren, welche verhindern können, dass der Arbeitslose von Dortmund nach München zieht. Unterschätzen Sie diesen Faktor nicht.
- *Mangelnde Anreize:* Wer sich nicht bewegen muss, wird sich auch nicht bewegen. Wenn also das Sozialsystem eines Landes so gestaltet ist, dass die Anreize, einen anderen Job anzunehmen, gering sind, werden einige Arbeitnehmer dies wohl auch nicht tun. Das soll keine pauschale Unterstellung sein, aber man muss diesen Punkt zumindest im Auge haben und hier zu große Fehlanreize vermeiden.

Das sind also die wichtigsten Faktoren, die dazu führen können, dass eine Zunahme des Außenhandels zu struktureller Arbeitslosigkeit führt. Wohlgemerkt ist die Zunahme des Außenhandels nicht die einzige Ursache, es sind diese Immobilitäten am Arbeitsmarkt, die dazu führen. Aber wie ist das bei intraindustriellem Handel? Ganz anders: Da intraindustrieller Handel vor allem Handel in ähnlichen Produktvarianten bedeutet, haben wir hier nicht das Problem der beruflichen und räumlichen Mobilität. Vergleichen wir das einmal: Bei interindustriellem Handel steigt der Export von Maschinen – davon profitieren die Arbeitnehmer im Maschinenbau, zugleich sinkt die Produktion in der Importbranche, sagen wir Textilien, was die Arbeiter dort ihren Job kosten kann. Will heißen: Der Maschinenbauer in Stuttgart gewinnt, während die Näherin in der Pfalz verliert. Und hier taucht das Problem auf: Die Pfälzer Näherin kann nun nicht ohne Weiteres nach Stuttgart ziehen und im Maschinenbau anheuern – jetzt droht strukturelle Arbeitslosigkeit.

Soweit zum interindustriellen Handel – wie sieht es mit dem intraindustriellen Handel aus? Hier verläuft es wie folgt: Die Maschinenbaufabrik stellt eine Variante ein, weil diese nun aus dem Ausland kommt, zugleich produziert sie mehr von einer anderen Variante, die nun verstärkt ins Ausland exportiert wird. Im besten Fall bedeutet das, dass die Arbeiter aus der Produktionsschicht, welche die eingestellte Variante gebaut hat, einfach nur die Schicht oder die Werkbank wechseln, im schlimmsten Fall müssen sie das Unternehmen wechseln, weil nun ein anderes Unternehmen eine andere Variante herstellt, für die aber genau ihre Fähigkeiten gebraucht werden – strukturelle Arbeitslosigkeit: Fehlanzeige.

Das ist der springende Punkt bei intraindustrieller Spezialisierung: Sie bringt deutlich weniger Strukturwandel mit sich, in vielen Fällen ist sie noch nicht einmal mit kurzfristiger Arbeitslosigkeit verbunden. Bei einer Spezialisierung auf Varianten entsteht nicht das Problem, dass die Qualifikationen derjenigen, die aufgrund der Importe ihren Job verlieren, nicht zu den Qualifikationen passen, die in der boomenden Exportbranche gesucht werden – sie können problemlos wechseln, oftmals ist damit noch nicht einmal ein regionaler Wechsel verbunden. Intraindustrielle Spezialisierung kennt fast keine Verlierer, und damit ist das eine sehr angenehme Variante der Globalisierung.

Diese Überlegungen erklären, warum sich Proteste gegen ausländische Konkurrenz oder Anti-Globalisierungs-Kampagnen fast nie gegen Importe aus industrialisierten Staaten richten – protestiert wird gegen billige T-Shirts aus China (interindustriell), aber nicht gegen Autos aus Frankreich (intraindustriell), weil die letztere Variante keine Opfer fordert. Wenn Sie nun noch an die Daten aus Abbildung 24 denken, kommen rasch Zweifel auf, ob die ganze Globalisierungsdebatte nicht eine Schlagseite hat: Die Globalisierungskritik richtet sich fast immer gegen die Folgen des Nord-Süd-Handels – gemessen an den Güterströmen muss man sich fragen, ob das nicht der geringere Teil der Globalisierung ist; ein Großteil ist intraindustrieller Natur und damit deutlich unproblematischer. Aber diese Differenzierung geht in der Hitze der Debatte rasch verloren.

Aufgabe

Welches sind die Unterschiede zwischen inter- und intraindustriellem Handel? Wodurch entstehen diese Varianten des Handels und welche Folgen haben sie?

2.4 Protektionismus und andere Dummheiten

Dieses Kapitel hat zum Ziel, dass Sie

- lernen, wie die Folgen von Handel und Protektionismus für die gesamtwirtschaftliche Wohlfahrt aussehen,
- verstehen, welche Folgen protektionistische Maßnahmen wie Zölle, Exportsubventionen oder andere Importbeschränkungen für die Wohlfahrt und auch für Sie persönlich haben.

Wichtige Begriffe in diesem Kapitel

Protektionismus, Zölle, Importquoten, Importkontingente, Exportsubventionen, Terms of Trade, Verelendungswachstum

@ **Einen aktuellen Foliensatz zu diesem Kapitel finden Sie unter www.vahlen.de/15879880**

Worum geht es? Bisher haben wir erörtert, warum und wie Handel entsteht, und wir haben auch gesehen, dass einige der Folgen Probleme aufwerfen. Nun ist eine naheliegende Idee, einfach zu reagieren: Wenn Handel Probleme verursacht, so kann man diese Probleme beseitigen, indem man den Handel aufhält oder zumindest reduziert – das nennt sich Protektionismus. In der primitivsten Form erhofft man sich von solchen Maßnahmen, dass all die negativen Effekte, die wir bereits diskutiert haben – also vor allem der Strukturwandel – verhindert werden können. Dahinter steht die (naive) Vorstellung, dass man von der Globalisierung nicht betroffen ist, wenn man ausländische Güter einfach nicht ins Land lässt. Wie das funktioniert? Schauen Sie sich Nordkorea an. Es gibt natürlich etwas ausgefeiltere Begründungen für protektionistische Maßnahmen, die werden wir im nächsten Kapitel kennenlernen.

In diesem Kapitel wollen wir erst einmal untersuchen, welche protektionistischen Maßnahmen es gibt und welche Folgen sie für die Wohlfahrt eines Landes haben. Dazu benötigen wir das Konzept der Konsumenten- und Produzentenrente – wem das nicht mehr vertraut ist, der kann das im nächsten Abschnitt kurz rekapitulieren.

Wiederholung: Konsumenten- und Produzentenrente. Wer sich noch auskennt mit dem Konzept der Konsumenten- und Produzentenrente, kann diesen Abschnitt überspringen, hier wollen wir kurz wiederholen, was das ist und wie man es nutzt. Die Grundidee besteht darin, eine Methode zu finden, mit deren Hilfe man die Wirkungen einer Politikmaßnahme auf die Wohlfahrt eines Landes untersuchen kann. Und dazu nutzt man die Konsumenten- und Produzentenrente.

Fangen wir mit der Konsumentenrente an: Sie ist definiert als die Fläche zwischen der Nachfragekurve und dem am Markt gültigen Preis. Aber was bedeutet das? Dazu nutzen wir Abbildung 27. Die Nachfragekurve N ist ja nichts anderes als die Menge aller Konsumenten, aufgereiht nach ihrer Zahlungsbereitschaft. Da jeder Konsument für das betreffende Produkt eine andere Zahlungsbereitschaft hat, hat die Kurve den typischen fallenden Verlauf: Mit sinkendem Preis steigt die nachgefragte Menge.

Der mit 1 bezeichnete Punkt auf der Nachfragekurve bezeichnet einen Konsumenten, der – das können wir an der vertikalen Achse ablesen – bereit ist, 5 Euro für das betreffende Produkt zu zahlen. Will heißen: Der Nutzen, den er aus diesem Produkt zieht, ist ihm 5 Euro wert, andernfalls wäre er nicht bereit, das Produkt für 5 Euro zu kaufen. Nehmen wir einmal an, der derzeit am Markt verlangte Preis für das Produkt ist aber nur 2 Euro – eingezeichnet als horizontale Linie beim Preis für 2 Euro.

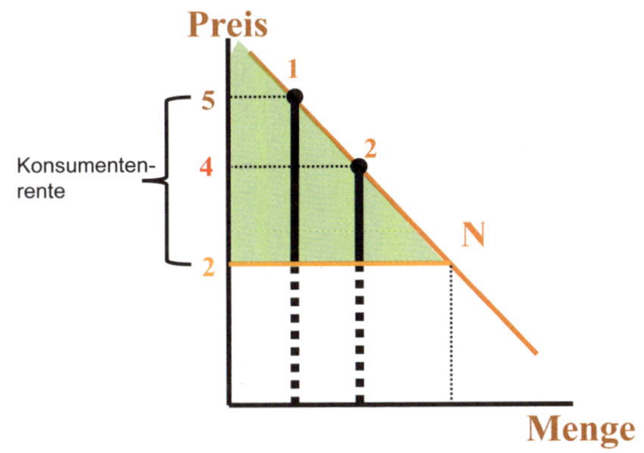

Abbildung 27: Die Konsumentenrente

Wenn aber der tatsächliche Preis am Markt 2 Euro ist, hat unser Konsument Nummer eins Glück: Er zahlt für ein Produkt, das ihm einen Nutzen von 5 Euro stiftet, nur 2 Euro – er macht also sozusagen einen persönlichen Gewinn und diesen Gewinn nennen wir Konsumentenrente. In der Grafik sehen Sie nun auch die Konsumentenrente des Konsumenten Nummer eins: Er zahlt 2 Euro (das ist die gestrichelte Linie von der Mengenachse zum geltenden Preis von 2 Euro), hat aber einen Nutzen von 5 Euro (das ist die gestrichelte Linie plus die darüber hinaus gezogene durchgängige Linie), sein persönlicher Gewinn, seine Konsumentenrente, ist also 3 Euro (das ist die durchgezogene Linie von der 2-Euro-Linie hoch zur Nachfragekurve). Genau das ist die Konsumentenrente: Die Differenz zwischen dem Nutzen, den ein Konsument aus einem Gut zieht (seiner Zahlungsbereitschaft) und dem tatsächlichen Preis, den er zahlen muss.

Damit haben wir allerdings nur die Konsumentenrente eines Konsumenten (Nummer eins) bestimmt – was ist mit den anderen Konsumenten? Ganz einfach, in der Abbildung 27 sehen Sie auch einen zweiten Konsumenten (Nummer 2), dessen Konsumentenrente wir genau auf die gleiche Methode ermitteln – Differenz zwischen seiner Zahlungsbereitschaft (in der Grafik vier Euro) und dem Preis, den er zahlen muss (2 Euro). Das Ergebnis ist die durchgezogene Linie von Konsument Nummer zwei runter auf die Linie für den 2-Euro-Preis. Diese Methode können wir nun fortsetzen, indem wir berücksichtigen, dass jeder Punkt auf der Nachfragekurve einen Konsumenten und dessen Zahlungsbereitschaft darstellt. Wenn wir nun also für jeden Punkt auf die gleiche Weise die Konsumentenrente des jeweiligen Konsumenten einzeichnen, dann werden die Linien so eng nebeneinander liegen, dass keine freie Fläche mehr zu sehen ist – und damit haben wir die gesamte Fläche zwischen der Nachfragekurve und dem geltenden Preis eingefärbt.

Genau das ist die gesamtwirtschaftliche Konsumentenrente: Die Summe der Konsumentenrenten aller Konsumenten, die das betreffende Produkt zum herrschenden Preis kaufen – und das ist genau die Fläche zwischen der Nachfragekurve und dem geltenden Preis. Und welches ist die wirtschaftspolitische Aussage? Ganz einfach: Je größer die Konsumentenrente ist, umso besser geht es unseren Bürgern, weil sie eine größere Konsumentenrente haben, also mehr Nettonutzen aus dem Kauf des Produktes ziehen. Die Maxime der Wirtschaftspolitik mit Blick auf die Wohlfahrt der Bürger sollte also sein, die Konsumentenrente zu vergrößern oder zumindest nicht schrumpfen zu lassen.

Das gleiche Prinzip, nach dem wir die Konsumentenrente ermittelt haben, wenden wir nun an, um die Wohlfahrt der Produzenten zu ermitteln – mittels der Produzentenrente.

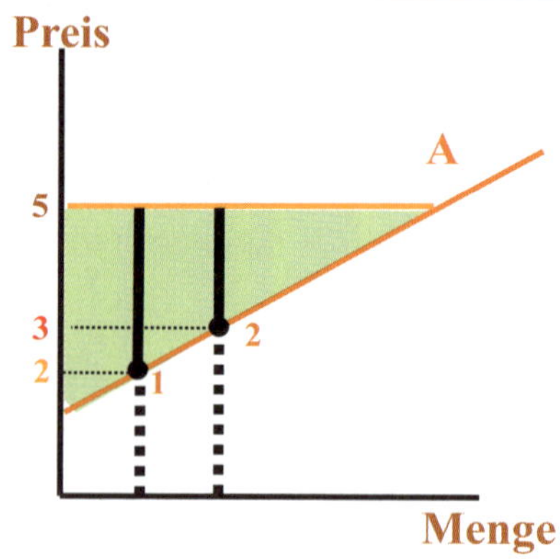

Abbildung 28: Die Produzentenrente

In Abbildung 28 sehen Sie eine Angebotskurve, das sind alle Produzenten hintereinander gereiht, und zwar nach der Höhe des Preises, zu dem sie bereit sind, das betreffende Produkt anzubieten. Produzent Nummer eins ist bereit, das betreffende Gut für 2 Euro anzubieten; Produzent Nummer zwei ist bereit, das Gut für 3 Euro anzubieten. Jetzt gehen wir wieder vor wie bisher: Produzent Nummer eins bietet schon für 2 Euro an, der aktuelle Marktpreis sei aber 5 Euro, also macht der Produzent einen Zusatzprofit von fünf minus zwei, also 3 Euro. Das ist seine Produzentenrente[2], die durchgezogene Linie von der Angebotskurve hoch zum geltenden Preis. Der Rest ist rasch geklärt, das funktioniert nun wie bei der Konsumentenrente: Produzent Nummer zwei bietet erst bei 3 Euro an, bekommt auch 5 Euro, seine Produzentenrente beträgt also fünf minus drei gleich 2 Euro. Wenn wir uns nun wieder vorstellen, dass jeder Punkt auf der Angebotskurve einen Produzenten repräsentiert und wir alle Produzentenrenten der einzelnen Produzenten einzeichnen und addieren, so verschwinden die freien Flächen in der Grafik, und wir erhalten die gesamt-

[2] Präzise gesagt handelt es sich um einen sogenannten ökonomischen Gewinn: Bei einem Preis von 2 Euro kann Produzent Nummer eins alle seine direkten Kosten (Miete, Materialen etc.) inklusive seiner Opportunitätskosten (sein Unternehmerlohn) erwirtschaften (das ist der Gewinn, den er haben würde, wenn er in der Branche investieren würde, die für ihn die zweitbeste Alternative darstellen würde). Buchhalterisch betrachtet macht er also einen Gewinn (den das Finanzamt besteuern würde); ökonomisch betrachtet nicht. Da er aber 5 Euro erlöst, bekommt er nicht nur seine Opportunitätskosten gedeckt, sondern dazu noch mehr Geld, das nennt man einen ökonomischen Gewinn.

wirtschaftliche Produzentenrente: die Fläche zwischen der Angebotskurve und dem geltenden Marktpreis.

Die politische Aussage ist die gleiche: Je größer die Produzentenrente, umso größer die Wohlfahrt der Produzenten, umso besser für die gesamtwirtschaftliche Wohlfahrt. Jetzt müssen wir das nur noch für die Gesamtheit der Bürger betrachten: Wir maximieren die Wohlfahrt eines Landes, wenn wir die Summe aus Konsumenten- und Produzentenrente maximieren. Um jetzt einzelne Maßnahmen der Handelspolitik zu untersuchen, gehen wir wie folgt vor: Wir vergleichen die Summe aus Konsumenten- und Produzentenrente vor einer solchen Maßnahme mit der Summe der Konsumenten- und Produzentenrente nach dieser Maßnahme – steigt sie, ist die Politik gut für unsere Wohlfahrt, sinkt sie, so zerstört sie Wohlfahrt. Schauen wir uns das einmal anhand einiger Beispiele an.

Info: Achtung, Kontrolle!

Eine der Reality-Sendungen im deutschen Privatfernsehen nennt sich „Achtung, Kontrolle. Ordnungshüter im Einsatz" und einige der Einsätze finden am Flughafen, beim Zoll statt. Da bekommt zum Beispiel eine Dame ein Päckchen aus den USA, in dem sich Schminkzeug befindet. Die Zöllner öffnen das Päckchen, finden heraus, dass die Schminkutensilien rund 450 Euro kosten würden – dementsprechend muss die Dame eine Nachzahlung von rund 15 Euro leisten. Ob sich das für den Staat gelohnt hat, wenn wir die Arbeitszeit der beiden Zöllner berücksichtigen? Zwei Zöllner sind eine halbe Stunde mit diesem Fall beschäftigt. Das Spiel der Zöllner ist zumeist das Gleiche: Man durchsucht die Pakete, Taschen oder Koffer aus dem Ausland und versucht festzustellen, ob jemand Waren nach Deutschland bringt, die entweder illegal sind oder aber verzollt werden müssen. Zwei Stangen Zigaretten beispielsweise sind zu viel – es ist nur eine Stange erlaubt. Verhütungsmittel aus der Türkei sind billiger – doch das deutsche Arzneimittelgesetz verbietet die Einfuhr von Arznei ohne ärztliche Verordnung, wenn es nicht für den persönlichen Bedarf ist; für nicht verschreibungspflichtige Medikamente (Aspirin) gibt es nur kleine Toleranzmengen. Der Herr, der das billige Verhütungsmittel für seine Frau mitbringen will, muss mit einer Strafe von bis zu 25.000 Euro rechnen; Steuerhinterziehung und Medikamentenschmuggel lautet die Anklage. Die Sendung zeigt sehr schön, wie aus einfachen Bürgern, die im Ausland billigere Ware kaufen wollen, Kriminelle werden, respektive, wie das Kalkül, Waren billiger aus dem Ausland mitzubringen, vom Zoll und der Steuer torpediert wird. Auf den Punkt gebracht: Der Staat erschwert es seinen Bürgern, günstiger im Ausland einzukaufen, indem er Reisefreimengen festlegt – wer Mitbringsel im Wert von mehr als 300 Euro hat, muss Zoll zahlen, Verbrauchsteuern und Einfuhrumsatzsteuer. Wer also beispielsweise einen Rechner aus den USA mitbringt, der mehr als 300 Euro kostet, aber billiger wäre als in Deutschland, für den wird der Rechner teurer – was die Idee, in New York shoppen zu gehen, weniger verlockender macht. Das ist die sichtbare Seite des Protektionismus: Wir dürfen nicht einfach im Ausland billiger einkaufen – Protektionismus kostet uns alle bares Geld. Die Frage ist: Darf der Staat uns vorschreiben, wo wir unsere Rechner kaufen oder wo nicht?

Freihandel und Wohlfahrt. Wenden wir zunächst einmal unser Instrumentarium an, um die grundsätzlichen Wohlfahrtsgewinne auf einem Markt auszumachen, der sich dem Freihandel öffnet. Nehmen wir dazu einmal Abbildung 29 zu Hilfe: Gilt der Preis P, so entspricht das Angebot im Inland der inländischen Nachfrage (das ist die Menge M, also die übliche Menge bei einem Marktgleichgewicht), es wird weder exportiert noch importiert. Die Konsumentenrente ist die Fläche A, die Produzentenrente umfasst die Flächen B, C und F. Liegt nun der Weltmarktpreis P_W unter dem inländischen Preis P, so ist die Nachfrage (K) größer als das inländische Angebot zu diesem Preis (L). Diese Lücke (K-L) wird durch Importe geschlossen, es wird die Menge K konsumiert, aber nur die Menge L im Inland produziert, der Rest wird importiert. Die neue Konsumentenrente besteht dann aus den Flächen A, B, C, D, E; die neue Produzentenrente ist nur noch F.

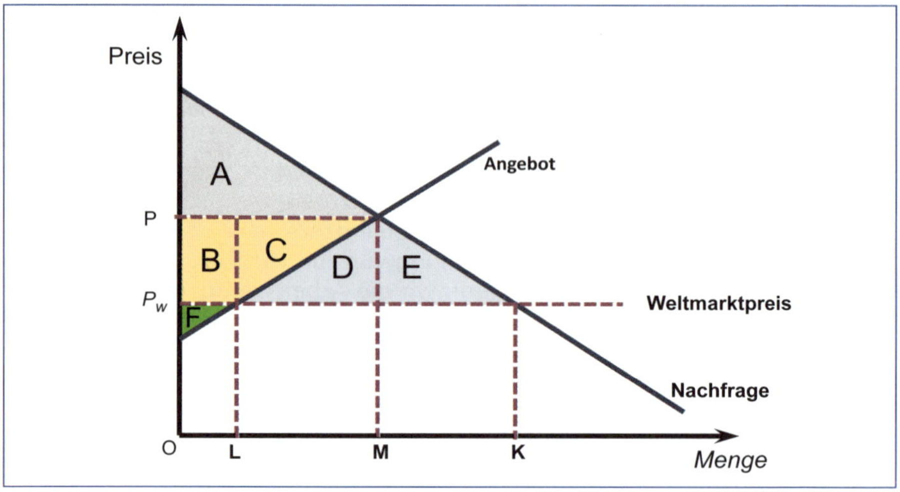

Abbildung 29: Wohlfahrtsgewinne eines Importlandes

Mithilfe dieser Analyse erkennen wir nun die Gewinner und Verlierer des Handels: Die Produzenten verlieren die Flächen B und C an die Konsumenten – das ist derjenige Teil der inländischen Produktion, der jetzt durch die Importe ersetzt wird. Die Konsumenten profitieren davon – sie bekommen jetzt die gleichen Produkte zum günstigeren Weltmarktpreis. Das repräsentieren die Flächen B, C, D. Die Fläche E sind Konsumenten, die das Produkt zum teureren Inlandspreis bisher nicht kauften – jetzt, wo es die billigeren ausländischen Importe gibt, greifen auch sie zu und realisieren dabei eine Konsumentenrente (wenn Sie beispielsweise nie im Leben einen deutschen Wagen kaufen würden, weil er Ihnen zu teuer ist, aber ein billiges asiatisches Modell kaufen, gehören Sie zur Fläche E).

Das Ergebnis dieser Analyse: Die inländischen Konsumenten bekommen mehr und billigere Güter, was ihre Wohlfahrt erhöht, die Produzenten hingegen erleiden Einbußen aufgrund der ausländischen Konkurrenz. Und wie sieht das Ganze im Falle eines Exportlandes aus? Dazu nutzen wir Abbildung 30.

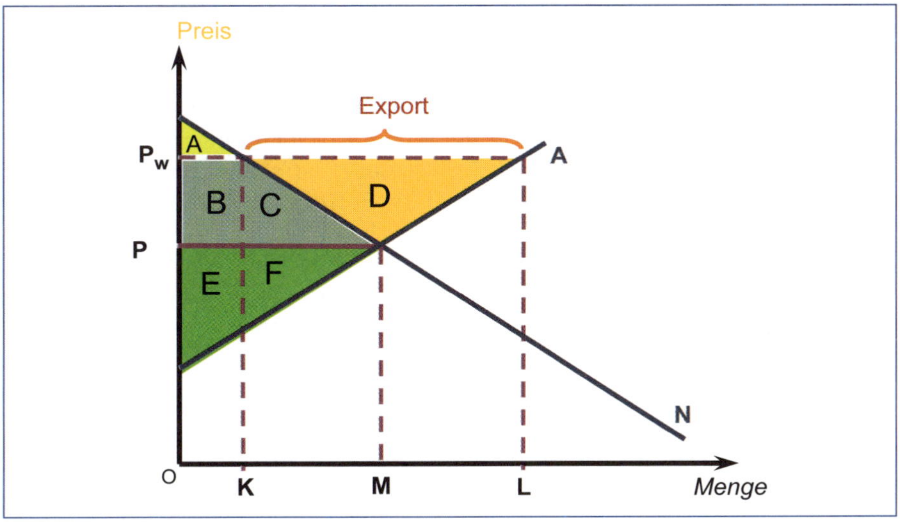

Abbildung 30: Wohlfahrtsgewinne eines Exportlandes

Nun wieder die gleiche Analyse: Wenn das Land keinen Außenhandel betreibt und der Preis im Inland P beträgt, dann besteht die Konsumentenrente aus den Flächen A, B und C, die Produzentenrente aus den Flächen E und F. Nun lassen wir Außenhandel zu und der Weltmarktpreis P_W sei höher als der Preis im Inland, so dass die inländischen Produzenten beginnen zu exportieren. Das Angebot steigt von M auf L, die Nachfrage sinkt von M auf K – wegen des höheren Preises (könnten die Inländer weiterhin zum billigen alten Preis P kaufen, würden ausländische Käufer sofort dort einfallen, um billiger zu kaufen).

Die Produzenten gewinnen nun die Flächen B und C von den Konsumenten – das ist derjenige Teil der inländischen Produktion, der jetzt exportiert und damit zu einem höheren Preis als bisher verkauft wird. Die Konsumenten verlieren: Diejenigen, die immer noch das Produkt kaufen, zahlen nun einen höheren Preis, was zulasten ihrer Konsumentenrente geht (Fläche B); die anderen Konsumenten kaufen das Produkt nun gar nicht mehr und verlieren die Konsumentenrente, die sie bisher durch den Kauf des Produktes hatten (Fläche C). Zusätzlich gewinnen die Produzenten die Fläche D hinzu, weil sie nun mehr Produkte verkaufen, und das zu einem höheren Preis.

Im Falle des Exportlandes sind es also die Produzenten der betreffenden Branche, die gewinnen (weil sie mehr und zu einem höheren Preis verkaufen), während die Konsumenten nun entweder mehr zahlen müssen oder weniger konsumieren, was ihre Wohlfahrt schmälert.

Aber bedenken Sie bitte bei dieser Analyse: Es handelt sich hier um eine sogenannte Partialanalyse, sie bezieht sich immer nur auf den jeweiligen einzelnen

Markt, den man sich anschaut, sie zeigt nicht die Folgen für die Gesamtwohlfahrt – hier gilt weiterhin das, was wir im ersten Abschnitt gelernt haben. Wir werden die Debatte um die gesamtwirtschaftliche Wohlfahrt später noch einmal aufgreifen. Schauen wir uns nun einmal die Folgen protektionistischer Maßnahmen an.

Zölle. Ein Zoll ist eine Abgabe auf eingeführte Waren. Er wird entweder auf den Wert der Einfuhren (2 Prozent Zoll auf einen Fernseher im Wert von 100 Euro macht 2 Euro Zoll; sogenannter Wertzoll) oder je eingeführtes Produkt (2 Euro Zoll auf jeden Fernseher, egal wie teuer er ist; sogenannter Stück- oder Mengenzoll) erhoben. Ziel eines Zolls ist, die Einfuhr ausländischer Waren zu verteuern – dadurch sinkt die Nachfrage nach den ausländischen Produkten, die Nachfrage nach inländischer Produktion steigt. Also: Wenn ausländische Produkte unsere Grenzen erreichen, so schlagen wir auf den Preis dieser Waren unseren Zoll drauf, dadurch werden diese Waren teurer. Abbildung 31 zeigt Ihnen die Folgen eines Zolls für die Wohlfahrt eines Landes.

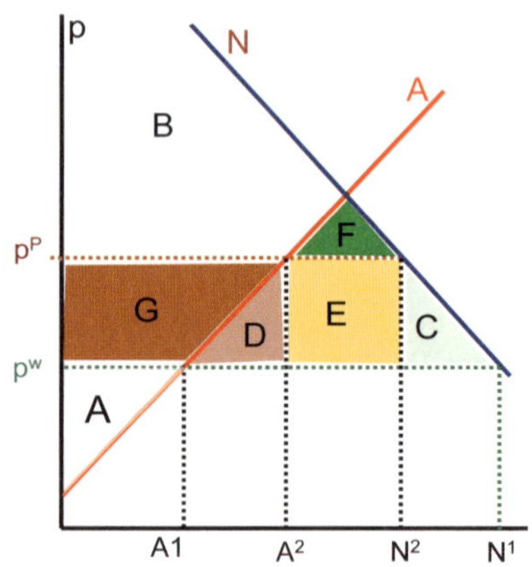

Abbildung 31: Die Wirkungen eines Zolls für ein kleines Land

In Abbildung 31 sehen Sie die übliche Nachfragekurve (N) und Angebotskurve (A) für das Land eingezeichnet. P_W ist der Preis, zu dem das Produkt am Weltmarkt verkauft wird. Gilt nun der Weltmarktpreis P_W, so bieten die inländischen Anbieter die Menge A1 an, die inländischen Konsumenten hingegen fragen N1 nach. Die Lücke zwischen inländischem Angebot und inländischer Nachfrage N1-A1 ist genau die Menge an ausländischen Gütern, die importiert wird. Die Produzentenrente in diesem Fall – Fläche zwischen Angebotskurve A und dem geltenden Preis P_W – ist die Fläche A. Die Konsumentenrente – Fläche zwischen Weltmarktpreis P_W und Nachfragekurve – besteht aus den Flächen B, C, D, E, F und G.

Was passiert nun, wenn das Inland einen Zoll einführt? Dann gilt im Inland nicht mehr der Weltmarktpreis, sondern der neue Preis P_Z (das ist der Weltmarktpreis plus der Mengenzoll). Sie sehen sofort, was passiert: Das inländische Angebot weitet sich auf A2 aus (zu diesem Preis lohnt es sich für die inländischen Produzenten, mehr zu produzieren), die Nachfrage geht auf N2 zurück (jetzt wird das Produkt allen Konsumenten zwischen N1 und N2 zu teuer, sie kaufen es nicht mehr). Die Importe schrumpfen auf N_2–A_2. Das primäre Ziel des Zolls ist erreicht: Im Inland wird nun mehr produziert, zugleich wird weniger importiert (und konsumiert).

Doch was ist mit der Wohlfahrt? Die neue Produzentenrente ist A und G – also ein Plus für die Produzenten; die neue Konsumentenrente ist B und F – die Konsumenten verlieren also ordentlich an Wohlfahrt. Dieser Wohlfahrtsverlust der Konsumenten rührt aus zwei Tatsachen her: Zum einen gibt es nun die Konsumenten, die das Produkt wegen des gestiegenen Preises nicht mehr kaufen (alle von N1 bis N2); diese Konsumenten hatten vorher, bei Freihandel, eine Konsumentenrente in Höhe der Fläche C, die sie nun verlieren. Das sind also alles Bürger, die gern das ausländische Produkt gekauft haben, weil es billiger war als der Nutzen, den sie daraus erzielen (genau diese Differenz war ja die Fläche C), und die dieses Produkt nun, beim gestiegenen Preis, gar nicht mehr kaufen und damit ihre Vorteile aus diesem Einkauf verlieren. Aber was ist mit den übrigen Konsumenten? Sie kaufen nach wie vor das Produkt, allerdings müssen sie nun einen höheren Preis zahlen, nämlich die Differenz zwischen P_Z und P_W – das sind die Flächen G, D, und E. Jetzt sehen wir auch, woher sich der Zugewinn an Produzentenrente, die Fläche G, speist: Das sind die Konsumenten, die nun statt des ausländischen Produkts, das vorher billiger war, heimische Produkte kaufen und dafür mehr bezahlen müssen. Der Zugewinn der Produzenten geht also auf Kosten der Konsumenten. Natürlich: Wenn sie das Produkt nicht mehr billig im Ausland erwerben können, sondern auf die teurere inländische Variante ausweichen müssen, schmälert das ihre Wohlfahrt und macht den einheimischen Herstellern die Taschen voller. Hier ist eine Kehrseite des Protektionismus sichtbar: Er geht zulasten der Konsumenten.

Info: Die Mutter aller Zölle

... ist das 1930 erlassene Smoot-Hawley-Zollgesetz der Vereinigten Staaten, das der amerikanische Präsident Herbert Hoover als Reaktion auf die Große Depression unterzeichnet hatte. Ursprünglich war der Zoll nur auf die Landwirtschaft ausgerichtet (obwohl die Vereinigten Staaten kaum Agrargüter importierten), doch rasch fanden sich für jede Branche Lobbyisten, die auch den Schutz von Zöllen suchten. Das Ergebnis war ein Gesetz mit etwa 21.000 Einzelpositionen, das die Zölle für über 800 Produkte erhöhte. Zusammen mit dem Crash der New Yorker Börse im Jahr 1929 gibt man diesem Gesetz die Schuld daran, dass der Welthandel Anfang der Dreißigerjahre binnen weniger Monate zusammenbrach, vor allem aufgrund von Vergeltungsmaßnahmen anderer Staaten. Der Welthandel ging von 1930 bis 1933 um rund zwei Drittel zurück. Man hätte es besser wissen können: Mehr als 1000 amerikanische Ökonomen unterzeichneten eine Petition, in der sie Präsident Hoover anflehten, das Vorhaben zu stoppen – geholfen hat das nichts. Ob man etwas daraus gelernt hat?

Piper, Nikolaus (2010), Ein Schritt in die Katastrophe, *Süddeutsche Online*, URL http://www.sueddeutsche.de/wirtschaft/gefaehrlicher-protektionismus-ein-schritt-in-die-katastrophe-1.472621.

Bleiben noch die Flächen D und C – das sind echte Wohlfahrtsverluste, die unserer Wirtschaft verloren gehen. Die Fläche D repräsentiert dabei den Anteil der Waren, die wir früher billiger aus dem Ausland importiert haben und jetzt, nach Einführung des Zolls, selbst produzieren (A_2–A_1) – allerdings zu höheren Kosten. Man könnte also von einem Effizienzverlust sprechen: Wenn wir Waren im Inland herstellen, statt sie billiger aus dem Ausland zu importieren, so ist das natürlich ein Wohlfahrtsverlust. Die Mühen und Rohstoffe, die wir für die teureren inländischen Produkte verwendet haben, hätten wir stattdessen für andere Produkte verwenden können. Bleibt noch die Fläche C – auch das ist ein echter Wohlfahrtsverlust: Wenn wir einigen Konsumenten die Möglichkeit nehmen, billig im Ausland einzukaufen und diese deswegen auf Konsum verzichten müssen, senkt das ihre Wohlfahrt.

Und was ist mit der Fläche E? Sie ist kein Wohlfahrtsverlust, und zwar aus folgendem Grund: Das ist die Menge der importierten Güter (N2-A2), multipliziert mit dem Zollsatz ($P_Z - P_W$), also die gesamten Zolleinnahmen. Diese Zolleinnahmen gehen zwar in den Staatssäckel, aber – wie das Schaubild zeigt – sie werden von den Konsumenten bezahlt, die nun mehr Geld auf den Tisch legen müssen, um die begehrten Importe zu bekommen. Wenn Sie also die teure Elektronik aus den USA mitbringen und am Flughafen dafür nachzahlen müssen, dann geht das an den Fiskus – genau das ist die Fläche E.[3]

Unter dem Strich ein unerfreuliches Ergebnis: Zölle reduzieren die Gesamtwohlfahrt eines Landes, weil nun einige Konsumenten nicht mehr konsumieren und wir zudem Produkte teuer selbst herstellen, statt sie billiger aus dem Ausland zu importieren. Außerdem zeigt sich, dass Zölle vor allem die Konsumenten belasten – die inländischen Produzenten profitieren davon. Um es provokativ zu formulieren: Wenn Globalisierungsgegner Zölle fordern, dann vertreten sie die Interessen der heimischen Industrie. Ob ihnen das so immer klar ist?

Info: Der Rubel rollt auf Rädern

Im September 2012 erhebt die russische Regierung eine „Recycling-Abgabe" auf Autos, Busse, Lastwagen und andere Kraftfahrzeuge, die nach Russland eingeführt werden. Pro Neuwagen werden zwischen 420 und 2700 Euro fällig, bei Fahrzeugen, die älter als drei Jahre sind, werden bis zu 17.200 Euro fällig. Bei bestimmten Nutzfahrzeugen, die beispielsweise im Bergbau eingesetzt werden, können Gebühren bis fast 150.000 Euro anfallen. Die Kommission der Europäischen Union schätzt, dass auf diesem Weg bis zu 1,3 Milliarden Euro im russischen Staatssäckel landen – die Hälfte davon entfällt auf deutsche Fabrikate. „Unverhältnismäßig" nennt die Kommission diese Abgabe; die Niederlande beispielsweise erheben zwar auch eine solche Abgabe, dort betrage sie aber nur 37 Euro – pauschal. Die umweltpolitischen Ziele der Russen, meint die Kommission, seien nur vorgeschoben, anders sei es nicht zu erklären, dass Importe aus Kasachstan oder Weißrussland von

[3] Denken Sie daran: Die Fläche eines Rechtecks berechnen Sie, indem Sie seine Länge mit seiner Breite multiplizieren. In unserem Fall also Länge (importierte Menge) mal Breite (Höhe des Zolls) ergibt genau die Fläche E, die den Zolleinnahmen entspricht.

der Gebühr ausgenommen seien. Ziel der Abgabe sei es wohl, die Automobilproduzenten dazu zu bewegen, Fabriken in Russland zu bauen, statt nur Autos zu exportieren.

Quelle: Cáceres, Javier (2013), Der Rubel rollt auf Rädern, *Süddeutsche Zeitung* Nr. 157 vom 10. Juli 2013, S. 19

Lassen Sie uns nun noch eine Variante einbauen und annehmen, dass das Land, das den Zoll erhebt, ein recht großes Land ist, dass also ein Ausfall der Nachfrage aus diesem Land sich auf dem Weltmarkt bemerkbar macht, und zwar in Form sinkender Preise.

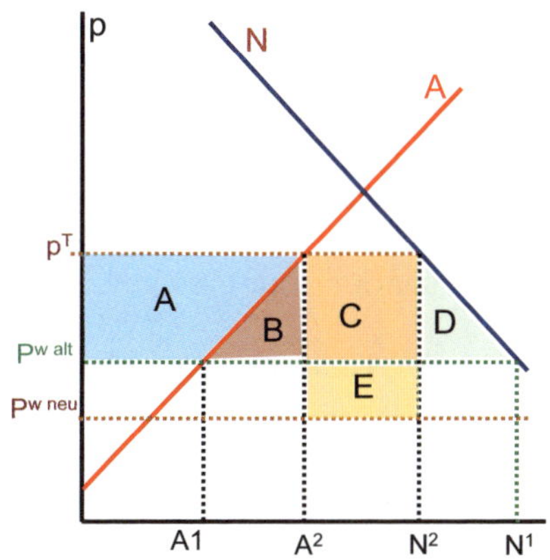

Abbildung 32: Die Wirkungen eines Zolls für ein großes Land

Wenn Sie sich Abbildung 32 anschauen, werden Sie feststellen, dass diese fast identisch ist mit Abbildung 31, bis auf einen dritten Preis P_{Wneu} und eine weitere Fläche, die Fläche E. Grundsätzlich interpretieren Sie diese Abbildung wieder wie Abbildung 31, mit einem Unterschied: Da nun ein großes Land den Zoll erhebt, sinkt damit die Weltnachfrage nach dem betreffenden Produkt so deutlich, dass der alte Weltmarktpreis $P_{W\ alt}$ nicht mehr gilt, sondern auf P_{Wneu} sinkt. Das Ausland kann also aufgrund der sinkenden Nachfrage im Inland seine Güter nur noch weiter verkaufen, indem es den Preis senkt und statt P_{Walt} nur P_{Wneu} fordert.

Das hat zwei Effekte: Der inländische Preis P_Z wird dadurch etwas nach unten rutschen – das entlastet die inländischen Konsumenten – und die Zolleinahmen werden dadurch höher, denn diese ergeben sich immer noch durch die Differenz zwischen (jetzt neuem) Weltmarktpreis P_{Wneu} und dem inländischen Preis P_Z mal der importierten Menge. Die kompletten Zolleinnahmen ergeben sich wieder durch (P_Z minus P_{Wneu}) mal N_2 minus A_2, das sind die Flächen E und C. Die Zolleinnahmen des Inlandes sind gestiegen und kompensieren dadurch teilweise die Wohlfahrtsverluste D und B. Ist der Zugewinn beim Zoll (E, auch Terms-of-Trade-Effekt genannt) größer als D und B zusammen, würde der Zoll die Wohlfahrt eines Landes erhöhen – allerdings auf Kosten des Auslandes, das seine Preise senken muss. Das ist der Kern der sogenannten Theorie des optimalen Zollsatzes, die wir später noch einmal aufgreifen wollen. Das Fazit dieser Überlegungen: Führt ein großes Land einen Zoll ein, so gibt es zusätzlich zu den grundsätzlichen Folgen noch einen Effekt auf die Länder, die Waren in dieses Land einführen wollen – sie müssen ihren Preis senken und tragen dadurch einen Teil des inländischen Zolls. Die Zollpolitik des Inlandes geht zumindest teilweise zulasten des Auslandes.

Aufgabe

Suchen Sie nach Produkten in Ihrem Alltag, die durch Zölle teurer gemacht wurden. Welche Erfahrungen haben Sie schon mit dem Zoll gemacht?

Importkontingente. Ein weiteres Instrument des Protektionismus, das Importkontingent, basiert auf der Idee, dass man nur eine bestimmte Anzahl von ausländischen Gütern ins Land lässt – wiederum zum Wohle der inländischen Industrie. Wenn also Japan Autos nach Deutschland exportieren will, so darf es das nicht unbeschränkt tun, sondern nur eine gewisse Höchstmenge.

Info: Swing tanzen verboten: Local-Content-Klauseln

Eine Variante von Importkontingenten sind sogenannte Local-Content-Klauseln: Sie schreiben vor, dass ein bestimmter Anteil des Produktes im Inland hergestellt sein muss. So müssen ausländische Automobilbauer in Russland einen bestimmten Anteil ihrer Zulieferungen von russischen Unternehmen beziehen. Weigern sie sich, so können sie Steuervorteile verlieren und werden bei staatlichen Ausschreibungen nicht berücksichtigt. Eine ähnliche Veranstaltung sind Local-Content-Vorschriften für Medien, wo man den Fernsehsendern oder Radiosendern vorschreibt, dass ein bestimmter Anteil ihres Programms für inländische Künstler reserviert sein muss. In Kenia beispielsweise sollen die Fernsehsender 60 Prozent der Zeit inländische Ware abspielen – und weniger Raum für ausländische Filme bedeutet weniger Importe von ausländischen Filmen. Auch für Deutschland wurde immer wieder eine Quote für deutsche Radioproduktionen gefordert, um die deutsche Kultur zu schützen. Diese Idee ist aus mehreren Gründen recht unglücklich: Zum einen muss man dann auch die Zeiten festlegen, zu denen das deutsche Kulturgut gespielt werden muss – sonst erfüllen die Sender ihre Quote zwischen zwei und vier Uhr nachts. Die Radio- oder Fernsehprogramme werden dann vom Staat bestimmt – will man das wirklich? Zum anderen vergessen die Befürworter dieser Quoten, dass nicht alle deutsche Musik das ist, woran sie denken – beispielsweise deutsche Heimatschlager; Mallorca-Party-Hits, Techno oder rechtes Liedgut. Gerade bei Kultur sollte man sich solche Maßnahmen – eine De-facto-Beschränkung ausländischer Produkte – verkneifen, sonst hat man rasch eine unangenehme Debatte am Hals – im schlimmsten Fall heißt es dann „Swing tanzen verboten“. Nicht gut.

Okuttah Mark (2013) Pledge on local TV content music to artistes' ears, Business Daily, URL http://www.businessdailyafrica.com/Pledge-on-local-TV-content-music-to-artistes-ears/-/539546/1750422/-/1v1323z/-/index.html

Die Wirkungen eines Importkontingents sind rasch geklärt, denn dieses funktioniert im Prinzip wie ein Zoll, wir können uns also an Abbildung 31 halten. Die Differenz N2 – A2 repräsentiert dann genau die Menge an Waren, die laut Kontingent ins Land gelassen werden – alle weiteren Folgen in Bezug auf Konsumenten- und Produzentenrente sind ganz genauso wie im Fall eines Zolls. Einen Unterschied allerdings gibt es: Die Fläche E. Im Falle des Zolls waren das die Zolleinnahmen, aber im Falle eines Importkontingents gibt es ja keine Zolleinnahmen – was passiert also mit der Fläche E? Zunächst mal ist das ein ganz klarer Verlust an Konsumentenrente, denn die inländischen Konsumenten müssen nun mehr zahlen für die ausländischen Produkte. Diese Erklärung ist auch schon die Lösung: Die Fläche E geht als zusätzlicher Gewinn an die ausländischen Importeure, die jetzt zwar wegen des Kontingents weniger ihrer Waren verkaufen können, dafür aber – wegen der künstlichen Verknappung des Angebots – zu einem höheren Preis, denn die Menge $N_2 - A_2$ setzen sie im Inland jetzt zum höheren Preis $P_Z - P_W$ ab – und genau das ist ja wieder die Fläche E: $(P_Z - P_W)$ mal $(N_2 - A_2)$.

Die Ergebnisse zum Importkontingent sind also die gleichen wie im Falle des Zolls, mit einem Unterschied: Statt Zolleinnahmen zu generieren, freut sich das Ausland darüber, dass die Inländer nun höhere Preise zahlen, der gesamte Wohlfahrtsverlust ist damit um die Fläche E größer als im Falle des Zolls. Wenn also schon ein Zoll eher ungeschickt ist mit Blick auf die Wohlfahrt eines Landes, dann ist ein Importkontingent noch einmal eine Stufe ungeschickter. Überspitzt gesagt: Wenn schon Zölle nicht sonderlich klug sind, Importkontingente sind definitiv dämlich.

Info: Where is the beef?

Fleisch ist eine besonders wichtige Sache für die Volksgesundheit – deswegen darf man das nicht so einfach dem Bürger überlassen, er könnte ja in Versuchung kommen, billiges ausländisches Fleisch statt inländischer Qualitätsware zu kaufen. Das jedenfalls ist das Argument der Schweizer Industrie und so gibt es in der Schweiz ein Zollkontingent für Fleisch: Eine bestimmte Menge ausländisches Fleisch darf billig eingeführt werden, jedes Gramm über dieses Kontingent hinaus wird mit einem deutlich höheren Zoll belastet. Lange Zeit durften nur inländische Schlachter diese Kontingente beanspruchen, doch 2007 wurde es haarig, denn nun durften alle Bürger diese Kontingente beanspruchen – sie wurden versteigert. Immerhin, der Versteigerungserlös belief sich auf jährlich zwischen 180 und 200 Millionen Franken (die in Abbildung 31 die Fläche E darstellen); davon wurden rund 45 Millionen Franken für die Entsorgung von Schlachtabfällen verwendet, der Rest ging an den Staat. Dass die Schlachtbetriebe das nicht lustig fanden, ist klar, denn die Versteigerung dieser Kontingente zeigt auch, dass sie ein Privileg sind: Man darf Fleisch zu einem billigeren Preis einkaufen als der Rest der Bürger – schwer zu erklären, warum nur Schlachtereien dieses Privileg vorbehalten sein soll, das bares Geld wert ist (eben jene 180 bis 200 Millionen Franken). Die Lobbyarbeit der Fleischerbranche hatte Erfolg, 2014 ruderte der Gesetzgeber zurück – zumindest ein Teil des Kontingents solle in Zukunft wieder den Schlachtbetrieben nach ihrer Größe gestaffelt zugeteilt werden.

Auf der Strecke bleibt der Konsument. Wenn man schon konsequent sein möchte, hätte man jegliches Billigfleisch verbieten müssen – aber sobald man eine bestimmte Menge zulässt, entlarvt man das Verbraucherschutz-Argument als vorgeschoben, es sei denn, man kann erklären, warum ein bisschen billiges Fleisch in Ordnung ist.

Proviande (o.D.), Fakten zum Schweizer Fleischimport, URL http://www.schweizerfleisch.ch/fileadmin/ dokumente/downloads/gastro/wir_unterstutzen/PDF-Fakten-zum-Fleischimport.pdf

o.V. (2013), Die Reform der Agrarpolitik ist unter Dach, NZZ Aktuell, URL http://www.nzz.ch/aktuell/schweiz/die-reform-der-agrarpolitik-ist-unter-dach-1.18052107

o.V. (2012), Schweizer Fleisch-Fachverband wehrt sich gegen Fleischversteigerung, Aargauer Zeitung vom 19.04.2012, URL http://www.aargauerzeitung.ch/wirtschaft/schweizer-fleisch-fachverband-wehrt-sich-gegen-fleischversteigerung-124137416

Exportsubventionen. Kommen wir nun zu einer besonders unglücklichen Politik, nämlich den sogenannten Exportsubventionen. Die Idee ist hier, dass jedes Stück Ware, das ein deutscher Exporteur ins Ausland liefert, vom Staat bezuschusst wird – damit der Exporteur seinen Absatz im Ausland erhöhen kann. Auch hier steht in der vulgärsten Form die Idee dahinter, dass der Exporteur nun mehr Leute einstellen wird, dass diese Exportsubvention also Arbeitsplätze schafft. Überspitzt man diesen Gedanken, wird das Problem dieser Idee offensichtlich: Wenn wir eine Exportsubvention von 100 Prozent zahlen, der Staat den Exportpreis also auf null senkt, könnten wir unsere Waren im Ausland verschenken. Das würde sicherlich kurzfristig Arbeitsplätze schaffen – aber ganz ehrlich: Halten Sie das für eine gute Idee?

Schauen wir uns einmal genauer an, wie so eine Exportsubvention funktioniert, dazu nutzen wir Abbildung 33.

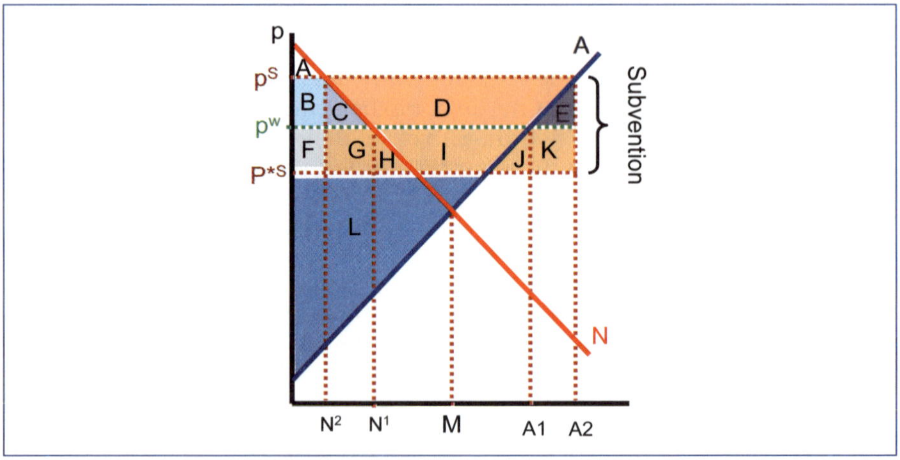

Abbildung 33: Die Wirkungen einer Exportsubvention

In der Situation ohne Exportsubventionen gilt zunächst der Weltmarktpreis P_W, die Menge A1 – N1 wird ins Ausland exportiert. Die Konsumentenrente – Fläche zwischen Nachfragekurve und Preis – besteht aus den Flächen A, B und C. Die Produzentenrente – Fläche zwischen Angebotskurve und Preis P_W – besteht aus der Fläche F, G, H, I und L. Jetzt führen wir die Exportsubvention ein – jedes Produkt, das die Anbieter ins Ausland verkaufen, wird vom Staat bezuschusst, sodass sie nun für jedes exportierte Stück den Preis P_S erhalten. Damit die Produzenten den inländischen Konsumenten nun überhaupt noch etwas verkaufen, müssen diese ebenfalls den Preis P_S zahlen – warum sollte man seine Ware zu einem niedrigeren Preis verkaufen, wenn man auch P_S haben kann, sobald man ins Ausland verkauft? Als unmittelbare Folge sinkt die Nachfrage von N_1 auf N_2, die Konsumentenrente sinkt um B und C auf A – ein klarer Wohlfahrtsverlust für die Konsumenten. Die Fläche C sind dabei diejenigen Konsumenten, die das Produkt nun nicht mehr kaufen und deswegen ihre Rente, die sie bisher aus dem Konsum dieses Produktes gezogen haben, vollständig verlieren. Die Fläche B repräsentiert das, was die Konsumenten, die das Produkt jetzt immer noch kaufen, mehr dafür zahlen müssen – sie geht an die Produzenten, die jetzt einen höheren Preis verlangen (und auch bekommen).

Wie sieht es mit der Produzentenrente aus? Das Angebot steigt nun auf A_2, die neue Produzentenrente besteht jetzt aus den bisherigen Flächen plus die Flächen B, C, D, welche die Produzenten dazugewinnen. Dieser Zugewinn resultiert daraus, dass sie nun zu einem höheren Preis verkaufen können (was, wie wir bereits gesehen haben, teilweise zulasten der Konsumenten geht, nämlich die Flächen B und C). Zusätzlich weiten sie ihre Produktion um $A_2 - A_1$ aus, was ihnen eine zusätzliche Rente beschert. Wenn wir jetzt fertig wären, dann wäre eine Exportsubvention ein klarer Wohlfahrtsgewinn – was wenig wahrscheinlich ist, denn schließlich erreicht die Subvention nichts anderes, als unsere Güter künstlich für das Ausland billiger zu machen – und wer etwas billiger verkauft, macht damit zumeist kein gutes Geschäft.

Der Haken sind natürlich die Kosten der Subvention, die müssen ja von irgendjemandem getragen werden – in diesem Fall vom Staat, also vom Steuerzahler. Die Höhe der Subvention lässt sich nun einfach ermitteln, indem wir die Höhe des Subventionssatzes multiplizieren mit der Menge der exportierten Güter. Die Menge der exportierten Güter ist A2 – N2, die Höhe des Subventionssatzes ergibt sich aus der Differenz zwischen dem Preis, den die Produzenten im Inland erhalten – das ist P_S – und dem Preis, zu dem das Produkt im Ausland verkauft wird, in der Grafik ist das P_{*S}. Aus der Tatsache, dass P_{*S} unterhalb des alten Weltmarktpreises P_W liegt, können Sie folgern, dass es sich bei dem Land, das die Exportsubvention gewährt, um ein großes Land handelt – die Ausdehnung der Produktion führt dazu, dass das Weltmarktangebot so stark steigt, dass der Weltmarktpreis sinkt. Damit können wir nun die Höhe der Exportsubventionen bestimmen: Die Höhe der Subvention ($P_S - P_S^*$) mal der Exportmenge A2 – N2 ergibt die Flächen C, D, E, G, H, I, J und K. Jetzt sehen wir auch, dass der Zuwachs an Produzentenrente entweder auf Kosten der Konsumenten geht (Flächen B) oder schlichtweg vom Steuerzahler gezahlt wird (Flächen C und D). G, H und I sind derjenige Teil der Produzentenrente, den die Produzenten auch weiterhin durch Exporte erzielen, nur dass jetzt nicht mehr das Ausland, sondern der Staat die Kosten dafür trägt; C und D sind ein Zuwachs an Produzentenrente, der durch den höheren Preis entsteht, aber ebenfalls durch den Staat via Subvention bezahlt wird. Es bleiben E, K und J als echter Wohlfahrtsverlust übrig – das sind Kosten der Subvention, denen kein Zuwachs an Produzentenrente gegenübersteht. Das ist der Teil der Produktion, der zu einem Preis verkauft wird, der noch unter den tatsächlichen Kosten der Produktion liegt (diese ergeben sich ja aus der Bereitschaft der Anbieter, es zu diesem Preis zu verkaufen – ohne die Subvention würden sie das nie tun).

Strich drunter: Exportsubventionen sind für die inländischen Konsumenten doppelt teuer (sie müssen einen höheren Preis zahlen und über ihre Steuern die Subventionen finanzieren), die Produzenten profitieren naturgemäß von der Subvention, ebenso wie die ausländischen Konsumenten, welche die betreffenden Waren billiger bekommen – und die inländische Volkswirtschaft als Ganzes erleidet einen Verlust an Wohlfahrt.

Aufgabe

Suchen Sie nach Beispielen für Exportsubventionen in der Bundesrepublik. Welche Begründungen führt die Politik dafür an? Was halten Sie von diesen Begründungen?

Info: Späte Gnade für Afrika

Es wurde als Sensation wahrgenommen, als EU-Agrarkommissar Dacian Ciolos 2014 verkündete: Die Subventionen für die europäische Lebensmittelwirtschaft werden abgeschafft. Zwar könne es unter Umständen noch Ausfuhrerstattungen geben, nicht aber für Exporte nach Afrika: „Ich bin bereit, ein für alle Mal auf die Erstattung für Ausfuhren in diese Entwicklungsländer vollständig zu verzichten.“ Richtig, aber zu spät, kommentierten viele Beobachter. Inzwischen betragen die Subventionen nur noch 147 Millionen Euro jährlich und dürfen nur in Krisen gezahlt werden. Die Jahre davor noch sorgten diese Subventionen dafür, dass die Märkte in Afrika beispielsweise mit Geflügelfleisch überschwemmt wurden – zu Preisen, welche die einheimischen Produzenten unmöglich unterbieten konnten. Mittlerweile ist die Fleischbranche durch Subventionen, Industrialisierung und Konzentration so effizient geworden, dass sie die EU-Hilfen nicht mehr benötigt.

Bundesministerium für Ernährung und Landwirtschaft (2014), Entwicklung der EU-Exporterstattungen 1993 bis 2013; URL http://www.bmelv.de/DE/Landwirtschaft/Markt-Handel-Export/_Texte/Tabellen-und-Grafiken.html

Kwasniewski, Nicolai (2014), Aus für EU-Exportsubventionen: Ein Geschenk für die Geschlagenen, *Spiegel Online*, URL http://www.spiegel.de/wirtschaft/service/agrarsubventionen-der-eu-werden-viel-zu-spaet-abgeschafft-a-944019.html

Weitere Instrumente der Außenhandelspolitik. Es gibt noch weitere Instrumente aus der Folterkammer des Protektionismus, aber wie Sie gleich sehen werden, haben wir die wichtigsten Wirkungen erfasst. Als weitere Instrumente wären da:

- *Exportkreditförderung.* Hier gibt der Staat den Käufern eines Exportgutes einen Kredit oder übernimmt eine Bürgschaft für den Importeur. Die Folgen für den Exporteur: Er will und kann jetzt mehr exportieren. Kann der Importeur nicht zahlen, so ist das das Problem der Exportförderorganisation, aber nicht mehr seins – er bekommt auf alle Fälle sein Geld. Schlimmstenfalls ist er jetzt bereit, teure Waren nach Lummerland zu liefern – ob Lummerland wirklich zahlen kann oder nicht, ist ja nicht sein Problem, er bekommt auf alle Fälle sein Geld. Wenn Sie genau hinschauen, dann erkennen Sie, dass die Wirkung dieser Maßnahme exakt den Wirkungen einer Exportsubvention entspricht – um nichts anderes handelt es sich hier.
- *Nationale Beschaffung.* Der Staat oder staatliche Unternehmen bevorzugen bei Ausschreibungen nationale Unternehmen, auch wenn diese teurer sind als die Leistungen ausländischer Unternehmen. Das entspricht im Prinzip einem Importkontingent, im Extremfall einer kompletten Importsperre.
- *Bürokratische Schikane.* Das ist die subtilste Form des Protektionismus: Man gestaltet Importbedingungen, Einfuhrvorschriften, Lizenzen, Verpackungsvorschriften und andere bürokratische Monstrositäten derart, dass sich sie Importeure die Haare raufen, weil ihre Ware lange in den Zolllagern schmort, was die Importe teurer macht – das entspricht ökonomisch den Wirkungen eines Importkontingents. In die gleiche Kategorie können auch Sicherheitsvorschriften oder Gesundheitsvorschriften fallen – nicht immer sind solche Vorschriften dazu da, die inländischen Bürger zu schützen, manchmal dienen sie auch dazu, die ausländische Konkurrenz vom Markt fernzuhalten.
- *Freiwillige Vereinbarungen.* Auch das gibt es bisweilen: Da verpflichtet sich ein Land, weniger in ein anderes Land zu liefern – „freiwillig" versteht sich. In der Regel verpflichtet man sich deshalb dazu, um Schlimmeres abzuwenden, von Freiwilligkeit kann da also keine Rede sein. Wirkt ebenfalls wie ein Importkontingent, hat also den Vorteil, dass der Exporteur wenigstens höhere Preise kassiert, wenn er schon weniger exportieren darf.
- *Politik.* Man sollte auch diesen Faktor nicht unterschätzen: Politische Propaganda für die heimische Industrie oder Panikmache („Die billigen ausländischen Importe zerstören bei uns Arbeitsplätze") können auch die Importe eines Landes reduzieren, ebenso wie Imagekampagnen („Aus deutschen Landen frisch auf den Tisch") oder Negativ-Stimmungsmache gegen die vermeintlich schlechtere Qualität ausländischer Ware. Anti-Globalisierungs-Stimmungsmache kann ebenso wie Fremdenfeindlichkeit wie ein Importkontingent wirken.

Aufgabe

Wie würden die Grafik und die Wohlfahrtsanalyse aussehen, wenn ein Land jeglichen Handel mit dem Ausland unterbindet? Kennen Sie Staaten, die sich komplett gegenüber dem Ausland abschotten? Wie ist deren wirtschaftlicher Entwicklungsstand? Möchten Sie dort leben?

(Foto: Stephan)

Hier wird gehandelt – oder auch nicht. Propaganda aus Nordkorea

Info: Franzosen, kauft bei Franzosen!

Ein Beispiel für unsichtbare Handelshemmnisse liefert Frankreich: 2007 beschloss die Europäische Kommission, Frankreich vor dem Europäischen Gerichtshof zu verklagen, weil es mit seinen Rechtsvorschriften Parallelimporte von Pflanzenschutzmitteln behindere. Bestimmte Pflanzenschutzmittel sind in einigen Mitgliedstaaten der EU billiger als in Frankreich, doch französische Landwirte stießen auf massive bürokratische Hindernisse, wenn sie ausländische Mittel nach Frankreich einführen wollten. So war es für die Landwirte sehr aufwendig, nachzuweisen, dass das importierte Produkt mit dem in Frankreich zugelassenen Produkt identisch ist – ohne diesen Nachweis aber durften sie es nicht einführen. Früher genehmigte Importe desselben Produkts wurden zudem ignoriert, die Landwirte mussten sich jeden neuen Import erneut genehmigen lassen. Kein Wunder, wenn man lieber zum einheimischen Produkt greift.

European Commission – IP/07/978 29/06/2007; URL: http://europa.eu/rapid/press-release_IP-07-978_de.htm

Protektionismus und die Terms of Trade. Bisher haben wir eine sogenannte Partialanalyse durchgeführt, wir haben uns also die Wirkungen einer handelspolitischen Maßnahme für einen einzelnen Markt angeschaut. Wir wollen nun eine andere Methode verwenden und untersuchen, wie sich protektionistische Maßnahmen generell auf die Wohlfahrt einer Volkswirtschaft auswirken können. Dazu wollen wir die Idee der Terms of Trade nutzen. Diese sind definiert als das Verhältnis zwischen den Exportpreisen und den Importpreisen. Man berechnet sie, indem man den Index der Ausfuhrpreise (der Auskunft darüber gibt, wie sich die Preise aller Exportgüter entwickelt haben) durch den Index der Einfuhrpreise (der Auskunft darüber gibt, wie sich die Preise aller Importgüter entwickelt haben) dividiert:

$$Terms\ of\ Trade = \frac{Index\ der\ Exportpreise}{Index\ der\ Importpreise}$$

Man könnte also allgemein sagen, dass die Terms of Trade eine Maßzahl für das allgemeine Austauschverhältnis zwischen dem Inland und dem Ausland darstellen. Wenn die Preise für die Exporte beispielsweise doppelt so hoch wären wie die Preise der Importgüter, so bedeutet das, dass wir für jedes Stück, das wir exportieren, zwei Stücke importieren können. Da die Terms of Trade wegen der breiten Erzeugnispalette aber als Verhältnis zweier Indizes angegeben werden, können wir diese Aussage so direkt nicht aus den Zahlen herauslesen, sie zeigen uns aber die Veränderung an: Wenn die Terms of Trade steigen (die Preise unserer Exporte also im Verhältnis zu den Importpreisen zulegen), bedeutet das, dass wir pro Exporteinheit mehr Importgüter bekommen – die Terms of Trade haben sich zu unseren Gunsten verbessert, was tendenziell wohlfahrtserhöhend ist. Wenn wir hingegen für jede Einheit, die wir importieren, mehr Exporte hergeben müssen (die Importpreise also stärker steigen als die Exportpreise), verschlechtern sich unsere Terms of Trade, und da wir nun (gerechnet in Exporteinheiten) mehr für ausländische Produkte zahlen müssen, hat sich unsere Wohlfahrt verschlechtert.

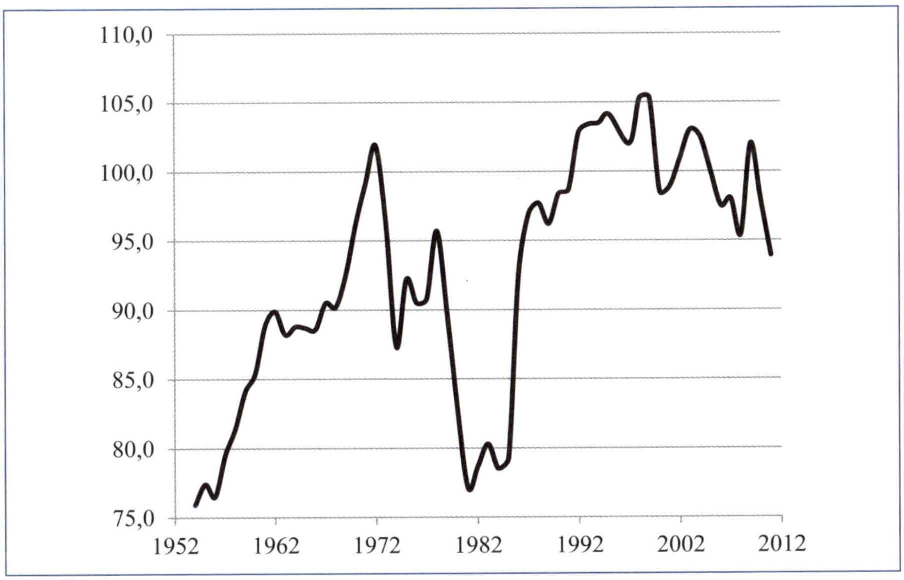

Quelle: Statistisches Bundesamt (2013), Preise Index der Ein- und Ausfuhrpreise – Zusammenfassungen, Terms of Trade; Wiesbaden, 2013; URL https://www.destatis.de/DE/Publikationen/Thematisch/Preise/Aussenhandelspreise/EinfuhrUndAusfuhrpreisePDF_5614001.pdf?__blob=publicationFile

Abbildung 34: Die Entwicklung der deutschen Terms of Trade (2010 = 100)

Damit haben wir eine einfache Überlegung zur Hand: Alles, was unsere Terms of Trade verbessert, erhöht unsere Wohlfahrt. Also ist die Frage naheliegend, was Protektionismus mit unseren Terms of Trade macht.

- Zölle (und Kontingente) können die Terms of Trade eines Landes verbessern, jedenfalls dann, wenn es ein großes Land ist. Warum? Ganz einfach deswegen, weil ein Zoll die Nachfrage nach dem betreffenden ausländischen Produkt reduziert und zudem das Inland dieses Produkt nun vermehrt selbst herstellt. Und im Falle eines großen Landes bedeutet das, dass der Preis des betreffenden Importgutes sinken muss (das entspricht unserer Analyse zu den Wirkungen eines Zolles im Falle eines großen Landes in Abbildung 32). Wir bekommen nun mehr Importe für unsere Exporte. Ein großes Land kann also mittels Zöllen seine Terms of Trade verbessern, allerdings bleibt nach wie vor der in Abbildung 32 gezeigte Wohlfahrtsverlust; zudem geht diese Verbesserung voll zulasten des Auslandes, das seine Importe nun verbilligen muss. Politisch sicherlich nicht ganz korrekt.
- Exportsubventionen verschlechtern im Falle eines großen Landes dessen Terms of Trade, da nun mehr von dem betreffenden Produkt angeboten wird – das senkt beim großen Land den Preis. So betrachtet haben Exportsubventionen einen negativen Effekt, der über die in Abbildung 33 gezeigten Wohlfahrtsverluste hinaus geht. So gesehen eine wirklich – Verzeihung – dämliche Politik.

Info: Kann das jemand verstehen?

„Kann das jemand verstehen? Da erreicht der Überschuss in der deutschen Handelsbilanz Rekordhöhen, macht die Exportindustrie Geschäfte wie nie – und das Deutsche Institut für Wirtschaftsforschung (DIW) schreibt in seinem jüngsten Konjunkturbericht: 'Die Gewinnsituation der Unternehmen hat sich durch den Terms-of-Trade-Effekt deutlich verschlechtert.' Das muss wohl heißen, dass die deutsche Volkswirtschaft ärmer wird, wenn sie auf ausländischen Märkten besonders erfolgreich ist. ... Die Terms of Trade zeigen somit an, wie viel Importe ein Land mit einer Einheit seiner Exportprodukte erwerben kann. 'Wir sind also ärmer geworden', resümierten die Konjunkturexperten der Commerzbank, und daran war hauptsächlich der Ölpreis schuld, der in wenigen Wochen enorm in die Höhe kletterte. Um die gewaltig verteuerten Ölimporte zu finanzieren, musste die deutsche Wirtschaft erheblich mehr exportieren als bei dem noch vor Jahresfrist berechneten Ölpreis. Dazu kam der lange Zeit schwache Euro, der die Importe weiter verteuerte, sodass noch mehr heimische Güter für die gleiche Menge an eingeführten Gütern hergegeben werden mussten ... Für ein Land der Dritten Welt ... kann es ums ökonomische Überleben gehen. Denn im Grunde wird über die Veränderung des Tauschverhältnisses das Weltsozialprodukt umverteilt. Wer wie die OPEC-Länder ein unentbehrliches (also preisunelastisches) Gut wie das Öl anzubieten hat, der kann die Preise weit hochtreiben und dank der dadurch verbesserten Terms of Trade ein größeres Stück vom weltweiten Reichtum an sich ziehen. Die armen Länder haben keine Möglichkeit, auszuweichen, wenn sie auf Öl als Energiequelle nicht verzichten können. Sie haben dem verteuerten Öl aber auch nichts entgegenzusetzen, weil ihre Exportkraft mangels konkurrenzfähiger Produkte zu schwach ist.

> Um der Verarmung zu entgehen, bleibt nur ein Ausweg: Verzicht auf Importe oder auf Nachfrage im eigenen Land, um mehr exportieren zu können – zwei reichlich unrealistische Möglichkeiten. Da wird der abstrakte Begriff der Terms of Trade schmerzlich konkret."
>
> Klaus-Peter Schmid (2001), Terms of Trade: wichtiger als der Wechselkurs, *Zeit Online*, URLhttp://www.zeit.de/2001/05/Terms_of_Trade_wichtiger_als_der_Wechselkurs

Die Terms of Trade spielen eine wichtige Rolle bei den Debatten um die Entwicklungspolitik. Da wäre zum einen die sogenannte Prebisch-Singer-Hypothese – sie besagt, dass Entwicklungsländer, die vor allem sogenannte Primärgüter (also Rohstoffe, Nahrungsmittel) exportieren, vom internationalen Welthandel nicht profitieren, da die Preise der Primärgüter über längere Zeit hinweg tendenziell eher fallen werden, während die Preise der Industriegüter, die sie importieren, tendenziell eher steigen. Das würde zusammengenommen eine Verschlechterung der Terms of Trade für diese Länder bedeuten (die Preise ihrer Exporte fallen, die Preise ihrer Importe steigen); Handel wäre für diese Länder damit nicht vorteilhaft. Begründet wird dieser langfristige Trend mit der Einkommenselastizität der Nachfrage: Bei steigenden Einkommen steigt die Nachfrage nach Primärgütern nur unterproportional, während die Nachfrage nach Industriegütern eher überproportional steigt – das würde diese Entwicklung erklären.

Empirisch ist diese These schwer zu überprüfen, was vor allem daran liegt, dass die Preise der Primärgüter teilweise sehr stark schwanken. In einer aktuellen Untersuchung zu dieser Hypothese fanden sich gemischte Resultate: Bei der Untersuchung von Zeitreihen, die teilweise bis ins 18. Jahrhundert zurückreichen, fanden Forscher acht Güterklassen, bei denen sie einen langfristig fallenden Preistrend beobachteten (Aluminium, Kaffee, Jute, Silber, Zucker, Tee, Wolle und Zink), in 14 anderen Gütergruppen fanden sie keine Hinweise auf systematisch fallende Preise. Bei Gütern wie Öl könnte man auch argumentieren, dass mit steigendem Einkommen die Nachfrage nach diesen Gütern steigt.

Die Verfechter der Prebisch-Singer-Hypothese haben auch gleich die entsprechende Gegenmaßnahme zur Hand: Importsubstitution soll das Zauberwort heißen – was so viel bedeutet, dass die Entwicklungsländer Produkte aus Industrienationen nicht mehr ins Land lassen und sich bemühen sollen, diese selbst herzustellen. Wir werden diese Politik später näher analysieren, hier sollen nur Einwände diskutiert werden, die wir mithilfe unseres bisherigen Wissens verstehen können. Der erste Punkt ist klar: Wer ausländische Waren vom Markt fernhält und diese stattdessen selbst herstellt, verliert all die Wohlfahrtsvorteile, die wir bereits erörtert haben. Die Produkte werden nun im Inland teurer hergestellt, die Konsumenten zahlen höhere Preise. Und man nutzt den komparativen Vorteil, den man eigentlich hat, nicht aus. Natürlich ist die Idee der Importsubstitution, dass man später die Produkte besser und billiger herstellen kann als das Ausland, dass man also den komparativen Nachteil in einen komparativen Vorteil verwandelt. Ob das wirklich gelingen kann, ist die erste Frage, die zweite Frage ist, wie viel Wohlfahrt man in der Zwischenzeit verliert. Die dritte Frage: Gibt es nicht Alternativen? Sollte man sich vielleicht besser auf andere, neue Produkte konzentrieren, sollte man seine Produktpalette erweitern, um zu verhindern, dass man von den Preisschwankungen einzelner Exportbranchen so stark betroffen wird?

Eine weitere große Debatte der Entwicklungspolitik, die sich um die Terms of Trade dreht, ist die Idee vom Verelendungswachstum: Wenn ein Land die Produktion seines Hauptexportgutes ausdehnt (weil es wächst, weil man produktiver und effizienter geworden ist), dann steigt das Angebot auf dem Weltmarkt für dieses Produkt, was zur Folge haben kann, dass die Weltmarktpreise für dieses Produkt sinken, was die Terms of Trade des betreffenden Landes verschlechtert. Obwohl man wächst, erleidet man Wohlfahrtseinbußen. Ein Beispiel dafür ist der Weltkaffeemarkt, der durch steigende Konkurrenz – auch aus Vietnam – drastisch fallende Preise erlebt hat; in der Literatur wird das als Kaffeekrise bezeichnet.

Aufgabe

Welche Möglichkeiten hat die nationale Politik, um die heimischen Terms of Trade zu verbessern? Kennen Sie Beispiele für diese Politik?

Grundsätzlich kann es also in der Tat zu so einer Entwicklung kommen, allerdings muss man auch festhalten, dass Wachstum zumindest auf nationaler Ebene immer positive Wohlfahrtseffekte hat. Und auch dieses Phänomen deutet darauf hin, dass es eine kluge Strategie wäre, die nationale Produktpalette möglichst vielfältig zu gestalten, um zu verhindern, dass Preiseinbrüche in einer Branche die gesamte Wirtschaft nach unten ziehen.

Info: Vietnam rollt den Weltkaffeemarkt auf

„Vietnam hat sich innerhalb von gut zwanzig Jahren vom Punkt null zum zweitgrößten Kaffeeproduzenten der Welt entwickelt. Im zentralen Hochland südlich der alten Demarkationslinie werden mehr als 900.000 Tonnen Kaffee angebaut – ein Zehntel der Weltproduktion. Es gibt weltweit ein Überangebot an Kaffee von etwa 15 Prozent der jährlichen Ernte. Der Weltmarktpreis liegt seit Jahren unter den Anbaukosten und erreichte in diesem Jahr sein historisches Tief seit 100 Jahren, was die traditionellen Kaffeeexporteure in Lateinamerika erschüttert. In Brasilien, Kolumbien und Honduras etwa zieht der Preisverfall Hunger, Massenentlassungen und Landflucht nach sich. In Guatemala und Honduras wurden vergangenes Jahr etwa 600.000 Kaffeeanbauer entlassen. Das Dilemma kreiden die Anbaustaaten in Südamerika und Afrika dem Neuling Vietnam an: Das Land, das nicht in die Organisation der Kaffee anbauenden Länder ACPC eingebettet ist, setze sich über Absprachen zum Produktionsumfang und zu den Preisen hinweg und werfe seine Ernte zu Schleuderpreisen auf den Weltmarkt. Allerdings gibt es auch andere Abweichler. Nach Angaben des Kaffeeverbandes habe auch der größte Exporteur Brasilien seine Anbauflächen in den Neunzigern erweitert. Vietnam kann die Bohnen jedoch preiswerter exportieren als die Lateinamerikaner. Hier lässt sich Kaffee in tiefer gelegenen Regionen anbauen, wo noch Erntemaschinen einsetzbar sind. Zudem kauft der vietnamesische Staat den Bauern einen Teil der Ernte ab und lagert sie ein. Auf diese Weise subventioniert, können die Bauern den Rest der Ernte billiger auf dem Weltmarkt anbieten. Allerdings gedeihen in Vietnam keine höherwertigen Sorten. Der vietnamesische Kaffeeanbau geht auf eine deutsche Initiative zurück. Weil die DDR nicht genügend Devisen aufbringen konnte, um genug Kaffee am Weltmarkt zu kaufen, drängten sie die vietnamesischen Genossen, Kaffee anzubauen. Im Gegenzug lieferten sie ihnen Industriewaren und erließen Schulden. ... In den Neunzigern beschloss die vietnamesische Regierung, im großen Stil in das Kaffeegeschäft einzusteigen. Die Weltbank förderte den Anbau. Nach dem Fall des US-Handelsembargos gegen Vietnam 1994 nahm dann der Export stark zu. Inzwischen werden auf einer halben Million Hektar Kaffeepflanzen angebaut."

Mai, Marina (2004), Vietnam rollt den Weltkaffeemarkt auf, *Taz* online, URL http://www.taz.de/1/archiv/archiv/?dig=2004/03/22/a0154

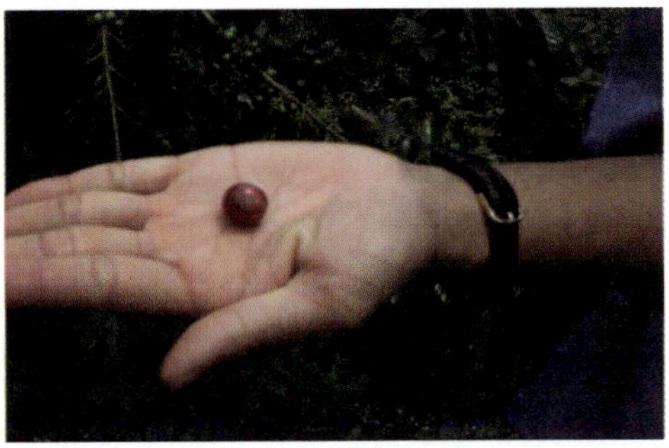

(Foto kangotraveler)

Der Spielverderber – eine Kaffeebohne aus Vietnam

2.5 Sollen wir unsere Grenzen öffnen?

Dieses Kapitel hat zum Ziel, dass Sie

- lernen, welche Argumente die Politik ins Feld führt, um ausländische Produkte vom Markt fernzuhalten – und was von diesen Argumenten zu halten ist,
- die Idee der staatlichen Technologiepolitik kennenlernen und
- die grundlegende Struktur strategischer Handelskonflikte verstehen.

Wichtige Begriffe

Optimalzolltheorie, externe Effekte, Umweltstandards, Technologiepolitik, strategische Handelspolitik, Waschbär

@ Einen aktuellen Foliensatz zu diesem Kapitel finden Sie unter www.vahlen.de/15879880

Worum geht es? Bisher haben wir festgestellt, dass internationaler Handel wohlfahrtserhöhend ist und Protektionismus uns Wohlstand kostet. Nun ist es nicht so, dass diese Argumente ohne Widerspruch sind, und einige Argumente verdienen es schon, dass man sie sich etwas näher anschaut. Handel kann auch negative Folgen haben, respektive protektionistische Maßnahmen können auch Vorteile für ein Land mit sich bringen. Allerdings werden wir sehen, dass dies nicht ganz so einfach ist und dass Protektionismus nicht immer die richtige Antwort auf diese Probleme sein muss. Schauen wir uns einige dieser Argumente näher an.

Optimalzoll. Die Idee des Optimalzolls ist ein theoretisch elegantes Konzept, das aber politisch recht hässlich und damit wenig praktikabel ist. Die Grundidee dieses Zoll ist bereits in Abbildung 32 angelegt: Wir haben gesehen, dass ein großes Land durch die Einführung eines Zolls einen Wohlfahrtsgewinn für sich herausschlagen kann, wenn es ihm gelingt, durch den Zoll das Ausland dazu zu nötigen, den Preis des betreffenden Gutes zu senken (das war die Fläche E). Auch bei der Diskussion um die Terms of Trade hatten wir gesehen, dass ein großes Land durch die Einführung von Zöllen die Terms of Trade zu seinen Gunsten verbessern kann. Kurzum – durch einen Zoll kann ein großes Land seine Stellung im Weltmarkt verbessern, indem es auf Kosten des Auslands höhere Zölle einnimmt und unter dem Strich billiger im Ausland einkaufen kann.

Im Prinzip können diese Effekte die negativen Effekte der Protektion aufwiegen – aber ist das wirklich eine gute Idee? Theoretisch könnten wir diesen Effekt auch erreichen, indem wir als großes Land eine Steuer auf unsere Exporte einführen; auch das würde die Terms of Trade verbessern; und über den Prozess der Überwälzung würde das Ausland einen Teil dieser Steuer tragen, indem es mehr für unsere Exporte zahlen müsste. Doch eine Steuer auf Exporte ist ein sicherer Weg ins politische Aus – im Gegensatz zu einer Steuer auf Importe (was ein Zoll ja letztlich ist). Das zeigt schon, dass diese Idee nicht sonderlich clever ist. Zudem muss man konstatieren, dass die Wohlfahrtsgewinne einer solchen Maßnahme eindeutig zu Lasten des Auslands gehen (das nennt man dann Beggar-my-neighbourhood-Politik, man macht also seine Nachbarn arm). Wie das Ausland das wohl findet? Ob das gut ist für die nachbarschaftlichen Beziehungen? Und was, wenn das Ausland Gegenmaßnahmen ergreift? Dann haben wir rasch einen veritablen Handelskrieg, der nur Verlierer kennt. Letztlich ist die Idee des Optimalzolls wohl eher ein intellektuelles Argument als ein ernst zu nehmendes Instrument der Handelspolitik.

Externe Effekte. Hier wird es schon spannender: Externe Effekte entstehen, wenn Person A eine Handlung begeht, die Folgen für Person B hat, ohne dass Person A diese Folgen für Person B bei seiner Handlung berücksichtigt und B entschädigt. Das prominenteste Beispiel für externe Effekte ist die Umweltverschmutzung: Person A verschmutzt die Umwelt mit der Produktion oder dem Konsum eines Gutes; die verschmutze Umwelt beeinträchtigt das Wohlbefinden von Person B (oder aber der Staat reinigt die Umwelt, was B über seine Steuern mitzahlen muss). Und B wird von A dafür nicht entschädigt. Das ist ein Problem: Wenn B die Kosten, die ihm A verursacht, nicht ersetzt bekommt, so spiegeln die Kosten des Konsums, die A zahlen muss, nicht die tatsächlichen gesamtgesellschaftlichen Kosten wider – A konsumiert zu viel von dem Produkt (man müsste eigentlich zu dem Preis des Produktes noch die Kosten der Beseitigung der Umweltschäden addieren, die dieses Produkt verursacht). Versehen wir einmal das Beispiel mit Zahlen: A zahlt für einen Liter Benzin 1 Euro und kauft auch dementsprechend viel. Leider verursacht die Verwendung von Benzin als Treibstoff Umweltschäden von – sagen wir – 1 Euro, die vom Staat beseitigt werden müssen – aber eben nicht von A, weswegen A diese Kosten gar nicht spürt und dementsprechend auch nicht berücksichtigt. Eigentlich müsste er 2 Euro pro Liter zahlen (dann würde der Preis des Benzins die tatsächlichen Kosten, die es verursacht, decken) und würde dann auch weniger kaufen. Externe Effekte sind ein echtes wirtschaftspolitisches Problem, sie sind das, was man in der Literatur auch als Marktversagen bezeichnet – zu Recht. Dabei gibt es diesen Effekt in zwei Ausprägungen: Es gibt positive und negative externe Effekte, die beide in der Globalisierungsdebatte eine Rolle spielen – die Ersteren in der Technologiepolitik, die Letzteren in der Umweltdebatte.

Negative externe Effekte: Umweltstandards. Wie wir gesehen haben, ist Umweltverschmutzung ein externer Effekt, und zwar ein negativer externer Effekt, denn die Folgen der Handlung von A (Kauf von Benzin) legen anderen Personen Kosten auf (hier dem B, der unter der verschmutzten Umwelt leidet oder deren Reinigung bezahlen muss). Beseitigen ließe sich dieser negative externe Effekt durch eine sogenannte Internalisierung: Der Verursacher muss die kompletten Kosten seines Konsums, also auch die Kosten der Umweltverschmutzung, zahlen – beispielsweise, indem man ihn mit einer Steuer zur Kasse bittet. In unserem Beispiel müsste A also 1 Euro Benzinsteuer zahlen, dann entspricht der Preis des Produktes den kompletten Kosten, also auch den externen Kosten der Umweltverschmutzung. Diese Lösung müssen wir im Auge behalten.

Info: Nazi-Racoons – Görings gierige Greifer

Globalisierung führt auch zu einer Verbreitung neuer Arten in der heimischen Flora und Fauna: Über Kanäle, Frachtcontainer, im Ballastwasser von Schiffen, im Verpackungsmaterial oder über bewusste Aussetzung werden fremde Tiere oder Pflanzen eingeschleppt und schaden oft der heimischen Tier- und Pflanzenwelt. Springkraut, Riesen-Bärenklau und asiatischer Knöterich beispielsweise machen sich in Deutschland breit und sind bisweilen nur schwer im Zaum zu halten – manchmal werden sie auch über Gartenhandlungen eingeschleppt und verbreiten sich, sobald man sie im heimischen Garten auspflanzt. Bei den Tieren sind es Arten wie Ochsenfrosch, Nutria, Chile-Flamingo oder Halsbandsittich, die sich in Deutschland breitmachen. Nicht immer mit positiven Folgen: Die Grundel beispielsweise, ein Fisch aus dem Schwarzen Meer, hat sich über die Donau und den Main-Donau-Kanal bis in den Rhein verbreitet, frisst Fischlaich und stark gefährdete Flussmuscheln. Eine Plage ist auch der Waschbär, der die letzten Bestände der europäischen Sumpfschildkröte bedroht. Der Waschbär wurde in den Dreißigerjahren des vergangenen Jahrhunderts bewusst ausgesetzt. In der Literatur hält sich hartnäckig die Variante, dass NS-Reichmarschall Hermann Göring persönlich die Aussetzung der gierigen Jäger angeordnet haben soll, wenngleich sich in den Akten kein Hinweis dazu findet. Der englischen Presse ist das egal, da werden die Tierchen schon mal als „Nazi-Racoons" bezeichnet; bisweilen ist auch von „Görings gierigen Greifern" die Rede.

Melzer, Chris (2009), Was der Waschbär mit den Nazis zu tun hat, *Welt Online*, URL http://www.welt.de/wissenschaft/tierwelt/article3532915/Was-der-Waschbaer-mit-den-Nazis-zu-tun-hat.html

o.V. (2012), Folge der Globalisierung: Viele Tiere wandern ein, *Focus Online*, URL http://www.focus.de/panorama/welt/umwelt-folge-der-globalisierung-viele-tiere-wandern-ein_aid_878525.html

(Foto: Ullsteinbild – fotofeeling.com)

Schädlinge? Wer? Wir?

Wie aber verursachen Globalisierung und internationaler Handel negative externe Effekte, was hat Umweltverschmutzung mit Globalisierung zu tun? Hier gibt es einige Argumente:

- Durch den Transport von Waren mittels Schiffen, Fliegern und LKWs wird die Umwelt verschmutzt – wenn diese umweltbedingten externen Kosten des Transportes nicht über Steuern oder Abgaben internalisiert werden, verschärft Handel das Umweltproblem. Diese Variante der Umweltprobleme durch Globalisierung ist allerdings weniger im Fokus der Kritiker.
- Durch Globalisierung gelangen Tiere oder Pflanzen in neue Lebensräume, wo sie die heimische Tier- und Pflanzenwelt zerstören (Neozoen) – siehe das Waschbärproblem in Deutschland.
- In der Kritik stehen vor allem die Produktionsbedingungen in ärmeren Ländern, die, um Exporterfolge zu erzielen, billigend eine Schädigung ihrer Umwelt in Kauf nehmen. Wer exportieren will, muss kostengünstig sein. Und eine kostengünstige Produktion geht oft zulasten der Umwelt. Das führt

unter Umständen nicht nur zu Umweltschäden in dem betreffenden Land, sondern über globale Effekte auch zu Umweltschäden für den Rest der Welt. Ein klassischer negativer externer Effekt.

- Indirekte Schäden entstehen durch Verlagerung umweltschädlicher Produktionstätigkeiten in weniger regulierte Länder (pollution havens).
- Auch als eine Art negativen externen Effekt könnte man das Entsetzen der westlichen Industrienationen über die Arbeitsbedingungen in armen Ländern sehen: Kinderarbeit, mangelnder Unfallschutz, Niedriglöhne und andere Dinge sind etwas, das reiche Menschen in den Industrienationen in der Regel als unannehmbar und unmenschlich ansehen – es verursacht uns Unbehagen. Letztlich ist das auch ein negativer externer Effekt.

Lassen Sie uns hier den dritten Punkt diskutieren – die Arbeitsbedingungen und die Kinderarbeit werden wir in einem späteren Kapitel aufgreifen. Was ist von dem Argument zu halten, dass Globalisierung den Umweltschutz untergräbt, weil die armen Länder mit dem Ziel, mehr zu exportieren, ihre und damit auch unsere Umwelt ruinieren?

Zunächst einmal muss man konstatieren, dass die Industrienationen in den vergangenen Jahrzehnten die größten Umweltverschmutzer waren – und es größtenteils immer noch sind. Hier wäre es also klug, vor der eigenen Tür zu kehren. Zweitens muss man erkennen, wo das eigentliche Problem liegt: Die Nachfrage nach einer sauberen Umwelt ist das, was man einkommenselastisch nennen kann: Mit steigendem Einkommen steigt auch das Bedürfnis nach einer sauberen Umwelt und besseren Arbeitsbedingungen. Wer arm ist, wird sich im Zweifelsfall für mehr Einkommen und etwas weniger saubere Luft entscheiden; wer wohlhabend ist, ist leichter dazu bereit, zum Segen der Umwelt auf ein höheres Einkommen zu verzichten. Die Ursache dieser Umweltprobleme ist also die Armut, nicht der Handel. Wenn die betreffenden Staaten reicher wären, würden sie sicherlich mehr Bewusstsein für ihre Umwelt und die Arbeitsbedingungen entwickeln.

(Foto: Tanja Kittner)

Das stinkt zum Himmel

Stimmt diese Idee und stimmt es, dass eine Integration eines Landes in die internationale Weltwirtschaft deren Wohlstand erhöht, so wäre der Handel eher die Lösung als die Ursache des Problems. In der optimistischen Variante liest sich das so: Ein armes Land wächst durch Außenhandel und ausländische Direktinvestitionen, es wird dadurch wohlhabender und achtet im Zuge dieses Weges zu mehr Wohlstand zunehmend auf seine Umwelt. Sicher wird nicht jeder diesen Optimismus teilen, aber zum einen deutet das Beispiel vieler Industrienationen, die früher arm waren, mit ihrer Umwelt Schindluder getrieben haben und heute eher grün sein wollen, darauf hin, dass dieser Ansatz nicht ganz so abwegig ist. Zum anderen muss man – will man diese Entwicklung nicht abwarten – eine relevante Alternative bieten. Hier werden oft sogenannte Umweltstandards diskutiert.

Das Bundesministerium für wirtschaftliche Zusammenarbeit und Entwicklung definiert Umweltstandards so:

> *„Sie haben den Zweck, die wirtschaftliche Entwicklung zu fördern und gleichzeitig die dauerhafte Verfügbarkeit der Naturressourcen und Ökosystemleistungen sowie den Schutz der Umwelt und der menschlichen Gesundheit zu gewährleisten. Umweltstandards definieren bestimmte Anforderungen an die Produktion und die gesamte Wertschöpfungskette – oft von der Herstellung bis zur Entsorgung. Unternehmen, die diese Anforderungen erfüllen, sichern sich langfristig Wettbewerbsvorteile."*[4]

Das klingt nett, trifft aber nicht den Kern der Sache. Darum geht es: Wenn Entwicklungsländer in Industrieländer exportieren wollen, müssen sie sich an die in diesen Ländern vorgeschriebenen Umweltstandards halten – andernfalls wird ihnen der Export verweigert. Wenn also ein Entwicklungsland Textilien nach Deutschland exportieren will, die nicht deutschen Standards entsprechen (Produktstandards) oder mit einem Produktionsprozess hergestellt werden, der nicht den deutschen Umweltstandards entspricht (Produktionsstandards), oder aber von Unternehmen hergestellt werden, deren Verhalten nicht deutschen Standards entspricht (Verhaltens- oder Systemstandards), dürfen diese Textilien nicht nach Deutschland exportiert werden. Kritiker solcher Standards empfinden diese denn auch als Handelsbarrieren, die vor allem dazu dienen, die Märkte und Unternehmen der Industrieländer zu schützen.

Was ist davon zu halten? Ein zweischneidiges Schwert. Es ist durchaus nachvollziehbar, wenn die Bürger eines Landes keine Produkte wollen, die durch Ausbeutung der Umwelt entstehen, ebenso wie man Produkte meidet, die durch Kinderarbeit, Ausbeutung oder Verelendung entstanden sind oder die sogar Gesundheitsschäden beim Konsumenten hervorrufen könnten. Leider aber ist erstens die Linie nicht immer trennscharf, es lässt sich schwer sagen, wo der Umweltschutz aufhört und die Begünstigung der heimischen Produzenten beginnt. Zweitens muss man sich auch hier wieder fragen, ob dann ein Importverbot immer die richtige Maßnahme ist – dadurch beseitigt man nicht

---

[4] Bundesministerium für wirtschaftliche Zusammenarbeit und Entwicklung (o.D.), Unternehmen zu mehr Umweltschutz motivieren; URL http://www.bmz.de/de/was_wir_machen/themen/wirtschaft/oekostandards/ hintergrund/index.html

die Armut der Exportländer, die ja letztlich die Ursache dieser ganzen unappetitlichen Phänomene ist. Drittens bleibt auch die Frage, inwieweit man von anderen Staaten erwarten darf, dass sie genau die Ansprüche an Produktion und Produkte erfüllen, die man an sich selbst stellt. Dürfen wir von armen Ländern erwarten, dass sie ebenfalls ihren Müll so akribisch trennen wie die Deutschen (einmal abgesehen von der Frage, ob sie sich das leisten können)?

Info: Internationale Umweltabkommen

Umweltschutz ist vor allem eine internationale Angelegenheit – deswegen gibt es eine Fülle internationaler Abkommen. Unter anderem gibt es das Washingtoner Artenschutzabkommen (CITES) von 1973, es soll den weltweiten Handel mit wild lebenden Tieren und Pflanzen verbieten, beschränken und kontrollieren; es gilt unter Experten als recht erfolgreich. Darin sind rund 28000 Pflanzen- und 5000 Tierarten unterschiedlichen Schutzregeln unterstellt. Dem Schutz der Atmosphäre widmen sich das Genfer Übereinkommen über weiträumige grenzüberschreitende Luftverunreinigungen von 1979 und das Wiener Übereinkommen zum Schutz der Ozonschicht von 1985, das vor allem die Bekämpfung des Ozonlochs zum Ziel hatte. Bekannter ist das sogenannte Kyoto-Protokoll von 1992, in dem vereinbart wurde, die Emissionen von Treibhausgasen weltweit zwischen 2008 bis 2012 um durchschnittlich 5 Prozent zu reduzieren – ein Ziel, das Kritiker als unzureichend bemängeln. Auch das mit dem Protokoll eingesetzte Instrument des Handels mit Emissionszertifikaten gilt bislang als nicht sonderlich erfolgreich. Das Baseler Abkommen zur Regulierung der grenzüberschreitenden Abfallverbringung von 1989 hat das Ziel, grenzüberschreitenden „Abfalltourismus" zu verhindern; das Übereinkommen über die biologische Vielfalt (CBD) von 1992 dient der Bewahrung der biologischen Vielfalt und dem Schutz vor Bio-Piraterie. Das Aarhus-Übereinkommen soll die Position der Öffentlichkeit und der Umweltverbände dadurch stärken, dass es der Öffentlichkeit Zugang zu Informationen, zu umweltschutzrelevanten Verwaltungsverfahren und zu Gerichten einräumt.

Hans-Joachim Koch; Christin Mielke (2009), Globalisierung des Umweltrechts, *Zeitschrift für Umweltrecht*, Heft 9 (2009), S. 403–409.

In Anbetracht der Tatsache, dass die Entwicklungsländer letztlich nur das machen, was vor ihnen auch die entwickelten Länder praktiziert haben, gibt es auch radikalere Vorschläge: Warum, so die Idee, zahlen die Industrieländer nicht für eine saubere Umwelt in den Entwicklungsländern? Ein zugegebenermaßen unangenehmer Vorschlag, der aber letztlich in der Nähe der Idee des fairen Handels liegt, nur mit dem Unterschied, dass man nicht eine Subvention auf die ausländischen Produkte zahlt, damit diese grüner werden, sondern direkt für eine saubere Umwelt zahlt. Das Argument ist hier, dass die Industrieländer auf ihrem Weg in die Industrialisierung genau das gemacht haben, was sie nun den Entwicklungsländern vorwerfen, und insofern eine moralische Verpflichtung haben, diesen zu helfen. Hier hört die Handelspolitik und -theorie auf und die Theorie und Politik der Entwicklungshilfe beginnt – das erfordert allerdings ein eigenes Lehrbuch.

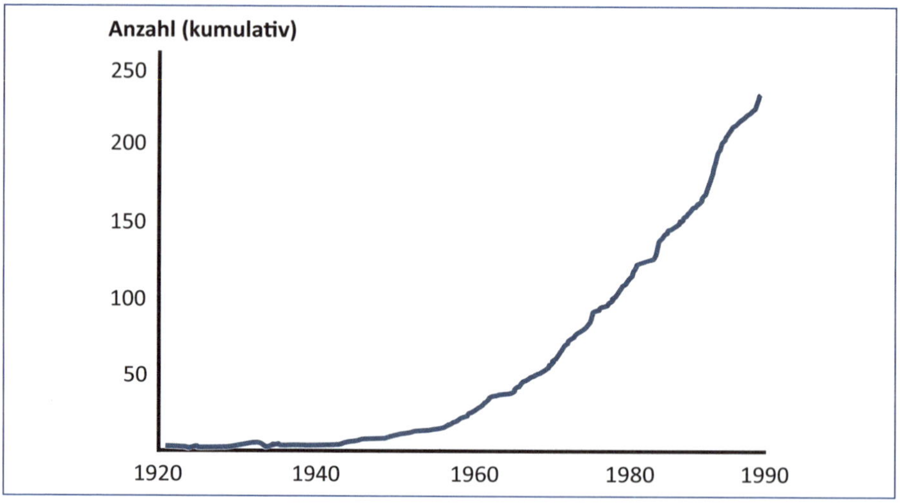

Quelle: Deutscher Bundestag (2002), Schlussbericht der Enquete-Kommission Globalisierung der Weltwirtschaft – Herausforderungen und Antworten, Bundestagsdrucksache 14/9200 (14. Wahlperiode), S. 57.

Abbildung 35: Anzahl der internationalen Umweltabkommen seit 1920

Aufgabe

Diskutieren Sie den Vorschlag, dass die Industrieländer den Umweltschutz in den Entwicklungsländern zahlen sollen. Welche Vorteile hat dieser Vorschlag, welche Probleme könnte es geben?

Technologiepolitik I: Positive externe Effekte. Externe Effekte müssen nicht immer negativ sein, sie können auch positiv sein. Wie kann man sich das vorstellen? Der Grundlagenforschung beispielsweise sagt man positive externe Effekte nach: Grundlagenforschung bringt keine direkt wirtschaftlich verwertbaren Erkenntnisse, ihre Ergebnisse dienen aber als Grundlage für Weiterentwicklungen, die dann wirtschaftlich nutzbar sind. Ein Beispiel dafür ist die Lasertechnik, die der Grundlagenforschung entstammt, aber eine wichtige industriell verwertbare Technologie geworden ist. Hier lauert der positive externe Effekt: Der Grundlagenforscher macht sich Gedanken zur Laserphysik, ohne sich darum zu kümmern, dass man später damit CD-Spieler bauen kann – und der Industriekonzern, der die CD-Spieler vertreibt, verdient dann mit den Ergebnissen dieser Forschung. Der Forscher macht also etwas (forschen), was andere Personen (die Konzerne) nutzen können (sie verkaufen CD-Spieler), ohne dass der Forscher dafür entschädigt wird. Und deswegen sind positive externe Effekte ein Argument für staatliche Subventionen, deswegen wird Grundlagenforschung vom Staat subventioniert – ohne diese Subventionen würde die Grundlagenforschung zu gering ausfallen oder ganz unterbleiben und damit auch ihre positiven Effekte für die Industrie.

Aber was hat das mit Protektionismus zu tun? Der Punkt ist der: Wenn die Produktion eines Gutes einen positiven externen Effekt hat, dann ist es gut, wenn man möglichst viel davon produziert – je mehr man produziert, umso mehr positive externe Effekte produziert man (je mehr Grundlagenforschung man macht, umso mehr verwertbare Produkte kann man später mit den Ergebnissen dieser Forschung produzieren). Wenn man also in Branchen, die positive externe Effekte erzeugen, den Import ausländischer Waren unterbindet, so steigt die inländische Produktion – und damit auch die Vorteile aus den positiven externen Effekten. Und sobald die Vorteile aus diesem Effekt größer sind als die bereits diskutierten Nachteile des Protektionismus, wäre Protektionismus wohlfahrtserhöhend.

Damit haben wir ein Argument für Protektionismus an der Hand: Wenn die Produktion eines Gutes positive externe Effekte hat, dann kann man durch Importrestriktionen die Produktion im Inland steigern und damit auch die positiven externen Effekte. Aber wie relevant ist das, wo gibt es solche positiven externen Effekte? Die Grundlagenforschung haben wir ja bereits als Beispiel genannt, das ist aber eher kein Handelsgut. Stattdessen werden vor allem Hochtechnologiebranchen positive externe Effekte zugesprochen – Technologiebranchen werden von der Politik gerne subventioniert oder vor ausländischer Konkurrenz geschützt. Wie aber könnten die positiven externen Effekte dort aussehen? Hier gibt es folgende Ideen:

- Wenn eine Technologiebranche sich an einem Ort ballt, dann sammeln sich dort auch spezialisierte Arbeitskräfte, die deswegen dorthin ziehen, weil sie dort Arbeitsplätze bei vielen Unternehmen finden. Die Unternehmen der Branche gehen auch deswegen gerne dorthin, weil sie dort die entsprechenden Arbeitskräfte rekrutieren können. Man nennt das Arbeitsmarkt-Pooling.
- Eine Industrie benötigt spezialisierte Zulieferer – ballt sich diese Industrie an einem Ort, so schafft das genügend Raum für solche Zulieferer, die sich dort ansiedeln. Und je mehr Zulieferer an diesem Ort sitzen, umso eher werden sich weitere Produzenten dort ansiedeln, weil hier ja die benötigten Zulieferer sitzen.
- Dann wären da noch Wissenstransfers: Wenn eine Hochtechnologiebranche sich an einem Ort ballt, so sammeln sich dort kluge Köpfe, Erfinder, Techniker und Experten, die sich miteinander austauschen können. Informelle Netzwerke entstehen, Mitarbeiter wechseln zu anderen Unternehmen – auf diese Weise entsteht neues Wissen und verbreitet sich in der Branche, aber auch in anderen Branchen, wovon dann die ganze Wirtschaft profitiert.

Wenn Sie sich alle drei Effekte zusammen anschauen, werden Sie feststellen, dass sie alle dazu führen, dass sich eine Industrie an einem bestimmten Ort ballt: Die Arbeiter gehen dahin, wo es Arbeitsmöglichkeiten für sie gibt, die Unternehmen dorthin, wo sie geeignete Arbeitnehmer und Zulieferer finden, und die Zulieferer dahin, wo sie geeignete Kunden finden. Unter dem Strich ballt sich damit eine Branche an einem Ort – man spricht dann häufig von „clustern“. Wer es schafft, einen solchen Ballungsprozess in Gang zu setzen – beispielsweise durch protektionistische Maßnahmen –, der kann eine ganze erfolgreiche Branche mit all ihren Vorteilen ins Land holen. Mode aus Paris, Software aus dem Silicon Valley, Scheren aus Solingen, Filme aus Hollywood oder Wein aus der Toskana – solche Branchenballungen sind auch das Ergebnis positiver externer Effekte. Und will man ein wenig nachhelfen, dann behindert man den Import von Uhren in das eigene Land so lange, bis die nationale Uhrenindustrie die positiven externen Effekte wahrnehmen kann und man eine nationale Uhrenindustrie aufgebaut hat, die international erfolgreich ist – Uhren aus der Schweiz haben es dann geschafft, sich in der Welt durchzusetzen, nicht zuletzt wegen der positiven Externalität. Und möglicherweise der temporären Behinderung der ausländischen Konkurrenz.

Ein starkes Argument für Protektionismus? Grundsätzlich wäre eine Internalisierung dieser positiven externen Effekte die ursachenadäquate Antwort, also eine direkte Subvention der betreffenden Branchen. Darüber hinaus kann eine solche Ballung auch rasch ins Negative umschlagen, nämlich dann, wenn sich ein Land oder eine Region zu sehr abhängig macht von einer einzelnen Branche – im Falle einer Branchenkrise kann das rasch nach hinten losgehen. Darüber hinaus muss man fragen, ob der Staat als Investitionslenker in der Lage ist, zu erkennen, welche Industrie sinnvollerweise subventioniert werden sollte – da hat man rasch ein paar Milliarden in ein Subventionsgrab geschaufelt und in eine Technologie gesteckt, die nicht überlebensfähig ist. Das ist einer der großen Widersprüche dieser Politik: Wenn eine Technologie rentabel ist, braucht sie keine Subventionen – wenn nicht, warum sollte man sie dann subventionieren?

Technologiepolitik II: Importsubstitution. Eine Politik, die in den Fünfziger- und Sechzigerjahren großen Zuspruch bei globalisierungskritischen Geistern fand, war die schon angesprochene Importsubstitution. Ausgangspunkt war die Überlegung, dass Entwicklungsländer ihre Abhängigkeit von Importen aus den Industriestaaten reduzieren sollten (hier spielten die Überlegungen der Prebisch-Singer-Hypothese eine Rolle, die wir bei der Debatte um die Terms of Trade kennengelernt hatten), indem sie den Import ausländischer Produkte unterbinden und diese Produkte stattdessen selbst herstellen. In eine ähnliche Richtung zielt auch der Vorschlag eines Erziehungszolls, nach dem ein Land erst eine eigene heimische Industrie entwickeln soll, indem es diese vor Importen schützt – erst wenn diese Industrie wettbewerbsfähig ist, soll sich ein Land dieser Theorie nach dem Ausland öffnen. Bisweilen findet man dafür auch die Bezeichnung, „infant industries", also Industrien, die noch in den Kinderschuhen stecken, sich also erst unter staatlichem Schutz entwickeln müssen, bevor man sie dem rauen Wind des internationalen Wettbewerbs aussetzen kann. In der extremen Version dieser Idee spielt auch der Autarkiegedanke eine Rolle – das Inland soll möglichst unabhängig sein von ausländischen Waren (eine Strategie, die im Dritten Reich verfolgt wurde).

Sie merken, die Stoßrichtung dieser Argumente ist recht ähnlich: Man müsse der inländischen Industrie Zeit und Raum geben, sich zu entwickeln, vielleicht auch positive externe Effekte zu verwirklichen, Erfahrungen zu sammeln. Auch hoffte man, durch die gezielte Förderung eines Sektors vor- und nachgelagerte Industrien zu stützen – wenn man die Stahlindustrie fördere, so die Idee, werde das als vorgelagerte Industrie die Erz-und Kohlebranche anregen, ebenso wie die Automobilindustrie als nachgelagerte Industrie. Aus entwicklungspolitischer Perspektive kommt die Überlegung hinzu, dass man durch eine Industrialisierung Armut überwinden kann – weg von den Agrargütern und Rohstoffen hin zu einer Industrieproduktion, die mehr Wohlstand verspricht. Als weitere Kategorie von Argumenten für eine solche Politik kamen noch kapitalismuskritische Stimmen hinzu, die über monopolistische Weltkonzerne und nationale Eliten debattierten, welche die inländische Bevölkerung ausbeuten würden.

Der Instrumentenkasten dieser Politik beinhaltete das volle Spektrum protektionistischer Maßnahmen: Zölle, Kontingente, Devisenverkehrsbeschränkungen, eine gezielte Wechselkurspolitik – alles, was die ausländische Konkurrenz auf Distanz hält. Garniert wurde das im Inneren mit einer aktiven Industriepolitik, mit der Schaffung staatlicher Unternehmen, mit Subventionen, Steuervorteilen und staatlich gelenkten Krediten.

Und? Wie gut hat das Ganze funktioniert? Leidlich, die empirische Evidenz ist gemischt: In den Fünfziger- und Sechzigerjahren hatten die lateinamerikanischen Volkswirtschaften, die diese Strategie verfolgten, ansehnliche Wachstumsraten, wobei allerdings schwer zu sagen ist, wie sich diese Staaten entwickelt hätten, wenn sie eine andere Politik gefahren hätten – in dieser Zeit war das Wachstum weltweit recht ordentlich. Zudem kann hier das klassische Sowjet-Syndrom vorliegen: Wenn man von staatlicher Seite entsprechende Mittel aufwendet, so kann man rasch das inländische Sozialprodukt hochfahren – was aber noch nichts darüber aussagt, ob man das effizient tut, ob das alles so schnell und günstig wie möglich erfolgt ist. Viel hilft viel – aber nicht immer auf dem besten Weg. Man muss sich das vorstellen wie einen Läufer, der die ersten Kilometer des Rennens all seine Kräfte aufbringt, um die Konkurrenz abzuhängen – aber auf den letzten Kilometern keine Kraft mehr hat. Heute würde man wohl sagen, dass diese Politik nicht nachhaltig war. In der Tat schlitterte diese Politik seit den Achtzigerjahren in die Krise, denn sie brachte langfristig viele Nachteile mit sich:

- Oft wurden heimische Industrien gefördert, die nicht wettbewerbsfähig waren – es hat bisweilen schon seinen Grund, wenn man Waren importiert, statt sie selbst herzustellen.
- Zudem machten die staatliche Förderung und der Schutz vor ausländischer Konkurrenz diese Industrien nicht besser, im Gegenteil: Wenn man weiß, dass man vor ausländischer Konkurrenz geschützt wird, muss man sich nicht mehr so anstrengen. Schlimmstenfalls kommt es zu nationalen monopolistischen Anbietern, die zu überhöhten Preisen schlechte Qualität liefern.
- Die Löhne in den vor Importen geschützten Branchen stiegen, doch diese Lohnsteigerungen übertrugen sich auch in andere, nicht geschützte Industrien, die dann nicht mehr exportieren konnten. (Natürlich: Wenn eine Branche gut zahlt, dann müssen langfristig die anderen Branchen nachziehen, sonst wandern alle Arbeitnehmer ab.)
- Bisweilen hatte diese Politik auch negative Verteilungseffekte, vor allem dann, wenn Industrien gefördert wurden, die eher den Bedarf wohlhabenderer Schichten bedienten (vor allem die Technologiebranche). Dann wird die Produktion von Produkten für wohlhabende Schichten gefördert, während die Produktion von lebensnotwendigen Gütern für ärmere Schichten vernachlässigt wird. Das kann dann so weit gehen, dass die heimische Grundversorgung mit Nahrungsmitteln gefährdet ist.

- Die Hoffnung, durch diese Politik eine neue Unternehmerschicht heranzuziehen, hat sich auch nicht erfüllt – im Gegenteil, die staatliche Beteiligung an Unternehmen schaffte Raum für Schlendrian und Korruption. Viele Unternehmen konzentrierten sich auch nicht mehr darauf, im Wettbewerb zu bestehen, sondern die Privilegien zu erhalten, die ihnen die Politik verschafft hatte. Mit Blick auf die Theorie, dass kapitalistische Großkonzerne und deren Drängen auf Handel die Entwicklungsländer in die Armut gebracht haben, könnte man hier die Gegenfrage stellen, ob nicht staatliche Großkonzerne auf die protektionistischen Maßnahmen gedrängt haben, um sich zu bereichern.

Als in den 1980er-Jahren die lateinamerikanischen Staaten hochgradig überschuldet waren, versuchten der Internationale Währungsfonds (den wir später noch näher kennenlernen werden) und die Weltbank, einen neuen wirtschaftspolitischen Konsens zu etablieren, den sogenannten Washington Konsenus. Unter anderen wurden Maßnahmen favorisiert wie eine Liberalisierung der Handelspolitik, eine Deregulierung von Märkten, die Abschaffung von Subventionen, Privatisierung, weniger Bürokratie und eine Freigabe der Wechselkurse.

Der politisch-pragmatische Ausfluss dieses Konsensus und die Antwort auf das Ende der Importsubstitution war eine eher exportorientierte Politik (outward orientation), die vor allem von asiatischen Staaten wie Südkorea oder Taiwan (oft als „Tigerstaaten" bezeichnet) betrieben wurde. Im Kern war dies eine Rückbesinnung auf die Idee komparativer Vorteile, bei der man Importbeschränkungen lockerte, private Unternehmen staatlichen vorzog, ausländisches Kapital ins Inland lockte und die inländische Sparquote erhöhte. Allerdings war das keine Politik der reinen marktwirtschaftlichen Lehre, freien Handel hatten diese Länder zumindest zunächst nicht, zudem gab es – mit wechselhaftem Erfolg – auch Exportsubventionen. Die Länder mit den größten Erfolgen allerdings haben auch gezielte staatliche Investitionen in Humankapital, also Bildung und Gesundheit, getätigt, was von vielen Experten als eine der Hauptursachen ihres Erfolges angesehen wird. Recht vorsichtig gesagt: Eine Politik der Öffnung nach außen scheint vielversprechender zu sein als der Versuch, Exporte durch eigene Produktion zu ersetzen.

Info: Alter Wein in neuen Schläuchen

Die Idee der Importsubstitution ist eigentlich alt, so alt, dass sie wohl bei vielen Journalisten wieder vergessen ist. Deswegen erregte Ha-Joon Chang, Professor an der Universität Cambridge, Anfang der 2000er-Jahre in der Presse großes Aufsehen mit seinen Thesen: Die Idee, durch die Liberalisierung des Marktes und Freihandel Wohlstand zu schaffen, sei Unsinn, wenn ein Land seine Wirtschaft weiterentwickeln möchte. In diesem Fall müssten Unternehmen vorübergehend von der internationalen Konkurrenz abgeschirmt werden. Das ist die klassische Idee der Importsubstitution, neu aufgegossen. Chang allerdings garniert seine nicht sonderlich neue These mit einigen hässlichen Anschuldigungen: Selbst die Verfechter des freien Handels, die Vereinigten Staaten und Großbritannien, hätten gezielt Zölle, Subventionen und andere Mittel des staatlichen Protektionismus eingesetzt, um ihre Wirtschaft zu entwickeln. So solle der amerikanische Präsident Ulysses Grant gesagt haben: „Über Jahrhunderte hinweg hat England auf die Protektion seiner eigenen Wirtschaft gesetzt, dieses Prinzip zu äußerster Konsequenz getrieben und damit befriedigende Ergebnisse erzielen können. Ohne Zweifel verdankt England seine gegenwärtige Stärke eben diesem System. Nach 200 Jahren dann schien es England genehm, das Prinzip des Freihandels zu übernehmen, weil es sich von der Protektion nichts mehr versprach. Nun denn, verehrte Herrschaften, was ich über mein eigenes Land weiß, bringt mich zu der Überzeugung, dass auch Amerika in 200 Jahren, wenn es von der Protektion alles bekommen hat, was sie bietet, das System des Freihandels übernehmen wird." Was den Vorwurf angeht, dass die Industriestaaten mit zweierlei Maß messen, was ihre Vergangenheit angeht, so hat er durchaus Berechtigung – doch muss man fragen, ob die erfolgreiche Industrialisierung dieser Staaten wegen oder trotz dieser Politik stattgefunden hat. Wer diese Debatte vertiefen will, kann einfach alle Argumente und Erfahrungen zur Importsubstitution durchdeklinieren – die von der Presse als sensationell und provokant bezeichneten Thesen sind wissenschaftlich gesehen keine Neuigkeit.

Ha-Joon Chang (2003), Was der Freihandel mit einer umgestoßenen Leiter zu tun hat, *Taz Online*, URL http://www.taz.de/1/archiv/archiv/?dig=2003/06/13/a0050

Aufgabe

Diskutieren Sie kritisch die Idee der Importsubstitution. Suchen Sie Beispiele für diese Politik.

Technologiepolitik III: Strategische Handelspolitik. Ein – im Grunde genommen eher zynisches – Argument für protektionistische Maßnahmen ist die Idee der strategischen Handelspolitik. Ein einfaches Beispiel kann das verdeutlichen, nämlich der Markt für zivile Großraumflugzeuge. Dieser Markt ist geprägt durch extrem hohe Fixkosten, weswegen hier die Tendenz besteht, dass nur ein Unternehmen am Markt überlebt. Aber welches Unternehmen? Vermutlich das Unternehmen, das zuerst am Markt ist, denn dieses Unternehmen kann eine größere Stückzahl anbieten und aufgrund der hohen Fixkosten kann es seine Flugzeuge zu einem günstigeren Preis anbieten. Dahinter stehen Skalenerträge, die Sie bereits kennengelernt haben: Der Bau von Flugzeugen setzt einen großen, teuren Produktionsapparat voraus, und je mehr Flugzeuge man herstellt, umso weniger fallen diese Fixkosten beim Stückpreis ins Gewicht – die Durchschnittskosten des Herstellers sinken. Wer also zuerst am Markt ist, kann mehr Exemplare verkaufen, hat dadurch geringere Durchschnittskosten und kann dadurch günstiger anbieten – was ihm einen großen Vorsprung bei der Eroberung dieses Marktes verschafft.

Und jetzt zur strategischen Handelspolitik: Wenn man die heimische Produktion dieses Produktes subventioniert, verschafft man dem heimischen Unternehmen einen strategischen Vorteil. Wenn die ausländischen Unternehmen erfahren, dass das heimische Unternehmen dank der Subventionen ohnehin produzieren wird, werden sie die teuren Investitionen in eine eigene Produktion unterlassen – damit gewinnt das Inland dank einer möglicherweise geringen Subvention den gesamten Markt; denn wenn das Unternehmen erst einmal seine Produktion weit genug ausgedehnt hat, macht es für die Konkurrenz aufgrund der hohen Fixkosten keinen Sinn mehr, noch in den Markt einzusteigen.

(Foto: airbus)

Ein strategischer Flieger

Als Lehrbuchbeispiel für diese Politik wird immer der europäische Flieger Airbus genannt. Airbus startete, obwohl der Konkurrent Boeing schon längst am Markt war, mit umfangreichen Subventionen der Europäischen Union. Ohne Frage konnte sich Airbus am Markt etablieren, doch muss man kritisch fragen, um welchen Preis das geschah. Mit umfangreichen Subventionen kann ein Staat immer ein Unternehmen an den Markt bringen – doch was hätte man stattdessen mit all den Steuergeldern machen können? Zu allem Überfluss entzündete sich an diesen Subventionen ein Handelsstreit zwischen der EU und den Vereinigten Staaten. Zudem muss man sich fragen, ob das auf gute Nachbarschaft hindeutet, wenn man versucht, sich auf Kosten des Auslands in einen Markt hinein zu subventionieren.

Zum Erfolg exportorientierter Technologieförderung sollten Sie auch die deutschen Erfahrungen mit der Subvention von Solarenergie studieren.

Info: Deutsche Solarsubventionen für chinesische Hersteller

„Gegen die Konkurrenz aus China haben die deutschen Hersteller kaum eine Chance. Die Chinesen werfen ihre Panels zu Niedrigstpreisen auf den Markt. Die Branche wird in Deutschland derzeit kurz und klein gehauen. Auf der Rangliste der zehn größten Solarfirmen findet sich kein deutscher Name. Das ist eine schwache Bilanz. Erst recht, wenn man bedenkt, dass die deutsche Solartechnik vor noch nicht allzu langer Zeit als künftiger Exportschlager galt. Diese Entwicklung muss ein Weckruf für jene Politiker und Lobbyisten sein, die bislang die Vision einer Solar-Zukunftsbranche in Deutschland entwarfen und damit die hohen Subventionen von Solarstrom rechtfertigten. Die Wahrheit ist doch, dass wir mit unserem Geld längst keine deutsche Zukunftstechnologie mehr fördern, sondern die Hersteller aus Fernost. Und wir zahlen dafür einen hohen Preis. Mehr als 20 Milliarden Euro steckten die Deutschen im vergangenen Jahr in die Umlage zur Förderung der erneuerbaren Energien. In diesem Jahr wird die Umlage sogar noch weiter steigen – und das, obwohl doch die Einspeisevergütung für Solarstrom bereits gekappt wurde."

Tauber, Andre (2013), Deutsche Solarsubventionen fließen nach Fernost, *Welt Online*, URL http://www.welt.de/wirtschaft/energie/article117775237/Deutsche-Solarsubventionen-fliessen-nach-Fernost.html

Arbeitsmarkteffekte: Mehr Jobs durch Zölle? Das letzte Argument für Protektionismus ist das, welches in den Debatten am meisten genannt wird: Arbeitsplätze. Warum, so die Idee, sollte man Güter aus dem Ausland importieren, anstatt sie selbst herzustellen und dadurch Arbeitsplätze im Inland zu erhalten? Natürlich könnte man die Güter billiger importieren, aber, so die These, der Gewinn, etwas billiger einzukaufen, ist geringer als der Verlust heimischer Arbeitsplätze. Man rechnet sozusagen die Verluste aus der Protektion gegen die Gewinne aus der Rettung von Arbeitsplätzen – dann, so die Idee, könne das Kalkül auch zugunsten des Protektionismus ausfallen.

Info: Anti-Dumping-Maßnahmen

Eine beliebte Spielart des Protektionismus sind Anti-Dumping-Maßnahmen: Man wirft einem Handelspartner Dumping vor – also den Verkauf eines Produktes unter Einstandspreis (wobei die Ausführungen zum intraindustriellen Handel gezeigt haben, dass das nicht unbedingt Dumping sein muss). Vor allem in Krisenzeiten werden Anti-Dumping-Maßnahmen gerne zum Schutz der inländischen Industrie missbraucht. China ist oft Gegenstand solcher Klagen: So entschieden die Vereinigten Staaten 2009, chinesische Stahlrohre mit höheren Einfuhrzöllen zu belasten, auch die EU erhob Strafzölle auf einige chinesische Eisen- und Stahlprodukte.

(Foto: David Wilson)

Hier wird Roheisen hergestellt – hoffentlich nicht zu billig

Was ist von diesem Argument zu halten? Zunächst einmal gilt dieses Argument nur für ein Land mit Unterbeschäftigung und einem Arbeitsmarkt, der unfähig ist, den mit dem internationalen Handel einhergehenden Strukturwandel zu bewältigen. Wenn man also Importe aufhält, um Arbeitslosigkeit zu vermeiden, so ist das ein Eingeständnis, dass man den eigenen Arbeitsmarkt nicht im Griff hat. Die ursachenadäquate Antwort auf einen Arbeitsplatzabbau durch zunehmende Importkonkurrenz wäre der Versuch, andere, neue Arbeitsplätze zu suchen und zu schaffen. Protektionismus ist also nur die zweitbeste Lösung für das Arbeitsmarktproblem. Überspitzt gesagt könnte man mit dieser Idee auch rechtfertigen, Ananas, Bananen und Kiwis in Deutschland anzubauen – auch das würde Arbeitsplätze schaffen – logischerweise aber würde jeder diese Idee ablehnen, weil hier der Unfug offensichtlich ist. Zudem rechtfertigt dieses Denken auch die Ablehnung jeglicher Art von technischem Fortschritt, der die gleichen Effekte hat wie eine Zunahme der Importe. Wenn wir beispielsweise Computer verbieten, schaffen wir sofort eine Menge neuer (na ja, eigentlich alter) Arbeitsplätze – sinnvoll? Ein weiteres Argument gegen diese Praxis ist das Ausland, denn letztlich zielt auch diese Politik darauf ab, seinen Arbeitsmarkt zulasten des Auslandes zu sanieren. Das muss man schon mögen.

Aufgabe

Durchsuchen Sie die Zeitungen, Zeitschriften nach Berichten über Dumping – fassen Sie Berichte zusammen und diskutieren Sie die Fälle, die Sie gefunden haben.

Theoretisch könnte man den gleichen Effekt statt mit einem Zoll mit einer Subvention der heimischen Arbeitsplätze erzielen – wir zahlen den einheimischen Arbeitern im Extremfall Geld, damit sie zu Hause bleiben, und sparen dadurch Geld, weil wir die Produkte weiterhin billig aus dem Ausland beziehen – klingt auch nicht so prickelnd, oder? Dieses Argument macht zumindest eines klar: Ein dysfunktionaler Arbeitsmarkt verursacht einem Land immer Kosten, ebenso wie Strukturwandel – diese Kosten verteilen sich nur unterschiedlich, je nachdem, welche Politik man verfolgt.

Info: Schadet Freihandel? Die Samuelson-Debatte

Paul Samuelson, Wirtschaftsprofessor und Nobelpreisträger, schreckte die akademische Zunft mit recht ruppigen Worten auf: „Bei Wal-Mart Lebensmittel 20 Prozent billiger einkaufen zu können reicht nicht notwendigerweise aus, um die Lohnverluste auszugleichen", sagte er der *New York Times* und leitete damit eine Debatte um die Wohlfahrtswirkungen des Freihandels ein. Sein Argument: Wenn in China die Produktivität für die Herstellung bestimmter Güter spürbar steige, könnten die Vereinigten Staaten ihre komparativen Vorteile in der Erstellung dieser Güter einbüßen. Das würde die internationalen Tauschverhältnisse, also die Terms of Trade, Amerikas verschlechtern. Dann könnten die Gewinne aus dem internationalen Handel möglicherweise nicht mehr ausreichen, um die Einkommensverluste mancher Amerikaner auszugleichen. Die Verbreitung technischen Wissens in den Entwicklungsländern könnte also Amerika und die Europäische Union dauerhaft

Wettbewerbsvorteile kosten. Samuelsons Kritik rief renommierte Ökonomen auf den Plan, die seine Aussagen scharf kritisierten: Zum einen unterstelle er, dass die Vereinigten Staaten selbst keinen technischen Fortschritt mehr erfahren, der die Terms of Trade zu ihren Gunsten wieder verbessern könnte – eine realistische Annahme? Zudem könnte es den Chinesen sogar passieren, dass sie mit ihren Exporterfolgen die Terms of Trade zu ihren Ungunsten verändern – das ist das Verelendungswachstum, das wir bereits kennengelernt haben. Nicht zuletzt zeige Samuelsons Argument ja gerade die Vorteile des internationalen Handels, denn die Verluste für die Vereinigten Staaten entstehen in seiner Argumentation ja gerade dadurch, dass die Amerikaner die Vorteile, die sie einst aus dem Handel zogen, nun verlieren, wenn sie keinen Handel mehr mit den Chinesen betreiben. Zudem: Was würde passieren, wenn China auf einmal Produkte herstellt, die auch die Vereinigten Staaten und die EU herstellen? Vermutlich würde es zu intraindustriellem Handel kommen, der – wie wir bereits gesehen haben – für alle Beteiligten recht schmerzlos ist. Nicht zuletzt will Samuelson nicht als Befürworter protektionistischer Maßnahmen genannt werden: Zölle seien wahrscheinlich eine Brutstätte der Verkalkung von Volkswirtschaften; es bestehe die Gefahr, dass Staaten bei dem Versuch, sich durch Protektionismus Vorteile zu verschaffen, „sich selbst in den Fuß schössen".

Paul A. Samuelson (2004): Where Ricardo and Mill Rebut and Confirm Arguments of Mainstream Economists Supporting Globalisation, *Journal of Economic Perspectives*, Vol. 18, No. 3; pp. 135 – 146.

Jagdish Bhagwati, Arvind Panagariya, and T.N. Srinivasan (2014), The Muddles over Outsourcing, *Journal of Economic Perspectives*, Vol. 18, No. 4. (Autumn, 2004), pp. 93 – 114.

(Foto: ullstein bild – Top Foto)

Paul Samuelson

Aufgabe

Diskutieren Sie die Kritik von Samuelson. Nutzen Sie dazu alle Erkenntnisse, die Sie bisher in diesem Buch gelernt haben.

2.6 Internationale Handelspolitik

Dieses Kapitel hat zum Ziel, dass Sie

- lernen, welche Bemühungen es gibt, den Freihandel in der Welt voranzutreiben und warum es immer wieder politische Widerstände dagegen gibt – und wer die wahren Nutznießer protektionistischer Maßnahmen sind,
- verstehen, dass es oft politische, nicht ökonomische Probleme sind, die mehr Freihandel im Weg stehen.

Wichtige Begriffe in diesem Kapitel

GATT, Handelsabkommen, Welthandelsorganisation, TTIP, Politiker, Wahlen

@ **Einen aktuellen Foliensatz zu diesem Kapitel finden Sie unter www.vahlen.de/15879880**

Worum geht es? Handel findet nie im luftleeren Raum statt, sondern ist vor allem eine Sache der Politik. Politiker entscheiden, ob und in welchem Umfang die nationalen Grenzen geöffnet werden – angesichts der Tatsache, dass Teile der Bevölkerung (die Hersteller der Importprodukte) davon negativ betroffen sind, kein einfaches Unterfangen. Man muss also nach innen die Interessen der Bürger berücksichtigen, nach außen mit potenziellen Handelspartnern über eine gegenseitige Öffnung der Grenzen verhandeln. Dabei gibt es einige Aspekte, die wir uns kurz anschauen wollen. Lassen Sie uns zunächst mit der Frage starten, welche Öffnungsstrategie man verfolgen sollte – bilateral oder multilateral?

Bilateral oder multilateral? Hinter diesen Wörtern verbergen sich zwei verschiedene Strategien auf dem Weg zu einer Öffnung der Grenzen: In bilateralen Verhandlungen einigen sich zwei Staaten auf gegenseitige Vereinbarungen, in multilaterale Verhandlungen sind mehrere Staaten – im Idealfall die gesamte Staatengemeinschaft – involviert. Welche der beiden Strategien ist aber die bessere?

Multilaterale Verhandlungen sind aus theoretischer Sicht eigentlich optimal: Wenn man – und davon wollen wir im Folgenden einmal ausgehen – der Ansicht ist, dass Freihandel wohlfahrtsmaximierend ist, dann sind die Wohlfahrtsgewinne natürlich umso größer, je mehr Staaten sich an einer Handelsliberalisierung beteiligen. Bilaterale Verhandlungen hingegen sind ein zweischneidiges

Schwert, sie führen sowohl zu einer Handelsschaffung (trade creation) als auch zu einer Handelsumlenkung (trade diversion). Ein einfaches Beispiel macht das deutlich: Wenn zwei Länder, die vorher keinen Handel betrieben haben, beginnen, dank eines Abkommens miteinander Handel zu treiben, so schafft das zweifellos Handel. Allerdings kann das auf Kosten anderer Länder gehen, nämlich dann, wenn durch das Abkommen der Handel aus Drittländern umgelenkt wird. Statt also wie bisher weiter Waren aus Drittländern zu beziehen, importiert man diese nun aus dem Land, mit dem man ein bilaterales Handelsabkommen geschlossen hat – dadurch wird also Handel umgelenkt; im Zweifelsfall selbst dann, wenn der Import aus dem dritten Land billiger wäre (der Zoll auf die Drittlandimporte machen diese dann einfach künstlich teurer).

Ein weiterer Nachteil bilateraler Handelsabkommen besteht darin, dass es auf diesem Weg zu einem Flickenteppich von Abkommen mit unterschiedlichen Zöllen, Regelungen und Regularien entsteht – und je stärker sich die verschiedenen Handelsregeln unterscheiden und je mehr es gibt, umso mehr werden Sie als Konsument oder Unternehmer verzweifeln, wenn Sie im- oder exportierten wollen. Wenn Sie mit jedem Handelspartner unterschiedliche Handelsregeln befolgen müssen, werden die bürokratischen Regeln bald jede Lust auf Außenhandel verderben.

Doch bilaterale Abkommen haben einen politischen Vorteil: Sie lassen sich wesentlich einfacher und rascher abschließen als multilaterale Vereinbarungen. Wer nur mit einem Partner verhandeln muss, erzielt wesentlich rascher Resultate, als wenn viele Stimmen einen Chor der Unstimmigkeit erzeugen, bei dem zum Schluss nur der kleinste gemeinsame Nenner übrig bleibt. Politisch gesehen sind bilaterale Abkommen wesentlich einfacher. Und sie bieten eine Hoffnung: Optimistisch betrachtet sind sie die Vorstufe zu weiteren Handelsabkommen und mehr Liberalisierung, sozusagen ein erster kleiner Schritt auf einer langen Reise. Ist dieser Optimismus gerechtfertigt, so werden aus den bilateralen Abkommen früher oder später multilaterale Abkommen. Ist diese Hoffnung eine Täuschung, so ist ein Flickenteppich an Einzelregelungen und handelsverzerrenden Einzelabkommen das Resultat.

Info: Alleingänge oder gemeinsame Abkommen?

Die *Wirtschaftswoche* schreibt zu den Verhandlungen der WTO: „Auch wenn die genauen Zahlen je nach Modell und Annahmen variieren, sind sich die Volkswirte darin einig, dass eine umfassende Handelsliberalisierung wie ein gigantisches Wachstumsprogramm wirkt. Die Ökonomen der Weltbank taxieren den potenziellen Wohlfahrtsgewinn auf 287 Milliarden Dollar. Bilaterale Abkommen, die immer nur einen kleinen Teil der weltweiten Handelsströme betreffen, können da nicht mithalten. Zumal hinter bilateralen Verträgen häufig mehr politische als wirtschaftliche Überlegungen stecken, etwa weil Regierungen andere Länder an sich binden wollen. Genau das ist das Problem. Wenn zwei Staaten unterschiedlicher Größe und Macht miteinander verhandeln, kann der Große dem Kleinen meist die Konditionen diktieren. In der Praxis machen die USA und Europa oft keine Konzessionen, wenn es darum geht, den Agrarmarkt zu öffnen. In bilateralen Verträgen wird das einfach ausgeklammert. Aufstrebende Länder mit zunehmendem

Einfluss wie China, Indien und Brasilien müssten sich darüber keine Gedanken machen, sagt WTO-Generaldirektor Pascal Lamy, kleine Länder wie Mauritius, Sri Lanka, Kambodscha oder Ghana aber sehr wohl."

Wettach, Silke (2008), Ist ein multilaterales Handelsabkommen besser als bilaterale Verträge?, *Wirtschaftswoche Online*, URL http://www.wiwo.de/politik/ausland/warum-eigentlich-ist-ein-multilaterales-handelsabkommen-besser-als-bilaterale-vertraege/5450214.html

Die Welthandelsorganisation. Eine Möglichkeit, multilaterale Handelsabkommen zu schließen, besteht darin, ein internationales Forum einzurichten, mit dessen Hilfe man Handelsfragen diskutiert und verhandelt. Ein solches Forum ist die Welthandelsorganisation (Word Trade Organization, WTO), ein multilaterales zwischenstaatliches Verhandlungsforum, mit dessen Hilfe Staaten versuchen, ihre Handelsprobleme zu klären, die Wirtschaftspolitik der Mitgliedstaaten zu koordinieren und weitere Schritte zur Handelsliberalisierung zu erreichen. Im Rahmen der WTO sind die wesentlichen und wichtigsten Spielregeln des Welthandels festgelegt.

(Foto: fuzheado)

Uns mag nicht jeder – Protest gegen die WTO

Begonnen hat das bereits 1948 mit den Regeln des General Agreement on Tariffs and Trade (GATT), in dem erste Regeln für den Nachkriegshandel festgelegt wurden. Rasch entwickelte sich das GATT zu einer inoffiziellen internationalen Organisation zur Gestaltung und Regelung des Welthandels, die im Rahmen von sogenannten Zollrunden einen schrittweisen Abbau von Handelshemmnissen vorantrieb. Allerdings war das GATT immer nur ein Vertragswerk, keine eigenständige Organisation, bis es 1995 durch die WTO abgelöst wurde. Die tragenden Prinzipien des GATT (und damit auch natürlich der WTO) sind:

- Das *Meistbegünstigungsprinzip*. Alle Vereinbarungen zwischen zwei Ländern zum Abbau von Handelsschranken sollen auch für alle restlichen Mitglieder des GATT gelten. Wenn also Land A einem anderen Land B Handelsvergünstigungen einräumt, dann muss es diese auch jedem anderen Mitgliedstaat einräumen. Das klingt auf den ersten Blick so, als würde dadurch eine multilaterale Öffnung gefördert – wenn zwei Länder sich gegenseitig öffnen, so gilt das auch für andere Länder. In der Praxis aber kann diese Regelung zur Folge haben, dass man sich auch bilateral nicht mehr öffnet.
- *Inländerbehandlung*. Ausländische Anbieter sollen grundsätzlich inländischen Anbietern gleichgestellt werden – sie dürfen nicht diskriminiert werden.
- *Reziprozität*. Wenn Land A einem anderen Land B Vergünstigungen einräumt, so soll B die gleichen Vergünstigungen auch A einräumen.
- *Verbot nicht tarifärer Handelshemmnisse*. Handelspolitik sollte nur in Form von Zöllen erfolgen, nicht in Form versteckter Handelshemmnisse, sogenannter nicht tarifärer Handelshemmnisse – diese werden wir uns später anschauen, wenn wir über die europäische Integration sprechen.

Diese Prinzipien klingen auf dem Papier recht gut, waren aber durch zahlreiche Ausnahmeregelungen durchlöchert – andernfalls hätte man diese Prinzipien wohl nicht durchsetzen können. So gibt es beispielsweise eine Escape-Klausel, mit deren Hilfe man bei „unvorhergesehenen Entwicklungen" die Meistbegünstigung außer Kraft setzen kann, man darf zum Schutz der finanziellen Lage eines Landes oder zum Schutz der Zahlungsbilanz mengenmäßige Importbeschränkungen beibehalten oder sogar neu errichten. Und nicht zuletzt hatte das GATT keine Sanktionsmöglichkeiten bei Nichteinhaltung der Verpflichtungen.

Die WTO beruht auf drei vertraglichen Säulen, und zwar

- dem *General Agreement on Tariffs and Trade* (GATT), das Sie nun bereits kennen, das die Vereinbarungen für den Handel mit Gütern enthält;
- dem *General Agreement on Trade in Services* (GATS), das den Handel mit Dienstleistungen regelt, und
- dem *TRIPS-Abkommen* (Trade-Related Aspects of Intellectual Property Rights), einem Abkommen über den Schutz geistigen Eigentums. Hier geht es um Patente, Geschmacksmuster, Produktpiraterie und Urheberrechte.

Das wichtigste Organ der WTO ist die Ministerkonferenz, die mindestens alle zwei Jahre tagen muss. Sie legt die politischen Leitlinien der WTO fest, setzt Komitees und Arbeitsgruppen ein und wählt den WTO-Generaldirektor. Unter dem Strich ist die WTO der Versuch, den weltweiten Handel zu forcieren, zu regulieren und Handelsstreitigkeiten zu schlichten. Über ihre Erfolgsbilanz kann man geteilter Meinung sein – wie Sie im unten stehenden Beispiel sehen, hat die WTO auch viele Kritiker.

Info: Die wahren Verlierer von Seattle

Die WTO-Konferenz in Seattle 1999 gilt bisweilen als Geburtsstunde der Anti-Globalisierungs-Bewegung: Gewalttätige Straßenschlachten, Ausgangssperren und Tränengas begleiteten den ersten Tag der Konferenz, Demonstranten blockierten die Tagungsorte, ketteten sich zusammen, griffen Delegierte an und warfen Schaufensterscheiben ein. Der UNO-Generalsekretär konnte aufgrund der Krawalle sein Hotel nicht verlassen, die Nationalgarde und Staatspolizisten rückten aus. Der Protest richtete sich gegen die Liberalisierungspläne der WTO, sie warfen der Organisation vor, die Interessen der Großindustrie zu verfolgen, Arbeiter- und Menschenrechte zu missachten, die Umwelt zu zerstören. Das Magazin *Economist* bildete ein indisches Mädchen auf seinem Titelbild ab mit der Unterschrift „Die wahren Verlierer von Seattle" und schrieb dazu in einem Kommentar: „Weder Handel noch Globalisierung allgemein werden ausreichen, um diesem indischen Mädchen ein besseres Leben zu geben. Es braucht vor allem Erziehung, Gesundheit und noch vieles mehr. Aber ohne Handel und ohne das Wachstum, das Handel bringt, wird es wohl nichts davon bekommen. Den Welthandel mit Regeln zu fesseln, die es von der Arbeit abhalten, wird auch nicht helfen: Dieser Weg führt zu mehr Armut, nicht mehr Erziehung ... Handel ist, wie Freiheit, kein Allheilmittel, er alleine wird nicht mehr Wohlfahrt bringen. Aber genauso wenig bereichert er einfach multinationale Unternehmen und zerstört die Umwelt. Handel bedeutet mehr Wettbewerb, das schwächt Interessengruppen. Handel bedeutet mehr Möglichkeiten für Millionen statt Privilegien für einige wenige. Handel bedeutet, dass mehr Staaten ähnlich wie Japan, Südkorea, Singapur und andere Länder zu den industrialisierten Staaten der Welt aufschließen und die Leben ihrer Bürger verbessern."

o.V. (1999), The real losers, *Economist*, Dec 9th 1999.

(Foto: ullstein bild – Zöllner)

Ein typischer Tag auf einem WTO-Treffen

Aufgabe

Diskutieren Sie die Argumente des Economist. Sind die Entwicklungsländer die Verlierer von Seattle? Recherchieren Sie, wer für mehr Handel war und wer in welchen Branchen Handel beschränken wollte.

Stufen der Integration. Nun gibt es hinsichtlich des Umfangs und der Intensität der Integration unterschiedliche Stufen, die wir uns hier einmal kurz anschauen wollen. Da wären:

- Die Freihandelszone. Bei einer Freihandelszone vereinbaren zwei Staaten, ihren Handel mit Gütern gegenseitig zu liberalisieren. Die Handelsbeschränkungen gegenüber Drittländern bleiben individuell bestehen, was zu einer sogenannten Zollarbitrage führen kann: Wenn zwei Länder A und B eine Freihandelszone vereinbaren, A aber gegenüber einem Drittstaat C einen höheren Zoll hat als B, werden die Waren aus C nicht mehr direkt nach A importiert, sondern über den Umweg über B, weil man dadurch einen niedrigeren Zoll zahlen muss. Um dies zu verhindern, sind Grenzkontrollen erforderlich, sonst käme es fast zwangsweise zu einer Angleichung der Zollsätze der beiden Staaten gegenüber Drittstaaten, wie in einer Zollunion.
- Im Rahmen einer Zollunion vereinbaren die Mitgliedstaaten gemeinsame Zölle gegenüber dem Rest der Welt; das ist sozusagen die logische Konsequenz aus einer Freihandelszone ohne Grenzkontrollen.
- In einem nächsten Schritt kann man einen gemeinsamen Binnenmarkt vereinbaren, in dem sich nicht nur Waren, sondern auch Dienstleistungen sowie Produktionsfaktoren wie Kapital und Arbeit frei innerhalb der Mitgliedstaaten bewegen dürfen. Das bringt etliche Probleme mit sich, die wir uns im Kapitel über die Europäische Union anschauen wollen.
- Weitere Integrationsschritte erfolgen im Rahmen der monetären Integration: Hier kann man zunächst eine gemeinsame Wechselkurspolitik vereinbaren, eine Fixierung der gemeinsamen Wechselkurse wäre der nächste Schritt; der ultimative Schritt wäre dann eine gemeinsame Währung, eine Währungsunion. Diese Schritte schauen wir uns im fünften und sechsten Kapitel des Buches an.

Info: TTIP, Chlorhühnchen und die NSA

Es soll der große Wurf werden: das Transatlantische Freihandelsabkommen zwischen Europa und den Vereinigten Staaten, offiziell als Transatlantische Handels- und Investitionspartnerschaft (THIP), im englischen Transatlantic Trade and Investment Partnership (TTIP) oder auch Trans-Atlantic Free Trade Agreement (TAFTA) genannt. In diesem Abkommen geht es vor allem um den Abbau nicht tarifärer Handelsbeschränkungen, also Maßnahmen, die wie Zölle wirken können (beispielsweise Benachteiligung ausländischer Anbieter bei öffentlicher Auftragsvergabe, Gesundheitsstandards oder Umweltstandards). Ein europäischer Think Tank schätzt die Gewinne aus diesem Abkommen auf 119 Milliarden Euro jährlich für die EU und 95 Milliarden Euro für die Vereinigten Staaten – das würde sich für eine vierköpfige Familie in Europa (Amerika) in Form eines erhöhten verfügbaren Einkommens von 545

(655) Euro pro Jahr niederschlagen. Eine deutsche Stiftung sieht ebenfalls große Wohlfahrtsgewinne für die beiden Blöcke, warnt allerdings, dass deren bisherige Handelspartner verlieren dürften, weil es nun zu Handelsumlenkungen kommen könnte – vor allem traditionelle Handelspartner der Vereinigten Staaten wie Kanada oder Mexiko könnten davon betroffen sein, ebenso wie Entwicklungsländer in Afrika und Asien. Dennoch sei dies kein Nullsummenspiel – das durchschnittliche Pro-Kopf-Einkommen weltweit werde um 3,3 Prozent steigen, schreiben die Forscher weiter. Doch dieses Abkommen ist starker Kritik ausgesetzt; so bezweifeln Kritiker, dass es überhaupt Wohlfahrtsgewinne gebe, Umwelt- und Sozialstandards würden untergraben. Stellvertretend für viele Ängste steht der amerikanische Mais, der zu 90 Prozent genmanipuliert ist – soll dieser Mais ohne Kennzeichnung in der EU verkauft werden dürfen? Auf noch größere Ablehnung stößt bei den Europäern das legendäre amerikanische Chlorhühnchen, das fast schon Symbolkraft für den Widerstand erreicht hat. Andersherum lehnen die Amerikaner beispielsweise französischen Roquefort-Käse ab, der aus Rohmilch gefertigt wird, er wird von amerikanischen Gesundheitsbehörden als bedenklich eingestuft. Noch massiver ist die Kritik am Investitionskapitel des Abkommens, das ausländische Investoren im jeweils anderen Land schützen sollen. Dazu soll ihnen das Recht eingeräumt werden, bei Verstößen gegen das Abkommen gegen den jeweiligen Gaststaat vor Schiedsgerichten zu klagen – ein äußerst umstrittener Punkt in der Öffentlichkeit. Ziel dieser Schiedsgerichte ist, dass Unternehmen sich gegen Enteignungen oder andere Beeinträchtigungen durch den Gaststaat wehren können. Das soll Befürchtungen Rechnung tragen, dass ausländische Investoren von den heimischen Gerichten nicht fair behandelt werden. So forderten die Vereinigten Staaten beim Freihandelsabkommen NAFTA eine solche Regelung, damit amerikanische Unternehmen nicht vor mexikanischen Gerichten klagen mussten – ironischerweise richteten sich die ersten Klagen gegen Kanada, nicht gegen Mexiko. Solche Schiedsgerichte sind schon lange üblich in internationalen Handelsabkommen, deutsche Unternehmen haben von solchen Regelungen häufig profitiert. Trivial ist das nicht, hier eine Balance zwischen Rechtsstaatlichkeit und einem Schutz von Auslandsinvestitionen zu finden. Überschattet werden die Verhandlungen zu diesem Abkommen noch von dem NSA-Abhörskandal, in dessen Folge einige Politiker forderten, wegen des Verhaltens der Vereinigten Staaten die Verhandlungen komplett abzubrechen – auch auf die Gefahr hin, dass man sich damit selbst schädigt.

Centre for Economic Policy Research (2013), Reducing Transatlantic Barriers to Trade and Investment An Economic Assessment. Final Project Report, London, March 2013; URL http://trade.ec.europa.eu/doclib/docs/2013/march/tradoc_150737.pdf

Bertelsmann Stiftung (2013), The US and the entire EU would significantly benefit from a transatlantic free trade agreement, URL http://www.bertelsmann-stiftung.de/cps/rde/xchg/SID-1D38D4AD-B9CD50F2/bst_engl/hs.xsl/nachrichten_116768.htm (mit Links zu ausführlichen Studien)

Bubrowski, Helene (2014), Schiedsgerichte sind gerechter, FAZ.net, URL http://www.faz.net/aktuell/politik/staat-und-recht/freihandelsabkommen-schiedsgerichte-sind-gerechter-12768294.html

Warum mag niemand Freihandel? Lassen Sie uns zum Abschluss dieses Kapitels noch eine politische Frage untersuchen, nämlich die Frage, warum Freihandel in der Öffentlichkeit und in der Politik so ein schlechtes Image hat. Globalisierungskritiker gibt es offenbar mehr als Befürworter, die Zahl der populär geschriebenen Bücher, die Globalisierung geißeln, ist deutlich größer als die Zahl solcher Bücher, welche in die Globalisierung Hoffnungen setzen – in der ökonomischen Fachliteratur dürfte es eher umgekehrt sein. Wie kommt das? Warum mag niemand Globalisierung, selbst wenn jeder ein asiatisches Handy mit amerikanischer Software hat, Kaffee aus Entwicklungsländern trinkt und gerne in den Urlaub nach Südafrika oder in die Dominikanische Republik fährt? Um diese Frage zu untersuchen, müssen wir uns die Akteure anschauen, die in diesen Prozess involviert sind: die Konsumenten, die Produzenten, die Politiker und die Medien. Fangen wir einmal mit den Konsumenten an.

Für Sie als *Konsument* liegen die Vorteile einer stärkeren Handelsintegration – wie wir gesehen haben – vor allem in der größeren Anzahl neuer Produkte, die man kaufen kann, und in den sinkenden Preisen dieser Güter, die durch die stärkere Konkurrenz aus dem Ausland entstehen. So gesehen ist die Interessenlage der Konsumenten klar: Sie verlieren durch Protektionismus. Aber: Überlegen Sie einmal – wann haben Sie das letzte Mal beim Einkaufen gemerkt, dass Sie durch Zölle oder andere protektionistische Instrumente Geld verlieren? Eher nie, oder? Das liegt zum einen daran, dass man Preissteigerungen, die durch Protektionismus entstehen, nicht unmittelbar merkt und selten höhere Preise mit Zöllen in Verbindung bringt. Und wenn mal ein Produkt aufgrund von Protektionismus im Inland nicht verfügbar oder teuer ist – wer erkennt schon diesen Zusammenhang? Ebenso werden Sie es kaum merken, wenn Sie höhere Steuern zahlen, nur weil der Staat die Exportindustrie oder die von den Importen bedrohten Industrien mit Geld unterstützt – dieser Zusammenhang ist zu abstrakt, als dass man ihn bei der Steuererklärung im Hinterkopf hätte, und Politiker werden den Teufel tun, Ihnen zu erklären, dass die Bürger jetzt höhere Steuern zahlen müssen, weil sie mit dem Geld Unternehmen subventionieren.

Kurzum – die Vorteile des Freihandels (die Nachteile des Protektionismus) werden von den Bürgern selten bis nie bewusst wahrgenommen. Und selbst wenn Sie dies einmal registrieren: Wenn Ihre Bananen nun dank des Freihandels billiger werden, wie viel macht das in Ihrem Budget aus? In der Summe dürften die Vorteile aus Freihandel für Konsumenten erheblich sein, doch im Einzelfall wird das kaum ins Gewicht fallen, vor allem weil viele Effekte des Freihandels eher indirekter Natur sind, die sich langfristig einstellen. Das hat eine weitere Konsequenz: Warum sollten Sie sich für Freihandel engagieren, wenn die direkten persönlichen Vorteile, die Sie davon haben, doch so gering zu sein scheinen? Die Anreize, für eine Demonstration für Freihandel von München nach Berlin zu reisen, erscheinen gering. Und noch mehr als das: Wie wollen Sie sich mit anderen Freihandelsbefürwortern organisieren? Im Zeitalter von Facebook ist das zwar organisatorisch einfacher geworden, aber nicht inhaltlich: Der gut verdienende Freihandelsbefürworter in München hat wenig gemein mit dem Arbeiter in Hamburg, der von mehr Freihandel profitieren würde. Will heißen: Die Menschen, die vom Freihandel profitieren, haben Schwierigkeiten, sich zu organisieren und ihren Interessen politisches Gehör zu verschaffen – im Gegensatz zu den Unternehmen, die wir uns jetzt anschauen wollen.

Aufgabe

Wo spielen Freihandel und Protektionismus in Ihrem Alltag eine Rolle? Welche Güter konsumieren Sie, die von Protektionismus betroffen sind? Wie würden Sie konsumieren, wenn es keine Zollschranken in Deutschland geben würde?

Viele *Unternehmen* haben ein großes Interesse an protektionistischen Maßnahmen: Protektionismus hält ihnen ausländische Konkurrenz vom Leib und ermöglicht es ihnen, überhöhte Preise zu verlangen. Und die Beschäftigten in den betroffenen Branchen werden mit ihren Arbeitgebern an einem Strang ziehen – die Gewinne ihrer Arbeitgeber sichern ihre Arbeitsplätze. Anders ist das hingegen mit den Unternehmen, die von mehr Freihandel profitieren: Zum einen haben zukünftige Arbeitsplätze, die durch Freihandel erst geschaffen werden müssen, keine Lobby – es finden sich immer Menschen, die für den Erhalt von Arbeitsplätzen protestieren werden, aber wer soll für zukünftige Arbeitsplätze demonstrieren, von denen man noch nicht einmal weiß, wo und wann diese entstehen und wie sie aussehen werden (und wer sie bekommen wird)? Kurzum: Existierende Arbeitsplätze, die an Protektionismus interessiert sind, haben eine Lobby, die sich gut organisieren lässt, denn hier hat man eine Menge Menschen mit dem gleichen Interesse, die in der gleichen Branche arbeiten, deswegen Gemeinsamkeiten und Kontakte haben, sich deswegen leicht ansprechen und organisieren lassen. Oft ist es auch noch so, dass bedrohte Branchen regional geballt sind, so wie der Schiffsbau, Kohle, Stahl oder auch die Landwirtschaft – das erleichtert die politische Organisation dieser Branchen zusätzlich. Freihandel hingegen findet unter Unternehmen vergleichsweise weniger Lobby-Unterstützung, und wenn Unternehmen darauf dringen, so kann das politisch plausibel rasch als gewinnorientierte Lobby-Arbeit abgekanzelt werden, während die Rettung von Arbeitsplätzen in der politischen Debatte als hehres Ziel gilt.

So, und was machen die *Politiker* damit? Wenn wir einmal annehmen, dass Politiker vorrangig ihre Wiederwahl sichern wollen, so erhalten wir ein hässliches Ergebnis: Die Verlierer der Globalisierung lassen sich eindeutig identifizieren, sie lassen sich zudem politisch gut organisieren, die Gewinner der Globalisierung hingegen sind nicht eindeutig bestimmbar, oftmals merken sie es gar nicht richtig, wie und wo sie durch mehr Freihandel gewinnen könnten, und die Verluste, die ihnen durch Protektionismus entstehen, sind ihnen auch nicht sonderlich bewusst – also was tut man als Politiker, der wiedergewählt werden will? Für die Verlierer der Globalisierung sind politische Maßnahmen ein wichtiges politisches Thema, für die Gewinner nicht – da liegt es nahe, die Politik zulasten derjenigen auszurichten, die es nicht bemerken. Das Interesse der Politiker, Freihandel zu fördern, dürfte aus dieser Sicht betrachtet recht gering sein. Zudem hat das Wort „Globalisierung" eine praktische Eigenschaft: Es benennt einen Schuldigen, der sich nicht wehren kann. Wenn etwas im Inland schiefgeht, wenn die Arbeitslosigkeit steigt, das Wachstum hinkt – was liegt näher, als die Verantwortung dafür auf anonyme Mächte abzuschieben? Nicht die eigene Politik ist verantwortlich für Missstände, sondern anonyme Instanzen wie „das Kapital", „die Spekulanten" oder eben die Globalisierung. Auf diesem Weg kann man praktisch jede Verantwortung für falsche Entwicklungen von sich weisen, und da man jemanden benennt, der sich nicht wehren kann, gibt es auch keinen Widerspruch. Sie sehen, als Politiker hat man viele Gründe, gegen Handel zu schießen, und wenige Gründe, offene Grenzen zu fordern.

Bleibt noch, die Rolle der *Medien* zu beleuchten (selbst auf die Gefahr, sich jetzt unbeliebt zu machen). Eine ganz einfache Frage: Wie verkauft man Auflage, wie gewinnt man Aufmerksamkeit? Jedenfalls nicht mit einer umständlichen, differenzierten Analyse, mit einem abgewogenen Sowohl-als-auch, sondern mit lauten, schreienden Schlagzeilen. Zudem scheint es eine menschliche Besonderheit zu sein, dass wir eher auf negative Dinge achten als auf positive. Ganz ehrlich, welche Schlagzeile lesen Sie eher: „Globalisierung schafft Wohlstand" oder „Massenelend durch Globalisierung"? Insofern darf man den Medien hier eigentlich keinen Vorwurf machen, sie bedienen letztlich unsere eigenen Vorurteile und Bequemlichkeiten. Um zu verstehen, wie Handel wirkt, muss man einiges lernen, verstehen, hinterfragen – ein aufwendiger Lernprozess, der uns eigentlich zu mühsam ist. Also lesen wir lieber eingängige, einfach verdauliche Reißer über Globalisierung, die ja zudem von sich behaupten, keine Reißer zu sein, sondern eine wissenschaftliche Analyse (obwohl bemerkenswerterweise die meisten Autoren der Globalisierungsbücher überhaupt nicht vom Fach sind; eine der Ikonen dieser Literatur ist Kunst- und Literaturkritikerin, die unter anderem Spionageromane geschrieben hat). Wir werden unterhalten, haben aber zugleich das Gefühl, etwas für unsere Bildung getan zu haben. So einfach kann das sein. Und so falsch.

Sie sehen, unter dem Strich sprechen einige Punkte dafür, dass die öffentliche Wahrnehmung und Stimmung eher globalisierungsfeindlich ist. Und wenn Sie einen Bestseller über Globalisierung schreiben wollen – hier noch ein paar einfache Regeln.

Info: Ein paar Regeln zum Verkauf von Wirtschaftsbüchern

„… Regel Nummer eins: Wähle einen anziehenden Titel. Gerade das Wort ‚Globalisierung' eignet sich prächtig zum Buzzword (es kommt auf fast acht Millionen Einträge bei Google), das man am besten mit anderen Begriffen kombiniert, das macht es spannender, geheimnisvoller … Allerdings ist ein anziehender Titel nicht alles, man muss dem Leser auch klarmachen – Regel Nummer zwei –, dass dieses Thema bedrohlich, existenziell ist, und das tut man am besten mit der entsprechenden Wortwahl – hyper, mega, ultra muss es mindestens sein … Regel Nummer drei des Buchgeschäfts: Sei undifferenziert. Regel Nummer vier: Bediene Vorurteile … Eine weitere Grundregel – Nummer fünf – des Buchverkaufsgeschäfts: Decke eine Verschwörung auf … Nummer sechs: Verunglimpfe deine Gegner ad personam, nicht ad rem (*greife sie also persönlich an, diskutiere nicht über die Sache, d. Verf.*) … Regel Nummer sieben: Kreiere ein Feindbild, aber bitte ein hinreichend unbestimmtes Feindbild – echte Personen könnten sich ja zur Wehr setzen.

> Eine anonyme Feindesinstanz, auf die man fröhlich eindreschen kann, ohne Gegenwehr zu erwarten, befreit ungemein."
>
> Hanno Beck (2012), Wie verkauft man Wirtschaftsbücher? Zehn einfache Regeln, ORDO, 63. Jg. (2012), S. 457–461

Aufgabe

Suchen und analysieren Sie die populäre Literatur zur Globalisierung. Welche Thesen vertreten die Autoren? Wie begründen sie diese Thesen? Vergleichen Sie diese Thesen mit den Inhalten der bisherigen Kapitel. Was für eine Art Literatur zitieren diese Quellen – wissenschaftliche Literatur oder eher publizistische Quellen? Welche Ausbildung, welche Qualifikationen haben die Autoren?

2.7 Internationaler Handel: Ein erstes Fazit

Dieses Kapitel hat zum Ziel, dass Sie

- die wichtigsten bisherigen Erkenntnisse des Buches zusammenfassen und in einen Zusammenhang stellen können und
- lernen, welche Ergebnisse des Freihandels wir in der Wirklichkeit beobachten.

Wichtige Begriffe in diesem Kapitel

Handel, Armut, Verteilung, Wachstum

@ Einen aktuellen Foliensatz zu diesem Kapitel finden Sie unter www.vahlen.de/15879880

Wir haben die wichtigsten Argumente, wie und warum Handel entstehen kann, gesammelt und ein paar erste Ideen zur Wirkung des internationalen Handels entwickelt. Die Pro- und Kontra-Argumente sind in Tabelle 4 zusammenfassend aufgelistet; Sie können sich zu jedem Punkt noch einmal die entsprechenden Seiten in den vorherigen Kapiteln anschauen.

Eine empirische Überprüfung all dieser Thesen ist recht schwierig – zu unterschiedlich sind Länder und Zeiten, zu groß die Anzahl vieler anderer Einflussfaktoren auf das Wachstum eines Landes. Man kann zwar mit statistischen Methoden die Einflüsse vieler anderer Faktoren isolieren, doch ganz eindeutige Ergebnisse lassen sich nicht produzieren. Wirtschaftswissenschaften haben nicht wie Naturwissenschaften die Möglichkeit, Experimente zu wiederholen und dabei äußere Einflussfaktoren auszuschließen.

Verallgemeinernd könnte man sagen, dass der empirische Befund nicht eindeutig ist, aber stark in die Richtung geht, dass Handel wohlfahrtsfördernd ist. Allerdings können nicht alle Studien einen eindeutigen Zusammenhang

Tabelle 4: Handel oder Protektionismus? Eine Gegenüberstellung

Vorteile von Handel	Argumente für Protektionismus
Kostenvorteile und Spezialisierung. Durch Handel werden Güter dort produziert, wo sie am günstigsten hergestellt werden. Dadurch bekommen die Bürger mehr Waren zu günstigeren Preisen.	**Optimalzoll und Terms of Trade**. Durch gezielte protektionistische Maßnahmen kann man die Austauschverhältnisse zu den eigenen Gunsten (und zum Nachteil des Auslands) gestalten.
Beschäftigung. Exporte schaffen neue Arbeitsplätze.	**Beschäftigung**. Importe vernichten Arbeitsplätze.
Skalenerträge. Exporte ermöglichen größere Produktionsmengen und dadurch das Ausnutzen von Massenproduktionsvorteilen.	**Schutz neuer Industrien**. Durch Protektionismus gibt man inländischen Unternehmen die Chance, eine Produktion aufzubauen und so Massenproduktionsvorteile zu erzielen.
Exportgeleitetes Wachstum. Durch das Wachstum der Exportsektoren werden auch vor- und nachgelagerte Branchen stimuliert.	**Externe Effekte.** Handel wird mit Ausbeutung von Umwelt und Menschen in den Entwicklungsländern assoziiert.
Technologietransfer. Durch Außenhandel gelangen auch neue Technologien ins Inland, die man langfristig in der eigenen Produktion einsetzen kann.	**Autarkie.** Man muss bestimmte nationale Industrien erhalten, um im Ernstfall nicht auf ausländische Lieferungen angewiesen zu sein.
Wettbewerb. Ausländische Konkurrenz verhindert nationale Monopole und zwingt inländische Unternehmen, gute Qualität zu günstigen Preisen anzubieten.	**Strategische Handelspolitik**. Durch gezielte protektionistische Maßnahmen kann man einen kompletten Markt für die inländische Industrie gewinnen.
Lobbys. Außenhandel schützt Politiker vor den Begehrlichkeiten nationaler Lobbys.	**Gegenseitigkeit**. Protektionismus ist dann sinnvoll, wenn das Ausland ebenfalls protektionistische Maßnahmen ergreift.
Frieden. Außenhandel führt zu mehr internationalen Beziehungen und reduziert damit die Wahrscheinlichkeit kriegerischer Auseinandersetzungen.	

bestätigen. So fanden Studien heraus, dass der Zusammenhang zwischen Handel und Wachstum vor den 1940er-Jahren schwach ist, in den vergangenen Jahrzehnten aber deutlicher geworden ist. Dass sich die Ergebnisse ändern, kann daran liegen, dass sich die ökonomischen Gegebenheiten stark geändert haben. Vielleicht aber müssen auch mehrere Faktoren zusammenkommen, damit Außenhandel seine positiven Wirkungen entwickeln kann – beispielsweise hängt das Ausmaß des Erfolgs einer Handelsliberalisierung auch davon ab, ob die anderen Handelspartner sich ebenfalls öffnen. Allerdings muss man Globalisierungskritikern entgegenhalten, dass es fast keine Studien gibt, die einen eindeutigen negativen Zusammenhang zwischen Liberalisierung und Wachstum finden oder zeigen, dass Protektionismus langfristig hilfreich war. Ebenso finden sich keine Studien, die belegen, dass Staaten, die in den Neunzigerjahren weniger offen sind als in den Sechzigerjahren, ihren Lebensstandard verbessert haben.

Singh (2010) wertet mehr als 100 Studien zum Thema Handel und Wachstum aus und kommt zu dem Schluss, dass die meisten Studien die Vorteilhaftigkeit des Handels bestätigen; vor allem makroökonomische Studien zeigen deutliche Wachstumseffekte des Handels, einige mikroökonomische Studien allerdings zeigen, dass erst Produktivitätsgewinne zu mehr Handel führen – ein Befund, der aber den theoretischen Ideen nicht widerspricht.

Hier wollen wir uns stellvertretend nur zwei Abbildungen anschauen, die diese Debatte recht gut illustrieren. Abbildung 36 zeigt die Wachstumsraten für verschiedene Staaten, die man anhand ihrer Handelsregimes unterscheidet. Dabei zeigt sich, dass die durchschnittlichen jährlichen Wachstumsraten eines Landes umso höher sind, je stärker sie sich dem Außenhandel öffnen. Natürlich ist dieses Vorgehen nicht ohne Probleme: Zum einen ist es nicht immer eindeutig möglich, ein Land einem bestimmten Handelsregime zuzuordnen, zum anderen spielen hier natürlich auch andere Faktoren eine Rolle. (Beispielsweise sind Staaten mit einem liberalerem Handelsregime meistens auch in anderen Politikbereichen liberaler, das mag das Wachstum ebenfalls begünstigen.)

Durchschnittliche jährliche Wachstumsraten des BIP pro Kopf			
	1963–1974	**1973–1985**	**1980–1992**
stark offen für Handel	**6,9**	**5,9**	**6,4**
moderat offen	**4,9**	**1,6**	**2,3**
moderat protektionistisch	**4**	**1,7**	**–0,2**
stark protektionistisch	**1,6**	**–0,1**	**–0,4**

Quelle: Lindert, Peter H.; Williamson Jeffrey G. (2001), Does Globalization make the world more unequal?, NBER Working Paper No. 8228

Abbildung 36: Der Zusammenhang zwischen Handel und Wachstum

Neben dieser Möglichkeit, den Zusammenhang zwischen Handel und Wachstum zu zeigen, indem man verschiedene Staaten über längere Zeiträume miteinander vergleicht, gibt es die Möglichkeit sogenannter Event-Studien: Man beobachtet, was in einem Land passiert, wenn dieses seine Handelsstrategie verändert – also sozusagen eine Vorher-nachher-Analyse. Hier deuten viele solcher Analysen darauf hin, dass Handel zu mehr Wachstum führt (allerdings gilt auch hier das oben bereits diskutierte Argument anderer Einflussfaktoren). Um es prägnanter zu formulieren: Es gibt viele Studien, die einen positiven Zusammenhang zwischen Handel und Wachstum finden, es gibt einige Studien, die keinen Zusammenhang finden, aber es gibt nur ganz wenige bis keine Studien, die einen negativen Zusammenhang zwischen Handel und Wachstum finden.

Die nächste Grafik transportiert eine ähnliche Botschaft: Abbildung 37 zeigt den Zusammenhang zwischen der Veränderung der Außenhandelsbeziehungen eines Landes (gemessen als Anteil des Handels am Sozialprodukt) und der Veränderung des sogenannten Gini-Koeffizienten. Dieser Koeffizient sagt etwas aus über die Einkommensverteilung innerhalb eines Landes, der minimale Wert dieses Index ist null, das bedeutet absolute Gleichverteilung der Einkommen (jeder Bürger des Landes hat das gleiche Einkommen), der maximale Wert beträgt eins – das bedeutet ein Maximum an Ungleichheit in dem betreffenden Land (ein Bürger hat das gesamte Einkommen, der Rest nichts). Jeder Punkt in dieser Grafik stellt ein Land dar. Die rote Linie zeigt den statistisch nur schwach ausgeprägten Zusammenhang zwischen der Zunahme des Außenhandels in einem Land und der Veränderung der Ungleichheit im gleichen Land.

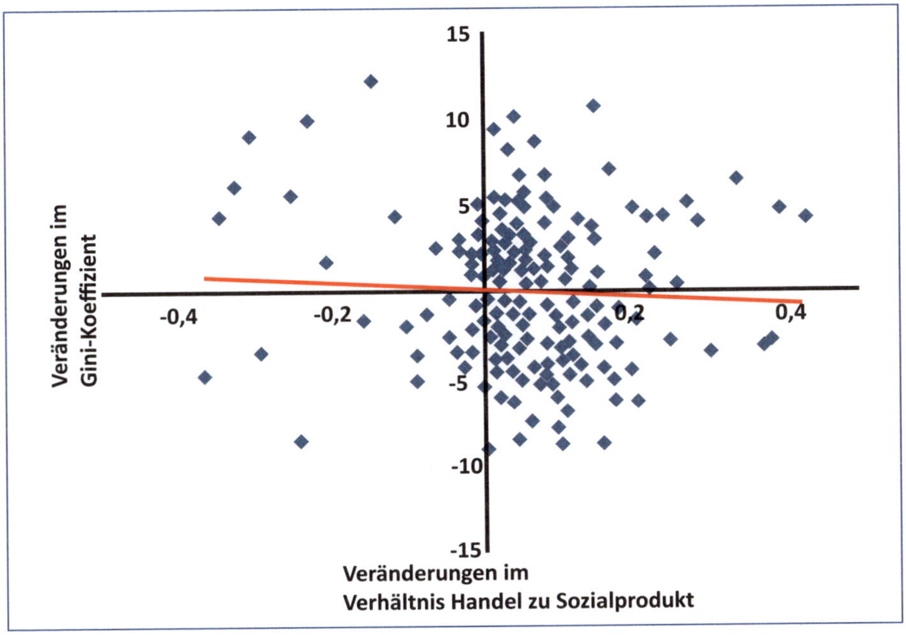

Quelle: Dollar, David (2005), Globalization, Poverty, and Inequality since 1980 World bank research observer, Vol. 20 No. 2, Fall 2005, pp. 145 – 175.

Abbildung 37: Zusammenhang zwischen der Veränderung des Handels (gemessen am Inlandsprodukt) und der Veränderung in der nationalen Ungleichheit

Wer optimistisch ist, kann die rote Linie dahingehend interpretieren, dass mit steigendem Außenhandel (wir bewegen uns auf der horizontalen Achse nach rechts) die Ungleichheit in einem Land sinkt (wir gehen gleichzeitig auf der vertikalen Linie nach unten, das heißt, der Gini-Koeffizient sinkt). So weit muss man nicht gehen, vorsichtiger gesprochen kann man diese Grafik dahingehend interpretieren, dass mit steigendem Außenhandel die Ungleichheit in einem Land nicht zunehmen muss – was ja auch eine Aussage ist.

Wir werden uns später noch einmal ein paar Daten zu den Folgen der Globalisierung ansehen – vorher müssen wir uns noch einer weiteren Form der Globalisierung widmen: den Faktorwanderungen.

Literatur

Die französischen Bauern mit mafiösem Verhalten finden Sie beispielsweise hier:

Europäischer Gerichtshof (1997), Urteil des Gerichtshofes in der Rechtssache C-265/95 vom 9. Dezember 1997.

Fairer Handel:

Stoddart, Paul (2011), Development through fair trade: candour or deception?, Economic Affairs, vol. 31, issue 1, pp. 131 – 134.

Made in Germany gibt es hier:

Petersdorf, Winand von (2009), Das Geheimnis des deutschen Gütesiegels, URL http://www.faz.net/themenarchiv/wirtschaft/wie-wir-reich-wurden/serie-wie-wir-reich-wurden-2-das-geheimnis-des-deutschen-guetesiegels-1857081.html

Wer ist für Protektionismus?

Maydaa, Anna Maria; Rodrik, Dani (2005), Why are some people (and countries) more protectionist than others?, European Economic Review, Vol. 49 (2005), pp. 1393 – 1430.

Globalisierung und Wachstum:

Dollar, David (2011), Globalization, Inequality, and Poverty since 1980, World Bank Development Research Group, Washington, URL http://www.google.de/url?sa=t&rct=j&q=&esrc=s&frm=1&source=web&cd=1&ved=0CCwQFjAA&url=ftp%3A%2F%2Fwww.econ.bgu.ac.il%2FCourses%2FGlobalization_and_Development%2FNotes%2FGlobalization-inequality-and-poverty.pdf&ei=RYzyUo_SM4PH7Ab6kIDQCQ&usg=AFQjCNGmYfjYPYcvw9rZpuEmfv3gfbTXpQ&bvm=bv.60799247,d.bGE

Handel in Produktzyklen:

Vernon, Raymond (1966), International Investment and International Trade in the Product Cycle, Quarterly Journal of Economics, Vol. 80, No. 2 (May, 1966), pp. 190-207

Handel und Nachfrage:

Linder, Staffan Burenstam (1961), An Essay on Trade and Transformation, Stockholm: Almqvist & Wicksell.

Die Basarökonomie:

Sinn, Hans-Werner (2005), Basar-Ökonomie Deutschland: Exportweltmeister oder Schlusslicht?, ifo Schnelldienst, 6/2005, 58. Jahrgang , S. 3 – 21.

Messung intraindustriellen Handels:

Boyrie, Maria E.; Kreinin, Mordechai (2012), Intra-industry Trade revisited: a Note, Open Economies Review, Vol. 23, pp. 741 – 745.

Der Rubel rollt auf Rädern:

Cáceres, Javier (2013), Der Rubel rollt auf Rädern, *Süddeutsche Zeitung* Nr. 157 vom 10. Juli 2013, S. 19

Die Prebisch-Singer-Hypothese neu untersucht haben:

Harvey, David I.; Kellard, Neil M.; Madsen, Jakob B.; Wohar, Mark E. (2012), The Prebisch-Singer Hypothesis: Four Centuries of Evidence, Review of Economics and Statistics, May 2010, 92(2), pp. 367 – 377.

Arezki, Rabah; Hadri, Kaddour; Rao, Yao (2013), Testing the Prebisch-Singer Hypothesis Since 1650: Evidence from panel techniques that allow for multiple break, University of Oxford, Department of Economics, Economics Series Working Papers: OxCarre Research Paper 124.

Toye J, Toye R., The Origins and Interpretation of the Prebisch-Singer Thesis. History Of Political Economy, Fall 2003; Vol. 35 (3), pp. 437 – 467

Die vielen Studien zum Zusammenhang zwischen Handel und Wachstum ausgewertet hat:

Singh, Tarlok (2010), Does International Trade Cause Economic Growth? A Survey, The World Economy (2010), pp. 1517 – 1564.

Handel und Wachstum, ein Überblick:

Lindert, Peter H.; Williamson, Jeffrey G. (2001), Does Globalization make the world more unequal?, NBER Working Paper No. 8228.

Etwas zur WTO:

World Trade Organization (2011), Understanding the WTO, Genf, July 2011;URL http://www.wto.org/english/thewto_e/whatis_e/tif_e/understanding_e.pdf

3 Von Bochum nach Rumänien: Internationale Faktorwanderungen

Zum Einstieg: Geiselnahme in China und Sozialtouristen. Das hätte Chip Starnes niemals gedacht: Der Mitgründer der amerikanischen Firma Speciality Medical Supplies war schon zehn Jahre in China und vertraut mit dem Land – doch das war eine Überraschung: Als die Firma beschließt, die Produktion einiger Unternehmensteile nach Indien auszulagern, nehmen rund 80 aufgebrachte Arbeiter ihn als Geisel – wie einen Kriegsgefangenen haben sie ihn behandelt, erzählt er. Die Arbeiter fordern Abfindungszahlungen und sind nicht zimperlich – sie hätten ihn mit lauten Geräuschen gestört und auf Schlafentzug gesetzt. Starnes bezeichnete das alles als ein Missverständnis, die Arbeiter würden ihre Jobs gar nicht verlieren, man habe nur einzelne Produktionsteile ausgelagert.

Dabei ist Starnes in guter Gesellschaft: In Frankreich nahmen 2009 aufgebrachte Mitarbeiter des Elektronikkonzerns Sony ihren Chef als Geisel, blockierten die Zufahrt zum Betrieb mit Baumstämmen und forderten höhere Abfindungen. Die Chefs des deutschen Conti-Konzerns sind da glimpflicher davongekommen, sie werden nur beschimpft und mit Eiern beworfen – Conti plante die Schließung eines Werks in Clairoix mit gut 1100 Beschäftigten. „Den Chef als Geisel zu nehmen ist in Frankreich beinahe so etwas wie ein Volkssport", spottet die konservative Zeitung *Die Welt*. Geiselnahme ist nicht einmal die rabiateste Variante, es gab auch mehrere Fälle, in denen entlassene Beschäftigte mit der Sprengung ihrer Fabriken drohten.

Eine ganz andere Art von Ärger wurde von einer Jury 2013 mit einem Preis geadelt, nämlich dem Unwort des Jahres: *Sozialtourismus* war der Favorit der Jury, mit diesem Wort würden Politiker und Medien „… gezielt Stimmung gegen unerwünschte Zuwanderer, insbesondere aus Osteuropa …", machen. Die Debatte kochte besonders heftig auf, als die EU-Kommission forderte, dass Deutschland Einwanderern aus der EU nicht generell Sozialleistungen wie Hartz IV verweigern dürfe. Die Sache entwickelte sich rasch zu einer hitzigen Debatte darüber, wer warum nach Deutschland einwandert – und hat nicht nur eine deutsche Dimension: So hat ausgerechnet ein deutscher Rentner vor Gericht geklagt, dass er in Österreich Anspruch auf eine Solidarrente habe, mit der niedrige Renten aufgestockt werden. Der EuGH bemängelte, dass die Österreicher automatisch alle „wirtschaftlich nicht aktiven" Staatsangehörigen anderer Mitgliedstaaten ausschließen (Az.: C-140/12).

So unterschiedlich diese Fälle liegen – sie haben eine Gemeinsamkeit: Es geht darum, was passiert, wenn Arbeitnehmer und Kapital – das, was Ökonomen als Produktionsfaktoren bezeichnen – über Grenzen hinweg wandern. Wie muss man es beurteilen, wenn Menschen auf die Wanderschaft gehen, wenn Kapital sich eine neue Heimat sucht? Wie wir sehen werden, hat das sowohl gute als auch schlechte Seiten, und die werden wir uns anschauen.

All den folgenden Ausführungen sei aber eine bemerkenswerte Erkenntnis vorweggeschickt: Im Grunde genommen ändert sich die Analyse nicht sonderlich, denn ob man nun Waren über die Grenzen verschickt oder Produktionsfaktoren – die grundsätzliche Wirkungsweise ist recht ähnlich. Statt arbeitsintensive Produkte zu importieren, kann man auch ausländische Arbeiter ins Land lassen, die im Inland arbeitsintensive Produkte produzieren; statt kapitalintensive Produkte zu exportieren, kann man auch das Kapital ins Ausland verschicken, das die betreffenden Produkte dort produziert. Ein unappetitliches Beispiel dafür sind Schlachtereien: Ob man nun vor Ort schlachten lässt und das Fleisch exportiert oder aber die Schlachter samt dem Fleisch ins Ausland gehen und dort schlachten – der Unterschied ist recht gering (für uns Konsumenten, nicht für die Tiere). Insofern werden sich die Ergebnisse unserer Überlegungen nicht wesentlich von denen bei internationalem Handel unterscheiden.

Info: Eine echte Schweinerei

„Der Selbstversorgungsgrad bei Schweinefleisch in Dänemark liegt bei mehr als 700 Prozent. Der größte Teil des produzierten Fleisches wandert also in den Export, die größte Menge – im Jahr 2008 waren es etwa 542.000 Tonnen – geht in die Bundesrepublik Deutschland. Neu ist allerdings, dass immer mehr Schweine lebend über die Grenze kommen, in norddeutschen Schlachthöfen geschlachtet und grob zerlegt werden. Die Teilstücke kommen dann wieder zurück nach Dänemark. Das liegt vor allem am Lohngefälle zwischen den beiden Nachbarstaaten. Was früher die Ausnahme war, ist in Deutschland längst die Regel: In der Schlachtindustrie arbeiten vor allem osteuropäische Arbeitnehmer für Niedriglöhne von 5 bis 9 Euro, in einzelnen Fällen sogar für noch weniger Geld. Diese osteuropäischen Schlachter haben in der Regel Werkverträge. Ihr Arbeitgeber, der sie in die deutschen Betriebe schickt, sitzt im Ausland ... Ganz anders sieht es in den dänischen Schlachthöfen aus. Bislang erhielten Fachkräfte, die fast alle Mitglied einer Gewerkschaft sind, Stundenlöhne von um die 20 Euro. Doch nun müssen sie um ihre berufliche Existenz fürchten."

o.V. (o.D.), Dänen lassen Schweine in Deutschland schlachten, Der Landwirt, URL http://www.landwirt.com/Daenen-lassen-Schweine-in-Deutschland-schlachten,,6953,,Bericht.html

3.1 Outsourcing, Migration und Kapitalbewegungen

Dieses Kapitel hat zum Ziel, dass Sie

- die Folgen, die Wanderungen von Menschen und Kapital haben, erklären können,
- verstehen, welche ökonomischen und politischen Konsequenzen Faktorwanderungen haben und warum die politische und ökonomische Sichtweise bisweilen miteinander kollidiert.

Wichtige Begriffe in diesem Kapitel

Migration, Direktinvestitionen, Sozialtourismus, Transferpreise, Nokia, Karawanenkapitalismus, Land-Grabbing, Sweat-Shops

@ **Einen aktuellen Foliensatz zu diesem Kapitel finden Sie unter www.vahlen.de/15879880**

Migration: Warum wandern Menschen? Unter Migration versteht man die Wanderung von Menschen aus ihrem Heimatland in andere Staaten. Etwas Neues ist das nicht, Migration gibt es seit den Völkerwanderungen und die Ängste vor Migration sind wohl ebenso alt. Doch bevor man sich die Folgen anschaut, muss man fragen, welches die Motive sind – was veranlasst Menschen dazu, ihre Heimat zu verlassen und in ein anderes Land zu gehen?

- Das erste Motiv, das einem in der Regel einfällt, ist ein ökonomisches, nämlich die sogenannte Wohlstandsmigration. Man geht ins Ausland, weil man sich dort ein besseres Leben, ein höheres Einkommen verspricht. Das kann die Hoffnung auf einen besser bezahlten Job sein, auf bessere Ausbildungsmöglichkeiten, aber auch auf bessere Sozialsysteme – Letzteres wird in der hitzigen Debatte um ausländische Arbeitnehmer als „Sozialtourismus" verunglimpft. Die Suche nach einem besseren Leben ist ein allzu menschliches Motiv, das jedem von uns innewohnt, insofern sollte man mit diesem Begriff vorsichtig umgehen. Klar ist allerdings, dass diese Form der Migration eher ein Süd-Nord-Muster aufweisen wird: Die Wanderungen erfolgen von armen in reiche Länder.
- Die in der Debatte eher positiv besetzte Form der Migration ist das, was man als Spezialisierungsmigration bezeichnen könnte – die Suche nach klugen Köpfen, nach Talenten, nach dringend gesuchten Facharbeitern, die man mittels Green Card oder ähnlicher Programme ins Inland locken will.
- Eine weitere, weniger bekannte Form der Migration könnte man Netzwerkmigration nennen: Man geht dahin, wo schon Bekannte oder Familienmitglieder sind, wo man als Fremder nicht von null startet. Das erklärt, warum sich manche Migrantengruppen in bestimmten Gegenden ballen. Die Mechanismen sind hier die gleichen, die Sie bereits kennengelernt haben, als wir darüber nachgedacht haben, wie und warum sich Technologiebranchen an einem Ort ballen – ein Netzwerkeffekt.
- Bleibt noch eine letzte Variante, die politische Migration: Man flieht in ein anderes Land, weil man politisch, religiös oder ethnisch verfolgt wird.

Wie wir gleich sehen werden, hängen die Folgen der Migration auch von der Art der Migration ab. Lassen Sie uns einmal eine grafische Analyse der grundsätzlichen Folgen der Migration versuchen.

Folgen der Migration. Zu diesem Zweck wollen wir annehmen, dass wir zwei Länder haben, die jeweils ein Produkt herstellen. Es gibt zwei Produktionsfaktoren: Arbeit und Kapital. Der Produktionszusammenhang sehe so aus wie in Tabelle 5. Dabei nehmen wir an, dass das Land den Einsatz von Kapital nicht verändert; mit steigendem Arbeitseinsatz steigt auch die produzierte Menge, also der Gesamtertrag (das ist die zweite Spalte der Tabelle) – im gesamtwirtschaftlichen Kontext steht dieser Gesamtertrag für das Sozialprodukt eines Landes.

In der dritten Spalte steht der sogenannte Grenzertrag, das ist der zusätzliche Ertrag, den ein zusätzlich eingesetzter Arbeitnehmer erbringt. Also: Wenn wir statt einem Arbeiter zwei Arbeiter einsetzen, dann steigt der Gesamtertrag von 40 auf 75 Einheiten; das ist ein zusätzlicher Ertrag von 35 Einheiten. Das ist der Grenzertrag.

Tabelle 5: Eine einfache Produktionsfunktion

Arbeit	Gesamtertrag	Grenzertrag
1	40	40
2	75	35
3	105	30
4	130	25
5	150	20
6	165	15
7	175	10
8	180	5

Wenn Sie sich nun die dritte Spalte näher anschauen, werden Sie feststellen, dass hier das sogenannte Gesetz des sinkenden Grenzertrages gilt: Mit jeden weiteren Arbeiter steigt zwar der Gesamtertrag, aber die Zuwächse je Arbeiter werden immer geringer, je mehr Arbeiter wir beschäftigen. Wenn wir statt einem nun zwei Arbeiter beschäftigen, so steigt der zusätzliche Ertrag um 35 Einheiten; wenn wir aber von sieben auf acht Arbeiter aufstocken, dann steigt der Ertrag nur noch um fünf Einheiten – die Grenzerträge werden also umso geringer, je mehr Arbeiter wir einsetzen. Dieses Gesetz ist intuitiv recht plausibel: Je mehr Arbeiter wir bei konstantem Einsatz von Maschinen einsetzen, umso mehr sinkt deren Produktivität.

Diesen Grenzertrag wollen wir nun in Euro messen – dazu multiplizieren wir einfach die zusätzlich produzierte Menge an Gütern mit ihrem Wert in Euro; das Ergebnis nennt sich dann Wertgrenzprodukt. Und um die Sache zu vereinfachen, nehmen wir an, der Preis für eine Einheit Sozialprodukt sei 1 Euro. Dann haben wir, wenn wir einen Arbeiter einsetzen, laut unserer Tabelle ein Sozialprodukt von 40 Euro (ein Arbeiter erwirtschaftet einen Ertrag von 40 Einheiten, multipliziert mit 1 Euro Wert macht 40 Euro). Setzen wir nun den zweiten Arbeiter ein, so steigt der Gesamtertrag um 35 Einheiten auf 75 Euro; mit Geld bewertet ist der zusätzliche Ertrag 35 Euro wert. Will heißen: Indem wir die Zahl der beschäftigten Arbeiter von einem auf zwei erhöhen, steigern wir das gesamte Sozialprodukt um 35 Euro – das ist das sogenannte

Wertgrenzprodukt. Und da wir angenommen haben, dass das Gesetz des sinkenden Grenzertrages gilt, bedeutet das, dass mit jedem zusätzlichen Arbeiter auch das Wertgrenzprodukt sinkt. Das haben wir in Abbildung 38 dargestellt.

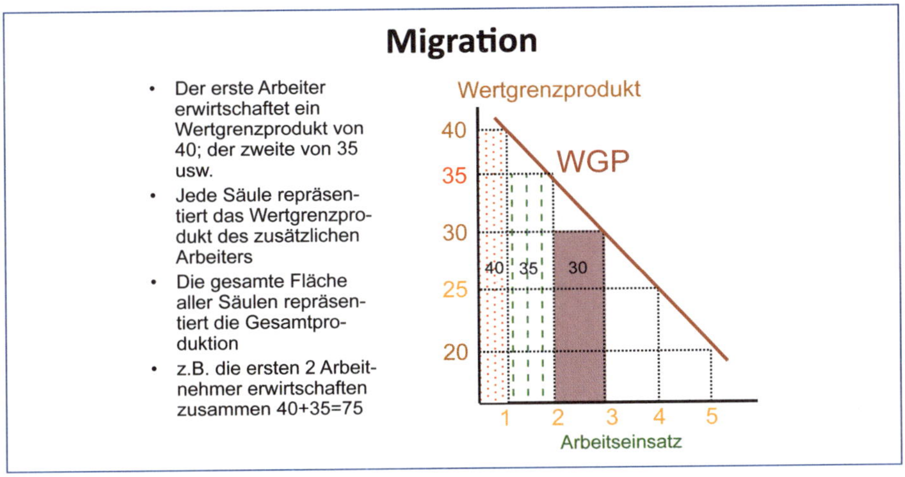

Abbildung 38: Das Wertgrenzprodukt – eine grafische Darstellung

Auf der horizontalen Achse steht die Anzahl der eingesetzten Arbeiter, auf der vertikalen Achse das Wertgrenzprodukt. Sie erhalten die Grafik, indem Sie nun die Punkte aus der ersten und der dritten Spalte aus Tabelle 5 in das Koordinatensystem eintragen und die einzelnen Punkte miteinander verbinden. So erhalten wir die Kurve WGP, die den grafischen Zusammenhang zwischen Arbeitseinsatz und Wertgrenzprodukt angibt. Die Aussage: Je mehr Arbeiter wir beschäftigen (uns also auf der horizontalen Achse nach rechts bewegen), umso mehr sinkt das Wertgrenzprodukt (wir wandern auf der vertikalen Achse nach unten). Aber Vorsicht: Das sind ja nur die Zuwächse je Arbeiter, der Gesamtertrag steigt natürlich, solange das Wertgrenzprodukt positiv ist; er steigt aber eben nur in immer geringerem Maße.

Jetzt hilft uns wieder die elementare Geometrie: Wenn wir den ersten Arbeiter einsetzen, erhalten wir ein Wertgrenzprodukt in Höhe von 40. Multiplizieren wir diesen einen Arbeiter mit der Höhe des Wertgrenzproduktes, so erhalten wir die rechteckige gepunktete Fläche in der Grafik. Und dank unserer Multiplikation wissen wir, dass diese Fläche genau die Größe von 40 hat – Höhe (Wertgrenzprodukt) mal Breite (Anzahl der Arbeitnehmer) des Rechtecks. Schauen wir uns nun den zweiten Arbeiter an: Wenn wir einen Arbeiter zusätzlich einsetzen, so erhalten wir ein zusätzliches Sozialprodukt von 35 Einheiten. Die längs gestreifte Fläche in der Grafik stellt genau dieses zusätzliche Wertgrenzprodukt dar: Ein zusätzlicher Arbeiter (Breite des Rechtecks) mal 35 Euro Wertgrenzprodukt (Höhe des Rechtecks) erwirtschaftet ein zusätzliches Sozialprodukt, das genau der Fläche dieses Rechtecks entspricht (diese Technik kennen Sie schon von den Überlegungen zur Konsumenten- und Produzentenrente).

Jede dieser Säulen unterhalb der Kurve repräsentiert also das zusätzliche Sozialprodukt, das ein weiterer Arbeitnehmer erwirtschaftet; und die Summe aller dieser Säulen repräsentiert das gesamte Sozialprodukt, das sie schaffen. (Wenn Sie die Summe aller zusätzlich produzierten Einheiten zusammenzählen, erhalten Sie die Gesamtproduktion.) Wenn wir beispielsweise zwei Arbeiter einsetzen, ist laut Tabelle das gesamte Sozialprodukt 75; das entspricht 40 Einheiten, die der erste Arbeiter erwirtschaftet, plus 35 weitere Einheiten, die der zweite Arbeiter erwirtschaftet.

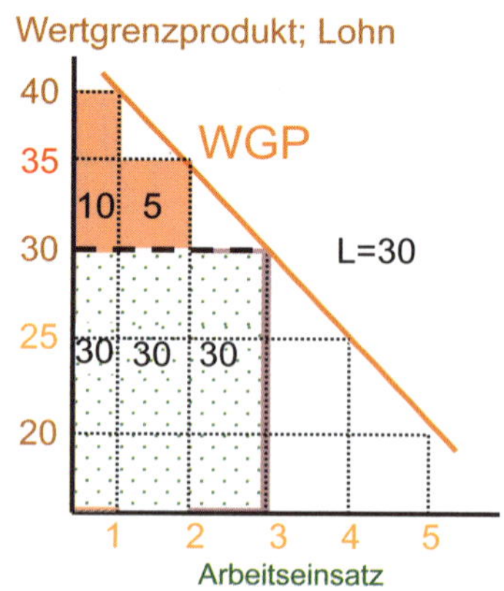

Abbildung 39: Das Wertgrenzprodukt und die Rolle der Löhne

Nun kann man an dieser Grafik noch mehr ablesen, nämlich dann, wenn man einen Lohn einführt, den wir auf der vertikalen Achse abtragen. Nehmen wir einmal an, der Lohn betrage 30 Euro (in der Grafik ist das die dicke waagrechte gestrichelte Linie). Dann werden die Arbeitgeber exakt drei Arbeitnehmer einstellen, nicht mehr. Warum? Das liegt am sinkenden Grenzprodukt: Würden die Arbeitgeber den vierten Arbeitnehmer einstellen, würde dieser (laut Tabelle und Grafik) einen zusätzlichen Ertrag von 25 erwirtschaften, das wäre weniger, als ihm die Arbeitgeber zahlen (nämlich ebenjene 30 Euro). Und wenn ein Arbeitnehmer weniger einbringt, als er kostet, wird er nicht beschäftigt. Bei einem Lohn von w = 30 werden also drei Arbeitnehmer beschäftigt. Wenn die Arbeitgeber jedem Arbeitnehmer den gleichen Lohn zahlen, beträgt die gesamte Lohnsumme (also das, was in der Wirtschaft komplett an Löhnen gezahlt wird) dreimal 30, also 90 Euro. Das ist exakt die gepunktete Fläche unter der gestrichelten Linie bis zur WGP-Linie in Abbildung 39 – sie stellt damit den Teil der gesamten Produktion dar, der in Form von Löhnen an die Arbeiter geht. Drei Arbeiter stellen zusammen ein Sozialprodukt von 105 her und erhalten dafür 90 Euro an Löhnen.

Aber was ist mit dem Rest? Wenn von 105 Euro Sozialprodukt, die hergestellt werden, 90 an die Arbeiter gehen, dann bleiben 15 Euro übrig – das ist genau die mit gepunkteten Linien gekennzeichnete rote Fläche oberhalb des Lohnes von 30. Warum, ist klar: Wenn die gesamte Fläche unter der WGP-Kurve das gesamte Sozialprodukt darstellt und die Fläche unter dem Lohn W die Lohneinkommen, bleibt nur noch die Fläche oberhalb des Lohnes und unterhalb der WGP-Kurve übrig. Und diese Fläche stellt genau die fehlenden 15 Euro dar – die an das Kapital gehen, denn das ist der Produktionsfaktor, den wir noch nicht entlohnt haben.

Damit haben wir die Darstellung komplett: Die Höhe des Lohnes entscheidet über die Beschäftigung, die wir auf der horizontalen Achse ablesen, die Fläche unterhalb des Lohnes stellt die Lohneinkommen dar, die Fläche zwischen der WGP-Kurve und dem Lohn die Kapitaleinkommen.

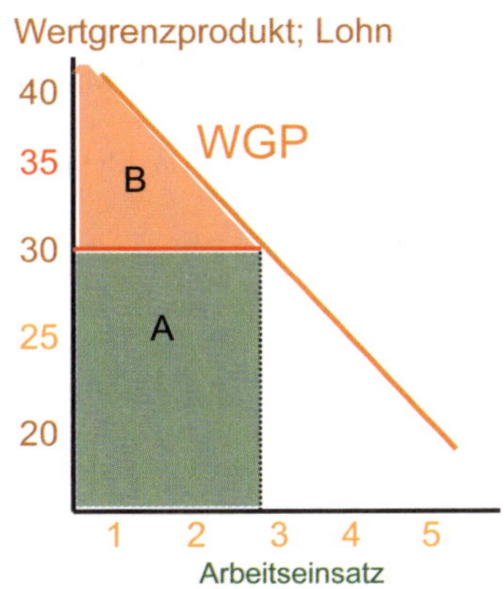

Abbildung 40: Das Wertgrenzprodukt und die Verteilung der Einkommen

Jetzt machen wir noch einen letzten gedanklichen Kunstgriff: Wir nehmen an, dass jeder Punkt auf der WGP-Kurve einen zusätzlichen Arbeitnehmer repräsentiert – das kennen Sie schon aus der Erklärung der Konsumenten- und Produzentenrente. Die Folge ist, dass die weißen Dreiecke unterhalb der WGP-Kurve in Abbildung 39 verschwinden, wir erhalten Abbildung 40, welche die gleichen Aussagen macht, aber in der Darstellung etwas einfacher ist: Die Fläche A repräsentiert die Lohneinkommen der Arbeiter, die Fläche B die Kapitaleinkommen. Und beide Flächen zusammen ergeben die gesamte Produktion in Abhängigkeit vom Lohn von und der Beschäftigung, die er zulässt. Mithilfe dieser Grafik können wir nun veranschaulichen, wann es zu Migration kommt und welche Folgen das haben kann.

Dazu verwenden wir jetzt Abbildung 41. Die linke Seite der Abbildung entspricht der vorherigen Abbildung 40, WGP^I ist die Kurve des inländischen Wertgrenzproduktes (auf der linken vertikalen Achse abgetragen, jetzt allerdings nicht gerade, sondern gekrümmt – was etwas realistischer ist); L^I ist der Lohn, der im Inland gezahlt wird, daraus ergibt sich eine Beschäftigung von L^1 im Inland. Auf der rechten Seite der Grafik ist jetzt noch einmal für das Ausland die gleiche Grafik wie in Abbildung 40 abgetragen, nur dass Sie diese jetzt von rechts nach links lesen müssen (statt wie bisher von links nach

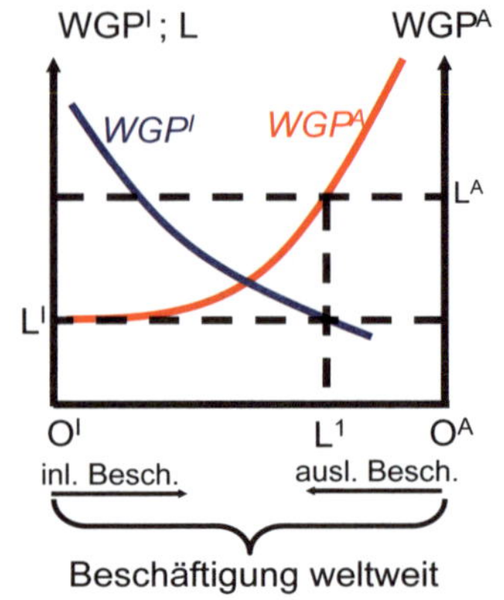

Abbildung 41: So entsteht Wohlstandsmigration

rechts). Auf der rechten vertikalen Achse ist also das Wertgrenzprodukt des Auslandes abgetragen, WGP^A ist das Wertgrenzprodukt des Auslandes und die Höhe der Beschäftigung lesen Sie nun von rechts (vom Punkt O^A) nach links ab. Von rechts nach links steigt also die ausländische Beschäftigung, was, wie Sie anhand der WGP^A-Kurve ablesen können, zu einem sinkenden ausländischen Wertgrenzprodukt führt. Im Ausland gelte der Lohn L^A (er ist also deutlich höher als im Inland), was dementsprechend zu einer Beschäftigung von L^1 führt. Die gesamte Beschäftigung in beiden Ländern ergibt sich, indem man die Beschäftigung im Inland (von O^I bis L^1) addiert zu der Beschäftigung im Ausland (von L^1 bis O^A) – die gesamte horizontale Achse repräsentiert also die Beschäftigung in beiden Ländern insgesamt.

Wie Sie sehen, hat jedes Land einen unterschiedlichen Lohn und damit auch unterschiedliche Beschäftigung – das Inland produziert arbeitsintensiv bei niedrigen Löhnen, das Ausland eher mit weniger Arbeit (also kapitalintensiver) zu höheren Löhnen. Jetzt lassen wir die Grenze zwischen den beiden Staaten fallen, womit Migration möglich wird – die Folgen davon sehen wir in Abbildung 42.

In der Ausgangslage waren die Löhne im Inland (L^I) wesentlich niedriger als im Ausland (L^A) – also beginnen die Inländer, ins Ausland zu wandern. Dadurch sinkt (steigt) die Beschäftigung im Inland (Ausland). Mit sinkendem (steigendem) Arbeitsangebot im Inland (Ausland) steigen (sinken) dort die Löhne – mit entsprechenden Folgen für die Produktion: Im Inland geht die Beschäftigung von Arbeitnehmern zurück (weil diese nun im Ausland arbeiten), dadurch werden die verbleibenden Arbeiter sozusagen produktiver, der inländische Grenzertrag steigt (wir bewegen uns entlang der WGP^I-Kurve nach oben, das liegt am Gesetz des fallenden Grenzertrags), die Produzenten können nun höhere Löhne zahlen (und das müssen sie auch, andernfalls wandern noch mehr Arbeitnehmer ab). Im Ausland passiert genau das Gegenteil: Durch die Zuwanderung steigt die Beschäftigung, und je mehr Arbeiter beschäftigt

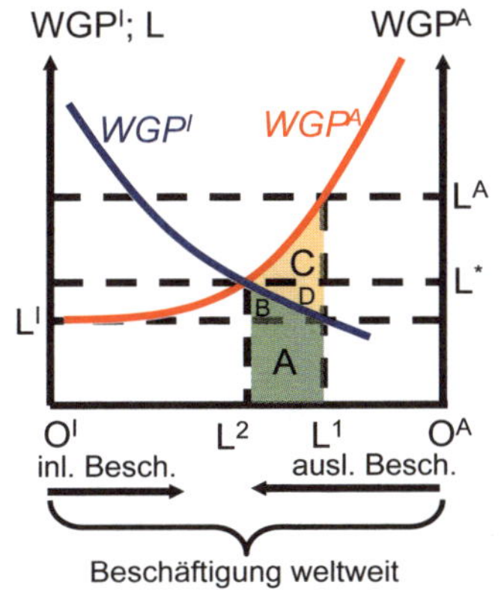

Abbildung 42: Die Folgen von Migration im In- und Ausland

werden, umso mehr sinkt der Grenzertrag (wir bewegen uns entlang der WGP^A nach unten), aber die Produktion steigt.

Dieser Prozess setzt sich so lange fort, solange Lohnunterschiede einen Anreiz zur Wanderung geben, also bis ein einheitlicher Lohn L* zustande kommt, der in beiden Ländern gilt. Das muss zwangsläufig der Punkt sein, in dem sich die beiden Kurven des Wertgrenzproduktes schneiden. Warum? Weil nur dann, wenn die Arbeit in beiden Staaten den gleichen Grenzertrag liefert, auch in beiden Ländern der gleiche Lohn gezahlt werden kann. Solange die Grenzproduktivität der Arbeit, also die zusätzliche Produktion, die ein zusätzlicher Arbeitnehmer herstellen kann, in einem Land größer ist als im anderen, können die Arbeitgeber dem Arbeiter mit der höheren Grenzproduktivität einen höheren Lohn bieten, worauf dieser abwandern wird. Erst wenn in beiden Ländern die gleiche Grenzproduktivität herrscht, wird auch in beiden Ländern der gleiche Lohn L* gezahlt – hier ist unser neues Gleichgewicht.

Gut, was hat sich im Gleichgewicht gegenüber der Ausgangslage verändert? Betrachten wir zunächst das Inland: Die Beschäftigung ist von $O^I – L^1$ auf $O^I – L^2$ gesunken, also um die Differenz zwischen L^1 und L^2. Das sind die Arbeitnehmer, die ins Ausland abgewandert sind, weil die Löhne im Ausland höher sind. Was noch? Erinnern wir uns: Die gesamte Fläche unter der WGP^I-Kurve repräsentiert das gesamte produzierte Sozialprodukt des Inlandes. Die Fläche unter der WGP^I-Kurve hat sich aber – wegen der gesunkenen Beschäftigung – um die Flächen A und B verringert; damit ist die Produktion (und das Wertgrenzprodukt) im Inland gesunken. Wir können das sogar noch weiter aufschlüsseln: Die Fläche A zwischen dem alten Lohn L^I und der WGP-Kurve stellte die Lohneinkommen dar, welche die Arbeitnehmer im Inland erwirtschaftet haben – diese inländischen Lohneinkommen gegen nun verloren. Das Dreieck B stellte die inländischen Kapitaleinkünfte dar, die man mit der Produktion zwischen L^1 und L^2 im Inland erwirtschaftete – auch das geht nun verloren. (Erinnern Sie sich: Unterhalb von L^I sind die Lohneinkommen, die Fläche zwischen der WGP-Kurve und dem Lohn stellt die Kapitaleinkommen dar.)

Das bedeutet aber nicht, dass dies Wohlfahrtsverluste sind, denn nun schauen wir uns das Ausland an: Hier steigt die Produktion von L^1 auf L^2 – das sind die Arbeitnehmer, die vom Inland ins Ausland migriert sind und dort nun arbeiten. Damit steigt das ausländische Sozialprodukt durch die steigende Produktion um die Flächen A+B+C+D – das ist deutlich mehr als der Produktionsverlust im Inland. Die Flächen A+B+D sind dabei der Zuwachs an Lohneinkommen, die Fläche C der Zuwachs an Kapitaleinkommen. Die Lohnverluste im Inland werden also von den Lohnzuwächsen im Ausland (die durch die steigende Beschäftigung entstehen) kompensiert (will heißen: Die Arbeitnehmer, die ins Ausland abgewandert sind, haben nun ein höheres Lohneinkommen – genau deswegen sind sie ja ins Ausland gegangen); die Kapitalbesitzer im Inland verlieren auf Kosten der Kapitalbesitzer im Ausland (die ja C dazugewinnt).

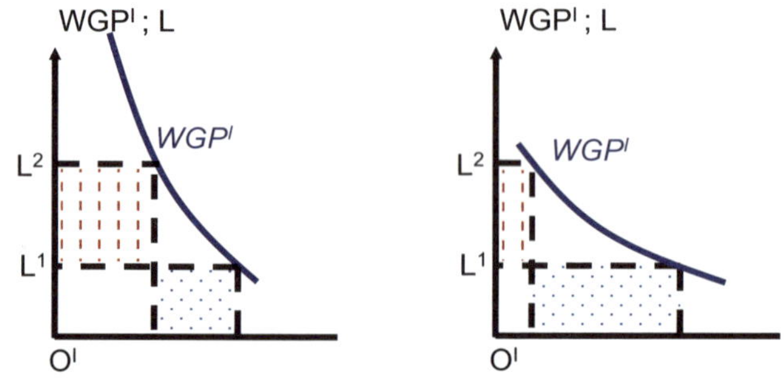

Abbildung 43: Lohnsummengewinne oder -verluste bei Migration

Unter dem Strich sagt diese Analyse also Folgendes: Migration steigert das Weltsozialprodukt, da nun die Arbeitskräfte, die wandern, produktiver eingesetzt werden. Sie wandern dorthin, wo sie höhere Löhne bekommen – und das ist eben dort, wo ihre Grenzproduktivität höher ist, wo sie pro Kopf mehr erwirtschaften als an ihrer früheren Arbeitsstelle, dadurch steigt das Weltsozialprodukt. Wir beschäftigen zwar immer noch die gleiche Menge an Arbeitern, diese werden aber produktiver eingesetzt. Der weltweit hergestellte Güterberg steigt.

Die Verteilungswirkungen in den beiden Ländern sind allerdings nicht ganz klar: Auf den ersten Blick scheint es, dass die Lohnsumme im Inland sinkt und im Ausland steigt, ebenso, wie die Kapitaleinkommen im Inland sinken und im Ausland steigen. Dieser Effekt ist aber nicht eindeutig – das zeigt Abbildung 43. Wenn der Lohn im Inland von L^1 auf L^2 steigt, so führt das dazu, dass die Lohnsumme im Inland einerseits um das gepunktete Rechteck sinkt. Das sind die Lohneinkommen, die nun nicht mehr in Inland erzielt werden, das senkt die Lohnsumme. Zugleich aber steigt die inländische Lohnsumme deswegen, weil nun höhere Löhne gezahlt werden (das ist das schraffierte Rechteck). Welcher der beiden Effekte überwiegt, hängt von der Steigung der WGP-Kurve ab – das zeigt ebenfalls Abbildung 43: Im linken Teil der Abbildung ist die WGP-Kurve steil, dadurch wird das gepunktete Rechteck (die Verluste an Lohnsumme) kleiner als das gestrichelte (die Gewinne an Lohnsumme) – insgesamt steigt die Lohnsumme. Im der rechten Teil der Grafik ist die WGP-Kurve flacher, weswegen sich hier der Effekt umdreht. Ähnliche Überlegungen – nur mit umgedrehten Vorzeichen – gelten für die Kapitaleinkommen. Allerdings kann man – genauso wie beim Heckscher-Ohlin-Modell – festhalten, dass im Inland die Erträge des Kapitals *relativ* zu den Erträgen der Arbeit sinken, weil Kapital nun *relativ* zu Arbeit häufiger wird (für das Ausland gilt die entgegengesetzte Argumentation).

Ein weiterer Knackpunkt dieser Analyse ist – ähnlich wie im Ricardo-Modell – dass auch hier Vollbeschäftigung unterstellt wird; jeder Arbeitnehmer, der ins Ausland wandert, bekommt dort auch eine Stelle und keiner der ausländischen Arbeitnehmer verliert seinen Job. Aber dennoch macht dieses Modell die grundsätzliche Argumentation klar: Wanderung, die aufgrund unterschiedlicher Löhne (und damit unterschiedlicher Produktivitäten) entsteht, führt zu einer steigenden Weltproduktion und damit grundsätzlich zu mehr Wohlfahrt. Aber lassen Sie uns nun die restriktiven Annahmen dieses Modells lockern und überlegen, welche sonstigen Konsequenzen Wanderungsbewegungen noch haben können. Dabei muss man unterscheiden zwischen den Folgen im Herkunftsland und im Zielland.

Die Folgen im Herkunftsland sind:

- *Sinkende Arbeitslosigkeit.* Je mehr Arbeitnehmer ins Ausland abwandern, umso mehr sinkt das Arbeitsangebot, Arbeit wird knapper. Damit sinkt die Arbeitslosigkeit und die Löhne steigen. Das zeigt sich auch in unserem Modell. Und aus dem Modell wissen wir auch, dass die Erträge des Produktionsfaktors Kapital relativ zum Ertrag des Produktionsfaktors Arbeit sinken – das muss aber, wie gesehen, kein absoluter Rückgang sein.
- *Steigende Rücküberweisungen.* Wenn die Auswanderer einen Teil ihres Verdienstes im Ausland nach Hause schicken, so bedeutet das steigende Einkommen im Inland und steigenden Konsum. Zudem ermöglicht das Familien, ihre Kinder auf die Schule zu schicken statt zur Arbeit – was langfristig für das Wachstum positiv ist.
- *Mehr Ausbildung.* Wenn die Arbeitnehmer im Ausland neue Fertigkeiten erwerben und diese wieder mit nach Hause bringen, so steigt das Ausbildungsniveau im Inland – mit ebenfalls positiven Folgen für das Wachstum. Hier lauert aber auch eine Gefahr für das inländische Wachstum, nämlich dann, wenn die am besten ausgebildeten Arbeitnehmer ins Ausland gehen und nicht mehr zurückkommen – dann sinkt das Ausbildungsniveau im Land. Dieser sogenannte Brain Drain schadet dem Wachstum des Herkunftslandes. Am schlimmsten wird es, wenn die Fachkräfte erst teuer im Inland ausgebildet werden und anschließend mit dieser wertvollen Ausbildung ins Ausland gehen – dann hat das Herkunftsland die Investition in das Humankapitel getätigt und das Zielland profitiert davon.

Info: Teure Ärzte

„Wenn Fachkräfte auswandern, wird das teuer für den Staat. Das Ifo-Institut für Wirtschaftsforschung hat berechnet, dass der Verlust von Fachkräften die Staatskassen massiv belastet. In einer Beispielrechnung kommen die Münchner Ökonomen zu dem Ergebnis, dass der Staat unterm Strich mehr als eine Million Euro verliert, wenn sich eine Ärztin im Alter von 30 Jahren für eine Karriere im Ausland entscheidet. Kehrt ein 23 Jahre alter Metall-Facharbeiter seiner Heimat den Rücken, schlägt dies im Saldo mit einem Minus von 281.000 Euro zu Buche. Für die Beispiele berücksichtigten die Experten des Ifo-Instituts sowohl entgangene Einnahmen aus Steuern und Sozialabgaben als auch Kosten, wie zum Beispiel für Bildung. Beim Beispiel der Ärztin sei die Allgemeinheit schon allein bis zum Zeitpunkt des Auswanderns mit rund 436.000 Euro belastet worden. Denn die Medizinerin habe sich zwar in Deutschland ausbilden lassen, aber kaum Abgaben gezahlt. Die entgangenen Beiträge, die die Ärztin im Laufe ihres Lebens geleistet hätte, beziffern die Experten auf 639.000 Euro."

o.V. (2009), Teurer Brain Drain: Ifo-Institut warnt vor Auswanderung von Fachkräften, *Spiegel* Online, URL http://www.spiegel.de/wirtschaft/soziales/teurer-brain-drain-ifo-institut-warnt-vor-auswanderung-von-fachkraeften-a-648860.html

Was ist mit den Folgen der Migration im Zielland, also dem Land, in das die Arbeitnehmer einwandern? Auch hier ergibt sich kein eindeutiges Bild:

- Die Folgen für die Sozialsysteme hängen ab von der Art der Einwanderung: Wenn die Einwanderer eine Arbeit aufnehmen, werden die Sozialsysteme tendenziell davon profitieren. Sollte es aber zu dem kommen, was in der Debatte als „Sozialtourismus" bezeichnet wird, dass also Menschen ins Land kommen, um von dessen Sozialsystemen zu profitieren, wird das die Sozialsysteme belasten. Letztlich hängen die Folgen aber vor allem davon ab, wie die jeweiligen Sozialsysteme ausgestaltet sind – hier lassen sich so einfach keine verallgemeinernden Aussagen treffen. Vor allem mit Blick auf das Rentensystem wird in Deutschland argumentiert, dass der Zustrom junger Ausländer die demografische Struktur des Landes verbessern würde und damit das Rentensystem entlasten würde. Das stimmt allerdings nur, wenn diese Zuwanderer eine sozialversicherungspflichtige Arbeit aufnehmen.
- Spiegelbildich zu den Herkunftsländern kann es zum Brain Gain kommen – das Inland profitiert von den gut ausgebildeten ausländischen Fachkräften, die ins Inland strömen.
- Die Erträge des Produktionsfaktors Kapital steigen relativ zur Arbeit, weil Arbeit im Inland nun reichlicher vorhanden ist. Die Löhne hingegen sinken relativ zum Kapital.
- Erhalten die Arbeitnehmer einen Arbeitsplatz, so steigen Beschäftigung und damit das Sozialprodukt, die Inländer bekommen mehr Waren zu günstigeren Preisen.
- Mit den ausländischen Arbeitskräften kommen auch fremde Kulturen ins Inland – je nach Einstellung und Offenheit kann man das als kulturelle Bereicherung oder Überfremdung empfinden.

Info: „Willkommen in Deutschland, willkommen in Hartz IV"

„Was wir nicht wollen, das ist eine Zuwanderung in die Sozialsysteme", rechtfertigt Bayerns Ministerpräsident Horst Seehofer die von seiner Partei angezettelte Debatte über Zuwanderung in Deutschland. Wenn Menschen jedoch nicht in ein anderes Land kämen, um Schutz zu bekommen, sondern um Sozialleistungen zu erhalten, sei das ein völlig anderer Sachverhalt als Menschen, die politisches Asyl suchen. Ausgelöst hatten diese „Wer betrügt, fliegt"-Debatte Aussagen der europäischen Kommission, dass Deutschland nicht generell neu zugewanderte Arbeitslose aus EU-Staaten von Hartz-IV-Leistungen ausschließen könne, man müsse jeden konkreten Einzelfall prüfen. Dabei ist der gewöhnliche Wohnort entscheidend dafür, ob ein EU-Bürger in einem anderen Mitgliedsland Sozialhilfe beziehen darf. Als Kriterien dafür werden familiäre Verhältnisse, die Wohnsituation, die Gründe für den Wohnortwechsel und die Dauer des Aufenthalts im betreffenden Mitgliedsland diskutiert. In der deutschen Debatte wurden, auch mit Blick auf die seit 1. Januar 2014 geltende Freizügigkeit für rumänische und bulgarische Arbeitnehmer, die Aussagen der Kommission dahingehend interpretiert, dass ab dem 1. Januar nun alle Bürger dieser Staaten ungehemmt nach Deutschland kommen könnten, um dort Hartz IV zu beantragen. Die Daten bis 2013 allerdings rechtfertigen keine Panik: Zur Jahresmitte 2013 waren rund 60 Prozent der Bulgaren und Rumänen im erwerbsfähigen Alter in Deutschland erwerbstätig. Ihre Arbeitslosenquote lag bei 7,4 Prozent, nur 10 Prozent der bulgarischen und rumänischen Bevölkerung bezogen Leistungen. Allerdings hat fast die Hälfte der Bulgaren und Rumänen, die nach 2007 zugewandert sind, keine abgeschlossene Berufsausbildung. Zudem zeigt die Erfahrung, dass sich die eher problematischen Zuwanderer und die damit verbundenen Probleme in wenigen strukturschwachen Kommunen wie Duisburg, Dortmund und Berlin ballen – das ergibt die hässlichen Bilder, die Wasser auf die Mühlen der Einwanderungsgegner produzieren. Doch auch andere Nationen, beispielsweise die von der Eurokrise geplagten Spanier, schätzen das deutsche Sozialsystem, wie eine deutsche Zeitung schreibt: „Viele wissen: Finde ich auch in der kalten Fremde keine Arbeit, bekomme ich wenigstens Hartz IV", schreibt die Zeitung über die Stimmungslage in Spanien.

Bensiek, Arne (2012);Willkommen in Deutschland, willkommen in Hartz IV, *Tagesspiegel Online*, URL http://www.tagesspiegel.de/wirtschaft/arbeitnehmerfreizuegigkeit-willkommen-in-deutschland-willkommen-in-hartz-iv/6285774.html

Herbert Brücker; Andreas Hauptmann; Ehsan Vallizadeh (2013), Zuwanderung aus Bulgarien und Rumänien vor der Arbeitnehmerfreizügigkeit, Institut für Arbeitsmarkt- und Berufsforschung, Aktuelle Berichte, Dezember 2013, URL http://doku.iab.de/aktuell/2013/aktueller_bericht_1305.pdf

o.V. (2013), Seehofer pocht bei Armutszuwanderung auf den Koalitionsvertrag, *Focus Online*, URL http://www.focus.de/politik/seehofer-weist-rechtspopulismus-vorwurf-zurueck-armutsmigration-bundesregierung-geht-auf-distanz-zum-csu-kurs_id_3511113.html

o.V. (2014), EU veröffentlicht Leitlinien gegen Armutszuwanderung, *Focus Online*, URL http://www.focus.de/politik/deutschland/leitlinien-gegen-sozialtourismus-eu-will-missbrauchs-debatte-durch-armutsmigranten-entschaerfen_id_3535886.html

Aufgabe

Diskutieren Sie die Gefahren und Vorteile von Migration. Sammeln Sie Argumente, warum es zu Sozialtourismus kommen könnte und warum nicht. Welche Argumente überzeugen Sie? Suchen Sie Berichte zum Thema – finden sich die hier diskutierten Argumente in diesen Berichten wieder?

Info: Wenn Land auf Reisen geht – Land Grabbing

Nicht nur Kapital und Arbeit wandern, sondern auch der dritte Produktionsfaktor – Land. Das geschieht mit dem Verkauf von Land an ausländische Investoren, wofür sich der Begriff Land Grabbing eingebürgert hat. Land Grabbing durch das Ausland kann über Großkonzerne, durch Staatsbedienstete oder auch Privatpersonen erfolgen, teils auch mit weniger legalen Mitteln. In der engeren Fassung bedeutet Land Grabbing, dass Regierungen oder Unternehmen aus reichen Staaten Land in armen Staaten kaufen oder pachten, um dort Agrargüter anzubauen oder sich wertvolle Ressourcen zu sichern. Arme Staaten verkaufen also aus Mangel an Einkommen ihr Vermögen. Was ist davon ökonomisch zu halten? Grundsätzlich kann es durchaus für arme Staaten von Vorteil sein, wenn dort investiert wird – neben den Erlösen für das verkaufte Land, die man produktiv einsetzen kann, kann durch ausländische Investoren die inländische landwirtschaftliche Produktivität steigen und produktivitätsfördernder Technologietransfer ebenso helfen wie der potenzielle Zugang zu neuen Märkten. Zudem besteht die Hoffnung, dass die ausländischen Investoren vermehrt inländische Arbeitskräfte beschäftigen. Diesen Vorteilen stehen aber auch Gefahren und ein hohes Konfliktpotenzial entgegen: So besteht in gering entwickelten Ländern die Gefahr, dass traditionelle, unverbriefte Ansprüche der Einheimischen von korrupten Politikern missachtet werden, dass industrielle, umweltschädliche Agrarfabriken entstehen und natürliche Ressourcen ausgebeutet werden. Schlimmstenfalls kommt es zu gewaltsamen Umsiedlungen und lokalen Konflikten. Entscheidend dafür, ob Land Grabbing den betroffenen Staaten Vor- oder Nachteile bringt, dürften die Verhandlungen und die Gestaltung der Vertragswerke sein. Wenn ein demokratisch legitimierter Staat Land verkauft, sind die Chancen auf Vorteile weitaus größer; wenn ein korruptes Gewaltregime hingegen Land veräußert, stehen die Chancen der Bevölkerung eher schlecht. Allerdings darf man als ausländischer Käufer von Land nicht erwarten, dass dieser Vertrag auf Ewigkeit Bestand hat – vor allem in Staaten mit volatiler politischer Entwicklung können ausländische Investoren rasch enteignet werden.

Investoren	
Land	Hektar
Vereinigte Staaten	6,320,636
Malaysia	3,897,160
Singapur	3,206,987
Vereinigt. Königreich	2,272,715
Arabische Emirate	2,269,687
Brasilien	2,151,448
China	2,138,432
Indien	2,069,483
Kanada	1,988,832
Niederlande	1,700,624

Zielländer	
Land	Hektar
Papua Neuguinea	3,804,453
Russ. Föderation	3,353,512
Indonesien	3,235,335
Demokr. Rep. Kongo	3,155,318
Brasilien	2,727,935
Süd-Sudan	2,691,453
Mosambique	2,435,671
Ukraine	2,390,207
Kongo	2,148,000
Guayana	1,375,001

(Quelle: Landmatrix.org)

Abbildung 44: Land Grabbing
Die Top-Ten-Investoren in Land (linke Tabelle) und die Top-Ten-Staaten, in denen Land gekauft wird (die Zahlen sind die jeweiligen Geschäfte mit Land in Hektar).

(Quelle: Landmatrix.org)

Abbildung 45: Land Grabbing – ein Größenvergleich
Der Kreis symbolisiert das Ausmaß aller bisher versuchten, abgeschlossenen und gescheiterten Landakquisitionen in der Welt.

Investitionen: Warum wandert Kapital? Das Hauptmotiv für die Wanderung von Kapital über Grenzen hinweg ist letztlich immer das gleiche: Man will mehr Gewinn machen, also für den Einsatz seines Kapitals mehr Belohnung haben

– in der Sprache der Kapitalmärkte nennt sich das Rendite (die man erhält, indem man den Gewinn, den man macht, ins Verhältnis setzt zu dem dafür aufgewendeten Kapital). Dabei unterscheidet man zwischen verschiedenen Arten von Kapitalbewegungen:

- *Ausländische Direktinvestitionen*. Das sind alle Arten von Kapitalbewegungen, die mit einer Übertragung von Kontrollrechten verbunden sind. Wenn ein deutsches Unternehmen Aktien einer französischen Firma kauft, hat es über die Aktionärsmitbestimmung Kontrollrechte an dieser Firma, es kann über deren Geschäftsstrategien mitentscheiden. Gleiches gilt, wenn das deutsche Unternehmen eine Fabrik baut (oder ausländische Filialen).
- *Portfolioinvestitionen*. Bei Portfolioinvestitionen geht es nicht um die unternehmerische Kontrolle eines Unternehmens, sondern um eine reine Geldanlage, also beispielsweise Bankkonten, Investitionen in börsengehandelte Wertpapiere (beispielsweise Anleihen) oder Investitionen in Finanzderivate.

In der Presse spricht man bei Portfolioinvestitionen oft von Finanzkapital, das (angeblich) keinen Bezug zur sogenannten Realwirtschaft hat (im Gegensatz zu den Direktinvestitionen, die ja direkt Unternehmen und damit reale Produktion finanzieren). Diese Unterscheidung ist allerdings nicht korrekt, denn jede Form von Geldanlage führt zu realen Investitionen. Wenn ein Anleger eine Aktie kauft, so finanziert das die Investitionen des betreffenden Unternehmens, ebenso wie der Kauf einer Anleihe (das ist ein börsengehandelter Kredit) zur Finanzierung von Unternehmensinvestitionen (oder staatlichen Ausgaben) genutzt wird. Auch der Kauf von Derivaten (z. B. Bezugsrechten von Wertpapieren zu einem vereinbarten Zeitpunkt), ist in vielen Fällen ein Instrument zur Gestaltung von realem Geschäft – die Absicherung eines Handelskredits oder einer anderen Transaktion, die im Rahmen des täglichen Geschäfts nötig ist. Die Unterscheidung zwischen Direktinvestitionen und Portfolioinvestitionen ist letztlich eine Konvention. So wird beispielsweise bei Aktien angenommen, dass es sich um eine Direktinvestition handelt, wenn von der betreffenden Aktie mehr als 10 Prozent des ausstehenden Kapitals (der insgesamt gehandelten Aktien) gekauft werden – dann, so die Vermutung, geht es den Käufern um eine unternehmerische Kontrolle des betreffenden Unternehmens und nicht um eine reine Geldanlage.

Noch deutlicher wird diese Unterscheidung, wenn man auf die Folgen solcher Kapitalströme abstellt. So werden Portfolioinvestitionen oft auch als „hot money" bezeichnet, als flüchtiges Spekulationskapital. Wer in ein Unternehmen vor Ort investiert, kann nicht so rasch sein Kapital abziehen, hat dies in der Regel auch nicht vor, sondern ist gekommen, um langfristig Geschäfte zu machen. Heißes Geld hingegen ist nur da, um rasche Gewinne zu machen, und ist im Zweifelsfall auch rasch wieder abgezogen, um woanders bessere Gewinne zu machen.

Damit ist klar, dass diese verschiedenen Arten von Kapitalbewegungen – auch wenn sie sich in der Praxis oft nicht klar trennen lassen – unterschiedliche Wirkungen für die Wirtschaft eines Landes haben können. In diesem Kapitel wollen wir die Folgen internationaler Direktinvestitionen beleuchten, die Rolle von Portfolioinvestitionen wird deutlich, wenn wir uns mit der Zahlungsbilanz beschäftigt haben, und uns ansehen, wie Währungskrisen entstehen können.

Info: Nokia und der Karawanenkapitalismus

Das war ein Schock für die Region: Nokia, ein Hersteller von Mobiltelefonen, wurde von Bund und dem Land Nordrhein-Westfalen mit millionenschweren Subventionen nach Bochum gelockt, um dort Arbeitsplätze zu schaffen. Doch nach dem Auslaufen der Subventionen im Jahr 2008 beschloss der Konzern, das Bochumer Werk stillzulegen und die Produktion nach Rumänien zu verlagern. Das Land und das Forschungsministerium forderten denn auch prompt Nokia auf, Subventionen zurückzuzahlen – einen Teil der Subventionen zahlte der Handy-Riese tatsächlich zurück. Der damalige Finanzminister Peer Steinbrück bezeichnete das als „Karawanenkapitalismus". Doch nur wenige Jahre später trat Nokia auch den Rückzug aus Rumänen an, um seine Produktion nach Asien zu verlagern. Dualität der Ereignisse: Auch Rumänien forderte von Nokia Subventionen zurück. Nokia folgte damit nur dem Branchentrend – fast alle Hersteller fertigen mittlerweile in Asien. Das liegt auch daran, dass Mobiltelefone mittlerweile standardisierte Produkte sind, die in einem standardisierten Herstellungsprozess gefertigt werden können (denken Sie an die Idee vom Produktzyklus). Hinzu kommt der Umstand, dass Asien mittlerweile ein riesiger Absatzmarkt ist und dort auch alle Zulieferer sitzen. In Europa werden die Geräte nur noch für den heimischen Markt umgestaltet, sie bekommen eine neue Software und eine neue Verpackung. Das alles passt sehr gut zu den Ideen, die wir bereits bei der Diskussion der Produktzyklushypothese kennengelernt haben.

Neuhaus, Carla (2012), Heute hier, morgen dort, *Tagesspiegel Online*, URL http://www.tagesspiegel.de/wirtschaft/nokia-heute-hier-morgen-dort/6199526.html

Aufgabe

Spielen Sie die Idee des Handels in Produktzyklen anhand des Nokia-Beispiels durch.

Abbildung 46, Abbildung 47 und Abbildung 48 geben Ihnen einen Eindruck, wie sich die weltweiten Ströme der Direktinvestitionen verteilen. Man sieht sehr schön, dass auch hier intraindustrielle Investitionen eine große Rolle spielen; so investieren die Vereinigten Staaten am meisten im Ausland, sind aber auch das beliebteste Investitionsziel anderer Staaten. Und in etwa die Hälfte der ausländischen Direktinvestitionen erfolgt in Industriestaaten – das sind keine Investitionen, die man wegen niedriger Lohnkosten tätigt. Womit wir bei der Frage nach den Motiven ausländischer Direktinvestitionen wären.

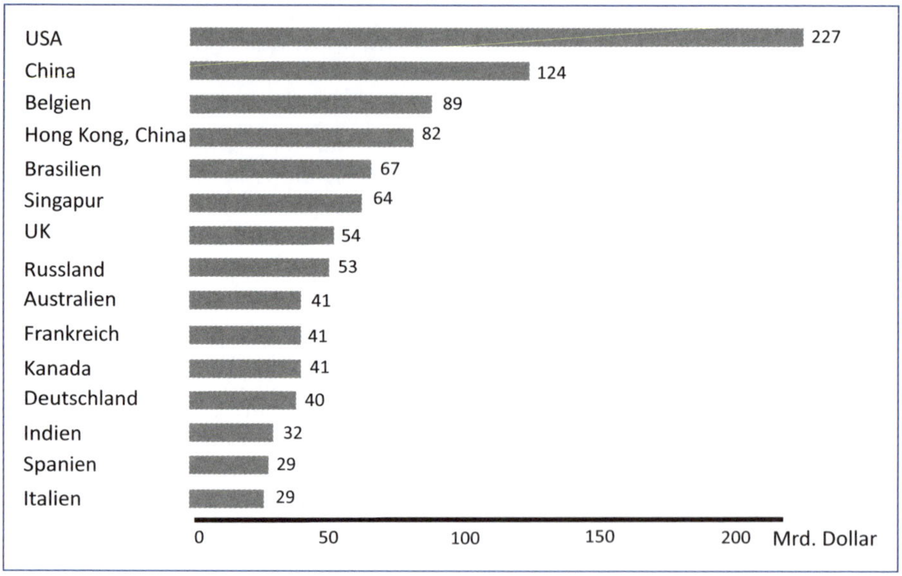

Quelle: Benz, Sebastian; Karl, Joachim; Yalcin, Erdal (2012), Der UNCTAD World Investment Report 2012: Die Entwicklung ausländischer Direktinvestitionen, ifo Schnelldienst 15 / 2012, 65. Jahrgang, S. 51 – 61.

Abbildung 46: Die größten Empfänger ausländischer Direktinvestitionen 2011 (Werte in Mrd. Dollar)

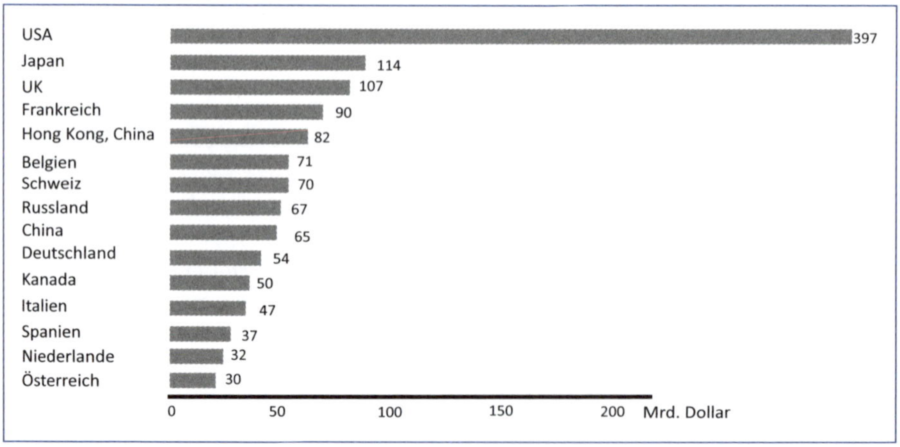

Quelle: Benz, Sebastian; Karl, Joachim; Yalcin, Erdal (2012), Der UNCTAD World Investment Report 2012: Die Entwicklung ausländischer Direktinvestitionen, ifo Schnelldienst 15 / 2012, 65. Jahrgang, S. 51 – 61.

Abbildung 47: Die größten Herkunftsländer von Direktinvestitionen 2011 (Werte in Mrd. Dollar)

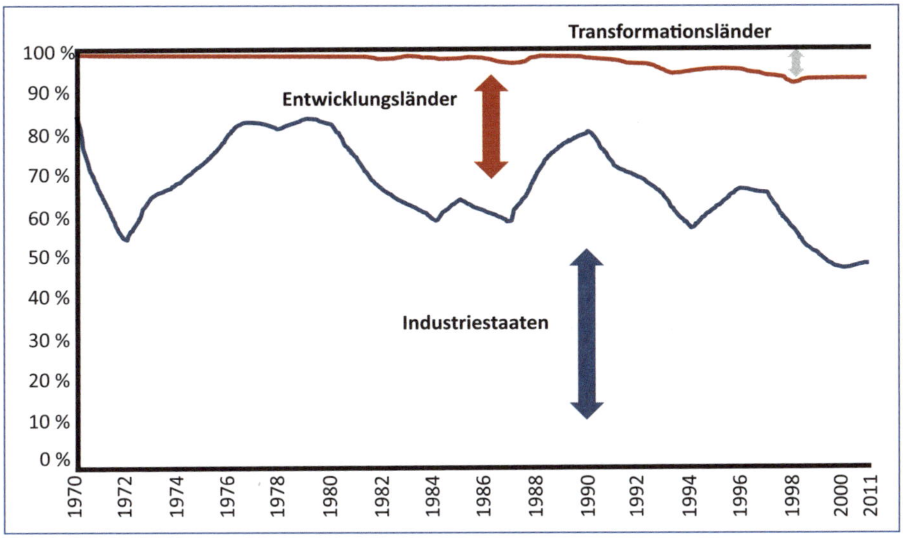

Quelle: Benz, Sebastian; Karl, Joachim; Yalcin, Erdal (2012), Der UNCTAD World Investment Report 2012: Die Entwicklung ausländischer Direktinvestitionen, ifo Schnelldienst 15 / 2012, 65. Jahrgang, S. 51–61.

Abbildung 48: Weltweite Zuflüsse an Direktinvestitionen nach Ländergruppen Die Fläche zwischen der horizontalen Achse und der blauen Linie (blauer Pfeil) zeigt den Anteil der Industriestaaten, die Fläche zwischen der blauen und der roten Linie (roter Pfeil) zeigt den Anteil der Entwicklungsländer und die Fläche zwischen der roten Linie und der oberen, schwarzen Linien (grauer Pfeil) den Anteil der Transformationsstaaten.

Warum investiert man im Ausland? Was die Theorie internationaler Direktinvestitionen (man spricht bisweilen auch von Offshoring, die Begrifflichkeiten sind allerdings nicht immer trennscharf, damit wird auch generell die Verlagerung betrieblicher Funktionen ins Ausland bezeichnet) angeht, so gibt es eine Fülle verschiedener Ansätze und Motive:

- *Kostenvorteile*. Das ist naheliegend und wird von Medien und Globalisierungskritikern am häufigsten genannt: Man investiert im Ausland, weil dort die Fertigung billiger ist, vor allem niedrige Lohnkosten geben den Ausschlag. Natürlich ist das ein wichtiger Punkt, die Daten aus Abbildung 48 zeigen allerdings, dass dies vermutlich nicht das schlagende Motiv ist, wenn allein fast die Hälfte der weltweiten Direktinvestitionen in entwickelten Industriestaaten erfolgt. Was dieses Argument angeht, so können Sie zur Analyse der Wirkungsweise und der Folgen das Modell aus dem vorherigen Abschnitt zur Migration nutzen. Tragen Sie auf der horizontalen Achse statt der Menge der Arbeit die Menge des eingesetzten Kapitals ab und auf der vertikalen Achse statt des Lohns den Zinssatz (der den Ertrag, die Rendite eines Investitionsprojekts angibt), dann erhalten Sie die Folgen internationaler Wanderungen von Kapital (um nichts anderes handelt es sich bei Direktinvestitionen).
- *Zugang zu natürlichen Ressourcen*. Auch das ist ein Motiv, das Globalisierungskritiker gern bemängeln. Sicher spielt es eine Rolle, aber auch hier sagen die

Daten, dass dies nicht die ganze Wahrheit sein kann – in den wenigsten Industrieländern investiert man, um sich den Zugang zu Öl oder anderen Rohstoffen zu sichern. Zudem ist das eine zweifelhafte Hoffnung: Ausländische Unternehmen können rasch im nationalen Interesse wieder enteignet werden – ein Vorgang, der im internationalen Geschäft oft auf der Tagesordnung steht. Wenn das Unternehmen seine Geschäfte mit einem autokratischem Regime gemacht hat, das von einem demokratischen Regime abgelöst wird, welches dann die Enteignung vornimmt, so entbehrt das möglicherweise auch nicht einer gewissen Rechtfertigung.

- *Marktanteile.* Oft geht es bei Direktinvestitionen darum, sich vor Ort Marktanteile in einem zumeist wachsenden Markt zu sichern. Man will den lokalen Geschmack besser bedienen, bietet Dienstleistungen (auch zu seinem Produkt) an, sucht die Nähe zum Kunden, will Transportkosten reduzieren – alles strategische Gründe, die für eine Fertigung vor Ort sprechen. Dies dürften wohl wichtige Determinanten für Investitionen in Industriestaaten sein.
- *Handelsbarrieren.* Ein weiteres Motiv für Direktinvestitionen ist, auf diesem Weg Handelsbarrieren wie Zölle oder nicht tarifäre Handelshemmnisse (denken Sie an Local-content-Klauseln) zu umgehen – statt zu exportieren, fertigt man direkt vor Ort.
- *Diversifikation.* Wer seine Fabriken und Fertigungsstellen über mehrere Länder verteilt, wird von wirtschaftlichen Schwierigkeiten in einem Fertigungsort nicht so massiv getroffen wie ein Unternehmen, das alle Fertigungsstätten im gleichen Land hat.
- *Firmenspezifische Vorteile.* Hat ein Unternehmen besondere Kenntnisse, die ihm einen Vorsprung vor den Wettbewerbern bringen (Patente, Fertigungsprozesse, Managementfähigkeiten), so kann es diese Vorteile bei einer Direktinvestition im Ausland voll ausspielen und sich so seinen wettbewerblichen Vorteil gegenüber den ausländischen Wettbewerbern sichern.

Empirisch zeigt sich, dass viele Faktoren einen Einfluss darauf haben, wo investiert wird:

- Die Höhe des Sozialproduktes und dessen Wachstum spielen eine wichtige Rolle – je höher, desto eher wird investiert, denn ein hohes Sozialprodukt deutet darauf hin, dass hier kaufkräftige Konsumenten zu finden sind.
- Natürlich wird umso mehr investiert, je offener ein Land gegenüber dem Ausland ist – deswegen sind die Direktinvestitionen in Nordkorea eher vernachlässigbar.
- Infrastruktur und Rechtssicherheit spielen eine ganz entscheidende Rolle – man investiert dort, wo ein gutes Transportnetzwerk, eine Kommunikationsinfrastruktur und ein solides Rechtssystem eine Investition erleichtern und sichern.
- Natürlich hat auch die Höhe der Löhne einen Einfluss auf die Höhe die Direktinvestitionen.

(Foto: Mark Hillary)

Wer war es denn?

Folgen ausländischer Direktinvestitionen. Welches aber sind nun die Folgen ausländischer Direktinvestitionen? Grundsätzlich können wir – wie bereits gesagt – die gleiche Analyse wie im Falle der Migration nutzen und erhalten zunächst auch die gleichen Ergebnisse: Die Produktion steigt weltweit, aber sie verlagert sich hin zu den Staaten, wo das wandernde Kapital produktiver eingesetzt wird – genau das sorgt ja auch für den Zuwachs an Welt-Sozialprodukt. Das ist der Grund, warum Ökonomen Kapitalwanderungen als grundsätzlich positiv erachten: Knappes Kapital fließt dorthin, wo es den größten Nutzen stiftet. Aber lassen Sie uns im Weiteren die Folgen wieder aufschlüsseln nach Herkunftsland und Zielland. Beginnen wir mit den Staaten, in die das Kapital einwandert – was passiert hier? Da wären zunächst einmal die positiven Folgen:

- Zunächst einmal steigt die inländische Produktion; die Einkommen, die Beschäftigung und die Löhne steigen ebenfalls. Damit dürften auch die Steuereinnahmen des betreffenden Landes steigen.
- Produziert das ausländische Unternehmen auch Güter für den Export, so steigen die Exporte, wodurch die Deviseneinnahmen des Landes steigen – das ist, wie wir im Kapitel 5 des Buches sehen werden, ein wirksamer Schutz vor Zahlungsbilanzkrisen.
- Steigende Produktion durch Skalenerträge. Handelt es sich um eine Produktion mit steigenden Skalenerträgen, wie wir sie im Falle des intraindustriellen Handels diskutiert haben, so sorgt die steigende Produktion für zusätzliche Effizienzgewinne.

- Durch die ausländischen Unternehmen werden neue Technologien und Fertigkeiten importiert, die bestenfalls das Wissen und die Produktivität des Landes weiter steigern.
- Auch können ausländische Unternehmen lokale Monopole vor Ort angreifen und damit dafür sorgen, dass die Preise im Inland sinken. Neue Konkurrenten sind immer gut für die Konsumenten, aber immer schlecht für einheimische Monopole.

Allerdings gibt es hier auch durchaus Probleme:

- Wenn das ausländische Unternehmen ein Exportgut des betreffenden Landes herstellt, so kann dies – wie wir im Kapitel zum Handel gesehen haben – die Terms of Trade des Landes verschlechtern – die ausländischen Direktinvestitionen können dann Verelendungswachstum auslösen.
- Wenn das ausländische Unternehmen sich seine Mittel auf dem inländischen Kapitalmarkt verschafft, so kann das dazu führen, dass im Inland die Zinsen steigen und dadurch inländische Investitionen verdrängt werden (crowding out). Allerdings wäre das letztlich ein normaler marktwirtschaftlicher Prozess – das Kapital geht dorthin, wo es die besten Verwendungsmöglichkeiten findet.
- Ausländische Unternehmen können eine Machtposition erringen, welche die inländische Politik beeinflusst und inländische Konkurrenten verdrängt – mit allen verbundenen negativen Folgen.
- Ein Argument ist, dass die Beschäftigung im Inland sinken kann, wenn die ausländischen Unternehmen kapitalintensiver arbeiten und arbeitssparende Technologien einsetzen. Dies dürfte weniger für Investitionen in Entwicklungsländern gelten – denn dort investiert man ja vor allem wegen der niedrigen Lohnkosten. Zudem muss man diesem Argument entgegenhalten, dass man dann jede Art technischen Fortschritts blockieren muss – das scheint nicht der richtige Weg, um aus der Armut zu kommen.

Es bleibt noch die Ausbeutung der Natur und der Arbeiter durch ausländische Konzerne – ein schwieriges Thema. Zunächst einmal muss man konstatieren, dass dies durchaus passiert: Ausländische Unternehmen verschmutzen mit ihrer Produktion die heimische Umwelt und lassen zum Teil unter skandalösen Arbeitsbedingungen produzieren. Aber welches genau sind die Ursachen? Das ist zum einen natürlich das Profitstreben der Unternehmen, die so günstig wie möglich produzieren wollen. Aber das ist der Punkt, wo wir uns als Konsumenten auch einen Schuh anziehen müssen: Wir wollen ja auch günstig einkaufen und dieser Wunsch befördert das Profitstreben der Unternehmen. Natürlich gibt es Konsumenten, die bewusst darauf achten, was sie von wem kaufen – aber diese Bewegung ist vermutlich zu schwach, um eine Änderung des Verhaltens zu erzwingen. Immerhin gelingt es Organisationen wie Greenpeace oder Oxfam immer wieder, internationale Unternehmen zum Überdenken einiger Geschäftspraktiken zu bewegen – lesen Sie dazu das Beispiel von Nike und der Brent Spar.

Aufgabe

Nutzen Sie die grafische Darstellung der Folgen von Migration, um damit die Folgen von Kapitalwanderungen zu untersuchen. Wie ändern sich die Ergebnisse, wenn Sie unterschiedlich steile Kurven des Wertgrenzproduktes annehmen?

Doch das allein wird nicht reichen: Das Problem solcher Länder, in denen Sweat Shops, also Elendsfabriken, entstehen, ist vor allem Armut, oft gepaart mit instabilen politischen Verhältnissen oder einer undemokratischen, ausbeuterischen Elite an der Macht. Und jetzt wird es zu einer Meinungs- und Glaubensfrage: Wer negativ denkt, will, dass internationale Unternehmen aus solchen Staaten verschwinden, um das dortige Regime zu destabilisieren – das dürfte mit erheblichen Lasten für die Bevölkerung verbunden sein. Und selbst wenn man es schafft, dass die Multis bessere Löhne im Inland zahlen – was ist mit den inländischen Fabrikanten? Diese werden weiterhin die gleichen Arbeitsbedingungen haben, die man für die ausländischen Produzenten ablehnt. Das klingt merkwürdig: Wir sind zufrieden, wenn unsere Turnschuhe in Entwicklungsländern zu anständigen Löhnen gefertigt werden, aber die restlichen Arbeitsbedingungen in diesen Ländern interessieren uns nicht, weil sie uns nichts angehen, weil sie ja keine Waren für uns anfertigen.

Wer optimistisch ist, hofft hingegen, dass ausländische Unternehmen wenigstens ein Stück mehr Wohlstand und demokratische Ideen in das betreffende Land bringen – in der Regel bezahlen die Fabriken ausländischer Unternehmen in solchen Ländern immer noch besser als die inländischen Fabriken. Wie man sich auch entscheidet – es spricht einiges dafür, das Übel an der Wurzel zu packen und die wirtschaftlichen und politischen Verhältnisse vor Ort zu ändern.

Info: Just do it! Nike und die Sweat Shops

In den Neunzigerjahren des vergangenen Jahrhunderts war der Sportartikelkonzern Nike (Werbeslogan: Just do it!) Zielscheibe für weltweite Boykottaufrufe – Nike, so der Vorwurf, lasse seine Produkte in ausländischen Fabriken unter menschenunwürdigen Umständen fertigen – Sweat Shops nennt man solche ausbeuterischen Fertigungsstätten. Heute lässt Nike seine Produkte durch die Fair Labor Association zertifizieren, die auf die weltweite Einhaltung von Arbeiterrechten achtet (www.fairlabour.org). Nike als eine der bekanntesten Marken der Welt war eine exzellente Zielscheibe für eine solche Initiative – aber beileibe nicht die einzige. Für Konzerne mit starken Marken kann der Schaden solcher Kampagnen rasch sehr hoch werden, weswegen sie zunehmend sensibel mit solchen Vorwürfen umgehen. Im Rahmen der Kampagne „Play fair at the Olympics" gerieten auch andere große Sportartikelhersteller wie Adidas, Puma, Reebok und Fila ins Visier der Akteure. Auch Konzerne wie Shell traf es – der Umsatz an manchen Shell-Tankstellen brach nach einem Boykottaufruf wegen der geplanten Versenkung der Öl-Plattform Brent Spar um bis zu 50 Prozent ein. Auch der Wäschehersteller Triumph schloss 2002 unter dem Druck der öffentlichen Meinung sein Werk in Myanmar (Burma). Dem Unternehmen wurde vorgeworfen, die dortige

Militärjunta zu stützen. Allerdings sind solche Vorwürfe auch mit Vorsicht zu genießen, sagen Kritiker: Ungeprüfte Thesen und Vorwürfe würden rasch und gedankenlos im Internet verbreitet und seien dann nicht mehr aus der Welt zu schaffen.

Birch, Simon (2012), How activism forced Nike to change its ethical game, *The Guardian Online*, URL http://www.theguardian.com/environment/green-living-blog/2012/jul/06/activism-nike

o.V. (1995), Versenkt die Shell, *Spiegel Online*, URL http://www.spiegel.de/spiegel/print/d-9198944.html

Schönwitz, Daniel (o.D.), Moralische Aufrüstung, *Zeit Online*, URL http://www.zeit.de/wirtschaftsbrief/2004/wibri16_thema

Welches sind die Folgen von ausländischen Direktinvestitionen im Herkunftsland? Zunächst einmal wissen wir aus der bisherigen Analyse, dass nun weniger Kapital im Inland beschäftigt wird – das macht Kapital im Inland tendenziell knapper, weswegen seine Entlohnung steigen wird. Zudem kann das bedeuten, dass weniger im Inland investiert wird – mit entsprechenden Folgen für das inländische Wachstum. Allerdings darf das nicht zu einer überstürzten Ablehnung führen: Ist das Outsourcing schuld an einem Kapitalmangel in Inland? Nicht notwendigerweise. Wenn das inländische Kapital ins Ausland strebt, so kann dies auch daran liegen, dass es im Inland keine adäquaten Anlagemöglichkeiten mehr gibt – Gründe dafür gibt es viele, einige davon sind politischer Natur. Wenn also das inländische Kapital flieht, sollte man sich überlegen, warum, und dann an den Ursachen arbeiten. Allerdings muss der Abfluss von Kapital nicht nur negativ sein. Wie wir später sehen werden (wenn wir uns die Zahlungsbilanz anschauen), bedeutet der Abfluss von Kapital, dass man im Ausland spart, das kann aus vielen Motiven heraus sinnvoll sein.

Für die Arbeitnehmer kann der Abfluss von Kapital Nachteile haben, jedenfalls dann, wenn er eher aus Kostenmotiven heraus erfolgt und nicht mit dem Ziel, neue Märkte zu erschließen: Da dann pro Maschine mehr Arbeiter im Inland sind, sinkt ihre relative Produktivität und Entlohnung – das sind die Schattenseiten der Kapitalbewegungen. Die Debatte um Outsourcing zeigt diese Probleme recht anschaulich – offenbart aber auch die politische Dimension dieses Themas. Dennoch sollte man auch hier nicht voreilig urteilen: Wenn bestimmte Dinge nicht mehr im Inland hergestellt werden, weil die Fertigung dort zu teuer ist, so kann das zum einen ein Hinweis darauf sein, dass die inländischen Arbeiter an anderen Stellen der inländischen Produktion sinnvoller eingesetzt werden können (weil andere Branchen mehr zahlen als diejenigen, die ihre Fertigung verlagern) – das wäre allerdings nur im Vollbeschäftigungsfall so. Wenn aber Arbeitsplätze aus Kostengründen ins Ausland verlagert werden, obwohl Arbeitslosigkeit im Inland herrscht, muss man sich fragen, ob man zu niedrigeren Löhnen arbeiten lassen will (vielleicht mit höheren Sozialtransfers) oder ob man dies ablehnt – im letzteren Fall hat man nur die Möglichkeit, die Arbeitslosen besser zu qualifizieren oder mehr Arbeitslosenhilfe zu zahlen.

Info: Outsourcing und der amerikanische Präsidentenwahlkampf

Der Begriff Outsourcing wurde in den Achtzigerjahren kreiert und bezeichnet die Praxis, Teile der Fertigung auszulagern und externen Dienstleistern zu überlassen – auch Dienstleistern im Ausland. Die Idee, Teile der Fertigung anderen Unternehmen zu überlassen, ist allerdings wesentlich älter. Vor allem nach der Weltwirtschaftskrise begannen Unternehmen, nicht mehr die gesamte Fertigungskette zu kontrollieren, sondern auf externe Dienstleister zurückzugreifen – Ende der Dreißigerjahre kamen zwei Drittel der Produktion des Automobilherstellers Ford von anderen Unternehmen. Der technische Fortschritt macht es zunehmend möglich, einzelne Leistungen auszulagern – eine der ersten Leistungen, die man auslagerte, war die Lohnbuchhaltung, mittlerweile kann man sämtliche Aufgaben des Datenmanagements von Drittanbietern machen lassen. Die Motive für internationales Outsourcing entsprechen weitgehend denen ausländischer Direktinvestitionen, ebenso wie die Risiken dieser Veranstaltung. Doch in der Öffentlichkeit kommt Outsourcing nicht gut weg, das Phänomen spielte eine große politische Rolle im amerikanischen Wahlkampf 2004, als der Herausforderer John Kerry nach Möglichkeiten suchte, den Amtsinhaber George Bush in Bedrängnis zu bringen. Der schwache Arbeitsmarkt der Jahrtausendwende wurde als Beleg dafür angesehen, dass Outsourcing dem amerikanischen Arbeitsmarkt schade. Als dann die *Los Angeles Times* über eine Pressekonferenz des Weißen Hauses, in der auch das Thema Outsourcing behandelt wurde, unkorrekter Weise mit der reißerischen Schlagzeile „Bush unterstützt Verlagerung von Jobs ins Ausland" berichtete, hatten die Demokraten ihr Wahlkampfthema gefunden. Rasch ließ sich Kerry mit der Aussage zitieren, dass das Weiße Haus amerikanische Jobs ins Ausland exportiere, und forderte Maßnahmen, das Outsourcing zu verhindern. Eine empirische Auswertung der Daten deutet allerdings eher darauf hin, dass Outsourcing nicht für den schlechten amerikanischen Arbeitsmarkt verantwortlich war, im Gegenteil deuten die Daten darauf hin, dass Outsourcing sogar die Beschäftigung gesteigert hat. Solche Ergebnisse interessierten aber nicht weiter: Kurz nach dem Präsidentenwahlkampf sank das Interesse der Medien an diesem Thema rapide ab.

Mankiw, Greg; Swagel, Philip (2006), The Politics and Economics of Offshore Outsourcing, NBER Working Paper No. 12398, July 2006.

Katawala, Yunus; Zhang, Ren; Shao, Jing (2005), Global Outsourcing and its impact on Organisations: Problems and issues, International Journal of Services operations Management, Vol. 1, No. 2, pp. 185 – 202.

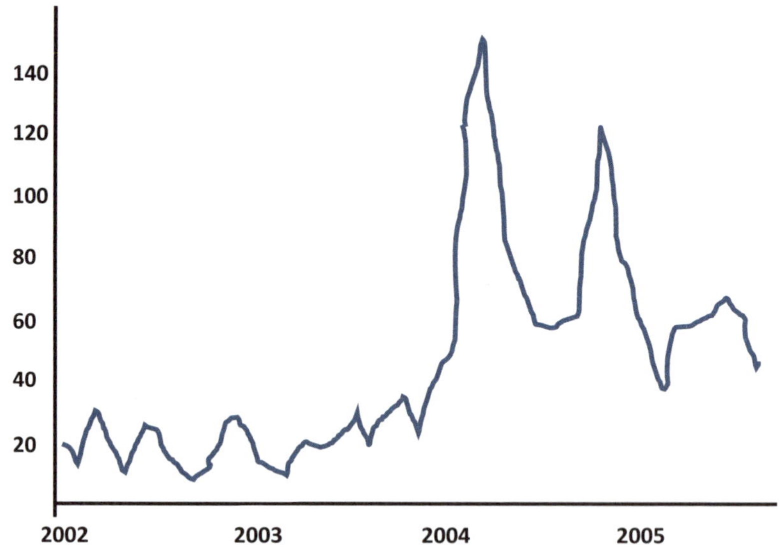

Quelle: Mankiw, Greg; Swagel, Philip (2006), The Politics and Economics of Offshore Outsourcing, NBER Working Paper No. 12398, July 2006.

Abbildung 49: Anzahl der Nennungen des Wortes „Outsourcing" in vier großen amerikanischen Tageszeitungen

Info: Transferpreise

Ein Problem ausländischer Direktinvestitionen sind sogenannte Transferpreise (Transfer Pricing). Dieses Phänomen entsteht dadurch, dass ein Teil des internationalen Handels innerhalb multinationaler Unternehmen abgewickelt wird. Nehmen wir an, ein deutsches chemisches Unternehmen hat Werke in Holland und bekommt von dort Vorprodukte geliefert. Wenn die Steuersätze in Deutschland höher sind als in Holland, dann kann das Unternehmen seine Steuerlast in Deutschland reduzieren, indem es dem holländischen Werk die Vorprodukte zu einem überteuerten Preis abkauft. Dadurch steigt der Gewinn im Niedrigsteuerland Holland und sinkt im Hochsteuerland Deutschland – so minimiert man durch Transfer Pricing seine Steuerlast. Im internationalen Steuerrecht versucht man, diesem Problem beizukommen, indem man das sogenannte Prinzip der Armeslänge (Arm's Length Principle) anwendet: Man vergleicht die Preise zwischen einem Unternehmen und seinen ausländischen Werken mit den Preisen, die unabhängige Unternehmen im internationalen Warenverkehr unter ansonsten gleichen Umständen verlangen würden. Aber vielleicht ist das Problem ja auch nicht ganz so groß, wenn man einen Schritt weiter denkt: Die Gewinne des Unternehmens werden ja irgendwann einmal an die Inhaber ausgeschüttet – und die müssen diese Gewinne in ihrem Heimatland versteuern. Zwar kann das Unternehmen durch Transferpreise seine Gewinne steigern, aber diese Gewinne sind nur sinnvoll, wenn sie letztlich irgendwann zu den Eigentümern des Unternehmens kommen und von diesen ausgegeben werden – und dann schlägt die inländische Steuer zu.

Silberztein, Caroline (2009), Transfer pricing: A challenge for developing countries, OECD *Observer* No 276-277 (December 2009 – January 2010), URL http://www.oecdobserver.org/news/archivestory.php/aid/3131/Transfer_pricing:_A_challenge_for_developing_countries.html#sthash.uA8YFleE.dpuf

Oder soll man doch einfach verhindern, dass Kapital ins Ausland verbracht wird? Soll, darf man Unternehmen dazu zwingen, ihr Geld nur im Inland zu investieren? Vielleicht ist das eher eine politische Frage, aber ökonomisch kann man dazu sagen, dass dies vermutlich nicht möglich sein wird. Stellen Sie sich einfach einmal vor, wie Sie erreichen wollen, zu verhindern, dass Kapital ins Ausland geschafft wird: Dazu müssten Sie sämtlichen Kapital- und Devisenverkehr mit dem Ausland kontrollieren, das bedeutet praktisch beispielsweise, dass Sie nicht mehr ohne Weiteres ausländische Währungen erwerben und damit ins Ausland fahren können. Technisch und praktisch schwierig, politisch fast nicht möglich.

Info: Und noch einmal: Nokia und der Karawanenkapitalismus

„… Nokia produziert Handys. Diese will der finnische Konzern dann verkaufen. Möglichst gewinnbringend. Davon profitieren in Folge nicht nur Arbeiter, Angestellte und Nokia-Aktionäre – sondern auch jeder Kunde, der sich ein Nokia-Handy kauft. Weil aber in Westeuropa schon fast jeder ein Handy hat, müssen die Nokia-Leute ihre Handys eben auf Märkte bringen, wo es noch nicht so viele gibt: Nur haben die Menschen dort wenig Geld für Handys übrig, sie müssen also billig sein. Damit sich das für Nokia rechnet, müssen sie eben billig produzieren. Geht das in Deutschland nicht mehr, verlagern sie ihre Fabriken eben woanders hin. So denkt ein vernünftiger Kaufmann … Die Gegend um das rumänische Cluj, wohin ein Teil der Bochumer Handy-Produktion verlagert wird, hat vorerst freilich das große Los gezogen: Es werden Arbeitsplätze geschaffen, die weitere bei Zulieferern und Dienstleistern nach sich ziehen. Wer Arbeit hat, kann investieren, die ganze Region wird davon profitieren. Wenn die rumänischen Lokalpolitiker klug sind, werden sie nicht versuchen, ihre gesamte Region an den Tropf eines einzigen Unternehmens oder einer einzigen Branche zu hängen. Denn irgendwann wird Nokia auch das gastliche Cluj verlassen – und dort hinziehen, wo noch billiger produziert werden kann. ‚Karawanenkapitalismus' hat das Finanzminister Peer Steinbrück genannt. Was er verschweigt: Wer in Deutschland nicht bereit ist, mehr als maximal 70 Euro für ein Handy plus Vertrag hinzublättern, fördert genau diesen „Karawanenkapitalismus". Und bekommt eben nur ein Handy ‚Made in Romania'. Die Liste lässt sich beliebig verlängern: Siehe Siemens/BenQ. Siehe Electrolux. Siehe Grundig. Siehe Opel. Diese Folgen des eigenen Handelns dann dem Unternehmen vorzuwerfen, ist schlicht bigott. Denn der finnische Telekommunikationskonzern hat sich nichts vorzuwerfen: Um ihn an den Standort Bochum zu locken, sind von dem Land Nordrhein-Westfalen rund 60 Millionen Euro an Fördermitteln geflossen. Knapp 28 Millionen legte der Bund nochmals obendrauf. Im Gegenzug hat sich Nokia offenbar penibel an die gemachten Auflagen gehalten. Als die Fristen dafür ausgelaufen sind, hat das Unternehmen seine Konsequenzen gezogen. Bei Ministerpräsident Jürgen Rüttgers heißt das „Subventions-Heuschrecke“. Weil der Konzern nicht geblieben ist, als er nicht musste. Wäre er ohne die Subventionen der Herren Rüttgers und Co. überhaupt nach Nordrhein-Westfalen gekommen? Wir wissen es nicht ... Mit großer Geste haben Verbraucherminister Horst Seehofer und SPD-Fraktionschef Peter Struck ihre Nokia-Handys zurückgegeben. Aus Wut über die Werksschließung. Das sichert ein paar Schlagzeilen. Es mag sogar sein, dass Herr Struck und Herr Seehofer bereit wären, mehr als 200 Euro für ein Handy zu bezahlen. Die meisten Deutschen sind es nicht. So verkommt ihre Aktion zu einer leeren populistischen Geste. Denn die Deutschen lieben es billig. Daran kommt auch ein Weltmarktführer wie Nokia nicht vorbei.“

Spitra, Karin (2008), Spart Euch den billigen Populismus, *Stern Online*, URL http://www.stern.de/wirtschaft/news/unternehmen/kommentar-spart-euch-den-billigen-populismus-608270.html

3.2 Der Traum vom Binnenmarkt: Die Europäische Union

Dieses Kapitel hat zum Ziel, dass Sie

- die Funktionsweise und Ziele der Europäischen Union erklären können,
- das grundlegende Problem eines gemeinsamen Binnenmarktes mit offenen Grenzen für Güter, Personen und Kapital verstehen und
- wissen, welche Lösungsmöglichkeiten es für dieses Problem gibt.

Wichtige Begriffe in diesem Kapitel

Zollunion, Binnenmarkt, Europäisches Parlament, Rat der Europäischen Union, Inländerdiskriminierung, Ausländerdiskriminierung.

@ Einen aktuellen Foliensatz zu diesem Kapitel finden Sie unter www.vahlen.de/15879880

Worum geht es? Wir kennen nun die wichtigsten Formen der realwirtschaftlichen Integration und deren ökonomische Folgen. Nun ist es aber nicht so, dass diese Integrationsschritte im luftleeren Raum geschlossen werden, sondern zwischen Staaten, die ihre eigenen politischen Interessen verfolgen und deren nationale Rechtsprechung, Regulierung und Kultur sehr unterschiedlich sind – und genau das wirft Probleme auf, wenn man seine Grenzen zum Ausland öffnet, denn mit einer Öffnung der Grenzen kommen nicht nur ausländische Waren und Arbeitnehmer, sondern auch ausländische Ideen, Standards und Regulierungsansätze ins Inland. Und genau hier fangen die Probleme an: Was ein Land für gut und richtig findet, ist in einem anderen Land ein grober Verstoß gegen Gesetze, Normen und Sitten. Ein übel riechendes Beispiel dafür ist der sogenannte Mimolette-Käse, eine französische Delikatesse, in dessen

Rinde sich Milben tummeln. In Frankreich eine Delikatesse, laut den amerikanischen Gesundheitsbehörden „ekelhaft, verwest, abstoßend und nicht für den menschlichen Konsum geeignet". Der Grenzwert von maximal sechs Milben pro Quadrat-Inch Käse werde deutlich überschritten, das liege über dem amerikanischen Grenzwert. Der Käse könnte damit Allergien auslösen. So, wie wollen Sie diesen Fall beurteilen? Haben die Franzosen einen schlechten Geschmack oder sind die Amerikaner wehleidig und kulinarisch blind? Darf man den Franzosen den Export des Käses nach Amerika mit Blick auf den amerikanischen Gesundheitsschutz verweigern oder ist das versteckter Protektionismus, der die amerikanischen Käsehersteller schützt? Ein nettes Beispiel für solche Probleme – nationaler Gesundheitsschutz versus Import ausländischer Dienstleistungen – bietet die Geschichte von Charlie Harper, der nicht schlafen kann, das können Sie in der nächsten Box nachlesen.

Sie sehen: Je näher man sich internationalen Handel und Wanderungen anschaut, umso größer werden die Fragen. Wir wollen uns in diesem Abschnitt ein paar grundlegende Probleme näher anschauen und werden das anhand echter Beispiele tun, indem wir die Integration des europäischen Kontinents näher beleuchten – auf diese Art und Weise können wir uns nebenher einige grundlegende Erkenntnisse über die Institution aneignen, die unsere politischen Geschicke sehr viel mehr bestimmt, als wir das wahrnehmen: die Europäische Union. Schauen wir uns zunächst einmal die Geschichte der europäischen Integration an.

Info: Charlie Harper kann nicht schlafen

In einer Folge der amerikanischen Serie „Two and a half men" kann einer der Hauptdarsteller, Charlie Harper, nicht schlafen – also lässt er sich ein Rezept ausstellen, mit dem er zu Russel, dem Apotheker, geht. Russel schlägt ihm statt des Rezepts ein organisches Schlafmittel vor: Marihuana. Allerdings ist das in Kalifornien verboten, außer für medizinische Anwendungen, beispielsweise bei einem Glaukom – aber Charlie hat kein Glaukom und damit auch kein Rezept. Aber Russel weiß Abhilfe: Er wirft den Computer an und auf dem Bildschirm erscheint Dr. Galigupta von der Galigupta-High-Potential-Glaukom-Klinik in Sri Lanka, der Charlie per Ferndiagnose über die Internet-Kamera überraschenderweise ein Glaukom attestiert – das Rezept kommt aus Russels Drucker, Charlie kann jetzt Marihuana legal kaufen. Ein schwieriger Fall: Im Ergebnis hat Charlie die Gesetzgebung des Staates Kalifornien damit ausgehebelt respektive unterlaufen. Wenn man aber Dr. Galigupta verbieten würde, auch Rezepte für amerikanische Staatsbürger auszustellen, so würde man ihm damit de facto ein Berufsverbot für Kalifornien erteilen, ihn also vom einheimischen Markt ausschließen. Wenn Dr. Galigupta aber auch Kalifornier behandeln darf, dann sind kalifornische Ärzte im Nachteil, wenn sie sich an die strenge Gesetzgebung halten (vielleicht weil sie besser überwacht werden können).

Die Geschichte der Europäischen Union. Die Geschichte der europäischen Integration beginnt auf den Trümmern, die Faschismus, Nationalismus, Politikversagen und zwei verheerende Kriege hinterlassen hatten – in den Köpfen der

Politiker reifte die Einsicht, dass ein Neustart nur mit- und nicht gegeneinander erfolgversprechend sein kann. Auch die Weltwirtschaftskrise 1929 und das Desaster, das die sich daran anschließende Protektionismusspirale angerichtet hatte, dürften bei dieser Einsicht geholfen haben. Also entstanden nach dem Krieg die Pläne für eine Einigung des europäischen Kontinents.

Der erste große vertragliche Schritt war die Gründung der Europäischen Gemeinschaft für Kohle und Stahl (EGKS) im Jahr 1952. Dieser auch Montanunion genannte Bund sollte einen gemeinsamen europäischen Markt für Steinkohle und Stahlerzeugnisse errichten. Gründerstaaten waren Belgien, Bundesrepublik Deutschland, Frankreich, Italien, Luxemburg und die Niederlande. Vordergründig ging es darum, die für den Wiederaufbau wichtigen Montanindustrien Kohle und Stahl gemeinsam zu entwickeln und zu gestalten, faktisch ging es aber auch darum, diese kriegswichtigen Branchen Deutschlands zu kontrollieren. Weitsichtige Politiker sahen in der Montanunion zudem einen ersten Schritt zum größeren Projekt eines einheitlichen europäischen Wirtschaftsraumes. Zeitgleich gab es Bemühungen um eine stärkere Integration der europäischen Staaten in politischer Hinsicht und auf dem Gebiet der Verteidigungspolitik, die aber allesamt wenig erfolgreich waren. Also musste man den Weg zu einer weiteren Einigung des Kontinents über eine wirtschaftliche Einigung gehen.

Der nächste Schritt auf dem Weg zu einer wirtschaftlichen Integration waren die Verträge von Rom (1957), sie bestanden aus dem Vertrag zur Gründung der Europäischen Atomgemeinschaft (Euratom) und dem Vertrag zur Gründung der Europäischen Wirtschaftsgemeinschaft (EWG). Ziel der EWG war ein gemeinsamer Markt, zu diesem Zwecke war die Gründung einer Zollunion mit gemeinsamer Handelspolitik vorgesehen, zudem waren ein freier Waren-, Dienstleistungs-, Personen- und Kapitalverkehr sowie europäische Institutionen vereinbart worden. Die Verträge traten am 1. Januar 1958 in Kraft und gelten bis heute als Fundament der Europäischen Union (EU).

Wurde die Zollunion recht rasch – bereits 1968 – Realität, so haperte es doch arg mit der Realisierung eines gemeinsamen Binnenmarktes – die Gründe dafür werden wir später noch beleuchten. Neuen Schub sollte dieser Idee die Einheitliche Europäische Akte (EEA) geben, die 1986 verabschiedet wurde. Sie änderte in einigen Bereichen die Funktionsweise der europäischen Institutionen und erweiterte deren Kompetenzen und Zuständigkeiten. Ihr Ziel war, dem Einigungsprozess in Richtung Binnenmarkt neue Impulse zu geben und den gemeinsamen Markt zu vollenden – bis zum 31. Dezember 1992 sollte er schrittweise verwirklicht werden.

Ein Paukenschlag war dann im Jahr 1992 der Vertrag über die Europäische Union, besser bekannt als Vertrag von Maastricht. Dieser führte die drei Gemeinschaften Euratom, EGKS und EWG (die in jetzt EG umbenannt wurde) und die politische Zusammenarbeit in den Bereichen Außenpolitik, Verteidigung, Polizei und Justiz unter dem Dach der Europäischen Union zusammen. Die Befugnisse des Europäischen Parlaments wurden erweitert sowie neue Politikbereiche der Gemeinschaft (Bildung, Kultur, Entwicklungszusammenarbeit, Kohäsion) eingeführt. Der herausragende Bestandteil des Vertrages allerdings

(Foto: Matti Mattila)

Ola, Europa

war die Wirtschafts- und Währungsunion, die wir zum Ende dieses Buches näher untersuchen werden.

In der Folge gab es weitere Verträge: Der Vertrag von Amsterdam (1997) erweiterte die Zuständigkeiten der Union durch Einführung einer gemeinschaftlichen Beschäftigungspolitik und die Vergemeinschaftung von Sachgebieten, die zuvor lediglich Gegenstand einer Zusammenarbeit in den Bereichen Justiz und Inneres waren. Der Vertrag von Nizza (2001) regelte institutionelle Fragen, die im Zusammenhang mit der Erweiterung der EU verbunden waren, beispielsweise die Zusammensetzung der Kommission, die Stimmengewichtung im Rat und die Ausdehnung der Fälle, in denen der Rat mit qualifizierter Mehrheit Beschlüsse fassen kann. Der Vertrag von Lissabon (2009) beinhaltete schließlich umfangreichere Reformen, welche die Entscheidungsfindung in einer auf 27 Mitglieder angewachsenen Union verbessern sollte. Er verteilte die Befugnisse zwischen der EU und den Mitgliedstaaten neu und änderte die Arbeitsweise der europäischen Organe sowie das Beschlussfassungsverfahren. In diesem Vertrag trat die Europäische Union an die Stelle der Europäischen Gemeinschaft. Neben der europäischen Bürgerinitiative wurden auch ein ständiger Präsident des Rates der Europäischen Union und ein Hoher Vertreter der Union für Außen- und Sicherheitspolitik eingeführt.

Info: Das Who is who der europäischen Integration

Einer der Väter der europäischen Einigung ist Jean Monnet, oberster Berater der französischen Regierung; er gilt als Vater des sogenannten Schuman-Plans, der zur Gründung der EGKS führte. Schuman-Plan deswegen, weil der französische Außenminister Robert Schuman im Namen der französischen Regierung eine Rede hielt, in der er den Plan darlegte, die gesamte deutsch-französische Kohle- und Stahlproduktion einer Hohen Behörde zu unterstellen – der Startschuss zur EGKS und zur europäischen Einigung. Bemerkenswert ist, dass Monnet niemals ein öffentliches Amt besaß. Robert Schuman hielt diese Rede am 9. Mai 1950 – ein Tag, der seitdem auch als Geburtsstunde der europäischen Einigung gehandelt wird. Unter den Deutschen muss man den ersten Kanzler der Bundesrepublik, Konrad Adenauer, erwähnen – in seine Regierungszeit fielen der Beitritt zum Europarat (1951), der Beitritt zur Europäischen Gemeinschaft für Kohle und Stahl (1952), der Beitritt zur NATO (1955) und 1963 der als Élysée-Vertrag bezeichnete Freundschaftsvertrag zwischen Deutschland und Frankreich, der als Meilenstein auf dem Weg zur europäischen Einigung gilt. Ein weiterer Deutscher, der sich um die europäische Einigung verdient gemacht hat, ist Walter Hallstein, der erste Präsident der Kommission der Europäischen Wirtschaftsgemeinschaft (1958–1967). Als einer der jüngeren einflussreichen Politiker gilt der Franzose Jaques Delors (1925), unter dessen Amtszeit als Präsident der Kommission die Einheitliche Europäische Akte und die Maastricht-Verträge geschlossen wurden.

In regionaler Hinsicht wuchs die EU von sechs Ländern im Gründungsjahr 1957 auf mittlerweile 28 Länder an. Die Erweiterung begann mit der Norderweiterung 1973, als Dänemark, die Republik Irland und das Vereinigte Königreich der EG beitraten. Ein Beitritt Norwegens scheiterte an einer Volksabstimmung. 1981 erfolgte die erste Süderweiterung um Griechenland, 1986 folgten Spanien und Portugal. In der vierten Erweiterungsrunde traten Österreich, Schweden und Finnland bei, die Norweger entschieden sich abermals in einer Volksabstimmung dagegen. Die erste Osterweiterung erfolgte 2004 – Estland, Lettland, Litauen, Polen, Tschechien, Slowakei, Ungarn, Slowenien, Malta und Zypern traten der Union bei; 2007 folgten Rumänien und Bulgarien, 2013 Kroatien. Weitere Beitrittskandidaten sind Mazedonien, Island, Montenegro, Serbien und die Türkei; als potenzielle Kandidatenländer werden Albanien, Bosnien und Herzegowina sowie der Kosovo gehandelt.

Die Institutionen der Europäischen Union. Die wichtigsten Institutionen der Europäischen Union sind die Europäische Kommission, das Europäische Parlament und der Rat der Europäischen Union. In der **Europäischen Kommission** erarbeiten 28 Kommissare aus den einzelnen Mitgliedstaaten neue Rechtsvorschläge für die Union, verwalten den Haushalt der Union, setzen das EU-Recht in den Mitgliedstaaten durch (das ist ihre Funktion als sogenannte Hüterin der Verträge) und vertreten die EU auf dem internationalen Parkett. Wichtig ist das Initiativrecht der Kommission bei der Erarbeitung neuer Politiken: Sie schlägt neue Rechtsvorschriften vor, allerdings nur für solche Fälle, in denen die nationale Politik nicht mehr wirksam ist. Dies ist das sogenannte Subsidiaritätsprinzip, das postuliert, dass die Verantwortung für eine Politik immer selbstbestimmt und eigenverantwortlich dort angesiedelt werden soll, wo sie durchgeführt werden kann. Erst wenn eine Institution – die Kommune, das Land – nicht mehr in der Lage ist, eine Aufgabe durchzuführen, soll die

Verantwortung für diese Politik auf die nächsthöhere Ebene verlagert werden. Also: Die Müllabfuhr sollte von der Kommune vor Ort verantwortet werden, die nationale Steuererhebung auf Ebene des betreffenden Landes und Themen wie internationaler Umweltschutz auf Ebene der Europäischen Union. Der Präsident der Kommission wird vom Rat ernannt, der auch zusammen mit dem amtierenden Präsidenten die anderen Kommissare ernennt; das Europäische Parlament muss allerdings die Ernennung der Kommissare und des Präsidenten bestätigen, nur das Parlament kann auch Kommissionsmitglieder entlassen. Wenn mindestens 14 der 28 Kommissare einen Entwurf für eine neue Rechtsvorschrift billigen, wird dieser dem Rat und dem Parlament vorgelegt, die ihn ändern und gegebenenfalls als Rechtsvorschrift verabschieden können.

Das **Europäische Parlament** vertritt die Bürger der Union, seine Mitglieder werden in direkten Wahlen alle fünf Jahre gewählt. Gemeinsam mit dem Rat der Europäischen Union („der Rat") bildet das Parlament die gesetzgebende Gewalt der EU. Das Parlament erörtert und verabschiedet zusammen mit dem Rat EU-Rechtsvorschriften, dieses Verfahren wird als ordentliches Gesetzgebungsverfahren bezeichnet. Weiterhin kontrolliert das Parlament zusammen mit dem Rat andere EU-Institutionen (beispielsweise bestätigt es die Mitglieder der Kommission und kontrolliert deren Arbeit), erörtert und verabschiedet ebenfalls gemeinsam mit dem Rat den Haushalt der EU.

(Foto: David)

Das Europäische Parlament

Der **Rat der Europäischen Union** (kurz Rat genannt, umgangssprachlich auch Ministerrat) ist ein Entscheidungsgremium, in dem die nationalen Minister aller Mitgliedstaaten zusammentreten. Dabei kommen je nach Thema die Minister der jeweiligen Ressorts zusammen – geht es beispielsweise um Umweltfragen, so kommen die nationalen Umweltminister zusammen. Der Rat verabschiedet zusammen mit dem Parlament Rechtsvorschriften der EU, übernimmt die Abstimmung der Wirtschaftspolitik der Mitgliedstaaten, genehmigt (zusammen mit dem Parlament) den Haushaltsplan der EU, trifft internationale Übereinkünfte zwischen der EU und anderen Staaten, legt die Grundzüge der gemeinsamen Außen- und Sicherheitspolitik der EU fest und koordiniert die Zusammenarbeit der nationalen Gerichte und Polizeikräfte in den EU-Mitgliedstaaten. Sie dürfen den Rat der Europäischen Union nicht verwechseln mit dem **Europäischen Rat**, dieser ist ein Gremium, in dem sich die Staats- und Regierungschefs der Mitgliedstaaten viermal im Jahr treffen, um sich auszutauschen.

Info: Regionale Handelsorganisationen

Regionale Handelsabkommen und -organisationen gibt es weltweit. In Europa gibt es beispielsweise die EFTA (European Free Trade Association, www.efta.int), bestehend aus Island, Liechtenstein, Norwegen und der Schweiz. Die CEFTA (Central European Free Trade Agreement, www. Cefta. int) ist ein Freihandelszusammenschluss, der aus Albanien, Bosnien. Herzegowina, Mazedonien, Moldawien, Montenegro und Serbien besteht. Die NAFTA (North American Free Trade Agreement, www.naftanow.org) ist das zentrale Abkommen auf dem nordamerikanischen Kontinent, bestehend aus den Vereinigten Staaten, Kanada und Mexiko. In Südamerika ist es der Mercosur (www.mercosur.int), der die Integration vorantreiben soll, der aus Argentinien, Brasilien, Paraguay, Uruguay und Venezuela besteht. Die APEC (Asia-Pacific Economic Cooperation, www.apec.org) ist ein Zusammenschluss von 21 asiatischen Staaten mit dem Ziel wirtschaftlicher Kooperation. Etwas Ähnliches gibt es auch für den karibischen Raum, dort ist es die Caricom (Caribean Community and Common Market, www.caricom.org), ein Zusammenschluss von 15 Staaten. Wie muss man diese Zusammenschlüsse beurteilen? Skeptiker sagen, dass solche regionalen Abkommen ein schlechter Ersatz für größere, weltweite Abkommen sind, die sich nicht durchsetzen lassen, möglicherweise verhindern sie weitergehende Abkommen mit anderen Staaten. Wer optimistisch denkt, hofft, dass diese regionalen Abkommen ein erster Schritt sind zu einer weiteren internationalen Öffnung.

Die Zollunion. Der erste tiefere ökonomische Integrationsschritt, den Europa wagte, war die Zollunion, die wir schon einmal kurz angesprochen haben. Die Mitgliedstaaten einer Zollunion beschließen, gegenseitig keine Zölle mehr zu erheben; zudem einigen sie sich auf einen gemeinsamen Zolltarif gegenüber allen anderen Staaten, die nicht Mitglied der Zollunion sind. Bei den Folgen einer Zollunion unterscheidet man zwischen statischen und dynamischen Effekten. Die statischen Effekte sind die Handelsschaffung (trade creation) und Handelsumlenkung (trade diversion). Handelsschaffung bedeutet, dass nach dem Fall der Zölle innerhalb der Zollunion Staaten diejenigen Produkte, die nach dem Wegfall der Zölle aus den anderen Mitgliedstaaten der Union billiger bezogen werden können, nun importieren, statt sie weiter selbst herzustellen. Die Folgen sind in Abbildung 31 und Abbildung 32 beschrieben (sie müssen dazu nur den Zoll gedanklich senken) – Handelsschaffung erhöht also die Wohlfahrt eines Landes. Weniger positiv ist die Handelsumlenkung: Man kauft nun Produkte nicht mehr in Drittländern ein, sondern innerhalb der Zollunion – der Zoll gegenüber dem Rest der Welt und der Wegfall der Zölle innerhalb der Zollunion macht Importe aus dem Rest der Welt weniger attraktiv. Auf den Punkt gebracht: Eine Zollunion schafft also mehr Handel unter ihren Mitgliedstaaten, was wohlfahrtserhöhend wirkt, sie senkt aber den Handel zwischen den Staaten der Zollunion und dem Rest der Welt, die sich mit ihrem gemeinsamen Zoll sozusagen gegenüber dem Rest der Welt abschotten – was wohlfahrtsreduzierend ist.

Die dynamischen Effekte einer Zollunion sind vor allem mit dem erhöhten Wettbewerb verbunden, der sich durch mehr Importe aus anderen Staaten ergibt. Zudem hofft man hier auf Größenvorteile in der Produktion, die sich durch den nun größeren Markt ergeben – das sind jene Skalenerträge, die wir bereits in Kapitel 2.3 kennengelernt haben.

Abgesehen von diesen Punkten sollten wir die Debatte um die Zollunion an dieser Stelle kurz anhalten – hier können wir alle Punkte diskutieren, die wir bereits in den Kapiteln zuvor erörtert haben, letztlich geht es hier ja auch nur um Handel. Interessanter wird es da beim gemeinsamen Markt – hier gibt es ein paar Dinge, über die wir bisher noch nicht gesprochen haben.

Der gemeinsame Binnenmarkt. Als gemeinsamen Markt oder Binnenmarkt bezeichnet man ein Wirtschaftsgebiet, innerhalb dessen Grenzen sich nicht nur Güter und Dienstleistungen, sondern auch Produktionsfaktoren wie Arbeit und Kapital frei bewegen können. Im Rahmen des Europäischen Binnenmarktes spricht man hier von den vier Grundfreiheiten – freie Bewegung von Gütern, Dienstleistungen, Arbeit und Kapital. Was die vordergründigen ökonomischen Wirkungen dieser vier Grundfreiheiten angeht, so können wir uns hier auf die Analysen stützen, die wir in Kapitel 2 und in Kapitel 3 gemacht haben. Allerdings wird es nun Zeit, diese Analysen um einige wichtige realpolitische Aspekte zu ergänzen.

Info: Die Folgen des Binnenmarktes

Er war der Startschuss zum Großprojekt europäischer Binnenmarkt: Der 1988 vorgelegte Cecchini-Bericht wurde von der Europäischen Kommission in Auftrag gegeben und sollte zeigen, welche Folgen die Schaffung eines gemeinsamen Binnenmarktes für Europa haben könnte. In Zahlen: Laut Bericht würde eine Abschaffung aller Hindernisse an den Grenzen (beispielsweise Grenzkontrollen, technische Handelshemmnisse, Steuerschranken) zu Kosteneinsparungen in Höhe von 200 Milliarden ECU (die damalige Rechnungseinheit der Union, die ungefähr einem Euro entsprach) bewirken. Mehr Wettbewerb, bessere Nutzung von Größenvorteilen, niedrigere Verbraucherpreise, verbesserte öffentliche Finanzen, mehr als 1,8 Millionen neue Arbeitsplätze und höheres Wachstum des Sozialproduktes seien die Folge, rechnete der Bericht vor. Diese Schätzungen basierten auf Befragungen von rund 16.000 europäischen Unternehmen und wurden teils als zu optimistisch kritisiert. Im Jahr 2007 kam die Kommission zu dem Ergebnis, dass die Resultate nicht überall so positiv waren wie erhofft, dass aber immerhin dank des gemeinsamen Marktes das BIP um 1,8 Prozent höher lag und sogar 2,5 Millionen zusätzliche Arbeitsplätze geschaffen wurden.

Quellen: Busch (2013); EG-Kommission 1985.

Tabelle 6: Gesamtwirtschaftliche Auswirkungen der Vollendung des Binnenmarktes laut Cecchini-Bericht (mittelfristige Folgen für die Gemeinschaft insgesamt), relative Veränderung in Prozent

	Grenzkontrollen	Öffentliches Auftragswesen	Finanzdienstleistungen	Effekte auf d. Angebotsseite	Insgesamt
BIP	**0,4**	**0,5**	**1,5**	**2,1**	**4,5**
Verbraucherpreise	**–1,0**	**–1,4**	**–1,4**	**–2,3**	**–6,1**
Beschäftigung in 1000	**200**	**350**	**400**	**850**	**1800**
Öffentliche Finanzen in Prozent des BIP	**0,2**	**0,3**	**1,1**	**0,6**	**2,2**
Außenbeitrag in Prozent des BIP	**0,2**	**0,1**	**0,1**	**0,4**	**1,0**

Quelle: Busch 2013

Um das Problem zu erläutern, wollen wir uns einmal ein paar – vorsichtig gesagt – merkwürdige Beobachtungen aus dem Alltag des europäischen Binnenmarktes ansehen. Man ist fast geneigt zu betonen, dass dies keine Scherze sind, so skurril sind einige dieser Beispiele:

- Großbritannien, ein großer Produzent von Bier, besteuerte Wein deutlich höher als Bier; ebenso wie Frankreich obstbasierte Spirituosen (Cognac, Calvados) günstiger besteuerte als Spirituosen auf Getreide- oder anderer Basis (Rum, Gin, Whisky).
- Die deutsche Bundesmonopolverwaltung untersagte dem Handelskonzern REWE den Import französischen Fruchtlikörs (Cassis de Dijon) nach Deutschland. Der Grund: Der Alkoholgehalt des Cassis lag zwischen 15 und 20 Prozent; das deutsche Branntweinmonopolgesetz sieht aber für Fruchtliköre einen Mindestalkoholgehalt von 25 Prozent vor. Mit anderen Worten: Für einen Likör machte Cassis nach Ansicht des deutschen Gesetzgebers nicht betrunken genug.
- Das Reinheitsgebot für deutsches Bier von 1516 sieht vor, dass zur Herstellung von Bier nur Gerstenmalz, Hopfen, Hefe und Wasser verwendet werden darf. Deutschland untersagte deswegen den Import ausländischen Biers, das nicht nach diesem Gebot hergestellt war. Ein 500 Jahre altes Gebot war also die Begründung, um den deutschen Trinker vor belgischem Bier zu schützen.

- Kein Scherz: In Belgien durfte nur Margarine in Würfelform verkauft werden.

Was um alles in der Welt geht hier vor sich? Wir nähern uns einem der wichtigsten und schwierigsten Probleme des freien Handels und der Faktorwanderungen – der Bedrohung der nationalen Souveränität. Abbildung 50 illustriert dieses Problem.

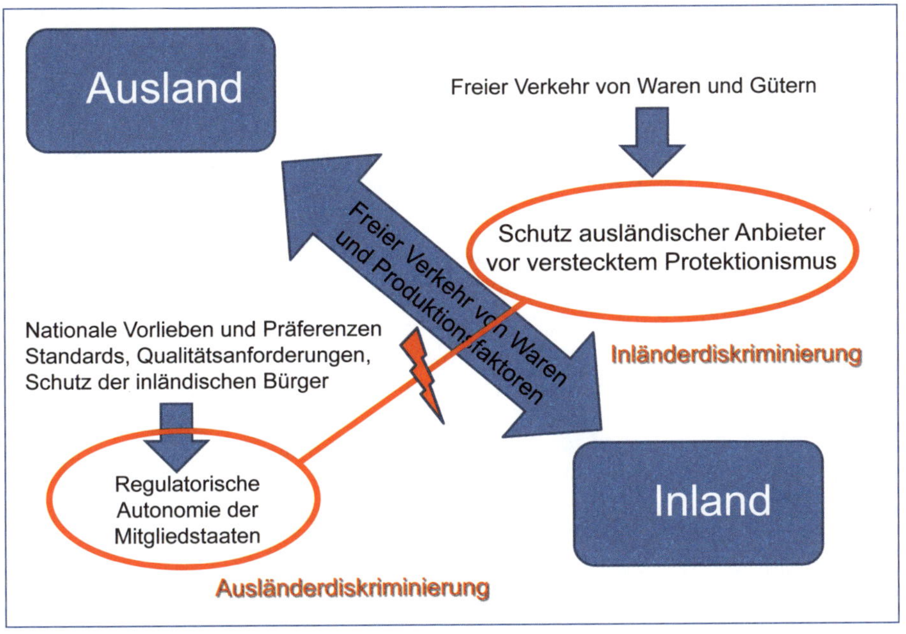

Abbildung 50: Inländer- versus Ausländerdiskriminierung

Ausgangspunkt ist, dass durch den freien Verkehr von Waren, Dienstleistungen und Produktionsfaktoren ausländische Produkte und Dienstleistungen ins Inland gelangen, die möglicherweise anderen Standards entsprechen als denjenigen, die im Inland herrschen. Lässt man diese Produkte oder Dienstleistungen einfach so zu, bedeutet das einen Nachteil für inländische Produzenten, wenn diese weiterhin an die inländischen Standards gebunden sind; zudem werden die nationalen Gesetze bezüglich solcher Standards damit de facto ausgehebelt – die Möglichkeiten des nationalen Gesetzgebers, Standards zu erlassen, die im Inland gelten, werden damit drastisch beschnitten. Wenn also die inländischen Bierbrauer nur Bier nach deutschem Reinheitsgebot brauen dürfen, so hilft das gar nichts, wenn ausländische Brauer alle möglichen nicht reinen Bierarten nach Deutschland verkaufen dürfen – das Reinheitsgebot wird damit unterlaufen. Im Zweifelsfall kann der Gesetzgeber gar keine Standards mehr erlassen, weil auch die heimischen Produzenten im Ausland produzieren und dann ins Inland importieren.

Gut, werden Sie nun sagen, also muss der Gesetzgeber verfügen, dass alle Waren und Dienstleistungen, die aus dem Ausland importiert werden, sich an die jeweiligen nationalen Standards halten müssen. Damit entsteht den inländischen Produzenten kein Nachteil und der Staat wahrt seine gesetzgeberische Autonomie. Klingt gut, hat aber einen Haken, den die belgische Margarine illustriert: Warum verfügt der Gesetzgeber eine so dämliche Regelung, dass Margarine nur in Würfelform verkauft werden darf? Ganz offensichtlich geht es hier nicht um Konsumentenschutz, Umweltschutz, Kultur oder sonst etwas – diese Regelung scheint keinen Sinn zu haben. Hat sie aber doch: Wenn die belgischen Produzenten alle in Würfelform produzieren (weil sie das schon immer so gemacht haben), die ausländischen Produzenten hingegen ihre Margarine in einer anderen Form, können ausländische Margarineproduzenten nur den belgischen Markt erobern, wenn sie ihre Produktion extra für Belgien umstellen. Das ist teuer und aufwendig und im Zweifelsfall lohnt sich das für so einen kleinen Markt nicht. Das Ergebnis: Die belgischen Margarineproduzenten bleiben unter sich, durch eine scheinbar unsinnige Regelung hat der Gesetzgeber dafür gesorgt, dass die ausländische Konkurrenz vom nationalen Markt ferngehalten wird.

Damit sind wir beim Kern des Problems: Nationale Standards, Produkt- oder Produktionsvorschriften haben mit Sicherheit meistens ihre Berechtigung und entsprechen den Vorstellungen des nationalen Gesetzgebers, nichtsdestotrotz können sie bisweilen – beabsichtigt oder unbeabsichtigt – dazu führen, dass sie ausländische Anbieter benachteiligen und damit zu Instrumenten des Protektionismus werden. Damit sind wir in einer Zwickmühle: Wenn ausländische Anbieter die jeweils nationalen Standards erfüllen müssen, ist die nationale Souveränität des Inlandes gewahrt, aber es droht Protektionismus oder das, was man Ausländerdiskriminierung nennen könnte. Wollen wir diese Ausländerdiskriminierung vermeiden und erlauben allen ausländischen Produkten den Zutritt ins Inland, so verlieren wir die gesetzgeberische Souveränität, es sei denn, wir begehen das, was man Inländerdiskriminierung nennen könnte: Die inländischen Produzenten müssen sich an nationale Standards halten, die ausländischen hingegen nicht. Dass das nicht funktionieren kann, liegt auf der Hand.

Schauen wir uns im Licht dieser Überlegungen noch einmal die obigen Beispiele an, beginnen wir mit dem Cassis de Dijon, einem der ganz großen Klassiker der EU-Rechtsprechung. Die deutschen Vorschriften sehen vor, dass Fruchtliköre einen gewissen Mindestalkoholgehalt enthalten, den der französische Cassis nicht erfüllt. Wenn man nun den Franzosen fröhlich importieren darf, macht die nationale Vorschrift keinen Sinn mehr, sie würde die deutschen Produzenten gegenüber den französischen Konkurrenten benachteiligen. Wenn man hingegen den Franzosen vorschreibt, dass ihr Getränk den gleichen Alkoholgehalt aufweisen muss wie die deutschen Konkurrenzprodukte, so müssten diese ihre Produktion umstellen, was teuer und aufwendig ist – also bleibt man vielleicht lieber dem Markt fern. So wird der nationale Standard zu einem protektionistischen Instrument.

Aufgabe
Suchen Sie weitere Beispiele für Inländer- und Ausländerdiskriminierung.

Die belgische Margarine und das deutsche Reinheitsgebot für Bier funktionieren genauso, schauen wir uns noch den Fall der unterschiedlichen Besteuerung in England und Frankreich an: Warum besteuern die Engländer als große Bierproduzenten Wein so hoch, während die Franzosen vor allem Spirituosen auf Getreidebasis hoch besteuern und obstbasierte Spirituosen günstig wegkommen? Klarer Fall: Die Steuer auf Wein wirkt wie ein Zoll auf den Import französischer Weine (die englischen Weinproduzenten leiden nicht sonderlich, da es kaum welche gibt), während die Franzosen die Steuern vor allem auf Produkte draufschlagen, die englische Exportschlager sind und in Frankreich wenig hergestellt werden. Sie sehen, auch die Steuergesetzgebung kann zum Instrument des Protektionismus mutieren.

Nun ist es ja nicht so, dass nationale Gesetze, Vorschriften, Standards oder Steuern einzig dem Zweck dienen, ausländische Konkurrenz abzuhalten, sie erfüllen ja einen nationalen, im Zweifelsfall demokratisch bestätigten Zweck. Machen wir das doch einmal an einem Beispiel aus dem Dienstleistungsbereich deutlich: Wenn Sie in Deutschland die Elektrik eines Hauses verlegen wollen, benötigen Sie dazu bestimmte Kenntnisnachweise – aus gutem Grund. Was, wenn nun in einem anderen Land jeder Elektriker werden kann, der einen Gewerbeschein ausfüllt? Und was, wenn ich einen solchen ausländischen Elektriker anheuere, die Elektrik meines Hauses zu verlegen? Sinn und Zweck der Berufsvorschriften für Elektriker ist ja, dass Häuser sicher sind, dass sich der Kunde darauf verlassen kann, dass sein Haus nicht nach ein paar Wochen Opfer der Flammen wird, weil der Elektriker ein Stümper war. Die Vorschriften für die Ausübung des Elektrikerberufes dienen also dem Schutz der Konsumenten – auch derjenigen, die mittelbar betroffen wären, wenn ein Bewohner des Hauses schludrige Elektrik verlegen lässt – und diese Schutzfunktion wird unterlaufen, wenn auch ausländische Elektriker, die geringeren Ausbildungsstandards unterworfen sind, im Inland Leitungen montieren.

Diese Schutzfunktion kann sich auch auf die Gesundheit beziehen, denken Sie beispielsweise an den Mimolette-Käse, den die Amerikaner als ekelhaft erachten, oder an Charlie Harper, der über das Internet Marihuana kaufen kann. Das Problem ist nun, dass jede Nation das Schutzbedürfnis der öffentlichen Ordnung, der Gesundheit seiner Bürger oder seiner Kultur unterschiedlich ansetzt: Ein Land erachtet Mimolette-Käse als Delikatesse, das andere als Gesundheitsgefährdung. Sperren die Amerikaner Mimolette-Käse aus, so schützen sie die Gesundheit ihrer Bürger – und nebenher die Profite der amerikanischen Käsereien. Lassen sie Mimolette-Käse zu, so glauben sie, dass die Gesundheit ihrer Bürger gefährdet ist (ebenso wie die Profite der amerikanischen Käsereien). Ein unlösbares Dilemma?

Grundsätzlich gibt es vier Lösungsmöglichkeiten für dieses Problem. Zunächst einmal können alle Staaten sich darauf einigen, einheitliche Standards in allen Gebieten zu setzen. Diese als Harmonisierung bezeichnete Strategie dürfte sehr aufwendig und politisch kaum machbar sein: Man müsste sich in allen Fragen auf einen einheitlichen Standard einigen – nationale Vorlieben und Präferenzen würden dabei mehr oder weniger komplett unter die Räder kommen. Schwer vorstellbar, dass so etwas zu bewerkstelligen ist, das klappt ja in der Bundesrepublik kaum auf Länderebene. Also bliebe die zweite Möglichkeit, eine gegenseitige Anerkennung verschiedener Standards und Normen – das untergräbt direkt die Gesetzgebungskompetenz der einzelnen Nationalstaaten und würde zur Inländerdiskriminierung führen. Bisweilen wird befürchtet, dass es dadurch zu einen Race to the bottom kommen könnte, bei dem sich am Ende die Standards des Landes etablieren, die am niedrigsten sind. Ganz so dick muss es allerdings nicht kommen, jedenfalls nicht, wenn man den Konsumenten ein gewisses Maß an Souveränität zutraut und sie in der Lage sind, selbst zu entscheiden, was gut oder schlecht respektive gesundheitsförderlich oder nicht gesundheitsförderlich ist. Solange Standards, Produktinhalte und -vorgaben transparent sind, so die Idee, werden die Konsumenten selbst entscheiden können, was gut für sie ist.

Man muss diese Meinung nicht teilen, sie zeigt aber zumindest einen teilweisen Lösungsansatz an, Ansatz Nummer drei: Muss der amerikanische Staat stellvertretend für seine Bürger entscheiden, ob Mimolette-Käse schlecht für sie ist, oder können das die Bürger selbst übernehmen? Eine Kennzeichnungspflicht und transparente Verbraucherpolitik, so die Idee, reicht aus, um das Problem der Inländer- oder Ausländerdiskriminierung in den Griff zu bekommen – der Bürger kann und soll selbst entscheiden, was gut für ihn ist. In vielen Fällen dürfte das eine recht praktikable Lösung sein, keine Frage, wenngleich damit die gesetzgeberische Kompetenz des Staates weiterhin reduziert bleibt. Was nicht immer schlimm sein muss: Muss der Staat uns wirklich vor belgischem Bier schützen oder dürfen wir das selbst entscheiden?

Aufgabe

Diskutieren Sie die Konflikte um das Freihandelsabkommen TTIP (vgl. dazu den Kasten in Kapitel 2.6: TTIP, Chlorhühnchen und die NSA) erneut im Lichte der Idee von Inländer- und Ausländerdiskriminierung.

Problematisch wird dieser Ansatz allerdings bei bestimmten Leistungen oder Produkten, wo Konsumenten nicht genügend Erfahrungen sammeln können (wie oft in seinem Leben baut man ein Haus?), wo ein Irrtum tödlich sein könnte (im Falle falsch verlegter Stromleitungen) oder sogar unbeteiligte Dritte schädigen könnte (das Nachbarhaus brennt mit ab). Will, kann, soll man hier alle Entscheidungsgewalt dem Konsumenten überlassen? Man kann, muss aber nicht dieser Meinung sein. Gleiches gilt für jeweilige nationale Werte wie Kultur, Geschichte oder Ähnliches. Diese Idee deutet auf die vierte, in der Realität praktizierte Lösung hin, die sich am besten durch Artikel 36 EU-Vertrag illustrieren lässt:

> *„Die Bestimmungen der Artikel 34 und 35 (Verbot mengenmäßiger Einfuhrbeschränkungen) stehen Einfuhr-, Ausfuhr- und Durchfuhrverboten oder -beschränkungen nicht entgegen, die aus Gründen der öffentlichen Sittlichkeit, Ordnung und*

Sicherheit, zum Schutze der Gesundheit und des Lebens von Menschen, Tieren oder Pflanzen, des nationalen Kulturguts von künstlerischem, geschichtlichem oder archäologischem Wert oder des gewerblichen und kommerziellen Eigentums gerechtfertigt sind. Diese Verbote oder Beschränkungen dürfen jedoch weder ein Mittel zur willkürlichen Diskriminierung noch eine verschleierte Beschränkung des Handels zwischen den Mitgliedstaaten darstellen."

Das bedeutet im Klartext eine Einzelfallabwägung. Jeder Fall wird einzeln daraufhin untersucht, ob hier eine ungerechtfertigte Diskriminierung vorliegt oder ob nationale Regelungen dazu sind, um nationale Standards, Eigenheiten und Vorlieben zu schützen. Streng genommen muss also ein Richter, der über solche Fälle befindet, in die Köpfe der nationalen Gesetzgeber schauen und erkunden, ob sie die Regelung, über die er urteilen soll, eingeführt haben, um die heimische Bevölkerung, Kultur, Gesundheit, Sittlichkeit zu bewahren oder um sich unliebsame Konkurrenz aus dem Ausland vom Hals zu schaffen. Und er muss noch darauf achten, ob denn die Maßnahmen in einem gesunden Verhältnis zu den beabsichtigten Zielen der Politik stehen (Verhältnismäßigkeit). Viel Spaß dabei – lassen Sie uns einmal einige Fälle anschauen.

Da wäre zum einen der Fall Cassis de Dijon, der französische Likör, der nicht nach Deutschland importiert werden darf, weil sein Alkoholgehalt für deutsche Likörfreunde zu niedrig ist – was ist davon zu halten? Zum einen ist klar, dass diese Regelung ausländische Produzenten benachteiligt. Rechtfertigen könnte man sie damit, dass deutsche Trinker eben einen gewissen Alkoholgehalt in ihrem Likör erwarten und dass sie irrtümlicherweise zu Cassis greifen würden, was zu einer herben Enttäuschung führen könnte. Sie ahnen es schon – so richtig überzeugend ist diese Argumentation nicht, zumal man die Gefahr einer (Ent-)Täuschung durch eine einfache Kennzeichnungspflicht aus der Welt schaffen könnte. Das sahen auch die Richter des Europäischen Gerichtshofes so: Sie führten in ihrem Urteil den Grundsatz ein, dass jede Ware, die in einem Mitgliedstaat der Gemeinschaft rechtmäßig hergestellt und in den Verkehr gebracht wurde, grundsätzlich in anderen Mitgliedstaaten eingeführt und verkauft werden darf (Ursprungslandprinzip oder Prinzip der gegenseitigen Anerkennung). Allerdings ließ der Gerichtshof Gründe zu, die als Rechtfertigung für eine Beschränkung des Warenverkehrs zulässig sind. Die Bedeutung dieser „Cassis-Formel" für den europäischen Binnenmarkt ist immens.

Wie sieht es aus mit dem Reinheitsgebot des deutschen Bieres? Hier könnte man den Schutz der nationalen Kultur ins Feld führen oder den Konsumentenschutz, auch die Volksgesundheit wurde bemüht (so gab es Verfechter des Reinheitsgebots, die Bier als Grundnahrungsmittel definierten). Aber kann man das deutsche Reinheitsgebot nicht auch anders schützen als durch das Verbot sonstiger Biere? Kann man, entschied der Europäische Gerichtshof 1987, seitdem kann der deutsche Trinker sich auch mit exotischen Bieren jenseits des Reinheitsgebotes berauschen. Solange die Zusatzstoffe der ausländischen Anbieter auf dem Etikett vermerkt sind, leidet auch der deutsche Reinheitsgebots-Trinker nicht – er kann ihnen ja nun ausweichen.

Schwieriger wird es bei Dienstleistungen: Dürfen nationale Vorschriften des Gastlandes (Staatsangehörigkeit, Ausbildungsvorschriften, behördliche Genehmigungen) den ausländischen Dienstleister in der Ausübung seiner Tätigkeit behindern? Muss beispielsweise ein Anwalt, um als Prozessbevollmächtigter auftreten zu können, einen ständigen Wohnsitz im Inland haben? Im Fall Van Binsbergen wurde das diskutiert: Als ein niederländischer Rechtsanwalt, der einen Landsmann vor einem niederländischen Gericht vertrat, während des Prozesses seinen Wohnsitz nach Belgien verlegte, wurde er von der Prozessvertretung ausgeschlossen, da nach der Prozessordnung nur Anwälte als Prozessbevollmächtigte auftreten dürfen, die ihren Wohnsitz in den Niederlanden haben. Das Gericht zeigte dieser Regelung die rote Karte.

Oder wie wäre es damit: Brauchen ausländische Fremdenführer, die mit einem Bus voller Landsleute in ein Land kommen, um dort historische Sehenswürdigkeiten zu kommentieren, einen Gewerbeschein (inklusive Sachkundenachweis) wie ihre inländischen Kollegen? Man muss nicht sonderlich misstrauisch sein, um die Absicht hinter dieser Regelung zu erkennen, nämlich den inländischen Fremdenführern das Geschäft zu erhalten. Das sah auch der Gerichtshof so und bürstete in mehreren solchen Fällen diese Regelung ab.

Ebenfalls erfolglos war das Ansinnen des dänischen Gesetzgebers, einem dänischen Ehepaar zu verbieten, eine Private Limited Company (Ltd.) in England zu gründen und damit in Dänemark Geschäfte zu machen (der Fall Centros). Da eine Ltd. weniger Eigenkapital bei der Gründung erfordert, sah der dänische Gesetzgeber den Gläubigerschutz verletzt: Wenn ein dänischer Kunde dem Unternehmen Geld leiht, erwartet er, dass dieses Unternehmen ein gewisses Grundkapital hat, das im Falle der Insolvenz haftet – bei der Ltd. wäre das nicht gegeben. Grundsätzlich sei das richtig, befanden die europäischen Richter, hier gebe es aber andere, bessere Methoden, die Gläubiger zu schützen.

Weiteres Beispiel: der Fall Konle. Ein Deutscher kauft ein Grundstück in Tirol, doch die Behörden stellen sich quer – sie befürchten, dass der Deutsche dieses Grundstück nur für eine Ferienwohnung nutzen werde und diese deswegen für längere Zeit leer stehen werde, was aus raumplanerischen Aspekten negativ zu bewerten sei. Auch hier gab das Gericht den inländischen Behörden einen Korb – das raumplanerische Ziel sei auch mit Mitteln zu erreichen, die keinen Ausländer beim Erwerb von Grundstücken benachteilige, beispielsweise eine Verpflichtung des Käufers, das Grundstück nicht längere Zeit leer stehen zu lassen. Noch ein Beispiel zu Kapitalmarkttransaktionen: Das Gericht verbot den Niederlanden, Freibeträge auf Dividendenzahlungen von Aktien (also die Erträge, die eine Aktiengesellschaft an ihre Aktionäre ausschüttet) nur für die Dividenden inländischer Unternehmen zu gewähren (der Fall Verkojien).

Ein indirektes Mittel des Protektionismus können auch staatliche Subventionen sein – wenn der Staat heimische Unternehmen mit Geld fördert oder ihnen öffentliche Aufträge zuschanzt, so geht das zulasten der ausländischen Konkurrenz, weswegen staatliche Subventionen gern auf dem Spielplan der EU-Kommission stehen. Jüngstes Beispiel ist das Erneuerbare-Energien-Gesetz (EEG-Gesetz) Deutschlands, das stromintensive Unternehmen teilweise von der EEG-Umlage zur Förderung erneuerbarer Energien befreit, ihnen also einen Kostenvorteil verschafft. Hier fragen sich die europäischen Wettbewerbshüter, ob das eine unzulässige Beihilfe für deutsche Unternehmen ist und damit ausländische Wettbewerber benachteiligt. Sollten sie zu diesem Ergebnis kommen, drohen deutschen Unternehmen, die bisher von dieser Regelung profitierten, höhere Stromkosten.

Aufgabe

Suchen Sie in den Medien nach weiteren Konfliktfeldern innerhalb der EU. Welche Probleme hat die EU, welches sind die Ursachen?

Unter dem Strich bleibt hier eine Menge Ratlosigkeit zurück – dieses Thema ist weder ökonomisch noch politisch trivial. Wenn Sie mehr wissen wollen, greifen Sie bitte zu weiterführender Literatur – das Buch von Wagener und Eger (2009) eignet sich dazu hervorragend. Wir wollen im nächsten Kapitel lieber die erste Generaldebatte zum Thema Globalisierung einläuten.

Literatur

Hier werden Chefs als Geisel genommen:

Jarjour, Michaël (2013), US-Manager ist Geisel in seinem Unternehmen, *Handelsblatt Online*, URL http://www.handelsblatt.com/unternehmen/industrie/china-us-manager-ist-geisel-in-seinem-unternehmen/8401132.html

o.V. (2009), Wütende Arbeiter nehmen Sony-Chef als Geisel *Welt Online*, URL http://www.welt.de/wirtschaft/article3370339/Wuetende-Arbeiter-nehmen-Sony-Chef-als-Geisel.html

o.V. (2009), Frankreich: Arbeiter nehmen erneut Chef als Geisel, *Spiegel Online*, URL http://www.spiegel.de/wirtschaft/unternehmen/frankreich-arbeiter-nehmen-erneut-chef-als-geisel-a-653568.html

Der deutsche Rentner, der in Österreich Rente haben will:

Budras, Corinna (2014) Sozialleistungen für Zuwanderer Hartz IV für EU-Bürger wäre erst der Anfang, FAZ.net, URL http://www.faz.net/aktuell/wirtschaft/wirtschaftspolitik/sozialleistungen-fuer-zuwanderer-hartz-iv-fuer-eu-buerger-waere-erst-der-anfang-12746545.html

Der Milben-Käse und der amerikanische Zoll:

Hanke, Thomas (2013), USA vernichten krabbelnde Käse-Spezialität, *Handelsblatt Online*, URL http://www.handelsblatt.com/panorama/aus-aller-welt/gesundheitsgefahr-am-zoll-usa-vernichten-krabbelnde-kaese-spezialitaet/8447842.html

Zur Geschichte und Funktionsweise der Europäischen Union:

Wagener, Hans-Jürgen; Eger, Thomas (2009), Europäische Integration. Wirtschaft und Recht, Geschichte und Politik, 2. Auflage, Verlag Franz Vahlen, München.

Kopper, Christopher (2011), Die Entwicklung des europäischen Binnenmarktes und die Einheitliche Europäische Akte von 1986. In: Themenportal Europäische Geschichte (2011), URL: http://www.europa.clio-online.de/2011/Article=497.

Alles zur EU finden Sie auch auf der Homepage der Europäischen Union unter www.europa.eu

Der gemeinsame Binnenmarkt:

Busch, Berthold (2013), Europas Binnenmarkt – Wirtschaftsraum mit Potenzial, Institut der Deutschen Wirtschaft, Konrad Adenauer-Stiftung, Berlin 2013, URL http://www.kas.de/wf/doc/kas_34913-1522-1-30.pdf?130905175320

EG-Kommission (1985), Vollendung des Binnenmarktes, Weißbuch Luxemburg.

4 Die Globalisierungsdebatte: Ein erstes Fazit

Dieses Kapitel hat zum Ziel, dass Sie

- ein erstes Fazit zu Freihandel und Faktorwanderungen ziehen können: Was bringt Globalisierung, welches sind ihre Vor- und Nachteile? Macht sie ärmer oder reicher? Drückt sie die Löhne? Schadet sie der Umwelt?
- Klar ist allerdings auch, dass dieses Kapitel nur ein paar Anregungen bringen kann, im besten Fall ermutigt es, selbst weiter zu forschen. Einfache Antworten auf komplizierte Fragen gibt es selten.

Wichtige Begriffe in diesem Kapitel

Sozialstandards, Kinderarbeit, Lohnargument, Umweltschutz, Tigerstaaten, Steuerflucht, machtlose Staaten

@ **Einen aktuellen Foliensatz zu diesem Kapitel finden Sie unter www.vahlen.de/15879880**

Worum geht es? Wenn Sie bis hierhin durchgehalten haben, dann wissen Sie nun einiges über die Mechanik der Globalisierung, wie Handel und Arbeits- und Kapitalwanderungen funktionieren – mit diesem Wissen bewaffnet wollen wir uns nun einige Anschuldigungen der Globalisierungsgegner anschauen.

Das Armutsargument. Ein weitverbreiteter Vorwurf ist, dass Globalisierung zu mehr Armut führt – was ist davon zu halten? Die wesentlichen Argumente dazu haben wir bereits erörtert: Handel und Faktorwanderungen können den Wohlstand eines Landes erhöhen – auf vielen Wegen, wie wir gesehen haben. Kann Globalisierung auch die weltweite Armut erhöhen? Zumindest für die vergangenen 20 Jahre lässt sich das nicht sagen: Die weltweite Armut – gemessen an der Zahl der Menschen, die von weniger als 1,25 Dollar pro Tag leben, hat sich von 1990 bis 2010 von 43 Prozent auf rund 21 Prozent in etwa halbiert – und das in einer Zeit, in der – wie wir gesehen haben – die Globalisierung an Fahrt gewonnen hat (vgl. Abb. 52). Vorsichtig formuliert stützt dieser Befund nicht die These, dass eine Zunahme der Globalisierung die weltweite Armut vergrößert. Auch wenn man den Begriff Armut weiter fasst und auf Lebensstandard, Lebenserwartung und Bildung abstellt, ergibt sich ein ähnliches Bild, das wir bereits mit dem Human Development Index kennengelernt hatten (Tabelle 1). Der Index zeigt, dass es den Menschen in den vergangenen 150 Jahren immer besser ging (der höchstmögliche Wert des HDI ist eins, für die Welt insgesamt ergibt sich ein mittlerer HDI von 0,74).

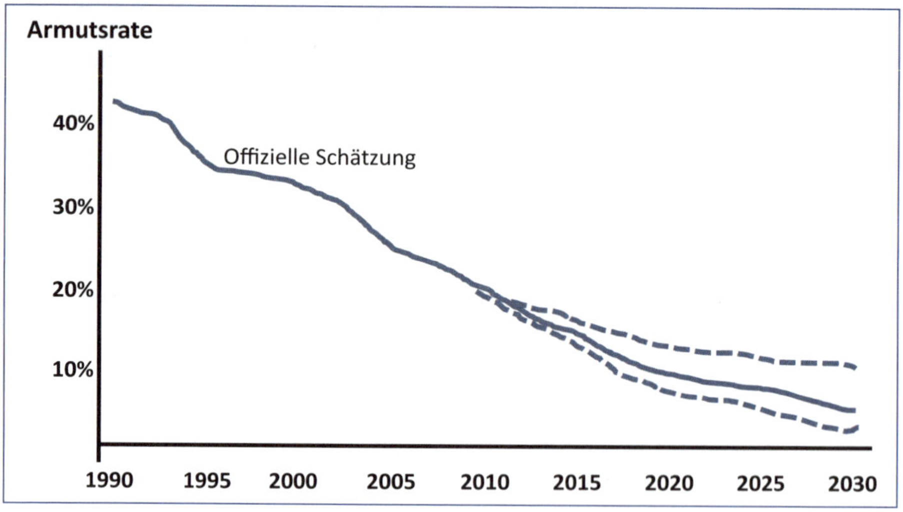

(Quelle: Chandy, Laurence; Ledlie, Natasha; Penciakova, Veronika (2013), The Final Countdown: Prospects for Ending Extreme Poverty by 2030, The Brookings Institution Policy Paper 2013-04)

Abbildung 51: Weltweite Armut (Anteil der Menschen, die von weniger als 1,25 Dollar pro Tag leben. Gestrichelte Linien: Verlauf bei alternativen Annahmen über das zukünftige Wachstum)
Ab 2008 Schätzung; das Band zeigt den Verlauf bei alternativen Annahmen über das weltweite Wachstum an.

Ursache für den Rückgang der weltweiten Armut in den vergangenen Jahren war erstens das starke Wachstum Chinas und anderer Entwicklungsländer – allein China hat zwischen 1981 und 2001 rund 680 Millionen Menschen aus der Armut geholt (während es sich immer mehr dem Ausland geöffnet hat). Eine zweite Ursache war die Verteilung der Wachstumsgewinne: Zwei Drittel der sinkenden Armut sind auf Wachstum zurückzuführen, das andere Drittel auf eine bessere Verteilung; wobei Länder mit einer gleichmäßigen Einkommensverteilung ihre Armutsrate schneller und stärker reduzierten.

Womit wir bei der Frage wären, ob Globalisierung zu mehr Ungerechtigkeit in Form ungleich verteilter Einkommen führt. Das haben wir bereits in der Einführung kennengelernt, schauen Sie sich noch einmal Abbildung 51 an. Dort haben wir gesehen, dass die Ungleichheit innerhalb der Staaten tendenziell eher gesunken ist, zwischen den Staaten aber deutlich gestiegen ist. Der Grund: In den vergangenen Jahrzehnten sind einige Staaten stark gewachsen, während andere Staaten zurückgeblieben sind – dadurch entsteht eine weltweite Ungleichheit zwischen Staaten. Im Inneren sind aber viele Staaten nicht ungleicher geworden. Das internationale Ungleichheitsgefälle entsteht also dadurch, dass einige Staaten gewachsen sind, während andere zurückgeblieben sind. Der Ökonom Xavier Sala-I-Martin zeigt für die Achtziger- und Neunzigerjahre den gleichen Befund, er hat sich sieben verschiedene Kennzahlen für Ungleichheit angesehen, die sogar einen Rückgang der Ungleichheit in dieser Zeit zeigen.

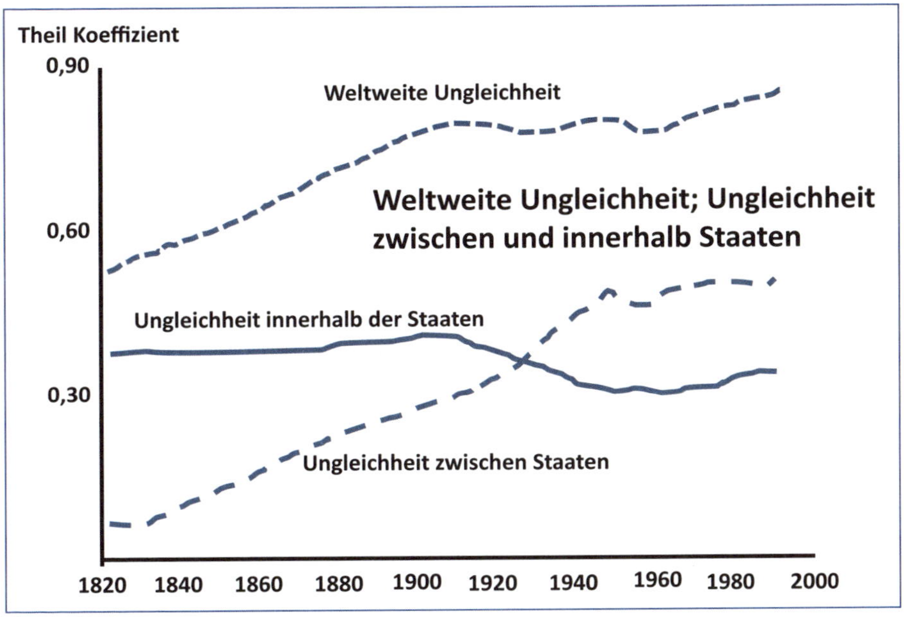

Abbildung 52: Ungleichheit durch Globalisierung

Diese Zahlen legen, vorsichtig gesagt, nicht nahe, dass Globalisierung zu mehr Armut geführt hat – im Gegenteil, die weltweite Armut ist gesunken. Bei der Ungleichheit ist es schwieriger – sie hat in einigen Staaten abgenommen, wodurch sie zwischen den Staaten gestiegen ist. Gibt es möglicherweise einen anderen Treiber für Ungleichheit? Vielleicht hilft da Abbildung 53; sie zeigt den Einfluss verschiedener Faktoren auf die Ungleichheit in entwickelten (obere Abbildung) und sich entwickelnden (untere Abbildung) Staaten. Der erste Balken zeigt jeweils die Entwicklung des Gini-Koeffizienten zwischen 1981 und 2003 – das ist eine Maßzahl für die Ungleichheit eines Landes (Sie erinnern sich: 0 bedeutet absolute Gleichverteilung; 1 absolute Ungleichheit). Die unteren Balken zeigen jeweils den Beitrag verschiedener Faktoren zu dieser Entwicklung.

Lesen wir einmal den oberen Teil der Grafik: In den industrialisierten Ländern ist der Gini-Koeffizient zwischen 1981 und 2003 um 0,65 Prozentpunkte gestiegen – also eine leichte Zunahme der Ungleichheit. Etwa 0,25 Prozentpunkte davon lassen sich durch die Globalisierung erklären, die eigentliche Triebfeder dieser Entwicklung aber ist der technische Fortschritt, der mehr als 0,50 Prozentpunkte zu dieser Entwicklung beigetragen hat (andere Faktoren haben die Ungleichheit hingegen leicht gedämpft).

In den Schwellenländern hingegen (unterer Teil der Grafik) ist der Gini-Koeffizient um 0,27 Prozentpunkte gestiegen, 0,83 Prozentpunkte hat der technische Fortschritt dazu beigetragen (da andere Faktoren die Ungleichheit gedämpft haben, kann dieser Effekt größer sein als der Gesamteffekt); die Globalisierung hingegen hat die Ungleichheit sogar leicht gedämpft. Will heißen: Sowohl in Industriestaaten als auch in Entwicklungsländern war der technische Fortschritt ein wesentlich größerer Treiber als die Globalisierung; in den Entwicklungslän-

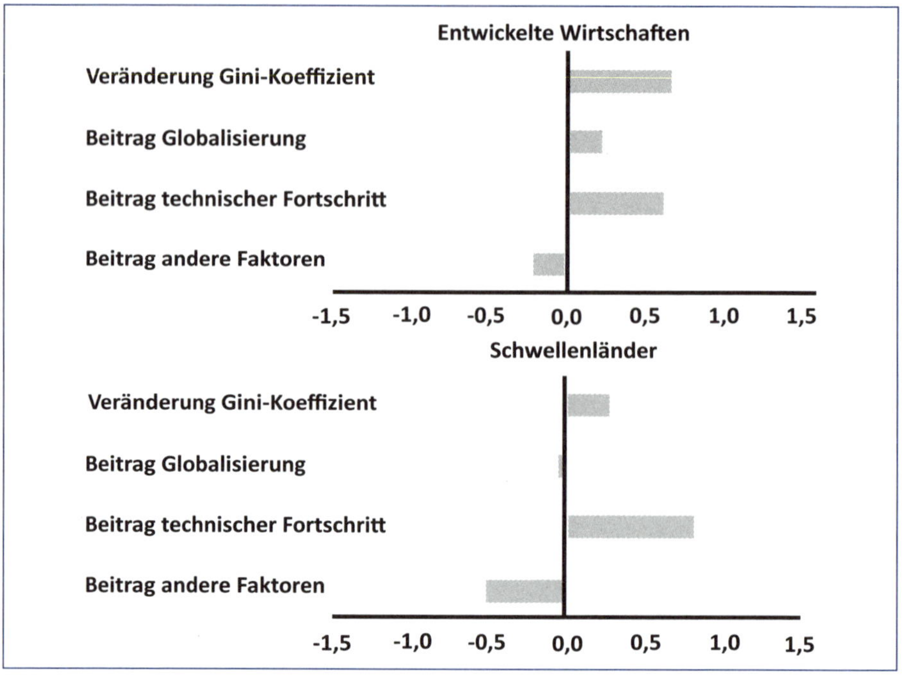

Quelle: Florence Jaumotte, Subir Lall, Chris Papageorgiou (2013), Rising Income Inequality: Technology, or Trade and Financial Globalization?, IMF Economic Review, Vol. 61, No. 2, pp. 271–309.

Abbildung 53: Der Einfluss von Globalisierung und technischem Fortschritt auf die Ungleichheit von Staaten (1981–2003)

dern hat sie sogar leicht dämpfend gewirkt. Das könnte sich daraus erklären, dass mehr ausländische Konkurrenz eher den etablierten Eliten eines Landes zusetzt, da sie deren Machtposition reduziert. Was Ungleichheit angeht, muss man sich vielleicht mehr Gedanken um technischen Fortschritt machen. Auch hier bleiben – wie im Falle der Globalisierung – zwei Möglichkeiten für die Politik: technischen Fortschritt verbieten oder dessen Folgen mit entsprechender Sozialpolitik bekämpfen. Hier würde wohl kaum jemand auf die Idee kommen, technischen Fortschritt zu verbieten – wenn es aber um Globalisierung geht, scheint es weniger klar zu sein, dass dies keine gute Idee ist.

Aufgabe

Diskutieren Sie, inwieweit sich Armut und Reichtum in der Welt in den vergangenen 2000 Jahren verändert haben. Suchen Sie weitere Daten. In welcher Zeit möchten Sie leben und warum?

Das Lohnargument. Ein weiterer Vorwurf ist, dass Globalisierung zu einem Rückgang der Löhne führt, schlimmstenfalls zu einem weltweiten Race to the bottom, ein Rennen, in dem sich Staaten gegenseitig mit ihren Löhnen unterbieten. Was ist davon zu halten?

Zunächst einmal kennen wir die Ergebnisse unserer theoretischen Überlegungen: Im Rahmen des Ricardo-Modells steigt zumindest die Kaufkraft der Löhne, da man nun Produkte billiger aus dem Ausland beziehen kann, statt sie für teures Geld selbst herzustellen. Das Heckscher-Ohlin-Modell hingegen prognostiziert, dass nach der Handelsöffnung die Entlohnung desjenigen heimischen Produktionsfaktors steigt, der im Inland relativ reichlich vorhanden ist. Will heißen: Die in den Entwicklungsländern reichlich vorhandenen Arbeitskräfte werden durch die Globalisierung eher steigende Löhne sehen (dies gilt auch bei ausländischen Investitionen in diesen Ländern, da dann Kapital relativ zu Arbeit reichlicher wird); die Arbeitskräfte in den Industriestaaten hingegen müssen Lohn- oder Arbeitsplatzeinbußen hinnehmen – jedenfalls in den Branchen, in denen sie mit ausländischer Konkurrenz rechnen müssen.

Noch apokalyptischer sieht das die These vom Race to the bottom an den weltweiten Arbeitsmärkten: Im Zuge der weltweiten Konkurrenz zwischen den Staaten, so die Idee, werden sich die Arbeitnehmer immer weiter mit den Löhnen unterbieten, es kommt zu einem weltweiten Verfall der Löhne. Dieses Argument ist im Grunde genommen nicht neu, sondern eine Wiederauflage der marxistischen Verelendungsthese, die besagt, dass der Kapitalismus und der ihm eigene Wettbewerb zu einer Verelendung der Arbeiter führen werde. Diese These, die in der zweiten Hälfte des 19. Jahrhunderts vertreten wurde, ist auf nationaler Ebene mehr oder weniger widerlegt – stattdessen haben wir die Geburt des Wohlfahrtsstaates erlebt, jedenfalls in allen wohlhabenden, marktwirtschaftlich orientierten Staaten. Stellt sich die Frage, ob eine Theorie, die auf nationaler Ebene versagt hat, auf internationaler Ebene eine größere Prognosekraft haben kann. Die Gegenthese zur Verelendung wäre ein Race to the top: Im Zuge steigender Industrialisierung nimmt auch das Wachstum eines Landes zu, die Produktivität der Arbeitnehmer steigt und damit steigen auch ihre Löhne. Mit steigendem Wohlstand schließlich steigen auch die Ansprüche der Arbeitnehmer, was Arbeitsbedingungen, demokratische Partizipation und Rechte, Umweltschutz und andere soziale Aspekte angeht. Das wäre das internationale Gegenstück zu der im 19. Jahrhundert in Europa beobachteten Entwicklung.

In der Tat hat man eine solche Entwicklung beispielsweise bei den sogenannten asiatischen Tigerstaaten (Singapur, Südkorea, Hongkong und Taiwan) beobachtet, die sich von Entwicklungsländern zu erfolgreichen Industrienationen entwickelten – als diese Staaten begannen, sich in die Weltwirtschaft zu integrieren, war die Angst der industrialisierten Nationen damals auch sehr groß. Heute vermutet man eine ähnliche Entwicklung beispielsweise in China. Für die Entwicklung asiatischer Staaten wird bisweilen auch das Bild des Fluggänsemodells bemüht: Wie die Gänse führt ein Land – im Falle der Tigerstaaten war das Japan – die anderen Fluggänse, deren Wirtschaft sich analog zu der der Führungsgans entwickelt. Heute kann man spekulieren, ob China oder Indien die neuen Leitgänse sind. Diese Sicht der Globalisierung ist zugebenermaßen recht optimistisch: Durch das Wachstum, das sie in den betreffenden Staaten mit sich bringt, steigen die Lebensstandards und die Löhne ebenso wie die Sozialleistungen und das Umweltbewusstsein.

Und was sagt die Empirie? Abbildung 54 zeigt uns zunächst die Entwicklung der Realeinkommen in offenen (linke Spalte) und geschlossenen (rechte Spalte) Volkswirtschaften über die vergangenen Jahrzehnte hinweg. Man sieht, dass die geschlossenen Volkswirtschaften in den Sechzigerjahren stärker wachsen als die offenen Staaten, in den Siebzigerjahren schwächt sich dieser Vorsprung deutlich ab und seit den Achtzigerjahren haben die offenen Volkswirtschaften wachstumstechnisch gesehen die Nase klar vorn. Also gerade in einer Zeit, in der die Globalisierung so richtig an Fahrt gewinnt, steigt das Wachstum der offenen Volkswirtschaften deutlich stärker als der Staaten, die sich von der Welt eher abkoppeln.

	Globalisierer	Nicht-Globalisierer
Sechzigerjahre	**1,4**	**2,4**
Siebzigerjahre	**2,9**	**3,3**
Achtzigerjahre	**3,5**	**0,8**
Neunzigerjahre	**5**	**1,1**
Anstieg Handel / BIP in %	**104**	**–18**

Quelle: Crafts, Nicholas (2004), Globalisation and Economic Growth: a Historical Perspective, The World Economy, Volume 27, Issue 1, p. 55.

Abbildung 54: Wachstum des Realeinkommens pro Kopf in offenen und geschlossenen Volkswirtschaften (in Prozent pro Jahr)

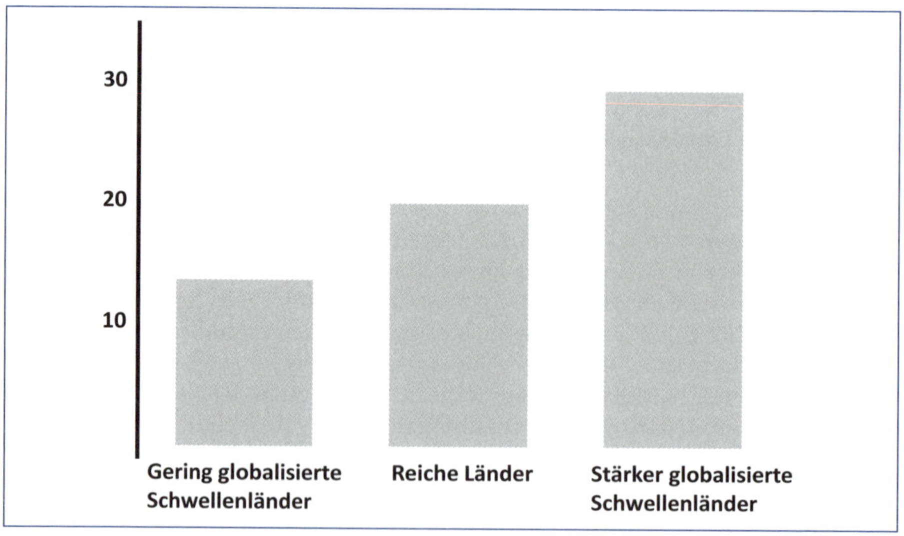

Quelle: Dollar, David Dollar, David (2005), Globalization, Poverty and Inequality since 1980; The World Bank Research Observer, Vol. 20, No. 2 (Fall 2005), pp. 145–176.

Abbildung 55: Lohnwachstum in Prozent in den Achtziger- und Neunzigerjahren in offenen, geschlossenen und entwickelten Volkswirtschaften

Abbildung 55 zeigt, dass in den Achtziger- und Neunzigerjahren die Löhne in offenen Entwicklungsländern nicht nur stärker steigen als in geschlossenen Entwicklungsländern, sondern auch stärker als in entwickelten Industriestaaten. Auch diese Tabelle lässt – wie die vorherige – nicht den Schluss zu, dass eine Zunahme der Globalisierung ärmer macht, die Einkommen und die Löhne reduziert.

Machtlose Staaten. Ein weiterer Vorwurf gegen die Globalisierung ist, dass Staaten im Zuge der Internationalisierung der Wirtschaft immer machtloser werden – passt den Unternehmen die Politik eines Landes nicht, so ziehen sie weiter und nehmen die Arbeitsplätze mit. Deswegen, so das Argument, werden Staaten gegenüber diesen Unternehmen immer hilfloser, nationale Grenzen verlieren ihre Bedeutung.

Damit, so die These, sinken die Steuereinnahmen der Staaten (weil sie Unternehmen nicht mehr effektiv besteuern können) und damit sinkt auch ihre Fähigkeit, den modernen Wohlfahrtsstaat zu finanzieren. Die Gegenthese besagt, dass mit steigendem Wohlstand, der durch die Globalisierung entsteht, auch eine höhere Nachfrage nach Sozialleistungen entsteht, weswegen der Sozialstaat eher zu- als abnehmen wird.

Was ist davon zu halten? Zunächst einmal zeigt Abbildung 56, dass es für die Zeit zwischen 1970 und 2004 offensichtlich keinen Zusammenhang zwischen

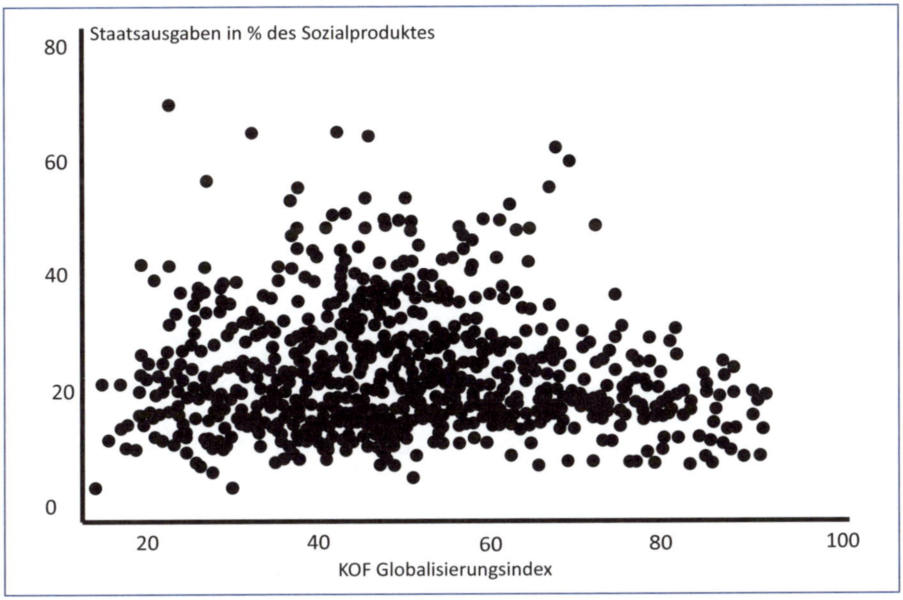

(Quelle: Meinhard, Stephanie; Potrafke, Niklas (2012), The Globalization – Welfare-Nexus reconsidered, Review of International Economics, Vol. 20 (2), pp. 271–287.)

Abbildung 56: Globalisierung und Größe des staatlichen Sektors (1970–2004) Auf der waagrechten Achse ist das Ausmaß der Offenheit eines Landes abgetragen – gemessen anhand eines Globalisierungsindex, der sich aus mehreren Variablen zusammensetzt. Auf der vertikalen Achse steht der Anteil des Staates am nationalen Sozialprodukt in Prozent; jeder Punkt repräsentiert ein Land.

der Offenheit eines Landes (gemessen auf der horizontalen Achse) und dem Anteil des Staates am Sozialprodukt (vertikale Achse) gibt. Die Abbildung zeigt, dass Staaten mit hohem Globalisierungsgrad (rechte Seite der Abbildung) einen ähnlich hohen Staatsanteil haben können wie Staaten mit geringer Integration in die Weltwirtschaft (linke Seite der Abbildung).

Könnte es also sein, dass es andere Argumente gibt, welche die These vom machtlosen Staat relativieren? Wer beispielsweise auf die Bundesrepublik blickt, stellt fest, dass die Sozialleistungsquote (also der Anteil der Sozialausgaben am Sozialprodukt) in den vergangenen Jahrzehnten tendenziell gewachsen ist und heute bei rund 30 Prozent liegt – 1960 lag diese bei 18 Prozent. Und das in einem Land, dessen Geschäftsmodell Globalisierung heißt. Warum?

Zunächst einmal haben wir gesehen, dass ausländische Direktinvestitionen aus vielerlei Gründen erfolgen – Steuern und Arbeitskosten sind nur ein Posten unter vielen. Unternehmen verlassen nicht beim kleinsten Steuerunterschied das Land, weil sie dort viele andere Vorteile finden (Kunden, Rechtssicherheit, Infrastruktur, gut ausgebildete Mitarbeiter), die teilweise direkt mit dem Steueraufkommen zusammenhängen. Je reicher ein Land ist, desto besser ist das Umfeld, das es einem Unternehmen bietet – und dafür kann es auch entsprechend Steuern einnehmen. Das Beispiel des Teddy-Herstellers Steiff steht da stellvertretend für diese Argumente.

Weiterhin muss man bedenken, dass Steuern letztlich immer von Menschen, nicht von Unternehmen bezahlt werden. Die Steuer auf die Unternehmensgewinne werden letztlich von den Eigentümern bezahlt, und die sind in der Regel immobiler als das Kapital. Solange der Unternehmenseigner einen Wohnsitz im Inland hat, wird ihn letztlich die Steuer ereilen. Das reduziert die Ohnmacht des Staates deutlich und lässt dem Steuerausweichler nur zwei Optionen: Auswandern oder Steuern hinterziehen – beides bisweilen nur mit mäßigem Erfolg (wie beispielsweise das Schicksal des Ex-Tennisstars Boris Becker beweist, der als Wohnsitz Monaco angab und deswegen dort seine Steuern zahlte – bis ihm das Finanzamt nachwies, dass sein Lebensmittelpunkt Deutschland sei, was ihm eine Verurteilung wegen Steuerhinterziehung eintrug).

Info: Der Teddy kehrt nach Hause zurück

Seit 1880 wurde der niedliche Geselle im schwäbischen Giengen hergestellt, doch dann, so schien es, gab es keine andere Lösung: Die Herstellung in Deutschland sei zu teuer, hieß es, Teile der Produktion wurden nach China ausgelagert – seitdem war der Teddy des Plüschtierherstellers Steiff rein formal gesehen ein Chinese. Doch das währte nicht lange: Steiff wurde zu einem weiteren Fall einer gescheiterten Globalisierungsstrategie eines deutschen Mittelständlers. 2008 kündigte die Firma an, die Produktion aus China zurückzuholen und künftig in Duisburg zu produzieren. Die Qualität der Fertigung in China war zu schlecht für die Qualitätsansprüche der Teddy-Fabrikanten – wenn ein Glasauge nur einen Millimeter schief sitzt, „... wird aus dem treuherzigen Blick des Bären schnell eine Fratze", erklärte das Unternehmen die Probleme. Auch die Arbeitnehmer in China waren ein Problem: Acht bis zwölf Monate dauerte es, bis die Arbeiter Kuscheltiere nach deutschem Qualitätsanspruch nähen konnten – und dann wechselten sie häufig nach kurzer Zeit ihren Job, wenn in der Nähe besser bezahlt wurde. Auch andere Unternehmen machten ähnliche Erfahrungen: Der französische Spielzeughersteller Meccano holte Teile seiner Fertigung aus China zurück, Kapsch, ein Hersteller von Zugfunktechnik in Wien, verlagerte sein Werk vom chinesischen Foshan zurück nach Österreich, ebenso der Pfannenhersteller Berndes aus Arnsberg. Als Gründe für den Rückzug aus China werden steigende Löhne genannt, Arbeiter würden knapper, Kundenservice, Lieferzeiten, schnelle Verfügbarkeit und punktgenaue Konfektionierung der Fertigung seien Trumpf. Schaut man genauer hin, so geht es vor allem um Produkte, bei denen man eine intraindustrielle Spezialisierung erwarten kann – weswegen hier andere Aspekte als die komparativen Kostenvorteile eine Rolle spielen. „Mittlerweile folgt auf jede dritte Verlagerung sogar eine Rückverlagerung", sagen Experten. Auch der Branchenverband des Verarbeitenden Gewerbes in Großbritannien berichtet, dass jedes siebte britische Unternehmen zwischen 2010 und 2012 seine ausgelagerte Produktion wieder ins Land zurückgebracht habe. Ähnliches kann man in den Vereinigten Staaten beobachten, wo es bereits eine gemeinnützige Reshoring-Initiative gibt, die sich für die Repatriierung von Fertigungsjobs einsetzt.

Dohmen, Caspar (2010), Der Teddy kommt zurück, *Süddeutsche Online*, URL http://www.sueddeutsche.de/wirtschaft/stofftiere-steiff-verlaesst-china-der-teddy-kommt-zurueck-1.30480

Gärtner, Markus (2012), Erste Firmen blasen zum China-Rückzug, *Manager-Magazin Online*, URL http://www.manager-magazin.de/politik/weltwirtschaft/a-807918.html

Hagerty, James R. (2012), Es war einmal in China: US-Firmen holen Produktion zurück, *Wall Street Journal Online*, URL http://www.wsj.de/article/SB10001424052702304707604577426504288394624.html

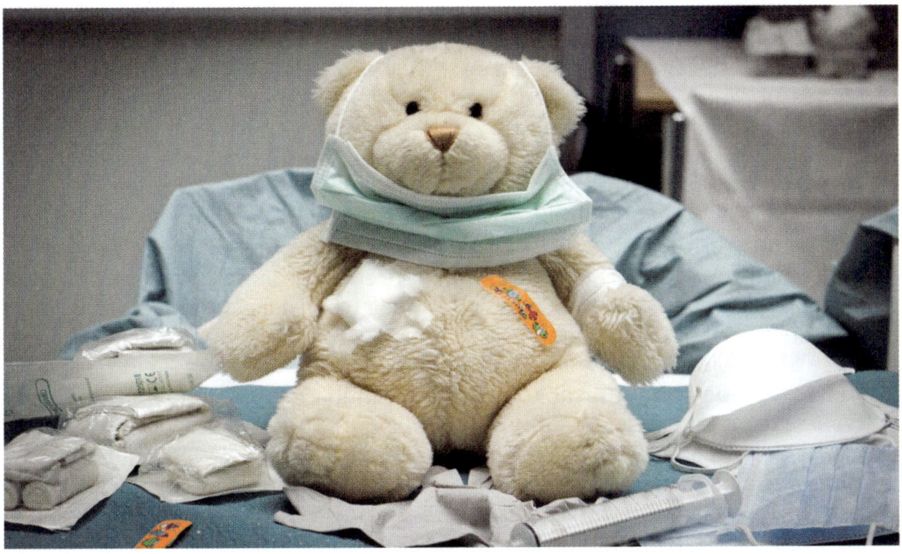

(Foto: Christiaan Triebert)

Komm nach Hause, Teddy!

Dennoch zeichnet sich seit Beginn der 1980er-Jahre ab, dass international die Kapitalsteuern zulasten des weniger mobilen Produktionsfaktors Arbeit zurückgehen – die Möglichkeit, ins Ausland zu gehen, reduziert natürlich die Möglichkeiten, Kapital exzessiv zu besteuern. Aber wie gesagt: Solange man die natürlichen Personen besteuern kann, entgeht dem Fiskus letztlich kein Steuer-Euro oder -Dollar; das ist nur der Fall, wenn die Bürger ins Ausland fliehen oder Steuern hinterziehen (was mittlerweile auch immer schwieriger wird). Die Möglichkeit der Bürger, ins Ausland zu gehen, wird von einigen Globalisierungsbefürwortern auch positiv gesehen – als Abwehrmittel des Bürgers gegen einen auswuchernden Staat. Die Idee ist folgende: Es gibt grundsätzlich zwei Möglichkeiten der Bürger, wenn sie mit der Politik ihres Heimatstaates nicht zufrieden sind: Exit und voice, also auswandern oder protestieren. Falls Letzteres – in demokratischen Staaten – nicht zum gewünschten Ziel führt und man mit der Politik seiner Regierung unzufrieden ist, dann hat man immer noch die Möglichkeit des Exit – man dreht seinem Heimatland den Rücken. Überspitzt gesagt erschweren Globalisierung und die damit verbundenen Möglichkeiten, das Land zu verlassen, Staaten den Zugriff auf seine Bürger, das ist mithin ein Stück Freiheit. Das erklärt auch, warum totalitäre Staaten ihre Bürger nicht ausreisen lassen und sich generell ausländischen Einflüssen eher verschließen – siehe Nordkorea. Diese Freiheit der Bürger, mit Sack, Pack und Kapital das Land zu verlassen, so die Idee, diszipliniert Staaten in ihrem Tun, sie können sich nicht willkürlich über den Willen zu vieler Leistungsträger hinwegsetzen.

Info: Die Rolling Stones, U2 und das Finanzamt

In einem Interview mit der Washington Post lassen sich die Rolling Stones mit folgenden Sätzen zitieren: *„1971 waren wir gezwungen, mit Blick auf die englische Regierung eine Entscheidung zu treffen: in England zu leben und wegen der hohen Steuern nicht mehr in der Lage zu sein, sich einen Satz Gitarrensaiten zu leisten, oder aber fortzugehen und die Band zusammenzuhalten – Exile on Main Street."* Ihr Faible für Steuersparen teilen die Stones übrigens mit dem Iren Paul Hewson, besser bekannt als Bono, die Stimme der irischen Rockband U2: Die Gruppe hat im Laufe einer langen, glanzvollen Karriere einen dreistelligen Millionenbetrag eingespielt. Und eine Dachholding gegründet, die U2 Unlimited, die in Amsterdam residiert. Die Holding kassiert die Einkünfte aus der Songverwertung weltweit so gut wie steuerfrei und überweist sie auf U2-Konten von neun weiteren Holdings, von denen sechs in Irland, eine in den Vereinigten Staaten und eine in Großbritannien ansässig sind. Von hier aus wandern die Gelder auf die Konten der vier U2-Mitglieder. „Holland Routing" nennen Fachmagazine diese Strategie, die bei vielen anderen Künstlern beliebt ist – ein Netzwerk von Doppelbesteuerungsabkommen zwischen Holland und dem Rest der Welt führt dazu, dass die Einnahmen aus den Stücken mehr oder weniger steuerfrei aus aller Welt nach Holland überwiesen werden. Steuerflucht ist eines der großen Themen der Globalisierungsdebatte. Ob Ausnutzung von Rechtslücken, Stiftungen oder simples Vorbeischmuggeln am Finanzamt – die Wege des Schwarzgeldes sind finten- und listenreich. Allerdings wird es immer schwerer, dem Fiskus Geld vorzuenthalten: Mittlerweile haben sich mehr oder weniger alle Staaten weltweit auf einen Standard zur Kooperation mit den Steuerbehörden geeinigt, der im Kern vorsieht, dass das Inland auf Anfrage ausländischer Behörden Informationen herausgibt, falls dies notwendig ist, um die Gesetze des Auslands durchzusetzen. Steueroasen sind also verpflichtet, ausländischen Steuerbehörden bei konkretem und begründetem Verdacht auf Steuerhinterziehung Amtshilfe durch die Übermittlung von Kontodaten zu leisten. Der inländische Fiskus erhält damit Zugriff auf Kontostände, Kontobewegungen und Depotbestandteile sowie auf Protokolle von Anlageberatungen und Kreditunterlagen. Wer sein Geld im Ausland in Sicherheit bringen will, muss immer weitere Wege auf sich nehmen, um dem fragenden Blick des Finanzamtes zu entgehen – was nicht immer hilfreich ist, beispielsweise wenn es zu einem Prozess mit dem Vermögensverwalter im Ausland kommt oder man einen Teil seiner Gelder nach Hause holen will. Und überhaupt – was macht man, wenn man das Schwarzgeld nach Hause geholt (erfolgreich am Zoll vorbeigeschmuggelt) hat? Geben Sie Ihr Schwarzgeld für einen zu aufwendigen Lebensstil aus, so müssen Sie rasch mit fragenden Blicken des Finanzamtes rechnen. Globalisierung hat es vielleicht immer einfacher gemacht, Geld ins Ausland zu schaffen, es ist aber auch für die Staaten immer einfacher geworden, diesem Geld hinterherzuspionieren.

Beck, Hanno; Prinz, Aloys (2010), Zahlungsbefehl. Von Mordsteuern, Karussellgeschäften und Millionärsoasen. Hanser Verlag, München.

Aufgabe

Was halten Sie von der Idee, dass offene Grenzen einen Staat disziplinieren? Machen diese ihn machtlos oder ermächtigen sie den Bürger? Suchen Sie Beispiele für prominente Steuerflüchtlinge – woran sind sie gescheitert?

Das Arbeitsplatzargument. Der nächste Anklagepunkt gegen die Globalisierung ist der, dass sie Arbeitsplätze vernichtet. Mit all dem, was wir bereits über Handel gesagt haben, dürfte es Ihnen leichtfallen, dieses Argument einzuordnen. Erstens ist es – wie bereits gesehen – ein merkantilistisches Argument. Wir betreiben nicht Außenhandel oder investieren, um Arbeitsplätze zu schaffen. Eigentlich geht es doch darum, mit weniger Arbeit mehr Güter herzustellen – und genau das ist mittels Handel oder Investitionen im Ausland möglich, wie wir erkannt haben. Unzweifelhaft schafft das Arbeitsplätze in der Exportbranche oder im Ausland, führt aber zu weniger Arbeitsplätzen in der Branche, die von den Importen oder dem Abzug von Kapital bedroht ist (wobei Letzteres bei ausländischen Direktinvestitionen nicht der Fall sein muss). Wer jetzt die Frage stellt, ob per Saldo mehr neue Arbeitsplätze geschaffen als vernichtet wurden, hat das vorherige Argument nicht verstanden – es geht nicht darum, viel Arbeit zu schaffen; solange es Knappheit auf der Erde gibt, gibt es eigentlich auch genügend Arbeit für alle.

Das eigentliche Problem bei der Globalisierung besteht in der Veränderung der Wirtschaftsstrukturen, dem Strukturwandel – neue Arbeitsplätze werden geschaffen, alte Arbeitsplätze fallen weg. Und die entscheidende Frage ist, ob wir es schaffen, die Verlierer dieser Veranstaltung zu kompensieren, sie in neue Jobs zu bringen. Damit wird Globalisierung natürlich zu einer Herausforderung für

Bildungspolitik, Arbeitsmarktpolitik und Sozialpolitik – die Alternative dazu wäre, weiterhin alle Produkte teuer selbst herzustellen, statt sie im Ausland zu kaufen und zu fertigen, und damit das Problem auf dem heimischen Arbeitsmarkt auf die Konsumenten dieser Produkte und die ausländischen Arbeitnehmer abzuwälzen. Man kann es gar nicht oft genug betonen: Strukturwandel ist das eigentliche Problem der Globalisierung.

Wenn Sie sich noch einmal genau überlegen, was Globalisierung macht, erkennen Sie die Parallele zum technischen Fortschritt: Durch Globalisierung werden Produkte in einem neuen Produktionsprozess billiger und mit anderen Produktionsfaktoren (nämlich den ausländischen Produktionsfaktoren) hergestellt – das ist gut für die neuen Produktionsfaktoren und die Konsumenten dieser Produkte, aber schlecht für die alten Produktionsfaktoren. Genau wie beim technischen Fortschritt. Wollen wir den aufhalten oder einfach nur schauen, dass wir seine sozialen Folgen abfedern?

Aufgabe

Welche Möglichkeiten hat die Politik, die Folgen der Globalisierung abzufedern? Welche dieser Optionen halten Sie für vielversprechend, welche eher nicht?

Sozialstandards. Der nächste Vorwurf bezieht sich auf die Ausbeutung der Entwicklungsländer – Hungerlöhne, Kinderarbeit und andere Hässlichkeiten werden als Begleitmusik der Globalisierung genannt. Hier muss man genauer hinschauen: Die Hauptursache von Hungerlöhnen und Kinderarbeit ist schlichtweg Armut – Eltern schicken ihre Kinder nicht freiwillig in die Minen und überall, wo Wohlstand entsteht, verschwinden diese Phänomene sofort. Und soweit wir bisher gesehen haben, kann der Verdacht, dass Globalisierung zu mehr Armut führt, weder theoretisch noch empirisch erhärtet werden. In der positiven Sichtweise also führt die Globalisierung zu mehr Wohlstand, der zum Verschwinden dieser Phänomene und zu höheren Sozialstandards führt.

Was ist also von der Idee zu halten, Sozialstandards einzufordern oder gar Produkte, die mit Kinderarbeit hergestellt werden, zu boykottieren? Einige Ökonomen vermuten, dass ein solcher Boykott eher zu mehr als zu weniger Kinderarbeit führt – der Boykott senkt die Löhne für Kinderarbeit in dem betreffenden Land (da man nun die betreffenden Produkte nicht mehr verkaufen kann), und wenn die Familien auf das Einkommen angewiesen sind, müssen die Kinder noch mehr arbeiten – in Sektoren, die keine Exportprodukte herstellen, schlimmstenfalls sind das dann Minen oder Prostitution. Eine bessere Idee, dieses Phänomen zu bekämpfen, setzt an der Ursache der Kinderarbeit an, der Armut: Man bezahlt die Kinder dafür, dass sie zur Schule gehen – das senkt die Opportunitätskosten des Schulbesuchs und sichert der Familie ein Einkommen.

Abbildung 57 zeigt, dass Kinderarbeit vor allem durch Armut entsteht: Je höher das Pro-Kopf-Sozialprodukt eines Landes ist (je weiter ein Kreis in der rechten Hälfte der Grafik liegt), umso geringer ist das Ausmaß an Kinderarbeit (umso tiefer liegt der Kreis). Und wenn Armut tatsächlich die Ursache der Kinderarbeit

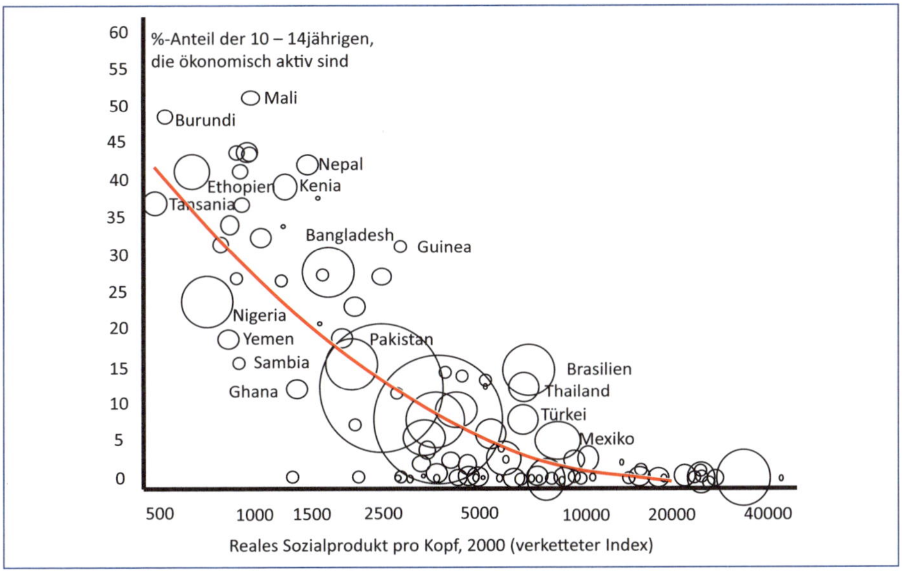

(Quelle: Edmonds, Eric V. (2007), Child Labor, NBER Working Paper 12926, February 2007.)

Abbildung 57: Der Zusammenhang zwischen Pro-Kopf-Sozialprodukt und Kinderarbeit
Nach oben abgetragen ist der Anteil der 10- bis 14-Jährigen, die arbeiten, horizontal steht das reale Sozialprodukt pro Kopf. Jeder Kreis repräsentiert ein Land, die Größe der Kreise zeigt die Anzahl der Kinder zwischen 10 und 14 in der Bevölkerung.

ist, dann wäre es auch sinnvoll, ursachenadäquat gegen die Armut vorzugehen – es scheint, als würde ein Boykott oder die Forderung nach Sozialstandards hier wenig helfen. Wer sich wegen mangelnder Produktivität keine Sozialstandards leisten kann, hat dann Pech gehabt.

Info: Fußball ohne Kinderarbeit

„... Shaukat ist froh, dass Millionen andere Menschen Fußball mögen, vielleicht nicht in Pakistan, eigentlich in ganz Südasien nicht, aber im Rest der Welt. Denn das sichert ihm seit Jahren sein Einkommen ... Im Schnitt verdienen die Menschen in Sialkot dank der Sportindustrie etwa doppelt so viel wie im Landesdurchschnitt, etwa tausend Euro im Jahr... Der Ruf der pakistanischen Lieferanten bei den Weltkonzernen ist gut, seitdem die Kinderarbeit offiziell verbannt ist. Früher nähten hier auch schon Zehnjährige, irgendwann gab es im Westen einen Aufschrei. Prompt fürchteten die Konzerne, die enorme Summen für ihr Image ausgeben, um ihren Ruf. Sportkonzerne und Menschenrechtler machten Druck, 1997 unterschrieben pakistanische Zulieferer und Vertreter von Unicef und der Internationalen Arbeitsorganisation ILO das Atlanta-Abkommen, ein Zugeständnis der Branche, Kinderarbeit abzuschaffen. Von einen Tag auf den anderen verloren Tausende von Kindern ihre Arbeit. Und um den Konzernen die Kontrolle zu erleichtern, verboten die großen einheimischen Hersteller die Heimarbeit und ließen stattdessen Nähzentren bauen. Es gibt jetzt eine Wirtschaftspolizei mit dem

> Namen Imac, ‚Independent Monitoring Association for Child Labor', die regelmäßig die Nähereien besucht und sich die Ausweise der Mitarbeiter zeigen lässt ... Die Eltern schicken ihre Kinder jetzt in die Ziegelbrennereien und in die Metall verarbeitende Industrie, dort schert sich niemand um das Image. Irgendwie müssen die Familien ja überleben. Die Manager der Sportfirmen wissen das, aber man will die Wünsche der westlichen Konzerne erfüllen, die Käufer der teuren Bälle möchten das Geld schließlich mit gutem Gewissen ausgeben. Dass jetzt direkt neben der Nähfirma Danayal junge Mädchen Ziegelsteine schleppen, ahnt der Kunde im Sportgeschäft ja nicht. 'Bei uns hatten es die Zehn- oder Zwölfjährigen dagegen richtig gut', sagt ein Manager, der seinen Namen nicht genannt wissen möchte. ‚Sie haben bei uns ein Handwerk gelernt, das ihnen ein Leben lang ihre Einkünfte gesichert hat. Jetzt gibt es kaum noch Nachwuchs, wir haben Schwierigkeiten, gute Näher zu finden.'"
>
> Kazim, Hasnain (2010), Globalisierung in Pakistan: Die Ballmacher von Sialkot, *Spiegel Online*, URL http://www.spiegel.de/wirtschaft/unternehmen/globalisierung-in-pakistan-die-ballmacher-von-sialkot-a-682090.html

Umweltschutz. Die Zerstörung der Umwelt durch zu starke Inanspruchnahme ist ohne Zweifel ein Fall von Marktversagen – hier ist der Staat gefordert. Die Frage ist allerdings auch hier, ob die Globalisierung die eigentliche Ursache der Umweltverschmutzung in den Entwicklungsländern ist – oder ob nicht doch die Armut in diesen Staaten dafür verantwortlich ist. Wer wenig Einkommen, aber viel Umwelt hat, wird sich rasch entschließen, diese teilweise für etwas mehr Reichtum zu opfern – das haben die industrialisierten Staaten vor 150 Jahren nicht anders gemacht. Dass diese Sichtweise nicht ganz unbegründet ist, zeigt der Umstand, dass auch isolierte Staaten ihre Umwelt verschmutzen (beispielsweise Osteuropa vor dem Mauerfall oder Nordkorea). Falls diese Ansicht stimmt, dann liegt auch hier die Lösung auf der Hand: Mit steigendem Wohlstand steigt auch die Nachfrage nach einer intakten Umwelt, und wenn Globalisierung diesen Ländern dabei hilft, reich zu werden, dann wäre dies ein möglicher Lösungsweg. Das soll nicht heißen, dass man die Industriestaaten hier aus ihrer Verantwortung entlassen kann, aber Protektionismus dürfte dann der falsche Weg sein. Ein möglicher Weg bestünde darin, dass die reichen Staaten sich an den Kosten des Umweltschutzes in den ärmeren Staaten beteiligen. Ein weites Feld, das ein eigenes Buch erfordert.

Aufgabe

Suchen Sie nach Initiativen der westlichen Regierungen, das Thema Umweltschutz auch in sich entwickelnden Ländern zu etablieren. Welche Maßnahmen schlagen die Industriestaaten vor, welche Wirkung können sie haben und wer muss diese Vorschläge bezahlen?

Kulturelle Gleichschaltung. Bleibt noch das Argument einer McDonaldisierung der Welt im Zuge der Globalisierung – droht uns kulturelle Verarmung? Das ist keine ökonomische Frage, die meisten Ökonomen tendieren dahin, niemandem vorzuschreiben, welche Kultur er gut finden oder konsumieren soll und welche nicht. Was der eine als Bereicherung empfindet – mehr Angebote aus verschiedenen Kulturen –, empfindet der andere als wenig schön oder gar als Bedrohung (das Aussterben nationalen Brauchtums). Eins sollte aber klar sein: Wer gegen die McDonaldisierung der Welt schimpft, muss sich auch über die zunehmende Anzahl italienischer Restaurants oder Dönerbuden beschweren – wer nur eine Kultur als schlecht ablehnt, während er eine andere hofiert, ist genauso fremdenfeindlich wie diejenigen, die er kritisiert. Empfindet man den Verlust heimischer Kulturgüter als tragisch, so kann man auch über nationale Subventionen sprechen. Aber Vorsicht: Das klingt nach einem Einfallstor für Einzelinteressen, wo man sich rasch einmal auf dem Kulturticket etwas öffentliches Geld unter den Nagel reißen kann. Hier hört die Ökonomie auf und die Politik beginnt.

(Foto: Ged Carroll)

Die gibt's wirklich überall

Info: „Handel gegen Armut"

Zum Abschluss: Ein Interview mit dem indischen Ökonomen Jagdish Bhagwati über Freihandel, Outsourcing und die Anti-Globalisierungs-Bewegung

Bhagwati: Sie können rechnen, wie Sie wollen: Die volkswirtschaftlichen Gewinne aus dem Handel sind gewaltig. Wir müssen am Wirtschaftsaustausch teilnehmen, um diese Vorteile zu nutzen.

ZEIT Online: *Auch wenn wir unsere Arbeitsplätze an Billiglohnländer verlieren?*

Bhagwati: Das tun wir ja nicht. Arbeitskosten sind im Wettbewerb viel weniger entscheidend, als die Leute immer glauben. Nachrangig sogar, mit der Ausnahme äußerst arbeitsintensiver Branchen. Andere Faktoren sind die Infrastruktur, Steuern, die Verfügbarkeit von Rohmaterialien, die Lage von Zulieferfirmen ... das ist zusammengenommen viel wichtiger. Die Befürchtungen sind äußerst übertrieben.

ZEIT Online: *Aber der Wettbewerb wird immer härter.*

Bhagwati: Das stimmt, aber das geht mal zugunsten des einen Landes aus und mal zugunsten des anderen. Wer den Vorteil hat, ändert sich manchmal über Nacht. Mal liegt Boeing vorn im Wettbewerb der Flugzeugfirmen, mal Airbus. ... Jeder steckt im Wettbewerb, niemand kann sich mehr hinsetzen und ausruhen. Damit müssen wir umgehen lernen.

ZEIT Online: *Wie denn?*

Bhagwati: Zum Beispiel, indem wir unsere Bildungssysteme anders ausrichten und auf die Frage ansetzen: Wie können die Leute befähigt werden, schneller von einer Spezialisierung in eine neue zu wechseln? Wir müssen einfach darauf vorbereitet sein, dass Arbeitskräfte ab und zu auf die Straße gesetzt werden.

ZEIT Online: *Wundern Sie sich darüber, dass so viele Menschen gegen den Freihandel sind, und hauptsächlich die Ökonomen dafür?*

Bhagwati: Die Leute, die profitieren, wissen das üblicherweise gar nicht. Und die Minderheiten, die leiden, wie zum Beispiel angestammte Firmen zu Hause, die Konkurrenzdruck bekommen, können ihren Protest besser organisieren. Aber das ist nur eine Erklärung. Es gibt viele Missverständnisse. Ökonomen sollten mehr erklären. Ich gebe zu, dass die meisten von uns nicht sehr gut darin sind, das zu tun, gute Beispiele auszuwählen und konkrete Geschichten von Leuten, die profitieren. Das wäre notwendig!

... Ich war aber schon ein bisschen enttäuscht, dass vor allem in Europa diese Generation junger idealistischer Menschen zu Gegnern der Globalisierung wurde. Die Leute waren ja sehr an sozialen Fragen interessiert, nicht so sehr an den akademischen Fragen ... Sie fragten ja zu Recht: Was macht der freie Handel mit den Frauenrechten? Was mit der Kultur von Eingeborenenstämmen? Oder der Kultur der Franzosen? Was ist mit der Armut, mit Kinderarbeit, Demokratie? Die dachten wirklich, dass die Globalisierung da schädlich sei. Ich hätte mir gewünscht, dass sie mehr darüber lesen. In all diesen Dingen hilft der internationale Handel!

ZEIT Online: *Was ist mit den Dumpinglöhnen in manchen Ländern? Hierzulande werden die als „unfair" empfunden und den Arbeitern in Indien oder China wünscht man doch auch ein höheres Einkommen und mehr Rechte!*

Bhagwati: Ja, und die Forderungen werden immer lauter, dazu Regeln und Auflagen in neue Handelsverträge hineinzuschreiben. Land XY soll die Löhne steigern und Gewerkschaften zulassen, damit es den Arbeitern dort besser geht. Wenn das wirklich der Grund ist, habe ich einen anderen Vorschlag. Dann machen Sie doch einfach die Grenzen auf und lassen Sie diese Leute hier arbeiten. Aber natürlich geht es denen nicht darum.

ZEIT Online: *Wenn Sie morgen ein Forschungsprojekt frei auswählen könnten, welches wäre es?*

Bhagwati: Ich würde die Ursachen des Protektionismus besser erforschen. Derzeit herrscht eine große Gefahr, dass dieser wieder in den reichen Ländern ausbricht ...

ZEIT Online: *Welche Einsicht erwarten Sie denn daraus?*

Bhagwati: Ich möchte eine Antwort auf eine wichtige praktische Frage erhalten: Welche Arten von Institutionen müssen wir in den reichen Ländern aufbauen, um Globalisierung wirklich gewinnbringend betreiben zu können und dafür zu sorgen, dass auch die Mehrheit der Menschen dahintersteht? ... Wenn wir die Frage nicht beantworten, verspreche ich Ihnen: Unser Welthandelssystem wird wieder dicht gemacht. Der Druck ängstlicher Menschen wird dazu führen.

Quelle: Fischermann, Thomas (2007), Handel gegen Armut, *Zeit Online*, URL http://www.zeit.de/2007/46/OdE3-Globalisierung-Interview

Literatur

Weltweite Armut:

o.V. (2013), Poverty: Not always with us, *The Economist Online*, URL http://www.economist.com/news/briefing/21578643-world-has-astonishing-chance-take-billion-people-out-extreme-poverty-2030-not

Sala-i-Martin, Xavier (2002), The Disturbing "Rise" of Global Income Inequality, NBER Working Paper No. 8904 (April 2002).

5 Von der Wall Street nach Uelzen: Finanzielle Globalisierung

Zum Einstieg: Der Mann, der die Bank von England besiegte. Milliarden hat er angeblich damit verdient, der Spekulant George Soros, als er 1992 gegen das englische Pfund spekulierte. Als Mann, der die Bank von England in die Knie zwang, ging er in die Währungsgeschichte ein. Eine gigantische Währungskrise erschütterte Europa, das damals herrschende Europäische Währungssystem, das EWS, war de facto gescheitert. Milliarden verloren haben hingegen viele Investoren 2007, als die amerikanische Immobilienkrise die Welt in ihren Grundfesten erschütterte und wie ein Virus weite Teile der restlichen Welt infizierte. Zu allem Übel war diese Krise der Startschuss für eine der größten Krisen des europäischen Kontinents, die Krise der europäischen Gemeinschaftswährung Euro. Immer wieder erschüttern Währungs- und Finanzkrisen die Welt – mit bisweilen durchaus realen Folgen.

All diese Phänomene können wir mit dem Instrumentarium, das wir bisher kennengelernt haben, nicht erklären. Wir haben uns bisher nur die sogenannte reale Außenwirtschaftstheorie angesehen, bei der es – wie der Name bereits sagt – um alles geht, was man anfassen kann, reale Güter eben. Der zweite Teil dieses Buches widmet sich der monetären Außenwirtschaftstheorie, hier geht es um alles, was mit Geld, Zinsen, Wechselkursen und der monetären Bewertung von Außenhandelstransaktionen zu tun hat. Welche von beiden Theorien wendet man nun an? Ganz einfach: beide. Dass wir Wechselkurse, Geldbewegungen und andere Finanzdinge bisher weitgehend ignoriert haben, hat einen einfachen Grund: Es ist wichtig, zunächst einmal die grundlegenden Mechanismen und Ideen zum internationalen Handel kennenzulernen und zu verstehen, bevor man dann eins draufsetzt und sich im nächsten Schritt anschaut, welche anderen Faktoren den internationalen Handel ebenfalls prägen. Alle Ideen aus dem ersten Teil behalten natürlich ihre Gültigkeit, aber sie werden sozusagen verfeinert, der Realität angepasst – wodurch die Erkenntnislage natürlich schwieriger wird. Aber genauso funktioniert Wissenschaft: Man fängt mit einem einfachen Modell an, das man schrittweise ausbaut, verfeinert und der Realität annähert. Genau das wollen wir jetzt tun. Dazu benötigen wir zuerst einige Grundkenntnisse darüber, wie der internationale Wirtschaftsverkehr erfasst wird – widmen wir uns also zunächst dem Tor zur Welt: der Zahlungsbilanz.

5.1 Das Tor zur Welt: Die Zahlungsbilanz

Dieses Kapitel hat zum Ziel, dass Sie

- verstehen, wie die Beziehungen des Inlandes zum Ausland in der Zahlungsbilanz erfasst und aufgearbeitet werden,
- die einzelnen Posten der Zahlungsbilanz kennen und verstehen und wissen, wie diese Posten miteinander zusammenhängen,
- wissen, wie Ungleichgewichte in der Zahlungsbilanz entstehen können und welche Folgen das für das In- und Ausland haben kann, je nach Natur und Ursache dieser Ungleichgewichte,
- und mithilfe dieses Wissens die Debatte um Ungleichgewichte innerhalb der Europäischen Währungsunion verstehen.

Wichtige Begriffe in diesem Kapitel

Zahlungsbilanz, Handelsbilanz, Kapitalbilanz, makroökonomische Ungleichgewichte, Zwillingsdefizite, volkswirtschaftliche Gesamtrechnung, Budgetdefizit, Handelsbilanzdefizit, Investitionen, Ersparnisse

@ **Einen aktuellen Foliensatz zu diesem Kapitel finden Sie unter www.vahlen.de/15879880**

Worum geht es? Vielleicht haben Sie es bereits einmal in den Medien gelesen oder gehört – da ist bisweilen von „makroökonomischen Ungleichgewichten" die Rede, vom amerikanischen Leistungsbilanzdefizit, das ebenso eine Bedrohung für die Weltwirtschaft darstelle wie der chinesische Handelsbilanzüberschuss; da diskutiert die Europäische Union Regeln, sowohl Länder mit hohen Außenüberschüssen als auch Länder mit Defiziten unter politischen Druck zu setzen, etwas zu unternehmen. Offenbar kann es zu Problemen führen, wenn ein Land zu viel exportiert oder importiert – aber warum? Das wollen wir in diesem Kapitel erörtern, aber dazu müssen wir zunächst einmal verstehen, wie die Mechanik des Außenhandels funktioniert. Dazu wollen wir in einem ersten Schritt die Beziehungen eines Landes zum Ausland messen (also die Zahlungsbilanz kennenlernen), um dann zu untersuchen, wie der Zusammenhang zwischen der Zahlungsbilanz und anderen inländischen Größen wie dem Sozialprodukt, dem Konsum und den Investitionen aussieht. Mithilfe dieser Zusammenhänge können wir dann untersuchen, wann und warum Außenhandelsüberschüsse oder -defizite zu einem Problem für die Wirtschaft eines Landes oder die Weltwirtschaft werden können.

Wenn wir verstehen wollen, wie der Kontakt zu anderen Staaten, Außenhandel, Migration, grenzüberschreitende Investitionen und der Handel mit fremden Währungen die Wirtschaft eines Landes beeinflussen, müssen wir diese Phänomene natürlich zuerst in irgendeiner Form erfassen und messen. Niemand kann sagen, welche Folgen Außenhandel für ein Land hat, wenn er nicht weiß, wie groß dieser ist. Wir benötigen also ein Instrumentarium, mit dessen Hilfe wir die gesamten außenwirtschaftlichen Beziehungen eines Landes zum Rest der Welt erfassen und messen können – und genau das ist die Zahlungsbilanz.

Sie müssen sich die Zahlungsbilanz vorstellen wie einen Flaschenhals, eine Tür zum Ausland. Stellen Sie sich einfach vor, dass alle, wirklich alle Transaktionen mit dem Ausland über eine einzige Zollstation abgewickelt werden, durch eine einzige Tür muss alles – egal ob raus oder rein. Und an dieser Tür sitzt ein Beamter, der alles, was zu dieser Tür raus ins Ausland oder rein ins Inland geht, aufschreibt. Und wenn der Beamte am Ende des Jahres alle seine Beobachtungen zusammenschreibt, dann tut er das in einer speziell geordneten Form – links alles, was aus dem Inland rausgeht, rechts alles, was ins Inland kommt. Das Ergebnis dieser Tätigkeit ist die Zahlungsbilanz. Die Zahlungsbilanz ist also eine systematische Aufzeichnung aller Güter, Dienstleistungen, Gelder, die aus dem In- ins Ausland oder aus dem Aus- ins Inland fließen. Das Verb des letzten Satzes zeigt Ihnen zugleich, dass die Zahlungsbilanz nur sogenannte Stromgrößen erfasst. Es handelt sich also um Zu- oder Abflüsse, nicht um Bestände. Stellen Sie sich eine Badewanne vor, in die Wasser fließt. Die Anzahl der Liter, die hineinfließen, ist eine Stromgröße, die Höhe des Wasserpegels ist eine Bestandsgröße. In der Zahlungsbilanz stehen die Zu- und Abflüsse in unser Land (das Wasser, das hinein- und hinausfließt). Unsere Gesamtschulden (oder Guthaben) gegenüber dem Ausland (der Wasserstand,

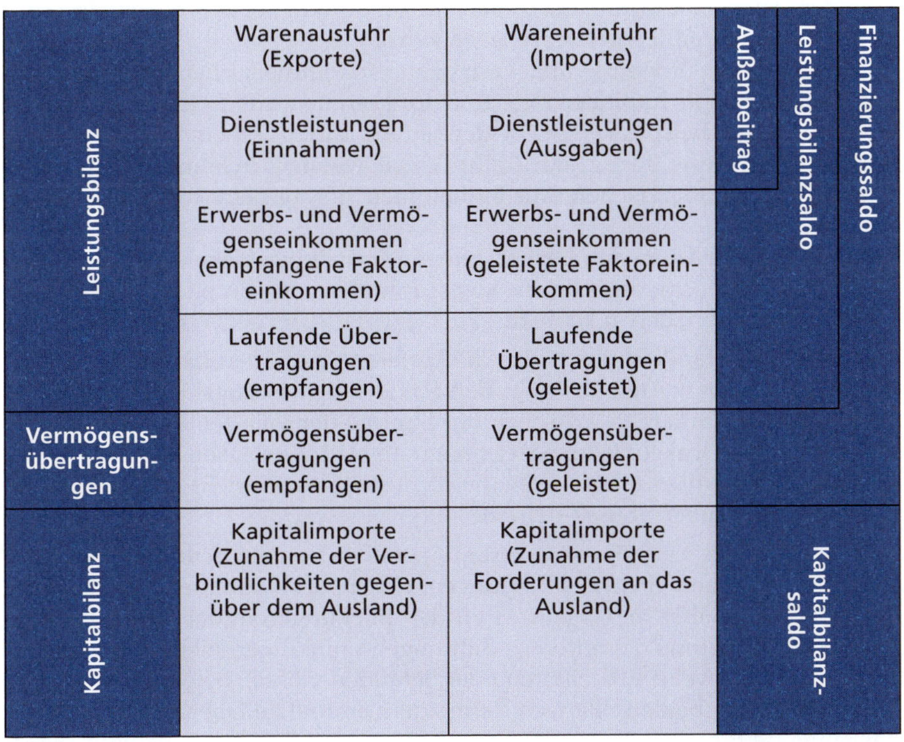

(Quelle: Ruckriegel (2010))

Abbildung 58: Der Aufbau der Zahlungsbilanz

der sich natürlich aus dem Zu- und Abflüssen über die Zeit kumuliert ergibt) ist unser Nettoauslandsvermögen.

Gut, schauen wir uns nun einmal an, wie wir die Zu- und Abflüsse in oder aus unserem Land ins Ausland erfassen. Dazu nutzen wir Abbildung 58.

Das Aufbauprinzip der Zahlungsbilanz kann man sich vereinfacht wie folgt merken: Auf der linken Seite stehen alle Transaktionen, die zu Zahlungseingängen führen, auf der rechten Seite die Transaktionen, die zu Zahlungsausgängen führen. So stehen beispielsweise auf der ersten Position links die Exporte eines Landes, also alle Güter, die wir herstellen und ins Ausland liefern – und wenn die Ausländer diese Exporte bezahlen, führt das zu Zahlungseingängen bei uns. Deswegen stehen die Kapitalimporte – das sind die Gelder, die Ausländer bei uns anlegen – auch auf der linken Seite, denn wenn ein ausländischer Investor beschließt, sein Geld nach Deutschland zu bringen, hat das einen Zahlungseingang bei uns zur Folge. Mit diesem einfachen Prinzip im Kopf schauen wir uns nun die einzelnen Posten der Zahlungsbilanz an, die in drei sogenannte Teilbilanzen untergliedert ist.

Die erste Teilbilanz ist die Leistungsbilanz, sie untergliedert sich nochmals in vier Teilbilanzen:

- In der Handelsbilanz wird der Austausch von Waren erfasst – deutsche Exporte links, die Importe nach Deutschland rechts.
- In der Dienstleistungsbilanz stehen alle Im- und Exporte von Dienstleistungen (hierunter fällt auch der Reiseverkehr).
- Die Bilanz der Erwerbs- und Vermögenseinkommen: Hier werden grenzüberschreitende Kapitalerträge und Einkommen aus Leistungen erfasst. Wenn Sie also beispielsweise Dividenden aus französischen Aktien beziehen, steht das in dieser Bilanz, ebenso Ihr Gehalt, wenn Sie in Frankreich arbeiten, aber in Deutschland leben. Alle Einkommen, die aus dem Ausland kommen, stehen hier.
- Die Bilanz der laufenden Übertragungen enthält beispielsweise Beiträge an internationale Organisationen oder Zahlungen der Entwicklungshilfe; es sind Zahlungen, denen keine direkte Gegenleistung gegenübersteht.

Den Saldo der Handelsbilanz, also die Differenz zwischen Exporten und Importen, nennt man Außenbeitrag; den Saldo der Leistungsbilanz insgesamt (wir bilden die Differenz zwischen der Summe der vier Teilbilanzen auf der rechten und der linken Seite) bezeichnet man als Leistungsbilanzsaldo. Wenn die linke Seite größer (kleiner) als die rechte Seite ist, spricht man von einem Leistungsbilanzüberschuss (-defizit).

In der Bilanz der Vermögensübertragungen, der zweiten Teilbilanz der Zahlungsbilanz, stehen ebenfalls Zahlungen, denen keine direkte Gegenleistung gegenübersteht, aber im Gegensatz zu den Buchungen in der Bilanz der laufenden Übertragungen sind diese Zahlungen einmaliger, nicht regelmäßiger Natur (beispielsweise Erbschaften oder Schuldenerlasse). Begründet wird die Trennung dieser beiden Bilanzen damit, dass einmalige Übertragungen nicht das laufende Einkommen der beteiligten Länder ändert, da sie ja definitionsgemäß nur einmalig stattfinden. Bilden wir den Saldo von Leistungsbilanz und Bilanz der Vermögensübertragungen, so erhalten wir den sogenannten Finanzierungssaldo. Wenn dieser positiv ist, bedeutet das, dass wir mehr ans Ausland geliefert haben, als das Ausland an uns geliefert hat – das bedeutet eine Zunahme der Forderungen gegenüber dem Ausland. (Natürlich: Wenn wir dem Ausland Waren, Dienstleistungen und Sonstiges im Wert von 100 liefern, das Ausland uns aber im Gegenzug nur Werte in Höhe von 80 liefert, so haben wir eine offene Forderung in Höhe von 20 an das Ausland.)

Die dritte Teilbilanz der Zahlungsbilanz ist die Kapitalbilanz – hier wird der Kapitalverkehr mit dem Rest der Welt bilanziert. Unter Kapitalimporten versteht man dabei eine Zunahme der Verbindlichkeiten des Inlandes gegenüber dem Ausland – wenn wir uns gegenüber dem Ausland verschulden, so wird das in der Kapitalbilanz als Kapitalimport verbucht. Wenn ein deutscher Importeur Waren aus dem Ausland bezieht, die er nicht sofort bezahlt, dann verschuldet er sich gegenüber dem Ausland, das wird ebenso als Kapitalimport erfasst wie der Kauf einer inländischen Anleihe durch einen Ausländer (der Ausländer leiht uns durch den Kauf der Anleihe Geld, da diese ja nur ein verbriefter Kredit ist). Spiegelbildlich sind Kapitalexporte eine Zunahme unserer Forderungen gegenüber dem Ausland – wenn Sie eine ausländische Aktie kaufen, dann ist das ein Kapitalexport (Sie stellen dem Ausland Geld zur Verfügung und erhalten im Gegenzug ein Wertpapier). Sind die Kapitalexporte größer (kleiner) als die Kapitalimporte, so spricht man von Nettokapitalexporten (Nettokapitalimporten) – mit der Folge, dass die Summe der Forderungen gegenüber dem Ausland zunimmt (abnimmt).

Man unterscheidet in der Kapitalbilanz zwischen Direktinvestitionen (beispielsweise der Kauf einer ausländischen Fabrik), Wertpapieranlagen (beispielsweise der Kauf ausländischer Aktien), Finanzderivaten (beispielsweise Optionen), dem übrigen Kapitalverkehr und der Veränderung der Währungsreserven. Die Veränderung der Währungsreserven wird uns später noch einmal beschäftigen, hier seien sie nur kurz erläutert: Ausländische Devisen sind nichts anderes als eine Forderung gegenüber dem Ausland, da Sie einen Geldschein eines Landes nur in diesem Land selbst gegen Waren umtauschen können. Ein Dollarschein beispielsweise stellt die Verpflichtung der Vereinigten Staaten dar, dem Überbringer dieses Scheines amerikanisches Sozialprodukt im Wert von einem Dollar zur Verfügung zu stellen. Wenn wir also Waren in die Vereinigten Staaten exportieren und im Gegenzug Dollar dafür erhalten (statt sofort amerikanische Waren zu importieren), so ist das unter dem Strich eine Zunahme unserer Forderungen gegenüber den Vereinigten Staaten; und diese Forderung wird über den Dollarschein dokumentiert, weswegen eine Zunahme der Währungsreserven auf der rechten Seite der Kapitalbilanz steht.

In Abbildung 59 sehen Sie, dass es noch eine weitere Teilbilanz der Zahlungsbilanz gibt, den Posten der statistisch nicht aufgliederbaren Transaktionen – das ist sozusagen ein Restposten, der notwendig ist, weil nicht alle grenzüberschreitenden Güter- und Finanzströme exakt erfasst werden. Die Abbildung gibt Ihnen zudem einen Eindruck, von welchen Zahlen wir hier eigentlich sprechen, wenn wir über die deutsche Leistungsbilanz reden.

	2009	2012
I Leistungsbilanz		
Außenhandel		
Ausfuhr (fob)	803,3	1097,3
Einfuhr (cif)	664,6	909,1
Saldo	138,7	188,3
Ergänzungen	-16	-27,3
Dienstleistungen		
Saldo	-7,2	-3,1
darunter: Reiseverkehr (Saldo)	-33,3	-35,6
Erwerbs- und Vermögenseinkommen		
Saldo	59	64,4
darunter: Vermögenseinkommen (Saldo)	58,5	62,4
Laufende Übertragungen		
Saldo	-32,9	-36,8
Saldo der Leistungsbilanz	141,5	185,4
Saldo der Leistungsbilanz (in Relation zum BIP)	6,0	7,0
II. Saldo der Vermögensübertragungen	0,0	0,0
III. Kapitalbilanz (Netto-Kapitalexport: -)		
Direktinvestitionen		
Deutsche Anlagen im Ausland	-50,1	-52,1
Ausländische Anlagen in Deutschland	16,2	5,1
Saldo	-34	-47,0
Wertpapiere		
Deutsche Anlagen im Ausland	-80,3	-108,0
Ausländische Anlagen in Deutschland	-6,1	42,2
Saldo	-86,5	-65,7
Finanzderivate		
Saldo	11,3	-17,9
Übriger Kapitalverkehr		
Saldo	-52,5	103,0
darunter: Bundesbank (Saldo)	-83,2	-132,4
Veränderung Währungsreserven	3,2	-1,3
Saldo der Kapitalbilanz	-158,4	-234,9
Saldo der Kapitalbilanz (in Relation zum BIP)	-6,7	-8,9
IV. Saldo der statistisch nicht aufgliederbaren Transaktionen (Restposten)	16,8	49,4

Quelle: Bundesministerium für Wirtschaft (2012), S. 5.

Abbildung 59: Die deutsche Leistungsbilanz 2009–2012

Info: Woher kommen die Daten?

Das hört sich so einfach an – man erfasst einfach alle Transaktionen eines Landes mit dem Ausland. Importe, Exporte, Kapitalbewegungen, grenzüberschreitende Einkommen, Schenkungen – woher bekommt man denn all diese Daten? Die Deutsche Bundesbank erstellt jeden Monat die Zahlungsbilanz für die Bundesrepublik Deutschland und veröffentlicht diese per Pressenotiz. Die Daten erhebt die Bundesbank mittels eines „pragmatischen Baukastensystems", wie sie es nennt. Sie kommen zum einen vom außenwirtschaftlichen Meldewesen, das alle am Außenwirtschaftsverkehr teilnehmenden inländischen Banken, Unternehmen, Privatpersonen und öffentliche Stellen verpflichtet, ihre Transaktionen mit dem Ausland der Bundesbank zu melden. Ergänzend zu dieser Datengrundlage nutzt die Bundesbank weitere Datenquellen, so unter anderem die Außenhandelsstatistik des Statistischen Bundesamtes, Haushaltsbefragungen zu Reiseverkehrsausgaben im Ausland, ein internes Rechenwerk und andere nationale und internationale Statistiken zur Abstimmung und als Schätzgrundlage.

Aufgabe

Suchen Sie Daten zur Zahlungsbilanz anderer Staaten und vergleichen Sie diese miteinander. Wie beurteilen Sie die von Ihnen gefundenen Zahlen?

Die Mechanik der Zahlungsbilanz. Jetzt, da wir die einzelnen Positionen der Zahlungsbilanz kennen, können wir uns anschauen, wie diese funktioniert, nämlich nach dem einfachen Prinzip der doppelten Buchführung – jede Transaktion wird doppelt gebucht, auf jeder Seite einmal. Schauen wir uns ein paar Beispiele an, um das zu verstehen:

- Sie kaufen in Frankreich eine Kiste Wein für 1000 Euro auf Kredit; Sie versprechen also, erst später zu bezahlen. Das hat zur Folge, dass auf der rechten Seite der Bilanz ein Zugang an Importen in Höhe von 1000 Euro verbucht wird. Die Gegenbuchung findet auf der linken Seite statt, dort erfolgt ein Kapitalimport – nämlich eine Zunahme der Verbindlichkeiten gegenüber dem Ausland – in Höhe von 1000 Euro.
- Die Bundesrepublik liefert im Rahmen der Entwicklungshilfe Waren in Entwicklungsländer – also ohne Gegenleistung. Auf der linken Seite der Bilanz verbuchen wir das als einen Export von Waren, aber rechts stellt das keinen Kapitalexport dar, da dieser Lieferung ja keine Zunahme der Forderungen gegenübersteht (die Waren sind ja Entwicklungshilfe, also ohne Gegenleistung). Also verbuchen wir links eine geleistete Übertragung in der gleichen Höhe und unsere Bilanz ist wieder ausgeglichen.
- Sie kaufen eine Aktie eines amerikanischen Unternehmens und bezahlen mit Dollar, die Sie von Ihrer Bank bekommen haben. Der Kauf der Aktie ist zunächst ein Kapitalexport und wird dementsprechend auf der rechten Seite verbucht (der Wert der ausländischen Aktie wird dabei in Euro erfasst, da die Zahlungsbilanz in Euro erstellt wird). Die Gegenbuchung ist ein Rückgang der Devisenreserven: Ihre Bank hat die Dollar von der Notenbank, die Dollar wandern nach Amerika, unter dem Strich ist das ein Rückgang der Devisenreserven der Bundesbank und wird dementsprechend auf der linken Seite verbucht.
- Ein amerikanischer Tourist tauscht Dollar in Euro und geht mit diesen Euro in ein schickes Hotel am Rhein, um die Loreley zu bewundern. Der Kauf des Essens wird als Export von Dienstleistungen links verbucht, der Zugang an Dollars wird als Zunahme von Währungsreserven rechts verbucht.

Wie Sie sehen, hat jede Buchung eine Gegenbuchung, weswegen die Leistungsbilanz als Ganzes stets ausgeglichen sein muss – wie bei jeder ordentlichen doppelten Buchführung wird also der Wert auf der linken Seite gleich dem Wert auf der rechten Seite sein. Warum also spricht man in den Medien immer wieder von Ungleichgewichten im Außenhandel? Rein formal betrachtet existiert in der Leistungsbilanz kein Ungleichgewicht, ihr Saldo ist immer null.

Die Debatte um Ungleichgewichte in den Bilanzen einzelner Staaten bezieht sich auf die Salden der Teilbilanzen – diese können ja durchaus ungleich null sein, sie müssen sich lediglich in der Summe ausgleichen:

Saldo Leistungsbilanz + Saldo Vermögensübertragungen +
Saldo Kapitalbilanz + Saldo Restposten = 0

Wenn Sie die Zahlen in Abbildung 59 zusammenrechnen, sehen Sie, dass das hinkommt: In der Leistungsbilanz hatten wir 2012 einen Überschuss von 185,4 Milliarden Euro, der Saldo der Vermögensübertragungen war null, und in der Kapitalbilanz hatten wir ein Defizit von 234,9 Milliarden Euro. Ziehen Sie nun von dem Defizit von 234,9 Milliarden den Überschuss von 49,9 Milliarden Euro bei den statistisch nicht aufgliederbaren Transaktionen ab, so erhalten wir (gerundet) den Überschuss von 185 Milliarden Euro aus der Leistungsbilanz. Mit anderen Worten: Der Wert der Waren, den wir ins Ausland geliefert haben, lag 2012 um 185 Milliarden Euro über dem Wert der Waren, die wir importiert haben, und rechnet man noch die statistischen Restposten (49 Milliarden) raus, so entspricht das exakt dem Wert der Forderungen, die wir gegenüber dem Ausland aufgebaut haben, nämlich den Kapitalimporten (234 minus 49 Milliarden).

Das bedeutet: Vernachlässigt man die empirisch fast immer irrelevante Bilanz der Vermögensübertragungen und die gelegentlich erstaunlich hohen Restposten, so entspricht der Saldo der Leistungsbilanz stets dem Saldo der Kapitalbilanz. Ein Exportüberschuss (Leistungsbilanzüberschuss) bedeutet also stets zugleich einen Aufbau von Forderungen gegenüber dem Ausland (Kapitalbilanzdefizit). Natürlich: Wenn Sie für 100 Euro ins Ausland exportieren und nur Waren im Gegenwert von 80 Euro importieren, dann schuldet Ihnen das Ausland 20 Euro, das ist die Zunahme Ihrer Forderungen gegenüber dem Ausland, das ist Ihr Kapitalbilanzdefizit (= Kapitalexport). Leistungsbilanz und Kapitalbilanz sind also letztlich zwei Seiten einer Medaille. Dieser Zusammenhang gilt immer und wird uns später noch beschäftigen.

Außenhandel und Wirtschaftskreislauf. Für unsere weiteren Überlegungen benötigen wir ein paar grundlegende Zusammenhänge, die vor allem unser Sozialprodukt und den Beitrag des Außenhandels betreffen. Wir wollen uns nun ansehen, wie sich unser Sozialprodukt zusammensetzt und welche Rolle der Außenhandel dabei spielt – das wird uns nachher helfen zu verstehen, wie nationale Politik durch den freien Fluss von Waren und Kapital beeinflusst wird und wie die Zusammenhänge zwischen Staatsverschuldung, Außenbeziehungen und inländischen Investitionen sind. Im nächsten Abschnitt werden wir ein erstes Anwendungsbeispiel dazu sehen, nämlich die Frage klären, ob und wann das amerikanische Handelsbilanzdefizit zu einer Bedrohung für die Welt oder das Land selbst werden kann. Um dies zu verstehen, müssen wir zuerst ein paar grundlegende Zusammenhänge kennenlernen. Wichtig bei den folgenden

Ausführungen ist, dass es sich dabei nicht um Modelle oder Theorien handelt, sondern um einfache definitorische Zusammenhänge, die immer gültig sind. Wir schauen uns nämlich die Buchhaltung einer Volkswirtschaft an, die sogenannte volkswirtschaftliche Gesamtrechnung.

Die volkswirtschaftliche Gesamtrechnung ist der Versuch, die Wirtschaft eines Landes zahlenmäßig zu erfassen. Um im ersten Schritt zu verstehen, wie das gemacht wird, wollen wir zunächst das Ausland außen vor lassen und es erst später einführen. Im ersten Schritt überlegen wir uns nun, was denn eine Volkswirtschaft so leistet. Das ist die Summe aller Waren und Dienstleistungen, die sie pro Jahr herstellt – das ist das sogenannte Bruttoinlandsprodukt. Alle Autos, Waschmaschinen, Stifte, Haarschnitte, Getränke, Filme, Konzerte – einfach alles, was die Bürger eines Landes innerhalb eines Jahres herstellen, rechnen wir zusammen. Und der Wert aller dieser Leistungen ist das Bruttoinlandsprodukt. Wir können den Wert dieser Leistungen zusammenrechnen, indem wir uns an die Werkstore aller Unternehmen des Landes stellen und notieren, welche Werte aus den Werkstoren herauskommen, um den Weg zu den Kunden zu finden – das ist die sogenannte Entstehungsrechnung. Wir wollen uns aber das Bruttosozialprodukt von der Verwendungsrechnung anschauen, also überlegen, wie die von uns hergestellten Werte genutzt werden. Dabei hilft uns die folgende Gleichung:

(1) Bruttoinlandsprodukt = Konsumausgaben + Staatsausgaben + Investitionsausgaben

Was steht hier? Ganz einfach: Einen Teil des Güterbergs, den wir über das Jahr hergestellt haben (also die linke Seite der Gleichung), geben wir sofort aus – das sind die sogenannten Konsumausgaben. Das sind beispielsweise die Getränke, die wir in der entsprechenden Periode trinken, die Haarschnitte, die Stifte, die wir nutzen – alles das, was die Konsumenten verbrauchen. Die Staatsausgaben wiederum sind sozusagen die Konsumausgaben des Staates, also alle Güter, die der Staat für sich beansprucht und sofort für seine Staatstätigkeit verwendet. Wenn wir aber nur einen Teil unseres Güterbergs sofort konsumieren, dann bleibt ein Teil übrig, den wir nicht sofort – sprich: in diesem Jahr –, sondern erst nächstes Jahr oder noch viel später konsumieren. Diesen Teil der Waren bezeichnen wir als Investitionen, das sind alle Güter, die wir in dieser Periode herstellen, aber nicht sofort verbrauchen, sondern in späteren Perioden nutzen. Will heißen: Ziehen wir von dem Güterberg, den wir hergestellt haben, alles ab, was wir sofort verbrauchen, so bleibt das übrig, was wir nicht sofort verbrauchen, und das sind die Investitionen. Oder in unserer Gleichung ausgedrückt:

(2) Bruttoinlandsprodukt – Konsum – Staatsausgaben = Investitionen

Schauen Sie sich nun die linke Seite der Gleichung an, so steht da der Güterberg minus sofortiger Verbrauch, und was übrig bleibt, ist das, was wir nicht konsumiert haben – und das nennt man auch Ersparnisse (wenn Sie 100 Euro Einkommen haben und geben 80 Euro für Konsum aus, so haben Sie 20 Euro Ihres Einkommens gespart). Gleichung (2) ist also gleichbedeutend mit:

(3) Ersparnisse = Investitionen

Das ist eine der elementarsten Gleichungen in der Volkswirtschaftslehre: Am Ende eines Jahres entsprechen die Ersparnisse immer (ja: *immer*) den Investitionen. Damit liefert diese Gleichung eine einfache Erkenntnis: Alle Güter, die in der laufenden Periode hergestellt, aber nicht konsumiert werden, sind Ersparnis, zugleich aber auch Investition. Die Höhe der Ersparnis einer Volkswirtschaft entscheidet also zugleich über die Höhe der Investitionen. Wichtig dabei ist, dass dieser Zusammenhang immer nur ex post, also im Nachhinein gilt. Wenn wir in einem Jahr Waren im Wert von 100 Euro herstellen und 80 Euro davon für Konsum ausgeben, so bleiben 20 Euro Ersparnisse, das sind aber zugleich jene Waren, die wir nicht in diesem Jahr, sondern in späteren Jahren konsumieren, weswegen wir diese Waren zugleich auch als Investitionen bezeichnen können. Ergo: Wenn wir investieren wollen, müssen wir auf Konsum verzichten, also sparen.

Info: Zu viele Formeln? Ein etwas einfacheres Beispiel

Die folgenden Formeln mögen recht abstrakt auf Sie wirken, obwohl sie eigentlich nichts anderes darstellen als die verschiedenen Möglichkeiten, wie ein Land sein Einkommen (also sein Sozialprodukt) verwenden kann und wie es über ein Leistungsbilanzdefizit seine Möglichkeiten, zu konsumieren oder zu sparen, ausweiten kann. Ersetzen wir einmal „Land" durch „Haushalt", der Staat ist Ihr Gatte (Ihre Gattin), dem (oder der) Sie Unterhaltsgeld zahlen müssen, und die Mittel aus dem Ausland entsprechen einem Kredit von der Bank. Schauen wir uns einmal die Möglichkeiten an, das Einkommen zu verwenden. Sie haben ein Einkommen von 100 Euro, 20 Euro davon wollen Sie in eine Weiterbildung investieren (das ist also eine Investition), müde 15 Euro müssen Sie Unterhaltsgeld an Ihren Gatten zahlen (der diese dann als Staatsausgaben auf den Kopf haut), den Rest (65 Euro) hauen Sie auf den Kopf (das ist Ihr Konsum). In einer Gleichung dargestellt: 100 = 65 + 20 + 15. Lassen Sie uns diese Gleichung etwas umstellen: 100 – 65 – 15 = 20. Wenn wir also von Ihrem Einkommen Ihre Konsumausgaben abziehen und das Geld, das Ihr Gatte auf den Kopf haut, so bleiben Ihnen Ersparnisse in Höhe von 20 Euro (linke Seite der Gleichung), die Sie in Ihre Ausbildung investieren (rechte Seite der Gleichung). Ergebnis: Ihre Ersparnisse entsprechen genau Ihren Investitionen. So weit, so gut. Jetzt wollen Sie mehr in Ihre Ausbildung investieren, also gehen Sie zur Bank und bitten um ein Darlehen in Höhe von sagen wir 10 Euro, das Ihnen die Bank auch gewährt. Unsere Gleichung sieht nun so aus: 110 = 65 + 15 + 20 + 10; oder umgestellt: 110 – 65 – 15 = 20 + 10, also 45 – 15 = 30. (Die 45 sind das Einkommen minus Konsum, also das, was Sie sparen. Davon ziehen wir dann noch den Konsum des Gatten ab, macht 30 Euro Ersparnisse). Der Kredit der Bank ermöglicht es Ihnen, nun mehr zu sparen. Allerdings könnten Sie mit dem Kredit auch etwas anderes anstellen: Sie könnten beispielsweise 10 Euro mehr konsumieren, dann sieht das so aus: 110 = 75 + 15 + 20 oder 110 – 75 – 15 = 20. Damit die Gleichung dem ähnlicher wird, was wir anschließend gleich machen werden, stellen wir sie noch ein wenig um: Den Kredit der Bank in Höhe von 10 Euro stellen wir auf die andere Seite, also so: 100 – 75 – 15 = 20 – 10. Sie können also durch den Kredit mehr konsumieren, das zeigt sich dann auch in einer geringeren Ersparnis auf der linken Seite (10 statt 30). Was aber, wenn Ihr Gatte sein Budgetlimit überschreitet und mehr ausgibt, als er an Unterhaltsgeld erhält? Sagen wir, er gibt 25 Euro aus statt der 15 Euro, die Sie freundlich übernehmen, dann sieht unsere Gleichung so aus (den Bankkredit lassen wir weiter auf der rechten Seite): 100 – 65 – 25 = 20 – 10. Jetzt hat Ihre bessere Hälfte sozusagen das Geld der Bank an sich gerissen und seine Ausgaben erhöht. Wenn Sie sich im Folgenden die Formeln zu Leistungsbilanzdefiziten anschauen, können Sie auf dieses Beispiel zurückgreifen.

Um die Rolle des Staates nachvollziehen zu können, müssen wir die dritte Gleichung etwas ausführlicher darstellen:

(4) Ersparnisse der Privaten + Ersparnisse des Staates = Investitionen

Wir haben die Ersparnisse nun aufgetrennt in die Ersparnisse der Bürger und des Staates. Die Ersparnisse der Bürger sind deren Einkommen minus Konsum, minus Steuern, die sie an den Staat zahlen müssen. Der Staat nimmt diese Steuern ein und gibt sie (oder einen Teil davon) aus. Nimmt er mehr Steuern ein, als er ausgibt, so repräsentiert dieser Überschuss seine Ersparnisse. Oder in unserer Formel:

(5) Ersparnisse der Privaten + (Steuereinnahmen – Staatsausgaben) = Investitionen

Nun werden Sie vermutlich sagen, dass der Staat eigentlich nie spart, sondern meistens mehr ausgibt, als er einnimmt – kann man dann vom staatlichen Sparen sprechen? Natürlich, genau genommen ist es negatives Sparen oder Entsparen – die Gleichung verändert dieser Aspekt nicht. Das Einzige, was passiert, ist, dass sich das Vorzeichen innerhalb der Klammer ändert: Macht der Staat Schulden (die Steuereinnahmen sind geringer als die Staatsausgaben), dann wird der zweite Term auf der linken Seite negativ. Der Term in der Klammer wird auch als Budgetsaldo des Staates bezeichnet.

Gleichung Nummer fünf zeigt uns nun, wie wir den Güterberg, den wir pro Jahr herstellen, aufteilen respektive verwenden können – entweder die Bürger bekommen die Güter und konsumieren sie oder der Staat bekommt sie und konsumiert sie, oder aber die Güter werden gespart, also investiert. Sie müssen sich die drei Elemente der Gleichung vorstellen wie mit unsichtbaren Schnüren verbunden: Ziehen Sie an einem Element, so müssen zwangsläufig die anderen Elemente reagieren. Nehmen wir einmal an, unsere Volkswirtschaft stellt Waren im Wert von 100 Euro her und die Bürger zahlen 20 Euro Steuern. Der entscheidende Punkt ist, dass diese Waren im Wert von 100 nur einmal verteilt werden können auf Ersparnisse, Ausgaben und Investitionen. Und je nachdem, was der Staat macht, ergeben sich unterschiedliche Ergebnisse. Es gibt also mehrere Möglichkeiten:

- Wenn der Staat genauso viel ausgibt, wie er über Steuern einnimmt (also 20 Euro), dann entspricht die Höhe der Investitionen genau den Ersparnissen der Privaten. Wenn Sie sagen, dass Sie nur für 65 Euro konsumieren und 20 Euro Steuern an den Staat zahlen, dann bleiben ihnen 15 Euro an Ersparnissen, die in Investitionen umgewandelt werden. In der Gleichung bedeutet das: 15 + 0 = 15. Damit ist auch klar: Je mehr (weniger) die Privaten sparen, umso höher (geringer) sind die Investitionen.

- Wenn der Staat spart, also weniger ausgibt, als er an Steuern einnimmt, dann hat er einen Budgetüberschuss. Der Staat verzichtet also darauf, alles, was er einnimmt, auszugeben, was entweder den Bürgern zugutekommt (sie können mehr konsumieren) oder aber die Investitionen erhöht. Wenn beispielsweise der Staat 20 Euro Steuern einnimmt, aber nur 10 Euro Staatsausgaben hat, und die Privaten weiterhin 15 Euro sparen, dann sieht unsere Gleichung so aus: 15 + 10 = 25. Die Investitionen sind also gestiegen. Wenn der Staat spart, so können die Investitionen steigen. Oder aber die Privaten können nun mehr konsumieren, ohne dass die Investitionen sinken, also so: 5 + 10 = 15. Ein Teil der Investitionen wird also nun vom Staat finanziert, die Privaten können dank des staatlichen Sparens mehr konsumieren, ohne dass die Investitionen sinken.
- Der realistische Fall ist ein Budgetdefizit des Staates, er gibt also mehr aus, als er einnimmt, das staatliche Sparen ist negativ. Sagen wir, dass der Staat 20 Euro Steuern einnimmt und 25 Euro Staatsausgaben hat. Jetzt gibt es wieder zwei Möglichkeiten: Entweder die Privaten sparen mehr, dann bleibt die Höhe der Investitionen unverändert: 20 + (20 – 25) = 15. Die Mehrersparnisse der Bürger ermöglichen es dem Staat, mehr auszugeben, als er über Steuern und Abgaben einnimmt, ohne dass die Investitionen sinken. Die andere Möglichkeit besteht darin, dass die Bürger ihre Konsumgewohnheiten unverändert lassen, also nicht mehr sparen, dann aber müssen die Investitionen sinken. In unserer Gleichung also: 15 – 5 = 10. Die Investitionen sinken, weil der Staat mehr Güter konsumiert und die Bürger zugleich nicht darauf verzichten wollen, so viel zu konsumieren wie bisher. Und da der Güterberg nur einmal verteilt werden kann, müssen die Investitionen sinken.

Es ist der letzte Zusammenhang, der uns zeigt, wie ein staatliches Budgetdefizit, also eine Zunahme der Neuverschuldung, im Wirtschaftskreislauf wirkt: Jeder Euro, den der Staat ausgibt, ist ein Euro, den er den Bürgern wegnehmen muss. Gibt der Staat mehr aus, als er einnimmt (er verschuldet sich), so bleiben die Investitionen nur dann unverändert, wenn die Bürger weniger konsumieren.

Vielleicht fragen Sie sich jetzt, wozu diese Analyse gut sein soll – diese Frage beantwortet ein Blick auf die Investitionen. Investitionen sind der Verzicht auf Konsum heute, um morgen mehr zu konsumieren. Vereinfacht gesagt: Je mehr wir investieren (also sparen), umso mehr können wir morgen konsumieren, umso besser geht es uns morgen. Das sehen wir auch an der Vermögensposition eines Landes, die ebenso durch die Investitionen bestimmt wird: Alle Güter, die nicht konsumiert werden, also alle Investitionen, erhöhen das Vermögen einer Volkswirtschaft. Wenn wir in einem Jahr Güter im Wert von 100 Euro herstellen, aber nur Güter im Wert von 80 Euro konsumieren, haben wir 20 Euro gespart respektive investiert, unser Vermögensbestand wächst also um diese 20 Euro. Vermögen ist daher nichts anderes als noch nicht verbrauchte Wertschöpfung der Vergangenheit. Wenn also ein staatliches Budgetdefizit zu sinkenden Investitionen führt, so ist das gleichbedeutend mit einer negativen Vermögensbildung und damit einem geringeren Kapitalbestand. Sie sehen, Investitionen spielen über die Kapitalbildung eine Schlüsselrolle für das Wachstum und den zukünftigen Wohlstand einer Volkswirtschaft.

(Foto: Deutscher Bundestag – Katrin Neuhauser)

Hier entsteht der staatliche Budgetsaldo

Bisher haben wir bei unserer Betrachtung das Ausland ausgeblendet, das wollen wir nun nachholen. Dazu reicht uns eine einfache Überlegung: Ein Teil der Waren, die wir herstellen, konsumieren oder investieren wir nicht selbst, sondern verkaufen sie ins Ausland (das sind unsere Exporte), einen anderen Teil unseres Konsums haben wir nicht selbst hergestellt, sondern aus dem Ausland bezogen – das sind unsere Importe. Also müssen wir zu unserem Bruttoinlandsprodukt aus der ersten Gleichung die Güter hinzuzählen, die wir exportieren, und die Güter abziehen, die wir importiert haben:

(6) Bruttoinlandsprodukt = Konsumausgaben + Staatsausgaben + Investitionsausgaben + (Exporte – Importe)

In der Gleichung steht nun immer noch das Gleiche: Sie zeigt, wie wir den Güterberg, den wir selbst herstellen, verwenden – für Konsum, Staatsausgaben, Investitionen oder den Verkauf ins Ausland; den Teil des Güterbergs, den wir konsumieren und nicht selbst hergestellt haben (die Importe) müssen wir natürlich abziehen. Löst man diese Gleichung in derselben Weise auf, wie wir es mit der ersten Gleichung gemacht haben, ergibt das:

(7) Ersparnisse der Privaten + (Steuereinnahmen – Staatsausgaben) = Investitionen + (Exporte – Importe)

Auch hier steht auf der linken Seite alles, was die Bevölkerung und der Staat sparen, also nicht sofort konsumieren (wobei der Budgetsaldo des Staates in der Regel negativ sein wird), und auf der rechten Seite steht, was mit diesen Ersparnissen geschieht: Sie werden entweder im Inland investiert oder aber ins Ausland exportiert (dann ist der Außenhandelssaldo, also die Differenz zwischen Ex- und Importen, positiv). Wenn Sie so wollen, ist das eine Investition im Ausland, denn mit dem positiven Außenhandelssaldo ist ja – wie wir oben gesehen haben – eine Zunahme der Forderungen gegenüber dem Ausland verbunden.

Lassen Sie uns nun noch einmal die verschiedenen Möglichkeiten durchspielen. Wir nehmen wieder an, dass unsere Volkswirtschaft Waren im Wert von 100 Euro herstellt und die Bürger 20 Euro Steuern zahlen und 65 Euro konsumieren (also 15 Euro sparen, die restlichen 20 Euro gehen ja als Steuern an den Staat). Zudem unterstellen wir, dass der Staat 25 Euro ausgibt, seine Ausgaben sind also größer als seine Steuereinnahmen (er hat also einen negativen Budgetsaldo), und dass wir für 20 Euro exportieren und für 15 Euro importieren. Unsere Gleichung ergibt nun: 15 + (20 – 25) = 5 + (20 – 15).

Wie Sie sehen, wird nun gegenüber dem Beispiel ohne Ausland mit einem Staatsdefizit ein Teil der nicht konsumierten Produktion (nämlich 5) nicht im Inland investiert, sondern geht als Überschuss ins Ausland. Indem die Bürger im Inland sparen, können wir mehr Güter ins Ausland exportieren, als wir importieren (dieser Überschuss wird also sozusagen als Forderung gegenüber dem Ausland investiert). Jetzt unterstellen wir, dass der Staat statt 25 nun 30 Euro ausgibt, ohne die Steuern zu erhöhen. Diese Zunahme der Staatsverschuldung kann auf drei verschiedenen Wegen finanziert werden[5]:

- Die Privaten sparen mehr, konsumieren also weniger. Dann wird unsere Gleichung zu 20 + (20 – 30) = 5 + (20 – 15). Der private Konsum sinkt um 5 Euro, wodurch die Ersparnis um 5 Euro steigt, damit bleiben die Investitionen unverändert. Der Staat hat sozusagen die Konsumenten zu mehr Sparen genötigt, damit die Investitionen konstant bleiben können. Anders gesagt: Der Anstieg der Staatsverschuldung (um nichts anderes handelt es sich hier) wird von den inländischen Bürgern finanziert.
- Die Investitionen sinken, der höhere Staatsverbrauch, der sich in dem negativen Budgetsaldo niederschlägt, wird finanziert, indem weniger investiert wird. In unserer Gleichung ergibt sich dann: 15 + (20 – 30) = 0 + (20 – 15). Die Privaten konsumieren (sparen) nach wie vor gleich viel, der Anstieg der Staatsverschuldung geht zulasten der heimischen Investitionen.
- Der Außenhandelssaldo sinkt auf 0: 15 + (20 – 30) = 5 + (20 – 20). Steigen die Staatsausgaben nun auf 35, so wird das Außenhandelssaldo negativ (20 – 25). Sie sehen, wir importieren nun mehr, als wir exportieren – auf diesem Weg kann der Staat mehr ausgeben, ohne dass der private Konsum oder die heimischen Investitionen sinken müssen. Wir leihen uns sozusagen die Güter für die höheren Staatsausgaben aus dem Ausland.

Es ist der letzte Punkt, der gegenüber der Analyse ohne Ausland neu ist und der uns vor allem interessiert: Ein Staat kann temporär über seine Verhältnisse leben (also mehr ausgeben, als er einnimmt), ohne dass der private Konsum oder

[5] Ein vierter Weg besteht ganz einfach darin, bestehendes Vermögen aufzuzehren, also von den Ersparnissen zu leben. Der Volksmund nennt das dann zu Recht „von der Substanz leben". Sie geben also mehr aus, indem Sie das Vermögen des Staates auflösen und konsumieren. Die Konsequenz: Die staatliche Infrastruktur (Schulen, Straßen usw.) verkommt.

die Investitionen sinken, indem er sich Ressourcen aus dem Ausland leiht, also einen negativen Saldo in der Leistungsbilanz in Kauf nimmt (was spiegelbildlich in der Kapitalverkehrsbilanz eine Zunahme der Verschuldung im Ausland bedeutet). Vereinfacht gesagt bedeutet das: Wenn wir eine Zeit lang mehr ausgeben (konsumieren und investieren) wollen, als wir selbst herstellen, so können wir das bewerkstelligen, indem wir uns die Güter für diese Mehrausgaben aus dem Ausland beschaffen (also mehr importieren als exportieren). Allerdings bedeutet das ja zugleich eine Zunahme der Verpflichtungen gegenüber dem Ausland, (wir schulden dem Ausland also nun etwas dafür, dass es uns mehr Güter gegeben (wir mehr importiert) hat, als wir ihm gegeben (exportiert) haben. Grundsätzlich ist das nichts Schlimmes, wenn wir uns zeitweise Güter von anderen Staaten leihen – solange wir diese auch wieder zurückzahlen können. Und hier beginnt die Analyse makroökonomischer Ungleichgewichte.

Aufgabe

Gegeben sei folgende Volkswirtschaft: Sozialprodukt 150, Konsum 70, Steuern 20, Staatsausgaben 20, Exporte 50, Importe 10. Bestimmen Sie Ersparnis und Investitionen. Nehmen Sie an, dass der Staat seine Ausgaben um 5 erhöht – welche Möglichkeiten hat diese Volkswirtschaft, die gestiegenen Staatsausgaben zu finanzieren?

Makroökonomische Ungleichgewichte. Stellen Sie sich einmal vor, Sie haben sich bei einer Bank Geld geliehen, um mehr ausgeben zu können, als Sie verdienen. Ist das ein Problem? Das kommt darauf an, nämlich darauf, was Sie mit dem geliehenen Geld machen. Wenn Sie damit in den Urlaub fahren (in der Sprache der Ökonomen: konsumieren), werden Sie später kein Geld haben, den Kredit zurückzuzahlen. Wenn Sie aber das Geld beispielsweise für eine Weiterbildung ausgeben, mit deren Hilfe Ihr Gehalt anschließend kräftig steigt (in der Sprache der Ökonomen: investieren), ist der Kredit kein Problem. Wenn Sie dieses Argument verstanden haben, verstehen Sie auch, wann dauerhafte Leistungsbilanzdefizite für ein Land zum Problem werden können.

Der Fall Griechenland. Fangen wir einmal mit *Ländern mit hohen Leistungsbilanzdefiziten* an – beispielsweise die Hauptdarsteller der Euro-Krise des Jahres 2007, also Griechenland, Spanien, Portugal und Irland: Das sind – analog zu unserem obigen Beispiel – Länder, die mehr Güter verbrauchen, als sie selbst herstellen. Welche Folgen kann das haben? Das kommt darauf an. Dazu wieder ein paar Zahlen: Unsere Volkswirtschaft stellt Waren im Wert von 100 Euro her, die Bürger zahlen 20 Euro Steuern und konsumieren 65 Euro (sparen also 15 Euro), der Staat gibt 25 Euro aus, wir investieren 10 Euro und wir exportieren und importieren jeweils für 10 Euro. Unsere Gleichung lautet also $15 + (20 - 25) = 10 + (10 - 10)$. Nun nehmen wir an, dass die Importe auf 15 Euro steigen, also ein Leistungsbilanzdefizit entsteht. Welche Möglichkeiten gibt es nun?

- Die Investitionen können um 5 Euro steigen: $15 + (20 - 25) = 15 + (10 - 15)$. Werden die zusätzlichen Mittel aus dem Ausland investiert, so ist das unproblematisch, da Investitionen die Fähigkeit zur Rückzahlung der Auslandsschulden erhöhen. So kann man inländische Investitionen durch Kapitalaufnahme im Ausland finanzieren: Man importiert eine Zeit lang mehr, als man exportiert, und diesen Importüberschuss nutzt man, um das Land zu modernisieren, Infrastruktur zu bilden und andere produktivitätssteigerne Maßnahmen zu ergreifen. Wenn infolge dieser Politik das Land wächst, produktiver wird, kann es später wieder mehr exportieren als importieren und damit seine Schulden gegenüber dem Ausland locker abtragen.

- Werden die Mittel aus dem Ausland für den Konsum verwendet, dann sieht unsere Gleichung so aus: 10 + (20 – 25) = 10 + (10 – 15). Sie sehen, die Privaten können nun ihre Ersparnis reduzieren, die Investitionen bleiben unverändert, da sie aus den zusätzlichen Mitteln finanziert werden, die aus dem Ausland kommen (respektive die Mittel aus dem Ausland können genutzt werden, um mehr zu konsumieren). Allerdings stellt sich nun die Frage der Rückzahlung: Wenn wir uns gegenüber dem Ausland verschulden, müssen wir das später wieder in Form erhöhter Exporte zurückzahlen. Aber wie? Wenn die Mittel aus dem Ausland konsumiert werden, entspricht das dem Privatmann, der den Bankkredit nutzt, um in Urlaub zu fahren.
- Werden die Mittel aus dem Ausland für Staatsausgaben verwendet, so sieht unsere Gleichung so aus: 15 + (20 – 30) = 10 + (10 – 15). Sie sehen, der Staat kann also dank der Mittel aus dem Ausland sein Defizit ausweiten. Es bleibt aber die Frage, wofür der Staat diese Mittel verwendet – Konsum oder Investition? Werden die zusätzlichen Staatsausgaben eher für Konsum verwendet (Sozialausgaben), so stellt sich ebenfalls die Frage, ob die Schulden an das Ausland wieder zurückgezahlt werden können. Um es direkter zu sagen: Wenn der Staat Mittel aus dem Ausland unklug ausgibt, droht ein Staatsbankrott.

Wie Sie sehen, läuft es letztlich auf einen Punkt hinaus: Länder mit Leistungsbilanzdefiziten haben dann ein Problem, wenn sie nicht mehr in der Lage sind, die Schulden, die mit diesen Defiziten verbunden sind, zurückzuzahlen. Das wird dann der Fall sein, wenn das Land seine inländische Politik zu wenig daran ausrichtet, im Inland ausreichend Wachstum zu fördern, denn nur Wachstum erzeugt das Einkommen, das man benötigt, um die Schulden ans Ausland zurückzahlen zu können. Vereinfacht gesagt läuft die Geschichte so: Das Land leiht sich via Außenhandelsdefizit Waren aus dem Ausland – womit es sich gegenüber dem Ausland verschuldet. Setzt es diese Waren derart ein, dass das Land produktiver wird, so kann es nun dank dieser ausländischen Waren mehr herstellen, wird reicher und kann aus diesem Reichtum die Schulden gegenüber dem Ausland abtragen. Schlägt diese Politik fehl respektive werden die Ressourcen aus dem Ausland einfach in Form von Frühverrentungsprogrammen oder neuen Staatsbeamten verfrühstückt, ohne im Inland Wachstumseffekte zu erzielen, kann das Inland seine Schulden gegenüber dem Ausland nicht mehr zurückzahlen. Es droht eine Staatspleite.

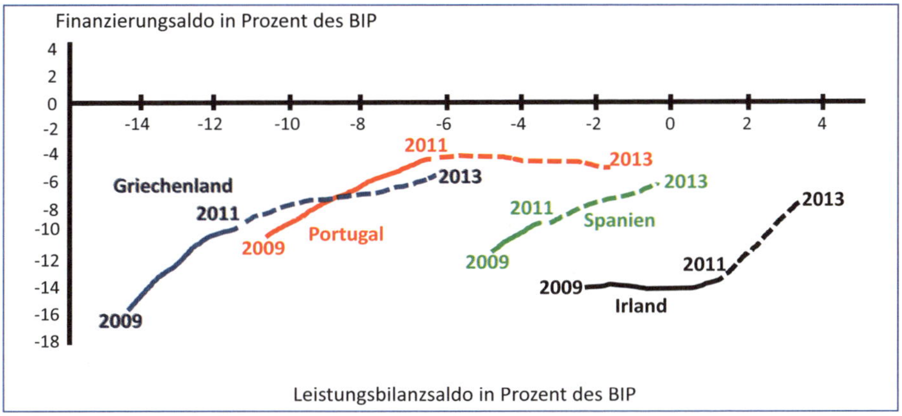

Quelle: Bundesministerium für Wirtschaft und Technologie (2013)

Abbildung 60: Die Zwillingsdefizite der europäischen Krisenstaaten, 2009 – 2013 Auf der horizontalen Achse ist der Leistungsbilanzsaldo in Prozent abgetragen, auf der vertikalen Achse das Budgetdefizit (Steuern minus Staatsausgaben). Wenn Sie sich beispielsweise den ersten Punkt ganz links unten anschauen, so repräsentiert das den Zustand Griechenlands in 2009: Ein Budgetdefizit von fast 16 Prozent des Sozialproduktes und ein Leistungsbilanzdefizit in Höhe von knapp 14 Prozent. Zwei Jahre später, 2011, ist das Budgetdefizit auf 10 Prozent des Sozialproduktes gesunken, das Leistungsbilanzdefizit auf 12 Prozent. Am besten noch steht, wie Sie an der Grafik sehen können, Irland da, das 2011 schon wieder einen positiven Leistungsbilanzsaldo erzielte. Trotz der Fortschritte, die wir in der Grafik erkennen, sind diese Werte dauerhaft nicht tragbar.

Info: „Ihr kriegt Kohle. Wir kriegen Korfu."

Im Zuge der Euro-Krise wurde offensichtlich, dass sich Griechenland hoffnungslos gegenüber dem Ausland verschuldet hat. Es hat die Importe aus dem Ausland mehr oder weniger für Konsum statt für Investitionen genutzt und irgendwann wurde der Weltöffentlichkeit klar, dass Griechenland seine Schulden gegenüber dem Ausland nicht mehr zurückzahlen kann. Die BILD-Zeitung kam auf eine einfache Idee: „Auch wenn es vielleicht verrückt klingt: Wenn wir den Griechen doch noch mit Milliarden Euro aushelfen müssen, sollten sie dafür auch etwas hergeben – z.B. ein paar ihrer wunderschönen Inseln. Motto: Ihr kriegt Kohle. Wir kriegen Korfu. Tatsächlich ist es der größte Schatz der Griechen: 3054 Inseln, nur 87 davon bewohnt. Und einen Markt gibt es! Derzeit bietet z.B. das Hamburger Maklerbüro Vladi Private Islands eine unbewohnte griechische Insel an – Verhandlungsbasis: 45 Mio. Euro... FDP-Finanzexperte Frank Schäffler zu BILD: ‚Die Kanzlerin darf keinen Rechtsbruch begehen, darf Griechenland keine Hilfen versprechen. Der griechische Staat muss sich radikal von Beteiligungen an Firmen trennen und auch Grundbesitz, z.B. unbewohnte Inseln, verkaufen.' CDU-Mittelstandschef Josef Schlarmann: ‚Ein Bankrotteur muss alles, was er hat, zu Geld machen – um seine Gläubiger zu bedienen. Griechenland besitzt Gebäude, Firmen und unbewohnte Inseln, die für die Schuldentilgung eingesetzt werden können.' Marco Wanderwitz, Chef der Jungen Gruppe in der Union, zu BILD: ‚Das Vertrauen in Griechenland ist schwer geschädigt. Wenn die EU und damit auch Deutschland den Griechen Geld geben soll, muss es dafür gerade im Sinne der jungen Generation auch Sicherheiten geben, die im Notfall verkauft werden können. Dabei kommen zum Beispiel auch einige griechische Inseln infrage.'" Rein technisch gesehen hat die Zeitung recht: Ein Land kann seine Schulden gegenüber dem Ausland auch abtragen, indem es sein Vermögen verkauft und aus den Erlösen seine Gläubiger entschädigt, so wie ein Privatmann seine Schulden abtragen kann, indem er das Familiensilber verkauft. Ob das politisch ein kluger Vorschlag ist, steht vor allem angesichts der Geschichte (deutsche Kriegsverbrechen während der Besetzung Griechenlands im Zweiten Weltkrieg) auf einem anderen Blatt.

o.V. (2010), Verkauft doch eure Inseln, ihr Pleite-Griechen; *Bild Online*, URL http://www.bild.de/politik/wirtschaft/griechenland-krise/regierung-athen-sparen-verkauft-inseln-pleite-akropolis-11692338.bild.html

(Foto:ullstein bild – Ulrich Baumgarten)

Ist uns lieb und teuer

Der Fall Deutschland. Aber was ist mit den *Staaten mit hohen Leistungsbilanzüberschüssen*, also vor allem Deutschland – ist das unproblematisch? Zunächst einmal ist so ein Zustand länger haltbar als ein Defizit – man liefert mehr an das Ausland, als das Ausland an einen selbst liefert, verleiht also sozusagen Mittel ans Ausland und baut damit einen Forderungsbestand gegenüber dem Ausland auf. Das entspricht einem Privatmann, der mehr verdient, als er ausgibt (unser Sozialprodukt ist größer als unser Bedarf an Konsum, Staatsausgaben und Investitionen) und den Überschuss an den Nachbarn verleiht (die Exporte sind größer als die Importe). Diese neuen Forderungen gegenüber dem Ausland existieren entweder in Form von Krediten an das Ausland oder aber in Form ausländischer Währungen, welche die inländische Notenbank in ihrer Bilanz hat – das sind die ausländischen Gelder oder Kredite, mit denen das Ausland unsere Exporte gezahlt hat. Hier zeigt sich einmal mehr, dass Geld letztlich nur ein Schuldschein ist, denn dieses Geld dient nur dazu, Importe aus dem Ausland zu bezahlen.

Leistungsbilanzüberschüsse (die ja definitorisch zugleich Kapitalexporte sind) sind also Sparen im Ausland: Sie produzieren fleißig, verkaufen das per Kredit ins Ausland (das sind die Kapitalexporte), und wenn Sie später einmal weniger arbeiten wollen, holen Sie Ihre Ersparnisse nach Hause, indem Sie nun mehr importieren als exportieren (das können Sie ja, weil das Ausland bei Ihnen noch Schulden hat). Exportüberschüsse sind Sparen im Ausland. Vor allem für die Bundesrepublik wird oft angeführt, dass das Land angesichts seiner demografischen Entwicklung mehr für die Zukunft sparen müsse, und dies geschehe eben über die deutschen Leistungsbilanzüberschüsse. Was ist davon zu halten?

Zunächst einmal kann hier natürlich ein Problem entstehen: Je mehr Geld Sie mit Exportüberschüssen ins Ausland verleihen, umso größer werden Ihre Außenstände gegenüber dem Ausland und umso größer wird das Risiko, dass ein Teil dieser Außenstände verloren geht. Im Endergebnis kann das so aussehen, dass die Deutschen jahrelang Waren ans Ausland liefern, die sie am Ende nicht bezahlt bekommen, sei es, dass das betreffende Land insolvent wird, oder indem es seine Währung massiv abwertet (das setzt voraus, dass das Ausland sich in seiner eigenen Währung gegenüber den Deutschen verschuldet hat). Wie genau das funktionieren könnte, werden wir später sehen – einen kleinen Vorgeschmack darauf finden Sie im Kasten über Chinas Devisenberg.

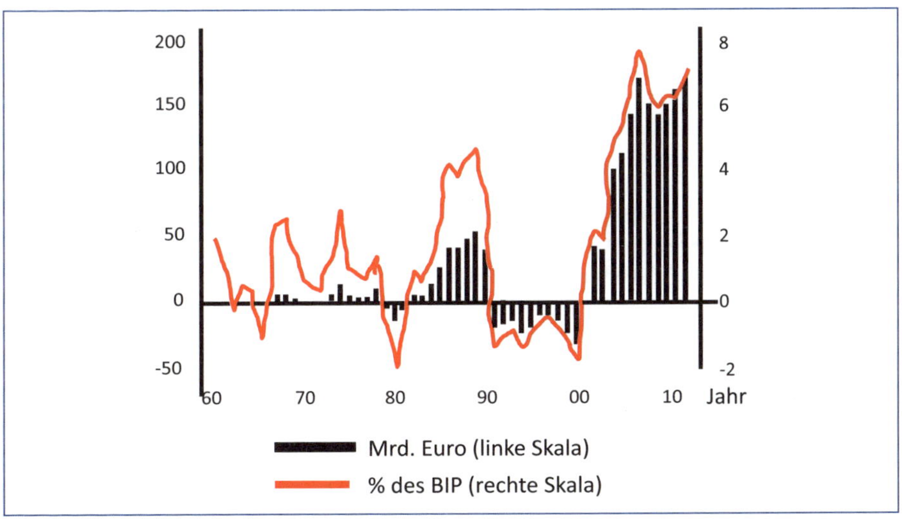

Quelle: DB Research (2013)

Abbildung 61: Die deutschen Leistungsbilanzüberschüsse 1960–2011 in Milliarden Euro (linke Skala) und in Prozent des BIP (rechte Skala). Sie sehen sehr schön die Folgen der deutschen Wiedervereinigung – in den Jahren nach 1990 war der Bedarf an Mitteln für den Aufbau Ost so groß, dass man zusätzliche Mittel aus dem Ausland benötigte, die Leistungsbilanz wurde negativ.

Info: Chinas Devisenberg

„Beim ‚strategischen Wirtschaftsdialog' hochrangiger chinesischer und amerikanischer Politiker am Montag und Dienstag in Washington wird die chinesische Währungspolitik ganz oben auf der Tagesordnung stehen. Ausländische Politiker – vor allem Amerikaner – werfen Peking schon seit Langem vor, Chinas Exportwirtschaft mit dem künstlich niedrig gehaltenen Yuan zu subventionieren und sich damit unfaire Wettbewerbsvorteile zu sichern ... Der gewaltige Devisenberg, der bereits im März einen Wert von über 3 Billionen Dollar erreichte, bereitet Peking ernsthafte Kopfschmerzen. Als ‚wirklich zu viel' bezeichnete jüngst etwa der Zentralbank-Gouverneur Zhaou Xiaochuan die Menge von US-Schatzbriefen, Dollar, Euro und anderen Währungen im Besitz der Regierung, wie die Finanzzeitschrift *Caixin* berichtete ... Zu den Schattenseiten des Pekinger Devisenreichtums gehört zudem die wachsende Inflation in China. Der Grund liegt im zentralisierten Wechselkurssystem: Die Regierung nimmt den Unternehmen den Großteil ihrer im Ausland erworbenen Dollar- oder Euro-Einkommen ab und gibt ihnen dafür nach dem festgelegten Umtauschsatz Yuan, die zum Teil frisch aus der Druckpresse kommen. Da auf diese Weise zu viel Geld im Umlauf ist, hat die Zentralbank in den letzten Monaten mehrfach die Zinsen erhöht und die Kreditvergabe erschwert – ohne großen Erfolg. Im März stieg die Inflationsrate auf 5,4 Prozent."

o.V. (2011), Devisenberg macht Peking Sorgen, *Die Tageszeitung Online*, URL http://www.taz.de/!70392/

Nun kann man sich auf den Standpunkt stellen, dass ein Land selbst wissen muss, was es tut, und wenn es aufgrund zu hoher und langer Exportüberschüsse am Ende Geld verliert – wen soll das schon stören außer die Bürger des betreffenden Landes? Ganz so sehen Politiker das nicht, sie haben einen weiteren Vorwurf gegen Länder mit hohen Leistungsbilanzüberschüssen: Sie glauben, dass von den Überschüssen eine destabilisierende Wirkung auf andere Staaten ausgeht. Wie muss man sich das vorstellen?

Das Argument sieht wie folgt aus: Länder mit hohen Überschüssen, so der Vorwurf, wachsen auf Kosten der anderen Länder, denn die Überschüsse des einen Landes sind ja die Defizite des anderen Landes. Und die Defizitländer müssen ihre Importe über Kredite finanzieren, was deren Schuldenberge in die Höhe treibt, was diese Staaten wiederum auf den Finanzmärkten unter Druck setzt. Bisweilen ist sogar die Rede von unfairem Wettbewerb und Manipulationen des Währungsmarktes durch die Deutschen, die mit ihrem Sparwahn und den niedrigen Löhnen die anderen Euro-Staaten ins Verderben stürzen. Wenn die Deutschen nicht so produktiv und die deutschen Waren aufgrund der niedrigen Löhne nicht so billig wären, so das Argument, ginge es den Defizitstaaten nicht so schlecht. So fordern die Defizitstaaten von Deutschland, mehr Geld auszugeben, die Konjunktur mittels staatlicher Ausgabenprogramme anzuschieben oder die Löhne zu erhöhen, damit die Nachfrage der Deutschen nach Importen steigt respektive die Nachfrage nach deutschen Exporten sinkt und die Defizitländer auf diesem Weg über eigene Exporte ihre Schulden wieder abtragen können. Was ist von diesen Argumenten zu halten?

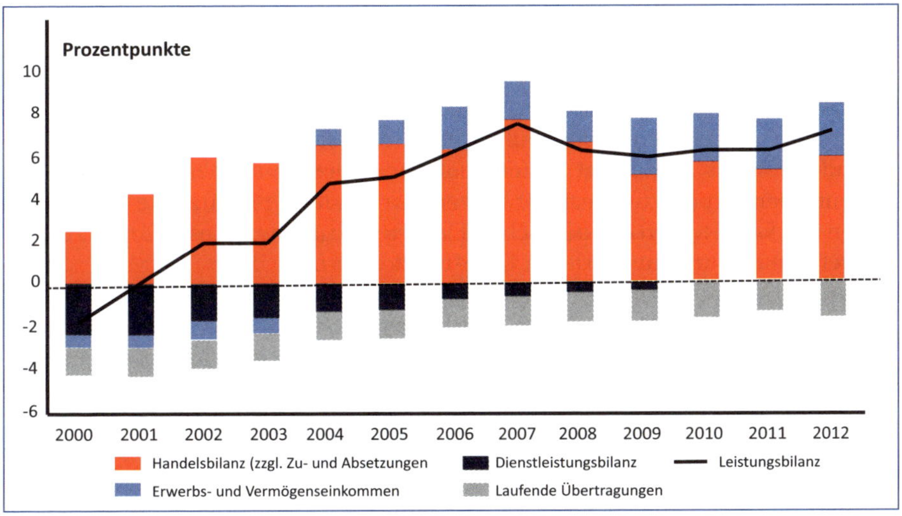

Quelle: Bundesministerium für Wirtschaft (2012), S. 2.

Abbildung 62: Die Salden der deutschen Leistungsbilanz 2000–2012
Wie Sie die Grafik lesen: Der rote Balken beim Jahr 2012 von der Nulllinie bis zur 6 bedeutet, dass die Handelsbilanz im Jahr 2012 sechs Prozentpunkte zum gesamten Leistungsbilanzüberschuss Deutschlands beigetragen hat – würde man die Handelsbilanz außen vor lassen, hätte der Leistungsbilanzsaldo der Bundesrepublik statt etwas mehr als 8 nur weniger als 2 Prozent betragen. Die laufenden Übertragungen (der graue Balken) weisen sogar ein Defizit auf (sie ragen von der Nulllinie aus nach unten, in den negativen Bereich), was bedeutet, dass sie den Überschuss um rund anderthalb Prozentpunkte reduziert haben – ohne diesen Posten wäre der Überschuss entsprechend höher ausgefallen.

- Kritiker dieser Sichtweise entgegnen, dass die hohen Überschüsse Deutschlands aufgrund der Probleme der Defizitländer entstehen. Mit anderen Worten: Deutschland ist so stark, weil die anderen Länder so schwach sind. Das ist im Grunde genommen die Kritik an den deutschen Überschüssen auf den Kopf (oder je nach Lesart auf die Füße) gestellt: Die Defizite entstehen nicht, weil die Deutschen so produktiv sind, sondern weil die Defizitstaaten so unproduktiv sind. Das hat etwas von der Debatte um den Klassenstreber: Wenn er gute Noten schreibt, stehen die anderen Schüler umso schlechter da. Sollen sich nun die anderen Schüler mehr anstrengen oder soll der Streber weniger lernen? Im ersteren Fall müssen die anderen mehr arbeiten, werden aber schlauer, im letzteren Fall können alle etwas weniger arbeiten, aber insgesamt fällt das Bildungsniveau der Klasse. Das Zitat „Den Stärksten zu schwächen stärkt nicht die Schwachen" bringt diese Debatte ganz gut auf den Punkt.
- Exemplarisch dafür ist die Debatte um die Lohnkosten: Deutsche Exporte sind auch deswegen so erfolgreich, weil die Deutschen in den ersten Jahren des neuen Jahrtausends Lohnzurückhaltung geübt haben (und damit auch Beschäftigung aufgebaut haben), während vor allem die Krisenstaaten der Europäischen Währungsunion ihre Löhne deutlich gesteigert haben. Wer trägt nun die Schuld an dieser Entwicklung und wer muss sich anpassen?

Darf Griechenland von Deutschland verlangen, seine Löhne zu erhöhen, damit es den Griechen leichter fällt, zu exportieren? Zwar dürfen die Deutschen auch nicht von den Griechen verlangen, dass diese ihre Löhne senken, allerdings müssen sie das auch nicht: Wenn die Griechen nicht mehr bezahlen können, gibt es eben keine deutschen Waren mehr.

- Zudem, so das Argument, helfen deutsche Exporte auch dem Ausland, da in deutschen Exportgütern zu 40 Prozent im Ausland produzierte Vorleistungen stecken. Steigen die deutschen Exporte, so nehmen dieser Logik zufolge auch die Importe aus anderen Euro-Ländern zu.
- Ein wichtiger Punkt in der Debatte ist der geringe Umfang an Investitionen innerhalb Deutschlands. Dazu nutzen wir wieder unsere Gleichung: Steigt der Außenhandelsüberschuss – der Term (Exporte minus Importe) wächst –, so müssen entweder die privaten oder die staatlichen (Steuereinnahmen minus Staatsausgaben) Ersparnisse steigen oder aber die Investitionen sinken. Kritiker der deutschen Leistungsbilanzüberschüsse machen Letzteres aus und attestieren Deutschland, dass es zu wenig investiert und stattdessen die überschüssigen Gelder eben im Ausland investiert – was langfristig dazu führen kann, dass das deutsche Wachstum entsprechend geringer ausfällt, weil zu wenig im Inland investiert wird. Auch hier gibt es Widerspruch: Wenn Unternehmen zu wenig in Deutschland investieren, so das Argument, dann deshalb, weil es sich nicht lohnt – will man nun den deutschen Unternehmen vorschreiben, dennoch in Deutschland zu investieren? Auch wegen dieses Arguments konzentrieren sich die Debatten auf die Investitionen der öffentlichen Hand, die in der Tat in den vergangenen Jahren rückläufig waren. Würde die öffentliche Hand mehr Geld dafür ausgeben, würde gemäß der Saldenmechanik auch der Exportüberschuss zurückgehen. Aber auch dieser Punkt bleibt nicht unwidersprochen: Die öffentlichen Investitionen seien zum einen deswegen gesunken, weil die massiven Förderprogramme zugunsten Ostdeutschlands ausgelaufen seien – sozusagen eine Rückkehr zur Normalität. Zudem sei die Preisentwicklung bei den Infrastrukturinvestitionen nicht so heftig gewesen wie im Ausland, weil Deutschland keinen Immobilienboom erlebt habe.
- Nicht zuletzt: Wenn Deutschland in der Tat zu hohe Überschüsse hat – kann der Staat diese überhaupt im quasi planwirtschaftlichen Verfahren reduzieren? Auch eine Stimulierung der Binnennachfrage beispielsweise über höhere Staatsausgaben würde nur eine geringe Verbesserung der Leistungsbilanzen der Defizitstaaten bewirken, da ein Großteil der zusätzlichen Nachfrage in den Konsum inländischer Güter fließe. Es ist also unklar, wie viel Einfluss der Staat auf die Höhe des Leistungsbilanzdefizits hat.

Info: Ungleichgewichte auf dem Radar der EU

Um makroökonomische Ungleichgewichte zu vermeiden, hat die Europäische Union einen Warnmechanismus-Bericht etabliert, er bildet den Auftakt eines jährlichen Verfahrens zur Vermeidung und Korrektur makroökonomischer Ungleichgewichte („Verfahren bei einem makroökonomischen Ungleichgewicht") – eine Art bürokratisch-statistisches Frühwarn-Radar. Dabei definiert die Union Ungleichgewichte als „Trends, die zu makroökonomischen Entwicklungen führen, die sich nachteilig auf das ordnungsgemäße Funktionieren der Wirtschaft eines Mitgliedstaats oder der Wirtschafts- und Währungsunion oder der Union insgesamt auswirken oder potenziell auswirken könnten". Als übermäßige Ungleichgewichte gelten „schwere Ungleichgewichte, einschließlich Ungleichgewichte oder Risiken, die das ordnungsgemäße Funktionieren der Wirtschafts- und Währungsunion gefährden". So weit, so ordnungsgemäß und ungenau. Im Rahmen dieses Verfahrens wird unter anderem auch der Dreijahresdurchschnitt des Leistungsbilanzsaldos in Prozent des BIP untersucht; wobei Werte von plus 6 und minus 4 Prozent als kritische Schwellenwerte gelten. Sind die Ungleichgewichte in einem Staat auch nach der Analyse weiter vorhanden und die Regierung des Landes setzt die Empfehlungen der Union nicht um, drohen Strafzahlungen von bis zu 0,1 Prozent des Bruttoinlandsprodukts eines Landes. Will heißen: Wenn ein Land einen zu hohen Außenhandelsüberschuss hat und nicht in der Lage ist, diesen wieder zu reduzieren (wie genau eigentlich will man das machen?), wird es für seine Leistungsfähigkeit bestraft. Im Frühjahr 2014 war der deutsche Außenhandelsüberschuss Gegenstand näherer Untersuchungen durch die EU.

Europäische Kommission (2013), Dritter Warnmechanismus-Bericht über makroökonomische Ungleichgewichte in den EU-Mitgliedstaaten, European Commission – MEMO/13/970 13/11/2013, URL http://europa.eu/rapid/press-release_MEMO-13-970_de.htm

Der Fall Vereinigte Staaten. Und was ist mit Staaten, die unter den berüchtigten Twin-Deficits, also den zweifachen Defiziten, leiden – ein Defizit in der Handelsbilanz und im Staatshaushalt? Vor allem die Vereinigten Staaten gelten hier als einer der Brandherde der Weltwirtschaft, weswegen es sich lohnt, sich dieses Beispiel etwas näher anzuschauen. Auch hier gibt es wieder die Befürchtung, dass das hohe Außenhandelsdefizit der Amerikaner zu schwerwiegenden Veränderungen im Rest der Welt führen kann – so wird zum einen befürchtet, dass die damit verbundenen Kredite vom Rest der Welt an Amerika nicht komplett zurückgezahlt werden – was würde wohl passieren, wenn einer der größten Schuldner der Welt auf einmal nicht mehr zahlen will oder kann? Zum anderen wird befürchtet, dass durch eine falsche Wirtschaftspolitik der Amerikaner die Gelder aus dem Ausland nach Amerika gelenkt werden, statt anderswo in bessere Verwendungsrichtungen zu fließen (denken Sie an die Debatte um die geringen deutschen Investitionen im vorherigen Abschnitt).

Welches sind die Gründe dafür, dass das amerikanische Leistungsbilanzdefizit sich so rasch und dramatisch in die Miesen bewegt hat, wie Sie es in Abbildung 63 sehen? Hier gibt es zwei Hypothesen:

- Die Leistungsbilanzthese: Sie stellt darauf ab, dass die Amerikaner einfach mehr aus dem Rest der Welt importierten, als der Rest der Welt in Amerika einkaufte. Der Grund dafür könnte ein stärkeres Wachstum in Amerika gegenüber dem Rest der Welt sein und eine hohe Importelastizität der amerikanischen Nachfrage (die Nachfrage nach Importen reagiert in den Vereinigten Staaten stärker auf Senkungen der Preise als im Rest der Welt).

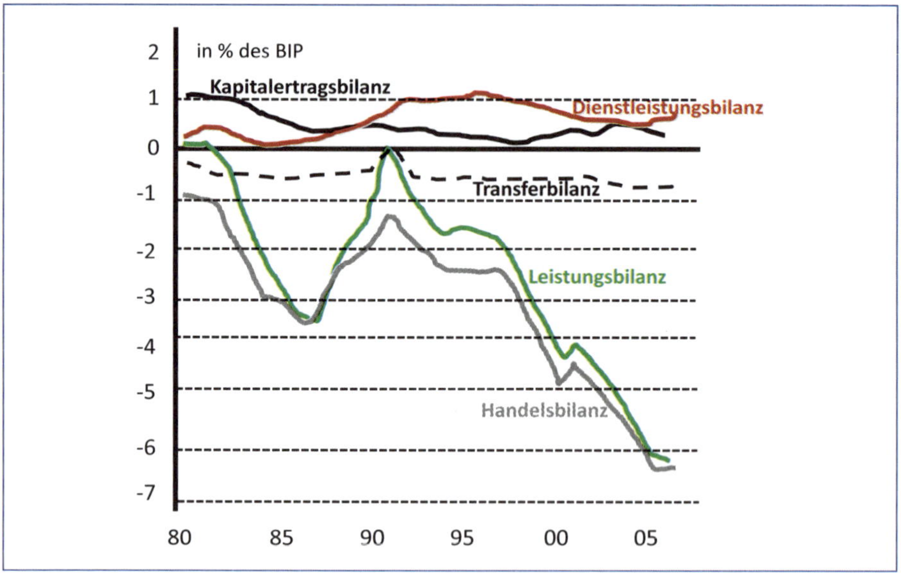

Quelle: DB Research (2007)

Abbildung 63: Die amerikanische Leistungsbilanz 1980–2005
Man sieht sehr schön, dass es fast ausschließlich die Handelsbilanz war, welche die Leistungsbilanz insgesamt in die roten Zahlen getrieben hat – Kapitalertragsbilanz und Dienstleistungsbilanz waren fast durchweg positiv; die Transferbilanz nur leicht negativ.

- Die Kapitalbilanzthese: Sie stellt die Handelsbilanzthese auf den Kopf: Sie unterstellt, dass zuerst die Kapitalbilanz der Amerikaner positiv wurde, weil alle Welt in den Vereinigten Staaten investieren wollte. Es waren also nicht die Amerikaner, die mehr importieren wollten, sondern das Ausland, das mehr Kapital nach Amerika exportieren wollte („sicherer Hafen", „new economy"). Dadurch entsteht ein Defizit in der Kapitalbilanz, das automatisch ein Defizit in der Leistungsbilanz nach sich zieht. Technisch gesehen passiert Folgendes: Durch den Zustrom von Kapital nach Amerika wertet der Dollar auf, was die Importe für die Amerikaner billiger macht und die amerikanischen Exporte teurer macht – so entsteht das Leistungsbilanzdefizit (diesen Mechanismus werden wir noch einmal genauer im nächsten Kapitel kennenlernen).

Das Paradoxe an diesen beiden Argumentationen: Sie suggerieren unterschiedliche Positionen. Die Handelsbilanzthese suggeriert, dass die amerikanische Wirtschaft schwach ist – sie konsumiert ja permanent mehr, als sie selbst herstellt, lebt also über ihre Verhältnisse. Die Kapitalbilanzthese hingegen unterstellt, dass die amerikanische Wirtschaft sehr attraktiv ist, weswegen das ausländische Kapital dorthin strömt und als Nebenwirkung ein Leistungsbilanzdefizit erzeugt.

Schauen wir uns nun nochmal unsere Gleichungen an, so finden wir Hinweise, die eher für die Leistungsbilanzthese sprechen:

Ersparnisse der Privaten + (Steuereinnahmen – Staatsausgaben) = Investitionen + (Exporte – Importe)

Das Problem der Vereinigten Staaten Anfang der 2000er-Jahre bestand darin, dass nicht nur das Leistungsbilanzdefizit negativ war, sondern auch das Budgetdefizit und die private Ersparnis. Weder der private noch der staatliche Sektor sparten, die linke Seite der Gleichung war negativ (womit die rechte Seite ebenfalls negativ sein muss). Wenn die Leistungsbilanz und das staatliche Budget zugleich negativ sind, spricht man in der Literatur von Zwillingsdefiziten (twin deficits). Damit muss das Leistungsbilanzdefizit größer sein als die Investitionen (sonst wird die rechte Seite nicht negativ) – die Waren aus dem Ausland werden also auch konsumiert. Die Vereinigten Staaten lebten zumindest Anfang der 2000er-Jahre über ihre Verhältnisse.

Das bringt uns zurück zu der Frage, die wir bereits diskutiert hatten: Wann ist ein Leistungsbilanzdefizit nicht mehr tragbar? Also wann genau wird ein Leistungsbilanzdefizit zu einem Problem? Die theoretische Antwort kennen wir bereits: immer dann, wenn ein Land nicht ausreichend wächst, um seine Schulden zurückzuzahlen, beispielsweise weil es zu wenig investiert (das haben wir bereits oben durchgesprochen). Solange eine Wirtschaft ausreichend wächst, um aus dem Wachstum seine Schulden an das Ausland zu bedienen, ist alles in Butter. Als Faustformel wird deshalb oft – in Anlehnung an die Konvergenzkriterien der europäischen Währungsunion – ein Leistungsbilanzdefizit in Höhe von 3 Prozent des Inlandsproduktes genannt; dieser Wert sei noch tragfähig. Andere Stimmen sprechen sogar von 5 Prozent; ab diesem Wert beginne die Leistungsbilanz sozusagen von selbst, sich zu korrigieren. All diese Werte sind aber nur Faustformeln, letztlich hängt das von vielen individuellen Aspekten ab – dem Land selbst, seinen Zukunftserwartungen, den Erwartungen der internationalen Gläubiger, der Bereitschaft der Kapitalmärkte, dem Land weiter Kredit zu geben, und noch vielen anderen Aspekten mehr.

Und wie kommt man raus aus der Zwillingsdefizitfalle? Eine Möglichkeit besteht darin, dass die Vereinigten Staaten schwächer wachsen als der Rest der Welt – dann wird das Ausland aufgrund seines stärkeren Wachstums mehr aus Amerika importieren, was die amerikanische Leistungsbilanz verbessert. Zweitens könnten die Vereinigten Staaten wieder mehr sparen – wenn die linke Seite unserer Gleichung größer wird, weil die Ersparnisse (der Privaten oder des Staates) zunehmen, dann muss auch die rechte Seite wieder größer werden. Das würde bedeuten, dass das Leistungsbilanzdefizit sinken kann. Alternativ könnten auch die Ersparnisse in den Überschussländern sinken. Wenn diese weniger sparen und mehr importieren, verbessert das wieder die amerikanische Leistungsbilanz. Eine letzte Möglichkeit wäre eine Abwertung des Dollar, sie würde die amerikanische Leistungsbilanz verbessern. Wie? Das ist Gegenstand des nächsten Kapitels.

Aufgabe

Suchen Sie Daten von Staaten zu Leistungsbilanzdefizit, Budgetdefizit, Sparen und Investieren zusammen. Ergänzen sich diese Daten nach Maßgabe der hier entwickelten Gleichung? Deuten die Daten darauf hin, dass es dem Land gut geht, oder zeigen sich da bereits mögliche Probleme?

Literatur

Ruckriegel, Karlheinz (2010), Zahlungsbilanz und makroökonomische Ungleichgewichte, Wisu. Das Wirtschaftsstudium, Heft 5/2010, S. 706 – 712.

Bundesministerium für Wirtschaft und Technologie (2013), Jahreswirtschaftsbericht 2013. Wettbewerbsfähigkeit – Schlüssel für Wachstum und Beschäftigung in Deutschland und Europa, Berlin 2013, URL https://www.bmwi.de/BMWi/Redaktion/PDF/Publikationen/jahreswirtschaftsbericht-2013,property=pdf,bereich=bmwi2012,sprache=de,rwb=true.pdf

Bundesministerium für Wirtschaft und Technologie (2012), Wirtschaftspolitisch relevante Bewegungen in der deutschen Leistungsbilanz im Jahr 2012, Monatsbericht Nr. 7, S. 1 – 6, URL http://www.bmwi.de/Dateien/BMWi/PDF/Monatsbericht/Auszuege/07-2013-leistungsbilanz,property=pdf,bereich=bmwi2012,sprache=de,rwb=true.pdf

DB Research (2007), US-Leistungsbilanzdefizite: Keine Panik, DB Research aktuelle Themen 289, URL https://www.dbresearch.de/PROD/DBR_INTERNET_DE-PROD/PROD0000000000212024/US-Leistungsbilanzdefizit%3A+Keine+Panik!.PDF

DB Research (2013), Deutsche Leistungsbilanzüberschüsse – Kritik nicht stichhaltig; Deutsche Bank Research Standpunkt Deutschland, Frankfurt 2013; URL http://www.dbresearch.de/PROD/DBR_INTERNET_DE-PROD/PROD0000000000325812/Deutsche+Leistungsbilanz%C3%BCbersch%C3%BCsse+%E2%80%93+Kritik+nicht+-stichhaltig.PDF

5.2 Der Wechselkurs

Dieses Kapitel hat zum Ziel, dass Sie

- wissen, was ein Wechselkurs ist und wie man ihn in verschiedenen Varianten berechnet,
- die Zusammenhänge zwischen den einzelnen Posten der Zahlungsbilanz und dem Wechselkurs verstehen und wissen, welche Theorien es zur Erklärung der Wechselkurse gibt.

Wichtige Begriffe in diesem Kapitel

Mengenwechselkurs, Preiswechselkurs, nominaler und realer Wechselkurs, Außenwert, Kaufkraftparität, Zinsparität, gedeckte Zinsparität.

@ **Einen aktuellen Foliensatz zu diesem Kapitel finden Sie unter www.vahlen.de/15879880**

Worum geht es? Bisher haben wir in diesem Buch systematisch ausgeblendet, dass Staaten unterschiedliche Währungen haben. Im Grunde genommen haben wir immer damit gearbeitet, dass Staaten Waren untereinander austauschen, ohne uns darum zu kümmern, dass zwischen diesem Warenaustausch noch der Umtausch von Währungen steht. Das bedeutet nicht, dass unsere bisherigen Theorien falsch wären – sie stimmen und funktionieren recht gut. Allerdings kann die Existenz von Währungen dazu führen, dass unsere Ergebnisse sich bisweilen ein wenig verändern, erweitert oder vielleicht sogar verstärkt werden. Welche Folgen also hat die Existenz unterschiedlicher Währungen? Um das zu ergründen, müssen wir in diesem Kapitel zunächst einmal klären, wie die Preise von Währungen – also die Wechselkurse – bestimmt werden und welchen Einfluss der Wechselkurs auf Handel, Kapital und Wohlstand eines Landes hat. Lassen Sie uns mit der einfachen Frage anfangen, was ein Wechselkurs ist.

Der Wechselkurs. Der Wechselkurs ist der Preis einer Währung – so, wie Sie für ein Brötchen bezahlen, zahlen Sie auch dafür, das Geld eines fremden Landes zu erhalten, und bezahlen tun Sie – wie beim Brötchen – mit dem Geld Ihres Landes. Also: Wenn Sie einen Dollar kaufen wollen und Sie zahlen 75 Euro-Cent für diesen Dollar, so beträgt der Preis des Dollar – sein Wechselkurs – 75 Cent oder 0,75 Euro. Genau genommen ist dies die sogenannte Preisnotierung, sie gibt den Preis einer Einheit ausländischer Währung in der inländischen Währung an. Sie können aber auch stattdessen fragen, wie viel ausländische Währung Sie für einen Euro bekommen – das wäre dann die sogenannte Mengennotierung. Die Mengennotierung muss natürlich äquivalent zur Preisnotierung sein: Wenn Sie für 1 Dollar 2 Euro zahlen, dann bekommen Sie für einen Euro natürlich dementsprechend einen halben Dollar. Die Mengennotierung ist also immer der Kehrwert der Preisnotierung, in unserem Beispiel (75 Cent für einen Dollar) ist die Mengennotierung folglich 1,33 Dollar für einen Euro.

(Nominaler) Wechselkurs:
Wertrelation zwischen in- und ausländischer Währung

Preisnotierung	Mengennotierung
(direkte Notierung)	(indirekte Notierung)
Preis einer Einheit ausl. Währung ($) in inl. Währung	Preis der einheimischen Währung in Fremdwährung
	(Wechselkurs, exchange rate)
1/e = 0,75 € je $	e = 1,33 $ je €

Entwicklung des Wechselkurses:

Wert des € steigt (des $ fällt): „Aufwertung des €"; e steigt; 1/e sinkt

Wert des € fällt (des $ steigt): „Abwertung des €"; e sinkt; 1/e steigt

Abbildung 64: Wechselkurs – Preis- und Mengennotierung

Jetzt müssen wir nur noch klären, wie man die Preisentwicklung einer Währung nennt: Wenn Sie mehr für die ausländische Währung zahlen müssen, bedeutet das, dass Ihre eigene Währung weniger wert ist, während die ausländische Währung wertvoller wird (Sie müssen ja mehr dafür bezahlen). Man sagt also, dass die inländische Währung abwertet, während die ausländische Währung aufwertet. Dabei ist klar, dass die Abwertung einer Währung gegenüber der anderen immer automatisch eine Aufwertung der anderen Währung bedeutet. Bei einer Abwertung also steigt die Preisnotierung (Sie müssen mehr in Ihrer eigenen Währung zahlen, um den Dollar zu erhalten) und sinkt die Mengennotierung (Sie bekommen weniger Dollar pro Euro).

Welche der beiden Notierungen Sie verwenden, ist Geschmackssache. Wenn Sie beispielsweise schreiben, dass der Euro aufwertet und Sie eine Grafik dazu vorstellen wollen, ist es sinnvoll, die Mengennotierung zu nehmen, denn diese zeigt dann eine Kurve, die aufsteigt. Da die Preisnotierung als Kehrwert entsprechend eine fallende Kurve zeigt (Sie müssen weniger Euro pro Dollar zeigen), könnte das den Leser verwirren.

Lassen Sie uns nun einen weiteren elementaren Zusammenhang einführen zwischen einer Auf- oder Abwertung und den Kosten von Importen oder Exporten; nutzen wir dazu Abbildung 65. Nehmen wir einmal an, in der Ausgangslage ist der Wechselkurs 1,50 Dollar je Euro. Was passiert, wenn die Vereinigten Staaten (Europa) jeweils eine Maschine im anderen Land kaufen?

Wenn die Maschine, welche die Amerikaner in Europa kaufen, 20.000 Euro kostet, so müssen die Amerikaner laut Wechselkurs 30.000 Dollar in die Hand nehmen, um die Maschine zu kaufen – mit den 30.000 Dollar können sie auf dem Devisenmarkt zum herrschenden Wechselkurs genau die 20.000 Euro kaufen, die sie zum Kauf der Maschine benötigen. Wollen die Europäer eine Maschine

Wechselkurs und relative Preise im In- und Ausland:

USA: Kauf Maschine in €
20.000 €
mit e = 1,50 $ je € sind das
30.000 $

Europa: Kauf Maschine in $
20.000 $
mit 1/e = 0,66 € je $ sind das
13.333 €

Aufwertung des €: e = 1,60 $ je € (1/e = 0,625)

Kauf Maschine in €
20.000 €
mit e = 1,60 $ je € sind das
32.000 $

Kauf Maschine in $
20.000 $
mit 1/e = 0,625 € je $ sind das
12.500 €

Eine Aufwertung (Abwertung) des Euro macht europäische Waren für das Ausland teurer und ausländische Waren für das Inland billiger

Abbildung 65: Wechselkurs und Im- und Exporte

für 20.000 Dollar in Amerika kaufen, so müssen sie beim herrschenden Wechselkurs 13.333 Euro aufbringen, die sie in 20.000 Dollar umtauschen können.

Jetzt passiert es: Der Euro wertet auf, statt 1,5 Dollar bekommt man nun 1,6 Dollar je Euro. Was passiert in Amerika? Die Amerikaner müssen nun 32.000 Dollar aufbringen, nach dem neuen Wechselkurs ergeben 32.000 zu einem Kurs von 1,60 Dollar je Euro wiederum 20.000 Euro (teilen Sie einfach die 32.000 Dollar durch den Wechselkurs von 1,6). Die Amerikaner müssen nun 2000 Dollar mehr aufwenden, um die gleiche Maschine zu kaufen. Die Abwertung des Dollar hat europäische Waren für die Amerikaner teurer gemacht. Anders hingegen ergeht es den Europäern: Ihnen reichen nun beim herrschenden Wechselkurs 12.500 Euro, um 20.000 Dollar zu erwerben – die Aufwertung des Euro hat amerikanische Waren für sie billiger gemacht.

Es ist genau dieser Effekt, der in politischen Debatten immer wieder bemüht wird: Wenn die Währung eines Landes aufwertet (abwertet), werden dessen Waren für das Ausland teurer (billiger), weswegen eine Aufwertung gerne als Job-Killer respektive die Abwertung aus Konjunkturprogramm gepriesen wird. Was ist davon zu halten?

Zunächst einmal kann man nicht immer sicher sein, dass dieser Effekt unmittelbar und sofort eintritt – studieren Sie dazu den J-Kurven-Effekt. Möglicherweise funktioniert das kurzfristig nicht sofort. Aber was ist mit der langfristigen Wirkung? Hier gibt es drei Probleme: Erstens wird in der öffentlichen Debatte immer der Eindruck erweckt, eine Abwertung sei ein kostenloses Konjunkturprogramm – das ist falsch. Die Kosten einer Abwertung erkennen Sie auf der Importseite: Während die Exporteure darüber jubeln, dass sie nun mehr im Ausland absetzen können, müssen die Importeure mehr Geld auf den Tisch des Hauses legen, wenn sie im Ausland einkaufen – sie bezahlen das Konjunkturprogramm für die Exporteure. Das sagt einem eigentlich schon der gesunde Menschenverstand: Niemand wird dadurch reicher, dass er seine Waren billiger verkauft. Statt einer Abwertung könnte man auch eine Steuer auf Importgüter einführen und mit deren Erlösen die Exporte subventionieren – das liefe ökonomisch betrachtet auf das Gleiche raus, dürfte aber deutlich weniger Zustimmung bei den Bürgern finden.

Info: Der J-Kurven-Effekt

Wenn eine Abwertung die Exporte eines Landes billiger macht, so sollte es doch eigentlich anschließend mehr exportieren, zudem werden durch die Abwertung die ausländischen Waren für das Inland teurer, auch die Importe sollten sinken – verbessert das dann die Leistungsbilanz des betreffenden Landes? Nicht notwendigerweise, es hängt davon ab, wie stark Ex- und Importe auf die Abwertung reagieren. Im schlimmsten Fall passiert das: Die Exporte steigen nach der Abwertung nur wenig, weil die abwertungsbedingte Preissenkung die Konsumenten im Ausland kaum dazu animiert, mehr dieser Waren zu kaufen. Zugleich aber kann der Wert der inländischen Importe stark zunehmen, nämlich dann, wenn die Preissteigerung für die Importe die Nachfrage danach nur leicht reduziert (weil wir diese Waren dringend benötigen, beispielsweise Rohöl). Selbst wenn die Nachfrage mengenmäßig leicht sinkt, kann der Wert der Importe insgesamt steigen, weil ja der Preis dafür gestiegen ist – wir importieren zwar weniger Öl, aber zu einem höheren Preis. Das Zusammenspiel dieser Faktoren kann dazu führen, dass sich die Leistungsbilanz nach einer Abwertung sogar erst einmal verschlechtert – die Exporte nehmen wenig zu, der Wert der Importe stark. Auf längere Frist sollte sich das aber umdrehen und die Leistungsbilanz sich verbessern (weil die inländischen Konsumenten langfristig auf andere Güter ausweichen, die Exporteure vielleicht auf andere Waren, die sie anbieten). Stellt man diese Entwicklung auf einer Zeitachse dar, so würde das eine Kurve ergeben, die zuerst nach unten läuft (die Leistungsbilanz verschlechtert sich) und erst nach einer Weile nach oben zeigt. (Die Leistungsbilanz verbessert sich wieder. Das sieht dann aus wie ein J, weswegen man hier vom J-Kurven-Effekt spricht.)

Aufgabe

Wie sieht die Argumentationskette des J-Kurven-Effekts aus für den Fall einer Aufwertung? Und warum spricht man dann vom Spazierstock-Effekt?

Das zweite Argument gegen eine Abwertung als Instrument der Konjunkturpolitik ist noch dramatischer: Exporteure und Importeure richten ihre Produktion langfristig natürlich am Wechselkurs aus. Was aber, wenn dieser Wechselkurs politisch manipuliert ist, also nicht den wahren Nachfrage- und Angebotsverhältnissen in der Welt entspricht? Im schlimmsten Fall baut dann der Exporteur eine Fabrik auf, die nur unter manipulierten Wechselkursen überlebensfähig ist – wenn sich diese irgendwann wieder der Realität der tatsächlichen wirtschaftlichen Bedingungen anpassen (und das werden sie tun), geht die Fabrik pleite, weil wir sie auf dem Treibsand politisch manipulierter Wechselkurse aufgebaut haben. Wir haben Ressourcen schlichtweg verschwendet. Genau das Gleiche passiert eventuell auf der Importseite: Da bauen wir eine Industrie auf, die Güter deswegen herstellt, weil unsere Währung politisch falsch bewertet ist, und zwar unterbewertet – bei einem höheren Wechselkurs hätten wir diese Güter importiert, statt sie selbst herzustellen. Wenn die künstlich unterbewertete Währung sich den Realitäten wieder anpasst und aufwertet, ist auch diese Industrie verloren.

Das letzte Argument gegen eine künstliche Abwertung ist ein politisches: Nehmen wir an, wir werten unsere Währung ab und es gelingt uns dadurch tatsächlich, unsere Exporte zu steigern und unsere Konjunktur zu beleben. Wie, glauben Sie, finden das die Staaten, gegenüber deren Währungen wir abgewertet haben? Deren Exporte sinken, ihre Importe steigen, ihre Leistungsbilanz verschlechtert sich und unter Umständen auch ihre Konjunktur (immerhin kann die Exportindustrie jetzt weniger verkaufen und muss vielleicht Personal entlassen). Dann stellt sich unser Abwertungsgewinn als Verlust des Auslands dar, wir haben unsere Konjunktur auf Kosten des Auslandes belebt – Beggar-my-neighbourhood-policy nennt man das, auf Deutsch in etwa „Politik, welche die Nachbarn arm macht". Abgesehen davon, dass das recht unfein ist, müssen Sie sich fragen, ob sich das Ausland das gefallen lassen mag oder im

Zweifelsfall versuchen wird, seine Währung abzuwerten. Und im Handumdrehen haben Sie einen veritablen Währungskrieg, der nur Verlierer kennt. Klingt wenig verlockend, oder?

Der reale Wechselkurs. Warum brauchen wir überhaupt einen Wechselkurs? Zum einen natürlich, um zu wissen, was wir so für ausländische Waren zahlen, zum anderen ist er auch eine nützliche Variable für die Wirtschaftspolitik – eine Veränderung des Wechselkurses kann uns wertvolle Informationen über den Zustand und die Zukunft unserer heimischen Wirtschaft geben. (Wie wir bereits gesehen haben, hat eine Auf- oder Abwertung Folgen für die Import- und Exportindustrie; weitere Argumente werden wir noch kennenlernen.) Also ist es für einen Politiker sinnvoll, auf den Wechselkurs der nationalen Währung zu achten. Allerdings muss man genauer hinschauen, das kann rasch zu Fehlschlüssen führen, und um diese zu vermeiden, brauchen wir den realen Wechselkurs. Schauen wir uns dazu ein Beispiel an.

Nehmen wir an, zwischen dem In- und dem Ausland (sagen wir Europa und Amerika) wird nur eine Ware gehandelt, sagen wir Big Macs. In Europa kostet ein Big Mac 2 Euro, in Amerika 1 Dollar. Nun sagt uns unsere Intuition, dass ein Big Mac im In- und Ausland eigentlich das Gleiche kosten sollte – wäre der Big Mac in Amerika billiger als in Europa, so würden findige Unternehmen rasch Big Macs billig in Amerika einkaufen und teuer in Europa verkaufen. Diese Intuition bezeichnet man als Kaufkraftparitätentheorie, wir werden sie später ausführlich diskutieren (sie wird in der Realität tatsächlich bisweilen mithilfe von Big Macs gemessen), hier geht es erst einmal um einen anderen Punkt. Wenn ein Big Mac in Europa 2 Euro kostet, in Amerika 1 Dollar, dann erwarten wir einen Wechselkurs von 1 Dollar für 2 Euro respektive einem halben Dollar je Euro – wenn Sie 1 Dollar (für den Sie in Amerika einen Big Mac bekommen) in 2 Euro tauschen, bekommen Sie in Europa den gleichen Big Mac für das gleiche Geld, nur in Euro gerechnet.

So weit, so gut, jetzt das Problem: Was, wenn in Amerika der Preis für Big Macs anzieht, auf 2 Dollar je Big Mac? Bei einem Wechselkurs von 2 Euro für 1 Dollar würden nun alle Amerikaner ihr Geld in Euro tauschen, für 2 Dollar 4 Euro erwerben und damit zwei Big Macs kaufen, statt zu Hause nur einen Big Mac zu erhalten. Also muss ein neuer Wechselkurs her, nämlich 1 Dollar für 1 Euro – der Euro wertet also auf (der Dollar dementsprechend ab). Jetzt kann es sein, dass Sie als europäischer Wirtschaftspolitiker aus dieser Aufwertung Ihrer Währung falsche Schlüsse ziehen – der Euro hat nur aufgewertet, weil in Amerika die Preise gestiegen sind. Also ist es sinnvoll, diese Veränderung der Preise aus dem Wechselkurs herauszurechnen, und wenn man dies tut, erhält man den realen Wechselkurs.

Wie wird der berechnet? Ganz einfach: Wir bereinigen den normalen Wechselkurs, den wir ab sofort als nominalen Wechselkurs bezeichnen, um diese Preisveränderung. Dabei hilft uns Tabelle 7.

Im Ausgangsjahr beträgt der Wechselkurs in der Mengennotierung 50 Dollar-Cent pro Euro; der Euro wertet das Folgejahr auf 1 Dollar je Euro auf. Die Preise in Europa bleiben unverändert, weswegen der Preisindex konstant bei 100 bleibt, in Amerika verdoppeln sich die Preise – der Preis des Big Mac

Tabelle 7: Realer Wechselkurs – ein einfaches Beispiel

	2014	2015
Wechselkurs (Dollar je Euro)	0,50	1
Preisindex €	100	100
Preisindex US	100	200

steigt um 100 Prozent von 1 auf 2 Dollar –, weswegen sich auch der Preisindex verdoppelt. Der nominale Wechselkurs ist um 100 Prozent gestiegen, bereinigen wir das allerdings um den Anstieg des amerikanischen Preisniveaus von 100 Prozent, so sehen wir, dass der Wechselkurs nach Berücksichtigung dieses Preisanstiegs – also real – unverändert ist; wir bekommen immer noch einen amerikanischen Big Mac für einen europäischen Big Mac. In Gütern gerechnet hat sich also erst einmal nichts verändert.

Und so können wir das ausrechnen: Der reale Wechselkurs ist gleich dem nominalen Wechselkurs, bereinigt um den Einfluss der Inflation. Diese Bereinigung nehmen wir vor, indem wir den nominalen Wechselkurs mit dem inländischen Inflationsindex (100) multiplizieren und durch den ausländischen Inflationsindex dividieren (200). Multiplizieren Sie den nominalen Wechselkurs von 1 mit 100 und dividieren Sie durch 200, so erhalten Sie 0,5 – das ist der reale Wechselkurs, und wie Sie sehen, ist der tatsächlich unverändert.

Das klingt trivial, liegt auch an dem einfachen Beispiel, das erst einmal die grundsätzliche Idee deutlich machen soll. Lassen Sie uns das Beispiel etwas modifizieren und unterstellen, dass sich der Wechselkurs nicht nur wegen der Preisveränderungen, sondern auch wegen anderer Dinge – die wir noch kennenlernen werden – verändert. Tabelle 8 enthält die entsprechenden Daten.

Tabelle 8: Realer Wechselkurs – ein etwas realistischeres Beispiel

	2014	2015
Wechselkurs (Dollar je Euro)	1,50	1,62
Preisindex €	100	102
Preisindex US	100	106

Also: Der Euro hat nun von 1,50 auf 1,62 Dollar je Euro aufgewertet – das ist ein Anstieg des nominalen Wechselkurses um 8 Prozent. Die Preise in Europa sind um 2 Prozent gestiegen (das zeigt die zweite Zeile, der Preisindex der Lebenshaltung hat um 2 Prozent zugelegt, von 100 auf 102); zugleich sind die Preise in Amerika um 6 Prozent gestiegen (dritte Zeile). Wenn der Wechselkurs nur auf die Veränderung der Preise reagieren würde, dann sollte er eigentlich nur um 4 Prozent – die Differenz zwischen der europäischen und der amerikanischen Inflation – steigen. Warum, ist klar: Während die europäischen Waren 2 Prozent teurer geworden sind, haben die amerikanischen Preise um 6 Prozent zugelegt – diese unterschiedliche Entwicklung in den Preisen sollte sich auch im Wechselkurs niederschlagen.

Wenn in Europa 2014 ein Big Mac 2 Euro kostet, dann sollte er in Amerika 3 Dollar kosten; bei einem Wechselkurs von 1,50 Dollar je Euro bekommen Sie für 3 Dollar 2 Euro – also für einen amerikanischen Burger einen europäischen Burger. Im nächsten Jahr haben sich die Preise erhöht, in Europa kostet der Big Mac nun 2,04 Euro (die Preise, will heißen die Inflationsrate, sind um 2 Prozent gestiegen); in Amerika steigt der Burger-Preis auf 3,18 Dollar (ein inflationsbedingtes Plus von 6 Prozent). Damit müsste der Euro um rund 4 Prozent auf 1,56 Dollar aufwerten. Warum? Probieren Sie es aus: Wenn der Amerikaner 3,18 Dollar in die Hand nimmt und diese, statt zu Hause einen Burger zu kaufen, zu diesem Wechselkurs in Euro umtauscht, so erhält er 3,18 Dollar dividiert durch 1,56 Dollar je Euro. Macht ungefähr die 2,04 Euro, mit denen er nun einen europäischen Big Mac kaufen kann. Zu diesem Wechselkurs wäre sozusagen das reale Austauschverhältnis zwischen den Währungen – in Gütern beziehungsweise Big Macs gerechnet – unverändert.

Tatsächlich aber hat der Euro auf 1,62 Dollar je Euro aufgewertet – das ist ein Anstieg um 12 Cent, also 8 Prozent – also ist ein Teil der Aufwertung nicht durch den Anstieg der Preise zu erklären, sondern durch andere Faktoren (ein paar davon werden wir noch kennenlernen). Will heißen: Die Aufwertung einer Währung ist zumeist nur zum Teil auf eine Veränderung der Preise zwischen den beiden Staaten zurückzuführen, und zwar in unserem Beispiel rund 6 Cent, das sind 4 Prozent vom ursprünglichen Wechselkurs von 1,50 Dollar je Euro. Die anderen 6 Cent (4 Prozent) gehen auf das Konto anderer Faktoren. Diesen Teil der Aufwertung nennen wir real, weil er nicht durch Veränderungen der Preise zustande gekommen ist.

Die allgemeine Formel zur Berechnung des realen Wechselkurses ist einfach: Sie multiplizieren den Wechselkurs mit dem inländischen Preisniveau und teilen das Ganze dann durch das ausländische Preisniveau. Also: realer Wechselkurs des Euro = 1,62 * (102/106) = 1,56 Dollar. Will heißen: Der Euro hat aus Gründen, die nichts mit der Veränderung der Preisverhältnisse zu tun haben, 6 Cent aufgewertet (von 1,50 auf 1,56 Dollar je Euro), die fehlenden 6 Cent zum tatsächlichen Wechselkurs von 1,62 Dollar je Euro erklären sich durch die Veränderungen der Preisverhältnisse.

Kurzum: Wenn wir also wissen wollen, wie sich unser Wechselkurs verändert hätte, wenn wir die Veränderung der Preise berücksichtigen, dann multiplizieren wir einfach den Wechselkurs mit dem inländischen Preisniveau und dividieren das Ganze durch das ausländische Preisniveau – damit erhalten wir den realen Wechselkurs. Das ist praktisch das reale Austauschverhältnis, der reale Wechselkurs gibt an, was eine Einheit des ausländischen Güterkorbs kostet, und zwar in Einheiten des inländischen Güterkorbs.

Wofür der reale Wechselkurs gut ist? Wenn wir im obigen Beispiel hören, dass der Euro um 8 Prozent (nominal) aufgewertet hat, dann könnte man vermuten, dass die Kaufkraft unserer Währung um 8 Prozent gestiegen ist – schließlich bekommen wir nun für jeden Euro 0,08 Dollar-Cent mehr, mit denen wir dann mehr Waren in den Vereinigten Staaten einkaufen können. Doch dieser Schluss wäre voreilig, wir bekommen zwar mehr Dollar-Cent, doch dafür sind auch die Waren in Amerika teurer geworden. Und dieser Preisanstieg dämpft den Kaufkraftanstieg unserer Währung. Und dank des realen Wechselkurses können wir das auch genau beziffern: Die Kaufkraft unserer Währung ist nominal um 12 Cent gestiegen, aber nur 6 Cent davon sind ein tatsächlicher Kaufkraftanstieg, die anderen 6 Cent gehen dafür drauf, dass die amerikanischen Waren teurer geworden sind. Wenn Sie sich nun an den ersten Teil des Buches erinnern, werden Sie sich fragen, was denn der Unterschied zwischen dem realen Wechselkurs und den Terms of Trade ist – schließlich geben die Terms of Trade ja auch das Austauschverhältnis von ausländischen Gütern zu unseren Gütern an. Der wichtigste Unterschied ist der: Die Terms of Trade stellen im Gegensatz zum realen Wechselkurs nur auf die handelbaren Güter ab, also die Güter, die Nationen untereinander austauschen. Der reale Wechselkurs hingegen nutzt das inländische Preisniveau und bezieht damit die Preise aller Güter ein, die im Inland hergestellt werden.

Info: Wechselkurs und Wettbewerbsfähigkeit

Der Wechselkurs wird oft als Indikator der Wettbewerbsfähigkeit eines Landes angesehen – warum? Nehmen wir dazu unser Beispiel aus Tabelle 8. Wenn der Euro von 1,50 auf 1,62 Dollar aufwertet, bedeutet das, dass unsere Waren für die Amerikaner teurer werden – wir also an preislicher Wettbewerbsfähigkeit verlieren. Das sieht danach aus, als würden wir damit einen Nachteil im Wettbewerb mit amerikanischen Waren erleiden, weil unsere Waren nun für die Amerikaner 8 Prozent teurer werden. Allerdings ist das so nicht richtig, denn die unterschiedlich steigenden Preise bei uns und den Amerikanern verzerren dieses Bild. Wenn unsere Währung nur 4 Prozent aufwerten würde, würden wir mit den Amerikanern immer noch die gleichen Gütermengen tauschen können, weil sich ja mit dem Wechselkurs zugleich die Preise im In- und Ausland geändert haben. Wie wir gesehen haben: Bei einem Anstieg um 4 Prozent würde man immer noch einen amerikanischen Burger gegen einen europäischen Burger tauschen können. Deswegen rechnen wir die Preisentwicklungen heraus und erkennen, dass unsere Waren aufgrund der Aufwertung in der Tat teurer geworden sind – allerdings nur um 4 Prozent, die reale Aufwertung. Deswegen wird oft die Veränderung des realen Wechselkurses als Indiz für eine Veränderung der nationalen Wettbewerbsfähigkeit betrachtet. Aber auch das ist nicht der Weisheit letzter Schluss: In den Verbraucherpreisen, die wir zur Berechnung des realen Wechselkurses nutzen, stecken auch die Preise nicht handelbarer Güter drin, die eigentlich keinen Einfluss auf die preisliche Wettbewerbsfähigkeit unserer handelbaren Güter haben. Deswegen werden statt der Verbraucherpreise häufig auch Exportpreise oder die Lohnstückkosten genutzt, um den realen Wechselkurs zu berechnen, in der Hoffnung, dass der so berechnete Wechselkurs die preisliche Wettbewerbsfähigkeit besser wiedergibt.

Der Außenwert. Nun ist der Wechselkurs – real oder nominal – ein recht praktisches Instrument, um uns zu zeigen, was unsere Währung wert ist – allerdings zeigt er uns immer nur den Wert unserer Währung gegenüber einer ausländischen Währung an. Der Euro-Dollar-Wechselkurs sagt uns, was der Euro gegenüber dem Dollar wert ist, der Euro-Pfund-Wechselkurs, was der Euro gegenüber dem Pfund wert ist. Was aber, wenn wir wissen wollen, was der Euro, im Durchschnitt gegenüber dem Rest der Welt wert ist? Dazu verwendet man einen speziellen Wechselkursindex, den effektiven Wechselkurs, auch Außenwert genannt.

Die Idee des effektiven Wechselkurses besteht darin, den Wechselkurs eines Landes als gewichteten Durchschnitt gegenüber allen anderen Währungen zu berechnen. Das funktioniert wie folgt:

- Zuerst berechnen Sie die bilateralen Wechselkurse eines Landes gegenüber dessen Handelspartnern.
- Anschließend gewichten Sie die Länder nach ihrer Bedeutung für das Inland; in der Regel nimmt man deren Anteile am Im- und Export (also den Durchschnitt von Importen und Exporten).
- Jetzt können Sie den effektiven Wechselkurs berechnen. Entscheidend ist Folgendes: Nicht die absolute Zahl ist aussagekräftig (es ist ja ein Index), sondern die *Veränderung* des effektiven Wechselkurses, also die durchschnittliche Veränderung des Wechselkurses gegenüber mehreren Währungen.

Das klingt jetzt recht abstrakt, also schauen wir uns das einmal anhand eines Beispiels[6] an (Tabelle 9). Nehmen wir an, dass Europa nur mit drei Staaten Handel treibt: Amerika, China und der Schweiz. 50 Prozent des Handels werden mit Amerika abgewickelt, 40 Prozent mit China und 10 Prozent mit der Schweiz – das ist die zweite Zeile der Tabelle (zusammen macht das dann 100 Prozent, das ist die letzte Spalte).

Dann haben wir in der dritten (vierten) Zeile den Wechselkurs für 2014 (2015). Aus diesen beiden Zeilen können wir in der nächsten Zeile die Veränderung des jeweiligen Wechselkurses ausrechnen. Dabei müssen wir nur zu einem kleinen Trick greifen: Die jeweiligen Wechselkurse und ihre Veränderungen sind in dieser Form nicht miteinander vergleichbar – das müssen sie aber sein für unsere Berechnungen. Also indexieren wir den Wechselkurs: Wir legen fest, dass der Wert für 2014 den Wert 100 hat und rechnen den Wert für 2015 derart um, dass er sich zum Wert 100 genauso verhält, wie sich der Wert von 2015 zum Wert von 2014 verhält. Das machen wir, indem wir den Wert von 2015 durch den Wert von 2014 dividieren und mit 100 multiplizieren, das Ergebnis ist der indexierte Wert.

Also: Der Wechselkurs Dollar/Euro ist von 1,20 auf 1,32 Dollar je Euro gestiegen – das ist ein Anstieg von 10 Prozent. Dividieren Sie 1,32 durch 1,2 und multiplizieren Sie das mit 100, so erhalten Sie den Indexwert von 110, das entspricht einem Anstieg von 10 Prozent. Diese Berechnung machen wir nun für alle drei Währungen und erhalten für alle den indexierten Wert des bilateralen Wechselkurses (also des Wechselkurses zwischen dem Euro und jeweils einer Währung). Den nominalen effektiven Wechselkurs erhalten wir, indem wir

[6] Der effektive Wechselkurs des Euro wird allerdings genau genommen als gewichtetes geometrisches Mittel berechnet, nicht als arithmetisches Mittel wie in diesem Beispiel. Zur näheren Berechnung schauen Sie nach bei Europäischen Zentralbank (2012).

Tabelle 9: Effektiver und realer effektiver Wechselkurs des Euro

	Amerika	China	Schweiz	Summe
Anteil am Handel der EU in Prozent	50	40	10	100
Wechselkurs 2014 (je Euro)	1,2 Dollar	8 Yuan	1,0 Franken	–
Wechselkurs 2015	1,32 Dollar	9,6 Yuan	0,9 Franken	
Wechselkursindex (2014 = 100)	110	120	90	**112**
Preisentwicklung gegenüber Europa	105	110	95	106
Realer Wechselkurs	104,76	109,01	94,74	**105,66**

diese drei Indexwerte mit dem jeweiligen Anteil am Handel des betreffenden Landes gewichten und addieren. Also:

$$\text{Effektiver Wechselkurs} = (0{,}5*110) + (0{,}4*120) + (0{,}1*90) = 112$$

Der Wert 112 sagt nun aus, dass der effektive Wechselkurs, also der durchschnittliche, handelsgewichtete Wechselkurs von 2014 auf 2015 um 12 Prozent zugelegt hat, der Euro also im Schnitt gegenüber allen drei Währungen aufgewertet hat. Dahinter stecken zwei unterschiedliche Entwicklungen: Gegenüber Amerika und China hat der Euro aufgewertet, aber gegenüber den Schweizern abgewertet.

Info: Betrug am Devisenmarkt?

„Weltweit hegen Behörden einen Verdacht: Banken sollen die Wechselkurse von Währungen manipuliert haben. Geht das überhaupt? … Im Zentrum des Interesses steht ein Schauspiel, das von Montag bis Freitag stets um vier Uhr nachmittags in London über die Bühne geht, dem bedeutendsten Handelsplatz für Währungen. Dabei ermitteln die beiden Informationsdienstleister World Markets und Thomson Reuters die Wechselkurse der wichtigsten Währungen, und zwar auf Basis aller Transaktionen, die in einem Zeitfenster von 60 Sekunden vollzogen werden. Die bei diesem „Fixing" ermittelten Kurse dienen vor allem Fonds und Vermögensverwaltern als Zeitpunkt oder Referenzwert für ihre Geschäfte. Dieser zeitlich fokussierte, bisher kaum bekannte Vorgang lässt Manipulationen doch denkbar erscheinen – zumal der Währungsmarkt in der Abwicklung von ein paar Banken dominiert wird … Da ihre Händler über den Tag hinweg bis kurz vor 16 Uhr Aufträge zum Kauf oder Verkauf erhalten, können sie ein Gespür dafür entwickeln, wohin sich der Wechselkurs einer Währung während des Fixings entwickeln könnte. Auf dieser Basis lassen sich theoretisch einträgliche Geschäfte abschließen – oder Absprachen mit anderen Händlern treffen. Einige von ihnen sollen sich über Chatrooms im Internet ausgetauscht haben. Eine Möglichkeit, aus dem Wissen um die Auftragslage Kapital zu schlagen, wäre zum Beispiel, vor dem Fixing selbst die betreffende Währung zu kaufen. Weiß ein Händler,

> dass seine Bank während des Fixings im Auftrag von Kunden große Summen an Dollar kaufen muss, kann er darauf spekulieren, dass der Dollar wegen der hohen Nachfrage teurer wird. Kauft er schon vor dem Fixing Dollar und verkauft diese dann kurz darauf wieder zum Kurs des Fixings, erhält er mehr Euro, als er zuvor ausgeben musste. Die Differenz ist Gewinn. Angesichts der Milliarden, um die es auf dem Devisenmarkt geht, reicht beim Wechselkurs schon eine Veränderung auf der dritten oder vierten Stelle hinter dem Komma, um Gewinn zu machen. Während eines Treffens mit der britischen Notenbank im April 2012 sollen Händler führender Banken darauf hingewiesen haben, dass sie sich untereinander über die Auftragslage austauschen – wahrscheinlich aus Sorge, dies könnte ihnen einmal ähnlich negativ ausgelegt werden wie die damals bereits verfolgten Zinsmanipulationen. Die Vertreter der Bank of England sollen diese Praxis aber eher als hilfreich angesehen haben, allzu große Ausschläge im Markt zu vermeiden. Das Thema sei daher nicht hochgereicht worden, heißt es. Wenn dies stimmt, haben auch die Ermittler ein Problem. Bisher bestätigt die Notenbank nur das Treffen, nicht dessen Inhalte."
>
> Arne Storn (2014), 16 Uhr, London, *Zeit Online*, URL http://www.zeit.de/2014/08/devisenmarkt-manipulation-waehrung-wechselkurs

Nun können wir noch den realen Wechselkurs ausrechnen, dazu haben wir in der sechsten Zeile die Inflationsentwicklung – wiederum indexiert – dargestellt. Die 105 für Amerika besagt also, dass die Inflation in Amerika um 5 Prozentpunkte höher war als in Europa (beispielsweise war die Inflation in Europa 1 Prozent, in Amerika 6 Prozent). Wenn Sie nun den Wechselkursindex eines Landes durch die Inflationsentwicklung dividieren (genau genommen multiplizieren Sie mit 100, das ist der Referenzwert für das inländische Preisniveau, und dividieren dann durch 105, das ist der Wert des ausländischen Preisniveaus), dann erhalten Sie den realen Euro-Wechselkurs zum Dollar, also 110 : 105 = 104,76 (das entspricht genau unserer Formel für den realen Wechselkurs: Nominaler Wechselkurs mal inländisches Preisniveau dividiert durch ausländisches Preisniveau). Dividieren wir den nominalen effektiven Wechselkurs durch die gewichtete Preisentwicklung des Auslandes gegenüber Europa (105 × 0,5 + 110 × 0,4 + 95 × 0,1), so erhalten wir den realen effektiven Wechselkurs: 112 : 106 = 105,66. Dieser Wert sagt uns, dass der Euro handelsgewichtet gegenüber seinen Handelspartnern insgesamt um 5,66 Prozent real aufgewertet hat. Während die Preise des Auslandes insgesamt um 6 Prozent stärker gestiegen sind als in Europa, ist der (nominale) Wechselkurs um 12 Prozent gestiegen und die Differenz zwischen den beiden Werten ist die reale Aufwertung.[7]

[7] Die einfache Differenz der Prozentzahlen (12 % – 6 % = 6 %) ist nur eine Näherung, den exakten Wert erhält man durch den Quotienten der Veränderungsfaktoren (1,12 : 1,06 = 1,0566).

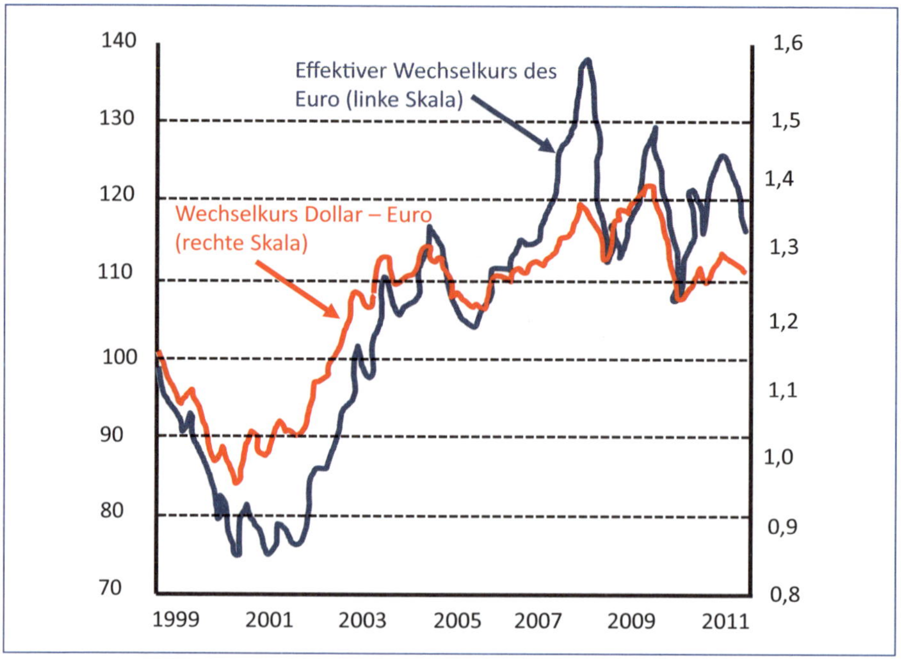

Quelle: Europäische Zentralbank (2012)
http://www.ecb.europa.eu/pub/pdf/scpops/ecbocp134.pdf

Abbildung 66: Nominaler effektiver Wechselkurs des Euro (linke Skala) und Dollar-Euro-Wechselkurs 1999–2011
Die blaue Linie zeigt Ihnen die Entwicklung des effektiven Wechselkurses des Euro (abzulesen auf der linken Skala), die rote Linie die Entwicklung des Euro gegenüber dem Dollar. Man sieht sehr schön, dass der Dollar-Wechselkurs zwar recht eng am effektiven Wechselkurs klebt (weil der Dollar ja ein wichtiger Teil des europäischen Außenhandels ist und deswegen auch Eingang in den effektiven Wechselkurs findet), sich aber an einigen Stellen durchaus vom effektiven Wechselkurs entfernt. So wertet der Dollar beispielsweise nach 2007 im Zuge der amerikanischen Immobilienkrise offenbar stärker gegenüber dem Euro ab als andere Währungen.

Info: Internationale Devisenmärkte

Grenzüberschreitende Transaktionen sind – außer bei Ländern einer Währungsunion – stets mit einem Währungswechsel verbunden. Der Markt, auf dem diese Währungen gegeneinander ausgetauscht (gehandelt) werden, heißt Devisenmarkt. Und der Preis, der sich auf dem Devisenmarkt bildet, ist der Wechselkurs. Devisen sind frei handelbare (konvertible) Währungen, und zwar in Form von Bankeinlagen. Der Kaufkurs (Brief) dieser Devisen ist stets höher als der Verkaufskurs (Geld), die Differenz wird als Spread bezeichnet. Am Devisenmarkt treten viele Akteure auf: Geschäftsbanken, Unternehmen, Vermögensverwalter und Zentralbanken. Dabei gibt es viele Arten von Geschäften: Arbitragegeschäfte (man nutzt Preisunterschiede zwischen verschiedenen Börsen oder Ländern aus), Spekulation (man wettet auf die Kursentwicklung verschiedener Wechselkurse) oder das Hedging (man sichert sich ab gegen mögliche Kursverluste von Währungen).

Weiterhin unterscheidet man zwischen Kassa- versus Termintransaktionen. Kassa-Transaktionen sind Geschäfte, bei denen man sofort eine Währung gegen eine andere tauscht, bei Termintransaktionen schließt man bereits heute ein Geschäft ab, das aber erst in der Zukunft abgewickelt wird. Man kauft beispielsweise heute Dollar ein zu einem Wechselkurs, den man heute vereinbart, das Geschäft selbst wird aber erst in sechs Monaten abgewickelt.

(Foto: ullstein bild – imageBROKER/Michael Weber)

Hier werden Terminkontrakte gehandelt – die Chicagoer Terminbörse

Aufgabe

Suchen Sie Wechselkursdaten zu verschiedenen Währungen und berechnen Sie den effektiven und realen Wechselkurs.

Wechselkurs und Zahlungsbilanz. Nun wissen wir, wie man einen Wechselkurs berechnet und welche verschiedenen Methoden der Berechnung es gibt, wir wissen auch, welche Bedeutung der Wechselkurs für eine Volkswirtschaft hat. Was liegt also näher als die Frage, was den Wechselkurs eigentlich bestimmt? Diese Frage wollen wir im Folgenden erörtern. Dazu werden wir allerdings zuerst noch einmal auf die Zahlungsbilanz zurückgreifen, denn sie bestimmt letztlich die Nachfrage nach unserer Währung und unsere Nachfrage nach ausländischer Währung. Das ist naheliegend: Wenn die Zahlungsbilanz unser Tor zum Ausland ist, dann muss sie auch irgendetwas mit dem Wechselkurs zu tun haben, der ja durch unsere Beziehungen zum Ausland entsteht und sie bestimmt. Also – wie ist der Zusammenhang zwischen Zahlungsbilanz und Wechselkurs?

Nachfrage nach inländischer Währung; Angebot an ausländischer Währung

Aktiva (Zahlungseingänge)	Passiva (Zahlungsausgänge)
Waren- und Dienstleistungsexporte	**Waren- und Dienstleistungsimporte**
Erwerbs- Vermögenseinkommen aus dem Ausland	**Erwerbs- Vermögenseinkommen an das Ausland**
Empfangene Übertragungen	**Geleistete Übertragungen**
Kapitalimport	**Kapitalexport**
Devisenabflüsse	**Zunahme der Devisenreserven**

Angebot an inländischer Währung; Nachfrage nach ausländischer Währung

Abbildung 67: Zahlungsbilanz und Angebot und Nachfrage nach Devisen

Die Antwort auf diese Frage steht eigentlich bereits in Abbildung 67: Auf der Aktivseite stehen alle Vorgänge, die zu Einzahlungen führen. Wenn Ausländer deutsche Exporte kaufen wollen, so müssen sie sich dafür Euro organisieren – also steigt die Nachfrage nach Euro. Und wie kommen die Ausländer an Euro? Ganz einfach, indem sie ihre eigene Währung anbieten und gegen Euro tauschen. Das Ergebnis: Jeder Export, jeder Vorgang, der auf der Aktiv-Seite der Zahlungsbilanz steht, erhöht die Nachfrage nach Euro und das Angebot an ausländischer Währung. Und da der Wechselkurs der Preis unserer Währung ist und dieser Preis mit steigender Nachfrage steigt, bedeutet jede Transaktion auf der Aktivseite eine potenzielle Aufwertung unserer Währung. Spiegelbildlich bedeutet das natürlich einen Abwertungsdruck für die ausländische Währung.

Auf der Passivseite gilt die gleiche Idee: Damit wir aus dem Ausland importieren können, benötigen wir ausländische Devisen. Und die bekommen wir, indem wir einheimische Euro anbieten. Das Ergebnis: Das Angebot an Euro steigt (was den Wechselkurs des Euro senkt) und die Nachfrage nach ausländischer Währung steigt ebenfalls (was einen Aufwertungsdruck auf die ausländische Währung bedeutet).

Probieren Sie das für die Kapitalbilanz: Wenn Sie amerikanische Wertpapiere kaufen (Kapitalexport), so bieten Sie Euro an, um Dollar zu bekommen, mit denen Sie die amerikanischen Wertpapiere kaufen können. Das Angebot an Euro steigt, die Nachfrage nach Dollar steigt – der Dollar wertet auf, der Euro wertet ab. Bei Übertragungen funktioniert das auch, versuchen Sie es einmal.

Fazit: Alle Vorgänge auf der Aktivseite führen zu einer Aufwertung (Abwertung) der inländischen (ausländischen) Währung; die Vorgänge auf der Passivseite zu einer Abwertung (Aufwertung) der inländischen (ausländischen)

Währung. Und jetzt der entscheidende Gedanke: Natürlich passieren auf beiden Seiten der Bilanz täglich viele solcher Transaktionen, die den Wechselkurs beeinflussen. Was entscheidend für die endgültige Richtung des Wechselkurses ist, ist der Netto-Effekt, also der Saldo der Zahlungsbilanz. Ist die Summe der Transaktionen auf der Aktiv-Seite größer als die Summe der Transaktionen auf der Passiv-Seite, so wertet der Euro (die ausländische Währung) auf (ab), weil in der Summe die Nachfrage nach Euro und das Angebot an ausländischer Währung größer sind als das Angebot an Euro (die Nachfrage nach ausländischer Währung).

Gut, bleibt nur ein Problem: Wir haben vorhin gesehen, dass die Zahlungsbilanz als Ganzes immer ausgeglichen ist – wie verträgt sich das mit der Idee, dass eine der beiden Seiten größer ist als die andere? Dazu haben wir die Zahlungsbilanz in Abbildung 67 etwas feiner untergliedert als noch in Abbildung 58: Wir haben die Kapitalbilanz noch einmal untergliedert in die Kapitalbilanz im engeren Sinne und die Devisenbilanz, die als Unterbilanz der Kapitalbilanz geführt wird. In der Devisenbilanz wird die Veränderung der Devisenreserven eines Landes verbucht. Wenn beispielsweise ein Amerikaner deutsche Waren kauft und diese mit Dollar bezahlt, so tauscht der deutsche Exporteur diese Dollar bei seiner Bank in Euro um; seine Bank wiederum tauscht die Dollar bei der Notenbank in Euro um, sodass am Ende dieser Kette eine Zunahme der Devisenreserven der Notenbank steht.

Und so erklärt sich auch, dass eine Seite der Zahlungsbilanz größer ist als die andere – nämlich dann, wenn man den Saldo auf der Devisenbilanz verbucht. Also: Nehmen wir an, dass die deutschen Exporte den Wert von 100 haben und Waren im Wert von 80 importiert wurden – dann haben wir einen Handelsbilanzüberschuss in Höhe von 20. Der könnte natürlich jetzt als Kapitalexport

(Foto: ullstein bild – Ulrich Baumgarten)

Hier werden Devisen gehortet – die amerikanische Notenbank

verbucht werden, wenn die ausländischen Kunden anschreiben lassen. Eine andere Möglichkeit besteht darin, dass die ausländischen Kunden alle mit ihrer nationalen Währung zahlen und die deutschen Exporteure diese Währung in die nationale Währung umtauschen. Das Ergebnis dieser Veranstaltung ist eine Zunahme der Devisenreserven (die natürlich auf der rechten Seite verbucht wird); die Nachfrage nach der einheimischen Währung ist gestiegen, das Angebot an ausländischer Währung auch – unsere Währung wertet auf.

Wenn Sie so wollen, ist die Veränderung der Devisenreserven – die Zunahme auf der Passiv-Seite, die Abnahme auf der Aktiv-Seite – ein Reflex auf entsprechende Überschüsse respektive Defizite, die übrig bleiben, wenn die anderen Bilanzen gegeneinander saldiert wurden. Im Grunde genommen ist eine Zunahme der Devisenbestände eines Landes ja auch nichts anderes als ein Kapitalexport – die ausländischen Geldscheine sind letztlich Schuldscheine, sie stellen einen Anspruch auf das ausländische Sozialprodukt dar, sind also ein Darlehen an das Ausland. In der Praxis hortet die Zentralbank keine Dollarscheine, sondern kauft damit amerikanische Staatspapiere – das macht den Charakter als Kapitalexport noch deutlicher.

Das Ergebnis unserer Überlegungen ist klar: Jede Transaktion, die sich in der Zahlungsbilanz niederschlägt, beeinflusst unseren Wechselkurs. Es sind also vor allem Handelstransaktionen (die Handelsbilanz) und Kapitalbewegungen (die Kapitalbilanz), die den Preis unserer Währung bestimmen. Auf dieser Idee basieren zwei wichtige Theorien, was den Wechselkurs eines Landes bestimmt – eine für die Handelsbilanz, eine für die Kapitalbilanz. Fangen wir mit der Handelsbilanz an – das Konzept der Kaufkraftparität zeigt, welche Faktoren auf der Güterseite den Wechselkurs bestimmen.

Kaufkraftparitäten. Im Grunde genommen kennen wir die Idee der Kaufkraftparitäten bereits, wir haben sie intuitiv genutzt, als wir den realen Wechselkurs berechnet haben. Die Idee ist, dass auf lange Frist die Preise identischer Güter gleich sein müssen – auch über Nationengrenzen hinweg. Ein einfaches Beispiel dazu:

- Der Wechselkurs betrage 1, 40 Dollar je Euro; wir wollen ihn wie in Abbildung 64 mit e abkürzen (e für exchange rate). Der Preis des Gutes in Amerika beträgt 45 Dollar; in Europa kostet das gleiche Gut 30 Euro.
- Der Preis des Gutes aus Europa beträgt in Dollar gerechnet 42 Dollar (30 Euro mal dem Wechselkurs von 1,40 Dollar je Euro), es ist also für die Amerikaner günstiger, sich das Produkt in Europa zu kaufen und in die Staaten zu importieren, das spart ihnen 3 Dollar (wir wollen die Transportkosten und Zölle hier wieder wie in allen anderen Beispielen vernachlässigen).
- Die Folge dieses Preisgefälles: Die Amerikaner kaufen das Produkt in Europa; die deutschen Exporte nehmen zu und damit auch die Nachfrage nach Euro (sowie das Angebot an Dollar); das führt zu einer Abwertung des Dollar.
- Wann endet dieser Prozess? Solange es für die Amerikaner aufgrund des Wechselkurses günstiger ist, in Europa einzukaufen, werden sie das tun. Erst wenn das Produkt in Europa in Dollar gerechnet genauso viel kostet wie in Amerika, kommt dieser Prozess zum Stillstand. Das wäre bei einem

Wechselkurs von 1,50 Dollar je Euro der Fall (= 30 Euro mal 1,5 Dollar je Euro macht 45 Dollar); der Dollar hat also abgewertet (der Euro aufgewertet).

Dieser Wechselkurs von 1,50 Dollar je Euro ist also der Wechselkurs, der die Preise identischer Güter in zwei Staaten angleicht, man bezeichnet ihn deswegen als Kaufkraftparität. Die Theorie der Kaufkraftparitäten sagt uns also, dass auf lange Sicht zu große Preisunterschiede zwischen Nationen nicht Bestand haben können, sogenannte Arbitrage-Prozesse (das Ausnutzen von Preisunterschieden, also genau das Verhalten der Amerikaner, das günstigere Gut in Europa zu kaufen und in Amerika zu verkaufen) werden langfristig über den Wechselkurs dazu führen, dass die Güter in allen Staaten das Gleiche kosten.[8]

Info: Wie vergleicht man Volkswirtschaften?

Wie vergleicht man auf internationaler Ebene die Wirtschaftsleistung? Über das Sozialprodukt. Die Menge der von einem Land hergestellten Güter besteht aus zwei Komponenten: den Preisen und den produzierten Mengen. Bei einem internationalen Vergleich der wirtschaftlichen Leistungsfähigkeit interessieren uns eher die Mengen – welches Land war leistungsfähiger, hat mehr hergestellt? Also müssen wir dafür sorgen, dass unterschiedliche Preise den Vergleich nicht verzerren. Leider werden diese aber in unterschiedlichen nationalen Währungen gemessen. Nun könnten wir natürlich versuchen, die produzierten Mengen direkt zu messen und zu vergleichen – was technisch gesehen schwierig ist. Also gehen wir den zweiten Weg und versuchen, die Unterschiede in den Preisniveaus herauszurechnen. Die erste Möglichkeit ist natürlich, die jeweiligen Sozialprodukte der Länder mittels der Wechselkurse in eine einheitliche Währung (in der Regel wird der US-Dollar genutzt) umzurechnen – dann erhalten wir Sozialproduktzahlen in einer Währung, die wir nun miteinander vergleichen können. Allerdings dürfte dieser Vergleich nicht sonderlich präzise sein, denn die Wechselkurse werden von vielen anderen Dingen (Zinsen, Kapitalbewegungen, Spekulation, Notenbankeingriffe) bestimmt und schwanken oft sehr stark, sodass der Vergleich zwischen einzelnen Staaten verzerrt sein dürfte. Die Produktion von Volkswirtschaften mit einem hohen Preisniveau bei nicht gehandelten Gütern beispielsweise wird bei einem Vergleich über die Wechselkurse eher überschätzt. Aus diesem Grund verwendet man in der Praxis oft sogenannte Kaufkraftparitäten (purchasing power parities, PPP), mit deren Hilfe man Sozialprodukte verschiedener Länder in eine einheitliche Währung umrechnet und dabei Preisunterschiede zwischen den Volkswirtschaften eliminiert. PPPs sind in ihrer einfachen Form Wechselkurse, welche die relativen Preisverhältnisse zwischen zwei Staaten abbilden. Wenn beispielsweise die PPP zwischen Deutschland und Amerika mit 0,95 Euro je Dollar angegeben wird, bedeutet das, dass man in Deutschland 0,95 Euro ausgeben muss, um den gleichen Güterkorb zu erhalten, für den man in Amerika einen Dollar gezahlt hätte.

[8] Wir sehen hier auch den Bezug zum realen Wechselkurs, der war definiert als $ER = e * Pi/Pa$. Lösen wir diese Gleichung nach Pi auf erhalten wir $e^* Pi = ER * Pa$. Für die Kaufkraftparität aber muss gelten $Pi *e = Pa$. Wenn also die Kaufkraftparität gilt, muss der reale Wechselkurs ER gleich eins sein – er sorgt dafür, dass man für einen inländischen Güterkorb exakt den gleichen ausländischen Güterkorb bekommt. Genau das ist ja die Bedeutung der Kaufkraftparität.

Auf diesem Weg werden Preisunterschiede zwischen Staaten ausgeschaltet, weswegen Zahlen in PPPs gemessen reale, also preisbereinigte Maßzahlen sind. Vor allem internationale Organisationen nutzen PPPs für Ländervergleiche und internationale Studien.

European Communities, OECD (2008), Purchasing Power Parities and Real Expenditures.2005 BENCHMARK YEAR, URL www.sourceoecd.org/emergingeconomies/9789264026766

Wie realistisch ist die Idee der Kaufkraftparitäten? Es wird Sie nicht überraschen, dass die Wechselkurse nicht sonderlich oft den tatsächlichen Kaufkraftparitäten entsprechen – warum?

- Da wären zum einen Handelshemmnisse wie Transportkosten; Handelsbarrieren, die eine Angleichung der Güterpreise verhindern.
- Zudem sind nicht alle Güter handelbar, die Preise nicht handelbarer Güter können also sehr unterschiedlich sein; zudem haben Menschen oft eine Vorliebe für heimische Güter, weswegen sie bereit sind, mehr dafür zu bezahlen. Hinzu kommt möglicherweise eine unterschiedliche Wettbewerbssituation im In- und Ausland, die auch zu unterschiedlichen Preisen führt.
- Nicht zuletzt vernachlässigt diese Theorie alle anderen Einflüsse auf die Wechselkurse, vor allem die Einflüsse der Kapitalmärkte.

Doch ganz so kraftlos ist diese Theorie nicht – einzelne Preise mögen unterschiedlich sein, doch insgesamt sollte der Wechselkurs sich langfristig nicht zu weit von der Kaufkraftparität entfernen. Deswegen spricht man auch oft vom fundamentalen Wert eines Wechselkurses, wenn dieser der Kaufkraftparität entspricht; fundamental deswegen, weil er den Geschehnissen auf den Gütermärkten Rechnung trägt; es ist der Wechselkurs, der nicht von kurzfristigen Kapitalbewegungen beeinflusst wird. Und in der Tat hat er durchaus eine gute langfristige Prognosekraft, wie Ihnen das Beispiel vom Big Mac-Index zeigt.

Zumeist verwendet man in der Praxis die schwächere Form dieser Theorie, die sogenannte relative Kaufkraftparitätentheorie – sie stellt auf die Veränderungen des Wechselkurses und der Inflationsraten ab: Man schaut sich an, wie sich das Preisniveau in beiden Ländern und der Wechselkurs zwischen den beiden Ländern entwickeln. Wenn beispielsweise die Inflationsrate in Amerika 4 Prozent und in Deutschland 2 Prozent ist, dann beträgt der Unterschied in den nationalen Inflationsraten 2 Prozentpunkte. Amerikanische Waren werden also am Ende des Jahres um 2 Prozentpunkte teurer sein als deutsche Waren. Das sollte eigentlich dazu führen, dass die Amerikaner zunehmend deutsche Waren importieren (die Deutschen werden mehr exportieren), weswegen die deutsche Währung (der Dollar) aufwerten (abwerten) muss; im Idealfall wertet die deutsche Währung um 2 Prozent auf, sodass die Unterschiede in den Inflationsraten durch die Veränderung des Wechselkurses komplett eliminiert werden. Als Faustformel für die Arbeit an Devisen- und Kapitalmärkten gilt deswegen (zu Recht): Die preisstabilere Währung wertet auf, die inflationsgeplagte Währung wertet ab.

Info: Der Big Mac

Es begann wohl eher mit einem Scherz: Die Redakteure des englischen Magazins *Economist* wollten die Kaufkraftparitätentheorie veranschaulichen und beschlossen, sie einmal für ein spezielles Gut zu untersuchen. Dabei gilt: Je ähnlicher das Produkt in jedem Land ist, umso besser kann man untersuchen, ob die Kaufkraftparitätentheorie gilt – für gleiche Güter gleiche Preise. Also suchten sich die Redakteure ein Gut heraus, das in der ganzen Welt gleich serviert wird: den Big Mac. Lassen Sie uns das einmal berechnen: In Amerika kostet der Big Mac 2,63 Dollar, in England 1,90 Pfund. Der aktuelle Wechselkurs ist 0,63 Pfund je Dollar. Rechnen wir das um, so kostet der Big Mac in England in Dollar gerechnet 3,02 Dollar (1,90 Pfund dividiert durch 0,63 Pfund je Dollar). Also müssten die Engländer theoretisch Big Macs aus Amerika importieren, was das Pfund unter Abwertungsdruck bringen würde. Man kann sogar ausrechnen, wo der Pfundkurs stehen müsste, damit die Kaufkraftparität gewahrt ist: Bei einem Wechselkurs von 0,72 Pfund je Dollar würde der englische Big Mac exakt 2,63 Dollar kosten wie in den Staaten (1,90 Pfund dividiert durch 0,72 Pfund je Dollar ergibt 2,63 Dollar). Wenn der tatsächliche Wechselkurs 0,63 Pfund je Dollar ist, der Wechselkurs, welcher der Kaufkraftparität entspricht, aber 0,72 Pfund je Dollar, so ist das Pfund um (0,72–0,63) / 0,63 mal 100, also 14,3 Prozent überbewertet. Im Ernstfall müsste man also erwarten, dass das Pfund um 14 Prozent abwertet. Eine Spielerei? Erstaunlicherweise nicht, denn es zeigte sich, dass die Prognosen einer Über- oder Unterbewertung mittels des Big Mac erstaunlich gute Prognosekraft besaß – wenn der Big Mac eine Überbewertung (Unterbewertung) anzeigte, folgte zumeist in der Tat auf lange Frist eine Abwertung (Aufwertung). Möglicherweise erklärt sich diese Prognosekraft damit, dass der Big Mac überall auf der Welt gleich ist (außer in einigen Ländern, wo aus religiösen Gründen anderes Fleisch verwendet wird) und dass er aus vielen Komponenten besteht, die ein repräsentatives Bild einer Volkswirtschaft widerspiegeln (Nahrungsmittel, Arbeit, Energiekosten).

Land	Preis BM inl. Währung	KKP bez. auf Dollar	Wech-selkurs	BM-Preis in Dollar	Über- / Unterbewertung
USA	2,63 $			2,63	
GB	1,90 Pfund	0,72	0,63 £/$	3,02	14,3 %
EU	Übungsaufgabe				
Japan	294 Yen	111,79	120,28	2,44	- 7,1 %
Ru.	33,50 Rubel	12,74	24,50	1,37	- 48 %
Israel	13,90 Shekel	5,29	4,04	3,44	30,9 %

Abbildung 68: Der Big Mac und die Kaufkraftparitäten

Aufgabe

Recherchieren Sie, was der Big Mac in einem Land Ihrer Wahl und bei Ihnen zu Hause kostet. Recherchieren Sie den dazugehörigen Wechselkurs – ist die betreffende Währung über- oder unterbewertet?

Zinsparität. Nun haben wir eine Theorie kennengelernt, die uns etwas darüber verrät, was die Leistungsbilanz bewirkt. Doch was ist mit der Kapitalbilanz? Auch sie hat Einfluss auf den Wechselkurs. Und diesen Einfluss wollen wir uns nun anschauen. Dabei hilft uns eine einfache Überlegung: Finanzinvestoren investieren ihr Geld dort, wo es die höchste Rendite bringt. Wenn also Land A höhere Renditen – wir wollen hier im Folgenden der Einfachheit halber von Zinsen sprechen – bietet als Land B, dann wird das Kapital in dieses Land fließen und die Währung dieses Landes aufwerten; das Land, aus dem das Kapital abfließt, wird hingegen abwerten. Es sind also die Unterschiede in den nationalen Zinsen, die sogenannten Zinsdifferenzen, die den Wechselkurs beeinflussen. Das Beispiel mit dem Fremdwährungskredit zeigt ihnen, welche Rolle Zinsen und Wechselkurse für Sie als Privatperson spielen können, es funktioniert genauso wie die nun folgenden Überlegungen zur Zinsparität, nur dass es hier um einen Kredit geht und nicht um eine Geldanlage wie im Folgenden (wenn Sie so wollen, ist das die gleiche Idee, nur spiegelbildlich angewendet).

Info: Der Fremdwährungskredit

Eines Abends klingelt das Telefon – ein Bekannter ist dran, der Rat haben will. Er wolle bauen, doch die Zinsen seien derzeit so hoch. Sein Berater habe ihm ein Angebot gemacht, er solle doch einen Kredit in Amerika aufnehmen, da seien die Zinsen günstiger. Eine gute Idee? Lassen Sie uns einmal überlegen. Nehmen wir an, die Kreditsumme beläuft sich auf 10.000 Euro, die Zinsen betragen in Deutschland 5 Prozent, in Amerika 3 Prozent. Der Wechselkurs zwischen Euro und Dollar betrage 1,50 Dollar je Euro. Nimmt der Bekannte den Kredit in Euro auf, so muss er am Ende der Laufzeit 10.500 Euro zurückzahlen – 10.000 Euro Kreditsumme plus 5 Prozent Zinsen. Wenn er den Kredit in Amerika aufnimmt, macht er Folgendes: Er nimmt einen Kredit von 15.000 Dollar auf, zum herrschenden Wechselkurs kann er diese in genau 10.000 Euro umtauschen und dann bauen. Am Ende der Laufzeit fordert die amerikanische Bank von ihm 15.450 Dollar zurück (15.000 Dollar Kreditsumme plus 450 Zinsen, also 3 Prozent). Um diese 15.450 Dollar aufzubringen, muss er 10.300 Euro zum herrschenden Wechselkurs in Dollar umtauschen, dann erhält er genau diese Summe. Ergebnis: 200 Euro gespart gegenüber dem Kredit in der Euro-Zone. Ein Riesengeschäft? Kommt darauf an. Der Haken ist der Wechselkurs: Niemand kann erwarten, dass dieser Wechselkurs auf ewig gleich bleiben wird. Was also passiert, wenn der Dollar nach Aufnahme des Kredites auf 1,40 Dollar je Euro aufwertet? Jetzt muss der Bekannte am Ende der Laufzeit immer noch 15.450 Dollar zurückzahlen, doch zu diesem Wechselkurs muss er nun 11.035 Euro umtauschen, um genau diese Summe zu erhalten. Das macht einen Abwertungsverlust von 535 Dollar gegenüber dem Kredit im Euro-Raum. Die Aufwertung des Dollar (Abwertung des Euro) erhöht also seine Kreditkosten, im schlimmsten Fall unbegrenzt. Bei der Aufnahme eines Fremdwährungskredits muss man sich also darüber im Klaren sein, welchen zukünftigen Wechselkurs man erwartet. Erwartet man eine Abwertung, so wird der Fremdwährungskredit teurer, bei einer erwarteten Aufwertung der heimischen Währung wird er sogar günstiger. Die entscheidende Frage an den Bekannten ist also: Ist er bereit, seinen Hausbau mit einer Währungsspekulation zu verbinden? Weiß er, wo in zehn, zwanzig Jahren der Dollar stehen wird? In den letzten Jahren hat das vor allem Kreditnehmer getroffen, die ihre Immobilien mit sehr niedrigen Zinsen in Schweizer Franken finanziert hatten: Dessen starke Aufwertung hat teilweise zu Zwangsversteigerungen geführt.

Die Grundidee der Zinsparität besteht darin, dass Kapital nur solange wandert, wie Zinsdifferenzen bestehen. Wenn hingegen der erwartete Ertrag in beiden Währungen der gleiche ist (also Zinsparität herrscht), gibt es keinen Anlass mehr zu Umschichtungen der Anlagegelder, der Wechselkurs hat sozusagen den Gleichgewichtswert erreicht. Ein einfaches Beispiel macht diese Idee deutlich:

- Der Zinssatz in Europa sei 5 Prozent, in Amerika 3 Prozent, der aktuelle Wechselkurs sei 1,50 Dollar je Euro. Wir wollen einen Betrag von 10.000 Euro anlegen.
- In Europa bekommen wir für diesen Betrag nach einem Jahr 10.500 Euro; 10.000 Euro ursprünglicher Anlagebetrag plus 500 Euro Zinsen. Hätten wir das Geld in Amerika angelegt, würde das wie folgt aussehen: Wir tauschen die 10.000 Euro in 15.000 Dollar (10.000 Euro mal 1,50 Dollar je Euro), legen die 15.000 Dollar zu 3 Prozent an. Nach einem Jahr erhalten wir 15.450 Dollar (15.000 Dollar plus 3 Prozent Zinsen) zurück. Tauschen wir diese 15.450 Dollar zum gleichen Wechselkurs von 1,50 Dollar je Euro zurück, so erhalten wir 10.300 Euro – das Investment in Europa ist somit lohnender.
- Was aber, wenn der Wechselkurs sich ändert? Nehmen wir an, wir erwarten, dass der Dollar aufwertet, und zwar auf 1,40 Dollar je Euro (der Euro wertet also ab). Wenn dies so tatsächlich eintritt, dann tauschen wir die 15.450 Dollar, die wir für unser Investment erhalten haben, um in 11.035 Euro (15.450 Dollar geteilt durch 1,40 Dollar je Euro) – das ist deutlich mehr, als wir in Europa erhalten haben. Die Verzinsung des Auslandsinvestments errechnet sich, indem wir den Gewinn aus dem Geschäft – 11.035 Euro Endsumme minus ursprünglicher Einsatz von 10.000 Euro – auf den ursprünglich eingesetzten Betrag beziehen (ihn also durch 10.000 dividieren), das macht eine Rendite von 10,35 Prozent, verglichen mit einer Rendite von 5 Prozent beim Euro-Investment. Die (erwartete) Aufwertung (Abwertung) des Dollar (des Euro) hat die Rendite des Auslandsinvestments deutlich erhöht. Der Grund dafür ist klar: Wenn der Dollar später aufwertet, bekommt man für seine Dollar mehr Euro zurück, als man zuvor umgetauscht hat. Dieser Aufwertungsgewinn kompensiert den Nachteil aus den geringeren amerikanischen Zinsen.

Wie Sie anhand des Beispiels sehen, sind es drei Komponenten, die darüber entscheiden, wo internationale Investoren ihr Geld investieren: die Zinsdifferenz, der heutige Wechselkurs und der zukünftig erwartete Wechselkurs. Wir können mithilfe des obigen Beispiels sogar eine Faustformel herleiten, mit deren Hilfe wir sehen, wie der Zusammenhang zwischen diesen drei Elementen ist.

Die Abwertung der inländischen Währung im obigen Beispiel ist in Prozent: (1,40 – 1,50)/1,50 = – 7,1 Prozent. Der Gesamtertrag des ausländischen Investments war 10,35 Prozent, 3 Prozent davon kommen aus den Zinszahlungen in den Vereinigten Staaten (dort herrschte ja ein Zinssatz von 3 Prozent), der Rest aus der Aufwertung des Dollar (der Abwertung des Euro). Anders formuliert:

Ertrag USA-Investment = Zinsertrag plus Aufwertungsgewinn =
3 Prozent + 7,1 Prozent

Wann genau also herrscht nun Zinsparität, wann werden die Investoren ihr Kapital nicht mehr von einem Land ins andere herumschubsen? Ganz einfach: Genau dann, wenn der Ertrag in Amerika genauso hoch ist wie in Europa – dann gibt es keine Veranlassung mehr, mit seinem Sparstrumpf auf Wanderschaft zu gehen. Das bedeutet also:

Zinsertrag Land A + Aufwertungsgewinn = Zinsertrag Heimatland, oder

Zinsertrag Land A = Zinsertrag Heimatland + Abwertungsgewinn

Auch wenn Formeln immer etwas unleserlich wirken mögen, wollen wir an dieser Stelle doch einmal eine genauere Formel für diese Zinsparität entwickeln. Ihre Idee ist, dass die Rendite zu Hause gleich ist der Rendite im Ausland unter Berücksichtigung der Veränderung des Wechselkurses. Lassen Sie uns praktischerweise annehmen, es geht nur um 1 Euro, den wir investieren (ob ein oder 10.000 Euro, macht für die Formel keinen Unterschied). Die Verzinsung im Inland beträgt

Ein Euro + Ein Euro mal Inlandszins

Wenn wir also einen Euro investieren, bekommen wir nach einem Jahr genau diesen Euro zurück plus die Zinsen auf diesen Euro (das ist der zweite Teil der Gleichung). Wir klammern nun einfach den einen Euro aus, und die Gleichung wird zu

Ein Euro mal (1+Inlandszins)

Das ist also die Rendite unseres Euro wenn wir ihn im Inland anlegen. Für die Rendite des Auslandsinvestments ist es etwas komplizierter: Wir müssen den Euro zuerst in Dollar umtauschen, indem wir ihn mit dem Wechselkurs e multiplizieren (ein Euro mal 1,50 Dollar je Euro); den Betrag, den wir dadurch erhalten, verzinsen wir (genau wie im vorherigen Fall) mit dem Auslandszins, indem wir ihn mit dem Ausdruck (1+Auslandszins) multiplizieren. Damit sind wir aber noch nicht fertig, wir müssen den Betrag, den wir so erhalten haben, wieder in Euro umtauschen, also durch den erwarteten zukünftigen Wechselkurs dividieren (also mit $1/e_e$ multiplizieren, wobei e_e für den erwarteten Wechselkurs steht) – dann erhalten wir das Ergebnis in Euro. Das Ganze sieht dann so aus:

Rendite des Auslandsinvestments = Ein Euro * Wechselkurs * (1+Auslandszins) * 1/e_e

Zinsparität herrscht genau dann, wenn die Verzinsung im Inland gleich der Verzinsung im Ausland ist, wenn wir also die beiden Verzinsungen gleichsetzen. Für die formelmäßige Darstellung verwenden wir den Zinssatz als (wie der Name sagt) von Hundert, also z. B. 2 % von 100 % = 0,02. Dann gilt:

$$1\,€ \cdot (1 + i_{EU}) = 1\,€ \cdot e \cdot (1 + i_{US}) \cdot \frac{1}{e_e}$$

Verzinsung Inlandsinvestment

Verzinsung Auslandsinvestment nach Umtausch in $

Rücktausch des Investments in €

Der Term auf der linken Seite der Gleichung ist die Verzinsung im Inland (also Europa, das ist der Anlagebetrag in Euro plus Verzinsung in der EU), der rechte Term die Verzinsung im Ausland (der Anlagebetrag wird zuerst in Dollar gewechselt, also mit e multipliziert, dann im Ausland (USA) verzinst, also mit (1+Auslandszins) multipliziert, dann wieder in Euro gewechselt, also durch den erwarteten Wechselkurs e_e dividiert). Mithilfe dieser Gleichung können wir nun untersuchen, welche Einflussfaktoren den Wechselkurs wie beeinflussen.

- Steigt der Zins im Inland, so werden Euro-Anlagen attraktiver; der Euro wertet auf (e steigt) bis zur neuen Zinsparität.
- Steigt der Zins im Ausland, so werden Dollar-Anlagen attraktiver; der Euro wertet ab (e sinkt) bis zur neuen Zinsparität.
- Erwartet man eine Aufwertung (Abwertung) des Euro, e_e steigt (sinkt) also, so steigt (sinkt) die Attraktivität der Euro-Anlagen, der Euro wertet auf (e steigt). Das sehen Sie auf der rechten Seite der Gleichung: Steigt e_e, so wird die rechte Seite der Gleichung durch einen Wert dividiert, der größer geworden ist, das senkt den gesamten Wert der rechten Seite (respektive die Rendite des Auslandsinvestments). Dies ist ein sehr bedeutender Mechanismus: Erwartet man eine Aufwertung, so steigt die Attraktivität der Anlage in dieser Währung, dadurch wird diese Währung stärker nachgefragt, was dazu führt, dass die erwartete Aufwertung tatsächlich stattfindet, was die Erwartungen verstärkt usw. – sehen Sie sich dazu auch das folgende Praxisbeispiel an.
- Der letzte Fall ist etwas kniffliger: Eine Abwertung des Euro (e sinkt) führt dazu, dass Euro-Anlagen attraktiver werden – vorausgesetzt, wir nehmen an, dass sich die Wechselkurserwartungen nicht ändern, e_e also konstant bleibt. Der Grund: Ändert sich der erwartete Wechselkurs nicht und der Euro hat zuvor abgewertet, so muss er später umso mehr aufwerten, um den erwarteten Wechselkurs zu erreichen; diese erwartete Aufwertung macht den Euro attraktiver.
- Die gleiche Argumentation gilt für eine Aufwertung des Euro: Sie führt dazu, dass Euro-Anlagen weniger attraktiv werden (Dollar-Anlagen attrak-

tiver). Ändert sich der erwartete Wechselkurs nicht, so muss der Euro später umso mehr abwerten; das macht den Euro (Dollar) unattraktiver (attraktiver)

Wechselkurs e	Erwarteter Wechselkurs e^e	Erwarteter Ertrag im **Ausland (USA) in %**
1,40	**1,40**	**3**
1,50	**1,40**	**10,36**
1,60	**1,40**	**17,71**
1,40	**1,50**	**-3,78**
1,40	**1,60**	**-9,88**
1,40	**1,70**	**-15,18**

Abbildung 69: Zinsparität
Renditen bei unterschiedlichen tatsächlichen und erwarteten Wechselkursen (der Zinssatz im Ausland sei stets 3 Prozent)

Sie sehen also, dass neben den in- und ausländischen Renditen auch die tatsächlichen und die erwarteten Wechselkurse die Kapitalströme bestimmen – und damit die Kapitalbilanz und wieder die Wechselkurse selbst.

Wir können die obige Formel zur Zinsparität noch ein wenig umstellen, um eine Faustformel für den Umgang mit Wechselkursen und Zinsdifferenzen zu erhalten. Um es kurz zu halten, ist das Ergebnis dieser Umrechnerei recht einfach, es ergibt eine Faustformel, die besagt, dass der Inlandszins minus dem Auslandszins näherungsweise der erwarteten Aufwertung der inländischen Währung entspricht.

Info: Polens Politiker, die Banken und der Franken

„Wahlkampf statt Sommerloch: Ausländische Geldhäuser in Polen wie die Commerzbank, die österreichische Raiffeisen Bank International (RBI) und der spanische Banco Santander sehen sich plötzlich in der Rolle des Spielballs im Kampf um Wählerstimmen. Es geht um Kredite in Schweizer Franken, die polnische Kunden aufgenommen hatten … Doch nach dem Kursverfall des Zloty gegenüber der Schweizer Währung will das Parlament die Banken zwingen, die Darlehen in Zloty-Hypotheken umzutauschen. Im Fokus stehen Kredite in Höhe von umgerechnet gut 34 Milliarden Euro – das entspricht 8 Prozent der Wirtschaftsleistung Polens. Der Zwangsumtausch könnte die Banken 5 Milliarden Euro kosten. Sie wiederum wollen sich das natürlich nicht bieten lassen … Der Ursprung des Problems reicht Jahre zurück: Vor der Finanzkrise hatten sich viele Polen den Traum von den eigenen vier Wänden mit einem Fremdwährungskredit finanziert – zumeist in Schweizer Franken. Das schien damals wegen der niedrigen Zinsen ein gutes Geschäft. Doch die vermeintlichen Schnäppchen entpuppten sich als Kostenfalle. Der Franken hat seither im Vergleich zum Zloty mehr als 80 Prozent an Wert gewonnen. Die Polen müssen also deutlich tiefer in die Tasche greifen, um ihre Hypotheken-Kredite zurückzuzahlen. Die polnische Regierung will die Banken nun zu einem Umtausch der Darlehen in Zloty verpflichten – auf Kosten der Institute. Der ursprüngliche Vorschlag der Regierungspartei PO sah vor, dass die Banken und ihre Kunden die Lasten zu gleichen Teilen tragen sollten. Doch mithilfe der kleineren Koalitionspartei PSL peitschte die Opposition in letzter Minute Änderungen für ein deutlich strengeres Gesetz durch das Unterhaus des Parlaments, das nun 90 Prozent der Kosten auf die Banken abladen will."

o.V. (2015), Polens Politiker, die Banken und der Franken, Faz.net, URL http://www.faz.net/aktuell/wirtschaft/wirtschaftspolitik/erzwungener-kreditumtausch-polens-politiker-die-banken-und-der-franken-13765771.html

Gedeckte Zinsparität. Wir können nun noch einen Schritt weiter gehen und uns fragen, ob man das Risiko einer plötzlichen Änderung des Wechselkurses als Investor hinnehmen muss. Klare Antwort: Man muss nicht. Auf den Devisenmärkten gibt es Instrumente, mit denen man Wechselkursrisiken eliminieren kann, und der Einsatz dieser Instrumente erweitert unsere Formel zur gedeckten Zinsparität.

Man nutzt zu diesem Zweck sogenannte Devisentermingeschäfte, die recht einfach funktionieren: Sie einigen sich heute mit einem Geschäftspartner auf den Preis, zu dem Sie ausländische Devisen erwerben; die Übergabe der Devisen erfolgt aber erst in der Zukunft. Das alles geschieht auf dem Terminmarkt (auf dem Gegenstück, dem Kassa-Markt, wird heute der Preis ausgehandelt und die Devisen wechseln sofort den Besitzer).

Info: Devisentermingeschäfte

Stellen Sie sich vor, Sie sind Exporteur und verkaufen Waren nach Amerika. Mit Ihrem Kunden haben Sie sich darauf geeinigt, dass die Rechnung in Höhe von 100 Dollar (er zahlt in Dollar) erst in einem Jahr fällig wird. Das stellt Sie vor ein Problem: Sie müssen die Dollar ja in Euro umtauschen – was aber, wenn der Dollar in einem Jahr abwertet? Bei einem aktuellen Wechselkurs – von sagen wir – 1,40 Dollar je Euro würden Sie für die 100 Dollar 71,43 Euro erhalten, wertet der Dollar aber auf 1,50 Dollar je Euro ab, so sind das nur 66,67 Euro – Sie verlieren also Geld, wenn sich der Wechselkurs gegen Sie entwickelt. Nun können Sie natürlich darauf hoffen, dass der Dollar stattdessen aufwertet, was Ihren Ertrag steigern würde, doch Sie sind Kaufmann, kein Devisenspekulant. Also entschließen Sie sich, die 100 Dollar, die Sie in einem Jahr bekommen, bereits heute auf Termin zu verkaufen. Sie schließen also mit einem anderen Händler (oder einer Bank) einen Vertrag ab, dass Sie diesem in einem Jahr 100 Dollar verkaufen werden zu einem Kurs, den Sie heute bereits festlegen – sagen wir 1,42 Dollar je Euro. Dieser Kurs ist der sogenannte Terminkurs, also der zukünftige Preis des Euro, und da er in diesem Fall über dem aktuellen Kurs (den man Kassa-Kurs nennt) liegt, spricht man von einem Report (liegt der Terminkurs unter dem Kassa-Kurs, so ist das ein Deport). Mit diesem garantierten Terminkurs beträgt Ihr Erlös aus Ihrem Export-Geschäft nun 70,42 Euro – das ist natürlich weniger als der Betrag, den Sie erlösen würden, wenn Sie die Dollar zum aktuellen Kassa-Kurs eintauschen würden. Diese Differenz – 99 Cent – sind quasi eine Art Versicherungsprämie, die Sie dafür zahlen, dass Sie das Risiko einer größeren

Abwertung des Dollar vermieden haben. Denn egal, wohin der Dollar jetzt fällt, Ihnen sind die 70,42 Euro garantiert. Viele große Unternehmen nutzen solche Devisentermingeschäfte, um ihre Exporterlöse abzusichern. Sie können aber auch solche Geschäfte nutzen, um sich gegen einen Anstieg des Dollar abzusichern, beispielsweise wenn Sie wissen, dass Sie in einem Jahr eine Rechnung in Dollar zahlen müssen (beispielsweise weil Sie Rohstoffe einkaufen wollen). Allerdings kaufen Sie dann Dollar auf Termin, das heißt, sie suchen einen Partner, der Ihnen heute schon Dollar verkauft, die Sie erst in einem Jahr erhalten, allerdings zum herrschenden Terminkurs. Bei diesen Geschäften geht es also darum, sich vor einer Aufwertung zu schützen.

Bei einem Termingeschäft kaufen Sie ausländische Devisen ein, die erst in der Zukunft (in drei, sechs oder 12 Monaten) geliefert werden, allerdings zu einem Preis, der heute schon festgelegt wird – das ist der sogenannte Terminkurs im Gegensatz zum aktuellen Preis einer Devise, den man Kassa-Kurs nennt. Damit haben Sie die Möglichkeit, ausländische Devisen, die Sie erst später erhalten, schon heute zu kaufen oder verkaufen, und zwar zu einem Preis, den Sie heute schon festlegen. Das bedeutet, dass Sie – gegen eine Prämie – jegliches Wechselkursrisiko ausschalten können. Ein Beispiel dazu sehen Sie im obigen Kasten.

Wenn Sie aber das Wechselkursrisiko ausschalten können, dann ändert sich auch Ihr Kalkül bezüglich der Zinsparität. Wir haben ja gesehen, dass diese auch vom erwarteten Wechselkurs abhängt. Wenn ich aber den erwarteten Wechselkurs sozusagen per Termin absichern kann (ich kaufe oder verkaufe die Devisen auf dem Terminmarkt zu einem fest vereinbarten Wechselkurs), dann muss sich auch mein Kalkül bezüglich der Zinsparität ändern – tut es auch. Wir wollen das einmal in einem einfachen Beispiel durchspielen. Nehmen wir an, der Zins in Amerika sei 6 Prozent, der im Euroland 4 Prozent, der Terminkurs sei in der Ausgangslage wie der Kassa-Kurs 1,30 Dollar je Euro. Sie wollen Ihr Geld für ein Jahr anlegen. Was passiert nun?

- Als cleverer Anleger erkennen Sie Ihre Chance: Sie tauschen Ihr Geld von Euro in Dollar und erhalten dort 6 statt 4 Prozent. Sie wissen, dass Sie die in Amerika angelegten Dollar in einem Jahr wieder in Euro umtauschen werden, und Sie wissen auch, dass da ein Wechselkursrisiko auf Sie wartet. Um das auszuschließen, verkaufen Sie heute schon Ihre Dollar per Termin zum Terminkurs von 1,30 Dollar je Euro. Sie suchen also einen Geschäftspartner, der Ihnen Ihre Dollar in einem Jahr zu 1,30 Dollar je Euro abkauft. Das Wechselkursrisiko ist damit weg.
- Dass das kein dauerhafter Zustand sein kann, leuchtet ein, denn das wäre eine Geldmaschine, die dauerhaft risikolose Gewinne verspricht. Was also passiert? Zum einen wollen immer mehr Anleger ihr Geld in den Vereinigten Staaten investieren – das Angebot an Euro (die Nachfrage nach Dollar) am Kassa-Markt steigt also, was tendenziell zu einer Abwertung des Euro (Aufwertung des Dollar) führt. Doch nicht nur das: Das Angebot an Dollar auf dem Terminmarkt steigt ebenfalls (weil ja alle Anleger ihre Dollar nach einem Jahr wieder in Euro wechseln wollen), was bedeutet, dass der Dollar auf dem Terminmarkt abwerten muss. Ein einheitlicher Kassa-und Terminkurs sind in dieser Situation offenbar nicht haltbar.

- Wann hört dieser Prozess auf? Ganz einfach dann, wenn der Ertrag des Investments in jedem Land wieder gleich ist – wir also wieder Zinsparität haben. Der Zinsunterschied von 2 Prozentpunkten zwischen Amerika und Deutschland muss also verschwinden und das passiert einfach durch das Auseinanderfallen von Kassa- und Terminkurs. Wenn die Prämie, die Sie für den Verkauf der Dollar per Termin zahlen, den Zinsvorsprung des Dollar auffrisst, gibt es keinen Grund mehr, sein Geld in die Staaten zu schaffen. Und diese Prämie zeigt sich in der Differenz zwischen Kassa- und Terminkurs.
- Das lässt sich auch rechnen. Nehmen wir einmal an, der Kassa-Kurs des Euro wertet nun auf 1,2852 Dollar je Euro ab, während der Terminkurs auf 1,31 Dollar aufwertet (analog zu den Überlegungen, die wir eben gemacht haben; wie wir auf die Zahlen gekommen sind, sehen wir gleich). Jetzt läuft das Geschäft so ab: Sie tauschen, sagen wir, 100 Euro zum Kurs von 1,2852 Dollar je Euro in 128,52 Dollar. Darauf bekommen Sie 7,71 Dollar Zinsen (6 Prozent), macht einen Betrag von 136,24 Dollar, den Sie nach einem Jahr wieder in Euro umtauschen. Diese 136,24 Dollar tauschen Sie zum Terminkurs um in 103,99 Euro – das entspricht (mit Rundungsfehlern) den 104 Euro, die Sie erhalten hätten, wenn Sie das Geld zu 4 Prozent in der Euro-Zone angelegt hätten. Bei dieser Konstellation von Kassa- und Terminkurs hören die Kapitalbewegungen auf, wir haben wieder Zinsparität hergestellt.

Aber eine besondere Zinsparität, nämlich die erwähnte gedeckte Zinsparität – die Zinsen sind jetzt in jedem Land gleich, allerdings unter Berücksichtigung der Absicherungskosten. Ihre Absicherungskosten sind der Unterschied zwischen Termin- und Kassakurs und diese Differenz nennt man auch Swap-Satz.

Aber wie kommen wir auf die Werte für den Kassa- und den Terminkurs? Dazu nutzen wir noch einmal die Formel für die normale Zinsparität:

$$1\,€ \cdot (1 + i_{EU}) = 1\,€ \cdot e \cdot (1 + i_{US}) \cdot \frac{1}{e_e}$$

Verzinsung Inlandsinvestment

Verzinsung Auslandsinvestment nach Umtausch in $

Rücktausch des Investments in €

Diese Formel kennen wir bereits, nun stellen wir sie ein wenig um: Wir schaffen die Zinsen auf die rechte Seite der Gleichung, die Wechselkurse auf die linke Seite (indem wir entsprechend durch $(1 + i_{EU})$ dividieren beziehungsweise mit e_e multiplizieren. Den unsicheren erwarteten Kurs e_e ersetzen wir nun durch den sicheren Terminkurs e_T und erhalten:

$$\frac{e_T}{e} = \frac{1 + Auslandszins}{1 + Inlandszins}$$

Auf der rechten Seite steht das Zinsverhältnis zwischen Aus- und Inland, im Falle unseres Beispiels (1+0,06) / (1+0,04) = 1,02, was einem Zinsabstand von 2 Prozentpunkten entspricht. Auf der linken Seite steht der Terminkurs von 1,31 Dollar je Euro, den Sie durch den Kassa-Kurs e = 1,2852 dividieren, so erhalten Sie also wieder 1,02 – die beiden Seiten sind identisch.

Jetzt verstehen Sie hoffentlich, wie wir auf die Zahlen für Termin- und Kassa-Kurs im Beispiel gekommen sind, denn die Formel zur Zinsparität hat hier eine klare Aussage: Es herrscht Zinsparität, wenn das Zinsverhältnis zwischen In- und Ausland (die rechte Seite der Gleichung) dem sogenannten Swapsatz (linke Seite der Gleichung) entspricht. Genau wie wir es theoretisch erwartet haben: Die Zinsdifferenzen zwischen Staaten, die einladen, Kapital auf die Wanderschaft zu schicken, werden von der Prämie ausgeglichen, die man für die Absicherung gegen Wechselkursrisiken zahlen muss, und diese Prämie ist der Unterschied zwischen Kassa- und Terminkurs, also der Swapsatz. Das ist die Bedingung für die gedeckte Zinsparität: Die Kosten der Kurssicherung entsprechen dem Zinsvorsprung eines Landes – genau dann hört Kapital auf, in das betreffende Land zu fließen. Wir haben ein Gleichgewicht am internationalen Kapitalmarkt.

Die gedeckte Zinsparität gilt in der Realität fast immer sehr genau, wenn Sie sich Swapsätze und Zinsen von standardisierten Handelsgeschäften anschauen. Die Zinsdifferenz von amerikanischen und deutschen Staatsanleihen mit einem Jahr Laufzeit wird also fast immer genau dem Swapsatz von Dollar und Euro für ein Jahr entsprechen, weil sonst Arbitrage einsetzt.

Was ist von der allgemeinen Idee der Zinsparität zu halten? Der Knackpunkt ist der erwartete Wechselkurs, den niemand genau kennen kann – warum?

- Devisenmarktspekulationen, Notenbankinterventionen und Unsicherheit der Marktteilnehmer verhindern einen perfekten Ausgleich der internationalen Renditen.
- Auch psychologische Faktoren bestimmen Investments und damit die Wechselkurse und Wechselkurserwartungen.
- Direktinvestitionen im Ausland schlagen sich ebenfalls in der Kapitalbilanz nieder und beeinflussen damit den Wechselkurs, hinter diesen Kapitalbewegungen stehen aber andere Motive als Zinsarbitrage.
- In der Regel sind die in- und ausländischen Anlage nicht vollständig gegeneinander austauschbar, zumal Anleger auch eine unterschiedliche Risiko-Aversion haben.
- Wechselkurserwartungen sind in der Realität selten konstant; ändern sie sich, ändern sich die Bedingung zur Zinsparität und damit auch das Anlagekalkül.
- Langfristige Bestimmungsgründe des Wechselkurses – vor allem Kaufkraftparitäten – beeinflussen den Wechselkurs ebenfalls

Ist die Zinsparitätentheorie also wertlos? Sicherlich nicht. Sie ist ein theoretischer Referenzpunkt, sie gibt Anhaltspunkte für eine zukünftige Richtung der Wechselkurse und Ideen darüber, wohin die Reise an den Devisenmärkten gehen könnte, wenn sich die Zinsen im In- und Ausland ändern. Sie spielt vermutlich auf kurze Frist eine wichtige Rolle, auf lange Frist dürfte die Kaufkraftparitätentheorie vermutlich wichtiger sein.

Info: Überschießen des Wechselkurses

Ein Phänomen an Devisenmärkten ist das sogenannte Überschießen des Wechselkurses, das entsteht, wenn beispielsweise im Inland die Geldmenge steigt. Das führt zu steigenden Preisen, das wiederum führt zu sinkenden Exporten, steigenden Importen und damit zu einer Abwertung, bis die Kaufkraftparität wiederhergestellt ist. Allerdings passieren diese Anpassungseffekte erst langfristig, weil die Preise kurzfristig nicht so rasch reagieren können (beispielsweise weil die Löhne, ein wichtiger Bestimmungsgrund des Preisniveaus, sich nur langfristig ändern). Die Devisenmärkte aber erwarten diese Abwertung, weswegen der erwartete Wechselkurs bereits abwertet. Zudem werden die Zinsen im Inland sinken, was bei perfekter Kapitalmobilität – die Inländer können ihr Geld jederzeit im Ausland anlegen – dazu führt, dass die inländische Währung abwertet. In unserer Gleichung zur Zinsparität bedeutet das, dass der Zinsertrag im Inland sinkt (die linke Seite der Gleichung wird kleiner), zugleich steigt mit der erwarteten Abwertung der inländischen Währung der Ertrag der Auslandswährung (die rechte Seite wird größer). Damit die Zinsparität wieder stimmt, muss dann dementsprechend die heimische Währung deutlich abwerten (das macht die rechte Seite wieder kleiner) – was sie auch tut. Wenn dann die Preise im Inland langfristig steigen, steigen auch wieder die Inlandszinsen, woraufhin der Wechselkurs einen Teil seiner Abwertung wieder rückgängig machen kann, die Inlandswährung wertet wieder etwas auf (diese Aufwertung kompensiert Investoren, die im Inland investieren wollen, für den Rückgang der inländischen Zinsen). Der Wechselkurs muss also kurzfristig das erledigen, was langfristig die fallenden Preise übernehmen würden; er wertet kurzfristig stärker ab, als es eigentlich notwendig wäre, wenn die Preise sofort sinken würden. Kurzfristig also wertet der Wechselkurs stärker ab, als es langfristig notwendig ist; sobald langfristig die Preise steigen, steigt er wieder auf das Niveau, das zum neuen Preisniveau passt. Diese kurzfristige Überreaktion des Wechselkurses wird als „Überschießen" bezeichnet und kann helfen, zu erklären, warum Wechselkurse bisweilen so stark schwanken.

Literatur: Dornbusch, Rüdiger (1976)

Aufgabe

Wenn bei einem Anstieg der inländischen Geldmenge der Wechselkurs überschießt, dann muss er bei einem Rückgang der Geldmenge unterschießen. Erklären Sie dieses Unterschießen analog zum obigen Beispiel des Überschießens.

Natürlich gibt es noch jede Menge weiterer Erklärungsansätze zur Bestimmung des Wechselkurses, die alle ihre Berechtigung haben.

- Die monetäre Wechselkurstheorie geht davon aus, dass Veränderungen in den nationalen Geldmengen zu einer Veränderung des Wechselkurses führen. Ein Angebotsüberschuss (Nachfrageüberschuss) an Geld im Inland hat eine Abwertung (Aufwertung) der nationalen Währung zur Folge.

- Die Finanzmarkttheorie stellt ab auf Portfoliotransaktionen der Anleger, also auf deren Investitionsstrategien. (Wie lege ich mein Geld möglichst gewinnbringend an?) Wollen die Anleger beispielsweise wieder vermehrt in inländische Vermögenswerte investieren, zieht das tendenziell eine Aufwertung der heimischen Währung nach sich.
- Psychologische Faktoren wie Herdenverhalten, kollektive Unsicherheit oder Selbstüberschätzung der Anleger können auch dazu führen, dass sich der Wert einer Währung zumindest kurzfristig von seinem fundamentalen Wert entfernt – das könnte man als spekulative Blase bezeichnen, die schlimmstenfalls eine rasche Kurskorrektur und möglicherweise eine Währungskrise nach sich zieht.

Literatur

Dornbusch, Rüdiger (1976), Expectations and Exchange Rate Dynamics, in: Journal of Political Economy, Vol. 84, pp. 1161 – 1176.

Europäische Zentralbank (2012), Revisiting the effective exchange rates of the Euro, ECB occasional Paper Series No. 134, June 2012, URL http://www.ecb.europa.eu/pub/pdf/scpops/ecbocp134.pdf

5.3 Sozialprodukt und Wechselkurs

Dieses Kapitel hat zum Ziel, dass Sie

- wissen, welche Folgen inländische Wirtschaftspolitik über die Zahlungsbilanz auf den Wechselkurs und das Ausland haben kann und welche Rückwirkungen dies wiederum auf die heimische Wirtschaft hat,
- verstehen, wie Geld- und Fiskalpolitik bei festen und flexiblen Wechselkursen funktionieren.

Wichtige Begriffe in diesem Kapitel

Geldpolitik, Fiskalpolitik, Devisenbilanz, Einkommenseffekt, internationaler Konjunkturzusammenhang, internationaler Preiszusammenhang, Wechselkurseffekt, Inkonsistenz-Triade

@ Einen aktuellen Foliensatz zu diesem Kapitel finden Sie unter www.vahlen.de/15879880

Worum geht es? Wir kennen nun unterschiedliche Definitionen für den Wechselkurs und Bestimmungsgründe des Wechselkurses – das sind sozusagen die grundlegenden Instrumente, die wir benötigen, um die Frage zu beantworten, die uns eigentlich interessiert: Welche Rolle spielen Wechselkurs und Zahlungsbilanz im Rahmen der nationalen Wirtschaftspolitik? Wenn die heimische

Regierung Ausgabenerhöhungen beschließt, Steuern senkt oder sonstige wirtschaftspolitische Eingriffe vornimmt – welche Rolle spielen dabei das Ausland respektive die Ex- und Importe, die Kapitalbewegungen und der Wechselkurs? Wenn Sie schon etwas Vorkenntnisse aus der Makroökonomie haben, kennen Sie solche Politikvarianten: höhere Staatsausgaben zur Belebung der Wirtschaft, steigende Geldmenge und andere Politiken, die eine Regierung wählt, um das heimische Sozialprodukt zu steigern. In Einführungskursen werden solche Maßnahmen untersucht, aber zumeist in geschlossenen Volkswirtschaften (man ignoriert also die Existenz anderer Staaten). Wie verändert sich diese Politik, wenn man nun berücksichtigt, dass wir nicht allein in der Welt sind? Um diese Frage zu klären, werden wir zunächst einige grundsätzliche Effekte der Wirtschaftspolitik im Zusammenhang mit dem Ausland klären und uns dann daran wagen, die Folgen nationaler Wirtschaftspolitik in offenen Volkswirtschaften zu untersuchen, also unter Einbeziehung des Auslandes. Fangen wir mit den Zahlungsbilanzeffekten an.

Ein paar Grundbegriffe. Damit Sie die folgenden Ausführungen verstehen, benötigen Sie ein paar Grundbegriffe der Makroökonomik – falls Sie hier ein wenig Vorkenntnisse haben, ist dieser Abschnitt eigentlich überflüssig, aber für alle Fälle wollen wir nochmals ein paar Begriffe klären. Hier geht es vor allem um sogenannte Konjunkturpolitik, also Maßnahmen der Regierung, die einen Einbruch der Wirtschaftstätigkeit und die damit verbundene Arbeitslosigkeit verhindern sollen. Zunächst einmal wäre da die Fiskalpolitik: Wenn ein Staat Fiskalpolitik betreibt, dann erhöht er die Staatsausgaben, gibt also mehr Geld aus, um die gesamtwirtschaftliche Nachfrage anzukurbeln. Die Grundidee dabei ist folgende: Wenn die Konsumenten – aus welchem Grund auch immer – ihr Geld nicht mehr ausgeben, sondern unters Kopfkissen legen, fehlt gesamtwirtschaftliche Nachfrage, dann kann es unter Umständen zu einer Abwärtsspirale kommen, bei der die Nachfrage sinkt, was zu Arbeitslosigkeit führt, was zu einem weiteren Rückgang der Nachfrage führt und so weiter. Fiskalpolitik soll diesen Ausfall der Nachfrage verhindern, indem der Staat über erhöhte Staatsausgaben die Nachfrage künstlich erhöht (der Fachbegriff dafür ist „expansive Fiskalpolitik"). Funktioniert diese Politik, so springt die Nachfrage an, die Rezession wird vermieden, was dann – und das ist der Punkt, der uns hier beschäftigen wird – zu steigenden Preisen führen kann.[9]

Die zweite Möglichkeit der Politik, solche Ausfälle von Nachfrage zu bekämpfen, ist Geldpolitik: Die Notenbank erhöht die umlaufende Geldmenge, um eine Rezession zu stoppen. Der Wirkungsmechanismus ist wie folgt: Steigt die Geldmenge, so haben die Menschen mehr Geld in den Taschen – ihre tatsächliche Bargeldhaltung stimmt nicht mehr mit ihrer geplanten Bargeldhaltung überein. Nun gibt es zwei Wege, auf denen dieses Ungleichgewicht korrigiert wird: Zum einen werden die Konsumenten mit mehr Geld in der Tasche auch mehr ausgeben, das belebt die Nachfrage. Zum anderen werden aber auch die Zinsen sinken. Vereinfacht gesagt passiert Folgendes: Wenn mehr Geld zur Verfügung

---

[9] Wie genau dieser Mechanismus funktioniert, entnehmen Sie einem Lehrbuch für Makroökonomie; ganz so einfach wie in der Mikroökonomie, also bei einzelnen Märkten, wo der Preis steigt, wenn die Nachfrage steigt, ist es allerdings nicht.

steht, wird es für die Unternehmen billiger, sich Kredit zu beschaffen, um zu investieren, neue Fabriken zu bauen und damit die Wirtschaft anzukurbeln. Und der Preis für diese Kredite, das ist der Zins. Wenn also die Notenbank mehr Geld in die Wirtschaft pumpt, so sinken die Zinsen, was wiederum die Wirtschaft belebt und zu steigenden Preisen führen kann.

Das sind – recht holzschnittartig – die beiden wichtigen Politikmaßnahmen, die eine Regierung ergreifen kann, um ein Abrutschen der Konjunktur und der Wirtschaft zu vermeiden. Die Frage ist nun, welche Folgen eine solche Politik für den Wechselkurs und die Zahlungsbilanz hat und welche Rückwirkungen das wiederum auf die heimische Wirtschaft hat. Mit anderen Worten: Wie wirkt Konjunkturpolitik in offenen Volkswirtschaften? Dazu gibt es vier Einflusskanäle nationaler Politik auf die Zahlungsbilanz, die wir uns kurz anschauen.

Zahlungsbilanzeffekte. Es sind vier maßgebliche sogenannte Transmissionskanäle, über die inländische Politik auf die Außenwirtschaftsbeziehungen eines Landes wirkt:

- Erstens der Einkommenseffekt und der internationale Konjunkturzusammenhang,
- zweitens der internationale Preiszusammenhang,
- drittens der internationaler Zinszusammenhang und
- viertens der Wechselkurseffekt.

Schauen wir uns diese Effekte einmal an. Beginnen wir mit dem **Einkommenseffekt und dem internationalen Konjunkturzusammenhang**. Dazu nehmen wir an, dass der Staat im Inland expansive Fiskalpolitik betreibt, also die Staatsausgaben erhöht, um das heimische Sozialprodukt zu erhöhen und die Konjunktur zu stärken. Was passiert nun?

Wenn im Zuge dieser Politik das inländische Volkseinkommen tatsächlich steigt, so steigt auch die Nachfrage nach Importen – wenn die Wirtschaft boomt, verdienen die Menschen mehr (ihr Einkommen steigt, deswegen Einkommenseffekt), und wer mehr verdient, kauft auch mehr Importgüter (beispielsweise Elektronikartikel aus Fernost). Dieser Anstieg der Importe führt dazu, dass sich die Leistungsbilanz verschlechtert. Ein Teil der Einkommenserhöhung „versickert" also sozusagen im Ausland. Anstatt das gestiegene Einkommen für heimische Waren auszugeben, was die heimische Konjunktur weiter ankurbeln würde, geben es die Konsumenten im Ausland aus. Aber Vorsicht: Das ist nur ein temporäres Versickern, denn irgendwann müssen diesen Importen – wie wir ja bereits gelernt haben – wieder Exporte gegenüberstehen, dann wird das Geld, das zuvor im Ausland versickert ist, im Inland nachfragewirksam, weil nun die Exporte steigen. Expansive Fiskalpolitik ist in offenen Volkswirtschaften also – zumindest auf kurze Frist – an dieser Stelle weniger effizient als in geschlossenen Volkswirtschaften; da ein Teil der steigenden Staatsausgaben nicht in inländische Nachfrage umgesetzt wird, sondern als Importnachfrage vorübergehend im Ausland versickert.

Allerdings gibt es hier einen Lichtblick, nämlich den internationalen Konjunkturzusammenhang: Wenn aufgrund unserer steigenden Importnachfrage die Exporte des Auslandes steigen, so steigt ja die Produktion des Auslandes und damit deren Sozialprodukt und Einkommen, und wenn die Einkommen im Ausland steigen, steigt wiederum auch deren Importnachfrage nach unseren Produkten, was wiederum bei uns zu steigenden Exporten und damit steigenden Einkommen führt. Im besten Fall wird die inländische Fiskalpolitik zu einer Konjunkturlokomotive für das Ausland – wir steigern unsere Staatsausgaben, unser Einkommen steigt, unsere Importe steigen, deswegen steigen die Exporte des Auslandes und damit das Einkommen des Auslandes. Klingt optimistisch, kann bei sehr großen Ländern funktionieren, muss aber nicht immer funktionieren.

Info: Die Konjunkturlokomotiven

In der Euro-Zone kam zuletzt Deutschland die Rolle der Konjunkturlokomotive zu, so schreibt beispielsweise das *manager magazin*: „Die Verbraucher sind in bester Kauflaune, die Exporte laufen gut und sogar die Investitionen ziehen an. ‚Die Lokomotive der Euro-Zone steht damit wieder unter Dampf', sagt Andreas Scheuerle, Chefvolkswirt der DekaBank. Wenn die größte Volkswirtschaft der Euro-Zone Fahrt aufnimmt, strahlt das auf den gesamten Währungsraum aus. Folgerichtig erklärt das Statistikamt in Brüssel den längsten Abschwung in der noch jungen Geschichte der Euro-Zone für beendet." In der *Frankfurter Allgemeinen Zeitung* steht dazu: „Der Wirtschaftsminister hält Deutschland für die Konjunkturlokomotive in Europa. Deshalb seien auch kräftige Lohnerhöhungen möglich." Diese Rolle als Konjunkturlokomotive kann politisch heikel werden – oft werden reiche Länder dazu gedrängt, mehr Geld auszugeben, um andere Länder aus dem Sumpf der Rezession zu ziehen – so schreibt beispielsweise der *Spiegel*: „Deutschland soll Konjunkturlokomotive statt Sparvorbild sein: IWF-Chefin Christine Lagarde hat Bundesfinanzminister Schäuble vor zu großem Konsolidierungseifer gewarnt. Deutschland müsse die Ausgaben langsamer senken und Europa aus der Krise ziehen." Die größte Volkswirtschaft Europas wird nach Ansicht Lagardes jetzt vor allem als Konjunkturlokomotive in der Krise gebraucht. Die Bundesregierung könne es „... sich leisten, bei der Konsolidierung etwas langsamer vorzugehen als andere ...", sagte Lagarde der Zeitung. „Das wirkt den wachstumsdämpfenden Effekten entgegen, die von den Kürzungen in den Krisenländern ausgehen", argumentierte sie. Man muss nicht sonderlich fantasiebegabt sein, um die Konflikte zu erahnen, die hinter solchen Forderungen stehen: „Lagarde räumte zwar ein, dass es bei der Bewältigung der Euro-Krise mitunter Differenzen mit der Bundesregierung gebe, betonte aber ihr intaktes Verhältnis zu Schäuble." Auch China sah sich bereits solchen Vorwürfen ausgesetzt, gilt es doch international als Konjunkturlokomotive für die Welt.

Quellen: o.V. (2012); Hintze (2013); Schwenn (2010).

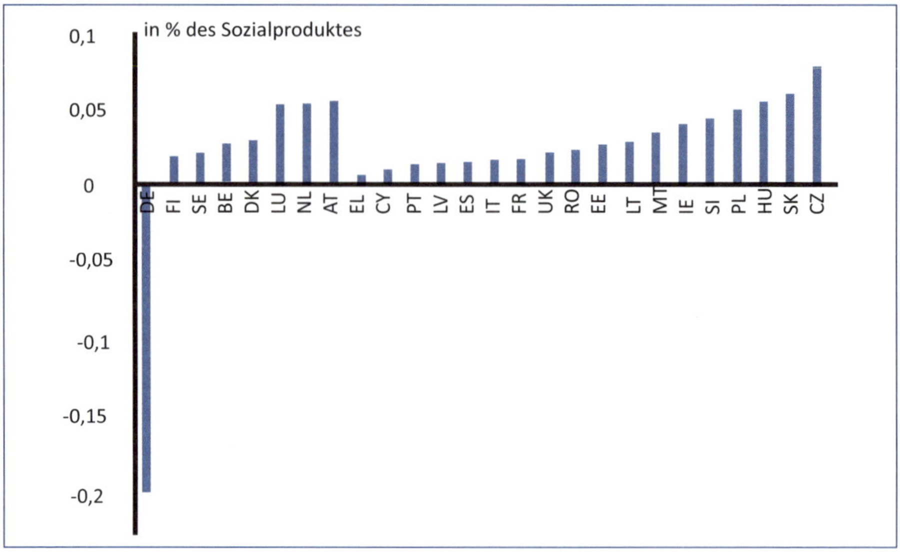

Quelle: European Commission (2012), S. 108.

Abbildung 70: Die Kraft der deutschen Konjunkturlokomotive im Jahr 2009 – eine Schätzung
Die Grafik zeigt Ihnen, um wie viel Prozent des heimischen Sozialproduktes sich im betreffenden Land die Handelsbilanz verbessern würde, wenn in Deutschland die inländische Nachfrage um 1 Prozent steigen würde. Also: Würde die deutsche Nachfrage um 1 Prozent steigen, so würde beispielsweise sich die Handelsbilanz der Niederländer und der Luxemburger (die Säulen Nummer 6 und 7) um 0,05 Prozent des heimischen Sozialproduktes verbessern. Die Studie, die diesen Daten zugrunde liegt, kommt zu dem Ergebnis, dass der Gesamteffekt einer deutschen Nachfrageerhöhung für die anderen EU-Länder eher gering ist, auch, weil ein Teil dieser Erhöhung in den Nicht-EU-Staaten Wirkung entfaltet.

Der zweite Effekt, den wir uns nun anschauen müssen, ist der **internationale Preiszusammenhang**. Ausgangspunkt unserer Überlegungen ist ein Preisanstieg im Ausland; beispielsweise ausgelöst durch einen Anstieg der Nachfrage im Ausland – was passiert nun im Inland? Zunächst einmal bedeuten steigende Preise im Ausland, dass inländische Güter für das Ausland billiger und ausländische Güter für das Inland teurer werden. Die Folge ist klar: Die Exporte des Inlandes steigen, seine Importe sinken. Durch den Anstieg der Exporte des Inlandes kann nun das passieren, was man importierte Inflation nennt: Durch den Anstieg der ausländischen Nachfrage steigen zunächst die Preise für die Exportgüter, dann auch die Löhne im Exportsektor, was dazu führen kann, dass auch die Löhne in den anderen inländischen Branchen steigen (damit die Arbeitnehmer dort nicht in die Exportindustrie abwandern). Ein Preisanstieg bei den international gehandelten Gütern kann sich also durch die restliche Wirtschaft fortpflanzen; vor allem wenn die Preise ausländischer Vorprodukte steigen (wenn beispielsweise die Preise für Energieimporte steigen, wird die inländische Produktion teurer). Ein weiterer Effekt ist natürlich, dass bei steigenden Exporten in das Land, in dem die Preise gestiegen sind, und sinkenden Importen aus diesem Land die heimische Währung aufwertet.

Info: Deutschland importiert Inflation

„Rohstoffe, Öl und Nahrungsmittel verteuern die Importe im März um 11,3 Prozent. Die Auswirkungen auf die Gesamtinflation sind sichtbar. Steigende Preise für Öl und andere Rohstoffe haben die deutschen Importe im März erneut stark verteuert. Die Einfuhrpreise lagen im Schnitt 11,3 Prozent über dem Niveau vor Jahresfrist, wie das Statistische Bundesamt am Donnerstag mitteilte. Von Februar auf März zogen die Preise um 1,1 Prozent an. Analysten hatten weitgehend mit diesen Werten gerechnet, die eine Fortsetzung des jüngsten Trends signalisieren ... Die gestiegenen Einfuhrpreise dürften auch die gesamte Teuerung in Deutschland vorerst auf vergleichsweise hohem Niveau halten. Denn wegen des Aufschwungs wagen immer mehr Unternehmen, die höheren Preise an die Verbraucher weiterzureichen. Die Inflationsrate kletterte im April auf 2,4 Prozent und damit auf den höchsten Stand seit Oktober 2008."

Quelle: o.V. (2011).

Der dritte Effekt, den wir uns nun anschauen, dürfte Ihnen bekannt vorkommen, es ist der **internationale Zinszusammenhang**. Ausgangspunkt ist ein Zinsanstieg im Ausland, beispielsweise, weil das Ausland seine Geldmenge reduziert. Steigen die Zinsen im Ausland, so werden die Inländer wegen der dort gestiegenen Rendite ihr Geld im Ausland anlegen, es kommt also zu Kapitalexporten (das kennen Sie alles von den Überlegungen zur Zinsparität). Zunächst erfolgt eine Aufwertung der ausländischen Währung. Zugleich aber sinkt (steigt) das Kapitalangebot im Inland (Ausland), da das Kapital sich eben auf den Weg ins Ausland gemacht hat, weswegen die Zinsen im Inland (Ausland) steigen (sinken). Das wiederum führt zu einer Aufwertungstendenz der inländischen Währung – die steigenden inländischen Zinsen laden ja wieder dazu ein, im Inland zu investieren. Ab hier wird es unübersichtlich: Die Aufwertungserwartungen führen zu spekulativen Kapitalzuflüssen und alle weiteren Folgen hängen – wie wir später sehen werden – vom Wechselkursregime ab. Aber noch eine Frage: Wie realistisch ist es, dass sich so viele Anleger wegen ein paar Prozent mehr Zinsen auf den Weg ins Ausland machen? Antwort: sehr. Das Drama um die isländischen Sparkonten zeigt, dass sich selbst Privatleute für ein paar Prozent rasch ins Zeug legen, ihr Geld ins Ausland zu schaffen. Mit teilweise unangenehmen Folgen.

Info: Nichts dazugelernt: Deutsche Sparer und die Pleite bei den Geysiren

„Die isländische Kauphting-Bank war vor fünf Jahren pleitegegangen. In den Monaten zuvor hatte die deutsche Tochter mit aggressiven Zinsversprechen um Zinsjäger geworben – und Zehntausende Kunden gewonnen. Nach der Insolvenz kamen die Sparer plötzlich nicht mehr an ihr Geld. Rund 34.000 Deutsche zitterten monatelang um ihre Einlagen, bis sie von der Regierung in Reykjavik schließlich doch noch entschädigt wurden. Das Problem damals war, dass Kaupthing bloß in der isländischen Einlagensicherung war, nicht aber in der deutschen. Die Bundesbank-Zahlen zeigen, dass der Kaupthing-Schock nicht lange wirkte. Im September 2008, dem letzten Monat vor der Insolvenz, hielten Privatkunden 11,3 Milliarden Euro bei Kaupthing und den übrigen sogenannten ‚Zweigstellen ausländischer Banken'. Danach gab es zwar einige Monate, in denen die ausländischen Filialbanken unter dem Strich Geld verloren. Seit spätestens 2011 aber steigen die Einlagen von Privatpersonen kontinuierlich an und liegen mittlerweile bei insgesamt 62,2 Milliarden Euro – also mehr als fünfmal so hoch wie vor der Kaupthing-Pleite. Insgesamt gibt es gut 100 Zweigstellen ausländischer Banken in Deutschland – viele von ihnen sind wie einst Kauphting vor allem als kostengünstige Online-Anbieter für Tages- und Festgeld unterwegs. Die Institute werden von der Finanzaufsicht ihrer Heimatstaaten kontrolliert und verfügen hierzulande lediglich über eine Art ‚Banklizenz light'. Genau wie Kaupthing verweigern sich die meisten dieser Anbieter sowohl der gesetzlichen als auch der freiwilligen deutschen Einlagensicherung. Stattdessen gehören sie dem Sicherungssystem des Landes an, in dem sie sitzen. Das spart Gebühren und Aufwand."

Quelle: Dohms,Heinz-Roger (2013), Das Comeback der Kaupthing-Banken, *manager magazin Online*, URL http://www.manager-magazin.de/unternehmen/banken/fuenf-jahre-nach-der-kaupthing-pleite-a-927697.html.

(Foto: ullstein bild – Schöning)

Ich bringe hohe Zinsen – oder auch nicht. Eine Isländische Krone

Der letzte der vier Effekte, den wir uns nun noch anschauen, ist der **Wechselkurseffekt**. Er soll uns helfen, eine einfache Frage zu beantworten: Welche Folgen hat eine Abwertung der inländischen Währung? Grundsätzlich kennen Sie die Antwort bereits, also: Eine Abwertung der inländischen Währung macht inländische (ausländische) Produkte im Ausland (Inland) billiger (teurer), weswegen die Importe des Inlandes sinken und seine Exporte steigen. Das führt tendenziell zur Verbesserung der Handelsbilanz. (Das mit dem Wechselkurs können Sie noch einmal genau im Kapitel 5.2 nachlesen. Allerdings besteht auch die Möglichkeit einer anormalen Reaktion der Leistungsbilanz, das können Sie noch einmal unter dem Stichwort J-Kurven-Effekt nachlesen.) Die Verbesserung der Leistungsbilanz und die steigenden Exporte führen zu einer Steigerung des Sozialproduktes, wodurch auch wieder die inländische Nachfrage nach Importen sowie das inländische Preisniveau steigen; das verschlechtert tendenziell die Leistungsbilanz wieder. Grundsätzlich gilt dabei in Anlehnung an das, was wir weiter oben gelernt haben: Eine Verbesserung des Außenbeitrags, also eine Zunahme des Überschusses der Exporte über die Importe (Ex – Im) durch eine Abwertung ist nur möglich, wenn wir mehr produzieren, als wir selbst konsumieren, formelmäßig bedeutet das:

$$Y - (C + I + G) > Ex - Im$$

Der Überschuss der Produktion Y über das, was im Inland selbst konsumiert (C), investiert (I) oder vom Staat ausgegeben wird (G), kann dann als Nettoexportüberschuss ins Ausland gehen. Diese Formel kennen Sie bereits aus der Debatte um makroökonomische Ungleichgewichte.

Damit haben wir alle Effekte zusammen, die wir brauchen, um die Folgen inländischer Wirtschaftspolitik auf die Außenhandelsbeziehungen und deren Rückwirkungen auf das Inland zu untersuchen. Dabei können wir vier verschiedene Fälle unterscheiden, die in Abbildung 71 dargestellt sind.

	Flexible Wechselkurse	Feste Wechselkurse
Fiskalpolitik	I	III
Geldpolitik	II	IV

Abbildung 71: Vier Fälle von Wirtschaftspolitik in offenen Volkswirtschaften

Wir wollen die Folgen von zwei Politikmaßnahmen, Geldpolitik und Fiskalpolitik, untersuchen. Weiterhin werden wir nun unterscheiden, ob wir feste Wechselkurse haben, die sich nicht ändern (dürfen oder sollen), oder ob der Wechselkurs frei schwanken darf. In vielen Fällen nämlich wollen Regierungen den Wechselkurs der heimischen Währung nicht frei schwanken lassen – warum das so ist, werden wir uns im nächsten Kapitel ansehen, hier wollen wir einfach nur einmal untersuchen, welche Folgen das haben kann, wenn eine Regierung den Wechselkurs (künstlich) fixiert. Gehen wir die vier Quadranten einmal der Reihe nach durch.

Der erste Quadrant (Nummer I) ist Fiskalpolitik bei flexiblen Wechselkursen – was also passiert, wenn der Staat – beispielsweise um eine Rezession zu bekämpfen – die Staatsausgaben erhöht? Die Wirkungskette ist wie folgt:

1. Ist die expansive Fiskalpolitik erfolgreich, so steigt zunächst einmal die inländische Nachfrage und in der Folge auch das inländische Sozialprodukt.
2. Dieser durch die Fiskalpolitik herbeigeführte Aufschwung bleibt aber nicht ohne Folgen: Die Preise im Inland steigen wegen der steigenden Nachfrage,

das verteuert die inländischen Exporte und macht Importe aus dem Ausland billiger; das führt tendenziell zu einem Handelsbilanzdefizit. Dieses Handelsbilanzdefizit führt – wenn sonst nichts passiert – zu einem Abwertungsdruck auf die Währung, der Kurs der inländischen Währung müsste sinken.

3. Es passiert noch etwas: Die steigenden Staatsausgaben und die steigende Nachfrage führen – wie wir bereits gesehen haben – zu steigenden Zinsen; das lockt renditehungriges Kapital aus dem Ausland an; das hätte tendenziell einen Überschuss in der Kapitalbilanz zur Folge, was einen Aufwertungsdruck auf die inländische Währung erzeugt (viele Ausländer wollen ihre Währung in die inländische Währung umtauschen, um im Inland zu investieren).

Wir haben also zwei gegenläufige Effekte der expansiven Fiskalpolitik: Die steigende Nachfrage und die steigenden Preise führen zu einem Handelsbilanzdefizit und damit zu einem Abwertungsdruck auf die inländische Währung, die steigenden Zinsen hingegen führen zu einem Kapitalbilanzüberschuss und damit zu einem Aufwertungsdruck. Und die Frage ist: Welcher der beiden Effekte gewinnt nun?

Die Antwort liegt in der Kapitalbilanz respektive in der Reaktion der Kapitalbilanz. Reagiert die Kapitalbilanz stark auf den Zinsanstieg im Inland, kommen also schon bei geringen Zinssteigerungen im Inland Massen an ausländischem Kapital ins Inland, so wird der Aufwertungseffekt aus der Kapitalbilanz den Abwertungseffekt aus der Leistungsbilanz schlagen – es kommt zu einer Aufwertung der inländischen Währung. Wenn hingegen der Zinsanstieg im Inland kaum zum Zufluss ausländischen Kapitals führt, dann ist die Nachfrage nach der inländischen Währung eher gering, der Abwertungsdruck aus der Leistungsbilanz schlägt den Aufwertungsdruck aus der Kapitalbilanz, es kommt zu einer Abwertung infolge der inländischen Fiskalpolitik.

Die Reaktion der Kapitalbilanz auf den Zinsanstieg im Inland wiederum lässt sich beschreiben mit der Zinselastizität der Kapitalimporte – das ist die prozentuale Veränderung der Kapitalimporte dividiert durch die prozentuale Veränderung des inländischen Zinssatzes. Reagieren die Kapitalimporte stark auf den Anstieg des Zinssatzes, so werden die Kapitalimporte und die damit verbundene Nachfrage nach inländischer Währung größer sein als die steigenden Importe und das damit verbundene Angebot an inländischer Währung – womit unter dem Strich ein Aufwertungsdruck auf die inländische Währung steht. Die Zinselastizität hat den Vorteil, dass wir „stark" nun auch messen können, nämlich in einer einzigen Zahl. Wenn der prozentuale Anstieg der Kapitalimporte stärker (geringer) ist als der prozentuale Anstieg der inländischen Zinsen, dann ist die Elastizität größer (kleiner) eins, man nennt sie dann zinselastisch (zinsunelastisch). Wenn also die Zinselastizität größer (kleiner) eins ist, reagiert die Kapitalbilanz stark (schwach) auf den Zinsanstieg, dementsprechend stark (schwach) fällt der daraus resultierende Aufwertungsdruck auf die inländische Währung aus. Ist dieser Aufwertungsdruck stark (schwach), so steht unter dem Strich eine Aufwertung (Abwertung) der heimischen Währung.

Info: Elastizitäten

Um die Stärke der Reaktion einer Variablen auf die Veränderung einer anderen Variablen zu berechnen, kann man das Konzept der Elastizitäten nutzen. Ganz vereinfacht gesagt erhält man eine Elastizität, indem man die prozentuale Veränderung der reagierenden Variablen durch die prozentuale Veränderung der auslösenden Variablen dividiert. Wenn also der Zinssatz (die auslösende Variable) um, sagen wir, 2 Prozentpunkte steigt und als Reaktion darauf die Kapitalimporte um 3 Prozent ansteigen, so beträgt die Elastizität 3/2 = 1,5, eben 3 Prozent dividiert durch 2 Prozent. Genauer gesagt handelt es sich dann um die Zinselastizität der Kapitalimporte. Und die dimensionslose Zahl von 1,5 sagt uns, dass die Kapitalimporte im Schnitt um 1,5 Prozent steigen, wenn die Zinsen um 1 Prozent steigen. In diesem Fall – die Elastizität ist größer eins – spricht man von einer elastischen Reaktion (die reagierende Variable verändert sich stärker als die auslösende Variable). Wenn die Kapitalimporte auf den Zinsanstieg von 2 Prozentpunkten nur um 1 Prozent steigen, dann beträgt die Elastizität 0,5, dann spricht man von einer unelastischen Reaktion. Dieses Konzept können Sie universal für alle Zusammenhänge nutzen, beispielsweise den Zusammenhang zwischen Nachfrage und Preis eines Gutes (Preiselastizität der Nachfrage) oder die Reaktion des Angebotes auf einen Anstieg des Preises (Preiselastizität des Angebotes); die Aussage ist immer die gleiche: Die Zahl der Elastizität gibt an, um wie viel Prozent sich die reagierende Variable ändert, wenn sich die auslösende Variable um 1 Prozent ändert.

Wie Sie anhand von Abbildung 72 sehen, hängen die Folgen expansiver Fiskalpolitik bei flexiblen Wechselkursen also davon ab, wie die Kapitalbilanz reagiert: Ist die Zinselastizität der Kapitalimporte größer als 1, so ist der Aufwertungsdruck, der aus der Kapitalbilanz entsteht, größer als der Abwertungsdruck, der aus der Leistungsbilanz entsteht – unter dem Strich wertet die inländische Währung auf, die Kapitalbilanz schlägt die Leistungsbilanz. Reagieren die Kapitalimporte gering auf den Zinsanstieg im Inland, dann siegt die Leistungsbilanz, es kommt zu einer Abwertung.

Aufgabe:

Wie würden Sie die Preiselastizität der Exporte (der Importe) definieren? Für wen ist dieser Wert interessant?

Womit wir nun endlich die Folgen expansiver Fiskalpolitik bei flexiblen Wechselkursen klären können: Sie hängen von der Zinselastizität der Kapitalimporte ab. Sind die Kapitalimporte zinselastisch, so siegt der Aufwertungsdruck aus der Kapitalbilanz über den Abwertungsdruck der Leistungsbilanz – die inländische Währung wertet auf. Diese Aufwertung wiederum führt dazu, dass die Exporte des Inlandes teurer werden, die Importe billiger, was erstens dazu führt, dass die Leistungsbilanz sich verschlechtert, und zweitens sinkt aufgrund des Rückgangs der Exporte die Produktion im Inland – der Boom im Inland wird abgewürgt. Hier liegt der Unterschied zu einer expansiven Fiskalpolitik in einer geschlossenen Volkswirtschaft: In einer geschlossenen

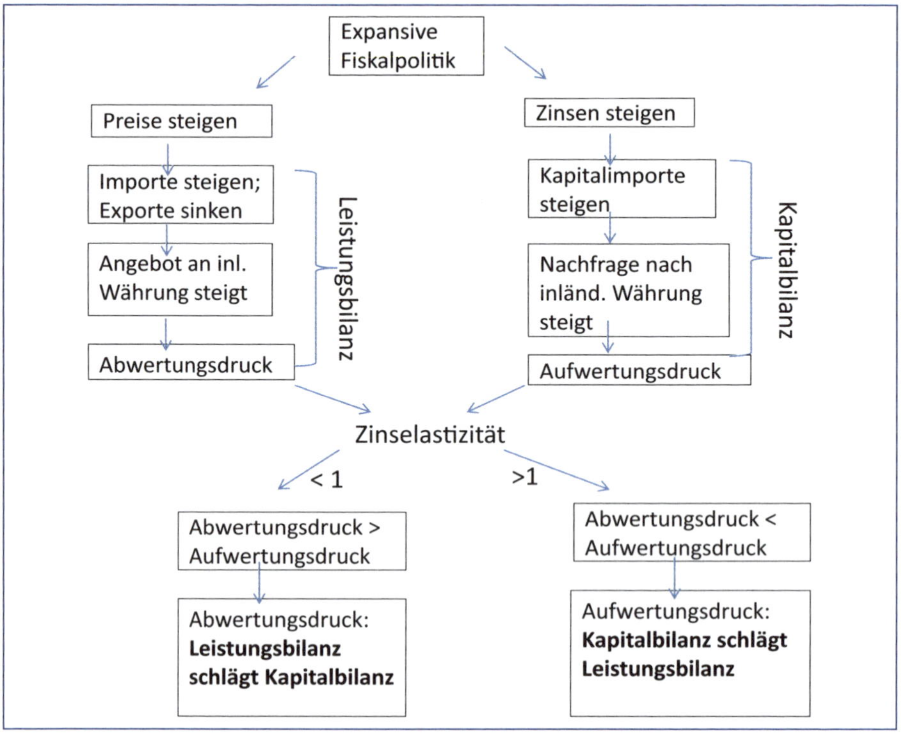

Abbildung 72: Die Folgen expansiver Fiskalpolitik für Leistungsbilanz und Kapitalbilanz

Volkswirtschaft wird der expansive Effekt der Fiskalpolitik nicht durch eine Aufwertung gebremst, sie ist also wirksamer. Die Aufwertung – die ja aus der Kapitalbilanz und der hohen Zinselastizität der Kapitalimporte herrührt – schwächt die Wirksamkeit der Fiskalpolitik ab. Womit wir bei der politischen Interpretation des Geschehens wären.

Die entscheidende Idee der expansiven Fiskalpolitik ist ja, durch erhöhte Staatsausgaben die lahmende Konjunktur anzuschieben. In geschlossenen Volkswirtschaften funktioniert das auch theoretisch, aber bei einer offenen Volkswirtschaft droht bei hoher Zinselastizität der Kapitalimporte eine Aufwertung, die den expansiven Effekt der Fiskalpolitik zunichtemachen kann. Doch wann ist die Zinselastizität der Kapitalimporte hoch? Na dann, wenn es einfach und billig ist, Kapital ins Ausland zu transferieren – dann nämlich wird schon bei kleinen Renditeunterschieden, also kleinen Zinserhöhungen im Inland, das Kapital aus dem Ausland ins Inland strömen und damit den Aufwertungsdruck erzeugen, der die Wirksamkeit der Fiskalpolitik untergräbt.

Aufgabe:
Was passiert bei einer Kürzung der Staatsausgaben bei flexiblen Wechselkursen?

Damit haben wir alle Zutaten für eine interessante Schlussfolgerung zusammen: Die internationale Mobilität des Kapitals hat in den vergangenen Jahrzehnten deutlich zugenommen. Vor 40 Jahren war Kapital weniger mobil als heute (durch technischen Fortschritt, den Wegfall von Kapitalverkehrskontrollen und nationale Deregulierungspolitik), was bedeutet, dass Fiskalpolitik vor 40 Jahren wirksamer war als heute. Wenn Politiker vor 40 Jahren die Staatsausgaben erhöht haben, konnten sie hoffen, dass diese Politik das Sozialprodukt erhöht und die Konjunktur anschiebt. Heute muss man bezüglich dieser Wirkungen pessimistischer sein, denn heute ist Kapital mobiler als vor 40 Jahren (die Zinselastizität der Kapitalimporte ist heute also höher als damals), was bedeutet, dass die gleiche Politik wie vor 40 Jahren heute eher zu einer Aufwertung der eigenen Währung führt, welche die Wirksamkeit dieser Politik untergräbt. Der technische Fortschritt an den Kapitalmärkten, der dazu geführt hat, dass Kapital immer mobiler wird, hat zugleich die Möglichkeiten der inländischen Konjunkturpolitik reduziert, weil Fiskalpolitik an Wirkungskraft nun verliert.

Info: Internationale Kapitalmobilität

Aus den einführenden Überlegungen des ersten Kapitels wissen wir, dass die Kapitalmobilität heute wesentlich höher ist als vor noch 100 Jahren. Man kann in etwa drei Wellen der Kapitalbewegungen weltweit unterscheiden: Von 1870 bis 1914 herrschte hohe Kapitalmobilität, das waren vor allem Direktinvestitionen in Kolonien oder Entwicklungsländern. Die zweite Welle von 1914 bis 1980 ist gekennzeichnet durch hohe Kapitalflüsse zur Kriegsfinanzierung und eine geringe Kapitalmobilität in den Nachkriegsjahren; die dritte Periode seit 1980 ist gekennzeichnet von einer Zunahme der Kapitalmobilität, die aber geringer ist als in der ersten Welle. In der dritten Welle nehmen vor allem die Kapitalzuflüsse in Industrieländer zu; generell kann man sagen, dass die Kapitalströme in Entwicklungsländer eher niedrig und zudem auf wenige Staaten konzentriert sind. Weiterhin ging es früher eher um langfristige Investitionen, heute beobachten wir zunehmend eine größere Rolle kurzfristiger Investments, sogenannter Portfolioinvestitionen.

Wie sieht es aber aus mit der expansiven Geldpolitik? Was passiert hier? Wie wirkt denn Geldpolitik in offenen Volkswirtschaften im Vergleich zu geschlossenen Volkswirtschaften (also Quadrant II in Abbildung 71)? Die Wirkungskette ist wie folgt:

- Mit der Erhöhung der Geldmenge steigen – wenn diese Politik funktioniert – die inländische Nachfrage und das inländische Sozialprodukt. Das hat wieder zwei Folgen: Erstens steigen die Preise, zweitens sinken die Zinsen aufgrund der gestiegenen Geldmenge.
- Die Folgen der steigenden Preise kennen wir bereits: Die Nachfrage nach Importen steigt (weil die inländischen Produkte nun teurer geworden sind), die Nachfrage nach den eigenen Exporten sinkt. Das hat einen Abwertungsdruck zur Folge, weil die Nachfrage nach der inländischen Währung sinkt.
- Die sinkenden Zinsen haben wiederum Folgen für die Kapitalbilanz: Sinkende Zinsen animieren die Inländer, ihr Geld nun lieber ins Ausland zu bringen, weil sie dort höhere Zinsen bekommen, es kommt also zu Kapitalexporten und damit zu einem Abwertungsdruck.

Das Ergebnis ist diesmal – im Gegensatz zur expansiven Fiskalpolitik – eindeutig: Von beiden Bilanzen geht nun ein Abwertungsdruck auf die inländische Währung aus, welche dann auch abwertet. Die Abwertung macht die inländischen Exporte billiger, was die inländische Produktion beflügelt und damit die Wirksamkeit der Geldpolitik verbessert.

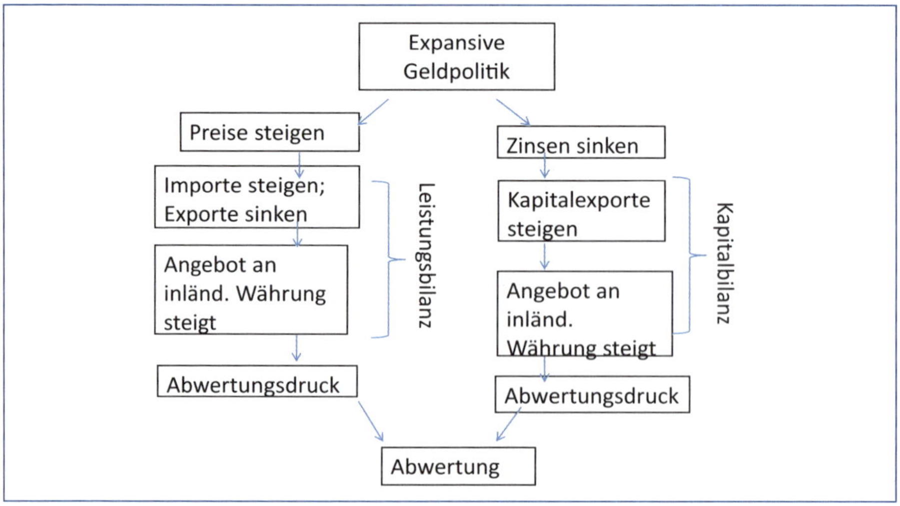

Abbildung 73: Die Folgen expansiver Geldpolitik für Leistungsbilanz und Kapitalbilanz

Das Ergebnis dieser Analyse ist eindeutig: Expansive Geldpolitik ist bei offenen Volkswirtschaften und flexiblen Wechselkursen wirksamer als in geschlossenen Volkswirtschaften, wo die unterstützende Wirkung der Abwertung ausbleibt. In Lichte der Idee, dass Fiskalpolitik bei flexiblen Wechselkursen und zunehmender Kapitalmobilität an Wirkung verliert, ist die Botschaft dieser (zugegebenermaßen einfachen) Analyse eindeutig: Die Politik sollte sich eher auf Geldpolitik stützen, um die Konjunktur zu beleben; zumindest dann, wenn es sich um eine offene Volkswirtschaft handelt. Allerdings muss man dazu einschränkend einige Bemerkungen machen: Erstens wurde hier immer angenommen, dass diese Politikmaßnahmen auch die erhofften Wirkungen – steigendes Sozialprodukt, Schub für die Konjunktur – haben werden. Das muss nicht immer der Fall sein, diese Art der Politik ist umstritten; vermutlich hängt die Wirkung dieser Politik von vielen Umständen ab, die man nicht alle kennt und quantifizieren kann. Zweitens hat in der klassischen Konzeption des Keynesianismus – so nennt man diese Politikströmung – die Geldpolitik nicht die aktive Rolle, die wir jetzt in dieser Analyse herausgearbeitet haben; sie dient eigentlich nur der Flankierung der Fiskalpolitik, welche die eigentliche Hauptrolle in diesem Konzept spielt. Insofern ist die einfache Schlussfolgerung, dass man in offenen Volkswirtschaften lieber Geldpolitik statt Fiskalpolitik betreibt, genau das: zu einfach.

Damit wissen wir nun, wie expansive Geld- und Fiskalpolitik bei flexiblen Wechselkursen funktionieren – aber was passiert bei fixen Wechselkursen, wie verändern sich die Folgen von Fiskal- und Geldpolitik, wenn die Regierung den Wechselkurs fixiert hat? (Warum sie das tun sollte? Das werden wir im nächsten Kapitel überlegen.) Gehen wir deshalb nun über zum Quadranten Nummer IV in Abbildung 71 – was passiert bei expansiver Geldpolitik und festen Wechselkursen?

Die anfängliche Wirkungskette ist zunächst einmal identisch mit der in Abbildung 73: Bei steigenden Preisen entsteht ein Leistungsbilanzdefizit und damit Abwertungsdruck, die sinkenden Zinsen führen zu einem Defizit in der Kapitalbilanz und damit ebenfalls zu einem Abwertungsdruck. Ergebnis: Die inländische Währung gerät unter Abwertungsdruck. Wenn es nun also als Folge der expansiven Geldpolitik zu einem Abwertungsdruck kommt, dann kann das natürlich nicht passieren, denn wir sind ja nun beim Fall fixer Wechselkurse – die inländische Währung soll also nicht abwerten. Was aber passiert dann stattdessen? Um das zu verstehen, müssen wir noch einmal einen Blick auf die Zahlungsbilanz werfen – der Einfachheit halber noch einmal in Abbildung 74 dargestellt.

Nachfrage nach inländischer Währung; Angebot an ausländischer Währung

Aktiva (Zahlungseingänge)	Passiva (Zahlungsausgänge)
Waren- und Dienstleistungsexporte	**Waren- und Dienstleistungsimporte**
Erwerbs- Vermögenseinkommen aus dem Ausland	**Erwerbs- Vermögenseinkommen an das Ausland**
Empfangene Übertragungen	**Geleistete Übertragungen**
Kapitalimport	**Kapitalexport**
Devisenabflüsse	**Zunahme der Devisenreserven**

Angebot an inländischer Währung; Nachfrage nach ausländischer Währung

Abbildung 74: Die Zahlungsbilanz inklusive der Devisenbilanz

Wenn Sie diese Abbildung mit Abbildung 58 vergleichen, werden Sie feststellen, dass wir die Zahlungsbilanz um eine Teilbilanz erweitert haben, nämlich die letzte Zeile – das ist die Devisenbilanz. Sie enthält alle Devisenzu- und abflüsse eines Landes. Und da in der Zahlungsbilanz die Zahlungseingänge (Zahlungsausgänge) auf der linken (rechten) Seite stehen, stehen die Devisenabflüsse (Zuflüsse) ebenfalls auf der linken (rechten) Seite. Vielleicht machen ein paar Beispiele diesen Punkt klar:

- Ein Exporteur verkauft Ware nach Amerika und erhält dafür Dollar. Da er mit den Dollar im Inland nichts anfangen kann, tauscht er diese bei seiner

Bank in Euro um, seine Bank tauscht diese Dollar wiederum bei der nationalen Notenbank in Euro um. Das Ergebnis: Eine Zunahme der Devisenreserven der Notenbank. Den Exporten des Unternehmers auf der linken Seite steht damit ein Zufluss an Devisen (an Dollar) auf der rechten Seite gegenüber.

- Ein Investor will amerikanische Wertpapiere kaufen. Dazu tauscht er Euro in Dollar um. Diese Dollar bekommt er von seiner Bank, seine Bank hat diese Dollar wiederum von der Notenbank bekommen, die sie der Geschäftsbank gegen die Zahlung von Euro überlässt. Das Ergebnis: Auf der rechten Seite der Zahlungsbilanz ein Kapitalexport, auf der linken Seite eine Abnahme der Devisenreserven (die Notenbank hat jetzt weniger Dollar im Keller liegen).

Ein Überschuss (Defizit) in der Leistungs- und Kapitalbilanz führt also zu einem Zufluss (Abfluss) an Devisenreserven. Wenn Sie so wollen, ist die Devisenbilanz das Ventil, das die Zahlungsbilanz insgesamt ausgleicht: Wenn die Summe der Exporte und Kapitalimporte größer ist als die Summe der Importe und Kapitalexporte, wird die linke Seite der Zahlungsbilanz größer als die rechte Seite (die anderen Bilanzen unterschlagen wir jetzt aus sprachlicher Bequemlichkeit), dann entsteht automatisch ein Devisenzufluss auf der rechten Seite, der die Zahlungsbilanz insgesamt ausgleicht. Und wir wissen auch schon, wo sich diese Devisen letztlich ansammeln: Bei der Notenbank (auch Zentralbank genannt).

Um das genauer zu verstehen, hilft uns Abbildung 75. Unten sehen Sie die übliche Bilanz einer Geschäftsbank: Auf der linken Seite stehen dort ihre Guthaben – das sind das Bargeld in der Kasse, Einlagen bei der Notenbank (das ist so etwas Ähnliches wie ein Girokonto der Bank, wo sie Geld eingelegt hat) und die Kredite an die Kunden (die sind ja Guthaben, nämlich geldwerte Forderungen, welche die Bank an ihre Kunden hat). Auf der rechten Seite der Bilanz stehen die Verbindlichkeiten der Bank – das, was sie ihren Kunden schuldet (nämlich die Einlagen der Kunden, das, was diese bei der Bank eingelegt haben) und Schulden der Bank gegenüber der Notenbank. Die Bilanz der Notenbank funktioniert ähnlich: Auf der rechten Seite steht das, was die Notenbank anderen schuldet. Das wären zum einen die Einlagen der Geschäftsbanken (also eben deren Guthaben bei der Notenbank, das sind die bereits beschriebenen Girokonten der Geschäftsbanken[10]) und das umlaufende Bargeld. Warum ist das Bargeld eine Schuld der Notenbank? Vereinfacht gesagt können Sie sich einen Geldschein wie einen Schuldschein vorstellen – er stellt einen in Zahlen ausgedrückten Anspruch seines Besitzers dar. Wer einen Zehn-Euro-Schein besitzt, kann damit europäisches Sozialprodukt (also Güter) in Höhe von 10 Euro kaufen. Und da die Notenbank diese Geldscheine ausgibt, ist sie letztlich der Schuldner (auch wenn Sie nicht mit Ihrem Geld zur Notenbank gehen können und damit die entsprechenden Waren im Wert von zehn Euro einklagen können).

[10] Natürlich ist das technisch nicht richtig, diese Guthaben als Girokonten zu bezeichnen, aber es erklärt den Charakter dieser Position hinreichend und einfach.

Auf der linken Seite der Notenbank stehen ihre Guthaben, das sind die Kredite an die Geschäftsbanken (die bei diesen auf der linken Seite der Bilanz auftauchen, sonstige Guthaben (auf die wir später noch einmal zurückkommen werden) und – und das ist der interessante Punkt – die Devisenreserven der Notenbank. Natürlich: Devisen – also ausländisches Geld – sind ein Anspruch auf ausländisches Sozialprodukt, mit einem Dollar-Schein können Sie in Amerika Güter im Wert von 1 Dollar kaufen. Sie sind also eine Forderung gegenüber dem Ausland.

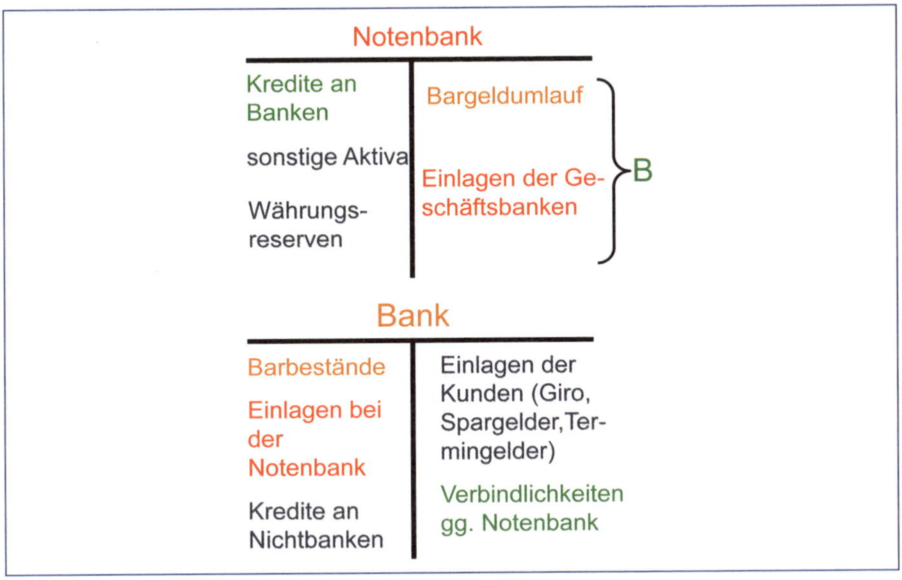

Abbildung 75: Die Bilanzen von Geschäftsbanken und der nationalen Notenbank

Mithilfe dieser beiden Bilanzen können wir nun klären, was mit den Dollar passiert, die ein deutscher Exporteur von seinem amerikanischen Kunden erhält. Er reicht diese bei seiner Bank ein und erhält dafür entweder Bargeld oder eine Gutschrift auf seinem Girokonto. Im ersten Fall sinken die Bargeldbestände der Bank an Euro, dafür hat sie nun erhöhte Barbestände an Dollar – die Bilanz der Bank ändert sich nur in ihrer Zusammensetzung, nicht in ihrem Volumen. Im zweiten Fall hat die Bank erhöhte Barbestände an Dollar und der Kunde einen höheren Stand auf seinem Girokonto – die rechte und die linke Seite der Bankbilanz werden länger.

Aber hier ist die Geschichte noch nicht vorbei: Die Geschäftsbank wird die Dollar bei der Notenbank umtauschen, und zwar entweder gegen Bargeld oder einen höheren Stand ihres Kontos bei der Notenbank. Die Geschäftsbank verliert also Dollar, bekommt dafür im ersten Fall mehr Euro in bar, im zweiten Fall steigen ihre Einlagen bei der Notenbank (die bei der Geschäftsbank auf der linken Seite stehen). Die Notenbank erhält mehr Devisenreserven – die linke Seite ihrer Bilanz wird also größer –, zugleich wird auch ihre rechte Seite größer, da sie entweder mehr Bargeld herausgibt oder die Einlagen der Geschäftsbanken zunehmen. Auf alle Fälle sehen Sie, dass die Bilanz der Notenbank sich verlängert, wie man sagt, auf beiden Seiten der Bilanz stehen nun höhere Beträge.

Und genau das ist der springende Punkt: Eine Verlängerung der Notenbankbilanz erhöht das, was man die Geldbasis nennt (in der Abbildung mit B bezeichnet) – vereinfacht gesagt steigt die umlaufende Geldmenge einer Volkswirtschaft, wenn sich die Bilanz der Notenbank ausdehnt. Das erkennen Sie, wenn Sie noch einmal überlegen, was in der Bilanz der Geschäftsbank passiert ist: Sie hat Dollar, die im Inland als Zahlungsmittel nicht zugelassen sind, entweder in Bargeld oder in Einlagen bei der Notenbank (die auch auf Euro lauten) umgetauscht – damit hat sie mehr inländisches Geld zur Verfügung, das sie an ihre Kunden weitergeben kann. Die Menge der im Inland umlaufenden Zahlungsmittel nimmt zu, will heißen: Die Geldmenge steigt.

Aufgabe:
Wie sieht ein Abfluss von Devisen in diesem System der Bilanzen aus?

Das ist der für uns hier interessante Punkt: Ein Zufluss an Devisen führt letztlich dazu, dass die inländische Geldmenge steigt. Vereinfacht gesagt können Sie sich das so vorstellen, dass die Bürger das ausländische Geld, das sie erhalten, bei der Notenbank in inländische Währung umtauschen. Während die Notenbank nun mehr ausländisches Geld in ihrem Keller hat (respektive in der Position „Währungsreserven"), haben die Bürger mehr inländisches Geld in der Tasche; der Umlauf inländischer Währung erhöht sich.

Damit können wir das Rätsel lösen, was bei expansiver Geldpolitik und fixen Wechselkursen passiert. Zunächst einmal kommt es aufgrund der steigenden Preise und der sinkenden Zinsen zu einem Abwertungsdruck (bis hierher ist das noch identisch mit dem Fall der expansiven Geldpolitik bei flexiblen Wechselkursen). Genauer gesagt passiert Folgendes: Wenn die Exporte kleiner sind als die Importe, kommt es per Saldo zu einem Abfluss von ausländischen Devisen (jeder Export führt ja zu einem Zustrom von Dollar, jeder Import zu einem Abfluss von Dollar); und auch in der Kapitalbilanz kommt es aufgrund des Defizits zu einem Abfluss von Dollar. (Wenn die Inländer per Saldo mehr Geld ins Ausland bringen, als aus dem Ausland Geld ins Inland kommt, dann fließen unter dem Strich Dollar ab, welche die Inländer brauchen, um im Ausland zu investieren.) Anhand unserer Bilanzen erkennen wir nun aber, was bei einem Abfluss von Devisen passiert: Die Bürger bringen Euro zu ihrer Geschäftsbank, um diese in Dollar zu tauschen, die Geschäftsbanken erhalten die Dollar, indem sie der Notenbank Euro anvertrauen, für die sie Dollar bekommen. Die Notenbank verliert Devisenreserven (die linke Seite der Bilanz wird kleiner) und sammelt Euro ein, die nicht mehr in der Wirtschaft umlaufen – die Bilanz der Notenbank schrumpft. Das Ergebnis dieser Veranstaltung: Die umlaufende Geldmenge sinkt aufgrund des Verlustes von Devisenreserven.

Jetzt haben wir das volle Bild: Bei expansiver Geldpolitik bei festen Wechselkursen steigen die Preise, die Zinsen sinken, es kommt zu einem Leistungsbilanzdefizit und einem Kapitalbilanzüberschuss – beides führt dazu, dass die Inländer mehr ausländische Devisen nachfragen und diese gegen die Hergabe von Euro erhalten. Doch dieser Umtausch von Devisen führt dazu, dass die Devisenreserven der Notenbank sinken – und damit wieder die inländische Geldmenge. Das ist aber genau das Gegenteil dessen, was wir im ersten Schritt unterstellt hatten, da hatten wir die Geldmenge doch erhöht. Eine dumme Sache, denn das Ergebnis dieser Veranstaltung ist nun eindeutig: Expansive Geldpolitik bei festen Wechselkursen führt dazu, dass zuerst die Geldmenge steigt, dann ein Abfluss von Devisen einsetzt und als Folge dessen die Geldmenge wieder sinkt. *Expansive Geldpolitik bei fixen Wechselkursen ist damit komplett unwirksam*. In geschlossenen Volkswirtschaften mag diese Politik noch funktionieren, aber bei offenen Volkswirtschaften mit fixem Wechselkurs ist sie wirkungslos.

Für die Politik ist das eine unangenehme Botschaft, sie hat also nur die Wahl, entweder die Wechselkurse zu fixieren und damit auf eine eigenständige Geldpolitik zu verzichten, oder eine eigenständige Geldpolitik zu betreiben, aber um den Preis, dass sie nicht die Wechselkurse bestimmen kann. Beides zusammen ist nicht möglich. Es bliebe lediglich der Ausweg, den Bürgern zu untersagen, ihr Geld ins Ausland zu bringen – damit bliebe der Abwertungsdruck aus der Kapitalbilanz aus; gleichzeitig können die Bürger nun nicht mehr unbegrenzt Waren aus dem Ausland importieren, da sie ja dazu Devisen bräuchten, also Geld ins Ausland schaffen müssen, was ihnen aber bei einer Beschränkung der Kapitalmobilität nicht erlaubt ist; das verhindert eine Abwertung durch zu viele Importe. Auch keine schöne Aussicht.

Aufgabe:
Wie läuft restriktive Geldpolitik bei fixen Wechselkursen ab?

Das Dilemma, das der obige Absatz beschreibt, wird auch als Inkonsistenz-Triade bezeichnet, die in Abbildung 76 dargestellt ist. Ihre Botschaft: Man kann immer nur zwei Ecken dieses Dreiecks gleichzeitig verwirklichen, aber nie alle drei.

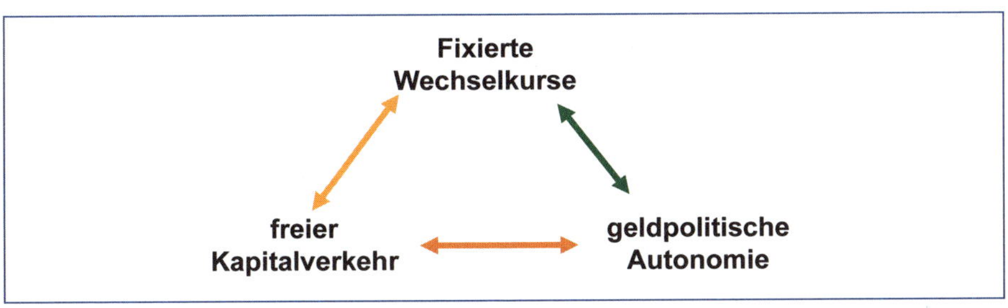

Abbildung 76: Die Inkonsistenz-Triade

Versuchen wir es einmal: Wenn Sie freien Kapitalverkehr zulassen und die Wechselkurse fixieren wollen, können Sie – wie gesehen – keine eigenständige

Geldpolitik mehr betreiben. Über den fixen Wechselkurs kommt es zu Devisenzu- oder -abflüssen, welche die inländische Geldmenge entsprechend erhöhen (bei Abflüssen verringern), und die Notenbank muss tatenlos zusehen. Will die Notenbank die Herrschaft über die Geldmenge zurückgewinnen, so hat sie zwei Möglichkeiten: Sie gibt die Fixierung des Wechselkurses auf, kann damit zugleich die Geldmenge wieder frei steuern und den freien Kapitalverkehr zulassen. Oder sie fixiert weiterhin die Wechselkurse und unterbindet den freien Kapitalverkehr, um unkontrollierte Zu- und Abflüsse von Kapital (und die damit verbundene Veränderung der inländischen Geldmenge) zu verhindern. Sie können sich drehen und wenden, wie Sie wollen: Aus diesem Dreieck gibt es kein Entrinnen.

Mit unserem neuen Wissen um die Zusammenhänge zwischen Geldmenge und Devisenbilanz bewaffnet können wir uns nun auch den letzten Quadranten von Abbildung 71 anschauen – wie funktioniert expansive Fiskalpolitik bei fixen Wechselkursen? Zunächst einmal passiert das, was wir bereits kennen (und zwar aus Abbildung 72): Bei steigenden Preisen entsteht ein Leistungsbilanzdefizit und damit Abwertungsdruck, die steigenden Zinsen führen zu einem Überschuss in der Kapitalbilanz und damit zu einem Aufwertungsdruck. Und welcher der beiden Effekte siegt, hängt ab von der Zinselastizität der Kapitalimporte. Nehmen wir einmal an, dass die Kapitalbilanz über die Leistungsbilanz siegt, dann kriegen wir unter dem Strich einen Aufwertungsdruck. Und ab jetzt wird die Geschichte eine andere.

Wenn es nun also als Folge der expansiven Fiskalpolitik zu einem Aufwertungsdruck kommt, kann das natürlich nicht passieren, denn wir sind ja beim Fall fixer Wechselkurse – die inländischen Währung soll also nicht aufwerten. Was aber passiert stattdessen? Hier kommt wieder die Devisenbilanz zum Zug: Eine Aufwertungstendenz bedeutet ja, dass die Nachfrage nach Euro steigt, das Angebot an ausländischen Devisen ebenfalls. Mit anderen Worten: Die inländische Notenbank kauft massenhaft ausländische Devisen an und gibt im Gegenzug dafür massenhaft Euro heraus – die inländische Geldmenge steigt also. Für die Fiskalpolitik ist das eine gute Nachricht: Die steigende Geldmenge verhindert nämlich einen weiteren Anstieg der Zinsen, beflügelt Investitionen und unterstützt damit die expansive Fiskalpolitik. In der Fachsprache nennt man das „monetäre Alimentation der Fiskalpolitik", eine urkeynesianische Idee. Anders hingegen ist es, wenn im Zuge der expansiven Fiskalpolitik die Leistungsbilanz über die Kapitalbilanz siegt (vergleichen Sie dazu Abbildung 72): Dann entsteht in der Summe ein Abwertungsdruck (der aus der Leistungsbilanz resultiert, die Kapitalbilanz ist zu schwach, um diesen Druck zu kompensieren). Dieser Abwertungsdruck bedeutet, dass die Bürger per Saldo Geld ins Ausland schaffen, dazu tauschen sie ihre Euro in Dollar, weshalb die Devisenreserven der Notenbank sinken – und damit auch die inländische Geldmenge. Dieser Rückgang der Geldmenge erhöht die Zinsen im Inland und schwächt die positiven Effekte der expansiven Fiskalpolitik ab – sie wirkt nun weniger stark als im Falle einer geschlossenen Volkswirtschaft.

Um es zusammenzufassen – was passiert bei expansiver Fiskalpolitik und festen Wechselkursen?

- Bei großer Zinselastizität der Kapitalimporte entsteht ein Aufwertungsdruck; es kommt zum Ankauf von Devisen; die inländische Geldmenge steigt; wir erhalten eine monetäre Alimentation der expansiven Fiskalpolitik, die dadurch wirksamer wird.
- Bei geringer Zinselastizität der Kapitalimporte führt der Abwertungsdruck zu einem Abfluss von Devisen und einem Rückgang der inländischen Geldmenge, welche die expansive Fiskalpolitik konterkariert.

Während also im ersten Fall die Fiskalpolitik wirksamer ist als in geschlossenen Volkswirtschaften, wird sie im zweiten Fall weniger wirksam. Die Wirkung expansiver Fiskalpolitik bei fixen Wechselkursen hängt also letztlich von der Zinselastizität der Kapitalimporte ab.

Abbildung 77 fasst noch einmal alle unseren Überlegungen bezüglich der Wirtschaftspolitik in offenen Volkswirtschaften zusammen. All diese Zusammenhänge und Überlegungen werden wir benötigen, wenn wir uns im Folgenden fragen, welche Ordnungsmöglichkeiten wir für die internationalen Währungssysteme haben und welche Vor- und Nachteile die einzelnen Systeme haben.

Zinselastizität	hoch	gering
Wechselkurs	**Expansive Fiskalpolitik**	
fest	Aufwertungsdruck wg. Kapitalimporten muss durch steigende Geldmenge monetär alimentiert werden	Abwertungsdruck wg. neg. Außenbeitrag; Ankauf heimischer Währung reduziert die inl. Geldmenge und reduziert Wirksamkeit
flexibel	Aufwertungsdruck durch steigende Zinsen dämpft expansiven Effekt	Aufwertungsdruck durch steigende Zinsen fällt gering aus; Abwertungsdruck wg. negativem Außenbeitrag wirkt expansiv
	Expansive Geldpolitik	
fest	Abwertungsdruck; Zentralbank muss Devisen verkaufen; inl. Geldmenge sinkt wieder, komplett unwirksam.	
flexibel	Abwertung verbessert die Wirksamkeit der inl. Geldpolitik	

Abbildung 77: Wirtschaftspolitik in offenen Volkswirtschaften: Eine Zusammenfassung

Aufgabe:

Wie wirkt restriktive Fiskalpolitik bei fixen Wechselkursen?

Literatur

European Commission (2012), Current account surpluses in the EU, European Economy, Vol. 9 (2012), URL http://ec.europa.eu/economy_finance/publications/european_economy/2012/pdf/ee-2012-9_en.pdf.

Hintze, Martin (2013), Konjunkturlokomotive Deutschland zieht Europa aus der Rezession, *manager magazin Online*, URL http://www.manager-magazin.de/politik/konjunktur/euro-zone-beendet-rezession-aufschwung-wacklig-a-916565.html

Schwenn, Kerstin (2010), Brüderle für kräftige Lohnerhöhungen, FAZ.net.URL http://www.faz.net/aktuell/wirtschaft/wirtschaftspolitik/wir-sind-die-konjunkturlokomotive-fuer-europa-bruederle-fuer-kraeftige-lohnerhoehungen-11055698.html

Siemens, Ansgar (2008), Kaupthing Bank: Warum eine Island-Pleite deutsche Sparer treffen kann, *Focus Online*, URL http://www.focus.de/finanzen/boerse/finanzkrise/kaupthing-bank-warum-eine-island-pleite-deutsche-sparer-treffen-kann_aid_338776.html

o.V. (2001), Deutschland importiert mit Rohstoffen die Inflation, Die Presse.com, URL http://diepresse.com/home/wirtschaft/international/653756/Deutschland-importiert-mit-Rohstoffen-die-Inflation

o.V. (2012), Pläne des Finanzministers: IWF-Chefin Lagarde warnt Schäuble vor Sparexzessen, *Spiegel Online*, URl http://www.spiegel.de/wirtschaft/soziales/iwf-chefin-lagarde-warnt-schaeuble-vor-hartem-sparkurs-a-874705.html

5.4 Internationale Währungssysteme

Dieses Kapitel hat zum Ziel, dass Sie

- verstehen, welche Währungssysteme möglich sind, um die währungspolitischen Beziehungen zwischen Staaten zu organisieren,
- anhand historischer Beispiele die Funktionsweise von Währungssystemen kennen,
- verstehen, welche Folgen nationale Wirtschaftspolitik im Rahmen des jeweiligen Währungssystems hat, und die Vor- und Nachteile des jeweiligen Systems erkennen.

Wichtige Begriffe in diesem Kapitel

Goldstandard, Bretton Woods, EWS, freie Wechselkurse, Sterilisierung, Currency Board

@ **Einen aktuellen Foliensatz zu diesem Kapitel finden Sie unter www.vahlen.de/15879880**

Worum geht es? Wir wissen nun eine ganze Menge darüber, welche Zusammenhänge zwischen nationaler Wirtschaftspolitik und der Zahlungsbilanz respektive dem Wechselkurs herrschen und wie sich diese gegenseitig beeinflussen. All diese Zusammenhänge benötigen wir im Folgenden, wenn wir uns einer wichtigen Frage stellen wollen: Wie soll man das internationale

Währungssystem organisieren? Wie sollen Staaten miteinander auf internationaler Ebene verkehren und ihre Wirtschafts- und Währungsbeziehungen untereinander gestalten? Wie wir gesehen haben, hat jede nationale Politik Rückwirkungen auf die Zahlungsbilanz und den Wechselkurs und damit auf die Zahlungsbilanz und den Wechselkurs anderer Staaten. Das legt nahe, dass sich Staaten dafür interessieren, wie ihre Handelspartner es mit Wirtschaftspolitik, Wechselkurs und Zahlungsbilanz halten – im naheliegenden Fall betrifft diese Politik des Auslandes nämlich auch die Wohlfahrt und Politik des Inlandes.

Nun könnten Sie ja vermuten, dass man als Staat eigentlich nichts machen kann, wenn das Ausland seine Zahlungsbilanz verunstaltet oder seinen Wechselkurs fröhlich manipuliert oder frei laufen lässt. Doch in der Praxis ist das nicht der Fall, wir haben in den vergangenen 100 Jahren viele verschiedene Formen der wirtschaftspolitischen Koordination gesehen – mit dem Ziel, die internationalen Wirtschafts- und Währungsbeziehungen zum beiderseitigen Vorteil zu gestalten. Und diese verschiedenen Formen wollen wir uns nun ansehen, – wir werden uns in historischer Reihenfolge anschauen: den Goldstandard, das System von Bretton Woods, das Europäische Währungssystem und ein System freier Wechselkurse. Die Währungsunion ist ein besonderes Thema, dem ein eigenes Kapitel vorbehalten bleibt. Beginnen wir mit dem sogenannten Goldstandard.

Der Goldstandard. Der Goldstandard ist ein System fester Wechselkurse, das Ende des 19. Jahrhunderts bis zum ersten Weltkrieg das vorherrschende Währungssystem war. Im Kern basiert der Goldstandard darauf, dass sich alle Staaten, die an ihm teilnehmen, verpflichten, den Wert einer Unze Gold in ihrer nationalen Währung festzulegen und nicht zu verändern. Weiterhin verpflichteten sie sich dazu, ihre Währung stets konvertibel zu halten (man konnte sie also jederzeit in ausländische Währung umtauschen), den freien Handel nicht zu behindern und die nationale Währung jederzeit zum festgelegten Kurs in Gold umzutauschen. Wenn also die Deutschen beispielsweise beschlossen, dass eine Mark dem Wert von 1/2790 kg Feingold entspricht, so konnte jeder Besitzer einer Mark diese jederzeit bei der Notenbank gegen die entsprechende Menge Gold umtauschen. Damit dies funktionierte und auch glaubwürdig war, musste die Notenbank natürlich über angemessene Goldreserven verfügen – entweder entsprach der Goldvorrat der gesamten Menge an umlaufenden Mark, man hätte also jede Mark jederzeit in Gold umtauschen können (Volldeckung), oder die Goldvorräte waren zumindest so groß, dass die Bürger zwar nicht alle, aber zumindest einen großen Teil der umlaufenden Mark jederzeit in Gold hätten tauschen können (teilgedeckte Währung).

Gut, aber was hat das nun mit den Wechselkursen zu tun und einer internationalen Kooperation bezüglich der Währungen? Ganz einfach: Indem jeder Staat festlegte, wie viel Gold er für eine Einheit einheimische Währung umtauscht, wurden damit automatisch die Wechselkurse der jeweiligen Währungen festgelegt – jedenfalls solange kein Staat diese Umtauschrelation änderte.

Ein einfaches Beispiel macht das klar: Wenn die Deutschen für 1 Mark eine Unze Gold zahlten und die Briten für 1 Pfund zwei Unzen Gold, dann folgt daraus sofort, dass der Wechselkurs Mark zu Pfund 2 Mark für 1 Pfund sein muss. Wäre er anders, beispielsweise 3 Mark für 1 Pfund (das Pfund wäre also überbewertet, man bekommt mehr Mark dafür, als durch die Goldpreise gerechtfertigt ist), so würde sofort Goldarbitrage einsetzen: Man würde 1 Pfund auf dem Devisenmarkt in 3 Mark tauschen, mit diesen 3 Mark in Deutschland drei Unzen Gold kaufen, diese drei Unzen zurück nach England bringen und dort gegen 1,5 Pfund umtauschen. Man hätte also durch den Umweg über Deutschland aus einem Pfund 1,5 Pfund gemacht. Die Folge dieser Transaktion ist, dass das Angebot an Pfund am Devisenmarkt steigen würde (jeder will Pfund in Mark umtauschen), zugleich steigt die Nachfrage nach Mark (jeder will Mark erwerben, um diese bei der deutschen Notenbank in Gold umzutauschen) – unter dem Strich führt das zu einer Abwertung des Pfund. Diese Abwertung kann nicht eher stoppen, bis der Wechselkurs wieder zwei zu eins ist, sonst würde sich das Arbitragegeschäft immer noch lohnen. Im Ergebnis ist also der Wechselkurs durch die beiden Goldpreise in Deutschland und in England festgelegt.

Dieser Mechanismus ist auch das Kernelement des Goldstandards, er sorgte dafür, dass sich der Wechselkurs (sieht man einmal von Transportkosten und sonstigen Nebenkosten ab) nie dauerhaft von der Relation entfernen konnte, die durch die Goldpreise im In- und Ausland fixiert war. Dadurch wurde der Goldstandard zu einem System fester Wechselkurse – mit allen Vor- und Nachteilen.

Der politische Charme dieses Goldstandards liegt darin, dass jeder Staat gleichermaßen dazu beitragen muss, die Wechselkurse stabil zu halten. Ein einfaches Beispiel macht das deutlich: Nehmen wir einmal an, die Deutschen versuchen, ihre Geldmenge auszudehnen, um die inländische Wirtschaft anzutreiben. Wie wir bereits gelernt haben, passieren zunächst einmal zwei Dinge: Die Preise im Inland steigen und die Zinsen im Inland sinken. Wie geht es nun weiter?

- Die deutschen Waren werden nun teurer gegenüber dem Ausland, weshalb die deutschen Exporte sinken und die Importe aus dem Ausland zunehmen.
- Zugleich werden die Deutschen Anleger aufgrund des gesunkenen Zinses mehr im Ausland investieren; es kommt also zu höheren Kapitalexporten.
- Beides hat die gleiche Folge: Die Deutschen werden ihre inländische Währung bei der deutschen Notenbank in Gold tauschen und dieses Gold ins Ausland bringen, um damit entweder ausländische Waren zu kaufen oder ausländische Vermögenswerte.
- Die Folge dieser Entwicklung ist, dass die deutsche Geldmenge sinkt (die Notenbank muss ja inländisches Geld annehmen und dafür Gold herausrücken, die Notenbankbilanz verkürzt sich also – das kennen wir aus dem letzten Kapitel); die Geldmenge im Ausland hingegen steigt (die ausländische Notenbank kauft das Gold an, das die Deutschen gegen die ausländische Währung tauschen; dadurch steigen ihre Goldvorräte und die umlaufende Geldmenge). Technisch gesprochen verlängert sich die Bilanz der ausländischen Notenbank, während sich die Bilanz der deutschen Notenbank verkürzt.
- Der Rückgang der Geldmenge in Deutschland führt wieder zu steigenden Zinsen und sinkenden Preisen, was die Leistungsbilanz wieder verbessert

und die Kapitalexporte stoppt. Spiegelbildlich steigen aufgrund der wachsenden Geldmenge im Ausland die Preise und die Zinsen sinken, weswegen die Exporte der Ausländer (also die deutschen Importe) sinken und auch der Kapitalimport ins Ausland zurückgeht. Damit kommt es zu einem automatischen Ausgleich der Leistungsbilanzen im Goldstandard.

Aufgabe

Skizzieren Sie den automatischen Ausgleich der Zahlungsbilanz bei einem Leistungsbilanzüberschuss in Deutschland. Was passiert, welche Kräfte führen dazu, dass dieser Überschuss wieder verschwindet?

Am Ende dieser Veranstaltung ist die Geldmenge in Deutschland wieder etwas gesunken, während sie im Ausland gestiegen ist, die Zinsen sind nun sowohl im In- als auch im Ausland etwas niedriger, der Wechselkurs pendelt sich wieder in seinem Gleichgewicht ein, das durch die fixierten Goldpreise bestimmt ist, und die Leistungsbilanzen sind wieder ausgeglichen. In der Literatur wird das als Geldmengen-Preis-Mechanismus bezeichnet.

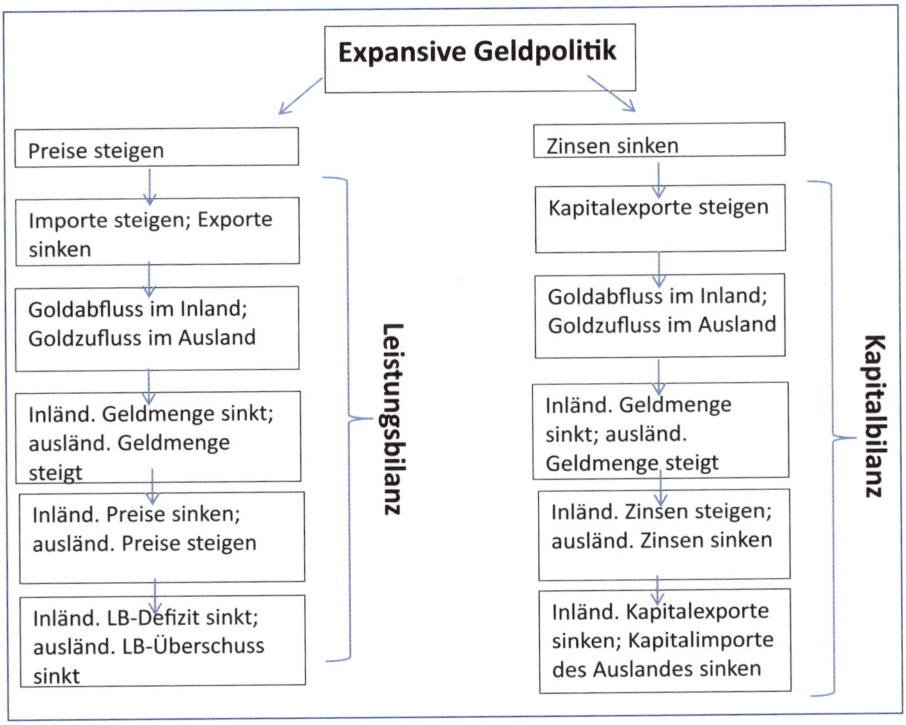

Abbildung 78: Die Folgen expansiver Geldpolitik im Goldstandard

Auch die Kapitalbilanz kann im Goldstandard dazu beitragen, die Ungleichgewichte in den Leistungsbilanzen zu beheben: Wenn ein Land beispielsweise expansive Geldpolitik betreibt, so kommt es zu einem Leistungsbilanzdefizit und Goldabflüssen. Durch den Abfluss des Goldes sinkt die inländische Geldmenge, was zu Zinssteigerungen führt. Als Folge kommt es zu Kapitalimporten und damit wieder zu Goldzuflüssen – die Kapitalbilanz wirkt also dem anfänglichen Goldabfluss entgegen.

Die Anpassung an die veränderten Umweltbedingungen (welche durch die deutsche Geldpolitik entstanden sind) erfolgt in beiden Staaten, weswegen man auch von einer symmetrischen Anpassung spricht – die Lasten der Veränderung werden also von allen am Goldstandard beteiligten Staaten getragen. Das muss nicht immer so sein, wir werden im Folgenden ein System kennenlernen, in dem diese Anpassungslasten asymmetrisch verteilt sind (Bretton Woods), und ein System, das sich so entwickelt hat, dass diese Lasten ebenfalls asymmetrisch waren (obwohl das so nicht geplant war, das EWS).

Wenn Sie nun verstanden haben, wie der Goldstandard funktioniert, können wir uns einmal anschauen, welche ökonomischen Folgen er hat:

- *Stabile Wechselkurse.* Der Goldstandard führt – wenn sich alle Beteiligten an die Spielregeln halten – dazu, dass sich die Wechselkurse nie weit von ihren einmal festgelegten Werten entfernen können. Das ist gut für den internationalen Güteraustausch. Und in der Tat: Zwischen den am Goldstandard beteiligten Staaten verdreifachte sich der Handel in der Zeit zwischen 1880 und 1914.
- *Stabile Preise.* Die Spielregeln des Goldstandards führen auch dazu, dass kein Land über die monetären Stränge schlagen kann: Betreibt es eine Politik, bei der die Preise im Inland zu stark ansteigen, so kommt es sofort zu einem Leistungsbilanzdefizit und Kapitalexporten und in der Folge – wie wir gesehen haben – zu einem Abfluss von Goldreserven und damit zu einem Rückgang der Geldmenge, welche die anfänglichen Preisanstiege wieder rückgängig macht. Die Geldpolitik ist damit ausschließlich auf das Ziel des festen Wechselkurses ausgerichtet – das entspricht den Erkenntnissen, die wir bei der Inkonsistenz-Triade gesammelt haben. In der Tat waren die Preise der Teilnehmerstaaten am Goldstandard auf lange Frist bemerkenswert stabil, wenngleich es kurzfristig durchaus zu heftigeren Schwankungen kommen konnte (die vermutlich daher rühren, dass die Anpassung der Preise und Zahlungsbilanzen mit einer gewissen Verzögerung einherging).
- *Leistungsbilanzausgleich.* Die Mechanismen des Goldstandards wirken, wie wir gesehen haben, auf einen Ausgleich der Leistungsbilanz hin, der in der Tat beim historischen Goldstandard zu beobachten war – es existierten keine nennenswerten Ungleichgewichte, wie wir sie beispielsweise im Zusammenhang mit den amerikanischen oder chinesischen Handelsbilanz-Ungleichgewichten kennengelernt haben.

Brauchen wir heute einen neuen Goldstandard? Die Beschäftigung mit dem Goldstandard ist eigentlich nur sinnvoll, wenn man daraus etwas lernt und dieses Gelernte auch auf aktuelle Probleme anwendet. Also eine ganz einfache Frage: Sollten wir das moderne Währungssystem wieder am Gold ausrichten?

Brauchen wir einen neuen Goldstandard? Ein paar Argumente sind rasch gesammelt:

- Ein wesentliches Element des Goldstandards ist, dass die nationale Geldpolitik völlig auf die Sicherung des Wechselkurses ausgerichtet ist – Geldpolitik zur Verfolgung innenpolitischer Absichten gibt es hier nicht. Die meisten modernen Volkswirtschaften allerdings wollen Geldpolitik für nationale Ziele (beispielsweise mehr Beschäftigung) nutzen. Ob das immer funktioniert, steht auf einem anderen Blatt, wer aber daran glaubt, wird sich schwer damit tun, darauf zu verzichten.
- Der Charme des Goldstandards ist die von ihm ausgehende Preisstabilität, was zum einen daran liegt, dass geldpolitische Eskapaden des Staates (die oft für Inflation verantwortlich sind) in diesem System nicht möglich sind, zum anderen daran, dass die Geldmenge eben an die Goldvorräte gekoppelt ist. Das schafft aber auch Probleme: Was, wenn auf einmal neue Goldvorräte entdeckt werden? Was, wenn die Wirtschaft stärker wächst als die Goldförderung? Solche Szenarien können (im ersten Fall) zu Inflation oder (im zweiten Fall) zu verhindertem Wachstum führen. Zudem würde ein solches System Ländern mit großen Goldvorkommen (Russland oder Südafrika) massive ökonomische Macht geben. Dieser Punkt allerdings ließe sich umschiffen, wenn man die Währung nicht an Gold, sondern an andere Metalle oder einen Korb von Metallen oder anderen Werten binden würde.

Bis zum ersten Weltkrieg funktionierte der Goldstandard recht ordentlich (auch wenn sich die beteiligten Staaten nicht immer an die Spielregeln hielten), doch in der Zwischenkriegszeit waren die Dinge nicht so einfach: Die am ersten Weltkrieg beteiligten Staaten hatten Goldreserven verloren, durch die Kriegsfinanzierung waren die Inflationsraten gestiegen, den Deutschen drohten hohe Reparationsleistungen – unter diesen Bedingungen war es unmöglich, Wechselkursparitäten zu finden, die stabil sein würden. In den Zwanzigerjahren kam es dann zu einer Neuauflage des Goldstandards, viele Staaten legten wieder den Wert des Golds in nationaler Währung fest, allerdings waren die daraus resultierenden Wechselkurse derart weit weg von ihren fundamentalen Werten, dass Zahlungsbilanzkrisen und Ab- und Aufwertungen vorhersehbar waren. Die Neueinführung des Goldstandards scheiterte kläglich. Erst nach dem Krieg war es an der Zeit für ein neues Währungssystem, benannt nach einem kleinen Örtchen in New Hampshire, wo es auf dem Reißbrett ausgedacht wurde.

Info: Brauchen wir einen neuen Goldstandard?

Ganz aus den Debatten ist der Goldstandard nicht verschwunden – so fordert beispielsweise der Weltbank-Chef Robert Zoellik die Rückkehr zu einem neuen Goldstandard – Gold solle neben dem Dollar, Euro und Yen eine Rolle als Leitwährung spielen. Auch Volkswirte sehen Vorteile in einem Goldstandard. So erklärt der Deutschland-Chefvolkswirt von Barclays Capital und Wirtschaftsprofessor Thorsten Polleit, dass der Goldstandard geholfen habe, heutige Probleme wie etwa Spekulationsblasen zu vermeiden. „In der Tat würden die Probleme, für die nicht an reale Werte gekoppeltes Kreditgeld sorgt – wie zum Beispiel Konjunkturschwankungen und Spekulationsblasen

– im Goldstandard nicht oder zumindest nicht in diesem Ausmaß auftreten", erklärt er.

o.V. (2010), Währungsstreit: Weltbank-Chef fordert neuen Goldstandard, *Spiegel Online*, URL

o.V. (2010), Schuldenkrise: Ökonom plädiert für Rückkehr zum Goldstandard, *Handelsblatt online*, URL http://www.handelsblatt.com/politik/konjunktur/nachrichten/oekonom-plaediert-fuer-rueckkehr-zum-goldstandard/4503824.html

Das System von Bretton Woods. Das System von Bretton Woods, das zuweilen auch als Gold-Devisen-Standard bezeichnet wird, entstand 1944 in der amerikanischen Kleinstadt Bretton Woods, wo sich 44 Staaten (unter Ausschluss von Deutschland und Japan) auf eine neue Nachkriegswährungsordnung einigten. Dieses System war ein wenig komplizierter als der Goldstandard – wie sahen die Regeln aus?

- Der amerikanische Dollar wurde fest an den Wert des Goldes gekoppelt. Ein Dollar entsprach 0,888671 Gramm Gold; respektive eine Unze kostete 35 Dollar. Die amerikanische Notenbank verpflichtete sich, Gold gegen Dollar zu diesem Kurs verbindlich zu kaufen oder zu verkaufen. Auch die anderen Länder legten den Wert ihrer Währung gegenüber dem Gold verbindlich fest. Dadurch waren auch die Wechselkurse der einzelnen Währungen untereinander und gegenüber dem Dollar fixiert.
- Die Wechselkurse gegenüber dem Dollar durften maximal um 1 Prozent nach oben oder unten vom fixierten Wechselkurs zum Dollar abweichen. Damit sich die Wechselkurse nicht weiter von diesem Wert entfernten, mussten alle Notenbanken mit Ausnahme der amerikanischen Notenbank bei Überschreiten dieser Spanne eingreifen und den Wechselkurs ihrer Währung stabilisieren. Die Eingriffe erfolgten in der Regel in Dollar, weshalb der Dollar auch als Interventionswährung bezeichnet wurde. Da zugleich über die Festlegung zwischen Dollar und Gold sozusagen die anderen Wechselkurse festgelegt wurden, galt er auch als Leitwährung.
- Eine Änderung der Wechselkurse war nur unter strengen Bedingungen und unter Zustimmung der anderen Mitglieder des Systems von Bretton Woods möglich. Um das gesamte System zu koordinieren und zu institutionalisieren, wurde der Internationale Währungsfonds ins Leben gerufen.
- Wenn die Wechselkurse konstant gehalten werden sollen, müssen die Länder bei einer Veränderung der Wechselkurse intervenieren. Und da die Interventionen in Dollar erfolgten, benötigten die anderen Länder Dollar, um bei Bedarf ihre eigene Währung stützen zu können. Wenn beispielsweise die Preise in Frankreich stiegen, so geriet der Franc unter Druck und drohte gegenüber dem Dollar zu stark abzuwerten, also musste die französische Notenbank Francs ankaufen (sie musste ja den Wechselkurs gegenüber dem Dollar halten), und zwar gegen Dollar – das verringerte den Druck auf den Franc. Das ging aber nur, wenn die Notenbank genügend Dollar im Keller hatte – also häufte sie Reserven an Dollar an, weswegen der Dollar auch als Reservewährung bezeichnet wurde. Noch heute fahren viele Staaten die Strategie, Währungsreserven – vornehmlich Dollar – zu horten, um vor einer Krise geschützt zu sein.

Info: Der Internationale Währungsfonds

Ins Leben gerufen wurde der Internationale Währungsfonds IWF (International Monetary Fund, siehe IWF.org) 1945 (zusammen mit seiner Schwesterorganisation, der Weltbank) mit dem Ziel, die internationale Zusammenarbeit in Währungsfragen zu fördern und einen Zusammenbruch des Welthandels, wie man ihn im Zuge der großen Depression in den 1930er-Jahren gesehen hatte, zu verhindern. Bis zum Ende des Bretton-Woods-Systems hatte der IWF auch die Aufgabe, dieses Währungssystem zu überwachen und zu gestalten sowie die Konvertibilität der einzelnen Währungen und die Freiheit des Kapitalverkehrs zu sichern. Jeder Mitgliedstaat zahlt für das Eigenkapital des IWF einen Beitrag, eine sogenannte Quote, deren Höhe sich nach Kriterien wie dem Sozialprodukt oder den Währungsreserven richtet. Die Höhe der Quote entscheidet nicht nur über die Mitspracherechte, sie ist auch ein wichtiges Instrument bei Zahlungsbilanzschwierigkeiten: Fehlen einem Land die notwendigen Devisen, um den Wechselkurs zu verteidigen, so kann es mit der eigenen Währung die Währungen anderer Mitgliedstaaten kaufen – das ist eine sogenannte Ziehung. Allerdings erhebt der IWF auf diese Ziehung Gebühren und verlangt, dass das Land seine Währung innerhalb eines bestimmten Zeitraums wieder zurückkauft – eine Ziehung ist also letztlich ein Kredit. Grundsätzlich kann ein Land Kredit in Höhe seiner Quote aufnehmen. Geht die Summe, die sich das Land leihen will, über seine Quote hinaus, so verbindet der IWF diese Kredite teilweise mit zusätzlichen Auflagen bezüglich der Wirtschaftspolitik des betreffenden Landes. Darüber hinaus stellt der IWF seinen Mitgliedstaaten weitere Kredite, sogenannte Kreditfazilitäten, zur Verfügung, beispielsweise Bereitschaftskreditvereinbarungen, die Erweiterte Fondsfazilität, die Armutsbekämpfungs- und Wachstumsfazilität (PRGF), die Fazilität zur Kompensierung bei Exporterlösausfällen oder die Fazilität zur Stärkung von Währungsreserven. Es sind vor allem die Auflagen, die mit den IWF-Krediten verbunden sind, die den IWF in die Kritik gebracht haben: Sparmaßnahmen, Handelsliberalisierung, Privatisierungen – das sind Maßnahmen, die man mögen muss, und Kritiker werfen dem Fonds vor, dass diese Maßnahmen oftmals nicht auf das betreffende Land passen, das einen Kredit beim IWF aufgenommen hat und deswegen diese Auflagen erfüllen muss. Andere Kritiker hingegen sehen in den Krediten generell ein Problem, solche Kredite im Falle schlechter Wirtschaftspolitik des Inlandes seien falsche Anreize, der IWF mutiere dadurch zu einer Insolvenzverhinderungsbehörde.

o.V. (2014), Der IWF auf einen Blick, URL http://www.imf.org/external/np/exr/facts/deu/glanced.htm

Und wie funktioniert so ein System nun in der Praxis? Nehmen wir einmal an, ein Land – aber nicht die Vereinigten Staaten – weist ein Leistungsbilanzdefizit auf, die eigene Währung gerät unter Druck. Damit diese nun nicht zu stark gegenüber dem Dollar abwertet, muss das betreffende Land die eigene Währung gegen Dollar ankaufen, um so den Kurs der eigenen Währung zu stützen. Auf diesem Weg verliert das Land Dollarreserven und der Ankauf der eigenen Währung führt dazu, dass die inländische Geldmenge sinkt, weshalb die Preise sinken und so das Leistungsbilanzdefizit zurückgeht. Leider steigen im Zuge dieser Politik auch die inländischen Zinsen, was die Investitionen reduziert (zugleich zu Kapitalimporten führt, was den Abwertungsdruck reduziert), was unter Umständen zu steigender Arbeitslosigkeit führen kann. Die Stützung des eigenen Wechselkurses kann also für das Inland unangenehm werden. Das System von Bretton Woods sah aber auch durchaus Kapitalverkehrskontrollen vor, um den Wechselkurs zu stabilisieren (hier finden Sie wieder unsere Inkonsistenz-Triade).

Aber auch ein Land mit Leistungsbilanzüberschüssen hat in diesem System so seine Probleme: Die Überschüsse bewirken einen Aufwertungsdruck auf die heimische Währung, weswegen das Land nun die eigene Währung gegen Dollar verkaufen muss – das führt dazu, dass die inländische Geldmenge aufgebläht wird, die Gefahr von Inflation entsteht. Auch hier hat die Interventionspflicht zur Aufrechterhaltung des Wechselkurses unangenehme Folgen.

In beiden Fällen sehen Sie deutlich die asymmetrische Interventionspflicht: Die Nicht-Dollar-Länder müssen intervenieren, um ihren Wechselkurs stabil zu halten, die Amerikaner hingegen müssen nichts unternehmen. Im Goldstandard wäre zumindest ein Teil der Anpassungslasten auf den Schultern der Amerikaner gelandet. (Vergleichen Sie die obigen Situationen noch einmal mit dem Goldstandard – was wäre da passiert?) Diese asymmetrische Interventionspflicht war sicherlich einer der grundlegenden Konstruktionsfehler des Systems von Bretton Woods.

Einen wichtigen Unterschied gibt es noch zwischen dem Goldstandard und dem System von Bretton Woods: Die Anpassung des Wechselkurses erfolgte im Goldstandard nicht nur symmetrisch, sondern auch automatisch durch die Goldarbitrage – den Notenbanken blieb ja nichts anderes übrig, als Gold gegen Währung einzutauschen. Im System von Bretton Woods hingegen waren die Notenbanken zwar verpflichtet, zu intervenieren, und die versuchten durchaus, zumindest die negativen Folgen der Interventionen zu vermeiden. Dazu bedienten sie sich des Mittels der Sterilisierung. Das funktioniert wie folgt: Wenn die Währung eines Landes unter Aufwertungsdruck gerät, muss die Notenbank Dollar ankaufen und die eigene Währung verkaufen. Das führt dazu, dass die inländische Geldmenge steigt und Inflationsgefahr droht. In dieser Situation versucht die Notenbank, diese Erhöhung der Geldmenge zu sterilisieren. Um zu verstehen, wie das funktioniert, benötigen wir noch einmal die Bilanzen des inländischen Bankensystems.

Mithilfe von Abbildung 79 können wir die Idee der Sterilisierung nachvollziehen: Wenn die Notenbank Devisenreserven ankauft, so verlängert sich ihre Bilanz (die Bilanzsumme wird größer) und der Bargeldumlauf (oder die Einlagen der Geschäftsbanken) steigt – das ist ja die Gegenbuchung für den Ankauf der Devisen von den Geschäftsbanken. Dadurch steigen also entweder der Bargeldumlauf oder die Einlagen der Geschäftsbanken bei der Notenbank, welche diese zur Kreditvergabe nutzen können – die inländische Geldmenge steigt. Um genau das zu verhindern, tut die Notenbank Folgendes: Sie verkauft Wertpapiere, die in ihrem Besitz sind und unter dem Posten „sonstige Aktiva" auf der linken Seite ihrer Bilanz stehen. Dadurch steigt der Umlauf von Wertpapieren in der Wirtschaft, aber da die Käufer der Wertpapiere diese mit Geld

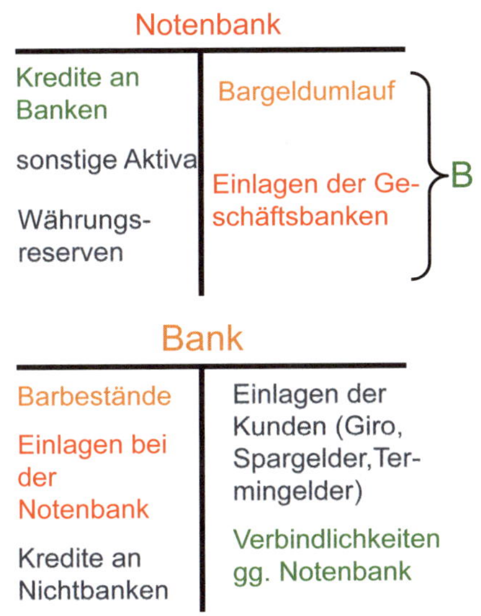

Abbildung 79: Die Bilanzen von Geschäftsbanken und der nationalen Notenbank

bezahlen müssen, sinkt die umlaufende Geldmenge – und der negative Effekt der Devisenankäufe verschwindet.

Vereinfacht gesagt passiert hier also Folgendes: Die Notenbank nimmt die durch Devisenankäufe gestiegene Geldmenge einfach wieder aus dem Spiel, indem sie andere Wertpapiere verkauft, was die Geldmenge wieder reduziert. Die Bilanz der Notenbank bleibt dann im besten Fall in ihrer Summe unverändert, nur die Zusammensetzung verändert sich. In der Bilanz stehen nun weniger Wertpapiere („sonstige Aktiva"), aber dafür mehr Devisenreserven (also Dollar). Bei einem Abwertungsdruck und dem damit verbundenen Rückgang der Geldmenge (weil die Notenbank eigene Währung ankaufen muss) kauft die Notenbank einfach mehr Wertpapiere, wodurch der Posten „sonstige Aktiva" ebenso steigt wie die umlaufende Geldmenge. Der Rückgang der Geldmenge wird dadurch verhindert.

Das Ergebnis dieser Übung klingt großartig: Man kann der Pflicht, die eigene Währung zu stabilisieren, nachkommen – ohne die negativen Folgen von entweder Inflation (bei Aufwertungsdruck) oder Rezession (durch die steigenden Zinsen bei Abwertungsdruck). Die Notenbank ist wieder Herrin der inländischen Geldmenge, die Geldpolitik kann nun wieder für eigene inländische Wirtschaftspolitik nutzbar gemacht werden. Sie erahnen es: Das ist zu schön, um wahr zu sein – wo liegt das Problem?

Das Problem tritt vor allem bei Abwertungsdruck auf. Nehmen wir einmal an, dass im Inland die Preise gestiegen sind, weswegen ein Leistungsbilanzdefizit entsteht, die inländische Währung gerät unter Abwertungsdruck. Jetzt muss die Notenbank ausländische Währung (im System von Bretton Woods also Dollar) verkaufen und inländische Währung dafür ankaufen. Normalerweise würde der damit verbundene Rückgang der inländischen Geldmenge dafür sorgen, dass die Preise im Inland sinken, die Zinsen steigen – was den Druck auf die inländische Währung beseitigen würde, der Wechselkurs kommt wieder ins Lot. Wenn die Notenbank aber nun den Rückgang der Geldmenge durch Sterilisierung verhindert (indem sie nun Wertpapiere ankauft), dann sinken weder die Preise noch steigen die Zinsen – die Ursache des Leistungsbilanzdefizits bleibt bestehen, und damit auch der Abwertungsdruck auf die inländische Währung. Aus diesem Grund muss die Notenbank auch weiterhin permanent Dollar verkaufen, um diesen Abwertungsdruck zu bekämpfen – indem sie die Devisenabflüsse sterilisiert, verhindert sie, dass die Ursache dieses Abwertungsdrucks verschwindet. Damit ist auch klar, dass diese Strategie nur über einen begrenzten Zeitraum funktioniert: Sobald der Notenbank die Devisenreserven ausgehen, die sie benötigt, um die eigene Währung anzukaufen, steht sie ohne Hemd da – jetzt hat sie keine Munition mehr, um den Abwertungsdruck der eigenen Währung zu bekämpfen; meistens kommt es dann zu einer schlagartigen Abwertung (die schlimmer sein kann als eine langsame Abwertung). Man spricht hier auch davon, dass das Leistungsbilanzdefizit nicht korrigiert wurde (in dem Sinne, dass die Ursachen – zu hohe Preise, zu niedrige Zinsen – bekämpft wurden), sondern nur finanziert wurde (man hat das Loch, das durch das Defizit entstanden ist, durch Hergabe von Devisenreserven gestopft). Statt einer Zahlungsbilanzkorrektur fand lediglich eine Zahlungsbilanzfinanzierung statt. Das ist ein wenig wie mit Schmerzmitteln: Sie lindern zwar den akuten Schmerz, aber beseitigen nicht die Ursache der Schmerzen.

Bei einem Aufwertungsdruck ist die Strategie der Sterilisierung einfacher, birgt aber genau das gleiche Problem: Sind die Preise im Inland zu niedrig, so kommt es zu einem Leistungsbilanzüberschuss und zu einem Aufwertungsdruck, den die Notenbank bekämpft, indem sie inländische Währung gegen Devisen (im Falle von Bretton-Woods-Dollar) verkauft. Damit nun die inländische Geldmenge nicht steigt, verkauft die inländische Notenbank Wertpapiere, was die Geldmenge wieder reduziert. Das Problem bei dieser Strategie ist auch hier, dass die Ursachen des Aufwertungsdrucks nicht beseitigt werden – solange die Preise nicht steigen und die Zinsen nicht sinken, muss die Notenbank immer weiter Devisen ankaufen und Wertpapiere verkaufen; die Ursache des Problems wird nicht beseitigt.

Ein Land, das in den vergangenen Jahren mit diesem Problem massiv konfrontiert wurde, ist die Schweiz – schauen Sie sich das Beispiel an, es illustriert das Problem von Sterilisierungsoperationen recht gut.

Info: Der höchste Gipfel der Schweiz

… ist vielleicht nicht die Dufourspitze, sondern der Devisenberg der Schweizer Nationalbank. Als im Zuge der Euro-Krise viele Europäer ihr Geld in die sicher geglaubte Schweiz schafften, stieg der Wechselkurs des Schweizer Franken immer weiter – sehr zum Ärger der Schweizer Exportindustrie. Also versprach die Notenbank, den Wechselkurs zu stabilisieren – jeder Euro werde zum gleichen Wechselkurs angenommen, der Franken würde nicht weiter aufwerten. Praktisch über Nacht legte die Schweizerische Nationalbank (SNB) den Kurs des Franken bei 1,20 Franken je Euro fest – de facto ist das der Versuch, den Wechselkurs zu fixieren. Nun wollte die Schweiz aber nicht den Kapitalverkehr beschränken – was zur Folge gehabt hätte, dass die inländische Geldmenge dramatisch ansteigt, weil die Notenbank immer mehr Euro in Franken wechseln muss – das wäre also die Aufgabe der eigenständigen Geldpolitik gewesen. Also versuchte die Notenbank, die Ausdehnung der Geldmenge mit Sterilisierungsoperationen zu verhindern. Und die Notenbank nutzte die ausländischen Devisen, um shoppen zu gehen – sie kaufte Aktien und Staatsanleihen in anderen Ländern. Den Schätzungen einer Zeitung zufolge finanziert die SNB ein Zwölftel der deutschen Staatsschulden und ist fünftgrößter Aktionär bei Nokia. Gelingt es der SNB, diese Vermögenswerte rechtzeitig zu verkaufen, würde die Schweiz mit satten Gewinnen aus dieser Krise hervorgehen. Aber die Strategie der Wechselkursfixierung war nicht erfolgreich: Die Schweiz musste Anfang 2015 den Wechselkurs wieder freigeben.

Stocker, Frank (2013), Die Schweiz wird Europas größter Hedgefonds, *Welt Online*, URL http://www.welt.de/finanzen/article113119137/Die-Schweiz-wird-Europas-groesster-Hedgefonds.html

Aufgabe

Was passiert im System von Bretton Woods, wenn ein nicht-amerikanisches Land expansive Fiskalpolitik betreibt? Welches sind die Folgen für das betreffende Land, und für die USA?

Bis hier haben wir nur die Situation der Nicht-Dollar-Länder erörtert – für die Vereinigten Staaten allerdings galten andere Spielregeln, da der Dollar – wie wir bereits gesehen haben – Leit-, Reserve- und Interventionswährung zugleich war. Damit galten im System von Bretton Woods für die Amerikaner andere Spielregeln. Da die Amerikaner nicht intervenieren mussten, um den Kurs des Dollar in den vereinbarten Bandbreiten zu halten, hatten sie auch keine Schwierigkeiten mit Auf- oder Abwertungsdruck, sie mussten ihre inländische Wirtschaftspolitik nicht an den Erfordernissen der Wechselkursstabilisierung ausrichten.

Es kommt sogar noch angenehmer: Nach dem Zweiten Weltkrieg stieg das Welthandelsvolumen rasant an – die Welt benötigte viele Devisen, um die steigenden Handelsvolumina zu finanzieren. In der Wirtschaft machte sich immer mehr die Angst breit, dass man nicht genügend Devisenreserven – sprich: Dollar – habe für den Handel und eventuell auftretende Leistungsbilanzdefizite. Die Welt gierte nach mehr Dollar, die Notenbanken horteten immer mehr Dollar in ihren Kellern. Doch wie kommen die Ausländer an mehr Dollar? Nur auf einem Weg: von den Amerikanern. Doch damit man von den Amerikanern Dollar bekommt, muss man ihnen Waren verkaufen, und dazu muss man ihnen mehr Waren verkaufen, als die Amerikaner bei einem selbst kaufen – ohne einen Leistungsbilanzüberschuss gegenüber den Amerikanern bekommt man keine zusätzlichen Dollar. Das bedeutet aber spiegelbildlich, dass die Amerikaner gegenüber dem Rest des Bretton-Woods-Systems ein Leistungsbilanzdefizit haben müssen, nur auf diesem Weg kommen die anderen Staaten an die Dollar, die sie benötigen.

Während die anderen Staaten also bei einem Leistungsbilanzdefizit und der damit verbundenen drohenden Abwertung ihre eigene Währung ankaufen und damit die eigene Geldmenge verknappen mussten – was mit schmerzhaften Folgen für Konjunktur und Beschäftigung verbunden sein konnte –, mussten die Amerikaner bei einem Leistungsbilanzdefizit nichts dergleichen tun, im Gegenteil, die Welt forderte von den Amerikanern ein Leistungsbilanzdefizit, damit sie an die begehrten Dollar kommen konnte. Die Amerikaner konnten sich also in ihrer eigenen Währung ungehemmt im Ausland verschulden.

Und das taten sie auch: Die Ausgaben für den Vietnam-Krieg seit 1965 und große Sozialprogramme führten zu einem starken Anstieg der amerikanischen Staatsausgaben und damit zu einem Anstieg der Preise, der von einer expansiven Geldpolitik forciert wurde – die Leistungsbilanz der Amerikaner verschlechterte sich zusehends. Das spülte zwar den anderen Staaten die begehrten Dollar in die Bilanzen, erhöhte aber zunehmend die Auslandsverschuldung der Amerikaner – wenn die Amerikaner jedes Jahr mehr importieren, als sie exportieren, so erhöhen sich mit jedem Jahr ihre Verbindlichkeiten gegenüber dem Ausland, denn auf lange Frist macht das Ausland das nur, wenn es irgendwann einmal mehr importiert, als es an die Amerikaner exportiert (das ist eine der Lehren aus dem ersten Teil des Buches).

Hier tut sich ein Dilemma auf, das sogenannte Triffin-Dilemma, benannt nach dem Ökonomen Robert Triffin, der das erste Mal darauf hinwies: Wenn die anderen Staaten Dollar benötigen, um ihren Handel abzuwickeln, und wenn sie diese Dollar nur von den Amerikanern bekommen können, wenn diese ein Leistungsbilanzdefizit gegenüber den restlichen Mitgliedern des Bretton-Woods-Systems haben, dann hat dieser Wunsch der Staaten, Dollar zu horten, einen Anstieg der Verschuldung der Amerikaner gegenüber den restlichen Bretton-Woods-Staaten zur Folge. Die Welt gelangt nur an Dollarreserven, wenn die Amerikaner ein beständiges Leistungsbilanzdefizit haben, und dieses Leistungsbilanzdefizit bedeutet eine steigende Verschuldung der Amerikaner im Ausland. Das wird zum Problem, wenn man irgendwann aufgrund der steigenden Verschuldung der Amerikaner daran zweifelt, dass diese ihre Schulden zurückzahlen können. Nun kann man ja sagen, dass das insofern unproblematisch ist, als die Amerikaner ja versprochen haben, jeden Dollar in Gold umzutauschen, und zwar zum festen Kurs 35 Dollar gegen eine Unze Gold – dann stellt die Verschuldung der Amerikaner ja kein Problem dar, weil man die Dollar jederzeit in einen anderen Wert als amerikanisches Sozialprodukt, nämlich Gold, umtauschen kann.

Klingt gut, hat aber einen Haken: Bereits 1964 überstieg die Anzahl der im Ausland kursierenden Dollarnoten die Goldreserven der Amerikaner – hätten alle Staaten zugleich ihr Gold zurückgefordert, wäre das ganze System zusammengebrochen. Es war klar, dass die Amerikaner ihr Versprechen, jeden Dollar der anderen Notenbanken in Gold einzulösen, nicht würden halten können. Was würde also passieren? Wenn die Amerikaner weder ihre Schulden in Form höherer Exporte würden zurückzahlen können noch ihre Dollar in Gold umtauschen würden, blieb nur eine Möglichkeit: Der Dollar musste abwerten, entweder gegenüber den anderen Währungen oder gegenüber dem Gold.

Ersteres verstärkte den Aufwertungsdruck gegenüber anderen Währungen, weswegen deren Staaten noch mehr Dollar ankaufen mussten, ihre Devisenreserven stiegen und ihre inländische Geldmenge sich weiter aufblähte. Letzteres führte zu einer Spekulation darauf, dass der Dollarpreis für Gold steigt (also der Dollar gegenüber dem Gold abwertet), weswegen die Nachfrage nach Gold anzog – was den Aufwärtsdruck auf dessen Preis verstärkte.

In der Tat kam es nun immer wieder zu Spekulationen gegen den Goldpreis, die Notenbanken versuchten, ihn zu stabilisieren, indem sie Gold verkauften (dafür organisierten sie sich im sogenannten Goldpool), später einen gespaltenen Goldpreis einführten – einen, der am freien Markt gilt, und einen, der zwischen den Notenbanken galt, und das waren die 35 Dollar je Unze.

Es kam, wie es kommen musste: Die Goldeinlösepflicht der Amerikaner wurde am 15. August 1971 von Präsident Nixon suspendiert. Im Dezember 1971 unternahm man einen verzweifelten Versuch zur Rettung des Systems von Bretton Woods, im Smithonian Agreement wurde der Dollar um rund 10 Prozent abgewertet, indem man den Preis von Gold auf 38 Dollar je Unze hochsetzte und einige andere Währungen gegenüber dem Dollar aufwerteten. Das laut Nixon „wichtigste Währungsabkommen in der Geschichte der Welt" war nur rund 15 Monate nach seinem Zustandekommen selbst Geschichte: Die meisten Staaten gaben ihren Wechselkurs frei, das System von Bretton Woods war gescheitert.

Info: Der General besiegt den Dollar, Peter Gauweiler hat Angst

Die meisten Staaten im System von Bretton Woods ließen ihre Goldreserven, die sie von den Amerikanern erwarben, vor Ort von diesen verwalten, statt sie nach Hause zu holen. Nicht so der französische General Charles de Gaulle, ihm erschien es unerträglich, dass Frankreichs Gold „dem Zugriff einer fremden Macht preisgegeben" sei. Also verfügte De Gaulle, dass das französische Gold heim zur Banque de France verschifft werden solle – im Schnitt sollen jede Woche 10 Tonnen Gold aus New York per U-Boot versendet worden sein. Das musste man wohl als Kampfansage Frankreichs an den Dollar und Bretton Woods verstehen, denn die amerikanischen Goldreserven schmolzen zusehends angesichts der Strategie De Gaulles, den Goldanteil der französischen Währungsreserven zulasten des Dollar zu erhöhen. Im Klartext: De Gaulle nahm die Goldeinlösepflicht der Amerikaner ernst – im Gegensatz zu anderen Staaten, die sich mit Blick auf die Stabilität des Bretton-Woods-Regimes mit dem Umtausch von Dollar in Gold zurückhielten. De Gaulle hingegen wollte zurück zum Goldstandard. Mit Anspielung auf den Geheimagenten James Bond und den Film „Goldfinger", in dem das Golddepot der Amerikaner, Fort Knox, ausgeraubt werden soll, spottete ein Nachrichtenmagazin „Gaullefinger greift an". Heute ist es der CSU-Bundestagsabgeordnete Peter Gauweiler, der nach Fort Knox greift: Er zettelte 2012 in Deutschland eine öffentliche Debatte über das deutsche Gold in den Tresoren der amerikanischen Notenbanken an (das auch seinen Ursprung im System von Bretton Woods hat), in deren Folge die Deutsche Bundesbank ankündigte, bis spätestens 2020 die Hälfte des deutschen Goldschatzes von fast 3400 Tonnen nach Hause zu bringen.

Gauweiler, Peter (2012), Wo ist das Gold der Deutschen?, *Süddeutsche Online*, URL http://www.sueddeutsche.de/wirtschaft/deutsche-goldreserven-wo-ist-das-gold-der-deutschen-1.1360882

Stolze, Diether(1966), Besiegt de Gaulle den Dollar?, *Zeit Online*, URL http://www.zeit.de/1966/36/besiegt-de-gaulle-den-dollar

o.V. (1965), Clou mit Cru, *Spiegel Online*, URL http://www.spiegel.de/spiegel/print/d-46169499.html

o.V. (2014), Goldtransport kostet die Bundesbank 600.000 Euro, *FAZ Online*, URL http://www.faz.net/aktuell/finanzen/devisen-rohstoffe/rueckholung-von-bundesbank-gold-ist-teuer-12840264.html

Bretton Woods ist gescheitert – aber woran? Es waren wohl mehrere Gründe:

- Da war zum einen die einseitige Interventionspflicht: Im Gegensatz zum Goldstandard und seiner symmetrischen Verteilung der Anpassungslasten trugen die nicht-amerikanischen Staaten die Last der Anpassung – sie mussten bei Abwertungsdruck die eigene Währung verkaufen und damit einen Einbruch der inländischen Wirtschaft riskieren; sie mussten bei einem Aufwertungsdruck die eigene Währung verkaufen und damit inflationäre Tendenzen befürchten. Während also die anderen Mitgliedstaaten ihre Geldpolitik dem Ziel der Wechselkursstabilisierung unterordnen mussten, konnten die Amerikaner entspannt auf Kosten der anderen Mitgliedstaaten Schulden machen (was sie auch taten).
- Die zunehmend unterschiedliche wirtschaftliche Entwicklung der Mitgliedstaaten führte immer wieder zu Zahlungsbilanzungleichgewichten, die neue Anpassungsaktionen erforderten. (So stieg beispielsweise die Produktivität in einigen nicht-amerikanischen Staaten rascher als in Amerika, was ihnen Leistungsbilanzüberschüsse bescherte.) Das System von Bretton Woods befand sich dadurch zunehmend im laufenden Reparaturbetrieb. Ein Fixkurssystem kann dauerhaft nur funktionieren, wenn die wirtschaftliche Entwicklung (und damit Preise und Löhne) der daran beteiligten Staaten nicht zu weit auseinanderdriftet – eine Erfahrung, die auch das Europäische Währungssystem (EWS) und die Europäische Währungsunion machen mussten.
- Zudem funktionierte der Ausgleich der Zahlungsbilanzen nicht so automatisch wie im Goldstandard: Die Überschussländer mussten sich nicht anpassen, sie häuften einfach immer größere Devisenberge an und versuchten, den damit verbundenen Anstieg der Geldmenge zu sterilisieren; die Defizitländer hingegen nahmen Kredite beim IWF auf, mit deren Hilfe sie ihre Zahlungsbilanzdefizite finanzierten, statt ihre Politik zu ändern, die zu diesen Defiziten geführt hatte. Dabei halfen ihnen auch die 1969 geschaffenen Sonderziehungsrechte, die de facto nichts weiter waren als ein erweiterter Kreditrahmen für bedürftige Länder. Ein Land kann die ihm zugeteilten Sonderziehungsrechte über den IWF gegen Währungen anderer Staaten eintauschen (Sonderziehungsrechte sind also künstlich geschaffene Währungsreserven) und sich auf diesem Weg weitere Devisen beschaffen, mit denen es eine Abwertung der eigenen Währung verhindern kann. Unter dem Strich bedeutet das, dass die Länder im Falle von Zahlungsbilanzungleichgewichten nicht Maßnahmen ergriffen, um die Ursache dieser Ungleichgewichte zu

beseitigen (im Falle eines Defizits beispielsweise Zinsen erhöhen, im Falle eines Überschusses beispielsweise die Geldmenge erhöhen). Das muss man sich vorstellen wie jemand, der bei Zahnschmerzen nur Schmerztabletten nimmt, statt zum Zahnarzt zu gehen. Kurzfristig verschafft das Linderung, langfristig löst es nicht das eigentliche Problem.

- Ein elementarer Konstruktionsfehler war natürlich die Konstellation, die das Triffin-Dilemma beschreibt: Ein System, das auf Dollar angewiesen ist, braucht amerikanische Leistungsbilanzdefizite, die aber zu einer immer höheren Auslandsverschuldung der Amerikaner führen mit der Folge, dass die umlaufenden Dollarschulden die Goldvorräte der Amerikaner überschreiten – was die Goldeinlösepflicht aushebelt und damit das System destabilisiert.
- Hinzu kam, dass Systeme fester Wechselkurse in der Regel anfällig sind für eine risikolose Einbahnstraßenspekulation: Sobald man erkennt, dass der Dollar aufgrund der amerikanischen Leistungsbilanzdefizite überbewertet ist, spekuliert man auf eine Abwertung des Dollar, indem man Dollar gegen andere Währungen verkauft (oder Dollar per Termin verkauft). Wertet der Dollar tatsächlich ab – trotz Fixkurssystem –, macht man satte Gewinne, wertet er nicht ab, so hat man zumindest nichts verloren, denn eine Aufwertung steht nicht an, da es sich um ein Fixkurssystem handelt. Solche Spekulationen sind immer wieder der Tod von Fixkursarrangements und oftmals die Begleitmusik zu Währungskrisen – wir werden ihnen wieder beim Ende des EWS begegnen. Das Problem dieser Art von Spekulation ist, dass sie eine unter Abwertungsdruck stehende Währung zusätzlich unter Druck setzt und damit die Wahrscheinlichkeit einer Abwertung erhöht.

Unter dem Strich waren das zu viele Mängel, weswegen es so endete, wie es endete. Man könnte nun natürlich daraus folgern, dass Fixkurssysteme nicht der Weisheit letzter Schluss sind, doch die europäische Politik sah das anders: Bereits wenige Jahre nach dem Ende von Bretton Woods gab es einen neuen Versuch, die Wechselkurse untereinander zu fixieren. Wie dieses Experiment wohl ausging?

Info: Bretton Woods ist tot, es lebe Bretton Woods II

Das in den vergangenen Jahren gewachsene Weltwährungssystem wird bisweilen auch als Bretton Woods II bezeichnet, auch wenn es keine Konferenz gab, auf der dieses System so beschlossen wurde. Ursprung der Weltwährungsbeziehungen – so die These von Bretton Woods II – waren die Chinesen, die mehr Arbeitsplätze schaffen wollten, indem sie ihre Währung künstlich unterbewerteten. China hielt den Kurs der eigenen Währung gegenüber dem Dollar künstlich niedrig, um günstiger nach Amerika zu exportieren. Für die Amerikaner hatte das zwei Folgen: Zum einen entstand ein riesiges Leistungsbilanzdefizit gegenüber China, zum anderen führte der Kauf amerikanischer Staatsanleihen durch die Chinesen dazu, dass die Zinsen in Amerika niedrig blieben. Die Chinesen finanzierten mit dem Geld, das sie für ihre Exporte nach Amerika bekommen hatten, die amerikanische Staatsschuld. Dadurch konnten sich die Amerikaner günstig verschulden – ein Mechanismus, den man so auch im ursprünglichen Bretton Woods-System beobachten konnte. Stimmt diese Interpretation, dann wäre der Dollar nach wie vor

Leit- und Interventionswährung gewesen. Und die Chinesen hätten ihren Wechselkurs konstant (unterbewertet) gehalten und die eigentlich fällige Korrektur der Wechselkurse (eine Aufwertung der chinesischen Währung) durch Interventionen und den Kauf amerikanischer Staatsanleihen verhindert. Die Folgen dieser Politik waren verheerend: Durch die niedrigen Zinsen entstand in Amerika eine Immobilienblase und eine Hochkonjunktur am Bau. Dies führte zugleich zu einer steigenden Verschuldung der amerikanischen Konsumenten – das alles mündete 2007 in einer massiven Finanzkrise. Und die Chinesen sitzen nun aufgrund ihrer Dollarankäufe auf einem riesigen Berg von Dollar – sollte der Dollar nun abwerten, würde das schmerzhafte Verluste bedeuten.

Fehr, Benedikt (2009), „Bretton Woods II ist tot. Es lebe Bretton Woods III", *Frankfurter Allgemeine Zeitung* vom 14.05.2009.

Info: Und noch einmal: Chinas Devisenberg

„Die Männer der Kommunistischen Partei schickten den Dollar mit ihren Wortmeldungen auf Talfahrt … Damit könnten sie sich durchaus selbst schaden, denn sie stehen vor einem ebenfalls unvorstellbaren Problem. Nämlich dem, zu viel Dollars zu haben. ‚Wir können unser eigenes Geld nicht ausgeben', klagt Zuo Dapei, Ökonom am Wirtschaftsinstitut der Chinesischen Akademie für Sozialwissenschaften in Peking. Schuld sei die chinesische Zentralbank. ‚Sie hat die Devisenreserven zu schnell wachsen lassen', sagt Zuo. Die chinesische Zentralbank kauft seit Jahren Dollar in rauen Mengen auf, um den Wechselkurs des Renminbi künstlich niedrig zu halten. Renminbi bezeichnet im Chinesischen die Währung, Yuan nur deren Einheit – in der internationalen Finanzszene wird das allerdings meist gleichgesetzt. Ein niedriger Yuankurs hilft der chinesischen Exportwirtschaft, weil die Waren für Ausländer so billiger sind. China hat auf diese Weise den größten Devisenberg der Welt angehäuft. Die Reserven betragen mittlerweile mehr als 1400 Milliarden Dollar … Wäre der Yuan frei konvertibel, würde er vermutlich um 30 oder 40 Prozent gegenüber dem Dollar zulegen. Aber für die Zentralbanker in Peking dürften auch 5 Prozent nicht unerheblich sein: Bei geschätzten Dollaranlagen von 1000 Milliarden bedeutet das einen Verlust von 50 Milliarden Dollar. Selbst korrupten KP-Kadern mögen da Skrupel gekommen sein: Schade um das viele Staatsvermögen in einem Land, in dem noch Millionen unter der Armutsgrenze leben. China steht vor einem Dilemma. ‚Theoretisch hat Cheng recht und wir sollten die Devisenreservenstruktur optimieren', sagt Zhou Dunren, Ökonomieprofessor am Finanzforschungsinstitut der Fudan-Universität in Schanghai. ‚Aber in der Praxis ist das sehr schwer zu handhaben.' Die Kursreaktionen gaben dem Professor recht. Jeder weitere Versuch, weniger in Dollar zu investieren, liefert ein Signal und zieht den Dollarkurs weiter in den Keller. Das bringt der Pekinger Zentralbank Milliardenverluste. Noch mehr in den Dollar zu stecken, wo der Kurs der US-Währung auch aufgrund der hausgemachten Gründe in den Vereinigten Staaten sinkt, führt ebenfalls zu Milliardenverlusten … Aber was tun? Peking ist sehr vorsichtig. Bisher legte man zwei Drittel der Reserven in amerikanischen Staatsanleihen an, finanzierte damit einen Teil des US-Haushaltsdefizits und stützte den Dollar. Alle waren zumindest eine Weile zufrieden damit. Die Chinesen produzierten billig, die Amerikaner

> konsumierten billig. Aber das Geld, das in Peking herumlag, wurde immer mehr. Die Amerikaner fordern seit Jahren, eine stärkere Aufwertung des Yuan zuzulassen. Die Europäer haben sich dem Kanon längst angeschlossen – eine Delegation aus Brüssel soll der Forderung demnächst Nachdruck verleihen. Denn gegenüber dem Euro wertet der Yuan sogar noch ab. Was für die europäische Exportwirtschaft Gift ist."
>
> Blume, Georg (2007), Das Dilemma des reichen Mannes, *Zeit Online*, URL http://www.zeit.de/2007/47/China-Dollar

Das Europäische Währungssystem. Mit dem Ende des Bretton-Woods-Systems vor Augen gründeten sechs europäische Staaten den Europäischen Wechselkursverbund: Die Währungen der europäischen Länder untereinander sollten nur halb so stark schwanken wie gegenüber dem Dollar und Interventionen zur Verteidigung des Wechselkurses waren auch in der Mitgliedswährung erlaubt. Das Bild der „Schlange im Tunnel" verdeutlicht das recht anschaulich: Die Schlange, das waren die sechs europäischen Währungen, die untereinander nur halb so stark schwanken sollten wie gegenüber dem Dollar. Und gemeinsam schwankten diese Währungen gegenüber dem Dollar, dessen Kursober- und -untergrenze den Tunnel markierten. Als Bretton Woods Geschichte war, verschwand der Tunnel, die Europäer gingen zum sogenannten Gruppenfloating über – gemeinsam nach innen lässt man nur geringe Wechselkursschwankungen zu, nach außen schwankt der Wechselkurs dieses Währungsblocks frei.

So richtig erfolgreich war dieses System nicht, was die Politik nicht davon abhielt, schon 1979 einen neuen Anlauf zur Fixierung der Wechselkurse zu unternehmen – das Europäische Währungssystem (EWS) sollte die wirtschaftliche Integration Deutschlands und das Zusammenwachsen des Kontinents fördern sowie für mehr Währungsstabilität sorgen. Und so war das EWS konstruiert:

- Zunächst wurden die Wechselkurse der am EWS beteiligten Währungen fixiert. Dabei gab es keine Leitwährung, stattdessen wurde der Wechselkurs jeder Währung gegenüber dem ECU, einer künstlich geschaffenen Währungseinheit, fixiert. (Der ECU war eine sogenannte Korbwährung, sie wurde ermittelt, indem man den Wert eines Korbes verschiedener Währungen bestimmte.) Indem jedes Land einen festen Wechselkurs gegenüber dem ECU hatte, war automatisch der Wechselkurs aller Währungen untereinander festgelegt: Wenn 1 D-Mark gleich 1 Ecu ist und 1 Franc 2 Ecu kostet, dann beträgt der Wechselkurs zwischen D-Mark und Franc automatisch 1:2. Dieses System der gegenseitig fixierten Währungen nannte man auch Paritätengitter.
- Die bilateralen Wechselkurse der Währungen untereinander durften um maximal plus/minus 2,25 Prozent schwanken. Wenn eine Währung drohte, um mehr als 2,25 Prozent aufzuwerten (oder abzuwerten), mussten die Notenbanken beider daran beteiligten Währungen intervenieren – hier gab es also eine symmetrische Interventionspflicht. Wenn also der Franc um mehr als 2,25 Prozent gegenüber der D-Mark abzuwerten drohte, dann bedeutete das ja automatisch, die D-Mark um mehr als 2,25 Prozent aufzuwerten. Nun mussten sowohl die deutsche als auch die französische Notenbank eingreifen, die Franzosen mussten Franc kaufen, die Deutschen D-Mark verkaufen.

Dieses Arrangement ist ein klarer Kontrast zum Bretton-Woods-System, in dem die Amerikaner nicht intervenieren mussten. Die Punkte, an denen die Notenbanken automatisch eingreifen mussten, nannte man obere und untere Interventionspunkte.

- Während an den oberen und unteren Interventionspunkten automatisch interveniert werden musste, gab es noch die freiwilligen intramarginalen Interventionen; es gab auch einen sogenannten Abweichungsindikator, der einem Land anzeigen sollte, dass es nun an der Zeit wäre, etwas zu tun. Die Kosten dieser Interventionen allerdings trug das Interventionsland allein.
- Änderungen der Leitkurse waren nur im gegenseitigen Einverständnis aller Beteiligten möglich.
- Das finanzielle Beistandssystem sorgte für die nötigen Devisenreserven: Im Falle eines Abwertungsdrucks wurden den betreffenden Ländern Beistandskredite in unbegrenzter Höhe zur Verfügung gestellt.

In den ersten Jahren, zwischen 1979 und 1987, gab es 11 Neufestsetzungen der Wechselkurse (sogenannte Realignments), dann herrschte für fünf Jahre Ruhe – eine trügerische Ruhe, wie sich herausstellen sollte. Bis dahin hatte sich die D-Mark als De-facto-Leitwährung im EWS etabliert.

Das funktionierte wie folgt: Die Deutsche Bundesbank verfolgte eine strikt stabilitätsorientierte Politik, was dazu führte, dass die deutsche Inflationsrate die niedrigste im EWS war und die Deutschen tendenziell die höchsten Zinsen hatten. Das wiederum bedeutete Abwertungsdruck auf die anderen Währungen, da deren Produkte sich gegenüber den deutschen Produkten verteuerten, was zu Leistungsbilanzdefiziten und damit zu Abwertungsdruck führte; zudem hatten die hohen deutschen Zinsen Kapitalexporte nach Deutschland zur Folge, was ebenfalls Abwertungsdruck bedeutete. Nun gab es zwei Möglichkeiten: Entweder man interveniert und verkauft die eigene Währung oder man beseitigt die Ursache des Abwertungsdrucks. Im ersten Fall verliert man Devisen und muss immer mehr Beistandskredite aufnehmen. Die Deutschen, die ja in diesem System ebenfalls intervenieren mussten, kauften zwar D-Mark, sterilisierten aber die mit den Devisenzuflüssen verbundene Aufblähung der inländischen Geldmenge. Das verhinderte einen Anstieg der Inflationsrate in Deutschland – deutsche Waren blieben weiter billig.

Wollte man also die Ursache des Abwertungsdrucks beseitigen, so blieb dem Ausland nur die Option, eine restriktivere Geldpolitik zu fahren (damit die inländische Inflationsrate sich der deutschen Inflationsrate anglich) und die Zinsen zu erhöhen (was die Kapitalexporte reduzierte). Die europäischen Notenbanken waren ins Schlepptau der Bundesbank geraten. Sie mussten wohl oder übel ihre Geldpolitik – und damit ihre Zinsen und Inflationsraten – an die Politik der Bundesbank anpassen. Damit war aber die Option dahin, mit der Geldpolitik etwas für die Belebung der Wirtschaft im Inland zu tun, sie war wieder einmal nur der Stabilisierung des Wechselkurses untergeordnet. Die Bundesbank bestimmte nun in Europa, wie hoch die Zinsen und die Inflationsraten waren. Dass das nicht jedem Politiker in Europa gefiel, versteht sich fast von selbst. Noch schlimmer wurde dieses Dilemma ab 1987, als immer mehr Kapitalkontrollen wegen des anstehenden Binnenmarktprojektes (das wir in Abschnitt 3.2 kennengelernt haben) abgeschafft wurden, womit die Staaten immer weniger den Wechselkurs verteidigen konnten, ohne die Geldpolitik komplett in den Dienst der Wechselkursstabilisierung zu stellen (da ist wieder unsere Inkonsistenz-Triade).

Mit dem Fall des Eisernen Vorhangs wurden dem EWS schmerzlich die Grenzen jedes Fixkurssystems vorgeführt. Was war passiert? Die deutsch-deutsche Wiedervereinigung hatte zu einem massiven Boom in Deutschland geführt, während in vielen anderen EWS-Staaten sinkende Wachstumsraten und steigende Arbeitslosigkeit sich breitmachten. Zudem hatten sich in den vergangenen fünf Jahren massive Differenzen in den Inflationsraten aufgestaut, die ebenfalls das aktuelle Wechselkursgefüge unter Druck setzten. Die Bundesbank versuchte, der drohenden Überhitzung der deutschen Wirtschaft durch höhere Zinsen zu begegnen, was für die anderen Länder bedeutete, dass sie nun mitziehen mussten, wenn sie nicht unter Abwertungsdruck geraten wollten. In einer Situation mit stagnierender Wirtschaft aber wollte man diese nicht noch zusätzlich durch steigende Zinsen belasten – ein unlösbares Dilemma (da ist sie schon wieder, unsere Inkonsistenz-Triade).

Dieses Dilemma legte nahe, dass die aktuellen Wechselkurse nicht mehr von Dauer sein können – es war absehbar, dass die D-Mark aufwerten respektive die anderen Währungen abwerten mussten. Das beflügelte die Unternehmungslust der Devisenmärkte, die vom EWS quasi zu einer risikolosen Spekulation eingeladen wurden: Man kaufte (verkaufte) D-Mark (die anderen Währungen) und hoffte auf die Aufwertung, um danach wieder zurückzutauschen, mit satten Wechselkursgewinnen. Und da eine Abwertung der D-Mark (eine Aufwertung der anderen Währungen) nicht zu erwarten war und durch das EWS auch weitgehend ausgeschlossen war, handelte es sich um eine risikolose Spekulation – nette Gewinne am Devisenmarkt auf Einladung der europäischen Politiker.

Info: So verdient man eine Milliarde Dollar

Die wohl größte währungspolitische Niederlage wurde dem englischen Pfund vom 1930 in Ungarn geborenen Hedgefonds-Manager George Soros beigebracht. Im Jahr 1992 war das EWS am Rande seiner Leistungsfähigkeit: Die Deutsche Bundesbank erhöhte die Zinsen, um die drohende Inflation zu verhindern, was die englische Regierung massiv unter Druck setzte. Da das Pfund ohnehin zu einem überhöhten Wechselkurs dem EWS beigetreten war, war absehbar, dass es entweder abwerten oder aus dem EWS austreten würde (und dabei abwerten würde). Also machte Soros Folgendes: Er tauschte Pfund gegen deutsche Mark und französische Franc, teilweise auch, indem er Kredite in Pfund aufnahm und diese in andere Währungen umtauschte. Zuerst tauschte er sie zum festen Kurs von 0,36 Pfund pro Mark in D-Mark. Diese Manöver verstärkten den ohnehin schon vorhandenen Druck auf das Pfund weiter. Nach der unausweichlichen Abwertung des Pfund tauschte er die Mark wieder zurück, diesmal für 0,40 Pfund je Mark. Die Differenz von 4 Pence je Mark, seinen Gewinn, zahlte die Bank of England – 25 Pfund pro Kopf habe das den britischen Steuerzahler gekostet, heißt es. Soros bekam den Titel als der Mann, der „das Pfund kleinmachte" respektive das EWS in die Knie zwang. 10 Milliarden Dollar hat er nach eigenem Bekunden eingesetzt und 1 Milliarde Pfund Gewinn gemacht. Freunde hat ihm das nicht eingebracht, vor allem Politiker waren sauer – wenngleich es ebenjene Politiker waren, die mit der Konstruktion des EWS Soros zu dieser völlig risikolosen Spekulation eingeladen hatten. Heute versucht sich Soros als Wohltäter, Philanthrop und Kritiker der deutschen Euro-Politik.

Siekemeier, Reinhard (1993), George Soros Grosse Glocke, *Wirtschaftswoche* Nr. 34 vom 20.08.1993, S. 74

Martin, Nicholas (2012), Spekulation damals und heute, Deutsche Welle Online, URL http://dw.de/p/168vX

o.V. (1993), Hauch der Geschichte, *Der Spiegel*, Heft 2/1993, URL http://www.spiegel.de/spiegel/print/d-13679474.html

Diese Spekulation erhöhte den Druck auf die Währungen und es kam, wie es kommen musste: Zuerst flogen die italienische Lira und das britische Pfund aus dem EWS, die spanische Peseta wurde um 5 Prozent abgewertet, es folgten weitere Abwertungen. Die französische Regierung hatte ihren Verbleib im Amt davon abhängig gemacht, dass der Franc nicht abwertete (warum, wissen nur die Götter) – also ging es jetzt darum, eine Regelung zu finden, bei der die Franzosen das Gesicht wahren konnten. Die sah so aus: Im August 1993 wurden die Bandbreiten, innerhalb deren die Währungen des EWS schwanken durften, auf plus/minus 15 Prozent erweitert. Auf dem Papier bestand das EWS damit fort, aber man muss schon recht naiv oder sehr politisch denken, um das nicht als das zu sehen, was es war: ein System freier Wechselkurse und das Ende des EWS.

Unter dem Strich waren es vor allem die immer wieder auseinanderdriftenden Wirtschaftsdaten der Teilnehmerländer, die zum Scheitern des EWS führten. Man muss sich einen Wechselkurs vorstellen wie ein flexibles Band zwischen zwei Volkswirtschaften – driftet deren wirtschaftliche Entwicklung auseinander, so ist er das elastische Bindeglied zwischen den Wirtschaften, der dieses Auseinanderdriften sozusagen ermöglicht. Wenn Sie stattdessen ein festes Scharnier haben, führt das zu Spannungen im gesamten System und schließlich zum Bruch. Wie sich solche Spannungen anders lösen lassen als über eine Veränderung des Wechselkurses, werden wir im Kapitel zur Europäischen Währungsunion diskutieren – denn trotz des Misserfolges des EWS, der ja hätte eine Warnung sein können, stürzte sich Europa direkt ins nächste währungspolitische Abenteuer. Doch bevor wir dieses Thema vertiefen, wollen wir uns einer letzten Form der Organisation internationaler Währungssysteme widmen – wie sieht es aus mit freien Wechselkursen?

Freie Wechselkurse. Nach den unerfreulichen Erfahrungen mit dem Bretton-Woods-System kam man auf dem Weltwirtschaftsgipfel auf Schloss Rambouillet 1975 überein, den Wechselkursen freien Lauf zu lassen, sie aber durch den IWF zu überwachen; gegebenenfalls sollten die Notenbanken lenkend eingreifen, um die Wechselkurse zu stabilisieren – eine Praxis, für die sich der Begriff „schmutziges Floaten" eingebürgert hat. Oft eskortierte die Politik dieses Unterfangen der Notenbanken, indem Politiker auf Weltwirtschaftsgipfeln, Ministertreffen oder Hausfrauenmessen betonten, dass die Wechselkurse derzeit genau auf dem Niveau seien, das fundamental gerechtfertigt sei (oder dass gerade eine spekulative Übertreibung im Gang sei, der man Einhalt gebieten wolle) – man versuchte, die Devisenmärkte mit Worten zu lenken (von denen die Märkte annehmen sollten, dass gegebenenfalls auch Taten folgen würden).

Info: „Unsere Währung, euer Problem"

Währungsscharmützel standen in den vergangenen Jahrzehnten immer wieder auf dem Spielplan der internationalen Politik, letztlich deswegen, weil die Politik immer wieder versuchte, den Wechselkurs zum eigenen Vorteil zu nutzen, wenn nicht sogar zu manipulieren. Als der amerikanische Präsident Richard Nixon am 15. August 1971 die Goldbindung des Dollar öffentlich beendete, sprach man auch vom „Nixon-Schock". Für die anderen Staaten war die daraufhin folgende Abwertung des Dollar ein Schock, weil es deren exportorientiertes Modell – Verkauf ins Ausland zu einem unterbewerteten Wechselkurs – infrage stellte, die Amerikaner exportierten auf diesem Weg einen Teil der Kosten des Vietnam-Kriegs ins Ausland. „Der Dollar ist unsere Währung, aber euer Problem", erklärte Nixons Finanzminister John Connally herzerfrischend offen. Diesem Schock folgten internationale Abkommen, um die Wechselkurse zu stabilisieren oder zu beeinflussen: Im Plaza-Abkommen 1985 (benannt nach dem Tagungsort, dem New Yorker Plaza-Hotel) wurde vereinbart, dass die Notenbanken von Frankreich, Japan, Deutschland, Großbritannien und Amerika in einer konzertierten Aktion den Dollar gegenüber der D-Mark um 20, gegenüber dem Yen um 50 Prozent drücken werden. Bemerkenswert daran war, dass alle fünf Staaten auf einen Teil ihrer Unabhängigkeit verzichteten, um die Wechselkurse zu beeinflussen: Die Deutschen erklärten sich bereit, ihre Steuern zu senken, Japan, seine Märkte zu liberalisieren, die Amerikaner, das Leistungsbilanzdefizit zu reduzieren. Die Aktion gelang: In den nächsten zwei Jahren werteten die D-Mark und der Yen gegenüber dem Dollar um rund 50 Prozent auf. Kritiker sagen, dass die Aufwertung des Yen die Japaner zu einer lockeren Geldpolitik verleitete, die eine spekulative Blase in Japan aufblähte, nach deren Platzen Japan für Jahrzehnte in einer Depression versank. Im Februar 1987 startete man den nächsten Versuch, die Devisenmärkte zu stabilisieren: Die Vertreter der fünf führenden westlichen Industrienationen trafen sich im Pariser Louvre, um sich auf Maßnahmen zur Stabilisierung der Wechselkurse zwischen den großen Währungen zu einigen, auch mithilfe ihrer nationalen Wirtschafts-, Finanz- und Geldpolitik (Louvre-Abkommen). Frankreich versprach, sein Haushaltsdefizit zu senken, Japan senkte seinen Leitzins. Spätestens Ende der Achtzigerjahre allerdings verschwand die Zuversicht der Politik, Währungen beeinflussen zu können: Die Mengen an Devisen, die täglich an den internationalen Devisenmärkten gehandelt werden, erschweren es den Notenbanken immer mehr, mit Interventionen einen Wechselkurs zu beeinflussen – bei einem täglichen Handelsvolumen von fünf Billionen Dollar haben die Notenbanken einfach nicht genügend Währungsmunition, um sich gegen den Wind zu lehnen.

o.V. (2010); Auf der Suche nach den Wurzeln: Währungsregime – Währungskriege, *Wirtschafts-Blatt* vom 08.10.2010, S. 8 – 9.

o.V. (2011), Warnungen, Interventionen und Abkommen. Eine kleine Geschichte der Politik an den Devisenmärkten, *Frankfurter Allgemeine Zeitung* Nr. 66 vom 19.03.2011, S. 12.

(Foto: ullstein bild – Thierlein)

Meine Währung, euer Problem

Warum aber sträubt sich die Politik so gegen freie Wechselkurse? Aus marktwirtschaftlicher Sicht scheint das wenig sinnvoll: Der Wechselkurs ist der Preis für eine Währung, und wenn die Nachfrage nach einer Währung steigt oder sinkt, dann ändert sich eben auch entsprechend deren Preis – wie bei jedem Produkt. Und wer Preise manipuliert, muss mit unangenehmen Konsequenzen rechnen – das lehrt jedes VWL-Buch für Erstsemester. Warum also wollen Politiker den Wechselkurs als Preis nicht akzeptieren? Welche Argumente werden denn gegen flexible Wechselkurse ins Feld geführt?

- Als Erstes kommt natürlich die Frage nach einem Marktversagen in Betracht: Wenn es auf anderen Märkten zu Marktversagen kommt, muss der Staat ja schließlich auch eingreifen. Allerdings finden viele ökonomische Argumente für Marktversagen (öffentliche Güter, meritorische Güter, Sozialpolitik) hier keine Anwendung. Ein Argument könnte sein, dass Währungsspekulation die Preise der Wechselkurse verzerrt, dann könnte es zu externen Effekten kommen (das kennen wir bereits aus Abschnitt 2.3): Die Spekulationen der Währungshändler führen zu Kosten für nicht an den Devisenmärkten tätige Bürger, welche die Spekulanten nicht berücksichtigen. Klingt recht plausibel, wirft aber viele Fragen auf: Wer weiß, welches der „richtige" Wechselkurs ist? Und warum sollten Spekulanten langfristig gegen den „richtigen" Wechselkurs spekulieren? Eine Spekulation gegen Währungen funktioniert ja letztlich – wie im Falle Soros – nur, wenn sich der Wechselkurs kurzfristig von seinem langfristig richtigen Wert entfernt. Man muss also schon annehmen, dass die Spekulanten Folgendes machen: Sie treiben den Wechselkurs künstlich weg von seinem „richtigen" Wert und verdienen daran. Man muss aber bezweifeln, dass diese Strategie funktioniert: Erstens gilt vor allem für die großen Währungen wie Euro, Yen, Dollar oder Yuan, dass der tägliche Umsatz in diesen Währungen zu groß ist, als dass einzelne Spekulanten den Wechselkurs dieser Währungen künstlich manipulieren können. Zweitens: Warum soll man sich die Mühe machen, einen richtigen Wechselkurs künstlich zu verfälschen, mit dem Risiko, dass diese Strategie nicht aufgeht? Die Erfahrungen von Bretton Woods und dem EWS zeigen, dass es viel einfacher und risikoloser ist, gegen einen Wechselkurs zu spekulieren, der sich aufgrund falscher Wirtschaftspolitik von seinem langfristig richtigen Wert entfernt hat (das war die Wette von George Soros). Diese Überlegung lässt eine andere Interpretation von Währungsspekulation zu: Sie könnte – wie im Falle Soros – eher dazu führen, dass falsche Wechselkurse beseitigt werden. Diesen Gedanken werden wir noch einmal aufgreifen, wenn wir über Währungskrisen sprechen.

- Unbestreitbar ist, dass flexible Wechselkurse mitunter zu Wechselkursschwankungen führen. Das erschwert Unternehmen die Kalkulation ihrer Auslandsgeschäfte. Allerdings muss man dazu sagen, dass sich Unternehmen erstens gegen Wechselkursschwankungen durch Termingeschäfte absichern können. Natürlich kostet das Geld, doch solange die Kosten der Absicherung geringer sind als mögliche Kosten eines gescheiterten Festkurssystems, wäre das die preisgünstigere Variante. Womit wir bei den Wechselkursschwankungen sind: Diese fallen in Festkursystemen naturgemäß geringer aus als bei flexiblen Wechselkursen, aber nur solange das Festkurssystem funktioniert. Scheitert es aufgrund falscher Paritäten, so kommt es häufig zu größeren Krisen und Crashs – statt vielen kleinen Wechselkursschwankungen hat man dann wenige heftige Kurskapriolen.
- Vermutlich gibt es gegen flexible Wechselkurse ein politisches Argument: Der Wechselkurs ist ein Preis, der fast alle Bürger und Unternehmen betrifft und mit dessen Hilfe man scheinbar Probleme und Kosten auf das Ausland abwälzen kann. Man suggeriert den Bürgern und Unternehmen, dass man diesen wichtigen Preis unter Kontrolle hat – auch wenn man weit davon entfernt ist. Dabei merken die Bürger oft gar nicht, wie beliebig der Wechselkurs als politischer Strohmann genutzt wird: Den Unternehmen verspricht man eine schwache Währung, damit der Export läuft und die Arbeitsplätze erhalten werden, den Bürgern verspricht man eine stabile Währung, damit sie auch weiterhin im Ausland günstig einkaufen können und das importierte Benzin nicht zu teuer wird. Was in der Debatte um Wechselkurse immer wieder untergeht, ist ein einfacher Gedanke: Ein falscher Wechselkurs geht immer zulasten einer Bevölkerungsgruppe. Eine Unterbewertung (Überbewertung) einer Währung ist wie eine Steuer (Subvention) auf Importe und

eine Subvention (Steuer) auf Exporte. Aber solange Politiker den Wählern (falscherweise) suggerieren können, dass ein fester Wechselkurs alle Bürger glücklicher macht, werden sie dies tun.

So weit zu den Argumenten gegen flexible Wechselkurse, gibt es auch Argumente für flexible Wechselkurse? Natürlich, und zwar folgende:

- Zunächst einmal wäre da das Argument der Anmaßung von Wissen: Niemand kennt den „richtigen" Wechselkurs, wie will man diesen dann politisch festlegen? Und auch der aktuell, richtige Wechselkurs ändert sich, sobald die wirtschaftliche Entwicklung der jeweiligen Staaten auseinanderdriftet. Nehmen wir einmal an, am Montag fixieren wir den Wechselkurs und am Dienstag steigt die Inflationsrate in einem der beteiligten Staaten stark an. Nun müsste die Währung dieses Landes abwerten, andernfalls drohen riesige Leistungsbilanzdefizite (wegen der steigenden Preise der inländischen Waren). Kann das Land aber nun nicht abwerten, so muss es andere Wege finden, diese Lücke in der Leistungsbilanz zu schließen – beispielsweise durch sinkende Arbeitskosten, welche die inländischen Produkte wieder billiger machen. Welche Anpassungsmechanismen es da im Einzelnen gibt, schauen wir uns bei der Debatte um die optimalen Währungsräume an. Kurzum: Ein Wechselkurs ist ein Schockabsorber, der die Folgen von wirtschaftlichen und politischen Veränderungen im In- und Ausland abfedert.
- Ein wichtiger Vorteil flexibler Wechselkurse ist, dass sie dem Inland eine autonome Geldpolitik ermöglichen – das folgt unmittelbar aus unserer Inkonsistenz-Triade. Die Vorliebe der Staaten für eine Geldpolitik, die sich an den inländischen Erfordernissen statt am Ziel des festen Wechselkurses orientiert, war immer wieder der Grund für das Scheitern von Fixkurssystemen.
- Das letzte Argument ist pragmatischer Natur: Wenn man den richtigen Wechselkurs nicht kennt, dieser sich permanent verändert und erfahrungsgemäß die meisten Fixkurssysteme in der Vergangenheit nicht überlebt haben – warum es dann immer wieder probieren?

Politisch betrachtet ist die Debatte um die Fixierung von Wechselkursen geprägt von ideologischen Vorbehalten: Können freie Märkte die richtigen Preise finden und sind sie stabil und wohlstandsfördernd? Wer eher marktskeptisch denkt, der verneint diese Frage und hofft auf die Macht und Weisheit der Politik – man dürfe und könne solche wichtigen volkswirtschaftlichen Variablen nicht den anonymen Märkten überlassen. Ob die bekannten Politiker das letztlich besser und erfolgreicher können als die Märkte, ist Ansichtssache. Welche Rolle spielt also der Wechselkurs und soll man diesen steuern oder nicht? Vielleicht hilft bei der Antwort auf diese Frage ja auch ein Blick darauf, wie Währungskrisen entstehen – mit unseren jetzigen Vorkenntnissen sollte das möglich sein.

Info: Currency Boards

Als Nachteil von fixen Wechselkursen wird oft ins Feld geführt, dass die heimische Notenbank keine eigenständige Geldpolitik betreiben kann. Das kann aber auch ein Vorteil sein, jedenfalls dann, wenn die heimische Notenbank die inländische Inflation nicht in den Griff bekommt. Jetzt bieten feste Wechselkurse einen Vorteil: Sie legen die Notenbank darauf fest, die Geldpolitik nicht zu missbrauchen, um mit billigem Geld die heimische Wirtschaft am Laufen zu halten und dadurch Inflation zu erzeugen. Dadurch können die Bürger und die ausländischen Kunden und Gläubiger wieder Vertrauen in die heimische Wirtschaft gewinnen und ihre Inflationserwartungen reduzieren. Aus diesem Grund wählen manche Länder als Währungsregime ein sogenanntes Currency Board. Das funktioniert wie folgt: Die Notenbank verkündet einen festen Wechselkurs gegenüber der Währung eines anderen Landes mit einer geringen Inflationsrate. Zugleich erklärt sie sich bereit, die inländische Währung jederzeit zu diesem festen Kurs in die betreffende ausländische Währung umzutauschen. Damit sie dieses Versprechen auch erfüllen kann, benötigt sie einen entsprechend großen Vorrat an dieser Währung – die inländische Geldmenge muss komplett durch diese Devisenreserven gedeckt sein, da man ja im schlimmsten Fall damit rechnen muss, dass die Inländer ihre kompletten Geldvorräte in ausländische Devisen tauschen wollen (bei einer inflationären Währung ein nicht unwahrscheinliches Szenario). Der Clou an dieser Bindung: Die Notenbank kann nun die inländische Geldmenge nicht mehr selbstständig steuern, denn deren Höhe bestimmt sich nach der Höhe der Devisenreserven der Notenbanken. Wenn in einem Land nun die Inflationsrate steigt, so entsteht ein Leistungsbilanzdefizit. Dadurch sinken automatisch die Devisenreserven und damit muss die Notenbank auch die inländische Geldmenge senken, da die ja nur so groß sein darf wie die Devisenreserven. Als Folge steigen die Zinsen, die Kapitalimporte nehmen zu, die inländische Nachfrage sinkt. Und damit sinken auch die Preise und das Leistungsbilanzdefizit verschwindet wieder. Damit ist es für die Notenbank unmöglich, im Inland Inflation zu erzeugen, die höher ist als die Inflation des Landes, an das man die inländische Währung gebunden hat. Verpflichtet sich also eine Notenbank auf ein Currency Board und glauben die Bürger, dass die Notenbank sich daran halten wird, so haben sie nun die Sicherheit, dass die inländische Währung nicht mehr inflationieren wird, und fassen wieder Vertrauen in die eigene Währung. Ein Currency Board ist also vor allem eine Maßnahme für inflationsgeplagte Länder, die auf diesem Weg das Vertrauen der Bürger in die eigene Währung zurückgewinnen soll. Recht erfolgreich nutzte beispielsweise Bulgarien Ende der Neunzigerjahre ein solches Currency Board, um seine Wirtschaft zu stabilisieren. Hongkong operierte ebenfalls recht erfolgreich mit einem solchen System, in Argentinien waren die Ergebnisse eher gemischter Natur, was aber auch daran lag, dass die Regierung sich trotz Currency Board stetig weiter verschuldete. Ein Currency Board erfordert einiges an Disziplin auch von der Regierung – ist es nicht völlig glaubwürdig, kommt es rasch zu spekulativen Attacken und die Bürger werden der inländischen Währung nicht vertrauen.

Gulde, Anne-Marie (1999),The Role of the Currency Board in Bulgaria's Stabilization, *Finance & Development*, September 1999, Volume 36, Number 3, URL http://www.imf.org/external/pubs/ft/fandd/1999/09/gulde.htm

Schweickert, Rainer (1998), Chancen und Risiken eines Currency Board Systems, Die Weltwirtschaft, Iss. 4, pp. 421 – 442

5.5 Währungskrisen

Dieses Kapitel hat zum Ziel, dass Sie

- wissen, wie Währungskrisen entstehen, welche Ursachen sie haben können und welche Rolle die nationale Politik bei solchen Krisen spielt,
- verstehen, welche wirtschaftspolitischen Möglichkeiten die Politik hat, solche Krisen zu bekämpfen und deren Entstehung zu verhindern.

Wichtige Begriffe in diesem Kapitel

Bankenkrisen, Finanzkrisen, Schuldenkrise, Ansteckungseffekte, Internationaler Währungsfonds, Krisenpolitik, Rohstoffmärkte

@ Einen aktuellen Foliensatz zu diesem Kapitel finden Sie unter www.vahlen.de/15879880

Währungskrisen. Was genau ist eigentlich eine Währungskrise? Flapsig gesagt könnte man meinen, man kann sie zwar nicht definieren, aber man erkennt sie, wenn sie eintritt. Was in den Medien und in der öffentlichen Debatte als „Währungs-" oder „Finanzkrise" bezeichnet wird, ist in der Regel ein recht unappetitliches Gebräu aus verschiedenen Krisen und Fehlentwicklungen, deren Folgen sich auch im Wechselkurs des betroffenen Landes zeigen. Der Wechselkurs, also der Preis der Währung, ist hier ein wenig wie ein Fieberthermometer, das dem Rest der Welt Auskunft über den Gesundheitszustand eines Landes gibt. Welche Krisen verbergen sich hinter dem Ausdruck „Währungskrise"? Im Einzelnen gibt es hier:

- Bankenkrisen, die dadurch entstehen, dass Banken im Inland sich übernommen haben, zu viele schlechte Kredite vergeben oder schlechte Investments getätigt haben, weswegen ihnen die Pleite droht. Im schlimmsten Fall ist dann nicht nur das Geld der Eigentümer der Bank verloren, sondern auch das Geld der Kunden – weswegen oft auch die anderen Banken des Landes unter Druck geraten: zum einen, weil sie den Pleitebanken Geld geliehen haben, das nun verloren scheint, zum anderen, weil die Bankkunden vermuten, dass auch andere Banken Probleme haben. Wenn die ausländischen Bankkunden und Kreditgeber daraufhin ihre Gelder von den inländischen Banken abziehen und in die Währung ihres Heimatlandes umtauschen wollen, setzt das die inländische Währung unter Druck – eine Währungskrise ist die Folge.
- Oft entsteht eine Währungskrise durch eine übermäßige Verschuldung des Staates oder der Bürger eines Landes. Wenn die ausländischen Geldgeber, bei denen sich die Inländer verschuldet haben, irgendwann befürchten, dass ihre Schuldner das geliehene Geld nicht mehr zurückzahlen können, werden sie versuchen, ihr Geld nach Hause zu holen – womit die inländische Währung unter Druck gerät, die Währungskrise ist perfekt.
- Die Verschuldung des Landes im Ausland dokumentiert sich auch in entsprechenden Zahlungsbilanzdefiziten, welche die inländische Währung unter

Druck setzen. Dem Inland fehlen dann irgendwann die nötigen Devisen, um diese Zahlungsbilanzdefizite weiter zu finanzieren – das bezeichnet man als Zahlungsbilanzkrise.

- Etwas unspezifischer spricht man auch von Finanzkrisen – zumeist beinhaltet das auch Bankenkrisen, aber auch Kursstürze an der heimischen Börse oder Krisen anderer Finanzdienstleister wie beispielsweise Lebensversicherer. Die Kursstürze an der Börse können viele Gründe haben, oft fallen die Kurse auch als Folge einer anderen Krise.

Zumeist treten diese Krisen in Kombination auf und verstärken sich gegenseitig – mit fatalen Folgen für das davon betroffene Land: Sinkendes Sozialprodukt, steigende Arbeitslosigkeit, hohe Inflationsraten und politische Unruhen stehen rasch auf dem Spielplan.

(Foto: ullstein bild – Westend61 / Martin Moxter)

Krise? Welche Krise?

Modelle der ersten Generation. Damit haben wir die wichtigsten Spielarten von Währungskrisen identifiziert – wie aber läuft eine solche Krise ab? Natürlich gibt es kein einheitliches Drehbuch, aber viele Währungskrisen laufen nach einem ähnlichen Muster ab – nicht was die Ursachen angeht, aber den Verlauf:

- Am Anfang der Krise stehen wirtschaftspolitische Fehlentwicklungen wie eine zu hohe Inflation, eine steigende Verschuldung, eine inländische Finanzkrise – alles, was den Wechselkurs eines Landes unter Druck setzen kann. In vielen Fällen werden das inländische Faktoren sein, es können aber auch Ereignisse aus dem Ausland sein, die sich ansteckend auf das Inland auswirken (beispielsweise eine Wirtschaftskrise in einem der Hauptexportländer, ein Börsenkrach an einer großen ausländischen Börse oder politische Ereignisse wie die Attentate des 11. September). Im Zuge solcher Entwicklungen kommt es zu einem Abzug von Kapital, der zu einer veritablen Kapitalflucht werden kann; bei Krisen im Ausland kommt es zu einem Rückgang der Exporte und damit zu einem Rückgang der Deviseneinnahmen des Inlandes. Beides drückt auf den Wechselkurs.

- Bei flexiblen Wechselkursen kommt es daraufhin zu einer Abwertung der Währung. Grundsätzlich ist das kein Drama, wie wir gesehen haben, das kann aber natürlich schmerzhaft werden, wenn das erstens sehr rasch geht und zweitens der Wechselkurs überschießt – sich also zu sehr von seinem fundamentalen Wert entfernt (schauen Sie sich dazu vielleicht noch einmal den Kasten „Überschießen des Wechselkurses" an). Auf alle Fälle sieht die Politik hier Handlungsbedarf (das haben wir bereits erörtert). Jetzt beginnen übliche Stützungsmaßnahmen für den Wechselkurs (lautstarkes Auftreten auf Konferenzen, dass die eigene Währung unterbewertet sei, Druck auf die Notenbank, politischer Aktionismus) – ob die wirklich erfolgreich sein können, steht auf einem anderen Blatt. Wenn der Wechselkurs sich tatsächlich von seinem fundamentalen Wert entfernt hat (wie immer man diesen auch herausfinden kann), stehen die Chancen vielleicht gut. Irren sich die Politiker und der aktuelle Wechselkurs entspricht den ökonomischen Realitäten, werden sie scheitern.
- Bei fixen Wechselkursen ist die Lage einfach: Sobald die ökonomischen Realitäten den einstmals fixierten Wechselkurs Lügen strafen, gerät die heimische Notenbank unter Druck – sie muss den Abwertungsdruck bekämpfen, indem sie die eigene Währung ankauft und damit ihre Devisenreserven reduziert. Jetzt kommt möglicherweise noch ein spekulatives Element dazu, ähnlich wie im Fall vom EWS und George Soros (schauen Sie sich dazu noch einmal den Kasten „So verdient man eine Milliarde Dollar" an) – die Devisenmärkte spekulieren auf die Abwertung des künstlich fixierten Wechselkurses und setzen diesen damit zusätzlich unter Druck. Der Versuch, den Abzug des ausländischen Kapitals zu stoppen, indem man die Zinsen erhöht, verschlechtert möglicherweise die Konjunktur im Inland und macht die Situation damit noch dramatischer. In der Regel sind die Versuche, den Wechselkurs zu verteidigen, erfolglos, es kommt stattdessen zu einer schockartigen Abwertung.

Schaut man genauer hin, so bekommt das Bild von den Spekulanten, welche die Währung eines Landes böswillig in den Abgrund schicken, einen Riss: Die Ursache dieser Art von Krisen sind zuerst Fehlentwicklungen im Inland, eine inländische Politik, die nicht zum aktuellen (möglicherweise auch fixen) Wechselkurs passt. Die Kapitalflucht, die Spekulation sind eher die logische Konsequenz einer solchen Politik. Die zunehmende Kapitalmobilität ist also nicht die Ursache der Währungskrise, sondern eher eine Art Beschleuniger.

Aufgabe

Suchen Sie reale Beispiele für aktuelle und vergangene Währungskrisen. Welches waren die Ursachen, wie war der Verlauf der jeweiligen Krise?

Modelle der zweiten Generation. Die obige Beschreibung einer Währungskrise, bei der die Notenbank zunehmend Devisenreserven verliert, das ausländische Kapital flieht und der spekulative Druck auf die Währung zunimmt, bezeichnet man auch als Modelle der ersten Generation. Hier spielen die Akteure an den Kapitalmärkten eine eher passive Rolle – sie beobachten den Wechselkurs und die Devisenreserven der Notenbank und ziehen daraus ihre Schlüsse. Sie treiben aber die heimische Währung nicht aktiv in die Abwertung hinein.

Das sehen die Modelle der zweiten Generation anders, hier haben die Akteure an den Finanzmärkten eine aktivere Rolle. Diese Modelle unterstellen, dass auch eine gesunde Währung spekulativen Attacken zum Opfer fallen kann. Das funktioniert in etwa wie folgt:

- Ausgangspunkt der Überlegung der Investoren ist, dass eine Regierung die Vorteile aus einem festen Wechselkurs (beispielsweise bei der Bekämpfung der Inflation) abwägt gegen die Vorteile einer Abwertung (Exportförderung und Beschäftigung).
- Wenn nun – aus welchem Grund auch immer – die Investoren damit beginnen, auf eine Abwertung der heimischen Währung zu spekulieren, so steigen die Kosten des fixen Wechselkurses, weil die Notenbank nun die Zinsen erhöhen muss und die Geldmenge sinkt, was der inländischen Beschäftigung schadet. Je höher diese Kosten werden, umso höher werden die Vorteile aus einer Abwertung und umso wahrscheinlicher wird es, dass die Regierung tatsächlich abwertet – womit die Spekulation auf eine Abwertung erfolgreich gewesen wäre.
- Wenn die Kapitalmärkte also beginnen, an der Glaubwürdigkeit des fixen Wechselkurses zu zweifeln, so steigen dessen Kosten, was die Wahrscheinlichkeit erhöht, dass tatsächlich abgewertet wird. Die Spekulation wird zu einer sich selbst erfüllenden Prophezeiung.

Sind die Kapitalmarktakteure in diesem Modell also gewissenlose Spekulanten, die mutwillig und ungerechtfertigt eine Währungskrise auslösen? Das kommt auch darauf an, woran die Investoren ihre Erwartungen festmachen. Möglichkeit Nummer eins: Sie orientieren sich an den Fundamentaldaten, erkennen also, dass die Währung überbewertet ist, und handeln. In dieser Version der Geschichte beschleunigen sie also nur das, was ohnehin kommt. Etwas schlechter wird das schon, wenn sich die Erwartungen der Kapitalmärkte plötzlich und ohne Änderung der Fundamentaldaten ändern, beispielsweise weil sich das gesamte wirtschaftliche Klima etwas abgekühlt hat oder einige große Investoren beginnen, gegen eine Währung zu spekulieren. Schlimmstenfalls kann das zu einem Herdentrieb führen, indem eine ganze Herde von Investoren einigen wenigen Leithammeln hinterherrennt. Wenn die Devisenreserven der Notenbank dann nicht groß genug sind, kann die Notenbank auf Dauer einer solchen Attacke möglicherweise nicht standhalten – dann hätte man in der

Tat eine fundamental unbegründete Abwertung, ausgelöst allein durch den Herdentrieb der Finanzmärkte. Fraglich, ob so etwas bei so großen Währungsblöcken wie dem Dollar, dem Euro oder dem Yen möglich ist – dazu sind die Umsätze und die Zahl der Handelsteilnehmer einfach zu groß: Es werden sich vermutlich immer genügend Händler finden, die gegen eine ungerechtfertigte Ab- oder Aufwertung einer Währung spekulieren und diese damit im Gleichgewicht halten.

Info: Wer manipuliert die Rohstoffmärkte?

Da hat sie sich wohl verrechnet: Als die thailändische Regierung den Reisbauern des Landes 2011 versprach, ihre Ernte für mehr als 50 Prozent des üblichen Preises aufzukaufen, klang das wie eine gute Idee. Diese Subvention der Bauern sollte den Konsum ankurbeln, ihre Einkommen steigern – und nebenbei auch die Stimmen der Bauern für die anstehende Wahl kaufen. Der Reis sollte in Lagerhäusern gehortet werden, um auf diesem Weg den Weltmarktpreis nach oben zu treiben. Während der erste Schritt dieser Idee funktionierte, scheiterte die Regierung am zweiten Teil dieses Plans: Als die Thailänder ihren Reis lagerten, warfen die Inder und die Philippinos ihre Ernte auf den Markt – der Preis für Reis fiel Tag um Tag, die Regierung saß auf Reisvorräten, die von Tag zu Tag weniger wert wurden – 2014 schätzten Analysten, dass sie auf 20 Millionen Tonnen überbezahltem Reis sitzt. Die thailändischen Bauern waren am Ende dann doch die Dummen, weil die Regierung ihnen den Reis abnahm, aber dann nicht mehr bezahlen konnte. Teilweise ist sogar Reis vom Ausland nach Thailand geschmuggelt worden, um ihn dort zu den überhöhten Preisen an die Regierung zu verkaufen.

Quelle: o.V. (2014), Der große Betrug mit dem weißen Korn, *Frankfurter Allgemeine Zeitung* Nr. 33 vom 8. Februar 2014, S. 22.

Ganz so einfach ist das also nicht, die entscheidende Frage ist, warum sich die Erwartungen der Investoren ändern und warum sie auf einmal glauben, dass die betreffende Währung abwerten könnte. Man muss schon annehmen, dass die Spekulanten sich völlig willkürlich irgendeine Währung herauspicken, um gegen sie zu spekulieren, um eine völlig ungerechtfertigte Abwertung aus diesen Modellen herauszulesen. Das erscheint aber keine erfolgversprechende Strategie, um erfolgreich an den Währungsmärkten zu agieren: Warum sollte man sich willkürlich irgendeine (gesunde?) Währung herauspicken, um gegen sie zu spekulieren, wenn man doch mehr Erfolgsaussichten hat, indem man sich eine angeschlagene Währung vornimmt? Die Vorstellung, dass in diesen Modellen eine ungerechtfertigte Verschwörung der Finanzmärkte gegen gesunde Währungen stattfindet, ist so wohl nicht haltbar. Gesunde Währungen werden auch in diesem Modell nicht attackiert und erleiden keine Währungskrise.

Was man allerdings sagen kann, ist, dass in diesen Modellen die Kapitalmärkte möglicherweise eine Währung zu Fall bringen, die ohne den Druck der Kapitalmärkte vielleicht nicht hätte abwerten müssen – die Notenbank hätte zwar bei der Verteidigung des Wechselkurses Devisenreserven verloren und Kosten in Form hoher Zinsen in Kauf nehmen müssen, hätte aber den Wechselkurs verteidigt (aber um welchen Preis?). Mit den Akteuren an den Kapitalmärkten und der Möglichkeit eines Herdentriebs allerdings scheitert sie nun mit diesem Vorhaben.

Dieses Modell wirft ein anderes Licht auf die Kapitalmärkte und ihre Rolle bei Währungskrisen: Sie sind in diesem Modell eine Art Kontrollinstanz – wenn die inländische Politik oder die weltwirtschaftliche Großwetterlage nicht mehr zum fixierten Wechselkurs passen, so setzen sie mit ihren Investments die betreffende Währung unter Druck und erzwingen im Extremfall eine Korrektur des Wechselkurses. Das muss noch nicht einmal das sein, was in den Medien dann als „Spekulation" gebrandmarkt wird: Wenn eine Währung unter Abwertungsdruck steht, werden ausländische Investoren ihre Gelder einfach deswegen abziehen, um Verluste zu vermeiden, und setzen damit die Währung weiter unter Druck. Moralisch verwerflich?

Diese Art von Modell wird auch oft in Debatten implizit verwendet, wenn man sagt, dass Kapitalmärkten so etwas wie eine Kontrollfunktion oder Wächterfunktion zukommt – wenn die inländische Politik Mist baut, so die Idee, wird sie dafür von den Kapitalmärkten bestraft. Ein Beispiel für diese Argumentation finden Sie im unten stehenden Kasten. Man muss ihr nicht zustimmen, aber zumindest liegt der Gedanke nicht fern, dass eine Währungskrise auch selbst verschuldet sein kann und dann nur das Echo wirtschaftspolitischer Fehlentwicklungen ist.

Info: Politik im Schlepptau der Kapitalmärkte?

„Ist die Politik im Schlepptau der Finanzmärkte? Wer sich im Schlepptau befindet, ist gezwungen, passiv der Richtung und der Geschwindigkeit des Schleppers zu folgen. Diese Sicht unterstellt einen Interessengegensatz zwischen den Zielen der Finanzmarktteilnehmer und den Zielen der Politik. Doch ist nicht beiden Bereichen der Wunsch nach stabilem Wachstum und der Mehrung von Wohlstand gemein? Ein liberaler Finanzmarkt ist ein wichtiges Instrument, diese Ziele zu erreichen ... Finanzmärkte sind effiziente Sensoren für Fehlentwicklungen, doch sie erzwingen nicht eine bestimmte Politik: Keinem Land mit eigener Währung ist es verboten, eine expansive Geldpolitik zu betreiben, wenn dieses den Wünschen der Bevölkerung oder dem Willen der jeweiligen Regierung entspricht – selbst wenn dies mit hohen Inflationsraten einhergeht. Die Finanzmärkte prüfen nur ständig, ob die Politik in sich konsistent ist oder ob es nicht früher oder später zu einer Korrektur kommen muss. Insofern sollte man weniger von einer „Disziplinierungsfunktion" der Finanzmärkte als vielmehr von einer „Wächterfunktion" sprechen: Offene Finanzmärkte führen zu einem Rechtfertigungszwang hinsichtlich der Logik eines bestimmten wirtschaftspolitischen Kurses ... Offene Märkte, einschließlich der Finanzmärkte, sind – wenn sie in einen angemessenen und leistungsfähigen Ordnungsrahmen eingebunden sind – konstituierendes Element einer marktwirtschaftlichen Ordnung und Grundlage von Wohlstand und Wachstum. Die gewachsene Rolle der Finanzmärkte stellt dabei das Primat der Politik nicht infrage. Politik muss aber heute mehr denn je auch mit Blick auf die Finanzmärkte formuliert werden. Die berechtigten Interessen in- und ausländischer Investoren, der Wunsch der Finanzmarktteilnehmer nach Rechtssicherheit und Stabilität müssen respektiert werden. Diese

> Wünsche stehen freilich nicht im Gegensatz zu den Grundorientierungen einer an Wohlstand und Wachstum orientierten Politik, sondern sind mit ihnen identisch. Offene Finanzmärkte erinnern Politiker allerdings vielleicht etwas häufiger und bisweilen etwas deutlicher an diese Zielsetzungen, als die Wähler dies vermögen. Wenn man so will, haben die Finanzmärkte quasi als „fünfte Gewalt"' neben den Medien eine wichtige Wächterrolle übernommen."
>
> Breuer, Rolf E. (2000), Die fünfte Gewalt, *Zeit Online*; URL http://www.zeit.de/2000/18/200018.5._gewalt_.xml

Modelle der dritten Generation. Eine dritte Generation von Modellen zur Erklärung von Währungskrisen stellt vor allem auf die Probleme des inländischen Finanzsystems ab. Das Drehbuch für eine Krise sieht hier in etwa wie folgt aus:

- Auslöser der Krise ist eine zu großzügige Kreditvergabe der Banken an Haushalte, andere Banken oder auch den Staat. In der Regel ist die Ursache dieser Kreditvergabe eine zu große Ausweitung der Geldmenge durch die Notenbank, was von der Politik zumeist recht gern gesehen wird, da man vermutet, dass dies die Beschäftigung zumindest kurzfristig fördert. Hinzu kommt eine zu laxe Finanzaufsicht, die sich zu wenig darum kümmert, ob die Banken nicht eine zu riskante Kreditpolitik betreiben, möglicherweise implizite Garantien der Politik (beispielsweise indem die Regierung erklärt, dass manche Banken zu groß sind, als dass man sie schließen könne, „too big to fail" nennt sich das dann) oder auch schlichtweg Korruption und Vetternwirtschaft (wenn beispielsweise der Premierminister seine Verwandten zu Bankaufsehern oder -inhabern macht oder Kredite nach politischen Gesichtspunkten vergeben werden). Nicht zuletzt profitiert die amtierende Regierung von einer großzügigen Kreditvergabe. Zumindest zeitweise – bis zum Absturz – macht das jeden glücklicher. Und wenn mit den Krediten dann noch die Lieblingsprojekte der Politiker gefördert werden (in den Vereinigten Staaten beispielsweise förderte der Staat gern und mit Nachdruck den Kauf einer Immobilie – mit bekannten Folgen), steigen die Chancen auf einen Wahlerfolg. Nachhaltig ist das zwar nicht, aber wenn es die Wählermehrheit mobilisiert?
- Mit steigender Kreditaufnahme überhitzt sich die Wirtschaft, die Inflationsrate steigt und auch die Kreditaufnahme im Ausland nimmt zu. Solange das Ausland glaubt, dass die Inländer ihre Kredite zurückzahlen werden, ist das kein Problem. Aber irgendwann kommt der Punkt, an dem erste Kredite ausfallen, man beginnt zu zweifeln, erste Gläubiger wollen ihr Geld zurück, Kredite werden nicht verlängert, die Kreditausfälle häufen sich, ziehen die ersten Banken mit in den Abgrund, die dann weitere Banken mit sich reißen und deren Bilanzen zerstören.
- Jetzt ziehen die ausländischen Gläubiger ihr Kapital ab, der Wechselkurs kommt unter Druck, und wenn die Notenbank diesen nun verteidigt, sinkt die Geldmenge, die Zinsen steigen, was die Wirtschaft und die Banken in Schieflage bringt. Die Bilanzprobleme der Banken nehmen damit weiter zu, sie vergeben nun noch weniger Kredite, was die Unternehmen ins Straucheln bringt. Wertet die inländische Währung nun ab, so vergrößert das die Schul-

denlast im Inland (wenn sich dieses in ausländischer Währung verschuldet hat) und verschlimmert die Krise.

Unter dem Strich ist das ein unangenehm toxisches Gebräu aus taumelnden Banken, einer abstürzenden Wirtschaft und mangelnder Finanzmarktaufsicht und -regulierung. Man muss der Politik attestieren, dass sie hier Hausaufgaben zu erledigen hat.

Info: McWährungskrise: McDonald's geht das Ketchup aus

„Argentinische Fast-Food-Liebhaber sind entsetzt: In vielen McDonald's-Filialen des Landes gibt es derzeit kein Ketchup. Bei Twitter schimpft ein Kunde: ‚Euer Essen macht ohne Ketchup keinen Sinn. Das Ketchup ist unverzichtbar.'... McDonald's gab am Montag zu, dass man Probleme beim Nachschub habe ... Gründe für das Ketchup-Problem nannte die Kette nicht. Ein offenes Geheimnis ist aber, dass McDonald's Opfer der Währungskrise und der damit einhergehenden Importbeschränkungen wurde. Argentinien leidet unter rapide schrumpfenden Devisenreserven. Seit 2011 haben sich die Reserven fast halbiert – von 52 Milliarden Dollar auf nun 29 Milliarden Dollar. Argentinische Unternehmen bekommen deshalb Importe nur unter strengen Auflagen genehmigt. McDonald's soll diese nun verletzt haben und deshalb kein Ketchup aus dem Nachbarland Chile einführen können. Der Konzern verspricht, das Problem bald zu lösen. So lange biete man als Ersatz ‚andere Soßen' an."

o.V. (2014), Währungskrise: McDonald's in Argentinien geht Ketchup aus, *Spiegel Online*, URL http://www.spiegel.de/wirtschaft/unternehmen/mcdonald-s-in-argentinien-geht-ketchup-aus-a-951633.html

Ansteckungseffekte. Eine weitere Idee, wie ein Land in eine Währungskrise schlittern kann, sind sogenannte Ansteckungseffekte, Contagion genannt: Länder stecken sich an der Währungskrise eines anderen Landes an, ähnlich wie man sich einen Schnupfen bei seinem Nachbarn abholt. Über welche Kanäle kann denn eine solche Infektion erfolgen? Hier werden in der Literatur verschiedene Kanäle genannt:

- *Handelseffekte*. Wenn der Hauptexportkunde eines Landes in eine Krise gerät, drohen Einbrüche im Export – mit entsprechenden Folgen für das inländische Sozialprodukt. Schlimmstenfalls kann das sogar über Drittländer passieren, nämlich dann, wenn der Hauptexportkunde unseres Hauptexportkunden in eine Krise stürzt. Zwar brauchen Handelsströme länger, um sich anzupassen, doch die Auftragseingänge dürften rasch zurückgehen, das dämpft die Geschäftserwartungen der Branche, dadurch überträgt sich das Virus auch auf die Branchen, die nicht vom Export leben. Und nicht zuletzt muss man befürchten, dass die Maschinen, Gebäude und sonstigen Vermögensgegenstände der Exportindustrie massiv an Wert verlieren, was die Wirtschaftslage zusätzlich dämpft.
- *Finanzmarkteffekte*. Mittlerweile ist Kapital so mobil, dass Finanzmarktkrisen rasch über Grenzen hinwegschwappen. Fallen die Kurse in einem Land und die Investoren ziehen ihr Kapital ab, können nun mehrere Dinge passieren: Das Kapital wandert in andere Märkte ab, das würde zu einem Börsenboom

in den Ländern führen, die nicht von der Krise betroffen sind. Allerdings kann es auch sein, dass die Investoren nun mehr Liquidität benötigen, um die Verluste zu kompensieren, die sie in dem Krisenland erlitten haben. In diesem Fall werden sie Kapital auch aus anderen Ländern abziehen und nach Hause bringen, was deren Kapitalmärkte (und deren Währung) unter Druck setzt. Eine andere Möglichkeit besteht darin, dass sich aufgrund der Krise in einem Land die Erwartungen der Marktteilnehmer generell verschlechtern (weil sie Ansteckungseffekte befürchten), das drückt auch die Börsenkurse in anderen Staaten. Ein Rückgang der Börsenkurse ist unter dem Strich möglich und dieser kann auch reale Effekte für eine Volkswirtschaft haben, da er die Finanzierung von Investitionen erschwert und die Bürger sich aufgrund der Kursverluste weniger reich fühlen und den Konsum reduzieren (was man „Vermögenseffekt" nennt).

- *Bilanzeffekte.* Wenn die heimischen Banken Kredite in das Krisenland vergeben haben, die sie nun abschreiben müssen, so reduziert das ihren Kreditspielraum, sie werden zudem vorsichtiger – die Kreditvergabe wird gedrosselt, mit entsprechenden Folgen für die Investitionsvorhaben der Unternehmen und damit für die heimische Konjunktur.
- *Psychologie.* Eine Währungskrise kann wie eine Art Weckruf wirken: Warum geht es diesem Land so schlecht – vielleicht gibt es bei uns ähnliche Entwicklungen? Das wäre auf alle Fälle ein Anlass, die Situation des Landes zu überdenken und möglicherweise die Erwartungen nach unten anzupassen – mit allen potenziell schlechten Folgen für die heimische Wirtschaft. Noch schlimmer hat sich zumindest in früheren Krisen gezeigt, dass nicht alle Investoren differenziert denken: Im Zuge der Asienkrise kamen auch andere Staaten unter Druck, von denen man nicht gedacht hätte, dass diese Krise sie betreffen würde. Eine mögliche Erklärung wäre eine Art mentale Sippenhaft: In der Asienkrise kamen Entwicklungsländer in Bedrängnis, weswegen einige Investoren pauschal alle Investments in Entwicklungsländern auf den Prüfstand stellten – egal ob zu Recht oder ungerechtfertigt. Vorsicht ist die Mutter der Porzellankiste. Und dann schlägt das Herdenverhalten zu: Wenn die anderen ihr Geld aus Lateinamerika abziehen – sollte ich da nicht mitziehen? Wissen die vielleicht mehr als ich? Als Investor ist das eine einfache Rechnung: Wenn alle falschliegen, kann man mir nichts vorwerfen, schließlich haben sich alle geirrt. Wenn ich mich aber gegen die Mehrheit stelle und es geht schief, stehe ich dumm da. Also lieber das machen, was alle machen, das sichert den Job.

Info: Spekulation mit Nahrungsmitteln

Eine Praxis, die von Globalisierungskritikern besonders angeprangert wird, ist der Börsenhandel mit Nahrungsmitteln – dieser würde, so die Kritik, die Preise für Nahrungsmittel in die Höhe treiben und so zu mehr Hunger in der Welt führen. Ganz so einfach ist es wohl nicht, hier gibt es einige Aspekte, die man diskutieren muss: Erstens bedeuten steigende Preise für Agrarrohstoffe auch mehr Einkommen für die Landwirte der Entwicklungsländer – wenn diese Form der Finanzmärkte also für steigende Preise sorgen würde, wäre das für die Entwicklungsländer nicht komplett schlecht. Zweitens ist unklar, wie der Zusammenhang zwischen der Spekulation auf Nahrungsmittelpreise und den Preisen für Nahrungsmittel selbst aussehen soll. Dazu muss man wissen, dass die Banken nicht etwa Weizen oder sonstiges Getreide kaufen und vom Markt nehmen – das wäre viel zu teuer und zu aufwendig, zumal Agrarprodukte ja auch nicht unbegrenzt haltbar sind. Stattdessen spekulieren sie auf die Preise dieser Produkte, indem sie Terminprodukte kaufen, also Wetten auf den zukünftigen Preis abschließen. Man kauft beispielsweise ein Papier, das einem einen Gewinn verspricht, wenn der Preis für das Produkt in drei Monaten über eine bestimmte Schwelle steigt; gewinnt man, wird man in bar ausgezahlt. Die physisch verfügbare Menge an Agrarprodukten wird dadurch nicht verändert. Das ist so, als würden Sie eine Wette über die Produktionsmenge und den Preis eines Gutes abschließen, ohne mit diesem Gut in Berührung zu kommen – per se ändert das nicht das Angebot dieses Produktes und damit im Zusammenspiel mit der Nachfrage auch nicht dessen Preis. Man muss also eine Theorie entwickeln, wie diese Wetten die Produktion des Gutes reduzieren würden. Und selbst dann gibt es noch einen Punkt: Wenn diese Wetten also tatsächlich dauerhaft den Preis der Agrargüter steigen lassen, dann ist zu erwarten, dass mittelfristig auch wieder das Angebot steigt, weil die Produzenten auf die gestiegenen Preise reagieren, das würde wieder zu sinkenden Preisen führen (und hätte den Farmern der dritten Welt zusätzliche Einnahmen verschafft). So gesehen ist die argumentative Basis der Gegner dieser Praxis recht dünn und auch empirisch finden sich nur wenige Belege für ihre These (vergleichen Sie dazu Abbildung 80). Dennoch: Viele Banken haben bereits das Geschäft mit dem Handel von Agrarrohstoffen eingestellt – wohl auf Druck der Öffentlichkeit. Andere Stimmen gehen mit der Forderung nach einem Verbot solcher Spekulation kritisch um, sie sagen, dass diese Debatte die Aufmerksamkeit der Öffentlichkeit ablenke von den richtigen Politikoptionen zur Bekämpfung des weltweiten Hungers.

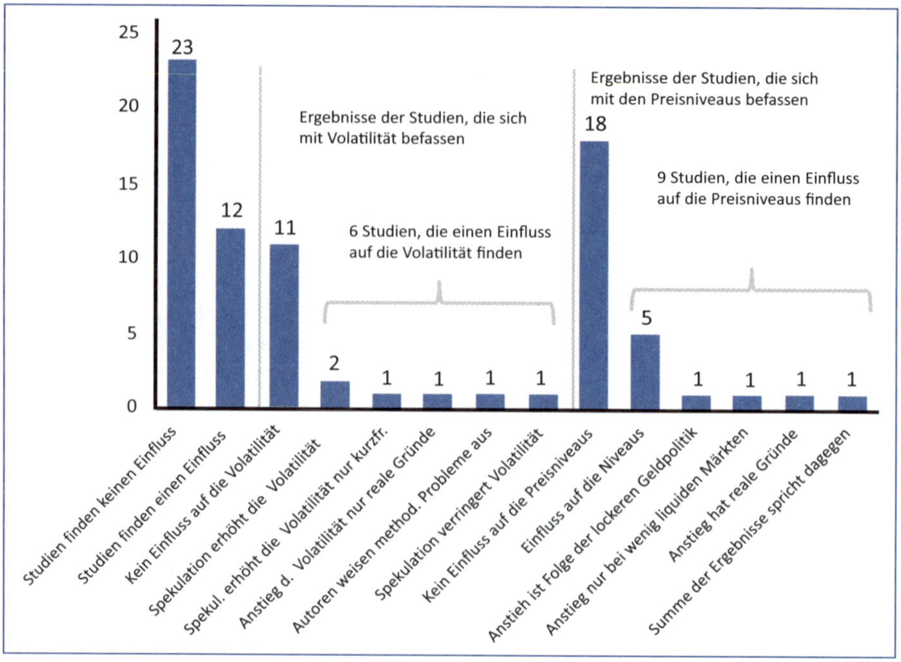

Quelle: Pies, o.J.

Abbildung 80: Die Ergebnisse empirischer Studien zur Frage, ob Spekulation mit Lebensmitteln die Lebensmittelpreise oder deren Schwankungen beeinflusst Beispielsweise finden 18 Studien keinen Einfluss der Spekulation auf das Preisniveau; von den neun Studien, die einen Einfluss finden, erklären vier diesen Einfluss mit anderen Faktoren als der Spekulation; fünf Studien finden einen Effekt. Von den Studien, die sich mit dem Einfluss der Spekulation auf die Preisschwankungen (Volatilität) befassen, finden 11 keinen Einfluss, nur zwei finden tatsächlich einen Einfluss, eine Studie nur einen kurzfristigen Einfluss. Und eine Studie findet sogar, dass Spekulation die Preisausschläge dämpft.

Währungskrisen: Krisenpolitik. Jetzt haben wir ein paar Argumente gesammelt, wie Währungskrisen entstehen können – aber wie verhindert man solche Krisen? Dazu sollten wir zunächst einmal sammeln, welche Ursachen denn Währungskrisen haben können. Das ist ähnlich wie beim Arzt: Kennen wir die Ursache der Krankheit, können wir auch eine ursachenadäquate Therapie entwickeln, statt nur an den Symptomen herumzudoktern. Welches sind potenzielle Ursachen von Währungskrisen? Hier kann man zwischen endogenen und exogenen Ursachen unterscheiden.

- Endogene Ursachen von Währungskrisen sind solche, die im Verhalten des betreffenden Staates selbst begründet sind, die also von den Politikern des betreffenden Landes zu verantworten sind. Hier sind zu nennen: Die Schuldenpolitik der Regierung, eine Fehlverwendung der geliehenen Mittel (beispielsweise für Prestigeobjekte), Korruption, ein mangelhaftes Aufsichts- und Regulierungssystem für die inländische Finanzbranche, falsche Anreize zur Kreditvergabe, eine zu laxe Geldpolitik, die eine exzessive Kreditvergabe begünstigt.

- Exogene Ursachen von Währungskrisen sind solche, die der betreffende Staat nicht zu verantworten hat. Das können außergewöhnliche Ereignisse wie Naturkatastrophen, Ölpreisschocks, Finanzkrisen in anderen Staaten oder Ansteckungseffekte sein.

Weiß man nun um die Ursachen von Währungskrisen, kann man Maßnahmen diskutieren, um zukünftige Krisen zu verhindern. Hier gibt es drei Wege: innenpolitische Reformen, mikroökonomische und makroökonomische Ansätze. Der erste Punkt, die innenpolitischen Reformen, ist rasch abgehandelt: Wie wir gesehen haben, werden Währungskrisen häufig durch eine falsche Wirtschaftspolitik – zu hohe Schulden, zu laxe Kreditvergabe, falsche Wechselkurspolitik oder eine ungenügende Finanzaufsicht – ausgelöst. Ist dies der Fall, so ist der beste Weg, Währungskrisen zu verhindern, einfach diese Missstände zu beseitigen. Sie merken, diese Sichtweise stellt wieder auf die Kontrollfunktion der Kapitalmärkte ab – wenn die inländische Politik zu viele Fehler macht, merkt sie das an der Reaktion der ausländischen Investoren und der Handelspartner – mit entsprechenden Folgen für den Wechselkurs.

Geht es allerdings um Währungskrisen, die aus exogenen Ursachen heraus entstehen und die schlimmstenfalls eine Volkswirtschaft treffen können, die im Prinzip gesund ist, hilft dieser Ansatz nicht weiter – hier ist internationale Koordination angesagt. Diese kann mikroökonomisch ansetzen, beispielsweise mehr Transparenz bezüglich der Wirtschaftsentwicklung und der Kapitalmärkte schaffen, oder die Bankenregulierung international verbessern – alles, was das internationale Finanzsystem stabiler macht, reduziert die Wahrscheinlichkeit von Währungskrisen. Letztlich wird es bei solchen internationalen Bemühungen auch darum gehen, Fehlentwicklungen in einzelnen Ländern zu erkennen und gegebenenfalls gegenzusteuern – verhindert man eine Krise in einem Land, so verhindert man auch ein mögliches Überspringen dieser Krise auf andere Staaten. Das klingt ganz gut, allerdings ist hier das Problem, dass internationale Abkommen und Koordinierungsmaßnahmen oft an nationalen Egoismen scheitern.

Info: Frühwarnsysteme für Währungskrisen

Die Idee ist einfach: Wenn Währungskrisen so gefährlich sind, dann sollte man sie entschärfen. Und das ginge umso besser, je früher man erkennt, dass sich Potenzial für eine Währungskrise aufgebaut hat. Aber wie erkennt man eine Währungskrise? Hier gibt es zum einen eine Menge ausgefeilter statistischer Modelle, die im Endeffekt darauf hinauslaufen, aus historischen Daten Wahrscheinlichkeiten zu generieren, dass sich eine Krise ereignen könnte. Wenn also ein Land ein ähnliches Profil aufweist wie viele Länder, die in der Vergangenheit eine Währungskrise erlitten haben, ist das ein Alarmsignal (kann aber auch Ansteckungseffekte begünstigen). Andere Methoden beruhen auf der Idee, dass man sich einfach bestimmte Indikatoren anschauen muss, die auf eine nahende Währungskrise hindeuten. Ein einfaches Beispiel: Wenn ein Land ein Handelsbilanzdefizit und geringe Währungsreserven hat und täglich mehr davon verliert, dann kann man fast ausrechnen, wann das tägliche Handelsbilanzdefizit die noch vorhandenen Währungsreserven aufgebraucht hat – dann muss es knallen. Ein anderer Indikator ist, wenn der Wechselkurs real aufwertet, der nominale Wechselkurs aber konstant ist – dann ist die Währung real überbewertet, mit entsprechenden Folgen. Ebenfalls bedenklich ist eine starke Expansion der inländischen Geld- und Kreditmenge, das kann zu Inflation führen, die Exporte verteuern sich, das Handelsbilanzdefizit weitet sich aus, die Währung gerät unter Druck. Ebenfalls eng kann es werden, wenn sich ein Land zunehmend kurzfristig im Ausland finanziert, das bedeutet, dass immer mehr Kapital nur kurzfristig im Land gebunden ist und dementsprechend auf einmal rasch abgezogen werden kann, mit entsprechenden Folgen für den Wechselkurs.

Siebert, Horst (1999), Währungskrisen: Frühwarnindikatoren, Übertragungskanäle, Lösungsansätze, Kiel Working Papers, No. 909.

Position	Durchschnitt in	
	den 12 Monaten vor Währungsturbulenzen	ruhigen Zeiten
Realer Wechselkurs[1)]	–11,53	0,54
Exportwachstum[2)]	3,31	14,69
Kreditwachstum[2) 3)]	7,36	2,16
Inflationsdifferenz	47,22	20,14
Währungsreserven[4)]	19,31	25,66
Leistungsbilanzsaldo[3)]	–2,77	–1,54
US-Geldmarktzins[5)]	7,30	6,71

1) Abweichungen des realen Wechselkurses vom Trend. Reale Wechselkurse auf Basis der Entwicklung der Konsumentenpreise im Vergleich zu den USA
2) gegenüber dem Vorjahr in %
3) in Relation zum BIP
4) in Relation zur Geldmenge (breit abgegrenzt)
5) in % p.a.

Quelle: Deutsche Bundesbank (1999); Zur Bedeutung von Fundamentalfaktoren für die Entstehung von Währungskrisen in Entwicklungs- und Schwellenländern, Monatsbericht April 1999, S. 17

Abbildung 81: Frühwarnindikatoren von Währungskrisen
Die Tabelle zeigt, welche Variablen sich im Vorfeld einer Währungskrise ändern. Das Kreditwachstum beispielsweise (vierte Zeile) beträgt in ruhigen Zeiten 2,16 Prozent des Sozialproduktes (letzte Spalte), die letzten 12 Monate vor einer Währungskrise beträgt es mehr als 7 Prozent (zweite Spalte). Man sieht sehr schön, dass alle Variablen sich in den 12 Monaten vor der Krise deutlich anders verhalten als in ruhigen Zeiten.

Dieses Problem eines mangelnden Willens zur internationalen Koordination stellt sich auch bei der dritten Klasse von Ideen, den makroökonomischen Ansätzen. Was wird hier diskutiert?

- Da wären zum einen sogenannte Wechselkurszielzonen: Die beteiligten Staaten bemühen sich, die Wechselkurse innerhalb eines bestimmten Bandes zu halten. Wer sich mit dem EWS und dem System von Bretton Woods und mit den Ursachen von Währungskrisen beschäftigt hat, erkennt, dass dies de facto nichts anderes ist als ein verkleidetes Fixkurs-System – mit all den Problemen, die wir bereits hinlänglich diskutiert haben. Wer legt die Kurse fest? Wer muss in welcher Währung intervenieren? Was passiert, wenn eine Währung an die Kursgrenzen gerät? Lässt man Realigments (Neufestsetzungen des Wechselkurses) zu, und wenn ja, wann und wie handhabt man die? Kurzum: Probiert hat man das schon ein paar Mal, die Ergebnisse waren nicht sehr ermutigend. Man muss es vielleicht eher als eine Absichtserklärung der daran beteiligten Staaten verstehen, um die Devisenmärkte zu beruhigen. Wie wir aber gesehen haben, kann das leicht nach hinten losgehen, nämlich dann, wenn der offiziell verteidigte Wechselkurs nicht mehr den ökonomischen Realitäten entspricht.
- Ein anderer Ansatz wäre die Regulierung des internationalen Kapitalverkehrs (Kapitalverkehrskontrollen). Das ergibt sich aus unserer Inkonsistenz-Triade: Wenn man nicht die Hoheit über die eigene Geldpolitik aufgeben will, aber auch den Wechselkurs nicht frei schwanken lassen möchte, dann muss man eben den Kapitalverkehr kontrollieren und beschränken, das verhindert beispielsweise Kapitalflucht, die Druck auf den Wechselkurs ausüben würde. Instrumente von Kapitalverkehrskontrollen sind Beschränkungen beim Erwerb ausländischer Wertpapiere, eine Beschränkung der Konvertibilität (Umtauschbarkeit) der eigenen Währung oder auch Mindestreserven auf Anlagen von Ausländern – das alles erschwert Kapitalbewegungen. Kritiker sagen, dass dieses Instrument nicht geeignet sei, denn freier Kapitalverkehr erhöhe die Wohlfahrt, da das Kapital dorthin fließt, wo es den größten Nutzen bringt – wer dies unterbinde, versage sich Wachstum, das durch Investitionen entstehen würde, die mit diesem Kapital finanziert würden (das kennen wir alles aus dem Kapitel 3.1). Zudem kommt es zu Befürchtungen, dass eine Währung eine Mausefallenwährung wird: Man kann zwar sein Geld in einem Land investieren, doch wenn es ernst wird, kann man es nicht mehr nach Hause bringen und erleidet Verluste. Nicht wirklich ein Anreiz zum Investieren. Möglicherweise verschrecken Kapitalverkehrskontrollen also Investoren. Allerdings werden sie gern auch angewendet, wenn einem Land kurzfristig zu viele Devisen zufließen und massiver Aufwertungsdruck droht – zuletzt haben sich Schwellenländer wie Brasilien auf diesem Weg gegen zu hohe Kapitalzuflüsse gewehrt. Kurzum: Als kurzfristige Feuerwehrlösung durchaus eine Möglichkeit, aber langfristig wirken Kapitalverkehrskontrollen wie Schmerzmittel: Sie kurieren nur an den Symptomen, statt die Ursache zu bekämpfen, nämlich den falschen Wechselkurs.
- Ein weiterer Ansatz ist die sogenannte Tobin-Steuer, eine Steuer auf Devisentransaktionen, die den Handel mit Devisen verteuern würde – und damit, so

die Idee, die kurzfristige Spekulation mit Währungen reduziert (weil diese nun teurer und damit weniger lukrativ wird) und die Kursschwankungen an den Devisenmärkten reduziert. Hier gibt es mehrere Probleme, die man erörtern muss: Aus praktischer Sicht stellt sich das Problem, dass man alle Devisenströme weltweit erfassen und besteuern muss, um Ausweichreaktionen zu vermeiden – ein Ding der Unmöglichkeit. Weiterhin würde es bei kleinen Währungen vermutlich zu Doppelbesteuerungen kommen, da diese oft nicht direkt, sondern über eine Zwischenwährung gewechselt werden. Wenn Sie also albanische Lek in chilenische Peso tauschen wollen, so machen Sie das nicht direkt, sondern tauschen die Lek zuerst in Dollar (oder Euro), dann die Dollar in Peso – und schon wird diese Transaktion doppelt besteuert. Zudem würden sich die Kursausschläge in kleinen Währungen vermutlich nicht reduzieren, sondern erhöhen, weil nun weniger Liquidität im Markt ist. Man kann sich das vorstellen wie auf einer Auktionsplattform: Wo werden Sie etwas kaufen oder verkaufen? Natürlich auf der Plattform, auf der das größte Angebot/die größte Nachfrage herrscht, denn dort können Sie sicher sein, dass die Preisschwankungen nicht sehr groß sein werden und Sie den besten Preis bekommen. Wenn aber auf der Plattform nur ab und an etwas verkauft/gekauft wird, ist das Risiko hoch, dass der Preis jedes Mal ein ganz anderer ist. (Wenn Sie beispielsweise Ihren Rembrandt eilig verkaufen müssen, weil Sie Geld brauchen, auf der Plattform aber nur ein Interessent ist, wird das den Preis ganz schön drücken. Auf Ebay würde Ihnen das nicht passieren.) Kurzum: Die großen Währungen wie Dollar, Yen oder Euro schwanken weniger als kleine Währungen (weil sie liquider sind, es also mehr Angebot und Nachfrage gibt), weswegen hier eine Tobin-Steuer weniger notwendig ist. Doch es sind gerade die kleinen Währungen, bei denen die Steuer zu noch mehr Kursschwankungen führen würde (weil die Steuer den Umfang der Transaktionen reduziert, also weniger Käufer/Verkäufer auf die Plattform lockt) – das Resultat dieser Steuer wäre das Gegenteil dessen, was man beabsichtigt hat. Darüber hinaus muss man bezweifeln, dass bei extremen Ereignissen wie Währungskrisen – und die sollen ja verhindert werden – eine Tobin-Steuer wirklich eine panische Herde von Investoren aufhalten kann, denn die vorgeschlagenen Sätze sind sehr niedrig. Nicht zuletzt sollten Sie sich fragen, wer denn am Ende die Last dieser Steuer trägt – je mehr die Finanzdienstleister diese Steuer auf die Preise überwälzen können, umso mehr trägt sie der Endkonsument. Am Ende dieser Veranstaltung werden dann letztlich auch Sie die Last der Steuer tragen.

Info: Mehr Steuern für eine bessere Welt: ATTAC

Die globalisierungskritische Bewegung Attac (Vereinigung zur Besteuerung von Finanztransaktionen im Interesse der BürgerInnen, auf Französich: **A**ssociation pour une **t**axation des **t**ransactions financières pour l'**a**ide aux **c**itoyens) entstand als Protestbewegung mit der Forderung nach der Einführung einer Tobin-Steuer, mittlerweile protestiert Attac aber gegen praktisch jedes Globalisierungsphänomen. Attac selbst sagt, dass sich dem Attac-Netzwerk 90.000 Mitglieder in 50 Ländern angeschlossen haben. Die Situationsanalyse von Attac ist rabenschwarz: Die Schere zwischen Arm und

Reich öffnet sich überall immer weiter; Hunger in der Welt, Kinderarbeit stehen gegen Rekordgewinne von Konzernen, die Mitarbeiter entlassen; der Klimawandel zerstört die Welt; um Rohstoffe werden Kriege geführt – das hat schon was von Apokalypse. Der Gegenentwurf zu dieser Welt ist das, was Attac eine soziale und ökologische Globalisierung nennt, eine gleichberechtigte internationale Zusammenarbeit und eine nachhaltige, umweltgerechte Entwicklung des Nordens wie des Südens, eine Welt, in der Demokratie für alle Menschen gewährleistet sei und kulturelle Vielfalt erhalten bleibe – hinreichend unpräzise Forderungen, um Menschen zu begeistern, sagen Kritiker. Ein weiterer Vorwurf gegen Attac ist der des latenten Antisemitismus – die Kritik an Banken und dem Finanzwesen erinnere doch stark an die antisemitischen Ausfälle gegen die jüdische Zinsknechtschaft im Dritten Reich. James Tobin, der als Vater der Tobin-Steuer gilt, scheint jedenfalls wenig Faible für die Globalisierungskritiker zu haben. In einem Interview im Jahr 2001 erklärte er zu den globalisierungskritischen Protesten lapidar: „Im großen Ganzen sind deren Positionen gut gemeint und schlecht durchdacht. Ich will meinen Namen nicht damit assoziiert wissen ... Ich habe nicht das Geringste gemein mit diesen Anti-Globalisierungs-Revoluzzern. Der meiste Applaus kommt von der falschen Seite ... ich bin Ökonom und wie die meisten Ökonomen ein Anhänger des Freihandels. Ich befürworte außerdem den Internationalen Währungsfonds, die Weltbank, die Welthandelsorganisation – all das, wogegen diese Bewegung anrennt. Die missbrauchen meinen Namen."

Reiermann, Christian; Schießl, Michaela (2001), Die missbrauchen meinen Namen, *Spiegel Online*, URL http://www.spiegel.de/spiegel/print/d-20017795.html

(Foto: ullstein bild – CARO / Reiner Zensen)

ATTAC bei der Arbeit

Einen makroökonomischen Ansatz wollen wir uns noch etwas näher anschauen, nämlich die Idee einer internationalen Organisation zur Bekämpfung von Währungs- und Zahlungsbilanzkrisen – die Rede ist hier vom IWF (engl. IMF), den wir bereits vom System von Bretton Woods her kennen.

Info: Der IMF und Kapitalverkehrskontrollen

„Der Internationale Währungsfonds (IMF) holt Kapitalverkehrskontrollen aus dem Giftschrank. Staaten, die mit starken Zu- oder Abflüssen von Kapital aus dem Ausland konfrontiert seien, könnten solche Instrumente eine Atempause verschaffen, schreibt der IMF. Erstmals legt der Fonds quasi eine Gebrauchsanweisung für Kapitalverkehrskontrollen vor – obwohl umstritten ist, ob diese den Finanzsektor eines Landes überhaupt stabiler machen können. Der Sinneswandel des IMF hat zum einen mit der Finanzkrise zu tun. So habe diese selbst in europäischen Ländern – gemeint dürfte etwa Spanien sein – die Risiken aus jahrelang hohen Zuflüssen offengelegt, schreibt er. Der IMF weiß allerdings auch, dass hier die bessere Überwachung des Bankensektors und nicht Kapitalverkehrskontrollen Auswüchsen hätten vorbeugen können ... Wie sieht eine typische Kapitalverkehrskontrolle aus? Brasilien hat 2009 den Kauf von Obligationen und Aktien durch Ausländer mit einer Steuer von 2 % belegt, die später erhöht wurde. Dies sollte die Attraktivität für Zuflüsse in das Land mindern ... So werden die Vorzüge der Kapitalmobilität durchaus gesehen: Sie hilft beim Transfer von Technologie und Managementpraktiken, vor allem wenn es sich um Direktinvestitionen, also Beteiligungen an Firmen, handelt. Zudem erhält der Finanzsektor eines Landes oft einen Entwicklungsschub. Dies tönt jedoch alles etwas technokratisch: Letztlich bedeutet ein offener Kapitalmarkt die Freiheit des Einzelnen, sein Geld dort einzusetzen, wo er sich am meisten davon verspricht – ohne dass ihm Staaten Hürden in den Weg legen ... Immerhin schreibt der IMF, dass Länder mit lange bestehenden Einschränkungen am ehesten von Liberalisierungsschritten profitierten. Viel Gewicht legt der IMF auf die Risiken des freien Kapitalverkehrs. So könnten Zu- und Abflüsse Schwankungen im Wirtschaftsverlauf verstärken. Gemeint ist etwa, dass ein plötzlicher Abfluss von Mitteln den Finanzsektor in Bedrängnis bringt oder ein rascher Zufluss den Wert der Währung derart erhöht, dass der Exportsektor stark darunter leidet ... Laut IMF sollten Schwellenländer den Kapitalverkehr deshalb stufenweise liberalisieren: Es gelte, sich zunächst für Direktinvestitionen zu öffnen, die recht stabil seien, und erst am Schluss für Portfolioinvestitionen mit kurzer Laufzeit."

Eisenring, Christoph (2012), Salonfähige Kapitalverkehrskontrollen, *Neue Züricher Zeitung Online*, URL http://www.nzz.ch/aktuell/wirtschaft/wirtschaftsnachrichten/salonfaehige-kapitalverkehrskontrollen-1.17867293

Der IWF bekam mit seiner Gründung den Auftrag, Mitgliedern des Bretton-Woods-Systems bei Zahlungsbilanzdefiziten mit Finanzhilfen beizustehen, damit diese ihren internationalen Verpflichtungen nachkommen können und nicht stattdessen den Zahlungsverkehr beschränken.

Das funktioniert in etwa wie folgt: Wenn ein Land in Zahlungsschwierigkeiten gerät und seinen internationalen Zahlungsverpflichtungen nicht mehr nachkommen kann (also an den internationalen Kapitalmärkten kein Geld mehr bekommt), wendet es sich an den IWF, um Überbrückungskredite zu bekommen. Diese Kredite haben drei Ziele: Zum einen sollen sie die Anpassung an ökonomische Schocks erleichtern – wenn ein Land von einer Krise getroffen wird, sollen die Kredite die Folgen dieser Krise abfedern; im schlimmsten Fall können sie einen Staatsbankrott verhindern. Damit versuchen diese Kredite, Ansteckungseffekte zu vermeiden, die wir bereits diskutiert haben. Zweitens können Kredite des IWF andere internationale Geldgeber dazu bewegen, dem betreffenden Land finanziell zu helfen oder entgegenzukommen – auch das erhöht die Chance, einem Staatsbankrott mit anschließenden weltweiten Ansteckungseffekten zu entgehen. Das ist auch Ziel Nummer drei: eine massive Krise und die daraus resultierenden Ansteckungseffekte für andere Staaten zu vermeiden. Im Weiteren passiert Folgendes:

- Hat ein Land den IWF um Beistand angerufen, so analysiert dieser zuerst die aktuelle Situation und gibt erste Handlungsempfehlungen.
- Allerdings geschieht dies nur unter Bedingungen: Der Kredit des IWF ist an wirtschaftspolitische Auflagen gebunden – welche das im Einzelnen sein können, schauen wir uns gleich an. Die Auflagen werden allerdings mit der Regierung des betreffenden Landes abgesprochen, sie sind also kein einseitiges Diktat des IWF. Die Regierung des betreffenden Landes formuliert die Programmziele in einem „Letter of Intent" an den IWF.
- Im Einzelnen gibt es verschiedene Kreditprogramme des IWF, teils mit unterschiedlichen Zielgruppen und -richtungen. Für Entwicklungsländer nutzt man vor allem die sogenannten Stand-by-Arrangements, bei Ländern mit soliden Fundamentaldaten nutzt man die flexible Credit Line, für Feuerwehreinsätze gibt es das Rapid Financing Instrument, die Extended Fund Facility ist für die ganz schweren Fälle gedacht. Für Länder mit geringen Einkommen gibt es darüber hinaus noch einmal einige besondere Programme. Und in den ganz schweren Fällen gibt es auch Initiativen zum Schuldenerlass.
- Der Kredit wird in der Regel in mehreren Teilen (Tranchen) ausgezahlt; zugleich überwacht der IWF die Umsetzung der vereinbarten Auflagen. Werden die Auflagen nicht erfüllt, werden die weiteren Kredittranchen eingefroren. Die Dauer eines solchen Programms beträgt in der Regel fünf Jahre, es kann aber auch verlängert werden. Zudem ist während des Programms auch eine flexible Anpassung der Programmziele möglich.

Soweit also zum ungefähren Vorgehen des IWF bei Währungs- und Zahlungsbilanzkrisen – was aber genau schlägt der IWF vor? Dazu muss man sich die Lage der Länder vor Augen halten, die sich an den IWF wenden: Sie leiden zumeist unter hoher Auslandsverschuldung, einem mehr oder weniger chronischen Handelsbilanzdefizit (dessen Folge ja die Auslandsverschuldung ist) und unter Kapitalabflüssen (was bedeutet, dass sie ihr Handelsbilanzdefizit nicht mehr finanzieren können). Die Folge sind hohe Devisenabflüsse und steigende Kosten der Verschuldung im Ausland (weil die ausländischen Gläubiger eine höhere Risikoprämie haben wollen, bevor sie dem betreffenden Land mehr Geld leihen), was das Land weiter an den Abgrund drängt. In einer solchen Situation steht die Währung des Landes naturgemäß unter Abwertungsdruck;

möglicherweise kommt nun noch Währungsspekulation dazu, nämlich dann, wenn das Land versucht, den bisherigen Wechselkurs zu verteidigen. Welche Handlungsoptionen hat man in so einer Situation?

- Kurzfristig kann man die Situation stabilisieren, indem man dem Land die benötigten Devisen leiht, damit es weiter sein Handelsbilanzdefizit finanzieren kann – dadurch verhindert man, dass unmittelbar die Lichter ausgehen. Dass das keine nachhaltige Strategie ist, ist klar, man kann damit nur etwas Zeit kaufen, die Ursachen der Probleme löst man damit nicht.
- Man kann im Inland die Zinsen erhöhen. Das lockt wieder Kapital aus dem Ausland an, das führt zu Zuflüssen der dringend benötigten Devisen, mit denen man seinen Verpflichtungen nachkommen kann. Allerdings hat diese Strategie zwei Haken: Erstens führen höhere Zinsen im Inland zu sinkenden Investitionen und damit zu sinkender Beschäftigung – das Wirtschaftswachstum sinkt, das untergräbt die Fähigkeit des Landes, Werte zu schaffen, mit deren Hilfe man später die Auslandsverschuldung zurückzahlen kann. Und zweitens erhöht sich auf diesem Weg ja auch die Auslandsverschuldung des Landes weiter – das zufließende ausländische Kapital will entlohnt und zurückgezahlt werden, das Land gerät weiter in den Schuldensog.
- Genauso wenig verlockend ist die nächste Option: Man reduziert die Nachfrage des Inlands nach Importen, dadurch sinkt der Bedarf an ausländischen Devisen, das Handelsbilanzdefizit verschwindet und der Wechselkurs könnte sich stabilisieren. Das ginge beispielsweise durch eine keynesianisch orientierte restriktive Fiskalpolitik, der Staat senkt also seine Ausgaben. Die Folgen im Inland entsprechen denen einer Politik der steigenden Zinsen: sinkendes Sozialprodukt, weniger Beschäftigung und Wachstum und damit auch sinkende Fähigkeit, seine Schulden langfristig abzubauen.
- Die nächste Option wäre, das zu betreiben, was Fachleute Angebotspolitik, Kritiker dagegen neoliberale Strangulierung nennen: Liberalisierung von Märkten, Kürzung staatlicher Budgets, mehr Eigenverantwortung für die Bürger, bessere Investitionsbedingungen, bessere Produktionsbedingungen, geringere Lohnkosten. Einmal abgesehen davon, dass dies alles Maßnahmen sind, die politisch ungefähr so populär sind wie Pest und Cholera, ist diese Politik eine Frage des Zeithorizonts: Nehmen wir einmal an, diese Politik wirkt, dann verbessern sich die Produktionsbedingungen, die Fähigkeit der inländischen Produzenten, ihre Waren im Ausland abzusetzen, steigt, sie exportieren mehr, erzielen Zahlungsbilanzüberschüsse, der Abwertungsdruck verschwindet dadurch und man kann die Auslandsschulden zurückzahlen. Das Problem aber ist, dass solche Maßnahmen ihre Zeit brauchen, es kann Jahre dauern, bis diese Politik Früchte trägt, und angesichts einer akuten Währungs- und Zahlungsbilanzkrise ist es fraglich, ob auf Wiederwahl angewiesene Politiker diese Zeit aufbringen können. Theoretisch korrekt, politisch inakzeptabel und zu langfristig angelegt.
- Eine weitere Maßnahme wäre, die inländische Währung abzuwerten – das reduziert die Nachfrage nach Importen und nimmt den Druck von der Währung. Hat sich das Land allerdings in ausländischer Währung verschuldet, so steigt der Schuldenberg weiter. Und wenn die Importe teurer werden, steigt

möglicherweise auch die inländische Inflationsrate (vor allem wenn das Land Öl importieren muss), was die Handelsbilanz wieder verschlechtert.

- Der letzte Pfeil im Köcher wäre eine Beschränkung des Kapitalverkehrs sowie eine Beschränkung des Handels – mit all den grundsätzlich negativen Wohlfahrtsfolgen, die wir bereits im ersten Teil des Buches erörtert haben. Zudem muss man auch hier fragen, ob diese Politik wirklich ursachenadäquat ist, vermutlich verschafft sie nur ein wenig Luft, löst aber langfristig die Probleme des betreffenden Landes nicht.

Der IWF greift in der Praxis zumeist auf alle Möglichkeiten zurück, allerdings kaum auf die erste (weil sie langfristig einfach nicht möglich ist). Was die Beschränkungen des Kapitalverkehrs angeht, ist man beim IWF wohl mittlerweile etwas flexibler als früher (lesen Sie dazu den Kasten über den IWF und seine Kapitalverkehrskontrollen).

In der Realität hat der IWF dafür nicht sonderlich viel Lob bekommen, er ist eine der bevorzugten Zielscheiben der Globalisierungskritiker. Was wird ihm im Einzelnen vorgeworfen?

- Ein Vorwurf lautet, dass die Kreditvergabe des IWF zu restriktiv sei und die Sparprogramme zu hart seien, sie würden die Wirtschaft des Landes abwürgen, statt das Land wieder gesunden zu lassen. Allerdings muss diesen Kritikern klar sein, dass mehr Geld ausgeben irgendwie keine Option ist für ein Land, das gerade eine Schulden- und Währungskrise durchlebt. Man kann sich allenfalls darüber streiten, wie hart die Sparauflagen sind und über welchen Zeitraum man diese streckt.
- Im Gegensatz zum ersten Punkt gibt es Kritiker, die dem IWF vorwerfen, dass die Kreditvergabe zu lax ist und die Auflagen nicht streng genug. Die Folge einer solchen Politik wäre das, was Ökonomen Moral Hazard (moralisches Risiko) nennen: Internationale Investoren leihen überschuldeten Ländern Geld zu hohen Zinsen mit der Erwartung, dass der IWF einspringt, wenn das Land nicht zurückzahlen kann. Zahlt das Land brav zurück, bekommt man als Investor einen hohen Zins, streckt das Land die Waffen, springt der IWF ein. Das wäre ein klassischer Fehlanreiz. Und wenn das Land weiß, dass im Notfall der IWF einspringt, wird es auch unbesorgter mit seiner Zahlungsbilanz und seinen Auslandsschulden umgehen.
- Ein weiterer Kritikpunkt entzündet sich an den Sparprogrammen des IWF, diese führten zu einem wirtschaftlichen Abschwung und gingen zulasten ärmerer Bevölkerungsschichten. Ob dies so ist, muss man im Einzelfall prüfen, allerdings gilt grundsätzlich: Wenn ein Land überschuldet ist, hat es über seine Verhältnisse gelebt und muss seine Ansprüche wieder herunterschrauben – so ein Prozess ist immer schmerzhaft. Stellen Sie sich vor, Sie haben jahrelang mehr ausgegeben als eingenommen, haben sich einen entsprechenden Lebensstil angewöhnt, und nun kommt der RTL-Schuldenberater Peter Zwegat und sagt Ihnen, dass Sie Ihre Ausgaben reduzieren müssen – natürlich tut das weh, aber kann man diesem Schmerz entgehen?
- Ein weiterer Kritikpunkt: Wenn die Ursache der Krise eine rasche, plötzliche Umkehr der Kapitalströme ist, dann ist eine Radikalkur für die Realwirtschaft (also Angebotspolitik oder höhere Zinsen, niedrigere Ausgaben) nicht

nötig, es würde ausreichen, mit ausreichenden Devisenreserven gegen den Abwertungsdruck Widerstand zu leisten. Restriktive Politik würde in so einem Fall die Krise verschärfen. Das ist grundsätzlich richtig, gilt aber nur für den Fall, dass die Währungskrise einzig durch eine unmotivierte Änderung der Kapitalströme ausgelöst wurde. Bei den meisten Währungskrisen dürfte das nicht der Fall sein.

- Ein sicherlich ernst zu nehmender Kritikpunkt ist, dass man für jedes Krisenland eine individuelle Lösung finden muss – dem IWF wird oft vorgeworfen, er gehe einfach nach Schema F vor, ohne sich für die Details zu interessieren. Wie wir aber oben gesehen haben, entstehen die Anpassungsprogramme in Absprache mit dem betreffenden Land, und es wäre auch sicher zu leichtfertig, den IWF-Ökonomen vorzuwerfen, dass sie einfach fertige Programme aus der Schublade ziehen und diese ohne Rücksicht auf individuelle Fälle abspulen. Nichtsdestotrotz zeigt dieses Argument, wie wichtig es ist, sich mit jedem Krisenland individuell auseinanderzusetzen.
- Ein anderer Kritikpunkt stellt darauf ab, dass der IWF selbst mit kritischen Anmerkungen über einzelne Staaten für eine Krise sorgt. Ernennt der IWF ein Land zu einem Wackelkandidaten, so das Argument, werden die Investoren dieses Land meiden und es kommt zu einer sich selbst erfüllenden Prophezeiung. Grundsätzlich ist so etwas vorstellbar, aber erstens würde der IWF dann lediglich als eine Art Beschleuniger funktionieren, der eine absehbare Krise ankündigt und damit den Stein ins Rollen bringt – in den meisten Fällen wäre der Stein früher oder später auch so losgerollt. Zweitens darf man wohl den Verantwortlichen beim IWF attestieren, dass sie nicht ganz so dämlich sind, um diese Gefahr wissen und dementsprechend vorsichtig agieren.
- In der Anti-Globalisierungs-Debatte verengt sich die Kritik am IWF zumeist auf das „Diktat des IWF", was suggerieren soll, dass die Hilfe suchenden Staaten gar nicht anders können, als dem IWF zu gehorchen. Das ist so zu einfach, man könnte fast vermuten, dass dieses Argument von den Politikern des betreffenden Landes erfunden wurde, die ihr eigenes Land vor die Wand gefahren haben, lenkt es doch von den wahren Schuldigen ab. Wenn Sie überschuldet sind und unser RTL-Schuldenberater Peter Zwegat Ihnen nun sagt, dass Sie das Abo im Fitness-Club kündigen müssen, damit die Bank Ihren Kredit verlängert, wem geben Sie dann die Schuld? Eben.

Unter dem Strich sehen Sie, dass der IWF auch nur begrenzte Möglichkeiten hat – letztlich können die meisten Zahlungsbilanzkrisen nur gelöst werden, indem das betreffende Land vor seiner eigenen Tür kehrt, so bitter das klingt.

Aufgabe:

Suchen Sie in den Medien Beispiele für Länder, die sich IWF-Programmen unterziehen mussten. Welches waren die Probleme dieser Länder, welches die Ursachen? Welche Maßnahmen verordnete der IWF? Waren die Programme erfolgreich?

(Foto: ullstein bild – Giribas)

Man kann nicht nur Freunde haben

Info: Die zwei Leben des IWF

In den ersten beiden Jahrzehnten des Bestehens des IWF vergab er mehr als die Hälfte aller Kredite an industrialisierte Staaten, doch mit Beginn der 1970er-Jahre waren diese Staaten immer mehr in der Lage, ihren Finanzbedarf selbst über die Kapitalmärkte zu decken. Mit den Ölpreisschocks 1974 und 1980 verlieh der IWF zunehmend an Staaten mit geringeren Einkommen, in den Neunzigerjahren schließlich kümmerte man sich vor allem um die osteuropäischen Transformationsstaaten. Mitte der 2000er-Jahre schien es, als werde der IWF zunehmend überflüssig, viele Staaten zahlten ihre Kredite zurück, die weltweiten ökonomischen Bedingungen waren gut, niemand rief nach einem Retter. Es schien, als ob niemand mehr den IWF benötige. Doch dann kam die Immobilienkrise des Jahres 2007 und die sich daraus entwickelnde Euro-Krise und plötzlich war der IWF gefragter denn je. Mittlerweile hat der IWF Programme in mehr als 50 Staaten laufen und hat seit Beginn der Finanzkrise mehr als 325 Milliarden Dollar verliehen. Die Krise hat dem IWF ein zweites Leben eingehaucht.

Literatur

International Monetary Fund (2011), Analytics of Systemic Crises and the Role of Global Financial Safety Nets. Prepared by the Strategy, Policy, and Review Department, URL http://www.imf.org/external/np/pp/eng/2011/053111.pdf

Will, Matthias Georg; Prehn, Sören; Pies, Ingo; Glauben, Thomas (2012), Schadet oder nützt die Finanzspekulation mit Agrarrohstoffen? – Ein Literaturüberblick zum aktuellen Stand der empirischen Forschung, Diskussionspapier Nr. 2012-26 des Lehrstuhls für Wirtschaftsethik an der Martin-Luther-Universität Halle-Wittenberg, Halle 2012.

Pies, Ingo (o.J.), Chancengerechtigkeit durch Ernährungssicherung – Zur Solidaritätsfunktion der Marktwirtschaft bei der Bekämpfung des weltweiten Hungers, Wirtschaftsethik-Studie des Lehrstuhls für Wirtschaftsethik an der Martin-Luther-Universität Halle-Wittenberg im Auftrag der Initiative Neue Soziale Marktwirtschaft (INSM), Halle.

6 Der Traum vom Euro: Die Europäische Währungsunion

Dieses Kapitel hat zum Ziel, dass Sie

- wissen, was hinter der Idee einer gemeinsamen Währung steckt,
- welche Vor- und Nachteile eine gemeinsame Währung hat,
- wie Wirtschaftspolitik in einer Währungsunion funktioniert
- unter welchen Bedingungen eine Währungsunion stabil bleiben kann,
- erfahren, wie die Europäische Währungsunion gegründet wurde, wie sie in die Krise rutschte und welche Lösungsmöglichkeiten es gibt.

Wichtige Begriffe in diesem Kapitel

Konvergenzkriterien, optimale Währungsräume, Euro-Bonds, Transferunion, Fiskalunion, Bail-out-Klausel, Quantitative Easing, Qualitative Easing, Insolvenzordnung für Staaten

@ **Einen aktuellen Foliensatz zu diesem Kapitel finden Sie unter www.vahlen.de/15879880**

Worum geht es? Die Entscheidung der europäischen Politiker, einen Großteil der europäischen Staaten unter das Dach einer gemeinsamen Währung zu bitten, war wohl eine der wichtigsten und folgenschwersten wirtschaftspolitischen Entscheidungen der vergangenen Jahre. Das Ergebnis war eine Krise von historischem Ausmaß – Grund genug, sich abschließend mit der Krise der europäischen Gemeinschaftswährung auseinanderzusetzen. Zudem eignet sich die Einführung des Euro als exzellente Fallstudie zu fast all den Themenkomplexen, die in diesem Buch bisher behandelt wurden. Viele der bisher behandelten Themen werden uns in geballter Form wieder begegnen. Dazu wollen wir im ersten Schritt die Argumente für eine Währungsunion vorstellen, dann die Zusammenhänge innerhalb einer solchen Union erörtern, inklusive einer Theorie dazu, was einen optimalen Währungsraum ausmacht. Anschließend werden wir uns das Drama um den Euro anschauen, wie weit es bisher gediehen ist, und uns mit alternativen Ansätzen zur Lösung der Euro-Probleme beschäftigen. Fangen wir mit einer einfachen Frage an: Benötigen wir eine Währungsunion?

Warum eine gemeinsame Währung? Ein populäres Beispiel, mit dem man den Europäern den Euro schmackhaft machte, war recht einfach: Stellen Sie sich vor, Sie reisen hintereinander durch alle Länder Europas und müssen an jeder Grenze wieder Ihr Geld in die jeweilige Landeswährung wechseln – dann bleibt Ihnen am Ende Ihrer Rundreise nur noch die Hälfte des Geldes übrig, so hoch sind die Kosten des Geldwechselns. In der Tat kostet es zumeist Geld, Geld zu wechseln, doch ehrlich: Wer von Ihnen ist schon einmal durch alle EU-Länder hintereinander gereist? Für uns Privatleute war der Euro nicht wirklich der große Heilsbringer, die Vorteile einer gemeinsamen Währung sind eher aufseiten der Industrie zu suchen. Im Einzelnen werden hier genannt:

- Mehr Preistransparenz. Durch eine gemeinsame Währung, so das Argument, können die Konsumenten wesentlich besser die Preise verschiedener Produkte auch über die Grenzen hinweg vergleichen, das erhöht den Wettbewerb. Das stimmt zwar grundsätzlich und klingt auch danach, als werde hier noch einmal an den Verbraucher gedacht, aber auch hier muss man bezweifeln, dass erstens so viele Bürger den Preis eines Cappuccino in Mannheim mit dem Preis in Venedig vergleichen, und dass zweitens diejenigen, die das tun, so doof sind, dass sie Lira nicht in D-Mark umrechnen können.
- Wesentlich wichtiger ist da das oft genannte Argument, dass die Unternehmen nun beim grenzüberschreitenden Warenverkehr in einem gemeinsamen Währungsraum sich nicht mehr gegen Wechselkursveränderungen absichern müssen, was die Kosten der Unternehmen senkt. So rechnet Straubhaar (2013) mittels einer überschlägigen kurzen Rechnung vor, dass die Deutschen pro Jahr 30 Milliarden Euro an solchen Kosten sparen (vorausgesetzt, rund 50 Prozent des deutschen Handels sind davon betroffen und die Kosten belaufen sich auf 3 Prozent des Warenwerts). Wie hoch dieser Betrag wirklich ist, mag dahingestellt sein, zumindest ist das in der Tat ein Aktivposten. Allerdings muss man schauen, wie hoch im Vergleich dazu die Kosten dieses Abenteuers sind, um ein komplettes Bild zu erhalten.
- Oft wird auch noch der Vorteil genannt, dass eine gemeinsame Währung Unsicherheiten über zukünftige Wechselkursschwankungen beseitigt – dieses Argument ist allerdings gewissermaßen eine Doppelzählung, denn wenn sich die Betriebe gegen Wechselkursschwankungen absichern, gibt es ja keine Unsicherheit mehr. Entweder also verweist man auf die eingesparten Absicherungskosten oder aber auf die reduzierte Unsicherheit – aber nicht auf beides zusammen. Wer sich absichert, hat keine Unsicherheit mehr, die Kosten der Unsicherheit betragen also – wenn man Straubhaars Rechnung akzeptiert – 30 Milliarden Euro pro Jahr. Und die kann man nur einmal sparen.
- Ein weiteres Argument für eine gemeinsame Währung ist, dass dadurch Abwertungswettläufe zwischen Staaten vermieden werden. Wer er es gern bösartiger mag, kann das auch so formulieren: Die Politiker trauen sich nicht einmal zu, einen Währungskrieg zu vermeiden – denn ob es zu einem solchen Krieg kommt oder nicht, liegt allein in ihrer Hand, also geben sie lieber ganz die eigene Währung auf. Wir wollen also eine gemeinsame Währung mit Nachbarn, die wir ansonsten zu einem Währungskrieg herausfordern würden – klingt nicht überzeugend. Politisch formulierte das der Altbundeskanzler Helmut Schmidt einmal dahingehend, dass der Euro eine Frage von Krieg und Frieden sei. Einleuchtend?
- Ein weiteres Argument ist, dass ohne den Euro die D-Mark weiter aufgewertet hätte und dadurch die deutsche Exportwirtschaft in Bedrängnis geraten wäre. Das klingt plausibel, dürfte aber nur die halbe Wahrheit sein: Den Staaten ist dadurch die Möglichkeit genommen, den eigenen Wechselkurs

zu manipulieren, aber wie wir sehen werden, kommt es trotzdem zu Abwertungen oder Aufwertungen, nämlich zu realen Ab- und Aufwertungen. Zudem wissen wir ja bereits, dass eine Aufwertung zwar der Exportindustrie schadet, aber allen Importkunden nützt – ein einseitiger Nachteil ist das also nicht. Nicht zuletzt werden wir sehen: Man kann zwar eine Aufwertung verhindern, wenn man den Wechselkurs abschafft, aber die Ursache dieser Wechselkursänderungen – unterschiedliche wirtschaftliche Entwicklungen in den einzelnen Staaten – sind dadurch nicht beseitigt. Und deren Folgen zeigen sich dann eben an anderer Stelle.

- Realpolitisch ging es wohl vor allem darum, die deutsche Dominanz im EWS (die wir bereits kennengelernt haben) zu brechen: Die Bundesbank bestimmte über ihre Inflationspolitik aufgrund der fixen Wechselkurse des EWS die Zinspolitik in ganz Europa (weil die anderen Staaten ihren Wechselkurs verteidigen mussten, indem sie ihre Zinsen an die deutschen Zinsen anpassten), und das war den meisten Staaten ein Dorn im Auge. In einer Währungsunion, so die (nach außen natürlich so nicht kommunizierte) Idee könnte man die Deutschen zähmen und ein Ende der deutschen Hochzinspolitik einläuten. Ironischerweise waren es aber wieder die Deutschen, die den Ton angaben, diesmal nicht über die Zinsen, sondern über die Arbeitskosten, wie wir sehen werden.
- Zuletzt bleiben noch politische Argumente, vor allem von der Brechung der Dominanz des Dollar als Leitwährung, einem stärkeren Europa als Akteur auf den internationalen Devisenmärkten – zumeist waren das recht blumige, nett klingende Argumente mit wenig ökonomischem Inhalt. Ökonomisch kann man hier Folgendes sagen: Das Land, das eine Leitwährung sein eigen nennt, hat dadurch natürlich gewisse Vorteile, wie wir im Falle der Vereinigten Staaten im Bretton Woods-Systems gesehen haben. Man kann sich leichter und billiger in der eigenen Währung verschulden – allerdings nur, solange man nicht zu undiszipliniert wird, wie im Falle des Bretton-Woods-Systems. Alle anderen machtpolitischen Überlegungen lassen sich ökonomisch nicht ergründen. Man kann nur sagen, dass eine schlecht gemachte Währungsunion eine Union international eher schwächt als stärkt – insofern ist auch dieses Argument mit Vorsicht zu genießen.

Den Vorteilen der Währungsunion stehen einige Nachteile gegenüber, die wir im weiteren Verlauf studieren werden. Den wichtigsten Nachteil erkennen Sie aber bereits, wenn Sie an unser magisches Dreieck denken: Eine Währungsunion bedeutet, dass sozusagen der Wechselkurs ein für allemal fixiert wird – damit ist eine Seite unseres Dreiecks gesetzt. Wenn Sie – was in einem gemeinsamen Markt wie der EU ebenfalls als gesetzt gilt – nun auch freien Kapitalverkehr zulassen, steht fest, dass die einzelnen Mitgliedstaaten keine eigenständige Geldpolitik mehr betreiben können. Dieses Politikinstrument ist damit unwiderruflich verloren, es kann nur noch *eine* gemeinsame Geldpolitik für *alle* Mitgliedstaaten geben. Weiterhin fehlt der Wechselkurs als eine Art Schockabsorber: Wenn die Konjunktur im Land in die Knie geht, die Beschäftigung sinkt, die Nachfrage fehlt, dann kann eine Abwertung der eigenen Währung einen konjunkturpolitischen Impuls setzen – sie erhöht potenziell die Exporte und damit die gesamtwirtschaftliche Nachfrage. Im Grunde genommen geschieht das ja nur dadurch, dass wir unsere Waren für das Ausland billiger machen – aber im Gegensatz zu direkten Preissenkungen oder Lohnsenkungen (die ja unsere Exporte auch billiger machen würden) stößt diese Preissenkung über den Wechselkurs auf einen geringeren politischen Widerstand – ein politisch nicht zu unterschätzender Vorteil. Bevor wir dieses Argument aufgreifen, müssen wir uns mit der inneren Mechanik einer Währungsunion auseinandersetzen.

Aufgabe:
Diskutieren Sie: Wo hat der Euro Ihnen persönliche Vorteile gebracht? Wo ist er nachteilig für Sie?

Wie funktioniert eine gemeinsame Währung? Im Grunde genommen können Sie sich eine Währungsunion vorstellen wie ein Festkurssystem (wie beispielsweise Bretton Woods) – nur dass der Wechselkurs nun nicht nur fixiert, sondern gänzlich abgeschafft ist. Die grundsätzlichen Mechanismen, die bei festen Wechselkursen greifen, wirken auch hier, der entscheidende Unterschied ist, dass es nur noch eine Notenbank gibt, welche die Geldpolitik für alle Mitgliedstaaten festlegt und nicht mehr mehrere Notenbanken mit individuellen Devisenbilanzen – auch dieser Umstand wird uns noch beschäftigen. Wenn sich also in einer Währungsunion die Wirtschaftsdaten zweier Mitgliedstaaten ändern, so hat das Folgen für die Handels- und die Kapitalbilanz. Und die Frage ist, wie die daran beteiligten Staaten darauf reagieren – eine Abwertung oder eine Geldpolitik, die gegensteuert, ist ja jetzt nicht mehr möglich.

Das bedeutet aber nicht, dass damit automatisch alle Zahlungsbilanzprobleme aus der Welt geschafft sind. Wenn nun ein Mitglied der Währungsunion eine höhere Inflationsrate hat als ein anderes Mitglied, so werden dessen Exporte zu teuer, es importiert mehr aus den anderen Staaten der Währungsunion, ein Handelsbilanzdefizit entsteht. Normalerweise führt das, wie wir in den vorherigen Kapiteln gesehen haben, zu einem Abfluss von Devisen (wodurch die Geldmenge schrumpft und die Preise wieder sinken) oder zu einer Abwertung, wodurch das Defizit auf lange Frist wieder schrumpft. Beides geht aber in einer Währungsunion nicht mehr, der Wechselkurs als Korrektiv bei unterschiedlichen wirtschaftlichen Entwicklungen existiert nicht mehr. Und eine eigene inländische Geldmenge gibt es auch nicht mehr, sondern nur noch eine gemeinsame Geldmenge und -politik. Also geht zunächst mit diesem Handelsbilanzdefizit eine Zunahme des Kapitalimports einher, und damit eine Zunahme der Auslandsverschuldung des betreffenden Landes gegenüber den Mitgliedstaaten der Währungsunion.

Eigentlich gibt es nun weitere Mechanismen, die verhindern, dass sich diese Verschuldung eines Landes gegenüber den anderen Mitgliedstaaten der Union zu stark ausweitet. Da wäre zum einen das Wechselkursrisiko: Wenn die Handelsbilanz eines Landes sich verschlechtert, dann droht, wie wir wissen, eine Abwertung. Und diese Abwertungsgefahr reduziert die Neigung ausländischer Geldgeber, dem betreffenden Land weiter Kredit zu geben, denn bei einer Abwertung würde der ausländische Geldgeber Verluste erleiden (das wissen wir aus der Debatte um die Zinsparität).[11] Also muss das Land höhere Zinsen bieten, die automatisch dazu führen, dass die Preise im Inland sinken, was die Handelsbilanz wieder ins Lot bringt. Das passiert in einer Währungsunion nicht, denn hier gibt es keinen Wechselkurs mehr, weswegen für Investoren auch kein Wechselkursrisiko entsteht – weswegen sie dem betreffenden Land unbesorgt weiter Geld leihen können. Der fehlende Wechselkurs führt also dazu, dass ausländische Investoren Staaten mit Handelsbilanzdefiziten leichter Geld leihen, was die Verschuldung des Landes im Ausland erhöht.

Wenn aber die Auslandsverschuldung eines Landes sich erhöht, dann könnte ja noch ein weiterer Sicherungsmechanismus greifen, nämlich die Angst vor dem Risiko: Ausländische Investoren werden von dem betreffenden Land höhere Zinsen verlangen, weil das Risiko eines Zahlungsausfalls mit steigender Verschuldung des betreffenden Landes zunimmt. Das ist wie mit Privatleuten. Je höher die Schuldenlast eines Kunden ist, umso weniger wird die Bank bereit sein, ihm einen weiteren Kredit zu geben, da sie damit rechnen muss, dass er den Kredit nicht zurückzahlen kann. Also wird sie – wenn überhaupt – ihm nur Geld gegen einen höheren Zins leihen, der sie für das Risiko entschädigt. Genauso verhalten sich internationale Kapitalgeber: Sie leihen einem hoch verschuldeten Land – wenn überhaupt – Geld nur gegen höhere Risikoprämien, also Zinsen. Funktioniert dieser Mechanismus, so steigen für das betreffende Land die Zinsen, was die Verschuldung bremst und die Handelsbilanz wieder ausgeglichener macht. Wir werden später sehen, warum dieser Sicherungsmechanismus im Falle der europäischen Währungsunion versagt hat.

Wie Sie sehen, gibt es zwei Mechanismen, die eine übermäßige Verschuldung eines Staates verhindern sollen, die in einer Währungsunion nicht mehr funktionieren. Es kommen noch drei weitere Punkte hinzu, die einem Staat die Aufnahme von Schulden in einer Währungsunion erleichtern:

- Die gemeinsame Währung schafft für die teilnehmenden Länder einen gemeinsamen Kapitalmarkt, der nun größer und liquider ist als die einzelnen nationalen Märkte in nationaler Währung. Die Mitgliedstaaten können dadurch auf ein wesentlich größeres Kapitalangebot zurückgreifen, was zu sinkenden Zinsen führt und ihre Finanzierungskosten weiter senkt. Allerdings geht diese Ausweitung der Kapitalaufnahme unter Umständen zulasten der anderen Länder: Erhöht ein Land seine Kreditaufnahme, so kann diese zusätzliche Nachfrage nach Kapital zu steigenden Zinsen für die Union als Ganzes führen. Die anderen Mitgliedstaaten müssen damit ebenfalls höhere Zinsen für ihre Neuverschuldung zahlen. Wenn also Land A in der Währungsunion höhere Schulden macht, kann das zu steigenden Zinsen führen, die dann auch Land B zahlen muss. Das ist ein negativer ex-

[11] Ein einfaches Beispiel erläutert dies noch einmal: Ein Europäer leiht einem Amerikaner 100 Dollar, die er zum Wechselkurs von 1:1 (ein Dollar für einen Euro) umgetauscht hat. Der Amerikaner schuldet dem Europäer nun 100 Dollar, die dieser bei Rückzahlung wieder in Euro umtauscht. Wertet der Dollar aber vor dem Rücktausch ab, beispielsweise auf 1:0,5 (für einen Dollar bekommt man nun nur noch 50 Euro-Cent), so erhält der Europäer für die geliehenen 100 Dollar, wenn er diese nach Rückgabe in Euro umtauscht, nur 50 Euro. Der wechselkursbedingte Verlust beträgt 50 Euro.

terner Effekt, ähnlich wie wir es schon bei den modernen Handelstheorien kennengelernt haben.

- Ein weiterer Punkt ist, dass die nationale Notenbank ja nun keine Herrschaft mehr über die Geldpolitik hat. Die nationale Geldpolitik konnte von der Regierung dazu genutzt werden, die Staatsverschuldung lautlos über mehr Inflation zu reduzieren: Man druckt mehr Geld, dadurch steigt die Inflationsrate und die reale Schuldenlast der Regierung sinkt. (Sie zahlt zwar nominal – sagen wir – immer noch 100 Euro zurück, doch wenn das allgemeine Preisniveau nicht 100, sondern 130 ist, bedeutet das, dass man real deutlich weniger zurückzahlt.) In einer Währungsunion besteht diese Option nicht mehr, es bleibt dagegen nur noch der Ausweg über höhere Verschuldung, wenn man nicht die Steuern erhöhen (und damit die Wiederwahl riskieren) will.
- Ein weiterer Kanal, der die Anreize zur Verschuldung in einer Währungsunion erhöhen kann, sind die Erwartungen eines Bailouts. Dahinter steht die Überlegung, dass die Mitglieder einer Währungsunion es aus politischen und ökonomischen Gründen nicht zulassen werden, dass eines ihrer Mitglieder insolvent wird. Im Fall einer Schuldenkrise wird man diesem Land beistehen. Also wird das betreffende Land sich sorgloser verschulden und die Kapitalgeber werden sorgloser Geld verleihen, weil sie beide darauf hoffen, dass im Ernstfall die Union einspringen wird (ein klassischer Fall von Moral Hazard). Wie wir sehen werden, ist es auch genauso gekommen.

Unter dem Strich sind das alles Mechanismen, welche die Verschuldung eines Landes in einer Währungsunion potenziell in die Höhe treiben können: Die Kapitalgeber leihen leichteren Herzens an Staaten, weil sie kein Wechselkursrisiko mehr haben und auf einen Bailout hoffen. Die Staaten können sich dadurch und durch die Existenz eines gemeinsamen Kapitalmarktes leichter verschulden und die fehlende Möglichkeit, die Staatsverschuldung über die heimische Notenpresse zu finanzieren, erhöht den Anreiz und die Notwendigkeit, sich zu verschulden.

(Foto: Kiefer)

Hier wird Europas Geldpolitik gemacht: Neubau der EZB

Aufgabe:
Suchen Sie Beispiele historischer Währungsunionen. Haben sie gehalten? Welche Probleme traten auf, warum haben sie funktioniert oder nicht funktioniert?

Aufgabe:
Welche Mechanismen führen dazu, dass die Staatsverschuldung in einer Währungsunion steigen kann? Welche Gegenmaßnahmen kann die Politik treffen?

Will man verhindern, dass genau dies passiert – dass aus der Währungsunion eine Schuldenunion wird –, muss man entsprechende Vorkehrungen treffen. Welche Optionen hat die Politik?

- Zunächst könnte man natürlich eine gemeinsame Fiskalpolitik betreiben: Schuldenaufnahme, Ausgaben und Einnahmen der Staaten werden harmonisiert oder gar zentralisiert. Das bedeutet, dass die Gemeinschaft aller der Währungsunion angehörigen Staaten darüber entscheidet, welches Land wie viel ausgibt oder einnimmt. So kann man verhindern, dass sich ein Staat exzessiv verschuldet. Vermutlich keine realistische Option, die wenigsten Staaten wollen, dass ihre Haushaltspolitik nicht mehr ihrer eigenen Zuständigkeit unterliegt.
- Dann kann man natürlich gemeinsame Schuldenregeln festlegen – man schreibt den Staaten vor, wie viel Schulden sie insgesamt aufnehmen dürfen. Das war auch die Intention der sogenannten Konvergenzkriterien, welche die Euro-Staaten erfüllen mussten, damit sie an der Währungsunion teilnehmen durften. Allerdings muss man sicherstellen, dass diese Regeln auch nach dem Beitritt zur Währungsunion weiter eingehalten werden – in der europäischen Währungsunion versuchte man, dies mit dem sogenannten Stabilitäts- und Wachstumspakts zu erreichen. Der Erfolg dieses Paktes war bescheiden, wie wir sehen werden.
- Eine dritte, wenig beachtete Möglichkeit besteht darin, eine glaubwürdige No-Bail-out-Klausel einzuführen, die besagt, dass kein überschuldeter Staat gerettet wird, komme, was da wolle. Damit verhindert man zumindest die Fehlanreize bei Investoren und Schuldenländern, die sich sonst in Erwartung eines Bail-out leichtfertig verschulden. In der Praxis gab es auch das in der Europäischen Währungsunion, mit ebenfalls bescheidenem Erfolg.

Das klingt alles nach einigen Problemen für eine Währungsunion – aber so dunkel kann das doch nicht sein, schließlich gibt es ja auch funktionierende Währungsunionen, beispielsweise ist auch die Bundesrepublik eine Währungsunion einzelner Länder (der Bundesländer), genauso wie die Währungsunion der amerikanischen Bundesstaaten. Gibt es denn so etwas wie Erfolgskriterien für eine Währungsunion? Gibt es.

Info: Die Konvergenzkriterien

Die legendären Konvergenzkriterien wurden im Vorfeld der Europäischen Währungsunion eingeführt, um dafür Sorge zu tragen, dass nur Staaten mit einer ähnlichen Wirtschaftsentwicklung Beitritt zu diesem Club erhalten. Insgesamt gab es fünf Kriterien. Da wären zum einen die Inflationsraten: Die Inflationsrate eines Landes durfte nicht mehr als 1,5 Prozentpunkte über der Inflationsrate der drei Staaten mit den niedrigsten Inflationsraten liegen. Dadurch verhindert man zu große preisliche Abweichungen zwischen einzelnen Staaten, was zu den oben erörterten Handelsbilanzdefiziten führen würde. Zudem würden Länder mit hohen Inflationsraten beim Übergang in die Währungsunion eine abrupte Senkung der Inflationsrate riskieren, die hohe Anpassungskosten verursachen könnte. Konvergenzkriterium Nummer zwei waren die Zinssätze: Sie durften in einem Land das Zinsniveau der drei preisstabilsten Anwärter auf die Währungsunion nicht um mehr als 2 Prozentpunkte übersteigen. Diese Maßnahme zielte vor allem auf die Kapitalbilanzen ab – zu große Zinsdifferenzen haben zu starke Ungleichgewichte in den Kapitalbilanzen zur Folge. Das Wechselkurskriterium (Nummer drei) besagte, dass innerhalb der letzten zwei Jahre vor Beitritt zur Währungsunion keine Abwertung erfolgt sein durfte, und dass sich die Währung des betreffenden Landes ohne Spannungen im EWS halten konnte. Bei Bandbreiten von 15 Prozent (das haben wir im vorletzten Kapitel gesehen) eine leichte Übung. Die wohl am meisten beachteten Kriterien waren die fiskalischen Kriterien: So durfte (viertens) der Schuldenstand eines Landes nicht mehr als 60 Prozent des Bruttoinlandsproduktes (BIP) betragen und fünftens das Budgetdefizit nicht mehr als 3 Prozent des BIP. Bei diesen beiden Kriterien standen die obigen Überlegungen zu den Anreizen, sich in einer Währungsunion zu verschulden, Pate.

Wann funktioniert eine gemeinsame Währung? Das Ganze läuft unter dem Titel „optimale Währungsräume"; diese Literatur versucht zu ergründen, unter welchen Bedingungen eine Währungsunion stabil sein kann. Dazu nehmen wir einmal an, dass in der Ausgangslage das Land A in eine Rezession schlittert (das Sozialprodukt sinkt, die Preise sinken gegebenenfalls auch), während es Land B richtig gut geht (das Sozialprodukt wächst, die Löhne und Preise steigen ebenfalls). Das bezeichnet man in der Literatur auch als asymmetrischen Schock – das kommt beispielsweise der Situation im EWS recht nahe, als Deutschland einen Wiedervereinigungsboom erlebte, während andere Länder der Europäischen Union eher in eine Rezession abzugleiten drohten.

Bei flexiblen Wechselkursen passiert nun das Übliche: Die Währung von A wertet ab, was den Export beflügelt und damit die Rezession lindert, während die Währung von B spiegelbildlich aufwertet und damit den Boom dämpft. In einer Währungsunion ist das aber nicht mehr möglich – was passiert stattdessen? Wie kann dieses Dilemma aufgelöst werden?

Die erste naheliegende Idee (expansive Geldpolitik) funktioniert nicht: Da wir eine Währungsunion mit einer gemeinsamen Notenbank und einer gemeinsamen Geldpolitik haben, kann die Geldpolitik nichts ausrichten. Im Gegenteil, sie steckt in der Klemme: Die Situation in A erfordert eine expansive Geldpolitik zur Bekämpfung der Rezession, während der Boom in B eine restriktive Geldpolitik erfordert, um die steigenden Preise zu bekämpfen – aber die Notenbank kann nur eines von beiden leisten, da sie ja eine Geldpolitik für beide Staaten gleichzeitig betreiben muss. Das kann nicht gut gehen. Für die gemeinsame Geldpolitik ist das ein echtes Problem und ein massives Konfliktpotenzial.

Die zweite Idee ist, die Rezession in A durch expansive Fiskalpolitik zu bekämpfen. Der Staat gibt mehr Geld aus und treibt dadurch die inländische Wirtschaft an. Klingt gut, funktioniert aber nur unter einer Bedingung, nämlich dass der Staat nicht schon zu hoch verschuldet ist – ansonsten greifen die ganzen Überlegungen zur Verschuldung in einer Währungsunion, die wir oben gemacht haben. Und da man in einer Währungsunion wegen der Gefahr der Überschuldung Maßnahmen ergreifen wird – im Falle des Euro waren das die fiskalischen Konvergenzkriterien –, kann es sein, dass das Land A recht schnell am Ende seiner fiskalischen Möglichkeiten ist. Land B könnte natürlich seine Staatsausgaben drosseln, um den Boom zu dämpfen, aber warum sollte es das tun? Zudem bedeutet ein sinkendes Sozialprodukt in Land B ja, dass auch die Importe aus Land A sinken, was A noch tiefer in die Rezession treibt.

Sie merken: So richtig überzeugend sind beide Optionen nicht. Was muss passieren? Eine Möglichkeit besteht darin, dass die Löhne in A sinken und in B steigen. Die sinkenden Löhne in A machen die Produkte von A billiger und erleichtern damit den Export – allerdings um den hohen Preis unzufriedener Bürger, Arbeitnehmer und Politiker und zudem mit heftigen sozialen Folgen. Sie erinnern sich: Die Abwertung war ja nur eine Möglichkeit, die Preise für die inländischen Produkte zu senken – geht das nicht (und können die Preise im Staat mit der schwachen Wirtschaft nicht sinken), dann müssen die Arbeitskosten sinken, das hat den gleichen Effekt, ist aber unmittelbarer, spürbarer, verteilt sich auf weniger Köpfe (bei einer Abwertung leiden alle Käufer von Importwaren, das verteilt sich vermutlich auf mehr Personen) und kann zu erheblichen sozialen Unruhen führen, wie wir in Griechenland gesehen haben. Kurzum: Wenn die Löhne in beiden Staaten flexibel sind, dann ist die hier beschriebene Situation kein Problem, die Löhne übernehmen die Anpassungsfunktion, die vorher der Wechselkurs ausgeübt hat. Das können wir auch an der Formel für den realen Wechselkurs ablesen – der reale Wechselkurs ist gleich dem nominalen Wechselkurs * (Preisniveau im Inland/Preisniveau im Ausland). Wenn das Inland aufgrund seiner Krise abwerten müsste, was aber nicht geht, da wir in einer Währungsunion sind (es gibt keinen nominalen Wechselkurs mehr), bleibt noch die Möglichkeit, dass das inländische Preisniveau sinkt, das führt dann zu einer realen Abwertung – und wenn die Löhne sinken, dann sinkt auch das inländische Preisniveau.

Die Alternative ist natürlich, dass Land B, dem es ja gut geht, sein Preisniveau, also seine Löhne, steigert – genau das fordern auch immer wieder die Vertreter der südlichen Euro-Staaten vehement von Deutschland. Die steigenden Löhne dämpfen den Boom in B, zudem machen sie B's Waren verglichen mit den Waren von A teurer, weswegen A nun mehr nach B exportieren kann, was A's Wirtschaft wieder anschiebt. Und? Könnte B etwas gegen steigende Löhne haben? Die Industrie in B hat das bestimmt, höhere Löhne bedeuten für sie höhere Kosten und damit verbunden sinkender Absatz – das mag kein Unternehmen. Aber auch die Regierung von B ist möglicherweise nicht ganz so begeistert davon, jedenfalls dann, wenn sie befürchten muss, dass höhere Löhne zu mehr Arbeitslosigkeit führen, was durchaus im Bereich des Möglichen bis Wahrscheinlichen liegt.

Wenn also Lohnflexibilität zwar dieses Dilemma prinzipiell lösen könnte, aber wenig wahrscheinlich ist, so bleibt eine andere Lösung: Die Arbeitnehmer wandern. Das ist das erste und bekannteste Kriterium für optimale Währungsräume: Arbeitskräftemobilität. Wenn die Arbeitnehmer vom krisengeplagten A zum boomenden B auswandern (z. B. von Ostdeutschland nach Westdeutschland), so senkt das die Arbeitslosigkeit in A und bremst den Lohnanstieg in B. Das ist das erste Kriterium für optimale Währungsräume, zuerst benannt vom Ökonomen Robert Mundell (1961): Je höher die Arbeitskräftemobilität zwischen den beteiligten Staaten, umso geringer die Anpassungslasten in einer Währungsunion, weil diese durch Wanderungen bewältigt werden, und umso eher können zwei Staaten sich auf eine Währungsunion einlassen.

Eine weitere Lösung könnten Finanztransfers sein: Wenn in einer Region Flaute herrscht, während die andere boomt, können Transfers aus der Boom-Region in die Flaute-Region die Konjunktur in beiden Staaten anpassen. Klingt gut, weist aber einige Probleme auf: Erstens muss man das mögen – sind die Bürger in den Boom-Regionen bereit, Steuern in die Flaute-Region zu pumpen? Innerhalb Deutschlands wird das in großem Umfang über den sogenannten Finanzausgleich getan, aber werden die europäischen Bürger das auch für Europa akzeptieren? Werden die Deutschen, ohne zu murren, mehr Steuern zahlen, um die griechische Wirtschaft zu stabilisieren? Das zweite Problem dieser Transfers gibt es auch im Rahmen des deutschen Finanzausgleichs: Passt man hier nicht auf, so könnten sich die Empfänger-Länder rasch an die Zahlungen der reichen Brüder aus den wohlhabenden Regionen gewöhnen und die Hände in den Schoß legen – so schafft man im schlimmsten Fall Regionen, die nur noch von Transfers leben können (und vielleicht auch der Gewohnheit wegen wollen).

Ein weiteres Kriterium für einen optimalen Währungsraum ist der Offenheitsgrad der beteiligten Staaten (dieses Kriterium stammt von McKinnon, 1963). Je offener ein Land ist, je höher also der Anteil der Ex- und Importe am Sozialprodukt, umso mehr ist ein Land von Wechselkursänderungen betroffen, umso attraktiver wird es, diese mittels einer gemeinsamen Währung zu vermeiden. Bei einem hohen Anteil von Importen am Sozialprodukt bedeutet eine Abwertung einen deutlichen Kaufkraftverlust für das Inland, was zu höheren Preisen und damit zu höheren Lohnforderungen führt – eine Abwertung erhöht also die Gefahr von Inflation.

Ein drittes Kriterium für optimale Währungsräume ist die Produktdiversifikation eines Landes – je breiter seine Produktpalette, so die Idee, umso weniger ist es anfällig für vereinzelte Schocks, weil diese Schocks sich nur auf wenige Betriebe konzentrieren (diese Idee geht auf Kenen, 1969, zurück). Wenn ein Land aber von einer Branche dominiert wird und diese Branche in Not gerät, hat man sofort eine gesamte Volkswirtschaft in Not, was größere Anpassungen erfordert, die man dann besser dem Wechselkurs überlässt. Wenn aber ein

Schock nur einen kleinen Teil der Wirtschaft betrifft, dann kann sie das auch verdauen, ohne dass der Wechselkurs bemüht werden muss – durch einen der oben erläuterten Anpassungsmechanismen.

Eine weitere Idee ist, nach der Reformfähigkeit eines Landes als Kriterium für einen optimalen Währungsraum zu fragen: Wenn der asymmetrische Schock nicht durch konjunkturelle Einflüsse, sondern durch heimische Wirtschaftspolitik ausgelöst wurde, dann ist es sinnvoll, auch ursachenadäquat dort anzusetzen. Ein Land, das gegenüber den anderen Staaten der Währungsunion ins Hintertreffen gerät, kann ja auch über wirtschaftspolitische Reformen wieder aufholen: Arbeitsmarkt reformieren, Steuersystem optimieren – all die Dinge, von denen Ökonomen glauben, dass sie die Beschäftigung und das Wachstum in einem Land erhöhen können, was automatisch dazu führt, dass das betreffende Land wieder zu den erfolgreicheren Staaten der Union aufschließt und eine Anpassung über Wechselkurs oder Löhne nicht nötig ist. Das ist ein eher langfristiger Gedanke, der allerdings für die Europäische Union eine wichtige Rolle spielt. Nimmt man dieses Argument ernst, sollte man die Kompetenzen nicht zentralisieren, damit jedes Land die Möglichkeit hat, seinen eigenen individuellen Weg zu beschreiten, um zum Rest der Union aufzuschließen. Eine zentralisierte Wirtschaftspolitik verhindert eine individuelle Lösung einzelstaatlicher Probleme. Allerdings kann man auch umgekehrt argumentieren: Was, wenn ein Land sich weigert, seine Probleme ursachenadäquat anzugehen? Dann bräuchte man eine durchgriffsberechtigte Zentrale – aber würden die Bürger das akzeptieren?

Checkliste: Wann ist ein Währungsraum optimal?

Zusammenfassend aus den obigen Überlegungen kann man nun die traditionellen Kriterien für einen optimalen Währungsraum zusammenstellen – wann eignen sich Staaten für eine gemeinsame Währung? Hier die Kriterien:

1. Die Länder unterliegen kaum asymmetrischen Schocks – dadurch ist die Wahrscheinlichkeit unterschiedlicher Entwicklungen der Wirtschaft in den betreffenden Ländern geringer, dadurch entstehen weniger Anpassungslasten. Als Kriterien für die potenzielle Betroffenheit von asymmetrischen Schocks gelten vor allem der Offenheitsgrad und die Diversifikation eines Landes.
2. Lohnflexibilität. Wenn sich die Wirtschaft in den betreffenden Staaten unterschiedlich entwickelt, können flexible Löhne diese unterschiedliche Entwicklung ausgleichen – sie übernehmen sozusagen die Aufgabe, die zuvor die Wechselkurse übernommen haben.
3. Arbeitskräftemobilität. Hier übernehmen Wanderungen der Arbeitnehmer von den Regionen mit schwacher Wirtschaft zu den Boom-Regionen die Rolle der Wechselkurse. Man könnte auch sagen: Was die Löhne nicht leisten, muss durch Wanderungen geleistet werden.
4. Finanztransfers. Je tiefer die finanzielle Integration zwischen den Staaten ist, umso mehr können innergemeinschaftliche Finanztransfers von den reichen zu den armen Staaten ungleiche Entwicklungen kompensieren – das verhindert die Notwendigkeit von Anpassungen die, wenn sie nicht über den Wechselkurs laufen können, über Löhne, Preise oder Wanderungen laufen müssen.

All diese Kriterien stützen sich darauf, zu untersuchen, welche Voraussetzungen Staaten benötigen, um erfolgreich an einer Währungsunion teilzunehmen. Die Idee der *endogenen optimalen Währungsräume* dreht den Spieß um: Sie vermutet, dass die Anpassungsreaktionen der Staaten nach dem Eintritt in eine Währungsunion dazu führen, dass die beteiligten Staaten sich in Richtung eines optimalen Währungsraumes entwickeln: Anpassungen und unterstützende Politik machen den Währungsraum erst optimal, wenn dieser einmal entstanden ist. Man fragt also nicht, wann man Staaten zu einer gemeinsamen Währung zusammenschließen sollte, sondern geht davon aus, dass die Voraussetzungen für einen optimalen Währungsraum sich schon ergeben werden, wenn man den gemeinsamen Währungsraum erst einmal begründet hat.

Gewagte These, denn das würde paradoxerweise ja bedeuten, dass die Wohlfahrtsgewinne aus einer Währungsunion umso größer werden, je unterschiedlicher die daran beteiligten Staaten sind. Steigen durch die Währungsunion die Handelsverflechtungen, so steigt der Offenheitsgrad der an der Union beteiligten Staaten, damit automatisch der Nutzen aus der gemeinsamen Währung; jedenfalls nach dem oben erörterten Kriterium der Offenheit. Wenn zudem im Zuge der steigenden Währungsintegration die intraindustrielle Spezialisierung der Staaten zunimmt, bedeutet das, dass ihre Branchenstrukturen sich ähnlicher werden, was die Anfälligkeit für asymmetrische Schocks – und damit die Risiken einer Währungsunion – reduziert. Allerdings ist es auch möglich, dass im Zuge der Handelsintegration über die Währungsunion die interindustrielle Spezialisierung zunimmt, dann würde das Risiko asymmetrischer Schocks steigen. Auch die gemeinsame Finanzpolitik, die Finanztransfers, könnten eine Angleichung der Leistungsniveaus der an der Union beteiligten Volkswirtschaften bewirken und damit die Anfälligkeit für asymmetrische Schocks reduzieren. Und die gemeinsame Geldpolitik könnte die nationalen Konjunkturzyklen stärker synchronisieren, was ebenfalls die Anfälligkeit für asymmetrische Schocks reduziert. Wenn diese Argumente stimmen, dann sollte ein Währungsraum sich mehr oder weniger automatisch zu einem optimalen Währungsraum entwickeln, wenn man ihm erst einmal die einheitliche Währung übergestreift hat.

Info: Ups. Das hat ja keiner ahnen können …

„Finanzielle Schwierigkeiten in einem Mitgliedstaat könnten die Frage nach der finanziellen Solidarität innerhalb der Gemeinschaft aufwerfen. Schlimmstenfalls könnte dies zu massivem Druck führen, einen insolvenzbedrohten Staat vor der Pleite zu retten. Auch mildere Formen der Solidarität können möglich sein, beispielsweise in der Form, dass die Europäische Notenbank einen überproportionalen Anteil an Staatsanleihen von einem bestimmten Land kauft."

Beachten Sie bitte, von wem diese bemerkenswert treffende Beschreibung der Euro-Krise stammt und in welchem Jahr diese Aussage getätigt wurde. Ups.

Commission of the European Communities (1990): One Market, One Money – An Evaluation of the Potential Benefits and Costs of Forming an Economic and Monetary Union. *European Economy*, 44, Übersetzung d. Verf.

Die Euro-Krise – ein Tagebuch. Schauen wir uns im Folgenden an, wie es zur Euro-Krise kommen konnte – mit all dem bis hierher gelernten theoretischen Rüstzeug können wir uns nun ein Bild machen.

Die ersten Fehler wurden bereits gemacht, als der Euro noch gar nicht existierte: Man muss bezweifeln, dass die Gemeinschaft der Euro-Staaten, so wie sie zusammenkam, den Kriterien für einen optimalen Währungsraum entsprach. Die Arbeitskräftemobilität in Europa war nicht sonderlich hoch, die Lohnflexibilität eher niedrig und eine ähnliche Wirtschaftsstruktur hatten alle daran beteiligten Staaten auch nicht. Obendrein muss man leider konstatieren, dass die meisten Staaten bei den Konvergenzkriterien – hauptsächlich bei den fiskalischen – kräftig gemogelt hatten; ebenfalls keine gute Basis für ein solches Abenteuer, das aber dennoch startete.

Info: Wie die Griechen zum Euro kamen

„In Griechenland nährte der Euro die Hoffnung auf eine bessere Zukunft. Im Oktober 1993 wurde der Sozialdemokrat Andreas Papandreou als Ministerpräsident wiedergewählt. Und im Kabinett der neuen Regierung, sagt der damalige Finanzminister Jannos Papantoniou heute, sei man schnell zu der Auffassung gelangt, dass ein Beitritt Griechenlands zur Währungsunion die einzige Chance sei, die griechischen Finanzprobleme zu lösen. Das Land war damals schon weit über seine Möglichkeiten verschuldet. Die Verbindlichkeiten des Staates lagen über der realen Wirtschaftskraft, ihre Summe entsprach 114 Prozent des Bruttoinlandsprodukts. Die Drachme verlor rasant an Wert, Athen kämpfte mit über 14 Prozent Inflation, die Wirtschaft schrumpfte. Jeder Ökonom hätte erkennen können: Griechenlands Wirtschaft war nicht wettbewerbsfähig, sie glich der eines aufstrebenden Entwicklungslandes. Ihre wesentlichen Säulen waren Olivenöl und Joghurt, Schifffahrt und Tourismus, das Land schien, ohne Anstoß von außen, nicht fähig, daran grundsätzlich etwas zu ändern. Der Euro und sein Regime sollten nötige Reformen erzwingen, sie sollten vor allem die Kreditbeschaffung erleichtern ... Den Vorwurf, sein Land habe sich mit gefälschten Zahlen den Beitritt zur Euro-Zone erschlichen, wischt der griechische Finanzminister jener Jahre weg mit dem Satz: 'Wir haben nichts anderes gemacht als alle anderen Länder.' Tatsächlich bestätigt Hans Tietmeyer, damals Präsident der Bundesbank, in seinem Buch *„Herausforderung Euro"*, dass es in einigen Ländern fragwürdige Schönheitsoperationen gegeben habe, um Daten über Inflationsraten, Staatsschulden und Preisentwicklung an die Euro-Vorgaben anzupassen. Auch die Kohl-Regierung ließ erst nach Wochen aufgeregter Debatten vom Plan ab, die deutschen Haushaltszahlen durch eine trickreiche Höherbewertung der Goldreserven des Bundes aufzufrischen. Andere Länder hatten noch mehr Anlass zur kreativen Buchführung. Italien lag mit einer Staatsverschuldung von 115 Prozent gemessen an der Gesamtwirtschaftsleistung dramatisch weit über der in Maastricht vereinbarten Verschuldungsgrenze von 60 Prozent. Auch Belgien verstieß massiv gegen Vorgaben. Aber nun war die Lage, obwohl ökonomisch im Fluss, politisch schon verfestigt. Es gab, nach Jahren der Debatte, der Ankündigungen, der mehr oder minder historischen Reden auf den Euro kein Zurück mehr. Bundesbankchef Tietmeyer sah damals mit Sorge, dass die Europäer im Jahr 1998, beseelt von der Größe

> ihres Projekts, die endgültige Prüfung, ob überhaupt genügend Staaten die Voraussetzung für den Euro erfüllten, aus den Ablaufplänen der Währungsumstellung gestrichen hatten. Der Euro würde kommen, am 1. Januar 2002. Und fast muss es schon hier heißen: Koste es, was es wolle."
>
> Bazogluo, Ferry, u. a. (2001), Eine Bombenidee, *Spiegel Online*, URL http://www.spiegel.de/spiegel/print/d-80652382.html

Das Drama beginnt. Die erste Phase der Währungsunion war eine Zeit des Wachstums, vor allem für die südlichen Länder Portugal, Griechenland, Spanien und auch für Irland. Hier machte sich das bemerkbar, was wir theoretisch bereits erörtert haben: Kapitalgeber in der ganzen Welt liehen diesen Staaten bereitwillig Geld. Die Gründe dafür haben wir bereits kennengelernt, deswegen hier im Schnelldurchlauf:

- Es gab für die Kapitalgeber nun kein Wechselkursrisiko, das machte es weniger riskant, diesen Staaten Geld zu leihen; also lieh man ihnen Geld zu günstigeren Konditionen.
- Der europäische Kapitalmarkt unterschied nicht mehr so richtig zwischen den einzelnen Staaten, man investierte in Europa – die Staaten profitierten von einem einheitlichen und größeren Kapitalmarkt und bekamen ihr Geld zu günstigeren Zinsen.
- Die Konvergenzkriterien und das Versprechen der Euro-Staaten, sich daran zu halten, gaben den Investoren auch Zuversicht, dass sich kein Staat übermäßig verschulden werde. Eine fatale Fehleinschätzung, wie sich zeigen sollte.
- Und dann war da noch die Sache mit dem Bailout: Selbst wenn man ein Land überschuldet wähnte, so blieb doch die Hoffnung, dass die EU einen Mitgliedstaat der Währungsunion nicht in die Pleite schlittern lassen werde. Wenn diese Einschätzung richtig war, konnte man auch potenziellen Pleitekandidaten Geld leihen – geht es gut, kriegt man sein Geld, geht es schief, zahlt die Union und man bekommt auch sein Geld.

Die Folge dieser Entwicklung war eine echte Bonanza, vor allem in den Süd-Ländern: Kapital floss reichlich in diese Länder. Statt 8, 9, 10 oder noch mehr Prozent Zinsen zahlten sie nun nur noch 5, 4, 3 Prozent. Ein Beispiel: Im Jahr 1995 zahlte Deutschland auf seine Schulden nach Berücksichtigung der Inflationsrate, also real, 6 Prozent – die Griechen mussten 12 Prozent zahlen. Um das Jahr 2005 herum bewegte sich der deutsche Realzins auf die Marke von 2 Prozent zu, während die Griechen real betrachtet fast null Prozent Zinsen zahlten. Griechenland zahlte demnach unter Berücksichtigung der Inflationsrate seit dem Jahr 2000 geringere Zinsen als der deutsche Musterschüler. Abbildung 82 zeigt Ihnen, wie im Zuge der Einführung des Euro der Zinsabstand zwischen den Staaten Europas immer weiter geschrumpft ist und wie er mit der Pleite der amerikanischen Bank Lehman Brothers wieder auseinanderging.

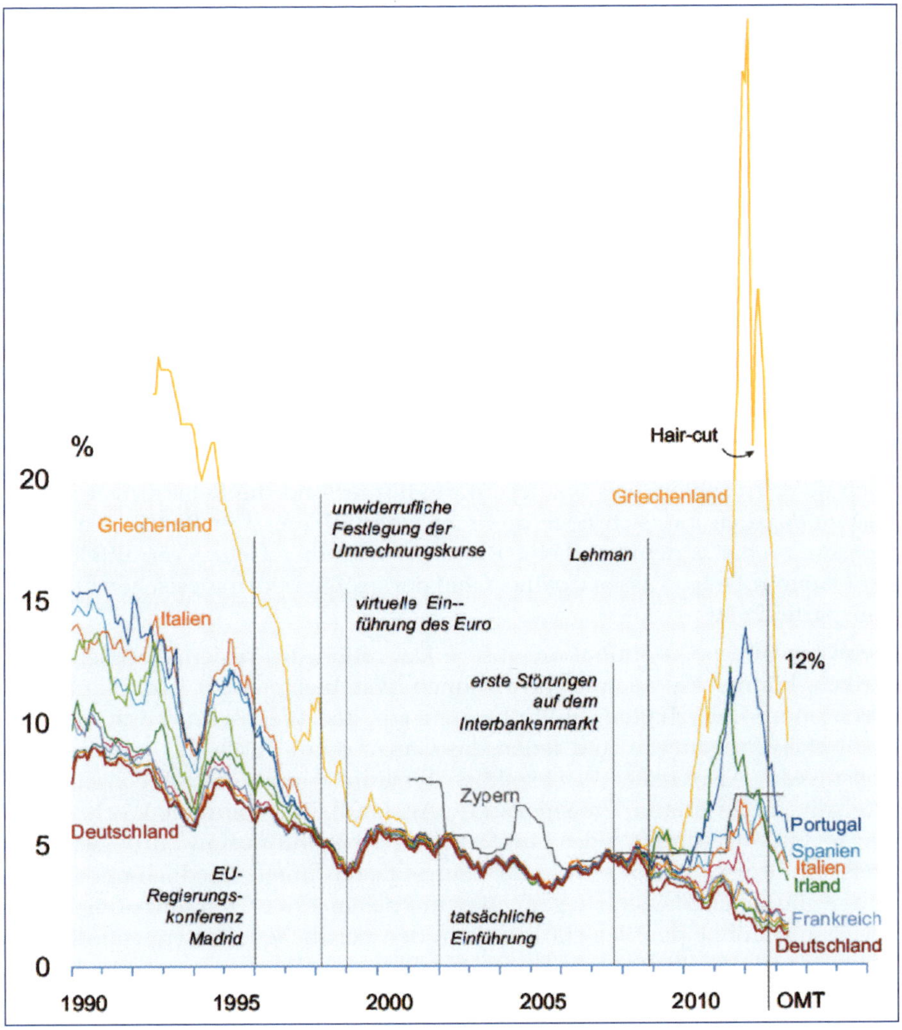

Quelle: Sinn, Hans-Werner (2013). Gutachten im Auftrag des Bundesverfassungsgerichts, Zweiter Senat Verfassungsbeschwerden 2 BvR1390/12

Abbildung 82: Zinsen der zehnjährigen Anleihen der Euro-Länder
Man sieht sehr schön, dass Staaten wie Griechenland, Portugal und Italien in den Neunzigerjahren wesentlich höhere Zinsen zahlen als Deutschland, in den 2000er-Jahren ist kein Unterschied mehr zu erkennen. Mit der Pleite der Lehman-Bank allerdings ist dieses Spiel vorbei, jetzt steigen die Zinsen dieser Staaten wieder dramatisch an (besonders dramatisch der Anstieg der griechischen Zinsen, der die Grafik sprengt). Der Prozess der Angleichung der Zinsen beginnt mit der Regierungskonferenz 1995 in Madrid, auf der die Einführung des Euro beschlossen wird. Mit der Festlegung der Wechselkurse ist dieser Prozess der Angleichung der Zinsen, der sogenannte Konvergenzprozess, mehr oder weniger abgeschlossen.

Dieses billige Kapital, das die Südländer flutete, wirkte auf deren Wirtschaft wie Steroide auf einen Sportler: Massenhaft floss billiges Kapital nach Portugal, Spanien, Griechenland und Irland und löste dort einen gewaltigen Boom aus: Einkommen und Löhne stiegen stark an. Griechenland steckte dieses Geld in einen teuren Beamtenapparat und hohe Sozialleistungen; in Spanien kam es zu einem gewaltigen Bauboom, das ausländische Geld wurde in Bettenburgen am Strand gesteckt, in Irland investierten die dortigen Banken das Geld in Immobilien und amerikanische Immobilienpapiere, die sich später als wertlos erwiesen. Mit geliehenem ausländischen Geld wurden Hotels, Einkaufszentren und Privatwohnungen gebaut, die letztlich nicht das Geld wert waren, das man sich dafür geliehen hatte.

Für Deutschland, das vor der Euro-Einführung recht niedrige Zinsen hatte, änderte sich nichts, in den Südländern hingegen stiegen aufgrund der boomenden Wirtschaft die Löhne und die Preise, wobei die steigenden Preise dazu führten, dass die Realzinsen, also die Zinsen nach Berücksichtigung der Inflationsrate, noch tiefer rutschten, was wiederum die Bürger und die Regierungen dieser Staaten dazu einlud, sich noch mehr zu verschulden. „Der Beitritt zur Währungsunion hat … dem Land eine Illusion des leichten Geldes vermittelt", sagt der Ökonom Pedro Passos Coelho, Chef der größten portugiesischen Oppositionspartei PSD.

Wenn Sie nun noch einmal an unsere Definition des realen Wechselkurses denken, können Sie auch leicht erkennen, was hier passiert. Um den realen Wechselkurs zu erhalten, multiplizieren wir den Wechselkurs mit dem inländischen Preisniveau und teilen das Ganze dann durch das ausländische Preisniveau. Also: realer Wechselkurs des Euro = nominaler Wechselkurs * (Preisniveau im Inland/Preisniveau im Ausland). Der nominale Wechselkurs war ja nun abgeschafft, jedes Land zahlt und bezahlt nun in Euro – aber die Preisverhältnisse haben sich in den Euro-Staaten unterschiedlich entwickelt. In den südlichen Staaten stiegen aufgrund des massiven Kapitalzuflusses die Preise und Löhne deutlich stärker als in den nördlichen Staaten, vor allem in Deutschland. Mit Blick auf die Formel für den realen Wechselkurs bedeutet das, dass die Südstaaten massiv real aufgewertet haben – mit den üblichen und uns bereits bekannten Folgen für die Leistungsbilanz: Die Südstaaten konnten immer weniger exportieren und importierten immer mehr, mit einem deutlichen Leistungsbilanzdefizit als Folge.

Info: Hat Deutschland vom Euro profitiert?

Ein gängiges Argument der Euro-Befürworter ist, dass gerade Deutschland massiv vom Euro profitiert hat. Der deutsche Ökonom Hans-Werner Sinn sieht das etwas anders. Mit Blick auf das Wachstum in der Euro-Zone konstatiert er, dass zwischen 1995 und 2011 Deutschland das zweitniedrigste Wachstum aller Euro-Staaten hatte – während die Euro-Zone im Schnitt um 30 Prozent zulegte, waren es in Deutschland gerade einmal 24 Prozent. Bis zum Beginn der Euro-Krise betrug das Wachstum in Irland 125 Prozent, in Griechenland, Zypern und Spanien rund 55 Prozent, in Portugal 30 Prozent, die Deutschen wuchsen in diesem Zeitraum um rund 20 Prozent. In Sachen Wachstum zumindest haben diejenigen am meisten vom Euro profitiert, denen das meiste Kapital zugeflossen ist – die späteren Krisenstaaten. Auch der Anteil der deutschen Exporte in die Euro-Zone ist seit 1995 gefallen, von rund 47 Prozent in 1995 auf knapp 40 Prozent in 2011. Das Argument, dass die Deutschen also ihre Exporte in die Euro-Zone gesteigert haben, kann man mit diesen Zahlen nicht bekräftigen.

Sinn, Hans-Werner (2012), Die Target-Falle. Gefahren für unser Geld und unsere Kinder, Hanser, München.

Aufgabe:

Beschreiben Sie, wie Griechenland, Irland, Spanien und Portugal durch den Beitritt zur Euro-Zone in die Krise rutschten.

Das Spiegelbild der Leistungsbilanzdefizite der Südstaaten waren die hohen Leistungsbilanzüberschüsse vor allem der Deutschen: Sie lieferten ihre Waren in diese Staaten, wodurch sie hohe Exportüberschüsse erzielten, zugleich aber auch einen immer größeren Kapitalexport in diese Staaten aufwiesen. Die hohen Importüberschüsse der Südstaaten waren also das Spiegelbild der deutschen Exportüberschüsse und zugleich stellten die Exportüberschüsse der Deutschen einen Export von Kapital in die Südstaaten dar. Das kennen wir aus dem Kapitel über die Zahlungsbilanz: Jedes Handelsbilanzdefizit ist zugleich eine Verschuldung gegenüber dem Ausland, weil man mehr Waren aus dem Ausland geliefert bekommen hat, als man selbst an das Ausland geliefert hat – und die Differenz schulden die Südländer nun dem Ausland.

Die Deutschen Exportüberschüsse bedeuteten also auch, dass die Deutschen dem Ausland Kredit gaben, also ihre Ersparnisse dem Ausland zur Verfügung stellten. Erinnern Sie sich an diese Formel:

(8) Ersparnisse der Privaten + (Steuereinnahmen – Staatsausgaben) = Investitionen + (Exporte – Importe)

Sie zeigt auf, wie ein Staat seine Ersparnisse – also den Überschuss der Produktion über den Konsum – verwenden kann. Wenn eine Nation mehr produziert, als sie konsumiert (entweder indem die Privaten sparen oder der Staat spart, also einen positiven Budgetsaldo hat), dann kann sie diese Ersparnisse entweder zu Hause in Investitionen (Maschinen, Infrastruktur etc.) stecken oder den Produktionsüberschuss über Exporte ins Ausland liefern – alle Waren, die wir herstellen, aber nicht selbst konsumieren, liefern wir ins Ausland (der Term Exporte minus Importe ist also positiv). Damit erwerben wir wie gesehen Ansprüche an das Ausland, wir sparen also sozusagen im Ausland. Zwei Dinge sind daran aber problematisch: Erstens haben Schulden immer einen Unsicherheitsfaktor – wenn wir einem Land zu viel Geld leihen, steigt die Gefahr, dass dieses seine Schulden nicht zurückzahlen kann, dann sehen wir unser Geld nie wieder. Im Klartext bedeutet das, dass wir zwar viele Waren an dieses Land geliefert haben, aber den Gegenwert für diese Waren nie wieder sehen werden. Und genauso ist es ja dann auch gekommen.

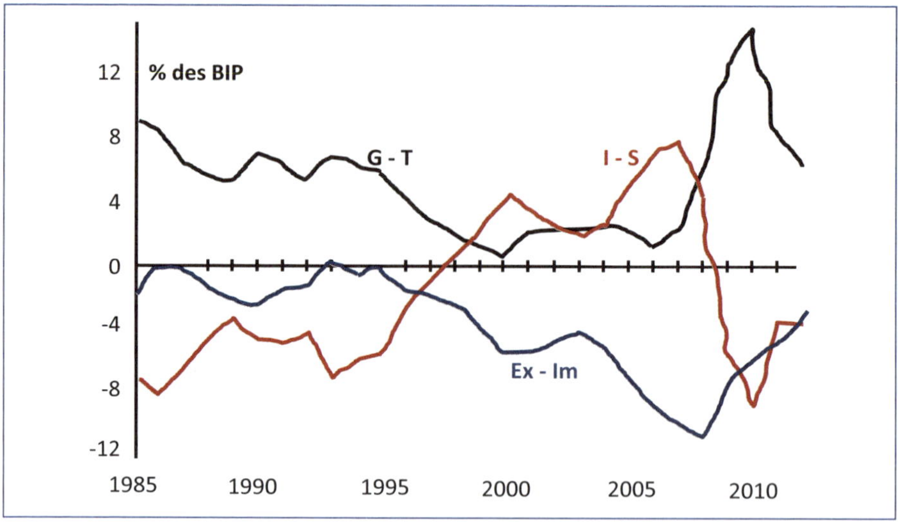

Quelle: Spahn (2012)

Abbildung 83: Staatsdefizit, Leistungsbilanzdefizite und Investitionen minus private Ersparnisse (relativ zum BIP) von Griechenland, Irland, Portugal und Spanien (im Durchschnitt)
Man sieht, dass das staatliche Budgetdefizit (Staatsausgaben G minus Steuereinnahmen T) bis 2005 sogar leicht fällt (vor allem Irland war hier vorbildlich) und dass somit die steigenden Leistungsbilanzdefizite genutzt wurden, um die fehlenden Ersparnisse der Privaten auszugleichen. (Die Investitionen sind zwischen 1998 und 2008 größer als die privaten Ersparnisse S und diese Differenz wird über das Ausland finanziert (indem die Exporte kleiner sind als die Importe).

Das zweite Problem bei hohen Exportüberschüssen besteht darin, dass die Ersparnisse des Inlandes im Ausland investiert werden statt im Inland. Wenn wir davon ausgehen, dass Investitionen das Wachstum einer Volkswirtschaft erhöhen (was auch der Fall ist), dann bedeutet jede Investition, die wir im Inland tätigen, einen höheren Wohlstand in Zukunft. Wenn wir die Ersparnisse, die wir benötigen, um zu investieren, nicht im Inland, sondern im Ausland anlegen, bedeutet das, dass dieses Wachstum im Ausland erfolgt, aber nicht im Inland. Das ist einer der Hauptkritikpunkte der Euro-Kritiker: Im Zuge der Euro-Einführung in den Süd-Ländern ist massenhaft Kapital aus den Nord-Ländern (vor allem aus Deutschland) in die Süd-Länder geflossen, was die Investitionen in den Nord-Ländern gesenkt hat. Das würde auch erklären, warum gerade die Süd-Länder in der Zeit vor der Euro-Krise so massiv gewachsen sind, während die Nord-Staaten abgehängt wurden: Das billige Kapital aus dem Norden hat im Süden eine Bonanza ausgelöst, während in den Nord-Staaten genau dieses Kapital für Investitionen und damit für Wachstum gefehlt hat.

Bis hierhin ist das noch unproblematisch. Das Problem entstand nun, weil in einer Währungsunion wenig wirksame Mechanismen zur Begrenzung der Verschuldung existieren. Bei flexiblen Wechselkursen hätten die Leistungsbilanzdefizite der Süd-Staaten irgendwann zu einer Abwertung ihrer Währungen geführt, das hätte automatisch die Exporte beschleunigt und die Importe gebremst und damit diesen Prozess gestoppt. Diese Bremse entfällt nun in einer Währungsunion. Die zweite Sicherungsleine, die Vorsicht der internationalen Investoren, versagte ebenfalls: Normalerweise werden die Kapitalmärkte bei steigenden Leistungsbilanzdefiziten eines Staates zunehmend vorsichtig, diesem Geld zu leihen, doch das fehlende Wechselkursrisiko und das Vertrauen darauf, dass die Europäische Union keinen Euro-Staat pleitegehen lassen werde (also die Hoffnung auf ein Bailout), sorgten dafür, dass die Kapitalmärkte den Süd-Staaten weiter Geld liehen, mit dem sie ihre Leistungsbilanzdefizite finanzieren konnten. Zudem gab es da ja noch den Verweis auf die Konvergenzkriterien, von denen man hoffte, dass diese die übermäßige Verschuldung eines Landes bremsen werden – irrtümlicherweise, wie sich zeigen sollte.

Die Folge war, dass immer mehr Kapital in den Süden strömte, mehr, als dieser verdauen konnte, und so wurde dieses Kapital nicht sinnvoll, also rentabel eingesetzt, sondern für einen teuren Beamtenapparat verschleudert (Griechenland), in sinnlose Immobilienprojekte gesteckt (Spanien, Irland) oder einfach nur in höhere Löhne umgesetzt (Portugal). Vielfach erhöhte sich zunächst einmal die private Verschuldung, bevor die Staaten ihre Verschuldung erhöhten. Normalerweise verschleudert man Kapital nicht so leichtfertig, doch wenn so viel Kapital ins Land kommt und dementsprechend die Zinsen dramatisch sinken (wie wir gesehen haben), wird es eben leichtfertiger ausgegeben. Der Zins, der Preis für die Überlassung von Kapital, zeigte nicht mehr die korrekten Knappheitsverhältnisse an – mit der Folge, dass Kapital zu billig war und dem-

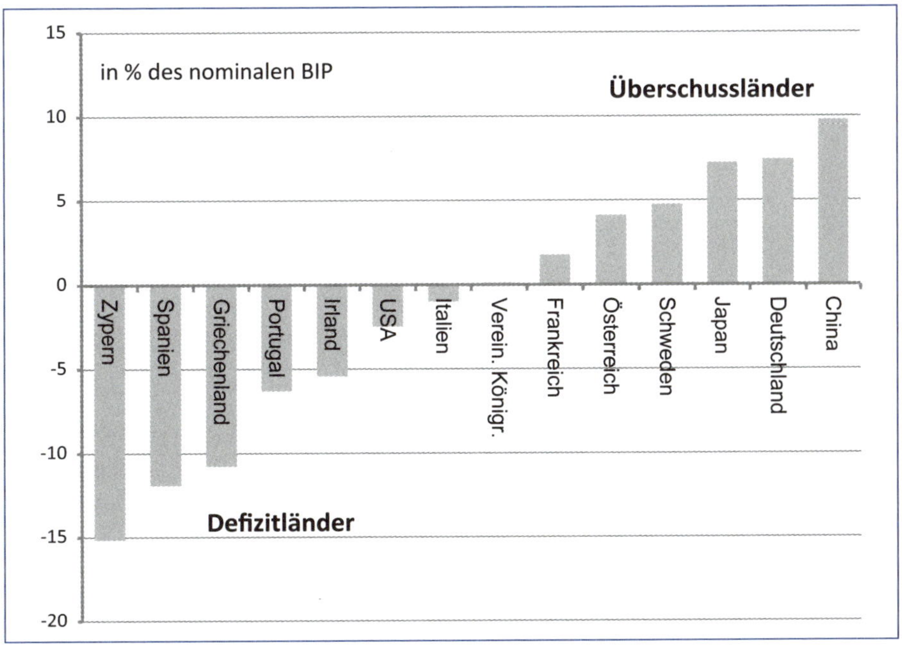

Quelle: Sachverständigenrat (2010)

Abbildung 84: Finanzierungssalden des privaten Sektors in Europa

entsprechend verschwenderisch eingesetzt wurde. Wenn die Zinsen so niedrig sind – warum dann nicht noch ein Hotel auf Verdacht bauen?

Außerdem kam dazu, dass die gemeinsame Zinspolitik der europäischen Notenbank zu expansiv für einige Länder war, die angesichts des Booms, der sich dort ereignete, eher höhere Zinsen benötigt hätten. Für andere Länder hingegen wären höhere Zinsen allerdings schlecht für die heimische Konjunktur gewesen. Die Notenbank war nun im klassischen Dilemma, das wir bereits bei der Theorie der optimalen Währungsräume gesehen haben: Sie kann nur eine einheitliche Geldpolitik betreiben, und wenn die wirtschaftliche Situation in den einzelnen Staaten unterschiedlich ist, gibt es keine Lösung, die zu allen Staaten passt.

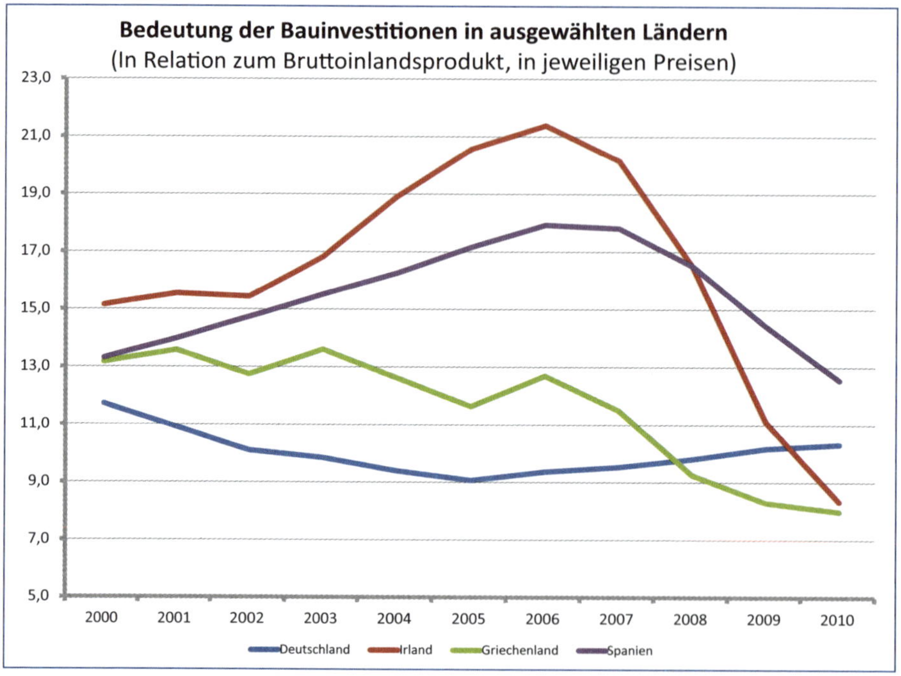

Quelle: Sachverständigenrat

Abbildung 85: Bauinvestitionen in Europa

Spätestens hier ist die Katastrophe nicht mehr zu verhindern: Wenn sich ein Staat Geld leiht und dieses in rentable Investitionen steckt, dann ist das unproblematisch, weil er aus den Erträgen dieser Investitionen seine Schulden wieder zurückzahlen kann. Wenn dieses Geld aber verbraten wird und später keine Erträge mehr abwirft – wovon soll man dann seine Schulden zurückzahlen? Das kennen Sie nun bereits: Das ist so, als wollte würde man auf Pump in Urlaub fahren. Das kann nicht gut gehen.

Die Krise bricht aus. Ging es auch nicht – wir kommen zur zweiten Phase, dem Ausbruch der Krise. Mit dem Ausbruch der amerikanischen Finanzkrise im

Jahr 2007 mussten viele Staaten zur Rettung ihrer Banken und der Konjunktur mehr Geld ausgeben und so ihre Schuldenberge noch mehr erhöhen. Dann kam der Tag, an dem der griechische Premier das Fass zum Überlaufen brachte, als er verkündete, dass man bei der Berechnung der Schuldenzahlen – sagen wir es höflich – Fehler gemacht habe und dass man in den Schulden ertrinke.

Info: Leben wie Gott in Griechenland

„Seit der Fast-Pleite Griechenlands und dem damit verbundenen Nahtod-Erlebnis der Europäischen Währungsunion weiß jeder Europäer solche Schauergeschichten aus dem Land Homers zu erzählen, Geschichten von Verschwendung, Vetternwirtschaft, Steuerhinterziehung und Korruption. Die Medien haben diese Geschichten genüsslich verbreitet: Da wären beispielsweise die unverheirateten oder geschiedenen Töchter von Beschäftigten des öffentlichen Dienstes – sie erhalten nach dem Tod ihrer Eltern deren Pension. Rund 40 000 Frauen kosten den griechischen Staat jährlich etwa 550 Millionen Euro. Staatsbedienstete sind generell eine wertvolle Veranstaltung in Griechenland: Sie genießen Kündigungsschutz, können auch schon vor Erreichen des 50. Lebensjahres in den Ruhestand gehen und eine Pension beziehen. Sie können auch durch diverse Boni bis zu 1300 Euro pro Monat hinzuverdienen. Zusatzzahlungen gibt es beispielsweise für die Nutzung eines Computers, das Beherrschen einer Fremdsprache oder – man will es kaum glauben – das pünktliche Erscheinen am Arbeitsplatz. Und Forstbedienstete erhalten einen Bonus für das Arbeiten im Freien. Der Verwaltungsapparat Griechenlands ist aufgebläht bis zum Anschlag und kostet mehrere Milliarden Euro pro Jahr: Pro Einwohner hat Griechenland fünfmal mehr staatliche Bedienstete als Großbritannien. Was diese Bediensteten alle machen, weiß niemand so genau. Legendär beispielsweise die Kommission, die den See Kopais verwalten soll – der ist schon in den Dreißigerjahren des vorigen Jahrhunderts ausgetrocknet. Dennoch arbeiten dort 30 Beschäftigte, die bis zu 2500 Euro im Monat verdienen. Sie kümmern sich um Entwässerungsaufgaben, heißt es. Einer griechischen Zeitung zufolge beschäftigen Gremien in Griechenland insgesamt mehr als 10 000 Mitarbeiter und kosten mehr als 100 Millionen Euro jährlich. Der aufgeblähte Behördenapparat verschlingt mehrere Dutzend Milliarden Euro im Jahr – Geld, das der griechische Staat nicht hat. Und nie hatte. Doch nicht nur die Staatsbediensteten, auch die Privatwirtschaft hat sich schadlos gehalten … So haben 450 Ärzte lediglich 10 000 Euro als Jahresgehalt beim Finanzamt angegeben– Steuerhinterziehung gehört zum Alltag. Das Aufkommen aus Einkommen- und Vermögensteuern belief sich laut Eurostat, dem statistischen Amt der Europäischen Gemeinschaft, im Jahr 2008 auf rund 8 Prozent des Sozialprodukts – nur Rumänien, Bulgarien, die Slowakei und Estland weisen in der Europäischen Union geringere Werte auf. Schätzungen gehen davon aus, dass 25 Prozent des griechischen Sozialproduktes in der Schattenwirtschaft, am Staat vorbei erwirtschaftet werden. Griechenland hat gelebt wie Gott in Griechenland: viel ausgegeben und wenig eingenommen."

Beck, Hanno; Prinz, Aloys (2013), Abgebrannt. Unsere Zukunft nach dem Schuldenkollaps, Hanser Verlag, München.

Bereits 2004 wurde publik, dass die griechischen Defizitangaben für die Jahre 1997 bis 2000 falsch waren, die Griechen hatten die Konvergenzkriterien nicht eingehalten; de facto hätte Griechenland auf der Basis dieser Kriterien im Jahr 2001 nicht der Währungsunion beitreten dürfen. Falsche, zu optimistische Zahlen, fehlerhafte Zahlen, lückenhafte Erfassung von Fehlbeträgen, fehlende Erfassung von Verbindlichkeiten – der Bericht der EU-Kommission zu den griechischen Schuldenzahlen hätte gereicht, um einen normalen Geschäftsmann ins Gefängnis zu bringen. Konsequenzen aus diesem Befund gab es keine. Das mag auch daran gelegen haben, dass die Griechen in bester Gesellschaft waren – auch Frankreich und Deutschland hatten bereits ihre Konvergenzkriterien verfehlt und sich in Brüssel dafür starkgemacht, dass dies keine Konsequenzen haben werde. Das sorgte dafür, dass die Staaten genau das tun konnten, was die Konvergenzkriterien und der Stabilitäts- und Wachstumspakt verhindern sollten: mehr Schulden aufnehmen.

Die steigenden Ausgaben der Staaten zur Bankenrettung und die Erkenntnis, dass die griechischen Schulden viel höher sind, als öffentlich verkündet und gedacht, führten bei den Kapitalgebern plötzlich zu Ernüchterung und zum Umdenken: Auf einmal sah man die Gefahr, dass man sein Geld nicht mehr wiedersehen werde, und begann, es aus Griechenland, Spanien, Portugal und Irland abzuziehen. Darüber hinaus gab man diesen Ländern keine neuen Kredite mehr, und wenn, dann nur gegen deutlich höhere Zinsen. Den Staaten, die jahrelang massenhaft Kapital aus dem Ausland zu günstigen Konditionen bekommen hatten, wurde nun plötzlich der Geldhahn zugedreht. Und da sie sich nun nur noch zu dramatisch höheren Zinsen verschulden konnten, kamen sie in

(Foto: ullstein bild – Hannelore Förster)

Proteste in Athen 2010

extreme Geldnot, die Anschlusskredite (mit denen man die alten auslaufenden Kredite finanzierte) wurden teurer und damit stiegen die gesamten Kosten der Staatsverschuldung. Die Länder drohten in eine Pleitespirale zu rutschen: Höhere Zinsen führen zu höheren Zinsausgaben, diese wiederum führen zu höheren Staatsschulden, was dazu führt, dass die Kapitalgeber höhere Zinsen wollen, was die Zinslasten wieder erhöht – und so weiter. Was konnte die Politik nun tun?

Wenn man sich klarmacht, dass es sich hierbei um eine Schuldenkrise handelt, dann ist klar, welche Optionen die Politik hatte: Die betreffenden Länder pleitegehen lassen, ihnen Geld zur Verfügung stellen oder einfach mehr Geld zu drucken. Schauen wir uns das der Reihe nach an. Abbildung 86 zeigt Ihnen, welche Optionen die Politik im Detail hatte und welche sie genutzt hat, diese Optionen gehen wir nun der Reihe nach durch.

Rettungsversuche. Die erste Idee – wir lassen die Länder einfach Insolvenz anmelden, streichen ihre Schulden und fangen von vorne an – hat etwas für sich. So macht man es zumindest im Geschäftsleben. Hier gab es aber ein Argument, das dagegensprach: Wenn Griechenland oder eines der anderen Länder pleiteginge, würde es vermutlich viele Banken, die diesen Ländern Geld geliehen haben, mit in den Abgrund reißen, darunter auch deutsche, französische oder britische Banken. Mit anderen Worten: Die griechische Krise würde sich über den Bankenkanal auch in die nicht verschuldeten Länder ausbreiten (diese Idee der Ansteckung haben wir bereits kennengelernt). Dann würden die Kunden dieser Banken die Zeche der griechischen Schuldenpolitik bezahlen müssen – diese Idee weisen Politiker schneller von sich, als Sie „Wiederwahl" buchstabieren können.

Aus ökonomischer Perspektive ist allerdings etwas dran an dieser Lösung, sie sorgt dafür, dass genau diejenigen, die Griechenland (oder den anderen Staaten) Geld geliehen haben und davon ja auch lange profitiert haben, die Kosten tragen, wenn dieses Investment fehlschlägt. Wenn ich aber als Kapitalgeber

Abbildung 86: Politikoptionen in der Euro-Krise

weiß, dass im Zweifelsfall der Staat (oder die EU) einspringt, wird das eine Einbahnstraßenwette: Geht Griechenland nicht pleite, bekomme ich mein Geld nebst Zinsen von den Griechen zurück, geht Griechenland pleite, bekomme ich mein Geld vom Staat respektive der EU, die Griechenland rettet. Letztlich auf Kosten des Steuerzahlers. Und die Anreize für die Griechen sind auch nicht besser: Wenn man weiß, dass im Pleitefall die Union beisteht – warum dann unpopuläre Sparprogramme auflegen?

Zumindest in Ansätzen hat man auch eine kleine Teilpleite Griechenlands zugelassen, indem man den Griechen teilweise Schulden erließ respektive Zahlungen zeitlich streckte, was einem teilweisen Erlass gleichkommt – aber das war nur ein zaghafter Schritt. Man bot Anlegern an, ihre Anleihen – das sind praktisch die Schuldscheine der Griechen – gegen neue Anleihen mit längerer Laufzeit und geringeren Zinsen und geringeren Rückzahlungsbeträgen umzutauschen.

Info: Griechenlands Schuldenschnitt sorgt für Ärger

„Griechenland hat den Anleihentausch im Wert 177,2 Milliarden Dollar abgeschlossen. Damit erreicht die Beteiligung der privaten Gläubiger eine Quote von 96 Prozent. Das erklärte das Finanzministerium in Athen am Montag. Die letzten widerspenstigen Anleger wurden zum Tausch gezwungen ... Nach Angaben der griechischen Regierung sind bisher 96 Prozent der Besitzer griechischer Staatsanleihen zum Verzicht auf 53,5 Prozent ihrer Forderungen bereit ... Besonders die Privatanleger fühlen sich beim Schuldenschnitt übergangen. Sie hatten keine Möglichkeit, über die Umschuldung abzustimmen, werden nun aber zur Teilnahme gezwungen. In Deutschland wollen einige Privatanleger deshalb vor Gericht gehen. Doch wie aussichtsreich sind Klagen gegen den Schuldenschnitt? Die meisten der Anleihen – 177 von 206 Milliarden Euro – unterliegen dem nationalen, also dem griechischen Recht. Dort vor Gerichten zu verhandeln ist nahezu aussichtslos und verursacht weitere Kosten."

o.V. (2012), Griechenland schließt Anleihentausch ab, *Handelsblatt Online*, URL http://www.handelsblatt.com/finanzen/boerse-maerkte/anleihen/schuldenschnitt-griechenland-schliesst-anleihentausch-ab/6318102.html

Statt eine komplette Insolvenz zuzulassen, beschloss man, den insolvenzbedrohten Staaten mit Finanzspritzen zu helfen. Konkret sah das so aus, dass die Europäische Union einen Fonds aufsetzte, mit dessen Mitteln die Finanzierung der insolvenzbedrohten Staaten gesichert werden sollte. Zuerst geschah dies über den Europäischen Finanziellen Stabilisierungsmechanismus (EFSM) und die European Financial Stability Facility (EFSF). Beide Fonds waren aber nur als vorübergehende Instrumente angelegt, erst der Europäische Stabilitätsmechanismus (ESM), der den bis 2013 geltenden Euro-Rettungsschirm EFSF ablöste, ist als dauerhafte Institution gedacht. Der ESM soll – als Notfallinstrument – Liquiditätshilfen an notleidende Länder vergeben. Auf insgesamt 700 Milliarden Euro kann der ESM zugreifen, davon werden 80 Milliarden als echte Kapitaleinlage von den Euro-Staaten überwiesen und 620 Milliarden werden als Garantien bereitgestellt (der Anteil jedes Euro-Staats richtet sich auch hier nach seinem

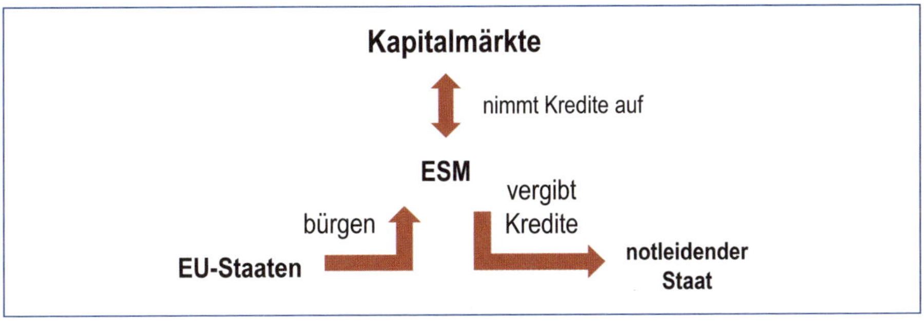

Abbildung 87: So funktioniert der ESM
Der ESM nimmt am Kapitalmarkt Kredite auf, die er an bedürftige Staaten weiterverleiht. Sollte der bedürftige Staat diese Kredite nicht zurückzahlen, so müssen die EU-Staaten, die als Bürgen eingesetzt sind, den Kapitalmärkten diese Gelder wieder zurückzahlen.

Anteil am Kapital der Europäischen Zentralbank). Von diesen 700 Milliarden kann der ESM effektiv 500 an notleidende Staaten ausleihen. Die restlichen 200 Milliarden stellen eine sogenannte Übersicherung dar, damit garantiert ist, dass der ESM Mittel zu den besten Konditionen am Markt aufnehmen kann. Abbildung 87 zeigt Ihnen, wie der ESM funktioniert.

Doch nicht nur Finanztransfers wurden eingesetzt, auch die Europäische Zentralbank (EZB) eilte zur Rettung der pleitebedrohten Staaten herbei. Sie half auf zwei Weisen: Zum einen erleichterte sie Geschäftsbanken die Refinanzierung von Krediten („Qualitative Easing"), sodass diese leichter Kredite vergeben konnten und auch Anleihen insolvenzbedrohter Staaten kaufen konnten, die sie als Sicherheit verwenden konnten, um von der EZB neue Kredite zu bekommen. Die Banken hinterlegten also als Sicherheit für einen Notenbankkredit Anleihen angeschlagener Euro-Staaten. Eine Insolvenz dieser Staaten würde den Wertverlust der hinterlegten Anleihen nach sich ziehen und damit den Gewinn der Notenbank schmälern. Darüber hinaus hat die EZB im Rahmen des „Quantitative Easing" vor allem griechische, portugiesische und irische sowie auch italienische und spanische Staatsanleihen auf dem freien Kapitalmarkt (Sekundärmarkt) erworben. Beide Maßnahmen führten dazu, dass die Nachfrage nach den Anleihen – also den verbrieften Schulden der Staaten – stieg, was deren Kurs trieb und die Zinsen senkte und so den Pleitekandidaten die Finanzierung ihrer Staatsschuld erleichterte.

Obendrauf zu diesem Paket aus Teilinsolvenz, Finanzspritzen und geldpolitischer Hilfe gab es noch eine Reihe von Maßnahmen mit dem Ziel, mehr finanzpolitische Disziplin zu etablieren und die wirtschaftspolitische Koordination zu verstärken, damit eine weitere Überschuldung und ein Auseinanderdriften der Euro-Staaten vermieden wird. Im Einzelnen wurde

- der Stabilitäts- und Wachstumspakt reformiert; so kann die Europäische Kommission nun leichter Sanktionen als bisher gegen Haushaltssünder einleiten, um sie so zu mehr finanzpolitischer Disziplin zu zwingen (falls sie es will);

- der Euro-Plus-Pakt geschlossen, der die Staaten dazu verpflichtet, ihre Wettbewerbsfähigkeit zu stärken (was immer das heißen mag; bindend ist dieser Pakt nicht);
- ein neues Verfahren zur wirtschaftspolitischen Koordinierung geschaffen, mit dessen Hilfe makroökonomische Ungleichgewichte vermieden werden sollen. Stellt die Kommission fest, dass die Politik eines Staates die wirtschaftliche Stabilität des Euro-Raums gefährdet, so droht ein Verfahren wegen übermäßiger Ungleichgewichte und sie kann Geldbußen verhängen;
- eine stärkere haushaltspolitische Koordinierung der Staaten im Rahmen des „europäischen Semesters" beschlossen.

So richtig überzeugend war dieses Maßnahmenpaket aus Teilschulderlassung, Finanzhilfe über ESM, geldpolitischen Krücken und halbherzigen Versuchen zur wirtschaftspolitischen Koordinierung für viele Kritiker nicht – sie bemängeln an dieser Rettungspolitik der EU folgende Punkte:

- Kritiker betrachten den ESM als Rechtsverstoß: Artikel 125 des Vertrages über die Arbeitsweise der Europäischen Union (AEUV) schreibt vor, dass weder die Union noch die Mitgliedstaaten für die Verbindlichkeiten einzelner Mitgliedstaaten haften. Diese Regel soll das verhindern, was wir bereits diskutiert haben, nämlich dass Staaten und Investoren sorg- und sinnlos mit den Krediten der Gläubiger umgehen, weil sie darauf vertrauen, dass im Falle einer Pleite die Union – und damit der Steuerzahler – einspringt. Zwar werden die Mittel aus dem ESM nur unter wirtschaftspolitischen Auflagen vergeben, aber das schafft ein neues Problem: Darf die EU in die Finanzpolitik ihrer Mitgliedstaaten eingreifen? Das ist nicht nur aus politischer, sondern möglicherweise auch aus juristischer Sicht ein Problem. Die wilden Proteste in Griechenland gegen die Sparkommissare zeigen, dass so etwas politisch gefährlich ist.
- Einen weiteren Rechtsverstoß sehen Kritiker in der Politik der EZB, diese sei de facto eine monetäre Alimentierung der Staatsverschuldung, oder um es salopper zu sagen: Hier werden Staatsschulden mit der Notenpresse finanziert, mit allen bedrohlichen Folgen, die davon ausgehen können. Auch der Ankauf von Staatsanleihen durch die Zentralbank verstoße gegen Artikel 123 des Vertrags über die Arbeitsweise der Europäischen Union (AEUV), der den unmittelbaren Erwerb von Schuldtiteln von diesen durch die Europäische Zentralbank oder die nationalen Zentralbanken verbietet.

(Foto: Duncan Hull)

So kann man das auch sehen

- Die Maßnahmen zur besseren wirtschaftspolitischen Koordinierung und für mehr Schuldendisziplin werden als unzureichend erachtet, ihnen fehle die nötige Bindungskraft. Der politische Wille, die Wirtschaftspolitik in Europa besser zu koordinieren, sei nicht sonderlich ausgeprägt, weswegen man sich von diesen Beschlüssen keine Wunder erhoffen dürfe.

Die Reaktion der EU auf die Euro-Krise wurde also von vielen Kritikern als mangelhaft empfunden, womit wir bei der Frage sind, was an alternativen Maßnahmen möglich gewesen wäre.

Als Erstes hätte man versuchen können, eine glaubwürdigere No-Bailout-Klausel zu verankern – wenn den Staaten und deren Gläubigern klar gewesen wäre, dass im Falle einer Staatsinsolvenz ihnen niemand helfen werde, dann wäre es vielleicht gar nicht so weit gekommen; und selbst wenn es zu einer Pleite gekommen wäre, hätte das den europäischen Steuerzahler kein Geld gekostet. Klingt gut, ist aber nicht ganz so einfach: Durch die Ansteckungseffekte, vor allem über den Bankenkanal, wären die anderen Staaten ebenfalls betroffen gewesen, gekostet hätte das allemal. Aber, so sagen Befürworter dieser Politik, es wäre immer noch billiger gewesen, das eigene heimische Bankensystem zu retten statt gleich ganze Staaten. Zudem hätte man etwas mehr differenzieren können: Die tatsächliche Rettungspolitik der EU dürfte wohl neben den Kleinanlegern und Versicherungskunden auch professionellen Börsenakteuren Geld in die Kassen gespült haben – eine überflüssige und unnötige Veranstaltung.

Die nächste Möglichkeit wäre gewesen, dass einzelne Staaten aus der Währungsunion austreten. Abbildung 88 zeigt Ihnen, dass dies weniger ungewöhnlich ist, als man es auf den ersten Blick vermuten könnte.

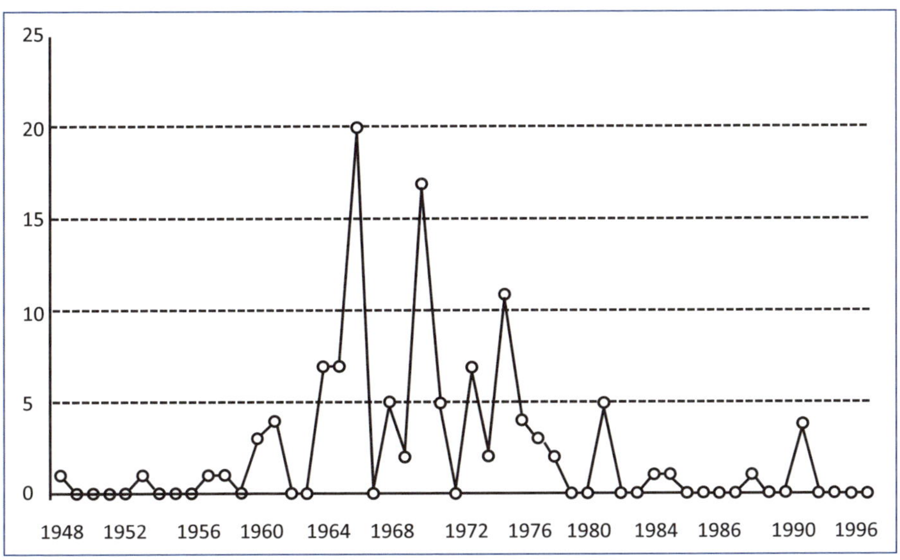

Quelle: Nitsch (2004)

Abbildung 88: Austritte aus Währungsunionen (Anzahl) von 1948 bis 1996

Was ist von dieser Option zu halten? Zunächst einmal muss man sagen, dass die logistischen Kosten einer Wiedereinführung einer eigenen nationalen Währung vernachlässigbar wären, zumindest angesichts der vielen Rettungsmilliarden, die bisher bereits ins Schaufenster gestellt wurden. Auch das Argument „Scheitert der Euro, scheitert Europa" ist schlichtweg falsch – die realwirtschaftliche Integration (Zollunion, Binnenmarkt) benötigt keine gemeinsame Währung. Wenn Europa scheitert, dann nicht, weil man keine einheitliche Währung hat, sondern weil die Politiker bei deren Gestaltung versagt haben. Ernster zu nehmen ist da schon das Argument der Verschuldung: Wenn eines der insolvenzbedrohten Länder austritt und eine eigene Währung wieder einführt, dann wird seine Währung wohl recht rasch abwerten – sind seine Schulden aber weiter in Euro gelistet, so kommt es durch die Abwertung zu einem automatischen drastischen Anstieg der Auslandsverschuldung (da man ja nun in einer Fremdwährung zurückzahlen muss). Ein Austritt aus der Währungsunion wäre also vermutlich nur zusammen mit einem Schuldenerlass möglich – billig ist das für alle Beteiligten nicht. Zudem würde es im Vorfeld dieses Austrittes zu massiver Kapitalflucht aus dem insolvenz- und abwertungsbedrohten Land kommen; Bankenpleiten wären vermutlich eine weitere Folge und schlimmstenfalls käme es zu einer Kettenreaktion, die alle Wackelkandidaten aus dem Euro treiben würde. Genau das – so sagen Befürworter dieser Option – sei ein Vorteil: Nach diesen Austritten blieben dann nur die Staaten im Euro, die einen optimalen Währungsraum bilden würden.

Die nächste Möglichkeit wären die legendären Euro-Bonds, das ist nichts anderes als die Idee, dass die Staaten Europas zusammen Kredite aufnehmen und gegenseitig für sich bürgen. Also: Deutschland und Griechenland nehmen gemeinsam Schulden am Kapitalmarkt auf, jeder zahlt seine Schulden für sich selbst zurück, doch wenn Griechenland seine Schulden nicht mehr zurückzahlen kann, muss Deutschland dafür geradestehen (oder umgekehrt?).

Ziel dieser Idee ist, den insolvenzbedrohten Staaten Europas wieder den Zugang zu den Kapitalmärkten zu erleichtern – mit den Deutschen als Bürgen werden diese den Griechen gern wieder Geld leihen, so die Idee. Das bedeutet aber, dass man den Staaten die Verschuldung erleichtert – obwohl gerade die erleichterten Möglichkeiten zum Schuldenmachen eine der Ursachen der Euro-Krise waren. Hier zeigt sich ein innerer Widerspruch der Euro-Bonds: Will man die Schuldenkrise bekämpfen und den Zugang überschuldeter Staaten zu den Kapitalmärkten erleichtern, so muss man diesen Staaten die Aufnahme von Schulden erleichtern – was aber automatisch ein höherer Anreiz für eine höhere Verschuldung bedeutet. Je mehr man aber die Staaten zur Schuldendisziplin bewegen will, umso mehr muss man ihnen den Zugang zu den Kapitalmärkten erschweren, was die Finanzierungsprobleme dieser Staaten wieder erhöht. Dieser Widerspruch ist nicht aufzulösen.

Unabhängig von der Ausgestaltung handelt es sich bei Euro-Bonds um einen Transfer von Staaten mit guter Bonität hin zu Staaten mit schlechter Bonität: Während Staaten mit eher bescheidenen Finanzen nun billiger Kredite aufnehmen können, zahlen Staaten mit soliden Finanzen höhere Zinsen, weil sie nun auch das Risiko eingehen, die Schulden anderer Staaten zu bezahlen, was ihre Finanzen ebenfalls in Gefahr bringt. Für Deutschland könnten da einige Kosten zusammenkommen.

Info: Was kosten Euro-Bonds?

„Über das Ausmaß der Mehrkosten der Euro-Bonds für die Bundesrepublik existieren verschiedene Schätzungen. In der Bundesregierung kursiert Presseberichten zufolge eine Schätzung, dass Euro-Bonds den Bund mindestens 17 Milliarden Euro im Jahr kosten könnten. Andere Stimmen sprechen von Mehrbelastungen für den Bundeshalt im ersten Jahr von bis zu 2,5 Milliarden Euro; zehn Jahre nach der Einführung würde die Mehrbelastung zwischen 20 und 25 Milliarden Euro liegen. Das Institut für Weltwirtschaft schätzt, dass ein Renditeaufschlag von maximal 0,5 Prozentpunkten plausibel wäre, was dann 10 Milliarden Euro Mehrkosten bedeuten würde. Die wohl detaillierteste – und auch am meisten kritisierte – Berechnung der Kosten der Euro-Bonds stammt vom Münchener ifo-Institut. Dort unterstellt man, dass bei einer mittleren Laufzeit von 7,5 Jahren sich ein Renditeabstand von rund 2,3 Prozentpunkten einstellt; bezogen auf die gesamten Bruttoschulden der Bundesrepublik Deutschland von 2080 Milliarden Euro Ende 2010 wären dies zusätzliche Zinskosten von 47 Milliarden Euro pro Jahr. Unterstelle man für die Zinsen die Durchschnittswerte der ersten sieben Monate des Jahres 2011, so ergibt sich ein Zinsabstand von 1,6 Prozentpunkten zum Durchschnitt des Euro-Raums; die zusätzlichen Zinskosten beliefen sich dann auf 33 Milliarden Euro pro Jahr ... Die politische Attraktivität der Euro-Bonds dürfte ... daher rühren, dass man auf diesem Weg die zur Stabilisierung des Euro notwendigen Transfers lautloser bewerkstelligen kann. Erstens sind diese Bonds und ihre Funktionsweise recht komplex, sodass man vermuten muss, dass vielen Wählern der Umfang der mit diesen Bonds verbundenen innereuropäischen Transfers nicht bewusst sein dürfte – die oben beschriebene Diskussion um die Kosten der Euro-Bonds zeigt ja, dass selbst unter Experten Uneinigkeit über das Ausmaß der mit den Bonds verbundenen Transfers besteht. Je geringer aber die Transparenz dieses Umverteilungsmechanismus ist, umso mehr kann man Mittel innerhalb der Union transferieren, ohne mit politischem Widerstand vonseiten der Wähler zu rechnen."

Beck, Hanno; Wentzel, Dirk (2011), Euro-Bonds – Wunderwaffe oder Sprengsatz für die Europäische Union?, Wirtschaftsdienst 91. Jahrgang, 2011, Heft 10 | S. 717–723.

Genau genommen sind Euro-Bonds die Vorstufe zur letzten Option zur Stabilisierung des Euro, nämlich zu einer Fiskalunion, in der die Finanz- und Steuerpolitik der Staaten auf Ebene der EU zentralisiert wird. Damit kann man verhindern, dass man unbegrenzt die Schulden einzelner Mitgliedstaaten finanzieren muss oder einen innereuropäischen Finanzausgleich einführen muss. Wenn die Mitgliedstaaten eine gemeinsame Wirtschafts- und Finanzpolitik betreiben, die eine übermäßige Verschuldung einzelner Staaten vermeidet und deren wirtschaftliche Lage angleicht, sind keine innergemeinschaftlichen Transfers mehr nötig. Diese Lösung bedeutet, dass Brüssel zu einem großen Teil die Finanzierung, Höhe und Struktur der Staatsausgaben aller Mitgliedstaaten bestimmt – fraglich, ob dazu der politische Wille bei Regierungen und Bürgern vorhanden ist.

Die Zukunft des Euro – zwei Skizzen. Was nun? Will man den Euro langfristig retten, so bleiben letztlich nur zwei Möglichkeiten, die wir hier noch einmal kurz skizzieren wollen – wir haben die Wahl zwischen dem Modell Solidarität und dem Modell Solidität. Schauen wir uns die beiden nun einmal an.

Das Modell Solidarität setzt auf drei Komponenten: eine Bankenunion, eine Fiskalunion und eine Transferunion. Wie funktioniert das?

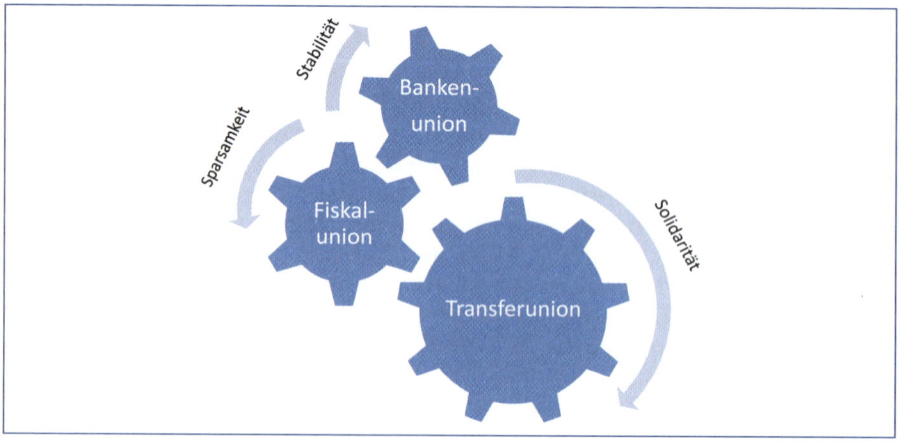

Quelle: Beck, Prinz 2014

Abbildung 89: Die Reform des Euro: Modell Solidarität

Das erste Element dieses Modells ist eine funktionierende Bankenunion, eine gemeinsame Aufsicht über die europäischen Banken und gemeinsame Regeln zur Abwicklung insolventer Institute, diese Maßnahmen sollen vor Bankenzusammenbrüchen und kollabierenden Finanzsystemen schützen. Das verhindert Ansteckungseffekte über die Grenzen hinweg. Wenn also ein Staat in die Krise gerät, kommen nicht gleichzeitig die Finanzsysteme der anderen Euro-Staaten ins Wackeln, was hektische Rettungsaktionen auslösen würde. Der Haken daran: Werden die nationalen Regierungen bereit sein, ihre nationalen Zuständigkeiten, ihre nationale Aufsicht über das eigene Finanzsystem nach Brüssel abzugeben?

Der zweite Baustein dieses Modells ist Solidarität: Eine Transferunion soll verhindern, dass ein Staat in die finanzielle Klemme gerät. Wenn sich also ein Staat in seiner wirtschaftlichen Leistungsfähigkeit zu weit von den anderen entfernt, greift die innereuropäische Solidarität und Finanzmittel fließen in die betroffene Region. Das Problem an dieser Komponente: Werden die Bürger Europas genügend Verständnis dafür aufbringen, dass sie Steuern zahlen, die dann in andere Länder gehen? Vor allem wenn man vermuten muss, dass die finanziellen Schwierigkeiten dieser Länder selbst verschuldet sind und die eigenen Probleme (z. B. Renten, Bildung, Infrastruktur) groß genug sind?

Um genau diesen Vorwurf zu verhindern, benötigt das Modell Solidarität den dritten Baustein, nämlich die Fiskalunion. Sie soll das Finanzgebaren der Mitgliedstaaten im Zaum halten und dadurch verhindern, dass Staaten ihre Finanzen schleifen lassen, weil sie auf die Transferunion bauen. Die Europäische Union kontrolliert also gemeinsam die Haushalte ihrer Mitgliedstaaten und sorgt so dafür, dass keiner der Mitgliedstaaten sich auf Kosten der anderen Mitglieder finanzielle Extravaganzen gönnt. In der strengsten Form läuft das auf einen zentralen Haushalt der Union hinaus, auf direkte Durchgriffsrechte für einen europäischen Finanzminister, der fiskalische Verstöße von Mitgliedsländern ahndet und auch Gegenmaßnahmen erzwingen kann.

Diesem Modell Solidarität steht das Modell Solidität gegenüber, das ebenfalls auf drei Bausteinen beruht.

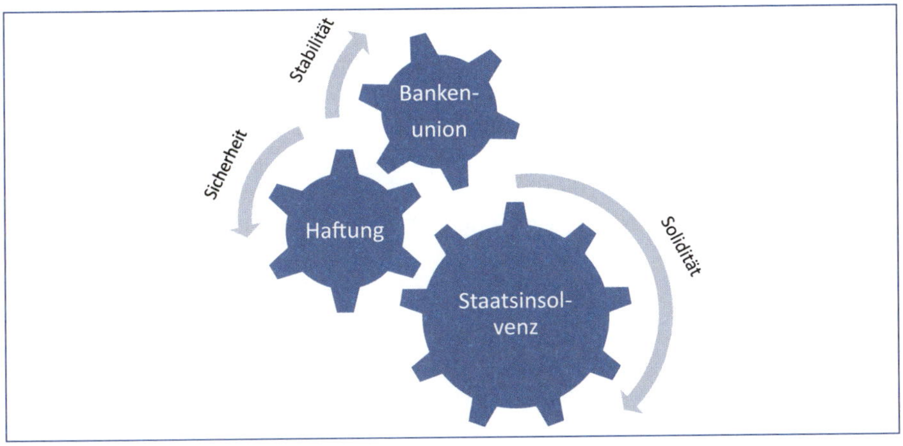

Quelle: Beck, Prinz 2014

Abbildung 90: Die Reform des Euro: Das Modell Solidität

Der erste Baustein ist identisch mit dem Modell Solidarität – die Bankenunion soll die Finanzmärkte stabilisieren und verhindern, dass nationale Bankenpleiten zu einem europaweiten Problem werden. Wenn dadurch Ansteckungseffekte verhindert werden, wird die Durchsetzung des zweiten Bausteins, des Haftungsprinzips, einfacher, weil ein stolpernder Staat nicht über die Finanzsysteme andere Staaten ins Straucheln bringt.

Der zweite Baustein ist allerdings anders, das ist das *Haftungsprinzip*: Dieses Prinzip soll sicherstellen, dass im Falle einer Bankenpleite zuerst die Eigentümer und Aktionäre zur Kasse gebeten werden; reicht das noch nicht aus, dann müssen die Gläubiger dieser Institutionen auf ihr Geld verzichten. Diese Bedingung soll Schluss machen mit teuren Rettungsaktionen zulasten der Steuerzahler und diese vor den Folgen einer unverantwortlichen Bankenpolitik schützen. Im Grunde genommen ist das eine No Bailout-Klausel für die Bankenpolitik, sie soll dafür sorgen, dass niemand mehr einer Bank Kredit gibt in der Hoffnung, dass bei einer Bankenpleite der Staat einspringt. Diese – eigentlich selbstverständliche – Idee der Haftung soll auch für das dritte Element dieses Konzeptes gelten, die *Staatspleite*. Lässt man Staatspleiten zu, so werden Investoren Staaten nicht mehr unbegrenzt und unbekümmert Geld leihen im Vertrauen darauf, dass im schlimmsten Fall ja die Staatengemeinschaft einspringt.

Dieses Konzept verhindert also teure Rettungsaktionen – eine schöne Sache für den Steuerzahler. Die Gefahr der Insolvenz, also eines Verlustes des eingesetzten Geldes, führt dazu, dass Staaten und Gläubiger vorsichtiger mit ihrem Geld respektive dem geliehenen Geld von Anlegern umgehen werden. Und selbst wenn es doch eine Insolvenz gibt, gibt es keine langwierigen, ermüdenden und kostspieligen Rettungsaktionen, sondern einen klaren Schnitt. Aber es hat auch einen Nachteil: Man muss in diesem Konzept akzeptieren, dass die Mitgliedstaaten der Währungsunion sich nicht automatisch wirtschaftlich annähern werden, eine wirtschaftlich einheitliche Union mit einheitlicher Finanzkraft und einheitlichen Lebensverhältnissen ist in diesem Konzept kaum möglich, es sei denn, die betreffenden Staaten stellen sie selbst her. Die zumindest anfänglichen Unterschiede in den Lebensverhältnissen sind unmittelbare Konsequenz der Idee, dass jeder für sich selbst verantwortlich ist. Das soll nicht bedeuten, dass man einzelnen Staaten nicht hilft, wenn sie in Not geraten, aber wir reden hier von unverschuldeten Problemen wie Naturkatastrophen und globalen Wirtschaftskrisen. Wurde die Katastrophe aber von Politikerhand angerichtet, wäre die solidarische Hilfe der falsche Anreiz, wie wir gesehen haben.

Literatur

Beck, Hanno: Prinz, Aloys (2014), Die große Geldschmelze. Wie Politik und Notenbanken unser Geld ruinieren. Hanser Verlag, München.

Beck, Hanno: Prinz, Aloys (2012), Staatsverschuldung. Ursachen, Folgen, Auswege. Verlag C.H.Beck.

Beck, Hanno: Prinz, Aloys (2012), Abgebrannt. Unsere Zukunft nach dem Schuldenkollaps. Hanser Wirtschaft 2011.

Spahn, Peter (2012), Integration durch Währungsunion? Der Fall der Euro-Zone, FZID Discussion Paper57-2012.

Straubhaar, Thomas (2013), Das 30-Milliarden-Euro-Argument, in: DVZ, Nr. 39 vom 14.05.2013.

Kenen, Peter, The theory of optimum currency areas: an eclectic view, in: Mundell, R. A.; Swoboda, A. K. (eds.), Monetary problems of the international economy, Chicago (1969), pp. 41 – 60.

McKinnon, Ronald I., Optimum currency areas, in: American Economic Review 53 (1963), 717 – 725.

Mundell, Robert A. (1961), A theory of optimum currency areas, in: American Economic Review, Vol. 51/4 (1961), pp. 657 – 665.

Nitsch, Volker (2004), Have a Break, Have a … National Currency: When Do Monetary Unions Fall Apart?; Darmstadt University of Technology – Department of Law and Economics; CESifo (Center for Economic Studies and Ifo Institute for Economic Research), January 2004

Stichwortverzeichnis